Geschichte des Christentums

Geschichte des Christentums

Herausgegeben von John McManners

Campus Verlag
Frankfurt/New York

Die Originalausgabe »The Oxford Illustrated History of Christianity« erschien 1990 bei Oxford University Press

Aus dem Englischen von Wolfdietrich Müller
Redaktion: Rainer Spiss

Die Deutsche Bibliothek – Einheitsaufnahme

Geschichte des Christentums / hrsg. von John McManners.
[Aus dem Engl. von Wolfdietrich Müller]. – Frankfurt/Main ;
New York : Campus Verlag, 1993
Einheitssacht.: The Oxford illustrated history of christianity <dt.>
NE: MacManners, John [Hrsg.]; EST

Umschlaggestaltung: Atelier Warminski, Büdingen
Umschlagabbildung: *Lulls Missionsreise nach Tunis* aus dem »Raimundus-Lullus-Breviculum«, Handschrift St. Peter perg. 92, Badische Landesbibliothek, Karlsruhe
Satz: Fotosatz L. Huhn, Maintal-Bischofsheim
Druck und Bindung: Editoriale Libraria
Printed in Italy
ISBN 3-88059-957-2

Inhalt

Das Christentum seit 1800

Das Christentum heute

Anhang

Einleitung

John McManners

»Jesus, Jesus von Nazareth: Ich erinnere mich seiner nicht.« Pontius Pilatus, inzwischen im Ruhestand, spricht von den alten Zeiten in Jerusalem; der Name eines gekreuzigten Wundertäters, Jesus von Nazareth, fällt; er sagt ihm jedoch nichts. Anatole France veröffentlichte die Geschichte Weihnachten 1891 in einer antiklerikalen Zeitung, um fromme Damen zu erschrecken und die Pfarrer in Rage zu bringen. Doch diese Geschichte berührt noch einen anderen Aspekt. Ein Funke war entzündet worden, der durch die Jahrhunderte weit über den Untergang Roms hinaus brennen sollte, aber die Denker und Herrscher des Reichs waren blind für die Bedeutung der neu entfachten Flamme. France, der stets an der menschlichen Intelligenz und Voraussicht zweifelte, mußte den vorsehungsgläubigen religiösen Apologeten seiner Zeit zugestehen: Das Christentum hatte allen Erwartungen zum Trotz gewonnen. Eine erstaunliche Erfolgsgeschichte.

Das Thema der Herrschaft Gottes über die Geschichte und seiner von der Vorsehung bestimmten Aufsicht über die Kirche ist im christlichen Denken ständig wiederholt und häufig als apologetisches Argument verwendet worden. Diese allgemeine Vorstellung wurde von Zeit zu Zeit präzisiert, etwa in Spekulationen über die Zuweisung von Wundern, um den Erfolg der ursprünglichen Lehre zu sichern, oder über einen chiliastischen Höhepunkt, der den Gerechten ihre Belohnung zukommen ließ. Der Gott des Alten Testaments, der sich Assyriens und Ägyptens und aller weltlichen Herrscher als Werkzeuge bedient, wurde als christliche Gottheit anerkannt. Für Augustinus war Rom nicht deshalb groß geworden, weil seine Herrschaft auf Gerechtigkeit gründete, wie Cicero behauptet hatte, sondern um den Rekrutierungsrahmen für den »Gottesstaat« zu bilden. Die Idee einer göttlichen Kontrolle prägte die Chronisten des Mittelalters und wurde schließlich von Bossuet in seiner *Universalgeschichte* (1681) auf eine Ebene barocker Pracht gehoben. »Bedenken Sie, Monseigneur«, sagt er dem französischen Thronerben, für den das Buch geschrieben wurde, »die ganze lange Kette einzelner Ursachen, die Reiche schaffen und zerstören, beruht auf den geheimen Befehlen der göttlichen Vorsehung. Vom höchsten Himmel hält Gott die Zügel aller Königreiche; alle Herzen sind in seiner Hand.« Das war natürlich eine Warnung an die Könige. Das zentrale Thema umfaßte jedoch mehr: »Reiche zerfallen; die Religion allein hat Bestand.« Als sich die Idee eines stetigen und unbegrenzten Fortschritts im europäischen Denken festsetzte, machten Christen wie auch weltliche Humanisten sie sich zu eigen – allerdings verbanden sie sie mit der Frage nach

Gottes »vorbehaltener Macht« gegenüber der menschlichen Freiheit und den Naturgesetzen. Fortschritt und Vorsehung wurden voneinander abhängig.

Die christliche Sicht von Gottes Wirken in der Geschichte bedeutete jedoch keine schlichte Freude über einen sicheren Erfolg im Schatten des Allmächtigen. Man setzte auch nicht voraus – trotz mancher gegenteiliger rhetorischer Behauptungen –, daß Menschen wissen könnten, wie und wann Gott lenkend eingreift. Die Kirche übernahm von den Juden bewußt den Gedanken des auserwählten Volkes Gottes, aber wie so oft im Alten Testament waren die Erwählten Züchtigungen und willkürlichen Zurückweisungen ausgesetzt. Ähnlich den Stimmen aus Wettersturm und Dunkelheit, die Hiob und die Propheten warnten, sind die Wege Gottes für Sterbliche geheimnisvoll und unergründlich. Die beiden großen philosophischen Denker, die das christliche Mittelalter prägten, setzten göttliche Führung der Kirche nicht mit Erfolg in der Welt oder mit Fortschritt gleich. Für Augustinus ist jedes Zeitalter gleich weit von der Ewigkeit entfernt, und der Gottesstaat gehört zu einem Erlösungsprozeß jenseits der Geschichte. Bei Boethius hat Gott einstweilig Macht an Fortuna (ursprünglich eine römische Göttin) übertragen, wodurch uns Zufall und Chaos immer begleiten und die Vergänglichkeit irdischen Besitzes lehren. Mittelalterliche Chronisten übernahmen die alttestamentliche Vorstellung eines Gottes, der Zeichen und Strafen sendet. Doch wenn sie davon berichteten, waren sie sich zugleich der Unerforschlichkeit des göttlichen Willens bewußt. Rodolfus Glaber, ein burgundischer Historiker des 11. Jahrhunderts, war davon überzeugt, die Kirche werde sicher über die Meere der Welt reisen, so wie Petrus mit Hilfe seines Herrn auf dem Wasser gewandelt war. Doch wie konnte er, wenn ihn die Glocke in Kälte und Dunkelheit zur Frühmette rief, sicher sein, daß seine Fastentage und Nachtwachen ihm nützen würden angesichts des sinnlichen Lebens um ihn herum?

Mit der Spaltung der Kirche während der Reformation wurde es noch undenkbarer, sich dogmatisch über das Wirken des göttlichen Willens zu äußern. Bossuets Sicht des Modus operandi der Vorsehung – seiner Meinung nach handelte es sich um Eingebungen tief in den Herzen der Menschen, die Mut oder Angst, Weisheit oder Torheit säen – stimmte mit der seines englischen Zeitgenossen Gilbert Burnet überein, obgleich Burnet bemerkenswerterweise einen Gott einführte, der sich oft befremdlicher und eigenartiger Werkzeuge bediente, um in der Welt zu wirken, und sich dabei nicht immer auf die besten Menschen stützte, wohl auch deshalb, damit den Menschen kein Lob zuteil werde, das allein ihrem Schöpfer gebühre. Diese »Werkzeuge« dürften kaum Bossuets Zustimmung gefunden haben: Burnet schrieb eine durch und durch protestantische Reformationsgeschichte.

Lange Zeit setzten christliche Spekulationen über den Lauf der Geschichte voraus, daß die Schöpfung noch jung sei und das Jüngste Gericht nicht lange auf sich warten lasse. Vor dem Hintergrund dieses engen zeitlichen Rahmens erschien die Erwartung vernünftig, ein göttliches Eingreifen stehe unmittelbar bevor. Daraus erklärt sich auch der starke und lang anhaltende Einfluß der Prophezeiung des Abts Joachim von Fiore am Ende des 12. Jahrhunderts, der die Ankunft eines Zeitalters des Heiligen Geistes verkündete, in dem die Kirche, angeführt von »Spiritualen«, herrschen werde. Das Theoriengebäude über die Vorsehung mußte sich zwangsläufig ändern, als die höchst bequeme Berechnung des Erzbischofs Ussher (1650), die die Erschaffung der Welt auf Sonnabend, den 22. Oktober

GRÜNEWALD: DIE KREUZIGUNG (1515-16). Der Maler, ein Meister des Lichts und der Farbe bei der Darstellung religiöser Empfindungen, bedient sich hier eines ungeschminkten Naturalismus, um die Leiden Christi im Geist der düsteren mystischen Frömmigkeit der Zeit zu schildern.

4004 v. Chr., 8 Uhr morgens legte, zugunsten geologischer Epochen und des langen Aufstiegs intelligenter Lebensformen mit einer auf Millionen von Jahren ausgedehnten Zukunft aufgegeben wurde, und das alles vor dem Hintergrund zahlloser Galaxien, in denen andere Wesen andere Geschichten inszenieren mochten. In dem Werk, das einer theologischen *Summa* für unsere Zeit am nächsten kommt, spricht John Macquarrie von »Vorsehung« als dem einer kontinuierlichen göttlichen Schöpfung innewohnenden Drang »zu reicheren und vollkommeneren Arten des Daseins«; diesen Drang in den Ereignissen unserer eigenen kurzen Geschichte zu entdecken, dürfen wir freilich nicht erwarten. Während sich unsere Horizonte zur Unendlichkeit hin erweitert haben, ist paradoxerweise die Fragwürdigkeit unseres Besitzanspruchs auf unseren Planeten offenkundiger geworden. Die Verknüpfung des grenzenlosen Fortschritts mit der Vorsehung bietet keine sicheren Anhaltspunkte mehr für unsere Vorstellungswelt.

Für diejenigen, die auf der Suche nach einer Deutung im Sinne der Vorsehung sind, hat es in den historischen Ereignissen immer einen Doppelsinn gegeben: »Denn wen der Herr liebt, den züchtigt er« mußte neben »Der Gerechte wird nimmermehr vergessen« gestellt werden. Noch wichtiger ist aber etwas anderes, das von triumphierendem Prahlen und einer oberflächlichen Apologetik des Erfolgs abhält: Das Christentum ist eine Religion, die in ihrer Konzentration auf ein Marterinstrument unverwechselbar ist; nach dem christlichen Glaubensbekenntnis hat Gott den Menschen frei geschaffen, und er selbst trägt die tragischen Folgen menschlicher Freiheit. Der Schüler steht nicht über seinem Meister: Vorsehung bedeutet für das Individuum Führung durch Leid – so auch die Botschaft der Briefe Bonhoeffers aus der Haft:

> »Alles, was wir mit Recht von Gott erwarten, erbitten dürfen, ist in Jesus Christus zu finden... Wir müssen uns immer wieder sehr lange und sehr ruhig in das Leben, Sprechen, Handeln, Leiden und Sterben Jesu versenken, um zu erkennen, was Gott verheißt und was er erfüllt... gewiß ist, daß im Leiden unsre Freude, im Sterben unser Leben verborgen ist; gewiß ist, daß wir in dem allen in einer Gemeinschaft stehen, die uns trägt... Du darfst nie daran zweifeln, daß ich dankbar und froh den Weg gehe, den ich geführt werde.«

Was wird dann aus der Kirche? Vielleicht wird die Zukunft des institutionellen Christentums, sowohl in den Beziehungen christlicher Gemeinschaften untereinander als auch in ihren Beziehungen zu anderen Religionen und zur Welt, im Opfer liegen, indem es vieles, was in der Vergangenheit hochgehalten wurde, aufgibt und sich bemüht, den Geist Christi zu repräsentieren. Diese Gedanken entfalten sich im heutigen Christentum, selbst in Fragen der Lehrmeinung, über die soviel Blut und Tinte vergossen wurde und wo Behauptungen über die göttliche Führung so unbarmherzig aufgestellt wurden. Inzwischen gibt es Christen, die das bedeutsame Bündnis zwischen kaiserlicher Macht und Kirche, das unter Konstantin geschmiedet wurde und das den Beginn der christlichen Kultur des Mittelalters markiert, bedauern. Ist ein Erfolg dieser Art ein Beispiel für das Wirken der Vorsehung, oder sollte eine Theologie der Inkarnation, der Fleischwerdung Gottes, eine Vorsehung der totalen Verwundbarkeit beinhalten? War das von Konstantin geschlossene Bündnis ein Verrat an dem wahren Christentum, bei dem die Religion unter Gefährdung der eigenen Seele und zu Lasten ihrer ewigen Mission ihren Beitrag zu Gesellschaft und Kultur leistete?

Die moderne Art der Geschichtsschreibung (die »wissenschaftlich« genannt werden darf, wenn wir uns erinnern, daß die Wissenschaft mit Hypothesen, inspirierter Vermutung und selektiver Konzentration, aber auch mit dem Sammeln und Ordnen von Fakten arbeitet und Mitgefühl nicht ausschließt) ist im wesentlichen ein Ergebnis des abendländischen Denkens, der christlichen Welt. Auch wenn sich die apologetische Beweisführung auf diesen Erfolg berief, kann nach strenger Logik die christliche Sicht der Vorsehung bestimmte Geschehnisse oder Ereignisketten nicht erklären. Und so ermutigten einige Vertreter der christlichen Kirche auch dazu, Geschichte in einer strengen, neutralen Weise und mit einem breiten kul-

Botticelli: Die Verkündigung (1493). Unter dem Eindruck der Predigten Savonarolas wandte sich Botticelli von den vornehmen klassischen Göttinnen ab und malte fortan Magdalenas und Madonnen von »süßer Melancholie«. Auf diesem Bild vermischen sich beide Ideen.

turellen Horizont zu schreiben. Erstens gab es die Überzeugung, daß alles, was Menschen tun oder denken, von höchster und ewiger Bedeutung ist, da es dem Urteil Gottes unterliegt; zweitens war da die Vorstellung von einem von seiner Schöpfung völlig gesonderten Schöpfer, der das Universum mit allgemeingültigen Gesetzen lenkt, dessen Wege unergründlich sind und der den Menschen das Geschenk der Freiheit macht. Daraus ergibt sich die Verpflichtung, alle Menschen und die Gesellschaftsordnungen, die sie errichteten, ernsthaft und mit Achtung zu behandeln, alles zu untersuchen, unparteiisch zu erklären, indem man auf dem logischen Zusammenhang aller Dinge besteht, ohne jedoch zu behaupten, man kenne den großen Plan. Wie andere Aspekte unserer Kultur – Naturwissenschaft, Kunst, Musik, Philosophie (sogar Philanthropie) – existiert die Historiographie jetzt als Disziplin, die unabhängig von den christlichen Aktivitäten ist, in die sie einst eingebettet war und durch die sie genährt wurde. Indem sie nicht mehr mit dem Rätseln über das Wirken der Vorsehung beschäftigt war, konnte sie aus ihrem dunklen Labyrinth in das grelle Licht einer unabhängigen, säkularen Existenz treten.

Die Autoren der verschiedenen Kapitel dieses Buches gehören zur Zunft der Berufshistoriker der »wissenschaftlichen« Art. Was auch immer sie als Individuen über das menschliche Geschick glauben, welche spirituellen Kontakte sie auch immer für das eigene Leben erhoffen oder nicht erhoffen, ihre Erkenntnisse formulieren sie unparteiisch und losgelöst von ihren inneren Überzeugungen. Dies bedeutet nicht, daß ihnen die Materie gleichgültig wäre, denn ein Historiker dürfte sich kaum dafür entscheiden, sein Leben mit der Erforschung eines Themas zu verbringen, das ihn kalt läßt, oder zu versuchen, die Gedanken und Gefühle von Menschen nachzuempfinden, mit denen er nicht sympathisieren könnte. In der Tat braucht der Historiker so etwas wie Sympathie, um zum Verständnis zu gelangen: *nemo nisi per amicitiam cognoscitur.* Unparteilichkeit kommt nicht von allein, gewissermaßen indem man den Kopf leerte. Man erreicht sie durch Übung und bewußtes Bemühen. Man entwickelt leidenschaftliche Gefühle, weiß jedoch, wie man sie zügelt. Man weiß, wann man sie unter Kontrolle haben muß und wann man ihnen freien Lauf lassen darf. Im Umgang mit einem derart gefühlsbetonten Thema wie dem Christentum sind die Schwierigkeiten enorm. Die Mitarbeiter an diesem Band verständigten sich darauf, als Individuen zu schreiben und sich nicht durch allgemeine Vorschriften oder durch die Ansichten von Kollegen zu binden.

Der Horizont einer Geschichte des Christentums muß weit sein. Manche mögen für eine Beschränkung auf das »wahre Christentum« eintreten, auf die Geschichte der Menschen, die Gott fanden und gemäß ihrem Glauben lebten, sowie auf die Bewegungen der Reformation und Erneuerung, die sie anregten, auf den Kern des Christentums also. Wir sollten uns, so mögen sie sagen, nicht zu sehr mit den Dingen befassen, die den Geist des ursprünglichen Evangeliums überlagern, und dabei auf Kierkegaards »komplettes Inventar der Kirchen, Glocken, Orgeln, Fußwärmer, Opferstöcke, Katafalke etc.« verweisen. Nichts könnte der Mentalität des Historikers ferner liegen. Kierkegaards hochmütiger Katalog zählt Dinge auf, die den gewöhnlichen Menschen wichtig waren, die auf die Umgebung hinweisen, in der sie menschliche und geistige Erfahrungen machten. Man darf sich allerdings auch fragen, ob ein »wahres Christentum«, nicht infiziert durch die Welt, hätte überleben können. »Kann man Jesus in der ganzen Welt ohne Kirchlichkeit predigen?« fragte Friedrich Naumann, ein Verfechter einer charismatischen Religion in den ersten Jahren dieses Jahrhunderts, »kann geschmolzenes Gold anders als in Tiegeln aus Eisen und Stahl von einem Ort zum andern getragen werden?« Der Historiker ist gerüstet, jedes Beweisstück zu untersuchen. Die Schmelztiegel interessieren ihn vermutlich sogar am meisten, weil Gefäße aus Eisen und Stahl, ihre Konstruktion und Handhabung, seinen Erklärungen zugänglicher sind als der Strom des geschmolzenen Goldes. Eine Religion ist eine gesellschaftliche Institution und als solche ein alltägliches Objekt der Analyse. Sie ist selbstverständlich mehr als das; der Historiker muß soweit wie möglich in dieses »mehr« eindringen, doch die Grenze ist dort erreicht, wo seine Werkzeuge zu plump sind, um mit dem Beweismaterial umzugehen. Auf den Gegensatz zwischen der Institution und dem Ideal haben sowohl Prediger als auch Antiklerikale immer wieder hingewiesen. Eine Religion, »die göttlich sein muß, weil sie solche skandalösen Repräsentanten überlebt«, ist ein Standardthema mündlicher und schriftlicher Äußerungen in Europa gewesen – vielleicht hat kein anderes Thema eine solche Fülle satirischer Beobachtungen hervorgebracht. Dekan Swift fragte sich mit masochistischer Ironie, ob »die Abschaffung des Christentums... möglicherweise die Kirche in Gefahr bringen könnte«. Beide, das Christentum wie die Kirche, sind die Gegenstände der Untersuchung des Historikers.

CHRISTUS IST DER MITTELPUNKT DES HIMMELS. Auf dem berühmten flämischen Altargemälde von Hubert und Jan van Eyck (1432) wird Christus als König inthronisiert. Unten (vgl. den hier wiedergegebenen Bildausschnitt) ist er das Lamm, dessen Opfer die Menschheit erlöst hat. Die triumphierende Kirche drängt sich nach vorne, um ihn anzubeten. Diese christozentrische Himmelsdarstellung besitzt eine eigene, unabhängige Schönheit – eine Gartenlandschaft mit dem Brunnen des Lebens im vorderen Bildteil und strahlenden Türmen im Hintergrund.

EINE MODERNE KREUZIGUNG (1920). Stanley Spencer wollte sein innerstes religiöses Empfinden zur »gewöhnlichen Alltagswirklichkeit« machen. Christus trägt das Kreuz durch das Dorf Cookham.

Im Himmel wieder vereinte Liebende, wie sie Dante Gabriel Rossetti erträumte. Zunächst in Versen, dann auf einem Gemälde (1879) porträtierte er »Die selige Damozel« in Erwartung ihres Geliebten. Sie wird ihn der Jungfrau Maria vorstellen und ihre Zustimmung erbitten. Christus inmitten seiner Engel wird ihnen erlauben, wieder zusammenzusein – dieses Mal für immer.

Warum war das Christentum erfolgreich? Unter den Erklärungen, die wir in diesem Buch finden, gehören manche zum »Gold«, den inhärenten Eigenschaften der Religion, andere zum »Schmelztiegel«, zu den Kompromissen, die die Religion in die Gesellschaftsordnung einbeziehen. Renans Vermutung, der Mithraskult hätte zum offiziellen Kult des Römischen Reichs werden können, wird der Boden entzogen, wenn wir das »Gold« beider Religionen vergleichen. »Ein Mensch benutzte den Mithraskult«, schreibt A.D. Nock, »er gehörte ihm nicht mit Leib und Seele an.« Gibbons Bild von den Sarazenen, die nach Polen und Schottland vorstoßen, während ihre Flotte auf der Themse kreuzt und auf Oxfords Kanzeln der Koran ausgelegt wird – wären sie nicht Karl Martell 732 bei Poitiers unterlegen –, ist gleichermaßen irreführend, denn es übergeht den »Schmelztiegel«-Aspekt, die lange Entwicklung und Integration von Religion und Gesellschaftsordnung, die das christliche Mittelalter gestalteten. Das Christentum blühte, wo es nicht bloß ein Verbündeter der Macht, sondern auch das Herz und die Inspiration eines sozialen Komplexes geworden war. Dies war nie der Fall bei der nestorianischen Kirche, die im 10. Jahrhundert 15 Metropolitanprovinzen zwischen Kaspischem Meer und Persischem Golf zählte, deren Missionare China, Samarkand und Indien erreichten und deren Gelehrte Werke der griechischen Philosophen ins Arabische übersetzten. Sie fügte sich nicht in die persische Kultur ein, verlor die Mongolen an den Islam und wurde schließlich unter dem Ansturm von Barbaren aus dem Osten auf wenige verstreute Gemeinden reduziert. Im Gegensatz dazu überdauerte die koptische Kirche in Ägypten dank ihrer Verbundenheit mit dem Volk. Ähnliches traf auf die armenische Kirche zu, die selbst dann am Leben blieb, als sie unter Persern, Arabern, Türken und Russen geteilt war. Nur in Europa nahm das Christentum die Rolle des Gestalters einer bedeutenden Kultur an, und als Europa expandierte, begleitete das Christentum die Eroberer, um Massenbekehrungen zu vollziehen, und die Siedler, um riesige leere Räume zu besetzen. Dennoch mag man Toynbee, Butterfield und anderen in einem Punkt recht geben: Der Niedergang des sozialen und kulturellen Komplexes des christlichen Europa eröffnete eine neue, wenn auch schmerzhafte Chance, daß die eigentliche Mission der Bekehrung der Welt noch einmal an dem Punkt beginnt, wo die Konformität der Herde endet und die individuelle Entscheidung zwingend wird.

Toynbee begrüßt diese »spirituelle Mutation« und die mit ihr einhergehende Trennung der Religion von Kosmogonie, Astronomie, Geologie, Biologie, aber auch von der griechischen Philosophie, da sie die dogmatischen Definitionen der Kirche verzerrte. Und was ist mit der Kunst? Fällt auch sie in seine Kategorie des »anstößigen Ballasts«, der die Seele auf ihrer Pilgerschaft zu höheren Dingen behindert? Die Frage ist für diejenigen, die eine *illustrierte* Geschichte des Christentums planen, von besonderem Interesse. Während sich die Religion unter reichlichem, oftmals eklektischem Gebrauch künstlerischer Fähigkeiten und Mittel über Europa ausbreitete, gab es immer auch eine gegenläufige Tendenz, die Tradition der Zurückhaltung und Askese. Die ikonoklastische Bewegung in der Ostkirche vom Ende des 7. bis zur Mitte des 9. Jahrhunderts war ein Ergebnis äußeren Drucks: Bilder waren Hindernisse bei der Auseinandersetzung mit den Monophysiten (die sich auf die göttliche und nicht die menschliche Natur Christi konzentrierten), Manichäern (denen alles Stoffliche als böse galt) und den Muslimen (die Darstellungen der menschlichen Gestalt ablehnten). Als die gotischen Kathedralen im 12. Jahrhundert emporwuchsen, mit Turm und Fiale himmelwärts strebend und reich an Bilderglanz und Statuen, wurden Zweifel anderer Art von Bernhard von Clairvaux geäußert, Zweifel, die die Wichtigkeit betrafen: »Welchen Nutzen haben Schnitzereien von Zentauren und Tigern mit Streifen und Flecken«, fragte er, »werden sie das Herz eines Sünders erweichen?« Ähnliche Vorbehalte gab es gegenüber der Entwicklung der Musik, gegenüber Instrumenten und der Polyphonie wie auch gegenüber dem Gregorianischen Gesang. Diese strengen Erwägungen traten insbesondere in der Reformation hervor. Zu Luthers Abscheu veröffentlichte Professor Karlstadt das Werk *Von der Abtuung der Bilder* (1522), das zu einem frühen Ausbruch von Bildersturm in Wittenberg führte. Im folgenden Jahr schlug Zwingli (der selbst ein feinfühliger Musiker und Kunstliebhaber war) ein Unterbinden der Bilderverehrung in Zürich vor. Aus den Kirchen wurden die Gemälde entfernt, die Wände erhielten einen Kalkanstrich. Nach Vollendung des Werks schrieb er voller Freude an einen Freund: »Wir haben Kirchen, die wirklich strahlend sind; die Wände sind herrlich weiß.« Calvins Interesse war anspruchsvoller, denn ihn beherrschte ein überwältigender Sinn für die Majestät Gottes. »Nur solche Dinge sollen geschnitzt oder gemalt werden«, sagte er, »welche die Augen zu sehen vermögen. Laßt nicht die Majestät Gottes, die hoch über der Wahrnehmung der Augen steht, durch unziemliche Darstellung erniedrigt werden.« Da er Kunst und Musik als »Gottesgaben« ansah, setzte er sich nicht für eine umfassende Zerstörung ein; er wollte lediglich »unziemliche Darstellungen« aus den Kirchenbauten verbannen. Die Schneise der Verwüstung, die schottische Calvinisten und französische Hugenotten im 16. und englische Puritaner im 17. Jahrhundert hinterließen, kann nur indirekt als Auswirkung seiner Lehre angesehen werden. Es handelte sich dabei eher um eine Folge der durch den Bürgerkrieg geweckten Leidenschaften, der buchstäblichen Nachahmung der Könige des Alten Testaments, die »die Haine und Altäre der Götzenverehrung« zerstörten, sowie der Unterstützung von seiten weltlicher Unternehmer, die eine Möglichkeit sahen, aus kirchlichem Besitz Gewinn zu schlagen. Zwar bedeuteten die Decken der Gegenreformation mit ihren von Wolken getragenen himmlischen Heerscharen eine dramatische Zurückweisung calvinistischer Einschränkungen, doch versuchte auch die römische Kirche, ähnlich wie ihre Rivalinnen, die Bibel zur Kontrolle ästhetischer Inspiration zu benutzen. Das Trienter Konzil wünschte, daß Geschehnisse des Neuen Testaments mit keinen anderen Zutaten als den von den Evangelien vorgegebenen dargestellt werden sollten, und Autoren wie der Jesuit Menestrier, der voller Ehrfurcht über die phantasievollen Schöpfungen Berninis und Le Bruns nachdachte, hatte noch Vorbehalte gegenüber allegorischen Gestalten ohne biblische Berechtigung.

In unserem Jahrhundert ist die Rückkehr zur Strenge zum Teil auf die Wiederentdeckung der Tugend der Demut zurückzuführen. Die Papstgräber in der Peterskirche sind durch größte Einfachheit gekennzeichnet: Denkmäler für die Diener der Diener Gottes. Verfechter einer Kirche des Volks haben sich mißbilligend über den Symbolgehalt des Doms geäußert, der die Silhouette der Stadt beherrscht. Noch bezeichnender ist der Wandel im Ideal des liturgischen Ritus, der jetzt egalitär geworden ist und die volle Beteiligung der Gemeinde vorsieht. Die Worte sind Alltagsprosa, die Musik ist elementar und Angelegenheit der Gemeinde; barocke Pracht und »das gedämpfte religiöse Licht« viktorianischer Kirchen sind nicht mehr gefragt. In Deutschland hat sich Anton Henze, der alle Kirchenarchitektur als eine Vergeistigung des Stils der herrschenden Klasse betrachtet, der nackten Einfachheit der modernen Technik zugewandt, und in England setzte sich Eric Gill für eine »Messe für die Massen« ein, mit dem Gottesdienst um einen zentralen Altar, um »den ganzen Plunder von pharisäischen Zeremonien und Mystagogentum« abzuwerfen. 1960 veröffentlichte Peter Hammond eine Anklageschrift gegen den englischen Kirchenbau seit dem Krieg, den er mit den französischen und deutschen Kirchen der katholischen liturgischen Erneuerung verglich. Betrachtet man seine Fotografien von nackten Arenen bar jeden Mysteriums, wird man nachdenklich – und wendet sich erleichtert dem Hochaltar der Kathedrale von Coventry zu, der mit Graham Sutherlands majestätischem Gobelin geschmückt ist.

Strenge kann auch als Zuflucht vor Selbstzweifeln an den Mitteln künstlerischen Aus-

Die Suche nach einem »religiösen« Stil. In der römisch-katholischen Frömmigkeit des 19. Jahrhunderts spielte Maria eine bemerkenswerte Rolle. Ingres stellte sie in den Mittelpunkt dieses eucharistischen Bildes. Das liebliche, eindrucksvolle Porträt von allzu vollkommener Schönheit läßt die Suche des Künstlers nach einem spezifisch »religiösen« Stil erkennen.

drucks entstehen. Im Mittelalter, als die Kunst noch in einem religiösen Zusammenhang stand, arbeiteten alle künstlerisch Tätigen mit selbstsicherer Zielstrebigkeit. Noch im 18. Jahrhundert gingen ein Boucher oder ein Mengs mit unbefangener Meisterschaft vom weltlichen Porträt oder einer erotischen Phantasie im Stil des Rokoko oder Klassizismus zu einer *Anbetung der Hirten* oder einem *Noli me tangere* über. Im 19. Jahrhundert tat sich ein Spalt auf; es begann die Suche nach einem unverwechselbaren Stil, der »religiös« und als solcher zu erkennen war – Ingres und Flandrin sind Beispiele für diese Suche. In unserer Zeit mit ihrer durch und durch weltlichen visuellen Kultur fehlen dem Künstler die grundlegenden Konventionen, innerhalb derer er sicher sein kann, daß seine Darstellung religiöser Themen den emotionalen Widerhall findet, der zu spirituellem Bewußtsein oder zu Religiosität führt. Statt der Zusammenarbeit vieler Handwerker an einem Meisterwerk (wie einer Kathedrale), das von jedem verstanden wird, ist der typischste Ausdruck der Spiritualität in der Kunst heute das »Zeugnis«, die Aussage des einzelnen Künstlers über seine Sicht des Universums in seinem Gesamtwerk. Chagall war so ein Künstler, der behauptete, »so etwas wie ein Christ« von der Art des Franz von Assisi zu sein, mit »einer bedingungslosen Liebe zu anderen Wesen«. In seiner Kunst vermischen sich christliche Ikonen, jüdische Herbheit und heidnische Mythologien; da gibt es die Kreuzigung und den Holocaust, die Madonna und Aphrodite, vor einem Hintergrund von feierlichen Clowns, Fabeltieren, Blumen und Musikinstrumenten, die in ein blaues, ätherisches Licht getaucht sind. Was uns heute fehlt, ist eine allgemeine künstlerische Form, die auf öffentlichen Gottesdienst und private Meditation gleichermaßen anwendbar ist. Unter den Betrachtern moderner Kunst wird es einige geben (und zu ihnen zählt sich auch der Autor dieses Vorworts), die sich danach sehnen, ihre religiöse Erfahrung möge von Bedeutung für die Gegenwart und Zukunft sein, die aber dennoch feststellen, daß ihre Vorstellungskraft an eine Vergangenheit gefesselt ist, deren Magie nicht aktualisiert werden kann.

CHAGALL: FALLENDER ENGEL (1947). Der Himmel ist schwarz, das Licht fahl. Einfache Häuser und ein Bauer mit einem Sack – das Rußland Chagalls. Das gelbe Kalb und die blaue Geige – Symbole seiner Phantasiewelt. Links ein Jude mit Schriftrollen, rechts ein Kruzifix und eine Mutter (die Heilige Jungfrau?) mit Kind – Träger der Hoffnung.

Noli me tangere. Maria von Magdala begegnet dem auferstandenen Herrn. »Berühre mich nicht! Denn ich bin noch nicht zum Vater aufgefahren« (Joh. 20, 17) – durch die Jahrhunderte das Thema unzähliger Kunstwerke. Dieses 1440-41 von Fra Angelico gemalte Fresko befindet sich im Kloster San Marco in Florenz.

Das Christentum ist eine Religion des Wortes – des »fleischgewordenen Wortes«, des gepredigten Wortes, des aufgeschriebenen Wortes –, um Gottes Eingreifen in die Geschichte nachzuerzählen. Jede Erzählung benötigt jedoch ein Bild. Papst Gregor der Große definierte die Rolle des Künstlers wie folgt: »Die Malerei kann für die nicht Lesekundigen das bedeuten, was Schreiben für diejenigen tut, die lesen können.« Augustinus war in seinem Lob der Musik noch weiter gegangen: Geschriebene Worte seien an sich unzureichend – »Sprache ist zu armselig, um von Gott zu sprechen..., doch man möchte nicht still sein. Was bleibt einem da, als jubelnd zu singen.« Diese Aussage trifft auf den bildenden Künstler wie auf den Musiker gleichermaßen zu. Worte haben eine allmähliche und längerfristige, ein Kunstwerk dagegen hat eine sofortige Wirkung. Es gibt in diesem Band Illustrationen, die christliche Themen zeigen, wie sie von außereuropäischen Völkern gesehen werden; sie überbrücken die Kluft zwischen Kulturen mit einer einzigen Geste, in einer Unmittelbarkeit, die Übersetzungen des Wortes versagt ist. Aus welcher Kultur auch immer es stammt, ein bedeutendes Kunstwerk ist eine potentielle Quelle spiritueller Einsicht, die zwar in der Stärke des syllogistischen Beweises und auch in der Fähigkeit, den Inhalt des inneren Auges der Vorstellungskraft zu suggerieren, nicht an das Wort heranreicht, ihm jedoch in der beschwörenden Macht, einen heimzusuchen und zu erleuchten, weit überlegen ist. Wassily Kandinsky, der Pionier der abstrakten Malerei, der 1912 eine Untersuchung *Über das Geistige in der Kunst* veröffentlichte, sprach davon, daß die Kunst der Religion ähnle, insofern sie das Bekannte nehme und umwandle, es »in neuen Perspektiven und in einem blendenden Licht« zeige. Manche Meisterwerke der Malerei und Bildhauerei der christlichen Tradition sind von Künstlern geschaffen worden, deren Rang als Gläubige zweifelhaft ist. In Kandinskys Sicht des Durchbruchs zu geistiger Wahrnehmung ist dies kein Paradox. »Es ist sicherer, sich an Genies ohne Glauben als an Gläubige ohne Talent zu wenden«, sagte der französische Dominikaner Marie-Alain Couturier, und stellte den Aphorismus auf die Probe, indem er Matisse, Braque, Chagall und andere große Künstler der Zeit überredete, in der Kirche von Assy in den französischen Alpen zu arbeiten. Couturier ordnete religiöse Erwägungen nicht einem elitären Denken unter: »Alle große Kunst ist geistig«, sagte er, »weil das Genie des Künstlers in der Tiefe liegt, in dem geheimen inneren Wesen, aus dem auch der Glaube entspringt«. Jacques Maritain hat aus der Annahme der Einheit aller geistigen Erfahrung eine weitere Folgerung gezogen. Dem Christen, der versucht, mit seiner Kunst seine religiösen Überzeugungen wiederzugeben, legt er nahe, diesen Wunsch aus seinem Denken zu verbannen und sich einfach zu bemühen, »ein Werk der Schönheit zu schaffen, in dem dein ganzes Herz liegt«.

Ein Künstler muß seinen Lebensunterhalt verdienen. Er ist von Mäzenen abhängig, er wird durch Traditionen und Moden beeinflußt, seine Leistungen können durch technische Grenzen auf der einen Seite oder durch die Versuchung, Virtuosität an den Tag zu legen auf der anderen, verzerrt sein. Es gibt keine direkte, unkomplizierte »geistige« Inspiration. Dennoch ist die Kunst in der christlichen Vision dramatisch. Eine Religion der Transzendenz, der Schöpfung und der göttlichen Strafe, der Fleischwerdung und des innewohnenden Geistes liefert einen unerschöpflichen Themenvorrat – Leben, Gleichnisse, Wunder, Tod und Auferstehung Jesu, seine prophetischen Vorläufer und seine Heiligen, der dreieinige Gott und die himmlischen Heerscharen –, dazu die Bestände an Allegorien, Tugenden und sogar Göttern und Göttinnen des klassischen Altertums, die im Mittelalter unbekümmert, entsprechend der »Ausplünderung der Ägypter«, annektiert wurden. Die Aufzählung ist damit noch lange nicht vollständig. Vor einem Jahrhundert entwickelte Bischof Westcott, ausgehend von der Gleichgültigkeit des Neuen Testaments gegenüber künstlerischen Darstellungen, eine Begründung, die darauf abzielte, die gesamte Natur als christliches Thema zu annektieren, da sie eine unaufhörliche potentielle Offenbarung des Göttlichen sei. Und er ermutigte den Künstler, verschwenderisch zu sein. »Wozu diese Verschwendung?« fragen Jünger, als das »kostbare, wohlriechende Öl« Jesus über das Haar gegossen worden war – es war »ein Zeugnis der Liebe«, erwiderte Westcott.

Es gibt eine Sicht des Glaubens, deren Kern der Triumph ist: Das Kreuz bedeutete den Sieg über den Teufel, während der Sohn, der ewige Richter, zur Rechten Gottes regiert. Die romanische Kunst im Westen um das Jahr 1000 rückte das Jüngste Gericht in den Vordergrund – eine Warnung an die getauften Kriegsherren, deren primitive Leidenschaften die Wasser der Wiedergeburt nicht hatten kühlen können. Zur gleichen Zeit sah in Byzanz, als Mosaik oder Fresko, der stilisierte transzendente Christus, der Alte aus Daniels Vision, auf sein Volk herab als sein Schöpfer und Richter. Im Osten wie im Westen stellte die Kunst einen Retter dar, der dem Bündnis mit der Macht und dem Auftrag entsprach, die gegen die Grenzlinien anstürmenden Barbaren einzuschüchtern. Mit unermeßlich größeren technischen Fähigkeiten war der barocke Triumphalismus die charakteristische Kunstform der Gegenreformation – die himmlischen Heerscharen in glitzernden Reihen, die den siegreichen Christus oder die verklärte Jungfrau Maria willkommen heißen, und das ganze Leben Jesu und seiner Heiligen von Hinweisen auf die göttliche Herrlichkeit durchwirkt.

Das Denken der Christen in der ersten Hälfte des 3. Jahrhunderts unterschied sich davon sehr stark. Auf den Malereien in den Katakomben fehlen die Darstellungen der Macht – sie sollten erst später, nach der Bekehrung Konstantins, von römischen Vorbildern übernommen werden. Dafür gibt es zahlreiche Bilder von Daniel, Jonas, Noah und Lazarus – »eine Aufzählung der Vorläufer des göttlichen Eingreifens für einen der Gläubigen«, sagt André Grabar. Christus wird als der gute Hirte und durch das aus den Anfangsbuchstaben gebildete Symbol des Fisches dargestellt. Es gibt kein Kreuz und keine Kreuzigungsszene. Die Zurückhaltung dieser frühen Gläubigen ist bewegend. Sie scheuen sich vor der Erinnerung an den knechtischen und entwürdigenden Tod, der ihrem Herrn auferlegt wurde, und sie begreifen die Erlösung im gütigen Bild der Freundschaft Christi, nicht in der prächtigen Aufmachung majestätischer Triumphe. Das 12. und frühe 13. Jahrhundert erlebte die Wiederentdeckung des Freundschaftsthemas, veranschaulicht in Abaelards Theorie der Versöhnung (»unsere Erlösung ist die große Liebe, die in uns durch das Leiden Christi geweckt wurde«) und im Leben des heiligen Franziskus. Die Künstler wandten sich der Verkündigung, der Kindheit und der Madonna mit dem Kind zu, und die Mäzene, jetzt eher reiche Laien oder bedeutende Geistliche als Mönche, begrüßten diese Umkehr zur Weichheit, zum magischen Frühling der heiligen Geschichte. Als die Renaissance die Vollkommenheit des naturalistischen Porträts der menschlichen Gestalt und die innere Leuchtkraft des lebenden Fleisches entdeckte, wurde das Thema mit Meisterwerken von erstaunlicher Perfektion ausgeschmückt. In seiner *Verkündigung* bewegte sich Botticelli, angerührt von den Predigten Savonarolas, vom Zauber seiner heidnischen Göttinnen in eine neue ätherische Dimension.

Triumphalismus, Freundschaft – und es gibt ein drittes antreibendes Gefühl in der christlichen Kunst: Leid. Der Kult der Freundschaft Jesu konnte nie seine Leiden vergessen. Selbst die Kreuzigungsszenen der Renaissance, die den Todeskampf der heiligen Gestalt vermeiden und ihn als »Adonis von Galiläa« porträtieren, enthalten überall Hinweise auf die Tragödie: im sich verfinsternden Himmel, in der Verzweiflung auf den Gesichtern der Zuschauer, im Mitgefühl auf den Gesichtern der Engel. Die *Auferstehung* Piero della Francescas (1462-64) scheint eine triumphalistische Allegorie zu sein, auf der ein Christus mit einem entrollten Banner dem Grab entsteigt – bis wir in die Augen schauen, aus denen die Erinnerung an die Marter starrt. Im germanischen Europa im 15. Jahrhundert konzentrierte sich der Kult um Christus und seine Mutter unter dem Einfluß der Mystiker auf die Passion. Die Zeiten waren übel, es gab ein zunehmendes Bewußtsein der Sünde und Angst vor dem Tod in der Frömmigkeit der Zeit. Daher die quälenden Kreuzigungsszenen. Die bitterste und bekannteste ist die Grünewalds (1515); hier gibt es keine Hoffnung – wir sehen, in Huysmans' Worten, den »Gott des Leichenschauhauses«. Allerdings kennen wir einen Grad der Tragödie, der hintergründig noch düsterer ist und in Pieter Bruegels *Kreuztragung Christi* und in modernen Behandlungen des Themas sichtbar wird: Das Leiden ist Leiden in Einsamkeit.

Wer die Schmerzen Christi teilt und seine Freundschaft sucht, wird an seinem Triumph teilhaben – und wie kann der Künstler die äußerste Erfüllung und Belohnung der Gläubigen darstellen? Wenn der Himmel der Seele allein mit ihrem Gott vorbehalten ist (wie in der extremen Sicht der strengeren Scholastiker, Jansenisten und Puritaner), ist eine künstlerische Darstellung praktisch unmöglich. Doch wenn die Lehre der Kirche als einer göttlichen Einrichtung ernst genommen wird, muß sie, wie theozentrisch auch immer die Ewigkeit gesehen wird, eine Gemeinschaft der Erlösten umfassen. Oder sie müssen zumindest ihre Aufwartung an einem himmlischen Hof machen, für den es eine von unzähligen Barockmalern verwendete Standardbildersprache gab – auf Wolken schwebende Hierarchien, die bis zur Heiligen Jungfrau und zu Gott in einer leuchtenden Unendlichkeit aufsteigen. Wenn *eine* phantasievolle Ausstattung, warum nicht auch andere, tröstlichere, wo der müde Pilger sich zu Hause fühlen kann: die weißen Türme der Stadt aus der Offenbarung und dem Mittelalter, der Paradiesgarten, der auf den Bildern der Renaissance vom Brunnen des Lebens bewässert wird? In einer Stadt oder einem Garten schreit die Szene geradezu nach Geselligkeit, und von da war der Weg frei für die verbreitete moderne Vorstellung des Himmels, die im 18. Jahrhundert entstand und die manches den Dichtern der Kirchenlieder verdankt, mehr jedoch Rousseaus *Nouvelle Héloïse* und Swedenborgs Visionen. Hier haben die Erlösten Arbeit zu verrichten, ihre geistige Entwicklung geht weiter, sie erneuern und vervollkommnen ihre irdischen Lieben. Moderne Theologen mit ihrer elitären Einstellung haben Vorbehalte, aber hier scheint die Einsicht der gewöhnlichen Christen in ihrer naiven Weise dem Kern des Evangeliums der Liebe näher zu sein. Gewiß, in diesem angenehmen Himmel findet der Künstler nicht leicht Themen, die sich über die Banalität erheben. Die Beförderung irdischer Erfahrung in die Ewigkeit eignet sich für oberflächliche, sentimentale Darstellungen idyllischer Art und verleitet die Phantasie, an einer vertrauten Umgebung festzuhalten, anstatt nach den fremden Küsten und sonnenbeschienenen Höhen einer neuen Welt des Geistes auszugreifen. Außerdem besteht für den Künstler das Problem, das Chateaubriand benannte: »Nie-

Piero della Francesca: Die Auferstehung (um 1462-64). Christus ist mit dem Banner des Sieges auferstanden. Zu seiner Rechten schlafen die Soldaten, sind die Bäume kahl, zu seiner Linken erwacht ein Wächter und knospen die Bäume. Die Welt wird erneuert.

mand interessiert sich für Wesen, die vollkommen glücklich sind.« Dennoch verhilft die Erhebung der erotischen Leidenschaft in den Himmel (durch Charles Kingsley in seiner Erfüllung und Emily Dickinson in ihrer Einsamkeit) dem Künstler zu einer Brücke, die eine Inspiration aus dieser Welt in die nächste zu tragen vermag; man denke an William Blakes innige Wiedersehensfeiern am Jüngsten Tag und Dante Gabriel Rossettis *Selige Damozel,* die an der goldenen Schranke wartet, um ihren erdgebundenen Liebhaber in die »tiefen Quellen des Lichts« zu führen.

Die beste Beschreibung des Ziels und Zwecks eines Christen ist theologisch (und vielleicht künstlerisch) eine, die den Himmel nebensächlich macht: »bei Christus sein« in Paulus' Worten. Die bedeutendsten Werke des Geistigen in der Kunst sind wohl diejenigen, welche die Innerlichkeit dieser einfachen und doch geheimnisvollen Wendung vermitteln. Die Mystiker hatten die Reise zur Vereinigung beschrieben – ausgetrocknete Wüsten und die Nacht der Seele auf dem Weg zur Begegnung mit der göttlichen Liebe in der ganzen Intensität und Unmittelbarkeit der erotischen Leidenschaft, unendlich vergeistigt. Berninis *Verzückung der heiligen Theresa* ist der erstaunlichste von allen Versuchen, die unternommen wurden, um den Augenblick der Ekstase festzuhalten. Die hingerissene Heilige am Rand einer anderen Welt und der vieldeutig lächelnde Engel, der den grausamen Pfeil führt, offenbaren die beunruhigende Intensität einer Liebe, die keine Grenzen hat. Aber der Weg des Johannes vom Kreuz und der Theresa ist nicht für die große Masse der Gläubigen; das ist vielmehr die Meditation über Leben, Lehre und Tod Jesu und die Hoffnung, er möge sich bei der Auferstehung ihrer erinnern. Rembrandt, ein Zeitgenosse Berninis, war der überragende Künstler solcher alltäglicher Jüngerschaft. Durch calvinistische Strenge von erhabenen allegorischen Flügen abgehalten und durch Unglück diszipliniert, porträtierte er das Leben Jesu in einer Weise, die den Betrachter zu mitfühlender Selbstidentifikation zwingt, bis zu der endgültigen Verzweiflung seiner *Kreuzabnahme,* die sich in der Blässe und Hoffnungslosigkeit im Gesicht der Jungfrau Maria ausdrückt. Es gab sehr wohl einen triumphalistischen Zug in den Darstellungen der Auferstehung, aber es gab auch einen gedämpften, dem Herzen der Jüngerschaft näheren – der Augenblick des Erkennens, der sich auf so vielen Versionen des *Noli me tangere* findet, Maria Magdalena und der auferstandene Christus am frühen Morgen im Garten. Der Augenblick des Erkennens bildet den Mittelpunkt der Frömmigkeit Rembrandts, obwohl er die Begegnung mit den zwei Jüngern in Emmaus vorzieht. »Bleib doch bei uns; denn es wird bald Abend«, sagen sie, und im Zwielicht, beim Brechen des Brotes, erkennen sie ihn plötzlich, wie auch sie erkannt werden.

Der Autor dieses Vorworts hofft auf jenen Augenblick des Erkennens. Aber seine Hoffnung erwächst nicht aus seinen Urteilen als Historiker und bestimmt diese nicht. Der Bericht der Ereignisse ist vieldeutig hinsichtlich der Behauptung einer übernatürlichen, innerlichen Bedeutung. Obwohl er über bessere Informationen und eine ganze Reihe von Methoden zu ihrer Interpretation verfügt, befindet sich der Historiker im selben Rettungsboot wie alle andern, wenn es um den letzten Sinn geht. Er kann nur neugierig sein – entweder mit Hoffnung oder, wie Flaubert, ohne. Auf seiner Reise durch den Nahen Osten, die ihn zu archäologischen Denkmälern und in verschiedene Bordelle führte, kam Flaubert im August 1850 in Jerusalem und am Heiligen Grab an. »Dort überkam mich«, schrieb er, »jenes eigenartige Gefühl, das zwei Männer wie Sie und ich erleben, wenn wir allein an unseren Kaminen sitzen und uns mit aller Kraft unseres Innern bemühen, in jenen uralten Abgrund zu blicken, den das Wort ›Liebe‹ darstellt, und uns vorstellen, was es sein könnte, ob es möglicherweise so sein könnte.«

Rembrandt: Christus in Emmaus. Das Thema der Jüngerschaft steht im Mittelpunkt der religiösen Kunst Rembrandts. Dieses Gemälde war für ein Haus gedacht, nicht für eine Kirche. Thematisiert wird das Wiedererkennen, die unmittelbare Begegnung des Gläubigen mit Christus.

Von den Anfängen bis 1800

CHRISTUS ERWECKT LAZARUS. Die rechte Hand des Herrn hält den Stab als Zeichen seiner Macht, die linke eine Rolle (der Heiligen Schrift?). Diese Szene auf einem Sarkophag aus dem 3. Jahrhundert drückt den Glauben an die Macht Christi aus, die Schrecken des Todes zu überwinden.

1

Die frühe Christengemeinde

Henry Chadwick

Jesus und die Apostel

Die frühesten christlichen Gemeinden zeichneten sich durch ihre enge Bindung an Jesus von Nazareth aus. Sie glaubten, in seiner Lehre und seinem Leben habe Gott »sein Volk heimgesucht« und einen Propheten geschickt, ja mehr noch, ein Vorbild und einen Lehrer auf dem Pfad der Wahrheit und der Rechtschaffenheit. Er vollzog seine Heilungen des Körpers und des Geistes aus Mitgefühl, nicht um Zweifler zu beeindrucken. Menschen, die als Beweis seines göttlichen Auftrags Wundertaten verlangten, wurden zurückgewiesen: Seine Macht rührte aus der Gegenwart des Vaters. Sie wurde von jenen wahrgenommen, die »Ohren hatten zu hören«. Enttäuscht wurden auch diejenigen, die auf den Beginn eines heiligen Krieges gegen die römische Besatzung Judäas gehofft hatten: Er lehrte, auf Widerstand zu verzichten und den Feind zu lieben. Andererseits verwies seine Lehre aber auch auf die Relativität irdischer Macht. Das Reich Gottes, von dem er sprach, zog darüber hinaus den Absolutheitsanspruch von mosaischem Gesetz und Tempelkult in Zweifel. Die hohepriesterlichen Familien Jerusalems sahen durch ihn sowohl ihre Autorität als auch ihre politische Zusammenarbeit mit der römischen Macht bedroht. Die Behauptung, mit seinem Kommen beginne Gottes Herrschaft auf Erden, brachte ihm eine Anklage wegen Blasphemie ein, die schließlich dahingehend abgewandelt wurde, er wiegele zum Aufruhr auf, und in dieser Form dem Statthalter Pontius Pilatus vorgebracht wurde. Nachdem einer aus dem inneren Kreis der Jünger, Judas, ihn verraten hatte, wurde er gefangengenommen und zur Passahzeit, vermutlich im Jahr 30 unserer Zeitrechnung, durch Kreuzigung hingerichtet.

Für die Gemeinschaft der Jünger bedeutete die Kreuzigung nicht das Ende. In den frühesten christlichen Texten finden sich zwei unterschiedliche Darstellungsformen der Auferstehung Jesu. Die erste spricht vom leeren Grab, der Auferstehung nach der Bestattung, dem Erscheinen vor den Aposteln, weiblichen Anhängern und anderen Augenzeugen. Die zweite spricht von dem Herrn, der nun – von den Beschränkungen des menschlichen Lebens befreit – seinem Volk zu allen Zeiten und an allen Orten gegenwärtig ist. Vorgänge dieser Art entziehen sich den Methoden der historischen Untersuchung. Der Historiker weiß, daß etwas Wichtiges geschah, das die Jünger von einem Haufen ängstlichen Männer in kühne Missionare verwandelte, die bereit waren, für ihren Glauben ihr

Leben aufs Spiel zu setzen. Auferstehung ist jedoch nicht gleichbedeutend mit Wiederbelebung (auch nicht in den Texten, die die diesseitige Natur des Ereignisses betonen), sondern meint ein geheimnisvolles »Gehen zu Gott«.

Die apostolische Gemeinde erlebte seine Gegenwart im Gottesdienst, in der Verkündung der göttlichen Vergebung und Erneuerung, sichtbar verkörpert in den »Sakramenten«. Diese Gegenwärtigkeit in der Gemeinde wurde als Zeichen des Reichs Gottes auf Erden verstanden.

Der Glaube, daß Jesus Gottes gesalbter Prophet und König (Messias) sei, diente der frühen Kirche als Grundlage ihrer Selbstdefinition. Die Christen sahen sich anfangs nicht gesondert vom jüdischen Volk, obwohl Jesus die Pharisäer mehrfach in scharfer Form angegriffen hatte. (Aber das tat schließlich auch der Talmud.) Gottes Ruf erging zuerst an die Juden. Der Ruf an die Nichtjuden war eine Zeitlang umstritten. Für die frühesten christlichen Gemeinden war Jesus nicht der Gründer oder Urheber der Gemeinschaft von Gottes Volk, sondern Höhepunkt einer langen Geschichte der göttlichen Erziehung der Menschheit durch die besondere Erleuchtung, die den Propheten Israels geschenkt worden war. Sie hielten sich an die hebräischen heiligen Bücher, das mosaische Gesetz und die prophetischen Schriften. Die Christen teilten mit dem Judentum ein starkes Empfinden für ethische Werte, wie es für den Monotheismus charakteristisch ist. Der Monotheismus ist in erster Linie eine Kritik der Naturreligion, dann des Stammessystems – das heißt des Gedankens, die Funktion der Religion sei es, Zusammenhalt, Überleben und Wohlergehen des Stammes zu garantieren. Das Alte Testament enthielt Vorschriften, die eine Getrenntheit und Besonderheit des jüdischen Volks geltend machten, woraus sich ein gespanntes Verhältnis zum Universalismus des monotheistischen Glaubens ergab: Wenn es nur einen Gott gibt, ist er der Herr aller Völker, auch wenn manche sich ihm stärker verbunden fühlen als andere. Wie einige Griechisch sprechende liberale Juden deuteten die frühen Christen die Propheten dahingehend, daß den Juden die Mission zukäme, alle Völker zu erleuchten. Doch das Gesetz enthielt Vorschriften, die offenbar dazu bestimmt waren, die Juden von anderen Völkern abzusondern. Die Christen glaubten, durch den Tod Jesu habe Gott einen neuen Bund nicht nur mit den Juden, sondern mit allen Völkern der Erde begründet.

Letzteres war in der apostolischen Gemeinde heftig umstritten. Viele Anhänger der jungen Kirche waren Pharisäer, eine gewissenhafte, fromme Partei unter den Juden, ängstlich darauf bedacht, ihre nationale Religion vor einer liberalen Anpassung an die sie umgebende nichtjüdische Welt zu bewahren. Vielen von ihnen war der Gedanke, das mosaische Gesetz könnte nicht endgültig sein, zutiefst zuwider.

In diesem Zusammenhang wurde auch die heikle Frage nach der Autorität aufgeworfen. War der Stellvertreter des aufgefahrenen Herrn in Angehörigen seiner Familie zu finden, insbesondere in »Jakobus, des Herrn Bruder«? Jakobus trat als allgemein anerkanntes Haupt der Gemeinde von Jerusalem in Erscheinung. An seiner Seite standen die »Apostel«, diejenigen Männer, die Jesus beauftragt hatte, angesichts des kommenden Reichs Gottes zur *Buße* aufzurufen. Der auferstandene Herr war nicht nur Frauen und Aposteln erschienen, sondern auch Jakobus (1 Kor. 15, 5-7). Jakobus verkörperte einen strengen Konservatismus hinsichtlich der Befolgung des moralischen sowie des zeremoniellen Gesetzes. Unter den Aposteln nahm Petrus eine allgemein anerkannte Führungsrolle ein: Die biblische Überlieferung spricht ausdrücklich von Aufträgen, die Jesus ihm erteilte (Mt. 16, 16-18; Lk. 22, 31-32; Joh. 21, 16-17), und auch in den Paulusbriefen wird seine herausragende Rolle betont. Der Apostelgeschichte zufolge war es Petrus, der Nichtjuden die Aufnahme in die Kirche ermöglichte. Er scheint eine mittlere Position eingenommen zu haben. Er vertrat die Ansicht, daß Heidenchristen zwar nicht beschnitten sein oder traditionelle jüdische Feste einhalten mußten, daß sie aber die jüdischen Speisevorschriften achten sollten.

Paulus

Eine radikalere Position, zumindest in den Grundfragen, nahm die herausragendste Gestalt (wenn auch nicht der Urheber) der Heidenmission ein – Saulus oder Paulus aus Tarsus, ein hellenisierter Jude mit römischem Bürgerrecht. Als Pharisäer und Konservativer hatte er zunächst die junge Kirche bekämpft, war aber durch eine Vision des auferstandenen Herrn auf dramatische Weise bekehrt worden. Von da an fühlte er sich beauftragt, die Lehre Jesu über die Besonderheit des Judentums hinaus in die heidnische Welt zu tragen.

EIN NICHT SICHER IDENTIFIZIERTES WANDGEMÄLDE des 3. Jahrhunderts aus der Gruft der Aurelier (einer Gruppe, die sich zum Zweck einer gemeinsamen Grabstätte zusammentat) in Rom. Es ist als Darstellung eines Apostels interpretiert worden, doch hatten die Aurelier möglicherweise nur eine lockere Bindung an die Kirche. Ihre Fresken stellen vorwiegend Philosophen dar.

Karte 1:
Die Reisen des Apostels Paulus und christliche Gemeinden im Jahre 100

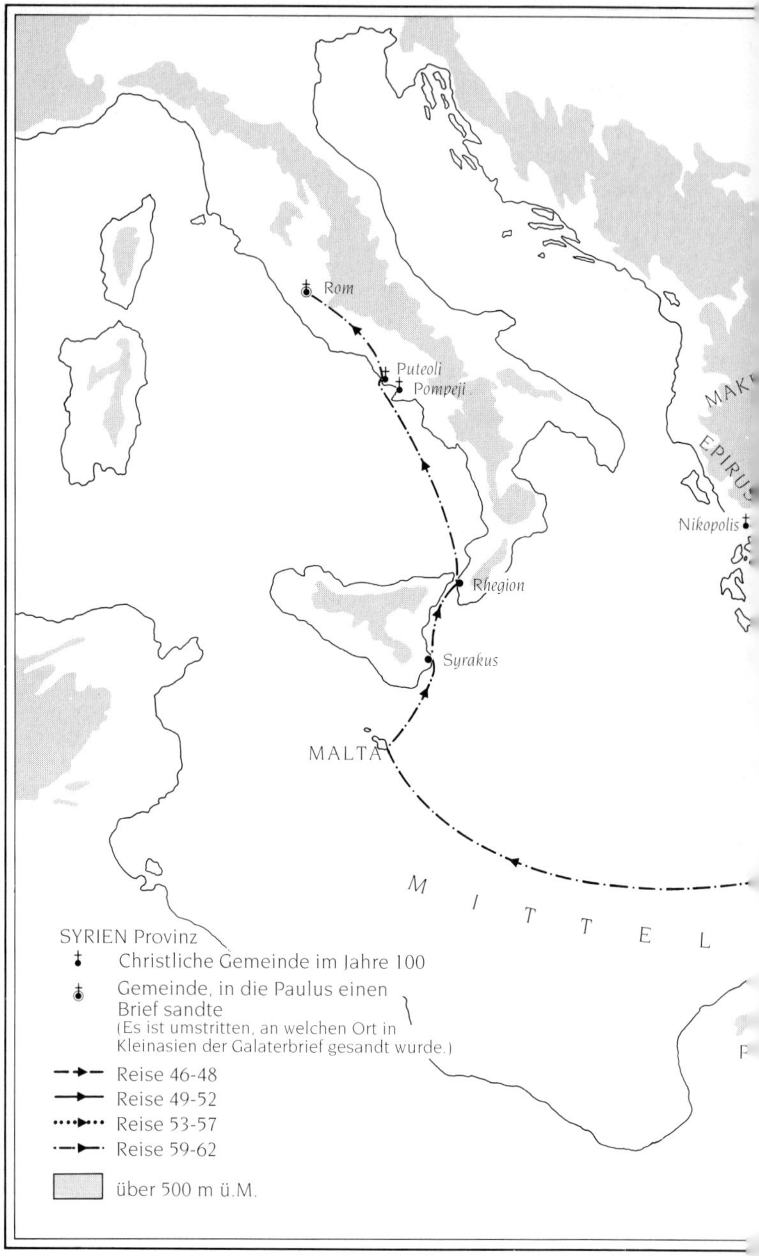

Indem er den Standpunkt ablehnte, nichtjüdische Gläubige sollten das mosaische Gesetz einhalten, beschwor er einen Bruch zwischen Kirche und Synagoge herauf; seine Theologie hatte weitreichende soziale Folgen. Gleichzeitig war er fest davon überzeugt, daß in der Kirche Juden und Nichtjuden in einer einzigen Glaubensgemeinschaft vereinigt sein sollten. Petrus' Sendung an die Juden entsprach Paulus' Apostelamt in der nichtjüdischen Welt, die ihren Mittelpunkt in der Hauptstadt des Reichs, in Rom, haben sollte.

»Freiheit vom Gesetz« war freilich eine unbesonnene Ausdrucksweise für nichtjüdische Bekehrte ohne die starke moralische Schulung, die eine orthodoxe jüdische Familie

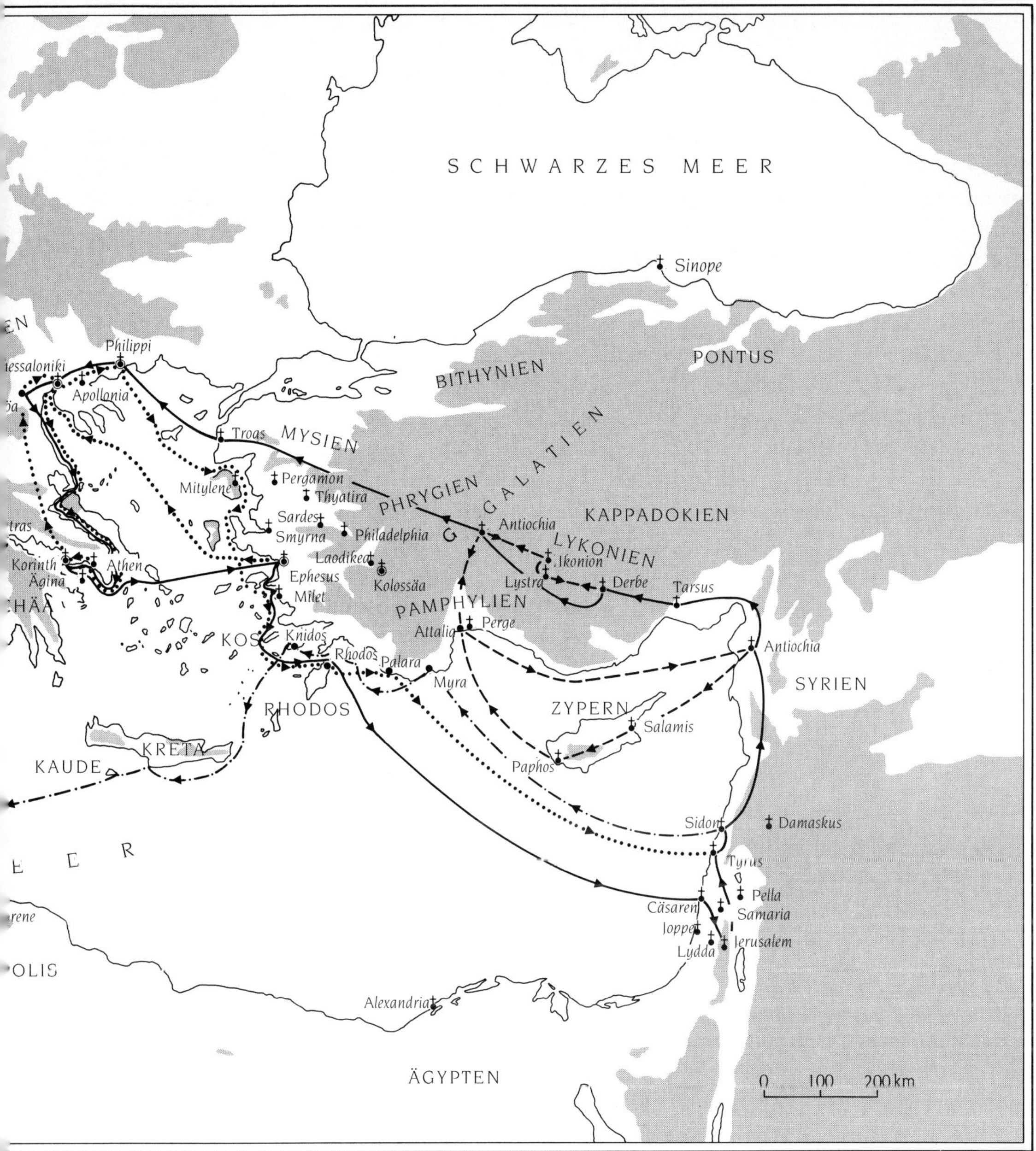

vermittelte. Sehr früh schon mußte der Apostel Paulus sich zwei gegensätzlichen Gruppen stellen, von denen die eine behauptete, die Freiheit des Geistes habe sie von den gesellschaftlichen Konventionen befreit, so daß sie handeln könnten, wie es ihnen gefiel, besonders in sexueller Hinsicht, während die andere die Meinung vertrat, daß das geistige Leben den Verzicht auf die Ehe verlangte. In der heidnischen Welt war die Überzeugung weit verbreitet, daß die sexuelle Beziehung zwischen Mann und Frau die Erhebung der Seele zu höheren Dingen behindere, mehr noch, daß einer, der mit der Liebe eines Gottes ausgezeichnet worden war, der irdischen Liebe entsagen sollte. Der Apostel hielt daran fest, daß Heirat keine Sünde und das Zölibat, eine nicht allen gewährte Gabe, für den missionarischen Dienst des Reichs Gottes besser geeignet sei.

Die nichtjüdische Welt wurde von Göttern bevölkert – darunter zahlreiche lokale und regionale Gottheiten –, die mit Opfern besänftigt werden mußten, um gute Ernten, fruchtbare Gatten, erfolgreiche Handelsunternehmungen und militärische Siege zu sichern. Philosophen konnten sie widerlegen, Komödiendichter verspotten – die Gefolgschaft derer blieb stark, die glaubten, man könne nicht vorsichtig genug sein, um die kosmischen Mächte nicht zu beleidigen. Die Rituale waren mit Mythen verknüpft. Ob diese sich widersprachen, spielte kaum eine Rolle, da kein gebildeter Mensch sie wirklich für bare Münze nahm. Nur wenige hielten die Geschichten über Zeus für historisch belegt.

In Paulus' Verständnis lag der unverwechselbare Kern des Christentums in den historischen Tatsachen des Evangeliums begründet. Der Jesus der Geschichte war eins mit dem Christus seines Glaubens, der auch die ewige Weisheit Gottes in der Schöpfung war. Johannes glaubte, daß Gott in einzigartiger Weise in Jesus gegenwärtig war. Aber bereits im (vermutlich gegen Ende des Jahrhunderts entstandenen) Johannesevangelium bedeutet »Menschwerdung« ein Erscheinen innerhalb der Zeit und der Geschichte des ewigen Wortes Gottes. Im Hebräerbrief liegt das gleiche Gewicht auf der Natürlichkeit und Ganzheit des Menschseins Jesu wie auf dem Glauben, daß in ihm der ewige Sohn des Vaters die Gläubigen mit sich vereinigt hat; er ist der Wegbereiter unserer Erlösung, unser Stellvertreter, der diejenigen, die ihm vertrauen, zum Vater und in die himmlische Gemeinschaft bringt.

Gnostizismus

Die Bedeutung, die den Ereignissen der Evangeliengeschichte als Offenbarung eines neuen göttlichen Lichts beigemessen wurde, war ein Gedanke, der von der nichtjüdischen Welt nicht ohne weiteres übernommen werden konnte. Intellektuelle Heiden waren es gewohnt, die Mythen der Götter allegorisch zu deuten, entweder als phantasievolle Bildersprache, die die natürliche Ordnung der Welt schildert, oder als Projektion menschlicher psychologischer Zustände. Der Versuch, die christliche Geschichte aus dieser Perspektive wahrzunehmen, brachte das Phänomen des Gnostizismus hervor, in dem der Anspruch, eine geheime Offenbarung zu enthüllen, mit Mythen und Riten aus den verschiedensten religiösen Überlieferungen kombiniert wurde. Der Gnostizismus war (und ist) eine Theosophie mit vielen Zutaten. Okkultismus und orientalische Mystik vermischten sich mit Astrologie, Magie, kabbalistischen Elementen der jüdischen Tradition und einer pessimistischen Deutung der Lehre Platons, derzufolge die wahre Heimat des Menschen nicht in diesem körperlichen Reich liege, was dem christlichen Erlösungsgedanken nahekam. Ein Dualismus von Geist und Materie, Seele und Körper, wurde mit einem mächtigen Determinismus bzw. einer Prädestinationslehre verbunden: Die Gnostiker (»die Wissenden«) sind die Auserwählten, ihre Seelen Fragmente des Göttlichen, die der Befreiung von der Materie und der Macht der Planeten bedürfen. Die überwiegende Mehrheit der Menschen sind irdische Körper, für die keine Hoffnung besteht.

Häretische gnostische Systeme kombinierten Magie und Astrologie mit der Bibel. Der hebräische Name Gottes, IAO, faszinierte Zauberer durch die Vokale, die in der antiken Magie immer eine wichtige Rolle gespielt haben. IAO wurde oft als Dämon mit einem Hahnenkopf dargestellt, hier auf einer in Perugia gefundenen Gemme.

Die meisten gnostischen Sekten behaupteten, Christen zu sein, das hieß in ihrem Verständnis, im Besitz der verschlüsselten Überlieferung zu sein, die Jesus den Aposteln insgeheim übermittelt hatte. Sie sammelten Aussprüche Jesu, die sich in ihre eigenen Deutungen einfügten (wie im koptischen *Thomasevangelium*) und boten ihren Anhängern eine alternative, konkurrierende Form des Christentums an. Gnostische Lehrer behaupteten, ihr Dualismus erkläre den Ursprung des Bösen weitaus besser als die von der orthodoxen Kirche vertretene Ansicht, derzufolge die erschaffene Welt von einem vollkommen guten und allmächtigen Gott stamme. Manche unter ihnen machten geltend, daß die Unvollkommenheiten der Schöpfung mit den Schriften des Alten Testaments zusammenhingen, von denen sie nicht viel hielten. Der Schöpfer war unzulänglich oder feindselig.

Nur eine Sekte des 2. Jahrhunderts – die Mandäer im Irak – besteht heute noch. Aber die Version der gnostischen Mythologie und Praxis, die von einem Ketzer des 3. Jahrhunderts, Mani (aus Mesopotamien), propagiert wurde, war ein Jahrtausend lang von Cádiz bis China verbreitet: Ein Text eines christlichen Autors im Spanien des späten 4. Jahrhunderts, Priscillian aus Avila, wird erst im Licht des manichäischen Katechismus aus dem Jahr 800, der auf Chinesisch vorliegt, verständlich. In der einen oder anderen Form ist der Gnostizismus immer ein unterschwelliger Begleiter der Kirche gewesen. Die Kirche errichtete bald Zäune gegen ihn.

In der Antike hatte die gnostische Trennung des Geistes von der Materie Folgen für zwei herausragende Merkmale des eigentlichen Christentums. Zum einen wollten die Gnostiker nicht glauben, daß der ewige Gott sich in Christus entweiht haben könnte, indem er Fleisch annahm und die Kreuzigung erlitt; im ersten Johannesbrief wird diese Leugnung direkt bekämpft. Zum anderen stritten die Gnostiker generell die Bedeutung der Sakramente der Wassertaufe und des Abendmahls ab. Einige Sekten boten ihren Anhängern allerdings eine »Feuertaufe« an – vielleicht zur inneren Erbauung. Mani griff die Kirche an, weil sie Wein verwendete (seiner Meinung nach eine Erfindung des Teufels) und an eine besondere Bedeutung des geweihten Brotes glaubte. Die frühe Verbreitung solcher Ansichten erklärt wahrscheinlich die Eindringlichkeit, mit der das Johannesevangelium (Kapitel 3, 6 und 15) die Notwendigkeit der Wiedergeburt »aus Wasser und Geist« und der Teilhabe am Himmelsbrot und am wahren Weinstock hervorhebt. Paulus betonte, daß durch den Empfang des gebrochenen Brotes und des ausgeschenkten Weins der Gläubige am Selbstopfer des Sohnes an den Vater in seinem geschundenen Leib und vergossenen Blut teilnimmt. Nur die Getauften waren zur Danksagung *(eucharistia)* zugelassen. Daran teilzunehmen war ein so entscheidendes Zeichen der Mitgliedschaft, daß in der Zeit der Verfolgung im 2. und 3. Jahrhundert den getauften Gläubigen, die im Gefängnis oder auf dem Krankenbett dahinsiechten, Stücke des geweihten Brotes gebracht wurden.

Bezeichnend für viele gnostische Sekten war, daß sie die Sakramente entweder als Magie oder als bloße Symbole eines subjektiven Seelenzustands des einzelnen Gläubigen behandelten. Bischöfe, Priester und Diakone wurden von ihnen verachtet, aber sie gewährten Frauen leitende Positionen und liturgische Oberaufsicht, was orthodoxe Gemeinden nicht taten. Je näher die Gnostiker der Orthodoxie standen, desto größer war die Wahrscheinlichkeit, daß sie die katholische Gemeinde zu infiltrieren versuchten; dies war besonders unter den Manichäern der Fall. Sie waren jedoch daran zu erkennen, daß sie sich weigerten, aus dem Abendmahlkelch zu trinken (weil sie Wein als Erfindung des Teufels betrachteten) und das Kreuzzeichen zu machen (weil für sie das Leiden Jesu kein tatsächliches Ereignis war, sondern ein Symbol für den allgemeinen Zustand des Menschengeschlechts).

Andere, in den Augen der orthodoxen Lehrer besonders anrüchige Merkmale des Gnostizismus waren der radikale Dualismus von Geist und Materie, der Determinismus, der einer kleinen auserwählten Minderheit die Erlösung garantierte, während alle anderen der Vernichtung oder vielleicht Schlimmerem anheimfielen, und die Neigung, Mythen und Kulte zu vermengen, indem einige christliche Elemente mit Anleihen bei Mithraskult, Astrologie, magischen Sprüchen und anderem verbunden wurden. An moralischen Tugenden waren die Gnostiker weniger interessiert: Ihr Vertrauen auf die eigene Erlösung ließ all dies als Nebensächlichkeit erscheinen. Obwohl die Gnostiker behaupteten, ein höheres Wissen als den einfachen Glauben der Kirche anzubieten, waren ihre Lehren höchst mythologisch und stießen auf den Widerstand von seiten der heidnischen Neuplatoniker wie Plotin (Mitte des 3. Jahrhunderts) und seiner Nachfolger, der nicht weniger heftig als der der Kirche war. In seinem leidenschaftlichsten Traktat griff Plotin den Gnostizismus als anmaßenden Hokuspokus an. Besonders abgeneigt war er dem tiefen Pessimismus der Gnostiker bezüglich der sichtbaren stofflichen Welt.

Marcion

Am weitesten getrieben wurde die gnostische Kritik und Ablehnung des Schöpfergottes des Alten Testaments von Marcion in der ersten Hälfte des 2. Jahrhunderts. Er und seine Anhänger führten moralische Widersprüche zwischen Altem und Neuem Testament auf und verwarfen das Gleichnis als bloßes raffiniertes Mittel, um Schwierigkeiten auszuweichen. Die apostolischen Schriften selbst waren, wie er glaubte, von unbekannten Personen verdorben worden, um zu erreichen, daß das Christentum jüdisch bliebe. Marcion war der Meinung, sogar die Apostel hätten die Absichten ihres Meisters mißverstanden. Sie seien sich nicht darüber im klaren gewesen, wie neu seine Botschaft war. Er machte sich deshalb daran, korrigierte Fassungen zu erstellen, zunächst von den Briefen seines Helden Paulus, dann vom Lukasevangelium, das er für Paulus' Werk in seiner Originalfassung hielt. Den anderen Evangelien schenkte er keine Beachtung.

Der Kanon des Neuen Testaments

Marcions Prinzip der Ausschließung konfrontierte die frühe Kirche mit der Notwendigkeit festzulegen, welche Bücher als kanonische galten und welche nicht. Anders als Marcion hießen viele gnostische Sekten zahlreiche Evangelien außer den vier schließlich in den Kanon aufgenommenen gut und produzierten fleißig »geheime« oder apokryphe Evangelien, Apostelgeschichten, Briefe und Apokalypsen. Viele dieser apokryphen Texte schilderten Jesus als energischen Fürsprecher sexueller Entsagung. Manche bauten die spärlichen Überlieferungen über die Kindheit Jesu aus, um Geschichten über Marias Eltern, über ihre (wunderbare) Geburt und immerwährende Jungfräulichkeit zu erzählen.

Für die Gnostiker war es eine Empfehlung, wenn ein Text als »geheim« oder »apokryph« etikettiert wurde. Die Orthodoxen sahen in den apokryphen Texten einen Versuch, diejenigen Bücher zu ersetzen, die von den regulären Gemeinden anerkannt und in ihr Kirchenlektionar als authentische Zeugnisse der apostolischen Glaubensüberlieferung aufgenommen worden waren.

In der späteren christlichen Debatte ist die Entstehungsgeschichte des biblischen Kanons zeitweise ein heikles Problem gewesen: Waren die Bücher in den Kanon der Kirche aufgenommen worden, weil sie aus sich selbst heraus beglaubigt waren, die Gemeinde also nur die ihnen innewohnende Autorität bestätigen mußte? Oder schuf die Kirche den Kanon aktiv, in Reaktion auf Marcion oder andere Sektenführer und deren »inspirierte« Schriften? Beides traf zu. Die Bücher wurden wegen ihres Inhalts als Zeugnisse des apostolischen Evangeliums anerkannt; ihre förmliche Annahme als kanonische Schriften war das Ergebnis längerer Diskussionsprozesse in und unter den Gemeinden des späten 2. Jahrhunderts und danach. Der Begriff »Kanon« wurde jedoch schon lange bevor er für die Liste der akzeptierten Bücher benutzt wurde, als Maßstab der authentischen Lehre verwendet. Kriterium für die Aufnahme war nicht so sehr, daß Traditionen eine apostolische Urheberschaft rechtfertigten, sondern eher, daß der Inhalt der Bücher mit der apostolischen Verkündigung übereinstimmte.

Montanismus

Der Gnostizismus und Marcions Sturmlauf gegen alles Jüdische in der christlichen Tradition waren nicht die einzigen Faktoren, die die Entstehung des Kanons beschleunigten. Die frühen Kirchen hatten charismatische Propheten, die in manchen Fällen mit »Zungen« redeten, das heißt in unverständlichen Lauten ekstatischer Erregung. In Korinth stellte Paulus fest, daß das Phänomen große Uneinigkeit stiftete; er lehrte, daß die Echtheit einer Gabe des göttlichen Geistes daran erprobt werden sollte, ob sie zur Liebe und Erbauung der Gemeinde als Ganzem beitrug oder nicht. Da die Gaben des Geistes zahlreich und mannigfaltig sind, sei es ein Fehler, die Anerkennung einer einzigen Gabe zum höchsten Prüfstein zu machen, wie es einige korinthische Charismatiker tun wollten.

Um die Mitte des 2. Jahrhunderts trug in Phrygien eine heftige antignostische Reaktion dazu bei, eine mächtige Bewegung der charismatischen Prophezeiung zu entfachen, die von Montanus und zwei Frauen, Prisca und Maximilla, angeführt wurde. Ihre inspirierten Äußerungen, in der ersten Person gefaßt als direkte Verlautbarungen durch den Paraklet, wurden gesammelt. Eine Spur von regionalem Stolz zeigte sich in der Erwartung, das Neue Jerusalem, von dem die Offenbarung des Johannes gesprochen hatte, werde auf einem Hügel in ihrem heimatlichen Phrygien erstehen. Die montanistischen Propheten verlangten von jedem, ihre Äußerungen als das wahre Wirken des Heiligen Geistes anzuerkennen. Trotz der Bekehrung ganzer Gemeinden in Kleinasien zu der Sekte und trotz der Fürsprache eines ihrer bedeutendsten Konvertiten im Westen, nämlich Tertullians, fand sie keine Anerkennung durch die Kirche. Diese setzte im Gegenteil alles daran, das Zeitalter der Wunder und Offenbarungen für beendet zu erklären, nun, da der letzte der zwölf Apostel tot war. Für Irenäus bilden Wort und Sakrament im Prinzip den Punkt, an dem man dem Geist Gottes begegnet, nicht jedoch emotionale Ekstasen, die Rationalität und Tradition ausschalten. Die antimontanistische Reaktion bekräftigte den Glauben, daß der apostolische Kanon abgeschlossen sei; sie tat jedoch nichts, um chiliastische Hoffnungen zu dämpfen. Diese sollten noch lange Fürsprecher finden, obwohl es auch im 2. Jahrhundert Deuter der Apokalypse gab, die nicht glaubten, die Vision des Sehers von Christus, der wiederkehrt, um Jerusalem erneut zu errichten, sei buchstäblich und irdisch gemeint.

Eine Buchreligion?

Infolge dieser Entwicklung wurde das Christentum zu so etwas wie einer »Buchreligion«, eine Vorstellung, die der heidnischen Welt so gut wie unbekannt, dem Judentum jedoch um so vertrauter war. Diese Gewichtsverlagerung schuf ein theologisches Problem. Die Bücher der Bibel sind durch eine reiche Vielfalt der Gattung, des Inhalts und des Stils gekennzeichnet. Bis zur Mitte des 3. Jahrhunderts begannen manche Erklärer (Cyprian, Origines) von den Büchern als einem einzigen Buch zu sprechen, weil es von einem Autor, Gott, gegeben war. Das wiederum führte zu der Annahme, daß Mannigfaltigkeit vermieden werden müßte, daß verschiedene Standpunkte innerhalb der biblischen Bücher harmonisiert werden sollten, um die Autorität der heiligen Schriften nicht zu beeinträchtigen. Erste Anfänge dieses Prozesses sind schon um 180 bei Irenäus zu erkennen. Die Unklarheit von Teilen der Heiligen Schrift war ebenfalls eine Quelle des Unbehagens, wenn man die Bücher insgesamt als wesentliches Medium der göttlichen Offenbarung nahm; das aber ließ sich durch die Verwendung des Gleichnisses abschwächen oder auch durch den Grundsatz, daß dunkle Textstellen durch klare interpretiert werden können.

Vor der Zeit des Irenäus waren die heiligen Bücher der Christen in der Hauptsache die hebräische Bibel, »Gesetz, Propheten und Schriften« oder »Altes Testament«. Die Überlieferung der Worte Gottes erfolgte weitgehend mündlich, und auch seit die kanonischen Evangelien offen im Umlauf waren, lassen Erwähnungen der Lehre Jesu häufig eher auf mündliche als auf schriftliche Übermittlung schließen. Um das Jahr 130 berichtete Papias von Hierapolis in Kleinasien von Überlieferungen der Evangelien von Matthäus und Markus, kannte aber auch eine Erzählung über Jesus, die sich im nichtkanonischen »Hebräerevangelium« fand. Er war fest davon überzeugt, daß das Denken Jesu weniger durch geschriebene Bücher als durch die Lehren derjenigen Alten übermittelt werden konnte, die selbst noch Apostel gekannt hatten.

Bei der Festlegung eines Kanons des Neuen Testaments wurde der schriftlichen Überlieferung besondere Wichtigkeit beigemessen: Sie garantierte eine Beständigkeit, die vor Verfälschung schützte. Dies bedeutete jedoch nicht, daß die lebendige Überlieferung geringer geachtet wurde. Die »Schriftlichkeit« betraf eher die Ereignisse als die Substanz der apostolischen Verkündigung über Christus.

Gleichzeitig hatte die Aufstellung des Kanons eines Neuen Testaments neben dem Alten Auswirkungen auf den Gedanken der »Inspiration«. Daß der Apostel Paulus durch seine niedergeschriebenen Offenbarungen nachfolgende Generationen unterweisen wollte, ist unwahrscheinlich. Die apostolischen Schriften als »Prophezeiung« von Männern zu behandeln, die vom göttlichen Geist inspiriert waren, veränderte jedoch die Perspektive.

Das Hirtenmotiv auf einem Sarkophag des 3. Jahrhunderts, der an der Via Salaria in Rom entdeckt wurde. Zur Rechten des Hirten findet ein Streitgespräch statt, das von einem bärtigen Mann im Pallium, dem langen Mantel des Philosophen, geleitet wird. Auf der gegenüberliegenden Seite drei Frauen, die zuhören.

Mosaiken aus der Mitte des 4. Jahrhunderts in der Kirche Santa Constanza in Rom, die als Mausoleum für die Tochter Konstantins des Großen, Konstantia († 354), erbaut wurde. Das obere zeigt Christus mit Petrus zur Rechten, Paulus zur Linken und die vier Paradiesflüsse, mit fruchttragenden Bäumen (die für Jerusalem stehen) und Hütten (Bethlehem). Die Restaurierung hat mit großer Wahrscheinlichkeit die Inschrift verändert, die »Dominus Legem Dat« (»der Herr gibt das Gesetz«) gelautet haben muß. Das untere zeigt vermutlich Christus, der Petrus die Schlüssel überreicht.

In der vorchristlichen Antike waren zwei Theorien der Inspiration im Umlauf. So wurde behauptet, Inspiration sei eine Erweiterung des natürlichen, vernunftmäßigen Wahrnehmungsvermögens, nicht dessen zeitweilige oder gänzliche Aufhebung. Diese Ansicht ließ Raum für Widersprüche zwischen den Propheten, und sie erkannte die menschlichen Grenzen an. Andere setzten Inspiration mit prophetischer Besessenheit gleich: Die göttliche Inspiration bemächtigte sich der Stimme des Propheten oder der Prophetin, sie setzte den Menschen als Mittel ein, wie ein Musiker der Lyra Töne entlockt. Beide Theorien fanden sich bei Christen, die die biblische Autorität zu deuten suchten. Die prophetische Sicht ging davon aus, daß die Worte von Gott eingegeben waren; also konnte jeder Text im Licht anderer Texte, in denen dieselben Worte vorkommen, interpretiert werden.

Diese Theorie einer »Verbalinspiration« traf besonders auf die griechische Übersetzung des Alten Testaments zu, allgemein die der Siebzig (Septuaginta) genannt, die im 3. Jahrhundert v. Chr. in Alexandria erstellt wurde. Die Legende berichtet, daß 70 Übersetzer in getrennten Zellen gearbeitet und alle die gleiche Version des heiligen Textes vorgelegt hätten. Unter den Kirchenvätern bezweifelten einige die Legende, andere (wie Augustinus) hielten unverrückbar an ihr fest. Dies bedeutete jedoch nicht, daß Origenes und Augustinus nicht auch die erste Theorie der Inspiration in Betracht zogen. Gelegentlich nahm dies die ausgeklügelte Form an, Widersprüche zwischen biblischen Texten auf der wörtlichen und historischen Ebene damit zu erklären, daß sie von dem göttlichen Urheber absichtlich dorthin gestellt worden waren, um auf eine tiefere Bedeutung hinter dem buchstäblichen Sinn zu verweisen. Origenes und Augustinus erklärten die Unterschiede zwischen den Evangelisten unter anderem aber auch damit, daß verschiedene Augenzeugen normalerweise unterschiedliche Berichte von ein und demselben Ereignis geben.

Eine Variante dieses Themas bildete die im 2. Jahrhundert von Autoren der orthodoxen Tradition aufgestellte Behauptung, in den wesentlichen Dingen seien alle wirklich gläubigen Christen einer Meinung. Meinungsverschiedenheiten wurden zu einem Merkmal von Ketzern wie von heidnischen Philosophen erklärt. Tatsächlich und aus der Distanz betrachtet war die Vielfalt relativ groß. Dennoch ist es aufschlußreich, daß Christen der »großen Kirche« (wie ein heidnischer Autor, Celsus, sie um 177-80 nannte) so über die Einheit in der Mannigfaltigkeit dachten. Es bestand ganz offensichtlich ein Druck zur Vereinheitlichung.

Bischöfe

Die Herausbildung eines Kanons des Neuen Testaments seit dem Ende des 2. Jahrhunderts war nur ein Merkmal dieses Vereinheitlichungsprozesses. Viel früher schon hatte sich das dreifache Amt von Bischof, Presbyter und Diakon herauszubilden begonnen. Die Apostel Jesu waren nicht nur Zeugen der Auferstehung gewesen (eine eindeutig unwiederholbare Funktion im historischen Sinn), sie bildeten auch eine Quelle der Beschlußfassung, der pastoralen Rechtsprechung in den frühen Gemeinden. Die Überlieferung berichtet, daß Jesus seine Kirche mit der Macht der Schlüssel betraut hatte, das heißt mit dem Auftrag, Streitfragen zu entscheiden und Entscheidungen über irrende Personen zu fällen. Als die frühe Kirche allmählich erkannte, daß die Geschichte doch nicht an ihrem baldigen Ende angelangt sei, wuchs die Einsicht, daß eine dauerhafte Verwaltungsstruktur gebraucht würde.

Die Mutterkirche in Jerusalem hatte in apostolischer Zeit ihr einziges Oberhaupt in der Person des Jakobus, des Herrn Bruder. In den heidenchristlichen Kirchen mochte die geistige Führung in der Hand von »Presbytern« (den »Ältesten der Gemeinde«, Apg. 20, 17) liegen und unter der Gesamtautorität eines Apostels wie Paulus stehen. Bald erschien es jedoch erforderlich, einen Mann als Ersten unter Gleichen anzuerkennen; auch kam es vor, daß der erste herausragende Bekehrte in einer Stadt – wie Stephanas in Korinth (1. Kor. 16, 15-16) – eine Gemeinde um sein Haus bildete. In Philippi gab es Bischöfe und Diakone, Amtsträger, die auch in den Pastoralbriefen an Timotheus und Titus erwähnt werden. Offenbar wird die allgemeine Reisebetreuung, wie Paulus und seine Helfer sie ausübten, durch ständige Amtsinhaber am Ort ergänzt. Verschiedentlich sprechen Texte des 1. Jahrhunderts von den zwei »Rängen« des Bischofs und des Diakons; der Titel eines Bischofs wird auch für Personen gebraucht, die als Älteste bezeichnet werden. In den Pastoralbriefen erscheint das Substantiv »Älteste« (Presbyter) oft im Plural, »Bischof« im Singular, was darauf hinweist, daß ein einzelner Mann allmählich eine besondere Stellung erlangte, sowohl im Gottesdienst als auch bei den karitativen Aufgaben. Über viele Jahrhunderte hinweg war es üblich, daß ein Bischof einen Ältesten als »Mitältesten« anredete. Die Hauptaufgabe der frühen Ältesten war nicht das Predigen oder Feiern der Messe, sondern die Beratung des Bischofs.

Die Herausbildung des »monarchischen« Bischofs scheint in einigen Gegenden und Städten schneller als in anderen vor sich gegangen zu sein. Der Bischof und seine Geistlichkeit bildeten einen sichtbaren Ausdruck der Kontinuität der Gemeinde, was sich daraus ersehen läßt, daß ihre ordnungsgemäße Nachfolge mit großer Sorgfalt behandelt wurde. Ein Bischof vertrat seine Gemeinde bei der Ordination von Bischöfen in Nachbarkirchen. Er stand mit anderen Kirchen durch Briefwechsel in Verbindung. Er war für die Taufe zuständig, und er war derjenige, der bei der Abendmahlsversammlung »untadelig die Gaben anbietet«, wie es der erste Clemensbrief ausdrückt (vor dem Ende des 1. Jahrhunderts). Die erwähnten Gaben schlossen zweifellos die Almosen an die Armen wie auch Brot und Wein ein. Die Christen erwarben bald den Ruf, großzügig mit ihrem Geld umzugehen; sie zogen es vor zu geben, als ständig nach den Verdiensten der Empfänger zu fragen, und fielen deshalb gelegentlich auf Schwindler herein, die ihr Vertrauen mißbrauchten. Ein lebendiges Porträt eines erfolgreichen Scharlatans, der Christen des 2. Jahrhunderts ausnutzte, zeichnete Lukian in seinem *Peregrinus*.

Sehr frühe Texte berichten, wie einer zum Geistlichen gemacht wurde, nämlich mittels Gebet und Auflegung der Hände, durch die eine dem Amt angemessene charismatische Gabe übertragen wurde (2. Tim. 1, 6). In der Antike wurden der ordinierten Person keine Insignien wie Kelch oder Bibel überreicht. Die Geistlichen trugen zunächst auch keine besondere Kleidung; sie wurden nur angewiesen, darauf zu achten, daß ihre Kleidung »völlig rein« war. Bis zum 3. Jahrhundert wurde es für einige Geistliche an manchen Orten üblich, entweder Weiß oder Schwarz zu tragen – wobei letzteres stärker mit Buße verbunden war. Von einer Gruppe in Kleinasien wird aus dem 4. Jahrhundert berichtet, daß alle, Geistlichkeit wie Laien, ein äußerst unbequemes schwarzes Sackleinen trugen. Die Gewänder, die heutige Christen sich unter kirchlichem Ornat vorstellen, entwickelten sich erst aus dem »Sonntagsstaat« der spätrömischen Aristokratie, den die Geistlichen (stets Hüter der alten Tradition) auch noch trugen, als ihre barbarischen Gemeinden sich in Hosen kleideten.

Ein auffälliges Merkmal der frühen christlichen Gemeinden ist, daß sie lange Zeit städtisch blieben und nur langsam bäuerliche Gesellschaften durchdrangen. (Wir hören von Bauern, die beunruhigt waren, als sie aus 1. Kor. 9,9 erfuhren, »Liegt denn Gott etwas an den Ochsen?«) Die *plebs* wählte ihren Bischof, aber weil die Gemeinde Teil der allumfassenden Kirche war, brauchte sie die Zustimmung benachbarter Bischöfe.

Bischofswahlen verliefen nicht immer friedlich, besonders wenn Spannungen zwischen einflußreichen Familien oder Gruppen auftraten. Allgemeines Wahlrecht bedeutete, daß rivalisierende Gruppierungen nach einem eigenen Kandidaten verlangten. In Rom sah sich in der Mitte des 3. Jahrhunderts der Älteste Fabian zum Bischof gewählt, weil sich eine Taube auf seinem Kopf niedergelassen hatte. Weihen durch nur zwei Bischöfe kamen zwar gelegentlich vor, doch wurden normalerweise drei als das Minimum angesehen; erwünscht waren alle Bischöfe der Provinz. Um parteiische Ernennungen einzuschränken, stattete das Konzil von Nicäa, das Konstantin 325 einberief, den Bischof der Hauptstadt einer weltlichen Provinz mit einem Vetorecht aus. Gleichzeitig bekräftigte das Konzil, daß so, wie die Bischöfe der großen Städte Rom und Antiochia in Syrien die Rechtsprechung über die Grenzen ihrer eigenen Diözese und Provinz hinaus ausübten, auch der Bischof von Alexandria die Gerichtsbarkeit in ganz Ägypten und Libyen innehaben sollte. Diese Regelung bezeichnet den ersten und entscheidenden Schritt zur Schaffung von »Patriarchaten«, eine Würde, die bald auch Konstantinopel (330 gegründet) und Jerusalem erhalten sollten, womit der griechische Osten vier Patriarchate gegenüber nur einem im Westen aufwies.

Rom

In seinem Kampf gegen den Gnostizismus des 2. Jahrhunderts berief sich Irenäus auf das in den Kirchen gelehrte »öffentliche« Dogma der apostolischen Gründung durch die aufeinanderfolgenden Bischöfe. Mit besonderem Nachdruck verwies er auf die Nachfolgeliste von Rom, »dieser sehr großen, alten und allgemein bekannten Kirche, von den zwei

Der Fisch ist ein frühes christliches Symbol. Vom 2. Jahrhundert an war er mit der Taufe verbunden (Bekehrte folgen wie kleine Fische dem großen Fisch), und er wurde dem Akrostichon »Jesus Christus, Sohn Gottes, Erlöser« zugeordnet. Hier sieht man ihn (mit einem Anker, der wie ein Kreuz geformt ist und die Hoffnung versinnbildlicht) auf einem Grabstein in der Katakombe S. Domitilla aus dem frühen 4. Jahrhundert.

glorreichen Aposteln Petrus und Paulus gegründet«: Alle Gläubigen befänden sich notwendigerweise im Einvernehmen mit Rom als einer apostolischen Gründung mit kosmopolitischer Mitgliederschaft und umfassenden Beziehungen zu anderen Kirchen. Die christliche Gemeinde in Rom war bis zur Mitte des 3. Jahrhunderts griechischsprachig und stand in ständigem Kontakt mit den Kirchen des griechischen Ostens. Gegen Ende des 1. Jahrhunderts machte Clemens, Roms führender Geistlicher, im Namen seiner Kirche den korinthischen Christen Vorhaltungen, die Geistliche ohne finanzielle oder charismatische Gaben zugunsten neuer Leute vertrieben hatten; Clemens entschuldigte sich nicht für seine Einmischung, sondern weil er nicht früher gehandelt hatte. Die führende Stellung der römischen Gemeinde im 2. Jahrhundert wurde auch in ihren großzügigen Almosen an ärmere Kirchen sichtbar. Um 165 ließ sie für ihre als Märtyrer gestorbenen Apostel Denkmäler an den überlieferten Stätten ihrer Beisetzung errichten: für Petrus auf einem Friedhof auf dem vatikanischen Hügel, für Paulus an der Straße nach Ostia. Römische Bischöfe waren sich bereits bewußt, Hüter der authentischen Überlieferung bzw. der wahren Deutung der apostolischen Schriften zu sein. In der Auseinandersetzung mit dem Gnostizismus spielte Rom eine entscheidende Rolle, ebenso in Kleinasien, wo die Behauptung der montanistischen Propheten, Organe der direkten Äußerungen des Heiligen Geistes zu sein, zu einer tiefen Spaltung geführt hatte.

Das erste bekannte Beispiel dafür, daß der römische Bischof die Gerichtsbarkeit ausübte, betrifft die Kirchen Kleinasiens. Hier wurde Ostern am Tag des jüdischen Passahfestes gefeiert. Nach dem Johannesevangelium handelt es sich dabei jedoch um den Tag der Kreuzigung. Die Evangelien von Matthäus, Markus und Lukas erklären das Letzte Abendmahl zum Passahmahl und legen die Kreuzigung auf den nächsten Tag, was sich auf die Berechnung des Datums für das Osterfest anderswo auswirkte. In Rom wurde Ostern an dem Sonntag gefeiert, der auf den Vollmond nach der Frühjahrs-Tagundnachtgleiche folgte: als Erinnerung an die Auferstehung. Nach 150 besuchte Polykarp von Smyrna in dieser Angelegenheit Rom: Es wurde keine Einigung erzielt. Nach 190 erschien es dem damaligen Bischof von Rom, Viktor, unerträglich, daß die Kirchen in Kleinasien Ostern an einem anderen Tag feierten, und zum Kummer vieler drohte er allen, die nicht das römische Datum übernahmen, mit der Exkommunikation. Die Kirchen Kleinasiens beriefen sich darauf, die älteren Regeln zu haben, und lehnten die Unterwerfung ab. Der Unterschied blieb erhalten.

Mitte des 3. Jahrhunderts verlangte Bischof Stephan von Rom, die Überlieferung von Petrus und Paulus allgemein zu beachten: Diejenigen, die außerhalb der Kirche durch schismatische Geistliche getauft worden waren, sollten als Bußfertige durch Handauflegen wieder aufgenommen werden. Das Sakrament war Christi, nicht des Geistlichen. Bischof Cyprian von Karthago widersprach dem und wurde darin vom griechischen Osten unterstützt. Cyprian hielt es für widersinnig, daß es eine gültige Taufe geben könne, wo es kein wahres Abendmahl gab. Der Streit sollte einen andauernden Unterschied zwischen Ost und West markieren. Es war übrigens das erste Mal, daß ein Bischof von Rom den Text von Matthäus 16, 18 zitierte, um seine bischöfliche Gerichtsbarkeit zu rechtfertigen. Die römische Kirche übte die Führung aus, lange bevor jemand sich auf diesen Text berief. Die meisten Exegeten der Antike verstanden unter dem »Felsen«, auf dem Jesus seine Kirche bauen wollte, Petrus' Glauben.

Christus in seiner Herrlichkeit, mit Alpha und Omega, dem Ersten und dem Letzten, was darauf hinweist, daß wir am Ende in die Hände unseres Schöpfers fallen. Dieses Wandgemälde in der Katakombe S. Commodilla aus dem 4. Jahrhundert südlich von Rom ist wahrscheinlich so alt wie die Katakombe selbst.

Das lateinische *papa* bzw. das griechische *pappas*, Vater, wurde von frühen Christen für einen Bischof gebraucht, zu dem sie in einer Kindesbeziehung standen. Nordafrikanische Christen nannten den Bischof von Karthago *papa*, sein römischer Kollege war für sie jedoch »Bischof von Rom«. Vom 6. Jahrhundert an wurde *papa* im Westen ein speziell römischer Titel. Bis zum 4. Jahrhundert stützte sich seine Autorität darauf, »Nachfolger des Petrus und des Paulus« zu sein. Unter dem Einfluß von Matthäus 16, 18 wurde Paulus fallengelassen. Erst unter Innozenz III. († 1216) wird der Titel »Nachfolger des Petrus« durch »Stellvertreter Christi« ersetzt.

Der Montanismus, die Auseinandersetzung um Ostern und der Streit um die Taufe waren komplizierte Fragen, die Beratungen unter den Bischöfen erforderten. In der Apostelgeschichte 15 berichtet die Bibel, daß sich die Apostel auf der Synode trafen, um ein gemeinsames Vorgehen hinsichtlich der Heidenchristen zu erreichen. Die »Synode« oder, lateinisch, das »Konzil« (die moderne Unterscheidung, nach der eine Synode im Rang etwas weniger ist als ein Konzil, war in der Antike unbekannt) wurde unverzichtbar, um ein gemeinsames Denken zu erhalten und trug dazu bei, unstete Personen von abweichlerischen Neigungen fernzuhalten. Während des 3. Jahrhunderts wurde die synodale Kontrolle so weit entwickelt, daß Synoden nicht mehr nur in Krisenzeiten zusammentraten, sondern regelmäßig jedes Jahr, normalerweise zwischen Ostern und Pfingsten tagten. Die Synoden ähnelten nicht den Parlamenten liberaler Demokratien. Bei grundsätzlichen Fragen des Dogmas oder des kanonischen Rechts erwartete man, daß die Entscheidungen einstimmig getroffen wurden. Cyprian von Karthago unterstützte wiederholt den Grundsatz, daß »ein Bischof nur Gott verantwortlich« sei. Er meinte damit jedoch nicht, daß ein Bischof völlig frei sei, zu handeln und zu denken, wie es ihm paßte. Er hatte Verpflichtungen gegenüber dem Weltepiskopat, das einträchtig für die Einheit der Kirche wirken mußte. Nach Cyprians Auffassung von der Kirche ergab sich daraus auch, daß der Bischof Vermittler der sakramentalen Ordnung ist, und ein echter Christ zu sein bedeutet immer, in Verbindung mit dem katholischen Bischof zu stehen: »Es kann nicht Gott als seinen Vater haben, wer nicht die Kirche als seine Mutter hat.« Außerhalb der einen sichtbaren Gemeinschaft zu stehen bedeutet, außerhalb der Arche zu sein und in der Flut unterzugehen: »Außerhalb der Kirche gibt es kein Heil.«

Die soziale Rolle der Geistlichkeit

»Wir Christen«, sagte Tertullian, »haben alles gemeinsam außer unseren Frauen«. Die Kirche der apostolischen Zeit suchte sich mit den »Armen« zu identifizieren, die Jesus selig gepriesen hatte (Lk. 6, 20). Oder hatte er die »geistlich Armen« (Mt. 5, 3) gemeint, die Demütigen, die ohne Stolz ihre Habe behalten konnten, um damit den Notleidenden zu helfen? Die Kirchen in großen Städten wie Rom erwarben Mittel, um die Geistlichkeit zu unterhalten, die anfangs in Form eines Anteils an der monatlichen Gesamtsumme der Opfer bezahlt wurde, und die Armen und Bedrückten zu unterstützen. Da es vor der Zeit Kaiser Konstantins keine Stiftungen gab, hatten wohlhabende Christen großen Einfluß auf ihre Gemeinden am Ort, was ausschlaggebend sein konnte, wenn ein neuer Bischof zu wählen war. Die Fürsorge für die Armen blieb jedoch eine vorrangige Aufgabe der

Der gute Hirte, ein vorchristliches Symbol der Güte und Menschenliebe, wurde (unter dem Einfluß von Joh. 10) von den Christen übernommen. Dieses Fresko *(links)* befindet sich in der Katakombe SS. Petrus und Marcellinus, die während der Verfolgung unter Diokletian den Märtyrertod starben. Papst Damasus (366-84) erfuhr von ihrem Henker, daß sie ihre eigenen Gräber ausheben mußten.

Guter Hirte aus Elfenbein *(rechts)*, nur 14,5 cm hoch und vielleicht vom Ende des 3. Jahrhunderts. Dieses frühchristliche Motiv der gütigen Menschlichkeit sprach die Christen an, zu deren Aufgaben die Gefangenen- und Armenfürsorge gehörten.

Bischöfe. Das Römische Reich war kein Wohlfahrtsstaat, und vor der christlichen Zeit war im Westen (anders als im Osten) die Sorge um die Armen selten. Armut ist ein relativer Begriff. Der lateinische *pauper* ist eher eine Person mit bescheidenen Mitteln als jemand, der weder Essen noch Behausung oder Kleidung hat; Ovid beschrieb ihn als »einen Mann, der weiß, wie viele Schafe er besitzt«. Die Christen bemühten sich, die Notleidenden oder jene, die wie Witwen und Waisen Rang und Mittel verloren hatten, zu schützen. Sie richteten Herbergen für die Kranken und zur Aufziehung der unzähligen Findelkinder ein. Um die Mitte des 3. Jahrhunderts ernährte die römische Kirche 155 kirchliche Amtsträger unterschiedlichen Rangs und mehr als 1 500 Witwen und Notleidende. Im syrischen Antiochia war die Zahl der notleidenden Menschen, die von der Kirche ernährt wurden, im 4. Jahrhundert auf 3 000 angewachsen. Es wurde üblich, ein Namenregister *(matricula)* zu führen.

Kirchliche Mittel wurden in besonderen Fällen auch benutzt, um christliche Sklaven freizukaufen, doch trat die Kirche nicht generell für die Abschaffung der Sklaverei ein. Christliche Prediger mochten zwar erklären, wie unrecht es sei, daß ein Mensch von einem anderen wie ein rechtmäßiges Eigentum beherrscht wurde und zu einem viel geringeren Preis zu haben war, als die Reichen für ein Rennpferd ausgeben würden. Doch Skla-

imago hominis
O AGIOS
MATT
HEUS

ven in guten Häusern waren weitaus besser genährt, gekleidet und untergebracht als die freien Lohnarbeiter, die die Mehrheit der Arbeitskräfte ausmachten. Die Freiheit der freigelassenen Sklaven war also eher relativ als absolut zu sehen.

Lange war man sich über den Grundsatz einig, daß christliche Hilfe für die Notleidenden nicht zwischen Kirchenmitgliedern und anderen unterscheiden, sondern sich ausschließlich nach der Bedürftigkeit richten sollte. Als die Pest 252 Karthago heimsuchte, schickte Bischof Cyprian seine Leute aus, um die Kranken zu pflegen und die Toten zu begraben. Über ein Jahrhundert später klagte Kaiser Julian »Apostata«, daß die Christen sich »nicht nur um ihre eigenen Bettler, sondern auch um unsere« kümmern.

Die Geistlichen beschränkten sich nicht darauf, das Evangelium zu predigen und die Sakramente zu spenden; sie erfüllten durchaus auch eine soziale Rolle. Heiden waren es gewohnt, Tempel als Aufbewahrungsort für ihre Schätze zu benutzen. In ähnlicher Form betätigten sich Geistliche für ihre Christengemeinde als Bankiers. Obgleich der Wucher von der Kirche mißbilligt wurde (vor allem, wenn Personen mit geringen Mitteln Geld liehen, mit ihrem Haus oder einer Kleinbauernstelle als Sicherheit, und dann zur Räumung gezwungen wurden, was leicht zu Aufruhr in der Stadt führen konnte), waren Geistliche bereit, christlichen Kaufleuten Geld zu leihen. Das Konzil von Nicäa (325) verbot ihnen, mehr als zwölf Prozent im Jahr zu berechnen. Der normale Satz im Handel wäre, zumindest bei Anleihen im Seehandel, viel höher gewesen.

Mit bestimmten Dingen sollten sich getaufte Gläubige nicht beschäftigen. Magie, Götzendienst, Überbetonung des Erotischen oder Spiele im Amphitheater zählen zu den unpassenden Beschäftigungen. In der Kirche des 2. Jahrhunderts kam es zu Meinungsverschiedenheiten, ob ein Christ Beamter sein oder öffentliche Autorität ausüben dürfe, Tätigkeiten also, die es erforderlich machen konnten, Zugeständnisse an den Götzendienst zu machen oder Verbrecher zur Hinrichtung zu verurteilen. Die Todesstrafe war für die alte Kirche nicht annehmbar.

Geschlecht und Ehe

Der Kirche fiel es schwer, Keuschheit in der Ehe durchzusetzen, wenn ein heidnischer Mann es als sein Recht ansah, mit seinen Sklavinnen zu schlafen. Wir dürfen jedoch nicht davon ausgehen, daß die strenge christliche Sexualethik in Reaktion auf heidnische Ausschweifungen geformt wurde. Das charakteristische christliche Thema war mit heidnischen Vorstellungen insofern unvereinbar, als die Bischöfe die Ehemänner baten, ihren Frauen ebenso treu zu sein, wie sie es von ihnen erwarteten. Das war etwas Neues. Im 2. Jahrhundert zeigte sich der Arzt Galen von der christlichen Mäßigkeit und insbesondere von der Tatsache, daß viele in Ehelosigkeit lebten, beeindruckt. Justin stellte im Jahr 150 seine Mitgläubigen als Helden der Beherrschtheit dar, die eine Wiederverheiratung nach einer Scheidung ablehnten und sogar von zweiten Ehen bei Verwitweten abrieten. Tertullian wünschte, daß wohlhabende Christen Witwen als »Seelenbräute« in ihren Häusern aufnähmen. Die Christen waren entschieden gegen Kindesaussetzung und retteten Findelkinder. Sie mißbilligten Abtreibungen, die sie nicht für gerechtfertigt hielten, es sei denn mit Argumenten, die Kindestötung gleichermaßen rechtfertigten.

Die Verschmelzung der mediterranen mit der nordischen Kunst in Northumbria. Das Porträt des Matthäus im Evangeliar von Lindisfarne (698-721) stützt sich auf ein spätantikes Modell, ist jedoch im heimischen künstlerischen Stil ausgeführt.

Ein auffälliger Unterschied zwischen heidnischer und christlicher Einstellung gegenüber Sexualität und Ehe zeigt sich in einer eigenartigen Dualität. Einerseits mißbilligten viele heidnische religiöse und philosophische Moralisten die sexuelle Betätigung als fleischlich und den höheren Bestrebungen der Seele hinderlich; doch der Fortpflanzungstrieb sicherte das Überleben der menschlichen Gesellschaft, und seine Ausübung mußte gut sein, wenn sie auf Vermehrung statt auf Vergnügen zielte. Andererseits deuteten die Christen den Fehltritt Adams und Evas als einen Makel in der menschlichen Sexualität – sie empfanden ihn nicht unbedingt als Ursache der Sünde, sondern als grundlegenden Ausdruck der Eigensucht.

Mit vielen frühchristlichen Gemeinden verbunden waren Gruppen von Asketen, Männer wie Frauen, von denen manche das übernatürliche Wesen ihrer Keuschheit demonstrierten, indem die Geschlechter in einem eheähnlichen Verhältnis, doch ohne sexuellen Kontakt zusammenlebten. Trotz bischöflicher Kritik hielt sich dieser Brauch überraschend lange; noch im 6. Jahrhundert wurden Maßnahmen ergriffen, um irische Geistliche davon abzubringen, in eheähnlichen Verhältnissen zu leben. Nach 380 wetterte Johannes Chrysostomus gegen den Brauch in Antiochia in Syrien.

Im Brief an die Korinther, die glaubten, Sexualität in der Ehe sei mit dem geistigen Leben unvereinbar, hatte der Apostel nachdrücklich erklärt, daß Ehe und Fortpflanzung keine Sünde seien, während er gegenüber seinen Gegnern einräumte, daß die Ehe zwar gut, jedoch nicht so gut wie das Zölibat sei. Petrus war mit Sicherheit verheiratet und nahm auf seinen Reisen seine Frau mit. Philippus der Evangelist zeugte vier Töchter. Die apokryphen »Johannesakten« dagegen stellten Johannes als lebenslang jungfräulich dar. Hieronymus war davon überzeugt, daß nach dem Beispiel des Herrn und seiner jungfräulichen Mutter auch verheiratete Apostel enthaltsam lebten. Von Bischöfen, Ältesten und Diakonen wurde Ehelosigkeit erwartet und letzten Endes verlangt (obwohl der kanonische Zwang bis ins Mittelalter nicht überall durchgesetzt wurde; selbst dann noch war es in Teilen Europas, etwa in Süddeutschland oder Wales verbreitet, daß Dorfpriester Gattin und Familie hatten – mit Billigung ihrer Herde und stillschweigender Duldung der Bischöfe, die an der jährlichen Gebühr oder Steuer für die Erlaubnis der Regelung verdienten).

Die Kirche und die »Welt«

Die christliche Gemeinde war durchdrungen von dem Gefühl, »aufgerufen« zu sein (die ursprüngliche Bedeutung von *ekklesia*) und sich von der sie umgebenden Gesellschaft abzuheben, die nach ihrem Empfinden anderen Werten anhing. Die »Welt« war von Natur aus ein erhabenes Gut, ein Geschenk des Allmächtigen und gütigen Schöpfers. Doch »Welt« ist im christlichen Sprachgebrauch auch ein Begriff für etwas, das Gott entfremdet und feindlich ist, verdorben und, ohne die erhaltende Hand der Gnade, dem Chaos und der Zerstörung ausgeliefert. Unter diesem Aspekt finden die Werte der Welt Ausdruck in der Gier nach Macht, Reichtum und sexueller Zügellosigkeit. Das unerklärliche Gewicht der im Menschengeschlecht versammelten Bosheit legte es nahe, die Macht des Bösen als Satan zu personifizieren; »der Widersacher«, auf Griechisch *diabolos* oder »Verleumder«, ein kosmischer »Gott dieser Weltzeit« (2 Kor. 4, 4). Christus erscheint als Erlöser von der Macht des Teufels, vom irdischen Geschick, und seine Werte, wie sie zum Beispiel in den »Seligpreisungen« (Mt. 5) zum Ausdruck kommen, sind eine Umkehrung der in der Gesellschaft vorherrschenden Werte. Die jüdisch-christliche Tradition setzte die Götter des Polytheismus mit Untergebenen des Teufels gleich, die ihre Anbeter verführen und sie nötigen, an Stelle des Schöpfers die geschaffene Ordnung anzubeten. Sowohl Paulus als auch sein älterer Zeitgenosse, der Jude Philon von Alexandria, sahen in sexueller Perversion und Unordnung ein Symptom des Götzendienstes.

Bemühungen, den Juden eine Angleichung an die griechisch-römische Kultur aufzuzwingen, riefen heftigen Widerstand hervor. »Hellenismus« hieß nicht nur, Griechisch als Hauptverkehrssprache in der Osthälfte des Mittelmeers zu sprechen, sondern bedeutete auch Spiele, Gymnasien, Theater und die Verbreitung des polytheistischen Kults. Die Makkabäer kämpften lieber, als daß sie die Aufstellung einer Zeusstatue im Tempel hingenommen hätten. Caligula schlug vor, seine eigene Statue dort aufzustellen, und der Zorn, den dies auslöste, hallt aus dem Neuen Testament wider (z.B. 2 Thess. 2, 4). Kaiserkult war für Juden und Christen gleichbedeutend mit Gotteslästerung. Eine unsensible römische Verwaltung provozierte die jüdischen Aufstände der Jahre 66, 116 und 132-35, von denen der letzte mit der Vertreibung aus Jerusalem endete, das durch Hadrian in eine gänzlich nichtjüdische Stadt umgewandelt wurde: Aelia (Hadrians Familienname) Capitolina (weil hier ein Heiligtum des kapitolinischen Jupiter errichtet wurde). Der Tempelberg blieb zerstört. Das Römische Reich wurde von den Juden nicht gerade als tolerantes Regierungssystem erlebt, und die heidnische Gesellschaft war in einem gewissen Grade antisemitisch eingestellt. Gebildete Griechen und Römer hielten die jüdische Religion – mit ihrer Bilderlosigkeit, ihren bizarren Speisevorschriften, die Schweinefleisch ausschlossen, der Beschneidung und dem abweichenden Kalender – für seltsam.

Die Anerkennung der Heidenchristen ohne die Forderung, das mosaische Gesetz einzuhalten, erschien den Rabbis übertrieben liberal. Nachdem die Trennung endgültig geworden war (vermutlich um das Jahr 85), verschlechterten sich die Beziehungen zwischen Kirche und Synagoge. Die jungen Kirchen wurden von den Synagogen verfolgt; als sie dazu in der Lage waren, begannen sie ihrerseits Vergeltung zu üben.

Märtyrer

In erster Linie wurde die Kirche jedoch von der römischen Regierung verfolgt. Den Präzedenzfall schuf Nero im Jahr 64: Paulus war als Gefangener nach Rom geschickt und schließlich hingerichtet worden. Fälle wie dieser dienten den Provinzstatthaltern als Anleitung. Das Verbrechen bestand in dem bloßen Bekenntnis zum Christentum. Ein christlicher Angeklagter konnte seine Freilassung erreichen, indem er auf einem Altar Räucherwerk darbrachte. Der äußerliche Akt genügte. Also bestand das Hauptvergehen in der Weigerung, die Götter, den Kaiser eingeschlossen, zu ehren. Einen Eid auf den Genius (Schutzgeist) des Kaisers zu leisten, schien recht einfach. Ihn zu verweigern bedeutete, Gefängnis und Folter zu erdulden, im Amphitheater wilden Tieren vorgeworfen oder, im Falle der römischen Bürgerschaft, enthauptet zu werden. Die Christen nannten diese Helden »Zeugen«, Märtyrer. (Warum gerade dieses Wort gewählt wurde, ist Gegenstand gelehrten Meinungsstreits gewesen. Wahrscheinlich ist, daß man glaubte, der Christ, der für Christus starb, sei auf einmalige Weise mit dem gekreuzigten Herrn vereint, wodurch man die Vorstellung des Zeugen mit dem Opfertod verknüpfte. Aber im Märtyrertod ist die Ursache das Wesentliche, das Sterben ist sekundär.)

Die christliche Mißachtung der Götter oder gar die Neigung der militanteren Christen, verächtlich zu zischen, wenn sie an einem Tempel vorbeigingen, beleidigte alle Polytheisten, die zu befürchten hatten, der Himmel könnte nicht gnädig sein: Überschwemmungen, Seuchen, Hungersnöte und Erdbeben würden von erzürnten Geistmächten geschickt, falls diese nicht durch Opfergaben besänftigt werden konnten. Barbareneinfälle und Bürgerkrieg waren für die Christen ebenfalls sehr gefährlich, da man sie gewöhnlich als Sündenböcke benutzte. Im 2. und frühen 3. Jahrhundert geschah die Verfolgung oft zufällig, teilweise wurde sie durch Gewalttaten des Pöbels ausgelöst, teilweise war sie die Folge von Anzeigen, die beim örtlichen Statthalter eingingen. Gefahr für den Bestand des Reichs und Unmut über die christliche Haltung anläßlich der Tausendjahrfeiern Roms beschworen die Verfolgung auf Veranlassung des Kaisers Decius im Jahr 250 herauf; er begann seine kurze Herrschaft mit einem wilden Angriff, dem besonders Bischöfe zum Opfer fielen. Die Regierung war sich durchaus darüber im klaren, daß der Bestand der

BESCHEINIGUNG DES OPFERS AN DIE ALTEN GÖTTER, wie Kaiser Decius sie 250 von allen Bürgern verlangte. »Es ist immer meine Gewohnheit gewesen, den Göttern zu opfern; jetzt habe ich in deiner Gegenwart gemäß deinem Befehl geopfert, das Trankopfer dargebracht und das Opfer gekostet. Ich bitte dich, meine Erklärung zu beglaubigen... Ich, Aurelia Demos, habe diese Erklärung vorgelegt. Ich, Aurelius Ireneus (ihr Gatte) schrieb für sie, da sie des Schreibens nicht kundig ist. Ich, Aurelius Sabinus, der Bevollmächtigte, sah dich opfern.«

Kirche an sich in nicht geringem Maße dem Zusammenhalt und der Disziplin zu verdanken war, die vom Episkopat vermittelt wurden. Außerdem durchdrang die Kirche bis 250 ungehindert die oberen Schichten der römischen Gesellschaft; in Karthago gehörte Cyprian mit seiner Villa und seinen privaten Mitteln, die er seiner Kirche widmete, zu den Wohlhabenden. Seine Bischofskollegen redeten ihn mit »Herr« an (eine Schmeichelei, die er nicht erwiderte). Die schlimmste aller Verfolgungen unter Diokletian, die von 303 an ein Jahrzehnt andauerte, hatte ihren Grund in der Furcht vor einer christlichen Durchdringung der Armee, die sogar Offiziere des Oberkommandos und die höheren Ränge der Beamtenschaft erfaßte.

Manche begeisterten Christen suchten das Märtyrertum, indem sie religiöse Bilder zerstörten oder im Kreuzverhör aufsässig, abweichend und respektlos gegenüber dem Statthalter auftraten. Was sollte ein römischer Prokonsul mit einem Christen anfangen, der erklärte, er zahle seine Steuern, nicht, weil es die Gesetze und Erlasse des Kaisers verlangten, sondern weil es der Befehl des Herrn sei? Oder mit einem andern, der auf die Frage nach seiner »Heimat« *(patria)* antwortete, dies sei das Himmlische Jerusalem? Die radikale Jenseitsgerichtetheit schien den Behörden unbegreiflich. Manche heidnischen Beobachter hielten die Märtyrer nur für theatralische Selbstmörder (so der Kaiser Mark Aurel), andere wurden durch ihr Verhalten aber dazu veranlaßt, Fragen zu stellen. Die Kirche wurde jedenfalls Gegenstand der Diskussion, es war eine Art von Werbung, durch die sie mehr und mehr Anhänger gewann. »Das Blut der Märtyrer ist Saat« (Tertullian). Andererseits wurden die Christen mit höchst unerfreulichen Geschichten konfrontiert, denen zufolge sie bei ihren nächtlichen Zusammenkünften dem Kannibalismus und Inzest frönten (Beschuldigungen, die durch sprachliche Mißverständnisse in bezug auf das Abendmahl leicht erklärlich sind). Manche aufrechten und guten Menschen weigerten sich noch in der Mitte des 3. Jahrhunderts, zu einer Zeit also, als Hintergrund und Lebensweise der Christen wohlbekannt waren, mit Christen auch nur zu sprechen, weil sie sie solcher Greuel verdächtigten. In Kleinasien fragte der jüngere Plinius, der Statthalter von Bithynien, um das Jahr 110 Trajan, ob das Bekenntnis zum Christentum an sich strafbar sei oder »die Laster, die mit dem Namen verbunden sind«. Er hatte unter Anwendung von Folter entdeckt, daß es keine entsetzlichen Laster gab: Die Angeklagten sagten, es sei ihr Brauch, vor der Dämmerung an einem besonderen Tag zusammenzukommen, um ein Loblied auf Christus als Gott zu singen und einen Eid *(sacramentum)* zu leisten, keine Missetaten zu begehen. Zwei »Dienerinnen« *(ministrae)* hatten nichts Böses zu gestehen und hingen nur »erbärmlichem Aberglauben« an. Gruppensex im Dunkeln kam ganz einfach nicht vor. Plinius war überrascht. Doch die Widerspenstigkeit schien unerträglich.

Die Auswirkungen der Verfolgung auf die Christen selbst waren unterschiedlich. In Nordafrika entwickelte sich christlicher Kampfgeist, und zum obersten Ziel wurde es, sich die Märtyrerkrone zu verdienen. In Numidien (dem südlichen Algerien) grüßten sich fanatische Gläubige mit dem Wunsch »Mögest du deine Krone gewinnen«. Die Jahrestage der Märtyrer, »Geburtstage« genannt, wurden sorgfältig vermerkt; auf diese Weise entstanden die ersten Kirchenkalender (der Historiker erfährt aus ihnen, an welchem Tag eines Monats ein Märtyrer starb, jedoch nicht unbedingt in welchem Jahr, da dies keine liturgische Bedeutung hatte). Um das Jahr 200 gab es in Rom Christen, die den Gedenktag für Petrus und Paulus am 29. Juni begingen. (Während des 3. Jahrhunderts feierten sie

TOD DURCH WILDE TIERE IM AMPHITHEATER, Mosaik aus einer Villa bei Leptis Magna, Nordafrika. Die erhaltenen »Akten der Perpetua und Felicitas« berichten, wie zwei christliche Frauen im Jahre 202 einen grauenhaften Tod im Amphitheater von Karthago fanden, während die Menge, die dem Blutbad zusah, *Salvum lotum* schrie.

Ostern und Pfingsten, Feste, die vom Judentum übernommen und abgewandelt worden waren und daher vom Mondjahr abhingen. Um 300 kam im Westen der Tag der Geburt Jesu hinzu, eingefügt in einen Sonnenkalender und auf die Wintersonnenwende gelegt. Man brauchte eine Alternative zu dem heidnischen Fest dieser Tage, bei dem Geschenke ausgetauscht wurden und viel Alkohol floß. Christliche Prediger versuchten vergeblich, ihre Gemeinden zur Verteilung von Almosen an die Ärmsten und zum Fasten zu bewegen, während die berauschten Heiden feierten.)

Es kam zu inneren Meinungsverschiedenheiten über die Ehrung von Märtyrern. Dabei ging es um die Frage, inwiefern hier eine Vermischung mit alten heidnischen Bräuchen stattfand, etwa mit der Darbietung von Speisen und Wein an den Gräbern der Ahnen. In Karthago entstand ein Schisma (Donatismus), als eine fromme, wohlhabende Dame, die die Reliquie eines Märtyrers hütete, getadelt wurde, weil sie diese bei einer Gedenkfeier mit Küssen überhäuft hatte; »sie war verstimmt«, erfahren wir, und als der Archidiakon, der sie gerügt hatte, Bischof von Karthago wurde, ließ sie ihren Majordomus zum Gegenbischof ernennen, wobei sie die Masse der numidischen Bischöfe hinter sich hatte. Es handelte sich allerdings nicht um ein rein persönliches Problem. Die Frage war, inwiefern Kompromisse eingegangen werden konnten, wenn eine heidnische Regierung christliche Zusammenkünfte zum Gottesdienst verbot und die Herausgabe von Bibeln, Gefäßen und Gewändern verlangte. Rigoristen lehnten Kompromisse ab: Sie wollten nichts aushändigen und begriffen es als das Wesen ihrer christlichen Treue, daß sie an jedem Tag des Herrn standhaft das Abendmahl feierten. Kompromißbereite wie der Archidiakon lehnten Konfrontationen ab und zogen es vor, sich still zu verhalten, bis der Sturm sich gelegt haben würde. Die Polizei war durchaus entgegenkommend und bereit, ketzerische oder medizinische Werke an Stelle der Bibeln anzunehmen.

Während der Verfolgungen hatten – was die Güter dieser Welt betraf – die reichen Christen am meisten zu verlieren, denn ihr Besitz konnte leicht beschlagnahmt werden – es sei denn, sie wurden »abtrünnig«. Natürlich wirkte sich das unmittelbar auf die Notleidenden aus, die aus der von den reichen Gläubigen gefüllten Kirchenkasse ernährt werden mußten. Die Zahl derer, die ihren Glauben verrieten, war unter den Vermögenden und den in der sozialen Hierarchie weit oben Stehenden am größten. Als die Verfolgung endete, wünschten viele die Rückgabe des eingezogenen Besitzes, und es kam zu scharfen Meinungsverschiedenheiten über die Bedingungen, unter denen eine Rückgabe gewährt werden konnte. In Rom kam es nach 250 zu einer Spaltung zwischen den Rigoristen unter der Führung Novatians, der glaubte, für die Abgefallenen könne es in diesem Leben keine Rückerstattung geben, und denen, die in der Übertragung der Schlüsselgewalt des Herrn keine Einschränkung sahen, zu binden und zu lösen. In Rom hatte es über ein Jahrhundert lang Unstimmigkeiten und sogar Streit um die Möglichkeit einer Wiederaufnahme von Gläubigen gegeben, die Ehebruch, Mord oder Apostasie (Teilnahme an götzendienerischen Riten) begangen hatten. Ein hintergründiger Traktat, *Der Hirt* von Hermas, suchte schon vor der Mitte des 2. Jahrhunderts die rigoristische Position als unmenschlich zu kritisieren, ohne dabei jedoch die Pflicht der Kirche anzuzweifeln, die moralischen Richtlinien unter ihren Mitgliedern aufrechtzuerhalten. Heiligkeit konnte leicht in Absonderung und Krittelei umschlagen.

Im Streit um die Rückerstattung beriefen sich sowohl die Position der Strenge als auch die der Gnade auf die Schrift. Da es wünschenswert war, daß Bußfertige nicht von einem Bischof mit Strenge und von einem anderen mit Milde behandelt wurden, brauchte man eine einheitliche Vorgehensweise. Das Kirchenrecht hat seinen Ursprung in den Vereinbarungen der Kirchenkonzile des 3. Jahrhunderts, die sich mit den Bedingungen der Wiederaufnahme der Abgefallenen befaßten. Gnade sollte den Reumütigen zuteil werden, doch mußte die Gemeinde sicher sein können, daß die Reue echt war. Außerdem gab es Abstufungen der Schuldhaftigkeit. Wie sollte man die Fehler derjenigen einschätzen, die Rauchopfer ohne Folterung darboten, anderer, die erst nach grausamer Folter mit Streckbank und Feuer nachgegeben hatten, und wieder anderer, die gar nicht wirklich Rauchopfer dargebracht, sondern einen freundlichen Beamten bestochen hatten, ihnen eine Bescheinigung zu verkaufen, daß sie es getan hätten? Ein Christ namens Kopres aus dem Niltal, der in einen Prozeß über Eigentumsfragen verwickelt war, ging 303 nach Alexandria, um seinen Fall zu vertreten, und entdeckte zu seiner Bestürzung, daß man von ihm verlangte, als Vorbedingung des Rechtsstreits an einer götzendienerischen Handlung teilzunehmen, etwa an einem Opfer oder einem Eid auf den Genius des Kaisers. Er erteilte einem heidnischen Freund die Anwaltsvollmacht, in seinem Namen zu handeln, und fand auf diese Weise einen eleganten Weg, ein reines Gewissen und sein Ansehen in der Kirche zu behalten. Für ihn war die Verfolgung nichts weiter als eine Unannehmlichkeit. Für andere wurde es zu einer Frage von Leben oder Tod. Der Konflikt des Märtyrers wurde nicht als Auseinandersetzung mit einer Regierungsbehörde angesehen, sondern als Kampf gegen Satan. Es war ein Ringen in dem Wissen, daß dem heroischen Bekenner des Glaubens in einzigartiger Weise vom Geist Gottes geholfen würde, und mehr als ein Bericht spricht davon, daß den »Opfern« Visionen gewährt wurden, die sie stärkten. Tatsächlich schildern die erhaltenen Märtyrerakten (die sich auf zeitgenössische Berichte stützen) die

Märtyrer nicht als menschliche Heroen, sondern als sehr schwache Sterbliche, denen übernatürliche Stärke gegeben wurde.

In der visionären Offenbarung, die ihm im Exil auf Patmos zuteil wurde, sah Johannes die Märtyrer unter dem Altar, die schrien: »Wie lange zögerst du noch, Herr« (Offb. 6, 9-10). Vom 4. Jahrhundert an wurden Reliquien von Märtyrern unter dem Altar der christlichen Basilika verwahrt. Gewiß legten sie Fürbitte für die Gläubigen auf der Erde ein. Ihre Aufnahme durch Gott zeigte sich symbolisch darin, daß die alten Kirchen zwar um die Gnade Gottes für die gläubigen Verstorbenen beteten, jedoch nicht für Märtyrer. Die Märtyrer beteten für sie.

Verteidiger des Glaubens: Justin der Märtyrer

Die Christen sahen sich nicht nur von der römischen Regierung angegriffen, sondern auch von griechischen Philosophen und Vertretern der hohen literarischen Kultur, von Rednern und Historikern (nicht aber von Naturwissenschaftlern). Von der Mitte des 2. Jahrhunderts an zählten die Bekehrten einige philosophisch geschulte Köpfe in ihren Reihen, die den heidnischen Zeitgenossen zumindest ebenbürtig waren. Justin kam von Nablus in Palästina nach Ephesus, wo er nach eigener Darstellung (die nicht in allem zutreffen muß) bei Lehrern verschiedener Schulen studierte – bei Stoikern, Aristotelikern, Pythagoräern, Platonikern –, wobei er von den letztgenannten nicht nur Klarheit für den Kopf, sondern auch Licht für seine Seele erhoffte. Eines Tages jedoch, als er am Strand spazierenging, begegnete er einem älteren Christen, der ihm von den hebräischen Propheten erzählte, was sein naives Vertrauen auf die moralische Führung durch die Philosophen untergrub. Dieser Vorfall bekehrte ihn zum Christentum. Justin zog weiter nach Rom, wo er in seiner eigenen Schule Vorträge über die christliche Philosophie anbot. Dies brachte ihn in Konflikt mit einem heidnischen Kritiker. Ihr Meinungsstreit kann aus der Verteidigung *(Apologia)* des Christentums, die Justin verfaßte und die er später um einen weiteren Anhang ergänzte, abgeleitet werden. Aus seiner Feder stammt auch ein langer *Dialog mit dem Juden Tryphon.* In einem Stil, der Platons Dialogen nachgebildet ist, interpretiert Justin hier die Prophezeiungen des Alten Testaments, die er in Jesus und im gegenwärtigen Leben der sich überall ausbreitenden Kirche erfüllt sah.

Justin war davon überzeugt, daß in der hochgesinnten stoischen Ethik und besonders in der jenseitsgerichteten platonischen Metaphysik viel für einen Christen enthalten war. Der göttliche Sämann hatte den Samen der Wahrheit überall ausgesät – wenn auch mit unterschiedlichem Erfolg und nicht immer in fruchtbaren Boden. Platon hatte sich gewiß geirrt, wenn er dachte, die Seele sei von Natur aus unsterblich und zur Wiedergeburt fähig. Doch Justins Liste der richtigen Aussagen Platons ist lang. Er bedauert, daß Platon nicht mit den Göttern der alten Kulte und Mythen gebrochen hatte, obwohl er offenbar wußte, daß sie falsch waren. Denn Platon begriff Gott als unveränderlich, unkörperlich, namenlos, jenseits von Zeit und Raum. Im Gespräch mit Tryphon ging Justin noch einen Schritt weiter: Weil der allmächtige Vater transzendent ist, kann der Gott, der Moses im brennenden Busch erschien, nicht der Vater gewesen sein, sondern nur sein Wort und seine Vernunft *(Logos);* daher ist er »anders als der Vater an Zahl, obgleich nicht im Willen«.

SARKOPHAG AUS DEM 3. JAHRHUNDERT. Hier vermischen sich biblische Gestalten mit traditionellen ländlichen Szenen: Hirten (links und rechts), Daniel in der Löwengrube, Jona, der von dem großen Fisch verschlungen wird und dann unter seiner Rizinusstaude ruht, eine zentrale Figur beim Gebet, Adam und Eva, die Speisung der Fünftausend und die sieben Körbe sowie Noah, der in der Arche betet.

An der umfassenden Vernunft des göttlichen Worts haben alle vernunftbegabten Wesen Teil, und sowohl Abraham als auch Sokrates waren »Christen vor Christus«. Doch erst die ethische Lehre Christi verkündete den Weg zum wahren Glück. Die von den größten klassischen Philosophen Griechenlands nur teilweise erfaßten Wahrheiten finden ihre Erfüllung damit im Rahmen des christlichen Glaubens.

Justin hatte solches Vertrauen in die Vernünftigkeit des Evangeliums, daß das Phänomen des Unglaubens mit der Hypothese erklärt werden mußte, böse Geister verbreiteten im Interesse des Polytheismus und Aberglaubens falsche Dinge. In Mysterienreligionen wie dem Mithraskult nahmen die Anbeter sogar an einem feierlichen Mahl teil, mit dem böse Geister das christliche Abendmahl parodierten. Justin verabscheute die gnostische Vermischung der Mythen und Kulte. Er schrieb nicht nur, um den Glauben gegen feindselige Statthalter, skeptische Philosophen und streitbare Rabbis zu verteidigen, sondern auch, um die wahre Überlieferung den Jüngern des Simon Magus (Apg. 8, 9), den Anhängern des Marcion oder des Gnostikers und Platonikers Valentinus gegenüber hochzuhalten. In ihrer Ablehnung des Alten Testaments verwarfen sie das Argument der erfüllten Prophezeiung, das bei seiner Bekehrung eine so wesentliche Rolle gespielt hatte. Justin sah Adam als einen Vorgriff auf Christus, Eva als einen »Typus« der Maria und bezeichnete die Entsprechungen von Gestalten des Alten und Neuen Testaments als Prinzip der »Rekapitulation«; das sollte heißen, daß Erlösung nicht von der geschaffenen Ordnung geschieht, sondern mit und in ihr ist.

Justins Themen wurden für Irenäus wichtig, der um 180 Bischof von Lyon im Rhonetal war, und dessen griechische Gemeinde in enger Verbindung mit den Kirchen Kleinasiens stand. Irenäus verteidigte die Einheit der zwei Testamente in seiner Schrift *Entlarvung und Widerlegung der angeblichen Gnosis,* in der er sich hauptsächlich gegen jene Ketzer wendet, die dem orthodoxen Christentum nahestanden und daher eine ernsthafte Bedrohung orthodoxer Gemeinden bildeten. Indem er von Paulus den Gedanken aufgriff, das Gesetz des Alten Testaments sei als eine Art »Lehrer« aufzufassen, konnte Irenäus die Beziehung zwischen den beiden Testamenten als fortschreitende Erziehung der Menschheit darstellen. Diese Denkweise erlaubte es ihm, im Alten Testament einige Mängel an moralischer Einsicht einzuräumen. Eine Entfaltung der göttlichen Absicht erkannte er auch in der Offenbarung, daß Gott im Verhältnis zur Welt durch sein Wort und seine Weisheit tätig sei – wie »zwei Hände«, die die Welt gestalten und die Kirche lenken.

Keines der beiden Hauptwerke von Irenäus, die vollständig erhalten sind, ist im ursprünglichen Griechisch überliefert. Die antignostische Abhandlung als Ganzes ist in einer in Nordafrika um 395 erstellten lateinischen Übersetzung erhalten. Sein Werk *Der Erweis der apostolischen Verkündigung* ist nur auf armenisch bewahrt. Sein Glaubensverständnis ist stark biblisch gewesen. Sein idealer Theologe war ein Mensch, der sich der Autorität der Überlieferung unterordnete, wie sie durch die apostolische Bibel beglaubigt war, nicht etwa jemand mit glänzenden neuen Ideen und ganz gewiß niemand, der glaubte, neue Offenbarungen anbieten zu müssen.

Der Vater und der Sohn

Justins Unterscheidung zwischen dem Vater als transzendentem Gott und dem Sohn als immanentem Gott, die Irenäus sich zu eigen machte, löste um 190-225 einen heftigen Streit in Rom aus (den sogenannten Monarchianerstreit). In der Auseinandersetzung mit dem gnostischen Dualismus hatten orthodoxe Autoren auf der göttlichen Monarchie beharrt: Es gibt nur ein höchstes Prinzip. Doch Justins Formulierung vom Anderssein des göttlichen Wortes ließ an eine Diarchie denken. Was hatte Johannes gemeint, als er sagte, »das Wort war *bei* Gott«?

Die Unterscheidung des Sohnes vom Vater war ein Thema, das von dem römischen Ältesten Hippolyt eifrig aufgegriffen wurde. Hippolyt stritt sich mit Calixt, dem Archidiakon, der für die Friedhöfe in den Katakomben zuständig war, und als Calixt zum Bischof gewählt wurde, ließ er sich zum Gegenbischof ernennen. Calixt hatte ihn öffentlich beschuldigt, Ditheist zu sein und verteidigte jene, die Vater, Sohn und Geist nur für Namen eines einzigen Gottes unter verschiedenen Aspekten hielten (die Anhänger des Ältesten Sabellius). Calixt verletzte auch Hippolyts Rigorismus, indem er darauf bestand, daß die Schlüsselgewalt, die der Herr der Kirche übertragen hatte, nicht ausschloß, reumütige Ehebrecher wieder in die Gemeinschaft aufzunehmen. Hippolyt verfaßte ein eigenartiges Buch mit dem Titel *Widerlegung aller Häresien,* das die Abhängigkeit einer Reihe gnostischer Sekten von einer Reihe heidnischer Philosophen behauptete und in dem er scharfe Angriffe gegen Calixt richtete. Der giftige Ton Hippolyts läßt sich nicht leugnen. Dennoch war er ein gelehrter Mann. Er schrieb einen gehaltvollen Kommentar zu dem Buch Daniel, um übersteigerte apokalyptische Erwartungen eines unmittelbar bevorstehenden Weltendes zu dämpfen. Diese hatten kurz zuvor einen Bischof veranlaßt, seine Herde in die Wüste zu führen, um den wiederkehrenden Herrn zu treffen, was eine Rettungsoperation durch staatliche Behörden notwendig machte. Er verfaßte eine Chronik der Weltgeschichte, in der er die Berechnungen griechischer Chronisten mit den Datenangaben der

Die Erschaffung Evas, während Adam schlafend am Boden liegt. Darstellung auf einem Sarkophag des 4. Jahrhunderts. Die sitzende Gestalt stellt Gott den Vater dar, der Sohn legt seine Hand auf Evas Kopf. Da die frühen Christen die Worte der Genesis »Laßt uns Menschen machen als unser Abbild« als Hinweis auf die göttliche Dreieinigkeit auffaßten, könnte die Gestalt ganz links den Heiligen Geist darstellen, was allerdings, wenn es zuträfe, eine verblüffende Vorwegnahme des Symbolismus in der Skulptur des 12. Jahrhunderts wäre.

Bibel zusammenführte. Schließlich stellte er eine Ostertafel zusammen. Bewunderer seiner Gelehrsamkeit ließen ihm eine Statue errichten, auf deren Sockel seine Schriften verzeichnet waren. In einer von ihnen, die den Titel *Apostolische Überlieferung* trägt, hat man mit einiger Berechtigung eine Kirchenordnung (eine Anleitung zur Liturgie, zur richtigen Lenkung der Gemeinde) vermutet. Sie dürfte aus dem 3. Jahrhundert stammen und in Rom verfaßt worden sein. Ob das Werk von Hippolyt stammt oder nicht – das Dokument ist eine wichtige Quelle für die frühe Liturgie und der erste Text, der liturgische Muster bezeugt, die in Gebrauch geblieben sind.

Tertullian

Der bedeutendste und redegewandteste Theologe im Westen gegen Ende des 2. Jahrhunderts war Tertullian, ein christlicher Laie aus Karthago. Als glänzender polemischer Schriftsteller überwältigte er seine Gegner (Ketzer, Juden, Heiden und, nachdem er Montanist geworden war, orthodoxe Bischöfe) mit einer Mischung aus zugleich geschliffener und deftiger Kritik. Als frühester Autor, der sich des christlichen Lateins bediente, war er maßgeblich an der Herausbildung eines spezifisch christlich-lateinischen Wortschatzes beteiligt. Er prägte die Terminologie, die die westliche Theologie fortan beherrschen sollte – zum Beispiel sprach er von *trinitas* als »drei Personen in einer Substanz« oder von Christus als »zwei Substanzen oder Naturen in einer Person«. Ein besonders einflußreicher und charakteristischer Traktat ist sein *Gegen Praxeas,* der sich gegen einen Christen richtet, der aus Kleinasien nach Rom kam und sich hier sowohl gegen Justins und Hippolyts pluralistische Theologie als auch gegen die auf den Parakleten selbst zurückgeführte montanistische Prophezeiung wandte. In Tertullians Worten: »Er vollbrachte zwei Werke des Teufels: er schlug den Parakleten in die Flucht und kreuzigte den Vater.« Tertullian stand in der Frage der Verschiedenheit von Sohn und Vater auf Justins Seite. Neben anderen Arbeiten verfaßte er eine fesselnde Abhandlung *Über die Seele,* über ihr Wesen, ihren Ursprung und das Problem »ihres ererbten Makels«. In einigen seiner Schriften behandelt er die Philosophie ausgesprochen feindselig. Er bezeichnet sie als Mutter der Häresie und besteht darauf, daß für einen wahrhaften Gläubigen alles durch die Autorität der apostolischen Glaubensregel und Schrift beschlossen sei. In anderen Abhandlungen zeigt er sich überraschend überzeugt von der »natürlich christlichen Seele« und ihren rationalen Kräften.

Aristoteles hatte dem angehenden Redner empfohlen, die starke Wirkung des Paradoxons zu nutzen. Tertullian verwendete es mit Vergnügen. Für ihn bestätigte sich das göttliche Wesen des Christentums nicht durch seine Vernünftigkeit, sondern gerade durch die Tatsache, daß es sich dabei um etwas handelte, das kein gewöhnlicher Kopf hätte erfinden können. Die Kreuzigung des Gottessohnes wirkt lächerlich und skandalös: »Ich glaube, weil es empörend ist.«

Im Osten Karthagos, in Libyen, fanden ein halbes Jahrhundert nach Tertullian heftige Kontroversen zwischen den monarchianischen Anhängern des Sabellius und den Vertretern der Logos-Theologie statt. Der libysche Streit wurde Bischof Dionysius von Alexandria vorgetragen, einem hochgebildeten Mann, der sich auf die Seite jener Theologen stellte, welche die Verschiedenheit von Vater und Sohn betonten; man sollte von ihnen nicht sagen, sie seien ein Wesen, sondern sie seien so verschieden wie der Bauer und der Weinstock. Die sabellianische Gruppe führte Klage beim Bischof von Rom, der seinen Kollegen in Alexandria wegen unbedachter Äußerungen rügte und verkündete, daß in Gott die Einheit Vorrang vor aller Vielheit habe. Die Vielheit sei nicht in Gott zu finden, wie er in und für sich ist, sondern in Gott in seiner Beziehung zur Welt, die durch Vorhersehung gekennzeichnet sei. Bei der Formulierung seiner Verteidigung fand Dionysius nützliches Material in Tertullians Schrift *Gegen Praxeas.*

Tatian

Justins Schüler Tatian aus Mesopotamien entwickelte mit viel Sarkasmus die Abhängigkeit der Philosophen von Moses und versuchte auf diese Weise die Überlegenheit von letzterem nachzuweisen. Tatian wirkte auch maßgeblich an einer Zusammenfassung der vier Evangelien mit, die in den Syrisch sprechenden Kirchen des Ostens lange der grundlegende Lesungstext blieb. Er schrieb ein Buch, in dem er 1 Korinther 7 dahingehend deutete, daß der Apostel die Ehe nicht wirklich verteidigte, da er einräumte, daß sie nicht der vollkommenste Zustand für den Gläubigen sei, ein wahrer Gläubiger aber nach der Vollkommenheit streben müsse. Daß auch eine Reihe von gnostischen Themen in eine Theologie eingingen, schadete seinem Ruf. Dennoch wurden seine chronographischen Berechnungen um 190-200 von Clemens von Alexandria dankbar aufgegriffen.

Clemens

Clemens von Alexandrias Hauptleistung war eine Trilogie: (1) ein Aufruf zur Bekehrung *(Protreptikos)* im Stil antiker Homilien, in der er das Studium der Philosophie im öffentlichen Leben stehenden Männern empfahl, die dazu neigten, das für Zeitverschwendung zu halten; (2) der *Paidagogos* oder Erzieher, ein Leitfaden für Moral und Etikette, der eine wichtige Quelle für die Sozialgeschichte der Zeit ist; (3) *Stromateis* oder Miszellen, ein bewußt abschweifendes Werk, in dem ständig das Thema gewechselt wird, aus dem der kritische Leser jedoch ein bemerkenswertes, sorgfältig durchdachtes System rekonstruieren kann.

Clemens' Prosa hebt ihn deutlich von seinen Zeitgenossen ab. Es gelang ihm, heidnische Kritiker (wie Celsus), die die Christen für einen kulturlosen Haufen hielten, indirekt zu widerlegen, indem er seine Seiten mit zahlreichen Zitaten und Anspielungen aus der klassischen Dichtung und Philosophie versah. Clemens' Absicht war es, gebildeten Menschen im Taufunterricht, »Katechumenen« genannt (im Gegensatz zu den »Gläubigen«, die getauft sind), das Gefühl zu geben, daß sie in der Kirche zu Hause seien. Er wollte zeigen, daß man ein gebildeter und intelligenter Gläubiger sein konnte, ohne die apostolische Glaubens- und Lebensregel aufzugeben. Die Nebenabsicht seines Werkes ist es, dem christlichen Intellektuellen in der Gemeinde den ihm gebührenden Platz zu verschaffen. Schließlich konnten Bischöfe nicht das korrekte Osterdatum bekanntgeben, wenn sie nicht auf Mathematiker zurückgriffen. Dank ihres umfassenden Plagiats aus dem Alten Testament, so argumentierte Clemens, hatten Platon und die griechischen Philosophen viele wahre Dinge herausgefunden und sie in wunderbarer Sprache ausgedrückt.

Clemens verband seine überaus positive Bewertung der Kultur mit einem strengen Puritanismus in bezug auf Zugeständnisse an polytheistische Mythen und Kulte. Er war strikt gegen Erotik in Kunst und Literatur. Seiner Meinung nach hatte der ästhetische Wert im Zweifelsfall hinter der Moral zurückzustehen. Er schrieb eine Abhandlung über Jesus, der dem reichen jungen Herrscher sagt, daß er, um vollkommen zu sein, alles verkaufen müsse. Er erklärte, daß der Herr einen strengen Gebrauch von Reichtum verlange, den bloßen Besitz jedoch nicht verurteile. In dieser Unterscheidung zwischen Besitz und Verwendung griff Clemens Paulus' Worte in 1 Korinther 7 auf, wo dieser empfiehlt, daß Ehepaare die Sexualität als Mittel zu einem höheren Zweck behandeln sollten und nicht als Zweck an sich. Clemens schrieb seine *Miszellen,* um die widersprüchliche Haltung der Gnostiker zum Geschlecht anzugreifen, die dieses einerseits als abstoßende Fleischeslust bezeichneten, es andererseits aber als Quelle phallischer Ekstase betrachteten. Ebenso sollte auch Reichtum als Mittel zum guten Zweck gebraucht, nie aber um seiner selbst willen gesucht oder genossen werden. Ein reicher Christ tat gut daran, sich und sein Vermögen unter die Führung eines klugen und strengen geistlichen Ratgebers zu stellen, der ihm den Weg zur Vollkommenheit weisen würde.

Fast alle philosophisch denkenden Menschen nahmen es zu Clemens' Zeit als gegeben an, daß der Ordnung der Welt eine planende Instanz zugrunde lag. Platoniker und Stoiker verwandten deshalb viel Mühe darauf, die Übel der Erfahrung zu erklären. Heidnische Platoniker jedoch konnten den christlichen Gedanken der Menschwerdung nicht akzeptieren, den sie als eine Verwandlung in Gott interpretierten. Clemens umging die Schwierigkeit, indem er die Menschwerdung als bedeutsames Moment innerhalb einer umfassenden Fürsorge für die ganze Menschheit interpretierte. Eine allgemeine Vorsehung ist jedoch eine in sich problematische Vorstellung. Bei Clemens ändert Gott durch die Menschwerdung nicht seinen Willen; er beabsichtigt eine Veränderung in der Menschheit selbst. Die Menschwerdung ist deshalb ein extremer Augenblick göttlicher Gegenwart in der Schöpfung.

Origenes

Clemens war ein bekehrter Heide. Sein Nachfolger in Alexandria, Origenes (184-254), war der Sohn christlicher Eltern. Der Märtyrertod seines Vaters 203 hinterließ in ihm eine Antipathie gegen die heidnischen einflußreichen Kreise, sei es in der Regierung oder in der Bildungsschicht. Diese Antipathie prägte sein Denken, das im übrigen durch eine meisterliche Beherrschung der philosophischen Diskussion und der klassischen Literatur besticht. Es gibt komplizierte philosophische und logische Dispute, die wir heute nur deshalb verstehen, weil Origenes eine klare Darstellung der strittigen Fragen gab. Eiserne asketische Selbstverleugnung kennzeichnete seinen Charakter, und Eusebius von Cäsarea erwähnt eine Überlieferung, nach der er sich im Eifer der Jugend kastrieren ließ, damit er frei wäre, Schülerinnen zu unterrichten, ohne Anstoß zu erregen. Die Geschichte mag wahr sein, da Beispiele solchen Eifers für die christliche Antike belegt sind. Als Origenes dann jedoch selbst einen Kommentar zu Matthäus 19, 12 schrieb, wandte er sich energisch gegen eine wörtliche Auslegung. Sein asketischer Rigorismus brachte ihn dazu, sämtliche nichtchristlichen Bücher zu verkaufen. Doch sein erstaunliches Gedächtnis ermöglichte es ihm, bis zu seinem Lebensende alles im Kopf zu behalten, sei es ein Bibeltext, eine Zeile aus der *Ilias* oder ein Abschnitt aus Platons *Dialogen.* Das Auswendiglernen war im antiken und mittelalterlichen Unterricht ein allgemein praktiziertes Verfahren. Nach dem Tod seines Vaters wurde er in das Haus einer reichen christlichen Dame mit liberalen Sympathien aufgenommen – für Origenes zu liberal, denn sie hatte einen gnostischen Hausgeistlichen. Bald richtete er eine eigene Vortragsschule ein. Während eines antichristlichen Aufruhrs (215) suchte er in Palästina Zuflucht; doch der Bischof von Alexandria, Demetrius, rief ihn zurück, um die Leitung der Katechetenschule zu übernehmen (217). Dort delegierte er den Elementarunterricht an einen Helfer, während er, dem Beispiel Jesu folgend (Mk. 4, 34), die fortgeschrittenen Schüler betreute.

Aus seinen Vorträgen vor diesen Schülern ging eine umfassende Widerlegung der gnostischen Weltsicht, ein Werk mit dem Titel *Von den ersten Dingen,* hervor. Das Buch, das als Ganzes nur in einer revidierten und teilweise gereinigten lateinischen Übersetzung von Rufinus aus dem Jahr 398 erhalten ist, beschädigte jedoch seinen Ruf, ein Vertreter der reinen Orthodoxie zu sein. Der Grund dafür lag in seiner Überzeugung, daß letztlich

– falls Gott die reine Güte ist, göttliche Strafen also stets heilend, nicht bloß vergeltend sind, und falls Freiheit in allen geschaffenen vernünftigen Wesen übertragbar ist – auch die Gottlosesten durch göttliche Liebe geläutert werden und zur Erlösung geeignet sind. Dann wird Christus das Reich dem Vater übergeben, und Gott wird in allem sein. Dieses »in allem« schloß auch den Satan ein, denn Origenes spürte, daß es einer Kapitulation vor dem gnostischen Dualismus gleichkäme, wenn er einräumte, daß irgendein vernünftiges Geschöpf unrettbar verloren sei. »Man könnte ein Wesen, das bar jeder Fähigkeit ist, die Güte zu erkennen und zu tun, was recht ist, bedauern, doch nicht tadeln.« Die Aufregung, die diese Gedanken hervorriefen, und der Sturm der Entrüstung, der sich erhob, als der Bischof von Cäsarea in Palästina Origenes zum Ältesten bestimmte, ohne den Bischof von Alexandria zu berücksichtigen, veranlaßten Origenes, nach Cäsarea zu gehen (231). Sein Universalismus schien nichts als endloses reales Elend anzubieten – unterbrochen von kurzen Abschnitten illusorischer Seligkeit.

Bei seiner Bibelinterpretation bediente sich Origenes der neuplatonischen Dreiteilung der Welt in Materie, Seele und Geist. Er thematisierte mit ihrer Hilfe erstmals eine Vorstellung, die im 18. Jahrhundert von Joseph Butler und Isaac Newton weiterentwickelt werden sollte: daß die Offenbarung analog zur Natur zu verstehen sei. Es gibt keine Schwierigkeit in ersterer, die nicht auch in letzterer anzutreffen ist. Origenes zufolge hat die Heilige Schrift drei Bedeutungsebenen, die den drei Ebenen der Realität entsprechen: (a) einen wörtlichen historischen Sinn, (b) eine moralische Bedeutung und (c) enthält sie eine spirituelle Interpretation. Die Existenz von (b) und (c) glaubte er im Vorhandensein derjenigen Bibeltexte erwiesen, in denen der wörtliche Sinn absurd oder widersprüchlich erschien; diese Texte mußten als Wegweiser zu einer spirituellen, gleichnishaften Exegese dorthin gestellt worden sein. Einer seiner Grundsätze lautet, daß nichts beabsichtigt sein kann, das Gottes nicht würdig ist. Wie der an Christus Glaubende durch den historischen Menschensohn zum Gottessohn zu gelangen sucht, so ist auch in der Bibel der wörtliche Sinn die erste Sprosse auf der Leiter zur ewigen spirituellen Bedeutung.

Die Auslegung der Bibel durch Homilie oder Kommentar wurde zu Origenes' eigentlichem Lebenswerk, wobei die Kommentare so umfangreich sind, daß kein einziger vollständig erhalten ist. Die Textüberlieferung der Mehrheit der Homilien beruht auf lateinischen Übersetzungen durch Rufinus und Hieronymus. Origenes stellte auch eine umfassende Ausgabe der verschiedenen griechischen Fassungen des Alten Testaments zusammen. Damit wollte er eine solide Grundlage für Streitgespräche schaffen, besonders mit Rabbis, die die kanonische Echtheit von Büchern nicht anerkennen wollten, die zwar in der Septuaginta (der Bibel der heidenchristlichen Mission) vorhanden waren, im hebräischen Kanon jedoch fehlten. Der Überschuß des Griechischen gegenüber dem Hebräischen wurde von Origenes für ebenso kanonisch gehalten; der Vorschlag, dieses Mehr als Beispiel des Lebens und als Sittenlehre zu lesen, ohne es dabei zu einer Lehre werden zu lassen, blieb Hieronymus überlassen. Für Origenes handelte es sich dabei um eine Frage der Taktik, nicht des Prinzips.

Origenes' Lehre von Gott hinterließ seinen Nachfolgern eine Menge von Problemen (und einige Lösungen). Er beharrte darauf, daß Vater und Sohn getrennte Realitäten oder Hypostasen sein müssen, nicht bloße Adjektive der einen persönlichen göttlichen Substanz. Eine heftige Reaktion auf diese Ansicht kam im Jahrzehnt nach seinem Tod aus Syrien.

Paulus von Samosata

Paulus aus Samosata am Euphrat wurde zu einer Zeit, als Syrien der römischen Herrschaft entzogen und für kurze Zeit Teil des Königreichs von Palmyra unter Königin Zenobia (266-71) war, Bischof von Antiochia am Orontes, der drittgrößten Stadt des Reiches. Er beunruhigte andere Bischöfe durch beleidigende Bemerkungen über »tote

JONA – FÜR CHRISTEN EIN SYMBOL DER AUFERSTEHUNG. Eine von vier kleinen Marmorskulpturen zu diesem Thema, die im 3. Jahrhundert im griechischen Osten geschaffen wurden. Im Stil folgt sie den antiken Statuetten, die als Brunnenzier gedacht waren. Die erstaunliche Vitalität scheint Bernini vorwegzunehmen.

Exegeten« und besonders über Origenes' Gedanken, daß das präexistente göttliche Wort, eine Art zweitrangiger Gott, in der Jungfrau Maria inkarniert sei. Er zog es vor, die göttliche Gegenwart in Christus gemäß der Inspiration zu erklären: Jesus war ein Mensch wie alle anderen – außer daß er vollkommen gut war. In ihm lebten das Wort und die Weisheit Gottes in einem unerreichten Grad.

Aufgeschreckte Bischöfe versammelten sich in Antiochia zu einer Synode, um ihre Mißbilligung auszudrücken. Ihnen gefielen die Veränderungen nicht, die Paulus an der Liturgie vorgenommen hatte, beispielsweise seine Ermutigung zur Publikumsbeteiligung an den Predigten. Er wurde einer weltlichen Lebensweise beschuldigt. Er duldete Frauen nicht nur in seinem Kirchenchor (das ist das erste bekannte Beispiel), sondern auch in zu enger Verbindung mit dem Leben und der seelsorgerischen Tätigkeit der Geistlichkeit. Es wurde ihm unterstellt, er habe Reichtümer angehäuft, indem er sein hohes Ansehen am Hof von Palmyra ausnutzte und Bestechungsgelder von Bürgern annahm, die Gefälligkeiten wünschten.

Für die Gegner von Paulus war es leichter, sich auf der Synode über seine Amtsunwürdigkeit einig zu werden, als ihn aus seiner bischöflichen Residenz zu vertreiben. Bei den Behörden von Palmyra fanden sie nämlich keine Unterstützung. Erst die Eroberung Palmyras durch Kaiser Aurelian im Jahr 271 stellte die römische Macht über Syrien wieder her. Wenn der heilige Paulus sich an den Kaiser wenden konnte, konnten das auch die Bischöfe, die gegen ihn opponierten. Aurelian verfügte, daß der weitere Verbleib von Paulus in der Bischofsresidenz eine Angelegenheit sei, die der Bischof von Rom und seine italienische Synode entscheiden sollten.

Diokletian und der Aufstieg Konstantins

Um die Mitte des 3. Jahrhunderts führten politische Krisen, ein drastischer Rückgang des Handels, Inflation, Bürgerkrieg und Barbareneinfälle beinahe zum Zusammenbruch des Römischen Reiches. Im Jahr 257 veranlaßte Kaiser Valerian eine großangelegte Christenverfolgung. Anläßlich einer Schlacht gegen die Perser geriet er jedoch wenig später in Gefangenschaft. 284 übernahm Kaiser Diokletian, ein Soldat aus Illyricum (Dalmatien) mit Hilfe des Heeres die Macht. Er erneuerte das Reich auf militärischer Basis, teilte es in Provinzen ein, damit ehrgeizige Statthalter nicht zu mächtig werden konnten, und versuchte, die Inflation unter Kontrolle zu bekommen, indem er per Erlaß die Preise festsetzte. Er vergrößerte seine Macht, beschnitt die der aristokratischen Senatoren und erließ eine Fülle von Verordnungen, um Recht und Ordnung wiederherzustellen. Er teilte die Regierung in Ost und West und behielt den Osten für sich. In den ersten 19 Jahren seiner Herrschaft gehörte die Verfolgung der Christen nicht zu seiner Politik, und die Kirche wuchs zahlenmäßig kräftig an. Das Eindringen des Christentums in hohe Stellen – in erster Linie durch die Frauen von Statthaltern – und in das Oberkommando des Heeres beunruhigte ihn jedoch. Das Apollonorakel zu Didyma nahe Milet empfahl einen Angriff auf die Kirche.

Die Verfolgung traf den Osten und Nordafrika hart. Unstimmigkeiten in der Kirche über die äußerste Grenze der Kompromißbereitschaft hinterließen ein Vermächtnis von Schismen im Niltal und in Nordafrika, wo die Erbitterung der abgespaltenen Donatisten fortdauerte, bis sie vier Jahrhunderte später von den muslimischen Invasionen überrannt wurden. Doch in Gallien und Britannien erlitt unter der Herrschaft des Constantius Chlorus niemand den Märtyrertod. Er starb im Juli 306 in York, und das Heer erkannte sofort seinen Sohn Konstantin als Führer an. Konstantins Mutter mochte Sympathien für die Christen gehegt haben. Vor einer Schlacht, in der die Chancen schlecht für ihn standen, erflehte er die Hilfe des Christengottes – und siegte. Er hatte ein griechisches Monogramm aus den ersten Buchstaben des Namens Christi (Chr = griechisch XP) auf seine Fahnen geschrieben, und es war ein Talisman des Sieges gewesen.

Nachdem Konstantin andere Herrscher im Westen ausgeschaltet hatte, gelang es ihm 313, seinen östlichen Mitherrscher, den Heiden Licinius, zu überreden, sich einer allgemeinen Politik der Duldung aller Kulte einschließlich des Christentums anzuschließen. Es wurde für die Kirche rechtlich möglich, Grundbesitz zu erwerben. Der Bürgerkrieg 323-24 endete mit Licinius' Ausschaltung. Konstantin war endlich Alleinherrscher. Er war davon überzeugt, daß Uneinigkeit in der Kirche dem Himmel mißfalle und dem Erfolg und der Blüte des Reiches abträglich sei. Das Schisma der Donatisten in Nordafrika von 311 an war für ihn zutiefst enttäuschend.

Als er 324 im Osten eintraf, war er sicher, daß er bald ins Heilige Land reisen und sich im Jordan taufen lassen würde. Aber der romantische Plan wurde bald aufgegeben. Er stellte fest, daß es in den griechischen Kirchen Ägyptens, Palästinas, Syriens und Kleinasiens brodelte vor Streit über die Ansichten eines Priesters aus Alexandria namens Arius. Arius war von seinem Bischof Alexander exkommuniziert worden, weil er leugnete, daß Christus sich auf der göttlichen Seite der Kluft zwischen dem Schöpfer und seiner Schöpfung befinde.

Arius

Arius war kein Dummkopf. Wenn einer erklärt, daß es nur ein höchstes und unabhängiges Prinzip gibt und geben kann, den transzendenten Vater, wenn er ferner erklärt, daß die göttliche Triade drei unterschiedene Realitäten bedeutet (wie Origenes gelehrt hatte), ist es nicht leicht zu behaupten, daß der Sohn und der Vater im Wesen identisch oder »von einer Substanz« seien – wenigstens nicht ohne komplizierte Erklärungen. Origenes hatte selbst diese Schwierigkeit empfunden. Er schwächte das Problem ab, indem er sagte, daß die Zeugung des Sohnes durch den Vater kein Ereignis in der Zeit, sondern ewig sei. In anderen Worten: Das Vater-Sohn-Verhältnis ist der Kern des göttlichen Lebens. Arius wich insofern von Origenes ab, als er das Erscheinen des göttlichen Wortes als Dienst an der minderwertigen Ordnung ansah, wie sie nun einmal geschaffen war. Er kam zu dem Schluß, daß der Herr, der von Maria geboren worden war, an Weisheit wuchs, im Stich gelassen wurde und den Tod erlitt, geringer sein müsse als der ungezeugte, gefühllose, unsterbliche Vater. Gott war demnach jenseits von Jesus. Arius führte das Auftreten des Sohnes nicht auf das eigentliche Wesen des Vaters zurück, sondern auf seinen unumschränkten Willen. Es war sozusagen nicht etwas, das geschehen mußte. Die theologische Folgerung lautete, daß der Sohn irgendwo in der Mitte zwischen dem Schöpfer und der zufälligen Schöpfung, die nun der Erlösung bedarf, stehen mußte. Arius geriet deshalb in

KONSTANTIN DER GROSSE. Eine zeitgenössische Bronzebüste, die sich heute im Museum von Belgrad befindet. Ein solcher Bronzekopf dürfte seinen Geburtsort, das heutige Nisch in Serbien, als Symbol kaiserlicher Autorität verziert haben.

Widerspruch zu dem Grundsatz, den Irenäus nachdrücklich aufgestellt hatte: »Durch Gott allein kann Gott erkannt werden.« Nur einer, der über die Welt hinausgeht, kann sie erlösen.

Arius wurde von gelehrten und politisch mächtigen Bischöfen unterstützt, besonders von dem gebildeten Kirchenhistoriker Eusebius von Cäsarea in Palästina, einem Mann, vor dem Konstantin großen Respekt hatte. Als Bewunderer von Origenes muß Eusebius vermutlich gedacht haben, er habe eine Wiederholung der 80 Jahre zurückliegenden Ereignisse vor sich, als ein gebildeter Theologe von einem Bischof von Alexandria schikaniert wurde und die Unterstützung der Kirche benötigte. So entstand aus einem lokalen Meinungsstreit in Alexandria ein Flächenbrand.

Eine Synode von Bischöfen aus mehreren griechischen Provinzen war bereits für das Frühjahr 325 in Ankara geplant. Dort sollte der Versuch unternommen werden, eine Vereinbarung über das Osterdatum zu erreichen und die Zwietracht zwischen Ägypten und Rom einerseits, Syrien und Kleinasien andererseits zu beenden. Diese Synode wurde von Konstantin in die an einem See gelegene Stadt Nicäa verlegt, nicht weit von seinem Palast und leichter erreichbar für die zwei Priester, die als Vertreter Bischof Silvesters aus Rom geschickt worden waren.

Das Konzil von Nicäa wurde zur bis dahin größten Bischofsversammlung, und obwohl die große Mehrheit der Teilnehmer aus dem griechischen Osten kam, machten es die Anwesenheit römischer Legaten und die herausragende Rolle der Bischofssitze von Alexandria und Antiochia möglich, dem Konzil den Namen »ökumenisch« zu geben.

Das Konzil setzte den Arianismus an die erste Stelle seiner Tagesordnung. Arius und seine Freunde hatten unterstellt, daß seine Kritiker die (für ihn) unannehmbare Behauptung voraussetzen müßten, die Beziehung des Sohnes zum Vater sei eine »Wesenseinheit«, ein Begriff, der nicht vor der Häresie des Sabellius geschützt war. Das Konzil faßte diesen Begriff als Herausforderung auf und schrieb »wesenseins« in sein Glaubensbekenntnis, dem Verdammungen von Behauptungen, die man (in manchen Fällen zu Recht) Arius zuschrieb, angefügt wurden.

In der Vorstellung der »Selbigkeit« gibt es Mehrdeutigkeiten und Doppelwertigkeiten, die damals nur verschwommen und von wenigen Menschen bemerkt wurden. Aufgrund der glücklichen Mehrdeutigkeit konnte Konstantin feststellen, daß bis auf zwei Bischöfe alle willens und fähig waren, das Glaubensbekenntnis und die Kanones zu unterschreiben, auch Eusebius von Cäsarea, der sofort einen offenen Brief veröffentlichte, in dem er darauf hinwies, in welchem Sinn er das Glaubensbekenntnis und die Bannflüche interpretierte. Das folgende halbe Jahrhundert erlebte eine intensive Debatte, die sich um die verschiedenen Interpretationen des Glaubensbekenntnisses und die Möglichkeit drehte, es entweder zu ergänzen oder durch etwas weiter bzw. enger Gefaßtes zu ersetzen.

Als Zeichen für Konstantins neuen Umgang mit der Kirche konnte angesehen werden, daß das Konzil vom Kaiser eine gewisse Steuerfreiheit aufgrund der kirchlichen Tätigkeit zum Wohl der Armen erbat und gewährt bekam und daß die zwei Bischöfe, die ihre Unterschrift unter das Glaubensbekenntnis und die Kanones verweigert hatten, in die Verbannung geschickt wurden. Das alexandrinische und römische Osterdatum wurde durchgesetzt. Alle Entscheidungen des Konzils wurden Silvester in Rom offiziell mitgeteilt.

Zur Zeit des Konzils von Nicäa war Konstantin noch nicht getauft, doch wurde seine Unterstützung der christlichen Sache von niemandem angezweifelt. Den versammelten Bischöfen stellte er sich als »Bischof der äußerlichen Dinge« vor – der mutmaßlich für die Kirche äußerlichen Dinge. Mit Sicherheit wünschte er eine Kirche, die einig und frei von Ketzerei war. Im Bürgerkrieg von 324 hatte er es verstanden, seinen Feldzug als Kreuzzug gegen ein verdorbenes Heidentum darzustellen. Von 326 an gingen den heidnischen Tempeln allmählich die alten Stiftungen verloren. Der Kaiser war inzwischen davon überzeugt, der polytheistische Kult sei eine Verehrung böser Geister und stelle unter Umständen eine Gefahr für das Reich dar. Im Jahr 330 weihte er die neue östliche Hauptstadt ein, die »Stadt Konstantins« zu Byzanz am Bosporus, die als ein »neues Rom« geplant war. Die Widmungszeremonien wurden von christlichen Geistlichen durchgeführt.

Vor dem 5. Jahrhundert war es üblich, daß man die Taufe wegen der Schwere der Bußen, die für begangene Sünden gefordert wurden, bis kurz vor das Lebensende hinausschob. Auch Konstantin gab schließlich sein Zögern auf. Auf dem Sterbebett wurde er Pfingsten 337 von einem Bischof getauft, dessen Sympathien zufällig arianisch waren; eine spätere Legende ließ Papst Silvester das lebenspendende Taufwasser verabreichen. Er wurde feierlich in Konstantinopel neben den Kenotaphen der zwölf Apostel beigesetzt, die er in der Apostelkirche auf dem höchsten Hügel der Stadt hatte aufstellen lassen. Er sollte der dreizehnte sein, den zwölf ebenbürtig.

Daß seine Bekehrung von großer Tragweite für die Kirche war, steht außer Frage. Er hatte für umfangreiche materielle Zuwendungen gesorgt, Bibeln beschafft und herrliche Basiliken gebaut. Unter ihnen San Giovanni in Laterano und die Peterskirche in Rom, die Auferstehungskirche in Rom, die Auferstehungskirche (die spätere Grabeskirche) in Jerusalem sowie die Geburtskirche in Bethlehem. Die orthodoxen Kirchen des Ostens haben ihm immer mehr Dankbarkeit entgegengebracht als der Westen, wo seine Herrschaft über die Kirche kein durchgängig positives Echo fand. Der arianische Streit war jedoch

Das Leiden Christi wird zum Triumph. Auf diesem Sarkophag aus der Mitte des 4. Jahrhunderts sind die Gefangennahme, Pilatus, der sich die Hände wäscht, die Krönung als Verspottung und Simon von Kyrene, der das Kreuz trug, dargestellt. Das zentrale Kreuz verschmilzt jedoch mit Konstantins Siegesstandarte, die Wächter am Grab sind eingeschlafen bzw. werden wie gefangene Soldaten porträtiert, und die Dornenkrone ist durch einen Lorbeerkranz ersetzt.

ein Alptraum für den griechischen Osten, und Konstantins Rolle bei der Unterstützung der Orthodoxie wurde nicht so schnell vergessen.

Rückblick

Ein Rückblick auf die Entwicklung der Kirche in den nur zweieinhalb Jahrhunderten, die zwischen Petrus und Konstantin liegen, muß einen mit großer Verwunderung erfüllen. Daß eine Bewegung, die als Splittergruppe innerhalb des Judentums begann, mit dem Einzug in den kaiserlichen Palast enden sollte, können die Kaiser Tiberius oder Nero kaum vorausgesehen haben. Noch Tacitus sah im Christentum nichts als einen der zahlreichen verachtenswerten Aberglauben, die nur die traurige Fähigkeit der Menschen, seltsame Dinge zu glauben, unter Beweis stellten. Daß diese Menschen eines Tages bis in das Zentrum der Macht vordringen würden, wäre ihm wohl nicht begreiflich gewesen. Außerdem dominierte unter den Christen eine Haltung der Weltentsagung. Sie waren Andersdenkende, Kritiker der weltlichen Werte von Macht, Vergnügen und Reichtum und deshalb langfristig die Schöpfer des modernen säkularisierenden Gedankens, daß derartige Bestrebungen für die Religion ohne Bedeutung sind, wie die Religion auch für sie keine Bedeutung hat. Seit Justin begannen sie jedoch die Geschicke des Reichs mit Gottes Absichten zu verknüpfen. Melito, Bischof von Sardes (ca. 160-70), betrachtete die Beendigung der Bürgerkriege und die Herstellung des Friedens durch Augustus in der Generation unmittelbar vor Christi Geburt als Walten der Vorsehung, um die Ausbreitung des Evangeliums zu fördern. Eusebius von Cäsarea erkannte im Aufstieg Konstantins die vom Propheten verheißene Zeit, da das Land erfüllt sein wird von der Erkenntnis der Herrlichkeit des Herrn, so wie das Meer mit Wasser gefüllt ist. Augustinus sah biblische Prophezeiungen vom Ende des Götzendienstes zu seinen Lebzeiten in den Edikten von Theodosius I. erfüllt.

Die meisten Christen hatten starke Vorbehalte gegen den Polytheismus, der die Gesellschaft durchzog. Natürlich gab es auch einige, die sich kooperativ verhielten, etwa die Christen in Südspanien zu Beginn des 4. Jahrhunderts, die offizielle kultische Funktionen in der Jupiterverehrung einnahmen, oder der Bischof von Troja, der unter Julian Apostata abfiel, weil er nie aufgehört hatte, den Sonnengott anzubeten. Origenes war davon überzeugt, daß das Evangelium der Welt »ein neues Lied« gebracht und die Bräuche der Ahnen aufgehoben habe. Die vollkommene Gleichheit, mit der die Aristokraten und ihre Sklaven sich in das eine und gleiche Abendmahl teilten, war außerordentlich. Die christlichen Schriftsteller der römischen Kaiserzeit schrieben mit einer Frische und Leidenschaft, die den meisten nichtchristlichen Autoren fehlten. Die christliche Ablehnung des Polytheismus drückte sich auch in der Bezeichnung aus, mit der sie heidnische Kulte und Mythen belegten: »Paganismus«. Ein »paganus« war im Lateinischen entweder ein Bauer oder, in der Sprache des Heeres, ein Zivilist. Die Christen bezeichneten diejenigen als »pagani«, die sich nicht mit der Taufe in die Streitmacht (militia) Christi eingereiht hatten, um die Schlacht gegen satanischen Götzendienst und Aberglauben zu schlagen. Nachdenkliche Heiden hielten die moralische Forderung der christlichen Verkündigung für zu hart, um anwendbar zu sein. Sie fürchteten, die Verkündigung des Friedens und der Liebe

Christus, dargestellt auf einem Mosaik des frühen 4. Jahrhunderts, in einer römischen Villa in Hinton St Mary, Dorset. Granatäpfel symbolisieren ewiges Leben, während der Baum der Baum des Lebens sein könnte. Auf einem anderen runden Feld (unmittelbar außerhalb des abgebildeten Ausschnitts) erschlägt Bellerophon die Chimära, Sinnbild der Niederlage von Tod und Übel.

gegenüber Feinden werde das Reich schwächen und seine Selbstverteidigung erschweren. Das christliche Ideal war eher der Heilige als der Weise: Männer und Frauen, die es vermochten, die zukünftige Welt gegenwärtig erscheinen zu lassen, die aber nicht wußten, wie man in einer stürmischen und gefährlichen Gesellschaft lebt und überlebt. Origenes bemerkte einmal, das hohe moralische Ideal der alten polytheistischen Welt sei ein Ideal der Selbstachtung und Ehre des einzelnen bzw. der Familie, während das christliche Ideal ein Ideal des Dienstes an der Gemeinschaft sei.

Die heidnischen Zeitgenossen Konstantins irrten nicht, wenn sie sagten, er habe eine gewaltige religiöse und soziale Reform durchgeführt. Die Religion des Römischen Reichs zu ändern hieß, die Welt zu verändern.

2

Von Rom zu den Barbarenreichen (330-700)

Robert Markus

Die Geschichte Westeuropas zwischen 330 und 700 läßt sich in zwei große Komplexe unterteilen: Erstens das späte Römische Reich nach der Neuordnung durch die Kaiser Diokletian und Konstantin, bis zu dem Zeitpunkt, als barbarische Reiche an die Stelle der meisten seiner westlichen Provinzen treten. Zweitens die Entwicklung dieser neuen Staaten, der germanischen Königreiche, die sich zwischen 400 und 600 herausbilden.

Innerhalb der Einflußsphäre der spätrömischen Welt verhielt sich das Christentum weitgehend rezeptiv; es erbte eine Reihe fertiger Institutionen, paßte sich an eine soziale und politische Struktur an, die sich über einen langen Zeitraum entwickelt hatte und lernte, mit einer Kultur zu leben, auf deren Gestaltung es so gut wie keinen Einfluß hatte. In den Barbarenreichen des Westens konnte das Christentum jedoch eine kreativere Rolle spielen. Zwar mußte es lernen, mit den Bräuchen der neuen Völker zu leben, doch hatte es seine eigenen reifen Traditionen sowie eine kulturelle und institutionelle Entwicklung, die vieles von der römischen Zivilisation zusammenfaßte und es befähigte, eine entscheidende Rolle bei der Gestaltung der neuen germanischen Gesellschaften zu spielen. Während die Haltung der Christen in der römischen Welt die von Lernenden war, traten sie im germanischen Westen als Lehrende auf. Ein Großteil dessen, was sie den Germanen vermittelten, hatten sie selbst von den Römern gelernt.

Das Zeitalter der Heuchelei: Die Christianisierung und ihre Probleme

Eusebius, der »Vater der Kirchengeschichtsschreibung« und Biograph des ersten christlichen Kaisers nahm in seiner Lebensbeschreibung Konstantins Stellung zur »Heuchelei von Menschen, die in die Kirche krochen«, um sich die Gunst des Kaisers zu erhalten. Viele Menschen nahmen die Religion des Kaisers zweifellos aus würdigeren Motiven an; doch Eusebius' Worte verwiesen auf die Neuartigkeit der Lage, in der sich die Christen jetzt befanden. Zwar hatte es auch schon vor Konstantin reiche Christen gegeben, doch waren diese gewiß nicht durch ihren Glauben zu Reichtum und Macht gekommen. Das begann sich nun zu ändern. Die Bekehrung zum Christentum konnte durchaus zu einer Quelle von Einfluß und Prestige werden. Hundert Jahre nach Eusebius blickte Augustinus, der Bischof von Hippo, voller Sorge auf die Scharen von »vorgetäuschten Christen«, die durch sozialen Druck und gesetzlichen Zwang in seine Gemeinden getrieben wurden. Die Religion des Kaisers anzunehmen, konnte von Vorteil sein und die Chancen eines Menschen vergrößern. Während der rund 100 Jahre nach Konstantin wurde das Christentum gewissermaßen zur Voraussetzung, um Amt, Macht und Wohlstand zu erlangen. Bis etwa 430 war es zur Religion der meisten gebildeten römischen Stadtbewohner geworden. Mit nur wenigen Ausnahmen waren die herrschenden Eliten Christen. Im Jahr 437 ließ sich einer der letzten heidnischen Aristokraten auf dem Sterbebett von seiner frommen Nichte bekehren. Die zunehmende religiöse Einheitlichkeit bereitete der Heuchelei ein Ende. Heuchelei als dem Establishment gezahlter Tribut mußte zwangsläufig verschwinden, sobald die Gesellschaft mehrheitlich christianisiert war. Zumindest für die Städte und die zentralen Provinzen des Reichs traf dies zu.

Wir haben keine genaue Kenntnis darüber, wie schnell diese Massenchristianisierung vor sich ging oder mit welchen Mitteln sie zuwege gebracht wurde. Ziemlich sicher ist,

Christliche herrschende Eliten setzten die weltlichen Traditionen ihrer aristokratischen Vorfahren, die literarische Kultur, die künstlerischen Vorlieben, Lebensweisen und, wenn erforderlich, die Großzügigkeit eines Konsuls fort. Wie diese Tafel vom Elfenbeindiptychon (428) des Konsuls Felix zeigt, diente ihre Kleidung als Vorbild für christliche liturgische Gewänder.

daß zu der Zeit, als Konstantin die Macht im Westreich übernahm, das Christentum die Religion einer Minderheit gewesen sein muß. Als 50 Jahre später Konstantins Neffe Julian kurzzeitig die Regierung übernimmt, läßt sich beobachten, daß manche Orte die von ihm geforderte heidnische Renaissance begrüßten; andere, darunter einige große Städte, waren von seinem Versuch, nach einer Generation der Herrschaft christlicher Kaiser das Heidentum wieder einzuführen, sehr viel weniger begeistert. Julians Wirkung beschränkte sich im wesentlichen auf die östlichen Provinzen. Gerade hier waren Christen – wenigstens in manchen Gegenden – stärker konzentriert als im Westen; sozial und kulturell standen sie auf einem Niveau, das sich von dem ihrer nichtchristlichen Nachbarn nicht sehr unterschied. Innerhalb weniger Jahre nach dem letzten Versuch eines Kaisers, das Römische Reich wieder dem Heidentum zuzuführen, konnte ein griechischer Bischof Julians heidnische Renaissance als fehlgeschlagen bezeichnen. Zur gleichen Zeit waren die Christen im Westen jedoch von der allgemeinen Kultur der Oberschicht nach wie vor ausgeschlossen. Sie wurden als törichte Minderheit behandelt, die die weisen und geheiligten Überlieferungen ihrer Ahnen, die Rom groß gemacht hatten, ablehnten. Das Christentum machte seinen Weg im Westen langsamer, und seine Anhänger brauchten länger, um die Kultur ihrer heidnischen Zeitgenossen zu assimilieren.

Nach 430 war diese Assimilation abgeschlossen. Die Entwicklung verlief jedoch nicht reibungslos. Während der vorangegangenen 50 oder 60 Jahre waren die Christen oft als Außenseiter behandelt worden – besonders in den aristokratischen Kreisen des Westens. Hier war in den letzten Jahrzehnten des 4. Jahrhunderts ein entschlossener Versuch unternommen worden, die antike römische Religion zusammen mit der klassischen Kultur, mit der sie verbunden war, zu erhalten. Die Gegnerschaft dieser heidnischen Aristokraten brach nach 390 in einem offenen Konflikt mit dem christlichen Hof auf. Doch ihre Söhne und Enkel wurden alle für das Christentum gewonnen. Bis etwa 430 hatten die Kulturen und religiösen Unterschiede zwischen christlichen Bischöfen und heidnischen Senatoren ihre trennende Wirkung verloren. Die römische Aristokratie scharte sich um das Christentum und verbündete sich mit den Bischöfen. Rom verwandelte sich in eine Stadt, die

»EIN FROMMES VOLK, EINE PRIESTERLICHE UND KÖNIGLICHE STADT«. Die christliche Vorherrschaft in der ewigen Stadt wird auf diesem Mosaik aus dem 5. Jahrhundert deutlich, das den Triumphbogen in der Kirche Santa Maria Maggiore in Rom schmückt. Es zeigt die Darstellung Jesu im Tempel, wobei die Akteure in der heiligen Geschichte als Senatoren gekleidet sind.

»Die ganze Welt ist ein Chor zum Lobe Christi geworden«, sagte Augustinus um 400. Aber diese Illustration aus der Alexandrinischen Weltchronik (389-92) zeigt den Patriarchen Theophilus auf einem heidnischen Tempel stehend sowie Mönche, die Steine auf das Serapeion zu Alexandria werfen – eine der »Säuberungen« von heidnischen Gottesdiensten durch eine aufgebrachte Menge, die in den Städten des späten 4. Jahrhunderts an der Tagesordnung waren. »Und dies nennen die Christen die Besiegung der Götter«, bemerkte ein heidnischer Autor (Eunapius).

"The clash of gods"

unter dem Schutz ihrer Patrone Petrus und Paulus, in einer christlichen Version ihrer alten Pracht, eine Wiedergeburt erlebte. Die städtischen Eliten waren im großen und ganzen um 430 für das Christentum gewonnen. Die Massen waren ihm jedoch noch früher zugelaufen. In den letzten zwei Jahrzehnten des 4. Jahrhunderts erlebten zahlreiche Städte Gewaltausbrüche, bei denen fanatische christliche Massen Tempel zerstörten und »die Götzen austrieben«. Bis zur Mitte des 5. Jahrhunderts gab es in den römischen Städten nicht mehr viele Heiden.

Wie es dazu kam, läßt sich nur vermuten. Der Druck gesetzlicher Strafen, nicht nur gegen Heiden, sondern schließlich auch gegen Ketzer, Schismatiker und Juden, spielte dabei zweifellos eine Rolle; nach den christlichen Pöbelhaufen zu urteilen, die sich lange vor der Zwangsgesetzgebung des Kaisers, die in den Jahren nach 390 eingeführt wurde, ohne Einschränkung Geltung verschaffen konnten, muß die Wirkung gesetzlicher Maßnahmen jedoch relativiert werden. Andere Arten sozialen Drucks, in erster Linie der der Patronage, der eine außerordentliche Bedeutung zukam, müssen von ebenso großer Wichtigkeit gewesen sein. Für den Einfluß christlicher Gatten oder Gattinnen auf ihre heidnischen Familien gibt es zahlreiche Beispiele. Nicht wenige wurden schließlich durch das überlieferte Wunder- und Heilsgeschehen oder das Beispiel derer, die sie lehrten, zu der neuen Religion bekehrt. Die gegenseitige Unterstützung und Wärme, die die Mitgliedschaft in einer christlichen Gemeinde geben konnten, wird ebenfalls eine Rolle gespielt haben.

Wenn wir auch nicht genau wissen, in welcher Weise die Christianisierung der städtischen Bevölkerung zustande kam, können wir doch einige der Ängste ausmachen, die sie begleiteten. Zum größten Teil entstanden sie aus der beinahe achtlosen Art, mit der Christen bereit waren, sich mit den bestehenden Werten der weltlichen römischen Gesellschaft zu identifizieren. Die künstlerische, literarische und intellektuelle Kultur der römischen

Welt wurde schnell und im großen und ganzen reibungslos vom spätrömischen Christentum absorbiert. Die christliche Kirche hatte kein eigenes Erziehungssystem eingerichtet, um mit den weltlichen Bildungseinrichtungen zu konkurrieren. Christen erhielten die gleiche Erziehung wie ihre nichtchristlichen Mitbürger. Bis zur Mitte des 4. Jahrhunderts hatte das Christentum die herrschende Kultur der heidnischen Römer zu einem hohen Grad assimiliert. Zwischen dem kultivierten Heiden und dem gebildeten Christen war eine Art Symbiose entstanden. Es mochte scheinen, als trennte nur die Teilnahme an den Gottesdiensten der Kirche einen heidnischen Intellektuellen von einem gebildeten Geistlichen. In der äußeren Lebensgestaltung gab es so gut wie keine Unterschiede. Viele Christen nahmen weiterhin an traditionellen römischen Festlichkeiten teil; bisweilen schockierten sie ihre Bischöfe, wenn sie in der Kirche tanzten, sich bei Feiern auf den Friedhöfen betranken, Rat bei Magiern suchten oder auf Zaubermittel zurückgriffen, um Beschwerden zu heilen.

Erst gegen Ende des 4. und Anfang des 5. Jahrhunderts wurden in dieser Hinsicht Bedenken geäußert. Von 380 an verstanden sich heidnische Aristokraten wie Q.A. Symmachus, Vettius Agorius Praetextatus oder Nicomachus Flavianus, die dem christlichen Hof und den durch dessen Patronage in die oberen Ränge der Gesellschaft aufgestiegenen neuen Männern entfremdet waren, als Hüter der alten römischen Werte, einschließlich der römischen Religion, der Literatur und Kunst. Einige der gelehrtesten Christen der Zeit, darunter Augustinus aus Hippo und der Bibelgelehrte Hieronymus, fühlten sich nicht wohl in der Kultur, die sie mit diesen Heiden teilen mußten. Sorgen dieser Art schwanden jedoch bald. Innerhalb von ein oder zwei Generationen verfolgten christliche Aristokra-

DIE CHRISTLICHE ABLEHNUNG VON HEIDNISCHEN MOTIVEN IN DER KUNST SCHWINDET: Venus, dargestellt auf dem Deckel einer silbernen Schatulle, die Secundus, ein christlicher Gatte, seiner christlichen Frau Projecta im späten 4. Jahrhundert als Hochzeitsgeschenk überreicht.

ten die gleichen Interessen wie ihre heidnischen Ahnen. Im späteren 5. Jahrhundert hatten christliche Aristokraten, nun häufig Bischöfe, sich die literarische und rhetorische Kultur der heidnischen Aristokratie zu eigen gemacht. Ein Mann wie Sidonius Apollinaris (ca. 431 – ca. 480), ein gallo-römischer Aristokrat, der Bischof von Clermont wurde, sah seine ererbte traditionelle Kultur als integralen Teil seines römischen Christentums an.

Das Unbehagen angesichts einer gemeinsamen intellektuellen und literarischen Kultur war nur von kurzer Dauer. Lateinische Literatur wurde von christlichen Aristokraten kopiert, die klassische Gelehrsamkeit überlebte im Unterricht, nun eher in bischöflichen Haushalten als in öffentlichen Schulen, römische Kunst schmückte die Kirchenwände und die Sarkophage. Christen der Oberschicht waren von ihren heidnischen Mitbürgern im Lebensstil nicht zu unterscheiden. Gerade das beunruhigte viele unter ihnen. Die erregten Debatten um das Jahr 400 über die Bedeutung der Vollkommenheit wurzelten in der Ungewißheit, was es hieß, in einer Gesellschaft des modisch gewordenen Christentums ein echter Christ zu sein. In einer Welt, in der die nur äußere Übereinstimmung mit der Religion der herrschenden Schicht schwer von wirklicher Überzeugung zu unterscheiden war, führte der Ruf nach echtem Christentum immer häufiger zu Formen asketischen Lebens. Keuschheit, freiwillige Armut und Selbstverleugnung waren seit langem bewundert worden. Die Führer der Gemeinde und die religiösen Eliten grenzten sich von der Gesellschaft ab, indem sie diese Tugenden übernahmen; mönchische Gemeinschaften entstanden. Vom späteren 4. Jahrhundert an zeigte dieses Ideal verwirrten Christen einen Weg, ihre Identität ohne Mehrdeutigkeit zu definieren. Das asketische Leben, das früher in den östlichen Provinzen sehr verbreitet gewesen war, fand jetzt Anklang bei westlichen Aristokraten, Männern und Frauen, Jungfrauen und Witwen. Die plötzliche starke Zunahme der Askese beunruhigte viele Kirchenmänner. Manche, etwa Jovinian, sahen in der asketischen Bewegung einen Abgrund, der sich in der Kirche zwischen einer Elite der Vollkommenen und den gewöhnlichen Gläubigen auftat. Andere, namentlich der britische Mönch Pelagius und seine Anhänger, wünschten, daß sich alle Christen einem zähen Ringen mit der Mittelmäßigkeit, einer eifrigen Suche nach Vollkommenheit widmeten.

Die durch diese Identitätskrise ausgelösten theologischen Debatten beschäftigten die Generation von Hieronymus und Augustinus. Aus ihnen kristallisierte sich schließlich die Lehre von Gnade und Verdienst, am Ende in einer Form, die sowohl hinter Pelagius' Lehre als auch den von Augustinus im hohen Alter vorgetragenen extremen Ansichten (unbarmherzige Prädestination, göttliche Gnadenwahl, unabhängig von menschlichen Verdiensten) zurückblieb. Das westliche Mönchtum wandte sich ebenfalls – dem Vorbild mancher griechischer Klostergründer, wie dem heiligen Basilius, folgend – von den Extremen der Askese ab. Mit der *Regel* Benedikts von Nursia (um 550) wurde die klösterliche Gemeinschaft dahingehend orientiert, weniger einer spirituellen Elite als den gewöhnlichen Menschen zu dienen. Ihr Einfluß machte sich nur langsam bemerkbar, und erst im 9. Jahrhundert hatte sie im westlichen Klosterwesen Fuß gefaßt. Die Klosterbewegung als ganze war jedoch schon zur Zeit Papst Gregors I. († 604) in die Kirche integriert worden. In der Folge sah sie sich mit den Forderungen konfrontiert, die durch die Interessen und Bedürfnisse der Kirche an sie herangetragen wurden.

Wie die mönchische Berufung wurden auch Ehe und Sexualität im Lauf der Debatten um 400 neu bewertet. Es ist schwierig, die Wirkung des Christentums auf einen Erfah-

»Eva im Paradies war jungfräulich«: Wie viele Denker des 4. Jahrhunderts war auch Hieronymus der Ansicht, daß die geschlechtliche Fortpflanzung eine Folge des Sündenfalls sei. Augustinus behauptete dagegen, Sexualität müsse als Teil der menschlichen Natur gesehen werden wie Gott sie wollte, doch sei sie durch Adams Sünde entstellt worden. Die Folge sei ein Verlust der Ganzheit von Fleisch und Geist, was sich als Scham beim Geschlechtsakt ausdrücke. (Das Gemälde stammt aus der Katakombe SS. Petrus und Marcellinus.)

rungsbereich einzuschätzen, der in der Spätantike einen tiefen Wandel durchmachte. Die Ungleichheit zwischen den Partnern verringerte sich schon in den ersten Jahrhunderten unserer Zeitrechnung, und es gibt verbreitete Anzeichen, die darauf schließen lassen, daß eine Vorstellung von der Ehe als einer Partnerschaft von Gleichberechtigten aufkam. Wenn wir den Zahlen trauen können, die andeuten, daß Christen im allgemeinen in einem beträchtlich höheren Alter als ihre heidnischen Zeitgenossen heirateten, scheint das Christentum die Verschiebung zur Ehe als einer persönlicheren und freieren Partnerschaft verstärkt zu haben. Aber in gleichem Maße wurde es zum Nährboden dunkelster Formen des Argwohns gegenüber Sexualität und Ehe und des Abscheus davor. Die »Pathologisierung des Sexes«, die Michel Foucault für die Spätantike konstatiert, hatte dem den Boden bereitet: Die Angst vor der Sexualität begann, das Denken der medizinischen Schriftsteller zu beherrschen. Auch unter Christen verstärkte sich die Angst vor der Sexualität, besonders im Verlauf der Identitätskrise um das Jahr 400.

Der Vorrang von Jungfräulichkeit und sexueller Enthaltsamkeit vor der Ehe wurde allgemein für selbstverständlich gehalten. Die dunkle untergründige Feindseligkeit gegenüber Sexualität und Ehe wurde erst im 2. Jahrhundert durch freundlichere Einstellungen zu Körper und Sexualität aufgebrochen. Die Haltungen gingen jedoch auseinander, und das orthodoxe Christentum wurde von einem ausgeprägten Mißtrauen gegenüber körperlicher Erfahrung und Sexualität ergriffen. Diese andauernde »enkratitische« Tendenz bekam in den Debatten über christliche Vollkommenheit Ende des 4. und Anfang des 5. Jahrhunderts starken Auftrieb. Pelagius verglich Hieronymus' erbitterte Feindschaft gegenüber der Ehe mit dem manichäischen Dualismus, und sein Schüler Julian von Aeclanum beschuldigte – mit weniger Berechtigung – Augustinus des gleichen Verrats. Doch obwohl Hieronymus' maßlose Verunglimpfung des Ehestands auf wenig Sympathie stieß, gelang es Augustinus nicht, die düsteren Assoziationen, die sich mit sexuellen Beziehungen verbanden, zu vertreiben.

Im öffentlichen Bereich identifizierten Christen sich fast gänzlich mit der politischen und sozialen Ordnung des Römischen Reichs. Eusebius zufolge waren Christentum und Römisches Reich füreinander gemacht. Gottes Absichten wurden von Konstantin erkannt: Augustus hatte die Welt unter der römischen Herrschaft geeint, Christus unter der Herrschaft Gottes, und Konstantin schweißte die zwei Einheiten zu einer im Grundsatz universellen christlichen Gesellschaft zusammen. Kirche und Reich verschmolzen zu einem einzigen Gebilde; das Reich war ein Abbild des himmlischen Reichs, seine Grenzen waren die Grenzen der Christenheit, der Kaiser der Vertreter der göttlichen Autorität in der Welt. Dieser Gemeinplatz entwickelte sich zu einer Art Lehrmeinung im christlichen Reich des 4. Jahrhunderts. Die offizielle Auferlegung einer christlichen Orthodoxie gegen Ende des Jahrhunderts verstärkte die Tendenz, Kirche und Reich zu verschmelzen. Die christlichen Kaiser wurden zu Beauftragten Gottes, die ihre Untertanen unter das Joch Christi brachten, Häresie wurde zu einer Art Revolte, die dem Landesverrat gleichkam, und christliche Missionen innerhalb des Reichsgebiets wurden zu einem Mittel, um die öffentliche Ordnung zu sichern. Von Missionen, die römische Bischöfe über die Reichsgrenzen hinaus geschickt hätten, hören wir bis zum 6. Jahrhundert nichts. Das Reich war zur natürlichen Heimat des Christentums geworden; außerhalb lag die Barbarei, alles, was nicht römisch, also unzivilisiert war. Politische, kulturelle und religiöse Ausschließ-

Die christliche Familie: eindringlich, privat, vom öffentlichen Leben der Stadt zurückgezogen, den strengen Forderungen seitens einer Kirche ausgesetzt, die von den Idealen der Asketen beherrscht wird. Familienporträt in Gold und Glas aus Brescia.

lichkeit schufen das neue Gefühl der *Romania,* die zu einem Synonym für Zivilisation und Christentum wurde.

Diese Vorstellung fand breite Zustimmung, bis Augustinus von Hippo sie in der Spätphase seines Wirkens verwarf. Vor ihm war sie gelegentlich von abweichlerischen Gruppen in Frage gestellt worden. Die Donatisten in Nordafrika bewahrten die Idee von der Kirche als einer Elite, als eines fremden Körpers inmitten der weltlichen Gesellschaft. Verteidiger der auf dem Konzil von Nicäa (325) vereinbarten Lehrmeinung prangerten bisweilen Kaiser wie Konstantius II. als Ketzer an und lehnten die Autorität weltlicher Herrscher über die Kirche ab. Andere, wie Ambrosius, Bischof der kaiserlichen Stadt Mailand († 397), waren entschlossen, die kaiserliche Macht der geistigen Autorität der Bischöfe zu unterwerfen. Doch bis zu Augustinus' *Gottesstaat* (413-27) akzeptierten die meisten Christen bedingungslos die römische politische und soziale Ordnung als frühe Form der christlichen Gesellschaft.

Das 4. und 5. Jahrhundert war die Zeit der Romanisierung des Christentums bzw. der Christianisierung der römischen Gesellschaft. Es war aber auch die Zeit einer Klärung der Lehre. Wenn in dieser Epoche die sozialen Grenzen des Christentums langsam verschwanden, gewann im Gegensatz dazu die lehrmäßige Definition an Schärfe. Ungewißheiten hinsichtlich der Dreieinigkeitslehre der Kirche spitzten sich unter Konstantin zu, der sich selbst von Gott beauftragt sah, die Einheit der Kirche zu sichern. Das Konzil, das 325 in Nicäa abgehalten wurde, setzte mit Unterstützung des Kaisers eine Vereinba-

Gottes Stellvertreter auf Erden: Kaiser Konstantin wird von der Hand Gottes gekrönt. Sein Reich ist eine Spiegelung des Reiches Gottes, er ist der maßgebliche Dolmetscher des Wortes Gottes, dem die Aufgabe übertragen ist, seine Untertanen auf das Reich Gottes vorzubereiten, indem er allen Menschen die Gesetze Gottes verkündet.

rung in Kraft. Seine Formulierung über die »Wesenseinheit« des Sohnes mit dem Vater fand jedoch trotz der Bemühungen des Kaisers nur langsam Anerkennung. Erst nach einer sich lange hinziehenden Debatte, in der Athanasius von Alexandria, Hilarius von Poitiers und andere einen hartnäckigen Kampf gegen den östlichen Hof führten, triumphierte schließlich die nicäische Lehrmeinung, und zwar sowohl in der Gesetzgebung der Regierung als auch in dem Glaubensbekenntnis, das 381 vom Konzil in Konstantinopel angenommen wurde. Es dauerte jedoch nicht lange, bis Zweifel an einem anderen zentralen dogmatischen Problem zu tiefen Spaltungen unter den Christen führten. Von etwa 430 an wurden Debatten über die Beziehung zwischen dem Menschlichen und dem Göttlichen in der Person Christi endlich durch das Konzil von Chalcedon (451) entschieden. Während Konzile die zentralen Dogmen des Glaubens definierten, bemühten die Kirchenväter des 4. und 5. Jahrhunderts die begriffliche Ausrüstung des antiken Denkens und die rhetorische Technik der klassischen Literatur zu seiner Erklärung und Interpretation.

Die dogmatische Selbstdefinition wurde von der institutionellen Entwicklung begleitet. Die Organisation der Kirche hatte sich beinahe von Anfang an um die städtischen Zentren kristallisiert, in denen die christlichen Gemeinden gegründet worden waren. Es entstand ein Netz von städtischen Bistümern, in Provinzen unter einem Metropoliten zusammengefaßt, dessen Sitz gewöhnlich die Hauptstadt der staatlichen Provinz war. Die kirchliche Organisation folgte damit der Geographie der zivilen Verwaltung, wenigstens in groben Zügen. Die Entstehung von »Kirchspielen« in einem Gebiet, das der Rechtsprechung eines Bischofs unterstand, war jedoch ein viel langsamerer und ungleichmäßigerer Vorgang, der von der schrittweisen Durchdringung der ländlichen Gebiete durch das Christentum abhing.

Anpassung an die römische Gesellschaft und Kultur, dogmatische Selbstdefinition und organisatorische Festigung: all das umfaßten die eineinhalb Jahrhunderte nach Konstantins Bekehrung. Es war eine Zeit, in der die Christen lernten, in den neuen Bedingungen ihrer Existenz zu leben. Die »Konstantinische Revolution« war weit mehr als der plötzliche Ausbruch des Friedens für die Kirche. Sie brachte eine durchgreifende Umformung des Erfahrungsrahmens mit sich. Gefühle der Unsicherheit und Spannung hatten die christliche Existenz während des größten Teils der voraufgegangenen Jahrhunderte ständig begleitet. Auch wenn einzelne Christen vielleicht nie unter irgendwelchen Schikanen zu leiden hatten, waren ihre gemeinsame Existenz und ihre Denkweise davon bestimmt. Ihre wunderbare Verwandlung von einer verfolgten Minderheit in eine privilegierte Elite, die bald zur herrschenden Mehrheit werden sollte, war eine Erfahrung, auf die sie weder geistig noch seelisch vorbereitet waren.

Kairoi: Die Christianisierung der Zeit

Die Christen hatten immer – wie die meisten Menschen der Spätantike – in einem Universum gelebt, das eine unsichtbare Welt einschloß, die ebenso groß und mannigfaltig war wie die sichtbare. Sie waren Wanderer in dieser Welt, Fremde in der Gesellschaft ihrer heidnischen Mitmenschen, aber sie wußten, daß sie Teil einer unermeßlich großen Gemeinschaft waren: »Diese Kirche, die jetzt auf ihre Reise geht, ist jener himmlischen Kirche verbunden, wo wir die Engel als unsere *Mitbürger* haben«, sagte Augustinus und brachte damit die Überzeugung aller frühen Christen zum Ausdruck. Die betende Gemeinde hier auf der Erde war eine abgelegene Kolonie, ihr Gebet ein fernes Echo der vollkommenen und unaufhörlichen Lobpreisung, die Gott im Himmel von seinen Engeln und Heiligen dargebracht wurde. In der Anbetung wurde der offenkundige Abstand zwischen der irdischen und der himmlischen Gemeinde überbrückt. Engel schwebten um den Abendmahlsaltar, trugen das Selbstopfer der Versammlung zum Thron Gottes und brachten seinen Segen zurück. Engel wohnten auch ihrem Essen und Trinken bei. Die christliche Gemeinde lebte in ständiger Nähe, ja in enger Vertrautheit mit der größeren Gemeinschaft, als deren Teil sie sich verstand. Die Schwelle des Todes war eher ein Zugangsweg als eine Schranke zwischen den beiden Teilen der Gemeinschaft. Die Toten verbanden Himmel und Erde. An den Gräbern vereinigten sich die Familien mit ihren geliebten Angehörigen bei einem Gedächtnismahl und einem Getränk und erleichterten ihr Leid, indem sie die nur vorübergehend zerrissene Familienvertrautheit neu herstellten. Jeder Jahrestag war eine Feier der größeren Familie. Tote Bischöfe und örtliche Märtyrer bekamen eine öffentliche Gedächtnisfeier von der ganzen Gemeinde: Dies waren Gelegenheiten, anläßlich derer die wahre, größere Familie feierlich lebendig wurde. Im Mittelpunkt dieser Vertrautheit des Menschlichen und Göttlichen stand die Gewißheit, mit einer Gemeinschaft verbunden zu sein, die in Gottes direkter, persönlicher Gegenwart wurzelte. Die Heiligen waren Gottes Freunde, aber sie blieben auch Verwandte der Menschen. Zusammen mit ihnen befand sich die ganze Gemeinde in Gottes Gegenwart. Das Göttliche war immer *da* und wartete darauf, wie ein Blitz durch die Wolke zu brechen und durch den Blitzableiter der Anbetung, des Altars, des Kirchenbaus, des toten oder lebenden Heiligen auf die Erde zu fahren.

Es fällt schwer, diese frühchristliche Vorstellungswelt nicht aus einer nachreformatorischen Perspektive zu beurteilen. Doch würden wir ihren wahren Gehalt mißverstehen, wenn wir den Heiligen- und Reliquienkult nur als Medium betrachteten, durch das die ferne, verborgene Welt des Heiligen gegenwärtig und zugänglich gemacht wurde. Das Heilige bildete vielmehr den ständigen Rahmen des Lebens, es war immer und überall gegenwärtig und beseelte eine Gemeinschaft, die die um den Altar versammelte Schar an Größe bei weitem übertraf. Das Heilige äußerte sich in besonderen Augenblicken und an besonderen Orten. Die Organisation dieser besonderen Augenblicke und Orte erfolgte durch die Rituale des Gemeindegottesdienstes. Die liturgischen Festzeiten und der Zyklus der Gedenkfeste definierten sowohl einen wöchentlichen als auch einen jährlichen Rhythmus des christlichen Lebens.

Christliche Feste hatten sehr lange neben antiken nichtchristlichen Feiern bestanden. Als die christlichen Gemeinden noch an den Rändern der Gesellschaft angesiedelt waren und sie sich von den meisten anderen Festen fernhielten, blieben ihre eigenen heiligen Zeiten recht genau definiert. Doch mit ihrer zunehmenden Integration in die römische welt-

Eine Gemeinschaft, die Himmel und Erde umspannt: Die christliche Familie, die sich um das Grab ihrer Toten versammelt, um ihr Andenken zu feiern, wurde zum Abbild des himmlischen Mahls, das in der eucharistischen Feier der Kirche dargestellt wird. (Das Gemälde stammt aus der Katakombe SS. Petrus und Marcellinus.)

liche Gesellschaft im Laufe des 4. Jahrhunderts bestanden nun zwei Systeme heiliger Zeiten nebeneinander. Der altrömische Festkalender enthielt eine Reihe städtischer Feiern, die bis auf die legendäre Gründung der Stadt zurückgingen. Um die Mitte des 4. Jahrhunderts scheinen die Christen diese traditionellen Feste neben ihren eigenen eingehalten zu haben; manche antiken Feiern behielten ihre Anziehungskraft über Jahrhunderte. Den Christen sollte es jedoch nie gelingen, ihr Verhältnis zu den diversen Festen verbindlich und abschließend zu klären. Einerseits hatten sie einen ausgeprägten Sinn für die tiefe Kluft zwischen dem Heiligen und dem Profanen. Einige Festlichkeiten waren eindeutig mit Gottlosigkeit behaftet, während andere gerade noch als Spiele, die man eben – bar jeder religiösen Bedeutung – spielt, entschuldigt werden mochten. Eine solche Unterscheidung war vielleicht die wichtigste Neuheit, die durch das Christentum in die Welt der klassischen Antike getragen wurde: Kein Grieche oder Römer hatte versucht, in den Zeremonien das Heilige aus dem Profanen herauszulösen – oder die Unterscheidung auch nur begriffen. Andererseits empfanden die Christen zwar den Druck, eine solche Unter-

FRIEDLICHES NEBENEINANDER DES ALTEN UND DES NEUEN: Vornehme Römer feierten weiterhin die alten Feste. Ein von einem Priester der Isis ausgeführter Ritus in einem Kalendar, der für einen christlichen Mäzen im Jahr 354 geschaffen wurde.

»Weder Christen noch Heiden«, so bezeichnete ein Papst des späten 5. Jahrhunderts römische Christen, die an überlieferten städtischen Festlichkeiten wie den antiken Riten oder Luperkalien teilnahmen. Hier eine Darstellung auf einem Sarkophag aus dem 3. Jahrhundert, der für die Bestattung einer Christin um 330-40 wiederverwendet wurde.

scheidung zu treffen und das Heilige scharf vom Profanen zu trennen, verfügten jedoch nicht über ausreichend klare Kriterien, die eine eindeutige Grenzziehung ermöglicht hätten. Was enthielt heidnische religiöse Bedeutung und mußte deshalb gemieden werden, und was war bloße Ausgelassenheit und durfte also – gerade noch – geduldet werden?

Die Christen, die nichts Schlimmes darin sahen, um 490 an dem alten Fest der Luperkalien teilzunehmen, wurden vor die Wahl gestellt: »Entscheidet euch«, drängte der Papst, »feiert entweder ganz in der Art eurer heidnischen Ahnen« oder erkennt an, daß es »abergläubisch und eitel und offenkundig unvereinbar mit dem Bekenntnis zum Christentum ist.« Der Papst zwang seiner Gemeinde eine Entscheidung auf. Neutralität war seiner Meinung nach unmöglich; es konnte keine Bräuche geben, die in einer heidnischen Vergangenheit wurzelten, jetzt aber frei von ihrer alten religiösen Bedeutung waren. Die Grenze zwischen dem, was Peter Brown als »neutrale Technik des zivilisierten Lebens« bezeichnet hat, und dem, was immer noch die »schwere Bürde einer verschwommenen Religiosität« trug, stand nie ganz fest. Für die Christen war ihr genauer Verlauf eine Frage von größter Bedeutung, doch fehlten ihnen die Kriterien, sie zu beantworten. Die Grenzziehung zwischen christlichem und heidnischem Bereich bleib damit der amtlichen geistlichen Toleranz überlassen. Erträgliches geriet oftmals in Verdacht, Verdächtiges wurde immer wieder geduldet. Die Geschichte des geistlichen Mißtrauens gegenüber »weltlichen« Feiern ist bis heute nur bruchstückhaft geschrieben; sie würde nicht nur eine bemerkenswerte Entwicklung im Lauf der Zeit, sondern auch eine nicht weniger eindrückliche Abweichung von Ort zu Ort offenlegen. Viele aufrichtige Christen feierten weiterhin den ersten Tag des Januars – trotz der Mißbilligung seitens ihrer Geistlichkeit. Viele liebten es, die aufgehende Sonne von der Kirchentreppe aus zu begrüßen und vor allem an den großen festlichen Spielen und Spektakeln teilzunehmen. Bischöfe wie Augustinus, Papst Leo I. oder Johannes Chrysostomus beklagten wiederholt, daß dieselben Menschen, die die Kirchen bei den Festen Jerusalems füllten, auch die Theater bei den Festen Babylons besuchten. Ihre Anstrengungen richteten sich darauf, einen immer größeren Teil des christlichen Lebens in die geheiligte Zeit der Liturgie einzubinden. »Wir fasten für sie an ihren Festtagen«, hatte Augustinus von den wenigen übriggebliebenen Heiden gesagt. Leo I. hielt es für besser, daß seine Gemeinde das Fasten für die bestimmten liturgischen Zeiten, die dafür öffentlich reserviert waren, aufheben sollte, anstatt es als private asketische Übung durchzuführen. In ähnlicher Weise arbeiteten spätrömische Bischöfe durch allmähliche Aus- und Umgestaltungen der regelmäßig wiederkehrenden Feiern daran, eine neue heilige Zeit zu definieren, die das christliche Leben völlig umfassen und die heilige Zeit der alten heidnischen Vergangenheit langsam in Vergessenheit geraten lassen sollte.

Die zentralen Ereignisse im Leben des Herrn bildeten die Angelpunkte des christlichen Jahres- und Wochenkalenders. Der Tag der Auferstehung und Sonntag, der Tag des Herrn, standen im Mittelpunkt eines Festkreises. Eine zweite Reihe rankte sich um die Feiern der Menschwerdung des Herrn. Beide entwickelten sich weiter, doch war es das Gedenken an die Märtyrer, das die verbliebenen Lücken im christlichen Kalender während des 4. Jahrhunderts füllte. Die Glaubenshelden, die durch die Hand ihrer Verfolger gestorben waren, hatten sich bei den Christen schon lange einer besonderen Ehrung erfreut. Der Märtyrerkult wurde von dem allgemeinen Kult um die verstorbenen Gemeindemitglieder losgelöst. Der Märtyrer zählte zu den »ganz besonderen Toten«, seine Grabstätte verwandelte sich in einen Versammlungsplatz, wo der Jahrestag seiner »Grablegung« von der ganzen Gemeinde, die zu seinem Gedenken zusammenkam, gefeiert wurde. Vom 4. Jahrhundert an bemühten sich Päpste, Bischöfe und Kaiser intensiv um die Pflege der Gedenkstätten für Märtyrer. Sie ordneten an, ihre Begräbnisplätze wiederherzustellen, sie mit Inschriften zu versehen und auf den Friedhöfen großartige Basiliken zu errichten, die den Massen der Gläubigen Platz boten. Die Feier des Jahrestages eines Märtyrers war aus dem Gedenken an die Verstorbenen herausgewachsen; bald wuchs sie aber auch über die Grenzen ihres Ursprungs hinaus und wurde weit mehr als der Ausdruck jener Solidarität der größeren Familie, die Himmel und Erde umfaßte. Das half den Christen des 4. Jahrhunderts, das Paradoxon zu akzeptieren, daß die privilegierte, reiche und mächtige nachkonstantinische Kirche auch eine Kirche der Märtyrer war.

Das dringendste Bedürfnis der Kirche nach Konstantin war es, sich die eigene Vergangenheit anzueignen. Sie mußte einen Weg finden, sich selbst als wahre Erbin der verfolgten Kirche denken zu können – nicht als ihre Verräterin. Dies ist die Aufgabe, der sich die Kirchenhistoriker des 4. und 5. Jahrhunderts widmeten: Ihr Werk trug wesentlich dazu bei, ein Gefühl der Identität der Kirche mit der Kirche der Märtyrer zu schaffen, das in der eigenen Vergangenheit wurzelte und unabhängig war von der Bekehrung eines beliebigen Kaisers. Doch diese Kirchengeschichten sprachen nur begrenzte gebildete Kreise an. Für die überwiegende Mehrheit wurde die historische Lücke zwischen der Epoche der Märtyrer und der Zeit der fest institutionalisierten Kirche weitaus wirkungsvoller durch den Märtyrerkult überbrückt. Das afrikanische Christentum erbte einen besonders zählebigen Kult, den Konzile wiederholt einzudämmen versuchten: Die Donatisten betrachteten sich als Kirche der Märtyrer und hielten – ungeachtet der veränderten Zeiten nach Konstantin – an den alten Einstellungen der verfolgten Kirche fest. Die wiederkehrende Feier der Festtage der Märtyrer befriedigte das Bedürfnis, die Vergangenheit der Kirche gegenwärtig werden zu lassen, sie verknüpfte die heilige Zeit des christlichen Jahres mit der heiligen Geschichte des Gottesvolks und trug so dazu bei, einen triumphierenden

»DAS GRÖSSTE SCHAUSPIEL AUF ERDEN«. Auf diesem Elfenbein aus Nordafrika verbinden sich Elemente einer traditionellen Bildwelt, um den Märtyrer, der den Tod besiegt, zu beschwören – Daniel unter den Löwen in einem Amphitheater, die Arme ausbreitend, um sowohl ein Kreuz als auch Gebet anzudeuten. Damit werden die Christen aufgerufen, der allgemeinen Leidenschaft für Wettrennen und Spiele im Zirkus und Theater abzuschwören und statt dessen die Feste der Märtyrer zu feiern.

Glauben, der sich in der Gesellschaft durchgesetzt hatte, mit dem zählebigen Gefühl auszusöhnen, die Seligkeit liege darin, seines Namens wegen verfolgt zu werden.

Topoi: Die Christianisierung des Raums

So machte sich die Kirche ihre Vergangenheit zu eigen: Die Märtyrer wurden in der Zeit gegenwärtig, doch mußten sie auch im Raum gegenwärtig werden. Traditionell lagen ihre Grabstätten auf den Friedhöfen vor den Städten. Gegen Ende des 4. Jahrhunderts begannen sie allmählich in die Stadt einzudringen. Trotz der römischen Gesetze, die eine Störung des Grabes verboten und die Stadteinfriedung vor der Verunreinigung durch Leichen schützten, wurden Reliquien der Heiligen in die Kirchen der Städte gebracht und etwa unter Altären in Schreinen eingeschlossen. Das Verbot der Verlegung körperlicher Überreste blieb zwar bestehen, doch wurde auch der Ersatz für Körperteile des oder der Heiligen schließlich für genauso wirksam befunden, seine oder ihre Anwesenheit zu garantieren. Mit erstaunlicher Geschwindigkeit verbreiteten sich Kulte wie der des ersten Märtyrers, Stephanus, über die gesamte Mittelmeerwelt. Zu Beginn des 4. Jahrhunderts maßregelte die karthagische Geistlichkeit eine Frau, die die Gewohnheit hatte, den Knochen eines Märtyrers zu verehren; hundert Jahre später hören wir jedoch nur noch vereinzelt von Protesten. Der Heiligenkult löste sich von den besonderen Orten seiner ursprünglichen Umgebung und wurde auf bewegliche Reliquien übertragen.

Die Rolle der Märtyrer bei der Umwandlung der spätantiken in christliche Städte ist nicht zu unterschätzen. Papst Damasus stellte die Grabstätten der Märtyrer auf den Friedhöfen außerhalb Roms wieder her und schmückte sie aus: Das Heer der Märtyrer umgab die heidnische Stadt wie ein Belagerungsring. Im Jahr 386 brachte Ambrosius Reliquien, die in einem Mailänder Vorort entdeckt worden waren, in eine der neuen Kirchen, die er hatte errichten lassen, um die wachsende Stadt mit ruhmreichen Heiligtümern auszustatten. Es war eine wohldurchdachte Handlung. Sie erfüllte eine allgemeine Nachfrage und gab der »Kirche von Mailand, der bis dahin Märtyrer fehlten, die Fähigkeit, sich der eigenen Leiden zu erfreuen«. Die Reliquien unter dem Altar nahmen den Platz ein, der für das Begräbnis des Bischofs vorgesehen war: »Er, der für alle gelitten hat, mag auf dem Altar sein und jene, die durch sein Leiden erlöst wurden, darunter.« Mit der Entdeckung ihrer Märtyrer hatte die Kirche von Mailand ihren alten Rang wiedererlangt und neue Beschützer gewonnen. In einer Stadt nach der anderen verlagerte sich der Märtyrerkult von den außerhalb gelegenen Friedhöfen in die glanzvollen neuen Kirchen der Vororte und der Stadtzentren. Die den Märtyrern gewidmeten Gedenkfeiern wurden in den gewöhnlichen eucharistischen Kult der städtischen Gemeinde integriert. Das alte Verbot wurde in sein Gegenteil verkehrt: Jeder Altar mußte nun über einer Märtyrerreliquie stehen.

Das erste und wichtigste Ergebnis der gewachsenen Bedeutung des Märtyrerkults war somit die Umgestaltung der geheiligten Topographie spätantiker Städte. Der römische Stadtbezirk, von seiner Umgebung durch den Gründungsritus abgegrenzt, war an sich geheiligt. In ihm befanden sich die Tempel, die geheiligten Stätten der öffentlichen Anbetung. Ein gelehrter heidnischer Philosoph mochte gelegentlich die Notwendigkeit von Tempeln oder Opfern in Frage stellen: Seneca nahm die Überzeugung manches Christen vorweg, wenn er behauptete, »Gott ist dir nahe, mit dir, in dir«, so daß Tempel und Opfer müßig seien. Hier, wie so oft, wurden die protestierenden Stimmen der philosophischen Gegenkultur zur Norm. Die Christen akzeptierten sie. Für sie konnte kein Ort von Natur aus geheiligt sein. »Gott, der die Welt erschaffen hat und alles in ihr, er, der Herr über Himmel und Erde, wohnt nicht in Tempeln, die von Menschenhand gemacht sind« (Apg. 17, 24), hatte Paulus den Athenern ins Gewissen geredet. Anders als die heidnischen Tempel beherbergten die christlichen Kirchen keine Gottheit; sie selbst waren »der Tempel des lebendigen Gottes« (2 Kor. 6, 16). Ihre Kirchen waren einfache Versammlungsorte, um der Gemeinde beim Gottesdienst ein Dach zu bieten. Jahrhundertelang wurden sie durch die erste Feier des Abendmahls in ihnen »geweiht«: Was sie heiligte, war der Gebrauch, den man von ihnen machte.

Bis ins 4. Jahrhundert bewohnten die Christen ein undifferenziertes räumliches Universum. Ihr Gott war allgegenwärtig, was keiner Stätte, keinem Bau oder Raum eine besondere, herausgehobene Heiligkeit erlaubte. Die Christen waren im Besitz einer geheiligten Geschichte: Im 4. Jahrhundert bekamen sie eine geheiligte Geographie, die diese räumlich spiegelte. Ein Ort konnte durch ein historisches Ereignis heilig werden, eine Erinnerung an ein Werk Gottes, an dieser Stätte zu einer bestimmten Zeit geschehen. Das Grab des Märtyrers war eine derartige Stätte. Jetzt begann die Anwesenheit der Märtyrer

»Hier ist nichts anderes als das Haus Gottes und das Tor des Himmels« (Gen. 28, 17). Obwohl die Basilika ihren Bauplan von römischen öffentlichen Gebäuden übernahm, bildete sie in erster Linie einen Raum, der für die Veranstaltung der Heiligen Kommunion gedacht war. In S. Apollinare Nuovo in Ravenna (um 500) lenkt der Rhythmus von Licht und Schatten, Säulen und Fenstern, die Aufmerksamkeit auf den Altar, wie dies auch die später hinzugefügte Prozession der Märtyrer tut.

in den Kirchen der Städte neue Orte der Heiligkeit zu schaffen: Kirchen waren nicht mehr einfach Versammlungsplätze der Gläubigen zum Gottesdienst, sondern Schreine der Heiligen, heilige Orte. Der Kirchenbau war ein Mikrokosmos des himmlischen Reichs. Betrat man eine Kirche, so betrat man eine Welt, die durch ihre innere Anlage und Ausstattung – ganz dazu bestimmt, das Gefühl der feierlichen Gegenwart des Heiligen in seinem Schrein zu steigern – von der alltäglichen Umgebung getrennt war. Durchschritt man die Länge einer großen Basilika vom Portal bis zur Apsis, wiederholte man die Reise der Erlösung und fand sich an einem »Ort der Vollkommenheit, dem himmlischen Jerusalem, dessen Mauern und Bauwerke im Himmel gemacht und das an diese Stelle übertragen wurde«. Die Feierlichkeit wurde zu den eigentlichen Gottesdienstzeiten durch die farbenfrohe Pracht des geistlichen Pomps erhöht. Die über dem Chorbogen von St-Martin in Tours angebrachte Inschrift lautet: »Wie ehrfurchtgebietend ist doch dieser Ort! Hier ist nichts anderes als das Haus Gottes und das Tor des Himmels.« (Gen. 28, 17)

In dem Maße, in dem sich diese Tore des Himmels vervielfachten, ließen sie allmählich die Umrisse einer neuen Karte der geheiligten städtischen Topographie erkennen. Die Christen verfügten nun über etwas, das sie früher nie gehabt hatten: ein Netz heiliger Orte in den Städten. Die Umwandlung einer antiken in eine christliche Stadt ist am besten in Rom dokumentiert. Konstantin hatte den Bau einer Kathedrale in Anlehnung an einen für den Bischof bestimmten Palast und einiger großer Gedächtniskirchen an den Rändern der Stadt gefördert. Seine Nachfolger setzten das Programm fort. Im 5. Jahrhundert begannen die Päpste zusammen mit dem ortsansässigen Adel ein Programm der städtischen Erneuerung. Sie schufen einen christlichen Bereich, der auf einige große Basiliken der Stadt ausgerichtet war und der abseits von den traditionellen bürgerlichen Zentren lag. Der antike,

»DIES IST DER ORT«: die Begräbnisstätte des Märtyrers, wo Himmel und Erde sich begegnen. Die Verehrung der in einen Schrein eingeschlossenen Reliquien – hier der Heiligen Cassius und Florentius – ließen häufig neue Siedlungen entstehen und veränderten das Bild römischer Städte. Manchmal, so in Bonn, wurde die ursprüngliche Vorstadt zum neuen Stadtzentrum, während die alte Stadt zur Vorstadt herabsank.

mit heidnischen Erinnerungen verbundene Mittelpunkt wurde schrittweise durch die Errichtung von Kirchen bzw. die Umwandlung öffentlicher Gebäude in Kirchen verändert. Ein Netz wohltätiger Einrichtungen unter kirchlicher Schirmherrschaft vervollständigte schließlich die christliche Topographie Roms. Ähnliche Entwicklungen lassen sich auch an anderen Orten beobachten.

Die genaue Lage der frühesten Bischofskirchen konnte nur in den wenigsten Fällen geklärt werden. Sicher ist nur, daß es kein einheitliches Muster gab. Einzelne Kirchen dürften in den Vororten, andere innerhalb der Stadtmauern und wieder andere im Zentrum gelegen haben. Starke Bischofskirchen stabilisierten häufig die folgende Stadtentwicklung. Vorstädtische Heiligtümer konnten zu Brennpunkten weiteren städtischen Wachstums werden. Manchmal, wie in einigen rheinischen Städten, bildeten sich neue Siedlungen um sie, was unter Umständen zu einer Verlagerung des gesamten Stadtkerns führte. Überall wurden die Städte durch die großen Kirchen und die kleineren Heiligtümer, die während des 4. und 5. Jahrhunderts entstanden, tiefgreifend umgestaltet.

»Vom Herrn geleitet durch die Welt wandernd, kam sie zu den heiligen Stätten«: eine Pilgerreise im 4. Jahrhundert von Spanien nach Mesopotamien. Die römische Topographie verwandelte sich durch Pilgerreisen zu den Märtyrerschreinen und den heiligen Orten Palästinas in eine geheiligte Geographie. Jerusalem ist auf einer Mosaikkarte in der Johanneskirche zu Madaba in Jordanien dargestellt.

Spätrömische Städte bildeten ein regelrechtes Gespinst heiliger Plätze und Orte aus, dessen Topographie durch die Märtyrer festgelegt war. Doch gab es noch einen anderen Grund für die Heiligkeit mancher Orte: ihre Verknüpfung mit einer Vergangenheit, die noch verehrungswürdiger war als jene der Märtyrer. Es handelte sich um jene Orte, die mit dem Leben der Apostel und Christi verbunden waren. Ähnlich wie die Schreine der Märtyrer und Heiligen eine Topographie heiliger Plätze innerhalb einer Stadt und in ihrer Umgebung festschrieben, bezeichneten die Stätten der Geschichten des Neuen (und schließlich auch des Alten) Testaments eine weitläufige geheiligte Geographie. Jerusalem bildete den Mittelpunkt dieses geheiligten Universums, wie es das schon bei den Juden getan hatte. Von jüdischen Männern hatte man erwartet, daß sie regelmäßige Wallfahrten in die Heilige Stadt unternahmen – was unter den Bedingungen der Diaspora unrealistisch war. Jetzt, in christlicher Zeit, verbanden Pilgerreisen die entlegensten Orte mit den heiligen Stätten. Die kurze Wallfahrt von der Stadt zum Märtyrergrab auf dem außerhalb gelegenen Friedhof und die längeren Wegstrecken zu den Schreinen der Apostel im Heiligen Land verknüpften sich zu einer geheiligten Topographie. Erzählungen der Pilger, literarische Berichte, Führer und Reisebeschreibungen trugen dazu bei, die westlichen Christen mit einer neuen religiösen Ordnung des Raums bekannt zu machen.

Während die Heiligen allgegenwärtig wurden, veränderten sich auch ihre Funktionen. In der frühen Christengemeinde beteten die lebenden Gläubigen zu Gott für ihre Toten; jetzt wird der tote Heilige angefleht, für die Lebenden zu beten. Eine vollständig neue Li-

»Eine Handvoll Staub hat eine solche Menge zusammengeführt«, sagte Augustinus bei der Feier anläßlich der Ankunft der Reliquien des heiligen Stephanus. Der Märtyrer ist ein Zeichen des allen verheißenen Sieges. Seine Reliquien bieten der Gemeinschaft unter seiner Schirmherrschaft Schutz. Hier werden in feierlicher Prozession der Geistlichen, der Bürger und der Kaiserin Pulcheria die Reliquien des heiligen Stephanus in Konstantinopel empfangen.

turgie entstand. Ähnlich wie der Märtyrer vom Ort seines Martyriums losgelöst worden war, entwickelte sich nach und nach auch eine neue Sicht der Reliquien. Selbst ein so hochgebildeter Mann wie Augustinus änderte im Lauf seines Lebens seine Meinung über sie. Als Bischof in mittleren Jahren sträubte er sich gegen den Glauben, daß in seiner Welt immer noch Wunder geschähen wie in der Zeit des Herrn und der Apostel. Sein Denken hatte sich auf eine Vorstellung von der Natur zubewegt, die der mancher stoischer Philosophen nicht unähnlich war: Er begriff sie als Komplex von Vorgängen, die ihrem eigenen natürlichen Gesetz unterworfen waren. Diese Auffassung hinderte ihn jedoch nicht daran, gegen Ende seines Lebens den weitverbreiteten Glauben an das alltägliche Vorkommen von Wundern zu akzeptieren. »Die Welt an sich ist Gottes größtes Wunder«, schrieb er, um die Freiheit Gottes, Wunder zu wirken, zu begründen. Die Vorstellung von einer ihren eigenen Gesetzen unterworfenen Natur wurde seiner Meinung nach in der Freiheit des göttlichen Willens aufgehoben. Nun war er bereit, die täglichen Wunder zu sehen und von ihnen bei einer seelsorgerischen Arbeit Gebrauch zu machen. In weniger kritischen und intellektuellen Köpfen wurden Reliquien bald selbst zu Sitzen der heiligen Macht, zu Gottes bevorzugten Kanälen für wunderbare Handlungen. Ein neuer Zusammenhang örtlicher sozialer Beziehungen konzentrierte sich schließlich um ihre Schreine; ihr Kult bot die Möglichkeit, den sozialen Zusammenhalt am jeweiligen Ort zu sichern, und gab den Bischöfen ein Mittel an die Hand, um ihre Autorität zu festigen.

Die Gesellschaftsordnung

Die wesentlichen Wandlungen des Christentums in der Spätantike gründen zum einen in der Übernahme der römischen, zum anderen der germanischen Welt. Wir haben die Art und Weise betrachtet, wie sich die von Christen bewohnte spätrömische Welt real, aber auch in ihrer Vorstellung verwandelte. Diese Verwandlung prägte jenes Christentum, das dann seinerseits die germanische Welt übernehmen, sie formen und verändern sollte. Diese zweite Wandlung des Christentums beruhte jedoch eher auf einem Wandel im Wesen der römischen Welt an sich, ihrer sozialen und politischen Struktur wie ihrer intellektuellen Voraussetzungen und ihrer Kultur, und nicht so sehr auf dem, was wir als »Einwirkung der Barbaren« bezeichnen könnten.

Es ist ein Sturz in die Einfachheit. Der Übergang von der Welt eines Augustinus und seiner heidnischen Zeitgenossen in die Welt Gregors des Großen (Papst 590-604) ist gleichbedeutend mit dem Übergang von der Frage »Was ist ein Christ?« zu der Frage »Wie soll ein Christ leben, um ein guter Christ zu sein?« Im frühen 5. Jahrhundert war die römische Gesellschaft noch ein komplexes Gewebe mit Strängen sehr unterschiedlichen Ursprungs. Institutionen, Bräuche, politische und kulturelle Traditionen, die aus einer langen heidnischen Vergangenheit stammten, waren in ihr noch sehr lebendig. In dieser Umgebung sahen sich die Christen vor die Aufgabe gestellt, ihre Identität zu definieren. Die Gesellschaft, die sich in Europa entwickelte, war homogener und weniger differenziert als zu Augustinus' Zeit. Die Vielgestaltigkeit der spätantiken Kultur war in die Homogenität der christlichen Gesellschaft übergegangen. Bis zur Zeit Papst Gregors I. war die Welt des kultivierten römischen Heidentums in eine Vergangenheit zurückgewichen,

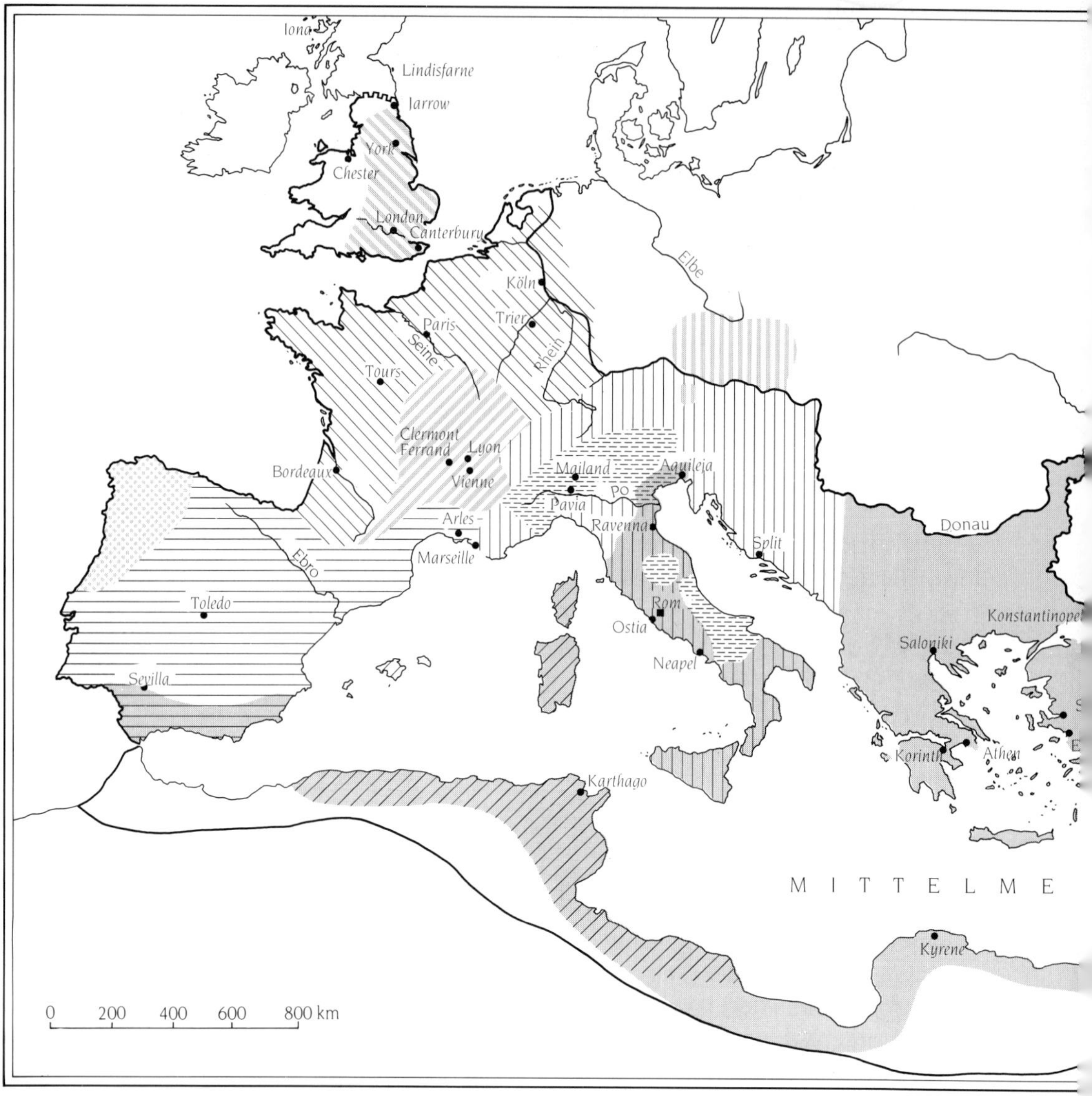

die nur noch verschwommen durch das verzerrende Medium der Sage und Folklore gesehen wurde. Augustinus' Welt hatte noch Blöcke enthalten, an denen sich das Licht des Evangeliums brach. Die »undurchsichtigen« Bereiche wurden – wenn sie nicht zur Zeit Gregors verschwanden – als durchscheinende Teile von dem christlichen Universum absorbiert.

Die Zuordnungskategorien, die einem Bischof wie Gregor dem Großen oder seinem Zeitgenossen in Gallien, Gregor von Tours, zur Verfügung standen, teilten die Menschheit in rechtgläubige Katholiken, Häretiker, Heiden und Juden ein. Ein Katholik akzeptierte die von seinem Bischof verkündeten Lehrmeinungen und respektierte seine Autorität in Fragen des moralischen und kultischen Verhaltens. Die Existenz von unvollkommen christianisierten »bäuerlichen« Massen stellte kein ernsthaftes Problem dar, ab-

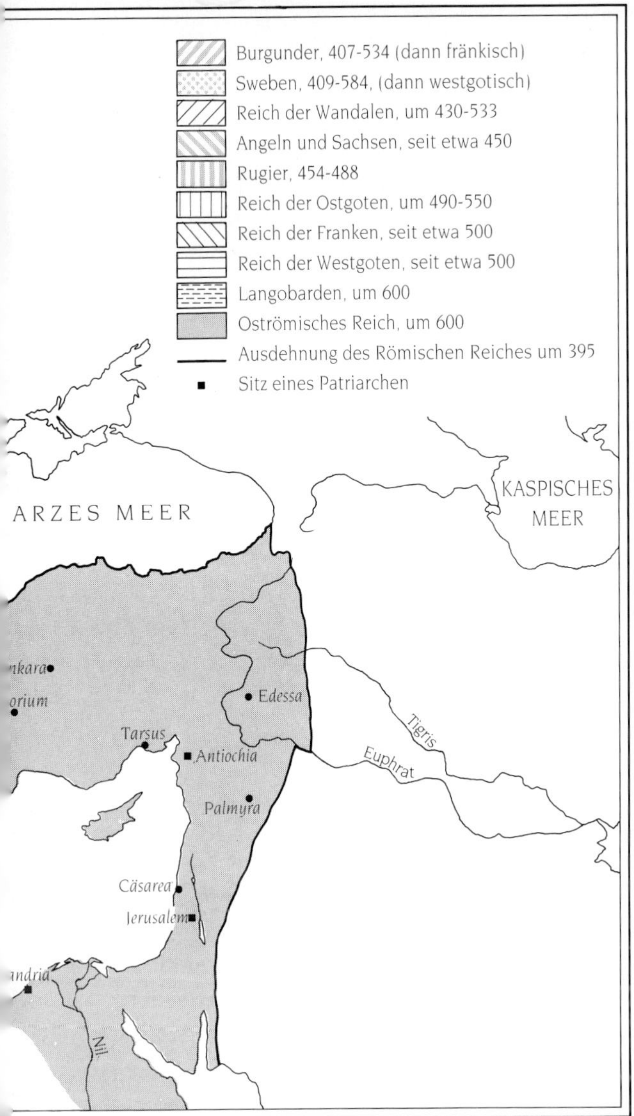

KARTE 2:
Die römische Welt bis um 600

gesehen von dem seelsorgerischen, wie man die Qualität ihres religiösen Lebens verbessern könnte. Die Bräuche und Anschauungen, die aus einer heidnischen Vergangenheit herrührten, mögen mißbilligt worden sein, doch schlossen sie ihre Anhänger nicht zwangsläufig aus der Gemeinschaft der Christen aus. Die Taufe machte einen Heiden zum Christen. Den Geistlichen mochte viel zu tun bleiben, einen Kodex christlicher Sitten durchzusetzen und zu bestimmen, wo die Trennungslinie zwischen dem, was einen achtbaren Teil des christlichen Lebens ausmachen konnte, und dem, was der Forderung nicht gerecht wurde, verlaufen sollte. Was einen »Heiden« ausmachte, war eine Sache der Definition durch die geistliche Autorität; in der Praxis zählte dazu alles, was sich der Kontrolle des Bischofs entzog. Die Entscheidung Gregors des Großen, englischen Bekehrten weiterhin die Nutzung ihrer Andachtsstätten zu erlauben – vorausgesetzt, diese waren mit Weihwasser besprengt –, war eine revolutionäre Ausweitung der geistlichen Toleranz, die nicht ohne Folgen für die spätere Missionstätigkeit bleiben sollte. Doch sobald sie die Taufe empfangen hatten, stellten derart oberflächlich christianisierte Menschen keinerlei Herausforderung mehr für das Selbstbewußtsein der christlichen Gesellschaft dar. Ketzer bildeten demgegenüber ein größeres Problem, doch nach Ausschaltung des kämpferischen arianischen Wandalenreichs in Nordafrika und der Bekehrung der arianischen Goten und Burgunder zum Katholizismus hörte diese Bedrohung praktisch auf. Heiden konnten der christlichen Gemeinschaft selbstverständlich nicht angehören. Durch die Augen der Bischöfe bekommen wir hin und wieder kleine Gruppen flüchtig zu sehen; doch nach der Bekehrung der Franken seit etwa 500 und der Engländer seit etwa 600 waren sie eigentlich nur noch an den Rändern des westlichen Christentums zu finden. (Ihre Bekehrung, zum Teil das Werk englischer Missionare, wird im nächsten Kapitel behandelt.)

Es gab jedoch eine störende Gruppe, eine Erbschaft aus der römischen Vergangenheit, die die soziale Landschaft Westeuropas dauerhaft prägte: die Juden. In vielen Städten hatten sie seit Generationen friedlich mit ihren christlichen Nachbarn gelebt und deren Vertrauen genossen. Doch in einer Gemeinschaft, in der die Religion mehr als das römische Recht die Konturen bestimmte, wurden sie zu einer anomalen Randgruppe, die qua Definition keinen Teil des »Christenvolks« bilden konnte. Als ein gallischer Bischof 576 die örtliche jüdische Gemeinde zum Christentum »bekehrte«, wurden alle, die die Taufe verweigerten, aus der Stadt vertrieben.

Ein immer größerer Teil des »Christenvolks« in Westeuropa zählte nach 500 nicht mehr zu den Untertanen des römischen Kaisers. Um das Jahr 600 war seine Autorität nur noch auf Teilen der italienischen Halbinsel anerkannt, und selbst dort wurde sie im folgenden Jahrhundert zunehmend wirkungslos. In den Gebieten, die von germanischen Völkern besiedelt waren, bestanden neue Formen der Regierung und neue politische Institutionen oft neben älteren politischen Traditionen römischen Ursprungs weiter. Der Horizont, der das Leben der meisten Menschen begrenzte, wurde enger; die ausgedehnten Kontakte, die ferne Provinzen miteinander verbunden hatten, schwächten sich ab; örtliche geistliche und militärische Eliten bildeten geschlossene kleine Gruppierungen, die ihre lokalen oder regionalen Interessen verfolgten und bisweilen einen ausgeprägten Lokalstolz entwickelten. In vielen Städten – besonders aber in Rom – verlagerte sich die kommunale Autorität zum Bischof. Gegen Ende des 6. Jahrhunderts klagte ein fränkischer König, daß alle Reichtümer auf Kosten der königlichen Kasse in die Hände der Bischöfe flössen und die königliche Autorität von der Macht der Bischöfe in den Schatten gestellt werde. Es war der Bischof, der die Stellung und die Mittel hatte, um Arbeiten ausführen zu lassen, die ursprünglich zu den Pflichten des örtlichen Adels gehörten, etwa neue Kanäle anzulegen, die Wasserversorgung zu sichern und Befestigungen instand zu halten. Dazu kamen die traditionellen Aufgaben der organisierten Wohltätigkeit, nämlich die Armen zu speisen, die Flüchtlinge zu beherbergen und die Gefangenen freizukaufen.

Wenn der örtliche Rang eines Bischofs auch häufig zu Macht und Einfluß am Hof des Kaisers oder des Königs führte, blieb er dennoch in erster Linie ein Führer der örtlichen Gemeinde: des Christenvolks in der Stadt und im umliegenden Land. Die Stadt war der Brennpunkt der bischöflichen Tätigkeit. Seine Bemühungen richteten sich darauf, das

Christus als Gottheit einer germanischen Kriegeraristokratie. Auf dieser Grabplatte aus Grésin, Puy-de-Dôme (möglicherweise aus dem 7. Jahrhundert) erscheint Christus »bewaffnet wie ein Soldat, den Skaramax (fränkische Kampfaxt) im Gürtel und die Lanze in der Hand, dazu andere seltsame Ausrüstungsstücke. Er hat einen langen Phallus, um ihn herum sind wilde Tiere und unter seinen Füßen eine Schlange, und er trägt einen Kopfschmuck, der eines heidnischen Gottes nicht unwürdig ist. In einigen Punkten erinnert er an die Gestalt auf einer Brosche aus Finglesham in Kent, die heute als Wotan gedeutet wird«. – J.M. Wallace-Hadrill., *The Frankish Church,* S. 28.

Das Evangeliar der Königin Theodelinda (um 600). Sie war Katholikin unter Arianern am Hof der Langobarden in Italien. Der Deckel ist mit Kreuzen aus Edelsteinen und antiken, in Gold gefaßten Kameen verziert, eine Arbeit, die mit der Pracht des christlichen Buches und der Würde des Papsttums die Langobarden beeindrucken sollte.

chen Mähren anzusetzen. Sein Eingreifen trug freilich nur dazu bei, die Mähren nun ebenfalls in die Arme des byzantinischen Christentums zu treiben. Ein Jahrhundert später, etwa um die Zeit seiner Krönung zum Heiligen Römischen Kaiser (962), schickte Otto I. eine (allerdings erfolglose) Mission zur Fürstin Olga von Kiew. Hier ging die Missionstätigkeit beinahe von der Verteidigung in die Offensive über. Die Russen, 1400 Kilometer östlich der Elbe, stellten für Otto I. kaum eine Bedrohung dar, doch war damit zu rechnen, daß die Byzantiner ungünstig auf seine Kaiserkrönung reagieren würden – und Kiew lag bereits im Bereich des byzantinischen Einflusses. Ein sächsisches Christentum in Kiew wäre gleichbedeutend gewesen mit einem Angriff – zumindest in kultureller Hinsicht – gegen die byzantinische Flanke.

Doch man darf die Mission oder das Werk des Predigens, wie sich damalige Kirchenleute ausgedrückt hatten, nicht ausschließlich als politisch motivierte Unternehmung sehen. Es ist wichtig, zwischen dem Predigen – etwa durch Papst Gregor den Großen bei den Langobarden oder Augustinus von Canterbury bei den Angelsachsen – und der *peregrinatio,* dem selbstgewählten Exil im Dienste Gottes, zu unterscheiden, wie es die irischen Mönche Aidan in Lindisfarne, Columbanus in Burgund und Gallus in Schwaben praktizierten, die eine weitreichende Wirkung auf die Ausbreitung des Christentums hatten. Das englische Christentum, in dem beide Einflüsse präsent waren, erhielt dadurch

Christus als Gottheit einer germanischen Kriegeraristokratie. Auf dieser Grabplatte aus Grésin, Puy-de-Dôme (möglicherweise aus dem 7. Jahrhundert) erscheint Christus »bewaffnet wie ein Soldat, den Skaramax (fränkische Kampfaxt) im Gürtel und die Lanze in der Hand, dazu andere seltsame Ausrüstungsstücke. Er hat einen langen Phallus, um ihn herum sind wilde Tiere und unter seinen Füßen eine Schlange, und er trägt einen Kopfschmuck, der eines heidnischen Gottes nicht unwürdig ist. In einigen Punkten erinnert er an die Gestalt auf einer Brosche aus Finglesham in Kent, die heute als Wotan gedeutet wird«. – J.M. Wallace-Hadrill., *The Frankish Church,* S. 28.

umliegende Land, die Dorfgeistlichen, die bedeutenden Landbesitzer und die Bauern, ja das gesamte Gebiet, das seiner Aufsicht unterstand, in das religiöse Leben der Stadt einzubeziehen. Man erwartete von der Landbevölkerung, daß sie an den städtischen Feiern teilnahm. Die Autorität des Bischofs wurde geltend gemacht, um »bäurisches Wesen« zu unterdrücken und die Werte des zivilisierten christlichen Lebens zu verbreiten. Mit Hilfe unzähliger Arten des Zeremoniells, des Predigens und der Seelsorge sowie in seiner Funktion als Hüter des Schreins, der die Reliquien der Schutzheiligen der Stadt bewahrte, erhielt und pflegte der Bischof einen Gemeinschaftssinn, der alle sozialen Gruppen innerhalb und außerhalb der Stadt einschloß.

Seelsorgerische Arbeit und Verbreitung des Christentums blieben jedoch nicht dem Bischof allein überlassen. Er hatte seine eigene Geistlichkeit, die seiner Kathedrale verbunden war, und allmählich bekam er auch eine Gemeindegeistlichkeit, über die er bei manchen Gelegenheiten die Kontrolle ausüben konnte. In erster Linie wurde das Christentum jedoch durch die Arbeit unzähliger heiliger Männer verbreitet, durch Mönche, Asketen, Wanderprediger und Wundertäter. Die *Wunderdialoge* von Gregor dem Großen zeigen, wie wichtig die Arbeit dieser heiligen Männer bei der Heranführung des ländlichen Italiens an das Christentum der Bischöfe, des Papstes und der Städter war. Von ebenso großer Bedeutung für die Verbreitung des Christentums war die Arbeit der Mönche, besonders in den dünnbesiedelten Gebieten, so in Teilen Galliens, Englands und Irlands. Zahlreiche Bischöfe verstanden sich selbst als Mönche. Der heilige Cuthbert von Lindisfarne († 687) hatte eine achtbare Ahnenreihe, die bis auf den heiligen Martin von Tours († um 397) zurückreichte.

Ein byzantinischer Geschichtsschreiber bemerkte von den Franken im 6. Jahrhundert: »Obwohl sie Christen geworden sind, bewahren sie immer noch einen Großteil ihrer alten Religion.« Diese Einschätzung traf auch auf andere zu. Liest man Gregor von Tours' *Geschichte der Franken,* Bedas *Kirchengeschichte des englischen Volkes* oder eine Dichtung wie *Beowulf,* erlebt man eine Welt, in der das Neue und das Überlieferte in Kultur und Religion, Recht und Institutionen unentwirrbar miteinander verflochten sind. Die frühe Geschichte des germanischen Christentums wird von dem Paradoxon beherrscht, daß die Massenbekehrung eine beachtliche Kontinuität verlangte. Die neue Religion mußte bestehende Bedürfnisse befriedigen und durfte nicht den Mut überfordern, den Bekehrte brauchten, um mit der Religion ihrer Vorfahren zu brechen. Doch sobald sie einmal bekehrt waren, mußten sie ihre neue Identität bestimmen: Sie wurden damit konfrontiert, Trennungslinien zwischen ihrer christlichen Gegenwart und der heidnischen Vergangenheit zu ziehen. Die Neuausrichtung dieser Gesellschaften ging zwangsläufig langsam vonstatten, ihre zentralen Wertesysteme widersetzten sich der Veränderung. Gregor von Tours und Beda ahnten, daß die Bekehrung ihrer Völker zum Christentum auf die Religion selbst zurückzuwirken begann. Aus diesem Grund sorgen sie sich um die Haltung mächtiger Personen wie Herrscher und Großgrundbesitzer gegenüber den Kirchen, als deren Herren sie sich betrachteten. Sie erkannten, daß der Erwerb von Reichtum und Privilegien Kirchen und Klöster neuen Gefahren aussetzte. Sie waren sich auch eines noch tieferen Wandels in der inneren Struktur des Christentums bewußt: Es war zur Religion eines Kriegeradels geworden, dessen Werte es durch seine Christianisierung absorbieren mußte.

Ein Jahrhundert trennt die »Bekehrung« der Engländer, die in den Jahren um 600 begann, von der der Franken, und noch mehr Jahre liegen zwischen Bedas *Kirchengeschichte des englischen Volkes* (um 720) und Gregors *Geschichte der Franken (um 590)*. Dennoch haben diese zwei großen Geschichtsschreiber vieles gemeinsam, und das betrifft nicht nur ihren Sinn für böse Vorzeichen, ihre Sorge um die Zukunft und ihre Vision vergangener Größe; sie teilen vor allem das Bedürfnis, dem Christentum ihrer Landsleute, Franken oder Engländer, Wurzeln in der römischen Vergangenheit zu geben. Eusebius und anderen Kirchenhistorikern vergleichbar, bestand ihre große Leistung darin, das Gefühl eines »Christentums« artikuliert zu haben, das identisch mit dem »Christentum« in anderen Gesellschaften war, die sich von ihren eigenen doch sehr unterschieden. In der Durchdringung der englischen wie der fränkischen Gesellschaft mit christlichen Werten kam der Arbeit irischer Mönche wesentliche Bedeutung zu. Beda war sich bewußt, wieviel die Engländer Heiligen wie Columba und Aidan verdankten und stellte gern ihre Heiligkeit der »Faulheit« der Christen seiner Zeit gegenüber. Gregor schrieb, bevor Columbanus und seine Klostergründungen ihre Wirkung auf die fränkische Gesellschaft entfalteten; aber überall trugen Mönche und Nonnen – nicht nur irischer Herkunft – dazu bei, dem Christentum an Königshöfen, in Adelshäusern und kleinen Gemeinden eine bestimmte moralische Definition zu geben.

Die englische Kirche verdankte der gallischen viel und hatte einige Merkmale mit ihr gemeinsam. Die römische Vergangenheit wirkte besonders nachhaltig auf der Iberischen Halbinsel. Ihre gotischen Siedler waren in der Assimilierung von Kultur und Religion ihrer römischen Untertanen zur Zeit ihrer Bekehrung zum Katholizismus in den Jahren nach 580 bereits weit fortgeschritten. Isidor von Sevilla († 636) empfand Spanien als christliches Land, in dem die verschiedenen Identitäten von Goten und Römern nur noch von historischem Interesse waren. Nordafrika war nach 530 den Wandalen wieder entrissen worden, sollte aber nicht mehr fest in das Byzantinische Reich eingegliedert werden. Im 6. Jahrhundert waren seine alten christlichen Traditionen stark genug, um Versuchen zu widerstehen, der Kirche die Lehrmeinung vorzuschreiben. Der Kirche war es hier gelungen, eine Synthese aus Lokalem und Kosmopolitischem, Ländlichem und Städtischem zu schaffen und zu einer religiösen Kultur von bemerkenswerter Vitalität zu verdichten. Von ihrem Überleben im »Untergrund« nach der arabischen Eroberung der afrikanischen Provinzen haben wir nur bruchstückhafte Kenntnisse. In Italien ließen sich schon bald nach dem Zusammenbruch der gotischen Herrschaft unter dem byzantinischen Angriff im Norden und weiten Teilen der Mitte der Halbinsel die Langobarden nieder, ein Volk, das zur Zeit seiner Ankunft in Italien nach 560 im wesentlichen heidnisch war. Langsam paßten sie sich dem Katholizismus ihrer italienischen Untertanen an. Doch wäre es völlig unzutreffend, wenn man sich Westeuropa um das Jahr 700 als homogene christliche, römische Kultur vorstellte, an der Völker mit einem klaren Sinn für eine Gemeinschaft teilhatten, die sich als »westliche Christenheit« verstand.

Gewiß, die Grundlagen für eine kulturelle Erneuerung waren gelegt worden, für ein Ausbrechen aus der Isolation, in der sich einzelne Zentren der Gelehrsamkeit, Kunst und Frömmigkeit befunden hatten. Während dieser Epoche, die auf den Zusammenbruch der römischen Herrschaft im Westen folgte und die gelegentlich immer noch als »finsteres Mittelalter« bezeichnet wird, überdachten westliche Christen die Kultur, die sie von der antiken Welt geerbt hatten. Dieses Überdenken spielte sich in bischöflichen Haushalten und Klöstern ebenso ab wie in manchen städtischen Schulen, die in einigen Regionen bis weit ins 6. Jahrhundert fortbestanden. Vor allem die Engländer schufen eine kraftvolle Kultur, deren Einfluß über Jahrzehnte in ganz Westeuropa zu spüren war. Die Lebenskraft einer vorchristlichen keltischen Vergangenheit verschmolz mit den neuentdeckten künstlerischen und geistigen Traditionen der spätantiken Mittelmeerwelt. Die Geschichtsbücher, die in den Klöstern Northumbriens in den Jahrzehnten um 700 geschrieben, die Evangeliare, die dort kopiert und illuminiert wurden, drückten der christlichen Kunst und Geschichtsschreibung einen bleibenden Stempel auf. Diese »northumbrische Renaissance«, der in der kulturellen Entwicklung Westeuropas eine wichtige Rolle zukam, stand nicht isoliert da: Im ganzen germanischen Westen erscheinen in den Jahrzehnten von 680 bis 700 »die ersten Elemente einer Renaissance, einer Vorläuferin der großen karolingischen Erneuerung«. Die politische Führung in diesem Kulturraum, die die Franken an sich rissen, das Bündnis ihrer Könige mit den Päpsten und die Leistungen des westlichen Christentums werden im folgenden Kapitel behandelt. Hier müssen wir noch auf ein Ereignis von weitreichender Bedeutung hinweisen: die Eroberungen durch den Islam.

50 Jahre lang, seit der postumen Veröffentlichung von Henri Pirennes *Geburt des Abendlandes* (1937), haben Gelehrte darüber diskutiert, was sie als seine »These« bezeichneten: daß nämlich die antike, ungeteilte mediterrane Zivilisation aufgrund der ihr eigenen Rhythmen über genug Widerstandskraft verfügte, um germanische Invasionen zu überleben, und erst infolge der Ausbreitung muslimischer Macht, die das Mittelmeer in zwei Hälften teilte, durchbrochen und umgewandelt wurde. Von der Debatte dieser »These« dürfen wir hier Abstand nehmen. Unbestritten ist jedoch die Wirkung des Islam auf die Wirtschaft, Gesellschaft und Kultur Europas und seine Bedeutung für die Geschichte des Christentums. Mit der Ausbreitung des Islam kam es zu radikalen Verlagerungen innerhalb des Christentums, nicht nur in geographischer, sondern auch in geistiger Hinsicht. Die Überschwemmung Nordafrikas durch den Islam im 7. Jahrhundert bedeutete weit mehr als den Verlust eines intellektuell äußerst kraftvollen Teils der lateinischen Kirche. Denn die nordafrikanische Kirche hatte sich lange mit großer Zähigkeit an ihre eigene Tradition der Autonomie geklammert und war dadurch zu einer Macht geworden, mit der die Kaiser und Päpste rechnen mußten. Für die westliche Kirche bedeutete das Verschwinden der afrikanischen Kirche zunächst einen Verlust an fruchtbaren Auseinandersetzungen. Der römische Bischofssitz war nun die einzige religiöse Autorität und der Mittelpunkt des barbarischen Westens. Zunehmend von den östlichen Kirchen abgeschnitten und ohne die Ausstrahlung Karthagos, konnte sich Rom zur unangefochtenen Lehrerin und Herrin neuer Völker aufschwingen; und diese waren nur allzu bereit zu lernen. Pirenne hatte zweifellos recht, wenn er Mohammed zum Schöpfer des mittelalterlichen westlichen Christentums erklärte.

3

Der Westen: Das Zeitalter der Bekehrung (700-1050)

HENRY MAYR-HARTING

Der Zeitabschnitt, der uns im folgenden beschäftigen wird, hat keine herausragenden Theologen, Päpste oder Häretiker hervorgebracht. Geniale Einzelpersonen, wie sie für diese in ständiger Gärung befindliche Religion charakteristisch sind, finden sich in dieser Epoche nicht. Die großen Entwicklungslinien verlaufen auf missionarischem, liturgischem, klösterlichem und politischem Gebiet.

Die missionarische Kirche

Die Missionsarbeit war im frühmittelalterlichen Westen praktisch zu einer Frage der politischen Sicherheit geworden. Der Rhein bildete bis zur Zeit Karls des Großen die östliche Grenze der karolingischen Franken. Er war aber auch ein Hauptverkehrsweg in der sich entfaltenden Welt von Kirchen, Palästen und Handel. Der Rhein konnte solange nicht als sicher gelten, bis die Friesen an seinem Unterlauf und die Sachsen am jenseitigen Ufer befriedet und christianisiert waren. Das Reich Karls des Großen wurde im 9. Jahrhundert geteilt. Seinen östlichen Teil beherrschten im 10. Jahrhundert die inzwischen christianisierten Sachsen. Aus ihrer Herrschaft über das Ostfränkische Reich entwickelte sich das Deutsche Reich. Nun wiederholte sich der Vorgang von neuem: Die Ostgrenze der Sachsen bildete die Elbe, auch sie ein wichtiger Verkehrsweg. Der Fluß konnte jedoch nicht als sicher gelten, solange die Slawen am anderen Ufer, die Dänen nahe dem Unterlauf und die Böhmen an ihren oberen Abschnitten nicht befriedet und christianisiert waren. Die Dänen und die Schweden wurden schon im 9. Jahrhundert als missionarisches Problem gesehen; ihre Christianisierung erfolgte in Reaktion auf ein Phänomen, das die Historiker später als Wikingergefahr bezeichnen sollten. In ähnlicher Weise wurden die Ungarn im späten 9. und im 10. Jahrhundert zur größten äußeren Bedrohung für die christianisierten germanischen Völker Europas, besonders in Verbindung mit den Slawen. Nach der Niederlage der Ungarn und ihrer Ansiedlung an der mittleren Donau versuchten die sächsischen Herrscher, sie in den Kreis der westlichen christlichen Reiche zu ziehen. Weiter östlich wurde Bulgarien schließlich fest an die byzantinische Kirche angeschlossen. In den Jahren nach 860 versuchte der ostfränkische König Ludwig der Deutsche, sich an der Bekehrung der Bulgaren zu beteiligen. Ihm lag daran, einen Hebel im Rücken der bedrohli-

Das Evangeliar der Königin Theodelinda (um 600). Sie war Katholikin unter Arianern am Hof der Langobarden in Italien. Der Deckel ist mit Kreuzen aus Edelsteinen und antiken, in Gold gefaßten Kameen verziert, eine Arbeit, die mit der Pracht des christlichen Buches und der Würde des Papsttums die Langobarden beeindrucken sollte.

chen Mähren anzusetzen. Sein Eingreifen trug freilich nur dazu bei, die Mähren nun ebenfalls in die Arme des byzantinischen Christentums zu treiben. Ein Jahrhundert später, etwa um die Zeit seiner Krönung zum Heiligen Römischen Kaiser (962), schickte Otto I. eine (allerdings erfolglose) Mission zur Fürstin Olga von Kiew. Hier ging die Missionstätigkeit beinahe von der Verteidigung in die Offensive über. Die Russen, 1400 Kilometer östlich der Elbe, stellten für Otto I. kaum eine Bedrohung dar, doch war damit zu rechnen, daß die Byzantiner ungünstig auf seine Kaiserkrönung reagieren würden – und Kiew lag bereits im Bereich des byzantinischen Einflusses. Ein sächsisches Christentum in Kiew wäre gleichbedeutend gewesen mit einem Angriff – zumindest in kultureller Hinsicht – gegen die byzantinische Flanke.

Doch man darf die Mission oder das Werk des Predigens, wie sich damalige Kirchenleute ausgedrückt hatten, nicht ausschließlich als politisch motivierte Unternehmung sehen. Es ist wichtig, zwischen dem Predigen – etwa durch Papst Gregor den Großen bei den Langobarden oder Augustinus von Canterbury bei den Angelsachsen – und der *peregrinatio,* dem selbstgewählten Exil im Dienste Gottes, zu unterscheiden, wie es die irischen Mönche Aidan in Lindisfarne, Columbanus in Burgund und Gallus in Schwaben praktizierten, die eine weitreichende Wirkung auf die Ausbreitung des Christentums hatten. Das englische Christentum, in dem beide Einflüsse präsent waren, erhielt dadurch von Anfang an einen starken missionarischen Zug. Der bedeutendste Missionar dieser Zeit war der aus Devon stammende Bonifatius. Mehr als jede andere Person war er an der Schaffung des kirchlichen Rahmens jenes Gebietes beteiligt, aus dem das Deutsche Reich entstehen sollte. Als Bonifatius im Jahr 722 von Papst Gregor II. zum Bischof geweiht wurde, geschah dies mit dem umfassenden Auftrag, den Heiden zu predigen. Erst in den letzten acht oder neun Jahren vor seinem Tod (754) war er Erzbischof von Mainz geworden. Auch wenn Bonifatius nahezu jedem Iren mißtraute, mit dem er auf dem Kontinent in Berührung kam, hatte seine Gründung von Klöstern als Stütze der Missionsarbeit und seine Ergebenheit gegenüber dem Papsttum und Rom dem irischen Hintergrund in England einiges zu verdanken. Insbesondere seine Auffassung, daß seine Berufung als Mönch das Predigen zu Heiden geradezu verlange, ist dem Einfluß Gregors zuzuschreiben. Papst Gregor (590-604) hatte römische Mönche zu den Engländern geschickt. Seine Schriften, vor allem seine *Homilien über Hesekiel,* die er als Papst verfaßte, spiegeln seine Überzeugung, daß das kontemplative Leben der Mönche seine höchste Erfüllung im Tätigsein finde.

Bonifatius' Wesen tritt deutlich in seinen Briefen hervor. Ungeachtet seiner Treue zum Papsttum war er in Ansätzen ein englischer Protestant. Er hatte ein starkes Verantwortungsgefühl gegenüber seiner Berufung als Prediger und verglich sich gern mit Paulus. So wichtig seine Beziehungen zu den fränkischen Herrschern für sein Predigen in Hessen und Thüringen auch waren – er brachte es kaum über sich, die Gesellschaft der weltläufigen fränkischen Bischöfe, die er am Hof traf, zu ertragen. Doch gibt es auch Augenblicke, in denen wir den Charme und die Liebenswürdigkeit erleben, durch die sich englische Männer und Frauen als Helfer bei seinem Auftrag auf dem Festland zu ihm hingezogen fühlten. Ein Mönch aus Glastonbury namens Wigbert, der nach Hessen unterwegs war, zeigte sich gerührt von der weiten Reise, die Bonifatius machte, um ihn zu treffen. Bonifatius' Treue zum Papsttum kam auch in seinem Namen zum Ausdruck. Sowohl Willibrord, englischer Apostel der Friesen, als auch Wynfrith wurden vom Papst in Rom zu Bischöfen geweiht und erhielten die Namen römischer Märtyrer, deren Feste etwa in die Zeit ihrer Weihe fielen: Willibrord wurde Clemens und Wynfrith Bonifatius. Während der eine jedoch den Namen Willibrord behielt (trotz seiner untadeligen Bindung an Rom), nannte sich der andere von nun an Bonifatius. Bevor englische Bischöfe des 12. Jahrhunderts dazu beitrugen, ein auf päpstlicher Weisung beruhendes Kirchenrecht zu verbreiten, indem sie sich ständig in Rom Rat holten, hatte Bonifatius ebendies bereits im 8. Jahrhundert getan. Er suchte bei einer Reihe von Päpsten Rat zum Eherecht, zum priesterlichen Sittenkodex, zu Ordinationen, zur Liturgie, zur Frage, ob Nonnen einander die Füße waschen durften sowie zum Verzehr von Schweinespeck. Letzteres war ein Thema, zu dem die Kirchenväter seltsamerweise geschwiegen hatten. Während also Rom und die Ostkirchen sich auseinanderlebten, bereiteten Bonifatius und seine Mission einen neuen, auf Rom ausgerichteten Machtbereich im Norden vor.

Dennoch war Bonifatius' Mission nicht nur auf Rom ausgerichtet. Seine eigene kirchliche Autorität als Erzbischof und Metropolit war ihm, obgleich ein Spiegel der päpstlichen Autorität auf einer anderen Ebene, zu wichtig, um sie zu vernachlässigen. Er beklagte sich über einen gallischen Bischof namens Aldebert, der Gottesdienste an Quellen und in Hainen hielt statt in geweihten Kirchen, der die eingeführten Heiligenkulte ver-

hGENERATIO

schmähte, indem er die eigenen Fingernägel als heilige Reliquien verteilte, und die Namen von Erzengeln anrief, die in der Bibel nicht zu finden waren. All das kam einem stillschweigenden Angriff auf die höhere kirchliche Autorität gleich. Wenn Bonifatius an andere Bischöfe schrieb, erinnerte er sie stets daran, daß christliche Autorität Dienst bedeutete. Den Dienst des Seelsorgers veranschaulichte Christus, als er seinen Jüngern die Füße wusch; und so ließ er für jedes noch so kleine Geschenk, das er von einem anderen Bischof erhielt, ein Tuch aus seinem scheinbar unerschöpflichen Wäscheschrank zurückgehen. Auf diese Art wurde die bischöfliche Autorität symbolisch bekräftigt. Malcolm Parkes hat nachgewiesen, daß ein Fuldaer Manuskript, das den Jakobusbrief enthält, von Bonifatius eigenhändig glossiert wurde. Es ist eine energische Handschrift, und die Gedanken, die die apostolische Nachfolge der Bischöfe betonen, werden eindringlich dargelegt. Einige Historiker haben in den Klostergründungen Pirmins (die berühmteste ist die auf der Reichenau), mit denen dieser einen wichtigen Beitrag zur Christianisierung des deutschen Südwestens in der ersten Hälfte des 8. Jahrhunderts leistete, als Angriff auf Bonifatius' bischöfliche Autorität bei den Deutschen oder zumindest als Schaffung eines Gegengewichts zu dessen Einfluß gesehen. Es gibt jedoch keine Beweise dafür, daß Bonifatius Pirmin so gesehen hätte, und in der nächsten Generation arbeiteten die Nachfolger von Bonifatius und Pirmin harmonisch zusammen, um die Grundlagen der karolingischen Kirche zu schaffen.

723 oder 724, kurz nach seiner Bischofsweihe, erhielt Bonifatius einen Brief von Bischof Daniel von Winchester, in dem dieser ihm Ratschläge erteilte, wie er mit Heiden zu diskutieren hätte. Er sollte betonen, daß die Schöpfung der Welt und die Existenz ihres Lenkers älter als die germanischen Götter seien. Die Heiden hielten es für wichtig, Götter mit Opfern zu besänftigen, doch hätten sie keine Vorstellung, welcher der mächtigste von ihnen sei, so daß sie Gefahr liefen, ihn zu beleidigen, da sie ihm nicht genügend Aufmerksamkeit widmeten. Sie wüßten nicht, welche Art von Opfer am günstigsten stimme, so daß sie ihre Opfer möglicherweise vergeudeten. Bonifatius solle sie fragen, welche Götter es zugelassen hätten, daß die Christen alle an Wein, Öl und anderen Gütern reichen Länder besäßen, während den Heiden nur der eisige Norden geblieben sei. Die Argumente sollten nicht verletzend oder aufreizend vorgebracht werden, sondern ruhig und maßvoll. Dieser Brief ist charakteristisch für einen großen Teil der Missionsarbeit im frühen Mittelalter. Seine Argumente mag man heute belächeln, aber er wurde von einem erfahrenen Seelsorger an einen intelligenten und engagierten Missionar geschrieben. Raymond Firth hat die Bekehrung der Bewohner der Salomon-Insel Tikopia in diesem Jahrhundert untersucht. Daraus geht hervor, wie sehr diese pazifischen Inselbewohner daran interessiert waren, über eine Art Theologie der Macht Gottes zu diskutieren: Ließ sich beweisen, ob der heidnische oder der christliche Kult richtiger war, beurteilt an praktischen Auswirkungen auf Ernte, Fischfang und Gesundheit? Ein anderer bedeutender Missionar, Ansgar, mußte sich auf ähnliche Argumente einlassen, als er (unter der Schirmherrschaft Ludwigs des Frommen) im 9. Jahrhundert in dem blühenden Hafen Birka zu den Schweden predigte. Wir wissen, daß Birka am nördlichen Ende einer lebhaften Handelsroute lag, auf der etwa von 830 an gewaltige Mengen an Silber von den muslimisch kontrollierten Handelsstraßen zwischen Byzanz und China eingeführt wurden. Die Ankunft des Christentums in Birka löste eine der heftigsten Auseinandersetzungen zwischen Christentum und

DAS CHRISTUSMONOGRAMM AUF DEM BOOK OF KELLS (um 800) verrät die Magie der Schrift, die »Talismanfunktion« der Heiligen Schrift. Man fühlt sich an den Schreiber Ultan im 8. Jahrhundert in Northumbrien erinnert, dessen Finger angeblich vom »creator spiritus« geführt wurden.

Heidentum in dieser Epoche überhaupt aus. Einige Kaufleute vertraten die Meinung, daß die alten Götter ihnen gut gedient hätten und nicht erfreut sein würden, wenn ihnen zugunsten eines fremden und unerprobten Gottes Opfer entzogen würden. Es gab jedoch auch andere, die mit dem karolingischen Westen Handel getrieben hatten (Münzen Ludwigs des Frommen und andere fränkische Gegenstände wurden in Birka gefunden) und die das Christentum durch ihre Handelsbeziehungen aus eigener Erfahrung kannten: Sie bildeten Ansgars stärkste Stütze. Man sollte aufgrund solcher Kriterien der Entscheidung für oder gegen das Christentum nicht folgern, daß Wohlstand oder materielle Not automatisch über die Erfolgsaussichten der Bekehrung entschieden, wenngleich dies durchaus vorkommen konnte. Missionare begegneten ständig der Vorstellung einer Wechselwirkung zwischen übernatürlicher Macht und materiellem Wohlergehen, doch hatten sie es dabei oftmals mit recht komplexen Vorgängen zu tun.

Historiker haben oft auf die Gier, die wirtschaftliche Ausbeutung sowie die politischen Ziele hingewiesen, die starken Einfluß auf die missionarische Arbeit im frühen Mittelalter hatten bzw. sie begleiteten. Hier ist es allerdings nötig, stärker zu differenzieren und die bisweilen unentwirrbar verflochtenen Motive zu berücksichtigen, mit denen sich

Silberkruzifix aus Birka (um 900), ein Beispiel der skandinavischen Goldschmiedekunst.

christliche Gesellschaften an ihre heidnischen Nachbarn wandten. Die Grausamkeit, mit der die Heere Karls des Großen den Sachsen das Christentum aufzwangen und durch neue kirchliche Gründungen den Zehnten aus ihnen herauspreßten, ist eindeutig erwiesen. Andererseits ist dieses Vorgehen auch auf heftige Kritik gestoßen, wie sie beispielsweise in einem Brief Alkuins (796) formuliert wird. Die richtige Methode des Lehrens und Taufens, so Alkuin, sollte sorgsam bedacht werden. Es sei zwecklos, Menschen zu taufen, die keinen Begriff vom Glauben haben oder nicht durch Belehrung überzeugt worden seien, sich dem Christentum zu verschreiben. Das ideale Buch, dachte er, um zukünftigen Bekehrten alles beizubringen, was sie wissen mußten, sei Augustinus von Hippos *De Rudibus Catechizandis.* Dies würde ihnen die Grundzüge vermitteln: die Unsterblichkeit der Seele, Himmel und Hölle, die Dreieinigkeit, das Erlösungswerk Jesu Christi, sein Leiden, seine Auferstehung und Himmelfahrt, seine Beurteilung der Welt, das Evangelium. Alkuins Ideen müssen bis zu einem gewissen Grad karolingische Praxis geworden sein. Vor kurzem hat Susan Keefe nicht weniger als 61 Abhandlungen über die Taufe aufgelistet, die als Handschriften aus karolingischer Zeit erhalten sind.

Immer wieder, wenn wir meinen, die politischen, militärischen und wirtschaftlichen Aspekte gewaltiger missionarischer Unternehmungen begriffen zu haben, taucht in den Quellen, manchmal ganz unerwartet, ein neuer Gesichtspunkt auf. Die Gründung des Erzbistums Magdeburg liefert ein Beispiel dafür. Otto I. gründete das Moritzkloster in Magdeburg, und spätestens von 955 an beabsichtigte er, diese Kirche zum Erzbistum zu erheben, das die missionarische Organisation unter den Slawen östlich der Elbe leiten sollte. Er stattete es mit umfangreichen Ländereien und Rechten aus, darunter der Silberzehnt und andere Tributrechte gegenüber den Slawen. Nie war der wirtschaftliche Gewinn, daneben auch der Gedanke der militärischen Sicherheit, den wir oben erwähnt haben, deutlicher zu erkennen.

Doch als das Erzbistum 968 endlich Wirklichkeit wurde, sah man, daß der Kaiser auch religiöse und seelsorgerische Erwägungen im Sinn hatte. Der erste Erzbischof, den er ernannte, Adalbert (nicht zu verwechseln mit dem gleichnamigen Märtyrer, der den slawischen Lutizen predigte und von Otto III. sehr verehrt wurde), war ein Aristokrat, der nicht davon ablassen konnte, sich in die Fehden des sächsischen Adels einzumischen. Aber er hatte auch eine andere Seite. So zeigte er eine gewissenhafte Sorge um die klösterliche Regel jener Mönche, die früher die Gemeinde der Kirche gebildet hatten, aus der seine Bischofskirche hervorgegangen war. Außerdem gibt es jenes aus dem 10. Jahrhundert stammende Manuskript aus dem Kloster St. Maximin in Trier (Berlin, MS Lat. fol. 759), das einen kurzen Katechismus über die Dreieinigkeit, das Vaterunser und das Glaubensbekenntnis der Apostel enthält. Beispielsweise heißt es darin: »Was ist die zweite Bitte? Dein Reich komme. Wie ist das zu verstehen? Wir beten, damit Christus in uns regiere und nicht der Teufel.« St. Maximin in Trier lag im Reich Ottos I. auf der Magdeburg und den Slawen entgegengesetzten Seite; es ist das Kloster, aus dem Adalbert kam. Die Sorge um das Predigen, die aus diesem Manuskript spricht, ist um so interessanter, als es sich bei Adalbert um denselben Bischof handelte, den Otto 960-61 zur Fürstin Olga nach Kiew gesandt hatte. So bezeugt Adalberts klösterliche Herkunft – obwohl der Slawenmission geographisch so fern (aber keineswegs fern von Menschen, die in den Grundlagen des Christentums unterwiesen werden mußten) – seelsorgerisches Bewußtsein. Ebenso bemerkenswert für das Vorgehen Ottos I. ist ein Zeugnis, das sich auf die Ernennung eines Suffraganbischofs bezieht. In der Urkunde, mit der Otto I. das Erzbistum begründete, kommen die folgenden Worte vor: »und weil der ehrwürdige Mann Boso unter den slawischen Menschen schwer arbeitete, um sie zu Gott zu bekehren, soll er die Entscheidung der Wahl (als Bischof) für die Kirche haben, die er zwischen Merseburg und Zeitz (beides neue Suffragansitze) vorzieht.« Der nicht näher bekannte Boso, ein Zögling der Klosterschule in Regensburg, scheint der vollkommene Vertreter all der Eigenschaften, für die Alkuin sich eingesetzt hatte, gewesen zu sein.

Wie wir bereits festgestellt haben, kann zwischen innerer und äußerer Missionierung nicht klar getrennt werden. Die gründliche Christianisierung der frühmittelalterlichen Gesellschaft erforderte ein ständiges Lehren des Christentums, und das wiederum verlangte Organisation, genauer: Gemeindeorganisation. Es dauerte Jahrhunderte, bis sich in Europa ein Muster von Kirchengemeinden herausgebildet hatte. Vereinzelt entstanden Gemeinschaften von Mönchen, Kanonikern oder Geistlichen, die von ihrer Kirche aus einem weiten Gebiet dienten, bis Adlige kleine, von einem einzigen Priester versorgte Kirchen auf ihrem Besitz gründeten, vermutlich sowohl aus religiösen, als auch aus sozialen und wirtschaftlichen Gründen. Letztere Entwicklung kam an verschiedenen Orten zu verschiedenen Zeiten in Gang. Es scheint im 9. Jahrhundert in Europa viele kleine Kirchen gegeben zu haben, die von einem einzelnen Priester betreut wurden; in England finden sich die ersten Anzeichen dieses Phänomens im 10. Jahrhundert. Den Ergebnissen der heutigen Forschung zufolge läßt sich eine Form von Gemeindestruktur bereits zu einem

DER KELCH VON HEXHAM, aus Kupfer gefertigt und ursprünglich vergoldet, ist nur 6,4 cm hoch. Er stammt vermutlich aus dem 4.-6. Jahrhundert. Kelche dieser Art nahmen Missionare auf ihre Reisen mit, um die Messe zu feiern.

Bonifatius' missionarische Tätigkeit und Martyrium, aus einem Fuldaer Meßbuch (frühes 11. Jahrhundert). In der Sterbeszene (754) schützt sich der Heilige allein mit seinem Evangeliar.

recht frühen Zeitpunkt nachweisen. Ein vor kurzem in einem Manuskript des frühen 10. Jahrhunderts untersuchtes Verzeichnis kornischer Heiliger, in dem in mehreren Fällen die Heiligen nach der geographischen Nachbarschaft der parochialen Zuordnungen aufgeführt sind, lassen den Schluß zu, daß die Aufteilung der Kirchengemeinden Cornwalls, wie wir sie heute kennen, bereits zu jener Zeit existierte. Für die östliche Hälfte Europas haben Forschungen ergeben, daß beispielsweise das Kloster Fulda ein Jahrhundert früher, in der Zeit seines Abts Hrabanus Maurus (822-42), ein ausgedehntes Netz von Gemeindekirchen verwaltete. Ob dies Gemeindekirchen im vollen rechtlichen Sinn des hohen Mittelalters waren, mit Begräbnisrechten und festen Einkünften, ist umstritten. Im Sinne der seelsorgerischen Betreuung jedoch war die Entwicklung lange vor 1050 bereits weit vorangeschritten. Dafür sprechen auch die zahlreichen Handbücher mit kanonischem, theologischem und liturgischem Material, die von Bischöfen (und für sie) zum Zwecke der Unterrichtung der Gläubigen verfaßt wurden.

Christentum und politische Ordnung

Während des 8. und 9. Jahrhunderts bewirkte die christliche Kirche eine regelrechte Revolutionierung der Formen westeuropäischer Politik. Es entwickelte sich eine alles durchdringende religiöse und moralische Verantwortlichkeit des Herrschers. Wenn man das England des 7. Jahrhunderts betrachtet, wie Beda Venerabilis es beschreibt, fällt es schwer, große Unterschiede zwischen dem Heiden Penda von Mercia und dem Christen Oswald von Northumbrien – als Herrschern – zu erkennen. Beide waren plündernde Stammeskrieger, deren Hauptinteresse darin bestand, für sich und ihre Anhänger militärischen Ruhm zu erringen. Oder, um es freundlicher auszudrücken: Beide gehörten einem heroischen Zeitalter an, dessen Kultur ein hohes Niveau der Goldschmiede- und Dichtkunst erreicht hatte, mit deren Hilfe es seiner Krieger gedachte. Diese Kultur dauerte in vielen Aspekten in christlicher Zeit fort. Doch schon im späten 8. Jahrhundert zeigten germanische Könige, obwohl sie immer noch Heerführer waren, eine viel höhere Selbsteinschätzung. Das mit Abstand größte Genie in diesem Wandlungsprozeß war Karl der Große, König der Franken und 800 in Rom zum Heiligen Römischen Kaiser gekrönt. Einer seiner Hofgelehrten, Einhard, schrieb eine Biographie des Kaisers, die zum Vorbild mittelalterlicher Königsbiographien wurde. Er schuf eine meisterhafte Synthese aus dem antiken römischen Ideal des Herrschers (wie es Sueton in seinem *Leben der Caesaren* darstellte) und dem neuen christlichen Ideal des Herrschers als großzügigem Erbauer von Kirchen und frommem Mann des Gebets. Wenn wir uns jedoch dem allgemeinen christlichen Herrschaftsideal zuwenden, müssen wir zur Kenntnis nehmen, daß das Buch des Christentums, die Bibel, aus zwei Testamenten besteht, die sich in der Ethik stark voneinander unterscheiden. Mochte die christliche Religion noch so viel über Christus lehren – das Alte Testament hatte einen entscheidenden Anteil an der Aussöhnung der germanischen Gesellschaft mit dem Christentum.

Karl der Große hielt sich für einen »neuen David«, und so sahen ihn auch seine Hofgelehrten. Das war an sich keine neue Idee, aber ihr Inhalt und ihre Bedeutung erfuhren durch ihn eine starke Erweiterung. David war ein Heerführer der Israeliten (die Karl der

Große gerne mit den Franken verglich), aber er war auch der Erbauer des Tempels zu Jerusalem. Das Selbstbild Karls des Großen beschränkte sich jedoch nicht auf David. In der Präambel seiner *Admonitio Generalis* von 789, in der er seine Vorstellung von einer erneuerten Gesellschaft auf der Grundlage eines soliden religiösen Kults und einer gebildeten Geistlichkeit mit ausgeprägtem Sittenkodex entwickelte, verglich er sich mit Josia, dem jüdischen König, der den Götzendienst angegriffen und den religiösen Kult Israels reformiert hatte. Der Ritus der Königssalbung gewann unter den Karolingern an Bedeutung. Die Könige des Alten Testaments waren durch Salbung in ihr Amt eingeführt worden, und die Karolinger konnten, anders als ihre merowingischen Vorgänger bei den Franken, ihre Heiligkeit nicht auf eine lange königliche Genealogie gründen, die weit in die Vergangenheit zurückreichte. Doch wenn Karl der Große einen priesterlichen Charakter als Herrscher hatte, lag dieser mehr in der Pflicht des Priesters, zu lehren und zu predigen, als in der Funktion, Sakramente zu spenden. Spätere Herrscher erweiterten die alttestamentlichen Vorstellungen Karls des Großen. Karl der Kahle, sein Enkel, und Alfred in England verglichen sich mit Salomo, der in Übereinstimmung mit der göttlichen Weisheit herrschte, und Alfred sah sich als Gesetzgeber in einer langen Reihe von Gesetzgebern, die mit Moses begann.

GUTES LATEIN UND EINE KLARE HANDSCHRIFT waren wesentlich für die Bildungs- und Verwaltungsanstrengungen der Karolinger. Eine Seite in karolingischer Minuskel aus einem Evangeliar, verglichen mit der komplizierten Schrift, die vorher üblich war, aus einem Manuskript Gregors von Tours aus dem frühen 8. Jahrhundert.

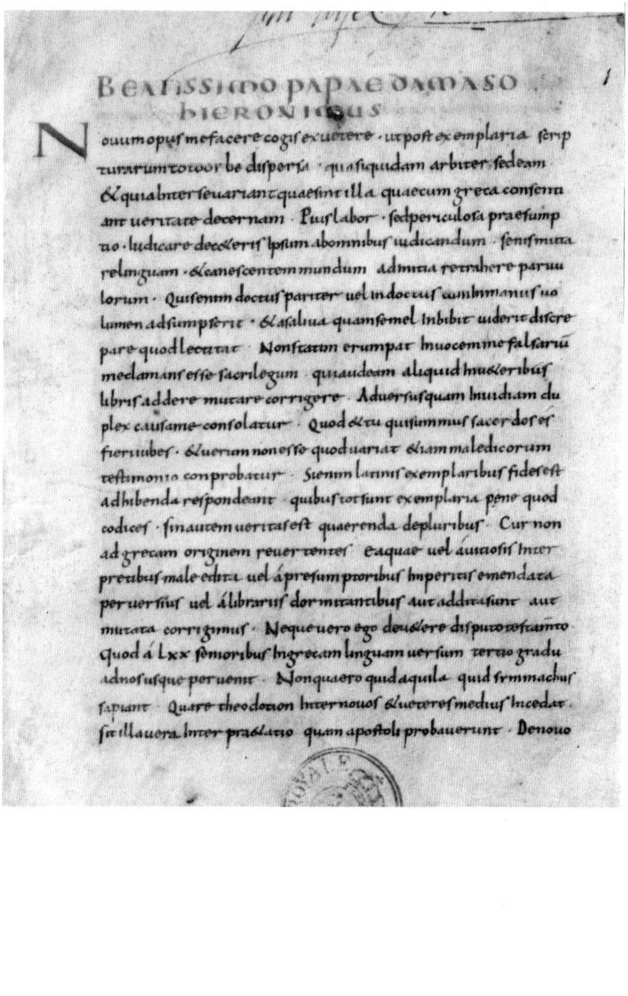

ELFENBEINTAFEL (um 968), früher das Antependium im Magdeburger Dom. Kaiser Otto I. wird vom heiligen Moritz, dem Schutzheiligen der Kirche, die der Kaiser gründete, zu Christus gebracht. Das Motiv geht auf das frühe Christentum zurück.

Die Betonung der Rolle Karls des Großen soll nun nicht den Eindruck vermitteln, daß irgendeine einzelne Persönlichkeit allein die politische Ordnung christianisiert haben könnte. Die Grundlagen des alttestamentlichen Königtums wurden von Gelehrten gelegt, die über das Alte Testament schreiben. Zu nennen wäre hier in erster Linie Beda Venerabilis (672-735), der in den ersten Jahrzehnten des 8. Jahrhunderts schrieb. Für uns ist Beda vor allem aufgrund seiner *Kirchengeschichte des englischen Volkes* (731) berühmt geworden, doch maßen seine Zeitgenossen, nach der Verbreitung der Manuskripte zu urteilen, seinen Bibelkommentaren größere Bedeutung bei. In diesen Kommentaren – zu Salomos Wiederaufbau des Tempels, zu Esra und Nehemia sowie zu Samuel – beschäftigte er sich wiederholt mit verschiedenen Königen. Es trifft zwar zu, daß er nicht sehr am Königtum als solchem interessiert war und jeden in Frage kommenden Abschnitt als Allegorie der Kirche behandelte. Doch diente dies wahrscheinlich nur dazu, seinen gelehrten Lesern im karolingischen Europa gegenüber zu betonen, daß die Interessen guter Könige und eine blühende Kirche eng miteinander verflochten waren. Auf die eine oder andere Weise trug Beda dazu bei, gebildete Köpfe der folgenden Generationen auf das Alte Testament hinzulenken. Besonders stark beeinflußte er Alkuin, der vermutlich die *Admonitio Generalis* Karls des Großen entwarf. Eine Hofschule, wie Alkuin sie leitete, könnte als Einrichtung definiert werden, die Gelehrsamkeit für politische Zwecke nutzbar zu machen versuchte, und zwar alle Arten von Gelehrsamkeit, einschließlich der Bibelgelehrtheit. Wenn Alkuin in den großen Tagen seiner Zusammenarbeit mit Karl dem Großen, die auch seine zahlreichen Schüler einschloß, die Bischöfe und Äbte wurden, zurückblickte, sah er offenbar ein Vorbild dieser Beziehung im York seiner jüngeren Jahre, als Eadbert Northumbrien regierte, während sein Bruder Egbert Erzbischof von York war und die Dombibliothek aufbaute. York war keine Klosterschule wie die von Wearmouth und Jarrow in Bedas Zeit. Sie bildete wahrscheinlich die erste Hofschule des Mittelalters.

Wenn Karl der Große die Erneuerung und Rettung der Gesellschaft, über die er herrschte, erreichen wollte, konnte dies nur in Verbindung mit der Geistlichkeit geschehen. Die *Admonitio Generalis* war ein Programm, das der Geistlichkeit zu gesellschaftlicher Macht verhelfen sollte. Die Rechnung scheint aufgegangen zu sein. Die Geistlichen, die unter Karl dem Großen ausgebildet wurden, standen an der Seite seiner Nachfolger wie Propheten des Alten Testaments und berieten sie bei der Ausübung der Herrschaft. Smaragdus, Abt von St Michael in Verdun, erläuterte in seiner *Via Regia* einzelne königliche Tugenden aus dem Alten Testament: David bewies Klugheit, indem er die Dinge tat, die Saul ihm auftrug. Hiob diente als Beispiel der Geradlinigkeit, denn es heißt von ihm, daß er ein einfacher Mann war; Salomo hob die Geduld hervor und sagte, daß ein Fürst durch sie milde wird. Unter Karl dem Kahlen äußerte der mächtigste seiner Bischöfe, Hincmar, Erzbischof von Reims, den Gedanken, daß Könige, die ihre Krönungseide nicht erfüllten, abgesetzt werden könnten. Er ging hierin auf das *pondus sacerdotis* ein: Die Bürde der Priester und erst recht der Bischöfe und Erzbischöfe bestand darin, daß sie für die Seelen der Könige beim Jüngsten Gericht verantwortlich gemacht würden. Wie sehr der Klerikalismus unter den Karolingern an Boden gewann, läßt sich an der Tatsache ablesen, daß Alkuin seine Überlegungen in mancher Hinsicht noch für den Laienstand formulierte, während sein Schüler Hrabanus Maurus, Abt in Fulda, *De Institutione Clericorum* schrieb, ein Kompendium der Theologie und des Rechts, das sich ausschließlich an die Geistlichkeit richtete.

Die sakramentale Macht der Geistlichkeit war in der karolingischen Gesellschaft eine dynamische Kraft zur Erlösung. Dies wird auf dem Elfenbeindeckel des für Bischof Drogo von Metz gefertigten Sakramentars (um 845) verkündet, auf dem ein Bischof die Messe feiert und die Sakramente spendet.

Die Macht der Geistlichkeit und ihre Rolle bei der Erlösung der Gesellschaft stand im Mittelpunkt praktisch jeden Themas der theologischen Diskussion dieser Zeit. Nach 840 veranlaßte Karl der Kahle beispielsweise zwei Abhandlungen über die wirkliche Gegenwart Christi in der Eucharistie, eine (die Neuauflage einer früheren Arbeit) von Paschasius Radbertus, Abt von Corbie, die die Wandlung und die körperliche Gegenwart hervorhob, die andere von Ratramnus, einem Mönch in Corbie, mit einem ganz anderen Schwerpunkt. Die Gegenwart Christi war nach Ratramnus' Ansicht eine geistige Gegenwart; das Sakrament diente in erster Linie dem Gedenken an das Leiden Christi. Diese zwei Abhandlungen drückten auf klassische Weise die gegensätzlichen Argumente über die Eucharistie aus, und sie sind seit dieser Zeit von hohem Interesse für die Theologen gewesen. Karl der Kahle wollte vermutlich in Corbie keine Unruhe stiften. Vielleicht sah er eine umfassende Theologie, in der die großen Streitfragen entschärft waren, als notwendige Grundlage für die Erlösung durch eine christliche Gesellschaft an. Wenn dies zutrifft, könnte er als Initiator der Scholastik und ihrer dialektischen Methode betrachtet werden. Viele zwischenzeitlich aufgegebene intellektuelle Stränge der karolingischen Renaissance wurden im 11. und 12. Jahrhundert wieder aufgegriffen. Für unsere augenblicklichen Zwecke reicht es festzuhalten, daß beide Autoren sich über die Notwendigkeit der priesterlichen Weihe einig waren, bevor Christus in irgendeinem Sinn im Altarsakrament gegenwärtig sein konnte. Als dann der Ire Johannes Scotus Eriugena, einer der glänzendsten Köpfe des 9. Jahrhunderts (neben Gottschalk, einem vorzüglichen Kenner von Augustinus' Werken und Urheber des Meinungsstreits um die Prädestination), die *Himmlische Hierarchie* des Pseudo-Dionysius Areopagita aus dem Griechischen ins Lateinische übersetzte (um 860), mochte es auf den ersten Blick scheinen, als habe er sich auf eine rein akademische Angelegenheit eingelassen. Eriugena gehörte nie der karolingischen kirchlichen Hierarchie an und arbeitete direkt unter der persönlichen Schirmherrschaft Karls des Kahlen. Er verfügte über unerreichte Kenntnisse des Griechischen und der griechischen Theologie. Seine *Himmlische Hierarchie* enthielt umfangreiches Material über die Engelschöre. Sie war um 500 von einem syrischen Mönch unter dem Eindruck der Vorstellung geschrieben worden, kontemplative Mönche seien der höchsten Ordnung der Engel am ähnlichsten, Gott im Himmel am nächsten. Doch war es ein Buch über die Hierarchie, und es gibt verschiedene Hinweise darauf, daß es aus diesem Grund für karolingische Bischöfe interessant wurde.

In dieser ganzen Zeit sah kein einziger karolingischer Herrscher in der Geistlichkeit als solcher eine Herausforderung der weltlichen Macht. Die Idee der weltlichen Macht an sich bedeutete wenig, bevor die Propagandisten der päpstlichen Reform des 11. Jahrhunderts begannen, sie anzugreifen. Die Vorstellung von Kirche und Staat als unabhängigen Gebilden entsteht erst später mit der Entwicklung der weltlichen Bürokratien. Tatsächlich würde man die Geisteshaltung eines karolingischen Herrschers völlig mißverstehen, wenn man annähme, er habe die Geistlichkeit als Bedrohung empfunden, wie Heinrich II. von England nach 1160 Thomas Becket sah. Die Welt konnte jeden Tag untergehen; die Illustrationen zu den Apokalypsen des 9. Jahrhunderts stecken voll nervöser Energie. Die Bedrohung durch feindselige Barbaren schien immer stärker zu werden, seien es nun Wikinger, Muslime im Mittelmeerraum oder Ungarn. Dazu kamen die inneren Unruhen, die sich aus der Aufteilung des Reichs Karls des Großen ergaben. Die Briefe, die Karl der

Große an Königin Fastrada schrieb (791, als er gegen die Awaren kämpfte), vermitteln einen plastischen Eindruck davon, wie intensiv die Gebete waren, wie asketisch das Fasten und wie großzügig die Almosen, um Niederlage und Unglück abzuwenden. Gott konnte nie als Selbstverständlichkeit hingenommen werden, nicht einmal von den Gerechten. Wenn man das Alte Testament gründlich studierte, wurde deutlich, daß Gebete nicht immer erhört wurden und daß die Gerechten im Kampf fallen konnten. Als der gelehrte Abt Lupus von Ferrières den Laien Einhard anläßlich des Todes seiner Frau tröstete, machte er ihn darauf aufmerksam, daß Gott trotz der Gebete Davids den Tod Absaloms zugelassen hatte. Agobard, Erzbischof von Lyon, der gegen den Aberglauben schrieb, fragte Ludwig den Frommen, welchen Nutzen die Annahme habe, Gott zeige bei Gottesurteilen immer auf die Gerechten, wo er doch zugelassen hatte, daß Josia im Kampf gegen die Ägypter fiel. Die germanischen Völker mußten einen höheren Grad politischer Reife erreichen, um mit dem Scheitern als gottgegeben fertig zu werden. Dieser Fortschritt gelang den Karolingern. Dennoch stand fest, daß Gott beim ersten Zeichen von Sünde strafend eingreifen würde – und die schlimmste Sünde eines Herrschers war: Stolz. Karl der Große glaubte, den byzantinischen Kaisern sei das Römische Reich verweigert und statt dessen ihm übertragen worden (800), weil sie den Stolz Nebukadnezars von Babylon geduldet hatten, nicht zuletzt auch dadurch, daß sie es zugelassen hatten, daß Bilder von ihnen selbst götzendienerisch verehrt wurden. An seinem Hof erlaubte er nichts dergleichen. Er ließ sich im Gegenteil von seinen Geistlichen mit erstaunlicher Offenheit kritisieren, wie Alkuins Kritik an seiner gewaltsamen Bekehrung der Sachsen zeigte. Es war eine Gesellschaft, die »ihrer Sünden allzu bewußt, ihrer Vergebung allzu unsicher war«, wie David Ganz im Zusammenhang mit der Auseinandersetzung um die Prädestination treffend festgestellt hat. Da Sünde und Verderbtheit, Verhängnis und Katastrophe von allen Seiten drohten, waren die Geistlichen nur dann eine Gefahr, wenn sie sich nicht auf ihre Aufgabe verstanden oder sie vernachlässigten. In diesem Falle wären sie mit Matrosen zu vergleichen, die, wenn das Schiff von einem Sturm überrascht wurde, sich als unfähig erwiesen, mit Segeln und Rudern umzugehen. Die Aufgabe des Herrschers bestand darin, sie zu zwingen, ihre Arbeit zu tun.

»Der sein Geld nicht auf Wucher ausleiht.« Der Stuttgarter Psalter, ein Manuskript (um 830) wahrscheinlich aus St-Germain-des-Près bei Paris, illustriert diesen Vers aus Psalm 15. Ein Mann bringt sein Geld Christus, anstatt es gegen Zinsen zu verleihen. Karolingische Herrscher sahen ihre Aufgabe im Schutz der Armen und verboten den Wucher unter Berufung auf die Bibel.

Historiker haben die Wirksamkeit des moralischen und erzieherischen Programms Karls des Großen bezweifelt. Manche hielten dagegen, daß die Gesellschaft insgesamt unfähig war, sich moralisch zu festigen, und daß wenig getan werden konnte, um diesen Zustand zu ändern. Es ist natürlich berechtigt zu fragen, ob Edikte beachtet wurden, und es ist wahr, daß viele Edikte Karls des Großen die Betonung nicht auf Bestrafung legten, sondern ein Gefühl der gemeinsamen moralischen Verantwortung voraussetzten. Die erwähnten Einwände verbreiten jedoch eine zu pessimistische Sicht. Karl der Große selbst sprach manchmal von königlicher Gunst als einer Sanktion, und ein Herrscher mit so großen Gebietsgewinnen wie er hatte zahlreiche Belohnungen zu vergeben oder aber vorzuenthalten. Darüber hinaus glaubte Karl der Große an Gottes Strafen, und es besteht Grund anzunehmen, daß er mit dieser Haltung nicht allein war. Das Capitulare von Thionville aus dem Jahr 805 zum Beispiel verbietet Wucher, genauer: die Art von Wucher, bei der billiges Getreide in großer Menge gekauft und in Zeiten der Knappheit mit hohem Gewinn verkauft wird. Die Könige des Alten Testaments hatten es für ihre Pflicht gehalten, die Armen zu schützen, und König David, dem man zur Zeit Karls des Großen alle

Christozentrisches Königtum. Kaiser Otto III. wird sitzend dargestellt, als sei er in seiner Herrlichkeit in den Himmel erhoben, während die Hand Gottes ihn krönt. Aus dem Aachener Evangeliar (um 996), in dem das Bild des Kaisers an die Stelle des Christusbildes als Frontispiz tritt.

Psalmen zuschrieb, wurde als entschiedener Gegner des Wuchers angesehen (Psalm 15 besagt beispielsweise: »Herr, wer darf Gast sein in deinem Zelt... der sein Geld nicht auf Wucher ausleiht und nicht zum Nachteil des Schuldlosen Bestechung annimmt«). Das Capitulare von Thionville betont: »Wenn Hungersnot oder Pest auftritt, sollen die Menschen nicht auf unser Edikt warten, sondern sofort zu Gott um Gnade beten; was die Knappheit der Nahrung *in diesem gegenwärtigen Jahr* betrifft, möge jeder Mann seinen eigenen Leuten helfen, so gut er kann, und sein Getreide nicht zu einem zu hohen Preis verkaufen.« Demnach gab es also im Jahr 805 eine Hungersnot; gewiß war dies eine Strafe Gottes. Für uns verschärfen Wuchergeschäfte eine Hungersnot; die Menschen des 9. Jahrhunderts begriffen sie in dem Sinn als Ursache, daß Gott jede Unmoral in der Gesellschaft bestrafte. Hierin läßt sich unschwer das starke, auf Sühne bedachte Element in der Religion der germanischen Heiden wiedererkennen, mit dem Bonifatius nach 720 zu tun hatte. Es war aus dem Christentum ihrer Nachfahren 80 Jahre später keineswegs verschwunden.

Zwischen der Zeit der Karolinger und dem sächsischen (bzw. deutschen) Reich des 10. und frühen 11. Jahrhunderts verschob sich die Rolle des Christentums in der öffentlichen Ordnung. Während die moralischen und erzieherischen Aspekte durch die Arbeit von Bischöfen, Kathedralen, Klöstern und Gemeindekirchen fortbestanden, erhielt das Erscheinungsbild des Herrschers im Westen einen neuen zeremoniellen Charakter. In seinem berühmten Werk *Die zwei Körper des Königs* veranschaulichte Ernst H. Kantorowicz sein Thema – die Entwicklung des auf Christus ausgerichteten Königtums – anhand einer Darstellung von Kaiser Otto III. in einem Evangeliar, das wahrscheinlich nach 990 für die kaiserliche Kirche in Aachen hergestellt worden war. Auch Gelehrte, die meinen, Kantorowicz deute zuviel in das Bild hinein, dürften zustimmen, daß es den Kaiser darstellt, als sei er Christus, mit Krone und Zepter ausgestattet. Otto III. versuchte, das Reich Karls des Großen neu zu schaffen. Karl der Große selbst wäre über den babylonischen Stolz und die byzantinische Bilderverehrung, wie sie in dieser Darstellung zum Ausdruck kommen, entsetzt gewesen. Erst Karl der Kahle, der sicherlich von östlichen Herrschafts-

Christus in seiner Herrlichkeit. Die Darstellung auf dem Türsturz der Kirche St Genis des Fontaines im Roussillon, Südfrankreich, von 1020, bildet das früheste datierbare Werk der französischen romanischen Skulptur. Auffällig ist, daß von den sechs Aposteln einige Bärte tragen, andere aber rasiert sind.

vorstellungen beeinflußt war, dürfte begonnen haben, es zu würdigen. Wie in der Kunst, so wurde auch im Zeremoniell der Herrscher oft als Christus dargestellt. Als Heinrich II. 1014 in Rom zum Kaiser gekrönt wurde, schlossen sich ihm auf dem Weg zur Peterskirche in der Via Cornelia zwölf Senatoren an: sechs glattrasiert und sechs mit Bärten. Die Symbolik stand hier für Christus und die Apostel. Ein zeitgenössisches Manuskript zeigt Heinrich II., wie er von Christus gekrönt wird, während ihm Engel Schwert und Lanze überreichen.

Das auf Christus bezogene Königtum ist seinem Wesen nach etwas völlig anderes als das Königtum des Alten Testaments. Die israelitischen Könige waren tatsächliche Herrscher in der Welt, die – unabhängig davon, ob sie nun gut oder schlecht regierten – als Beispiele königlicher Tugenden und Taten, Belohnungen und Bestrafungen dienten. Sie konnten als Herrschaftsmodelle benutzt werden. Christus war kein weltlicher Herrscher, und manche Tugenden, die er predigte, wie etwa die Sanftmut, hätten einem Herrscher recht gefährlich werden können. Das auf Christus bezogene Königtum ist deshalb als liturgische Projektion eines Erscheinungsbilds zu verstehen. Eine Vorbild-Funktion konnte es jedenfalls nicht erfüllen.

Es wäre nun vorstellbar, daß das Christentum die Herrscher zunächst mit jenen rituellen und magischen Elementen, die den Erwartungen bekehrter Heiden entsprachen, ausstattete, um ihnen danach, mit zunehmender politischer und religiöser Reife, die moralische Dimension hinzuzufügen. In Wirklichkeit haben wir gerade die umgekehrte

CHRISTUS UND DIE APOSTEL, dargestellt als Armee und ihr Feldherr – aus dem Utrechter Psalter, einem Manuskript aus Reims (um 830) mit lebendigen Zeichnungen vor jedem Psalm. Auf diese Weise versuchte die Kirche die germanischen Adelsfamilien für das Christentum zu gewinnen.

Reihenfolge. Für die früheste Zeit der Bekehrung läßt sich eine weitreichende Kontinuität zwischen germanischen sozialen Sitten und europäischem Christentum feststellen. Das Christentum mußte sich angleichen; biblische Farben wurden germanischen angepaßt. *Beowulf,* ein angelsächsisches episches Gedicht, das vermutlich aus dem 8. Jahrhundert stammt, ist von christlicher Bildung und christlichen Anspielungen durchwoben. Im wesentlichen handelt es aber von kriegerischen Helden, ihren Fehden, ihren Schätzen und ihrer Verehrung heidnischer Vorfahren. Über dieses Epos und sein kulturelles Umfeld hat Patrick Wormald geschrieben: »Das Christentum war erfolgreich von einem Kriegeradel assimiliert worden, einem Adel, der nicht beabsichtigte, seine Kultur aufzugeben oder seine Lebensweise ernsthaft zu ändern, der aber willens war, seine Traditionen, Bräuche, Vorlieben und Loyalitäten in den Zusammenhang des neuen Glaubens einzubringen.« Ein anderes germanisches Epos, der althochdeutsche *Heliand,* stellte Christus den Erlöser als großen germanischen Kriegsherrn mit den Aposteln als Kampfgefährten dar. Sein Text ist als Fuldaer Manuskript aus den Jahren 820-830 erhalten. Das Fuldaer Kloster war von Bonifatius gegründet worden, um von hier aus den Sachsen und anderen germanischen Völkern zu predigen. Als sich der Schwerpunkt vom moralischen zum liturgischen Königtum verlagerte, muß das im Zusammenhang mit dem politischen Wandel im Europa des 9. und 10. Jahrhunderts und dem Auftreten neuer Dynastien im einst vereinten Reich Karls des Großen gesehen werden; eine ihrer wichtigsten Voraussetzungen zur Herrschaft war die Fähigkeit, äußere Feinde zu schlagen. Von daher rührte die zunehmend wichtiger werdende Funktion des Christentums, die jeweils erreichte Macht durch Symbole oder Rituale zu bekräftigen oder zu kanonisieren.

Bischöfe, Mönche und Heilige

Das Mönchtum trug entscheidend zum Einfluß der christlichen Kirche auf die Gesellschaft bei. In den Klöstern wurden Missionare ausgebildet, ihre Schulen und Bibliotheken waren von großer Bedeutung für die erzieherischen Bemühungen, ihre Regeln wurden zum Maßstab christlichen Lebens und beeinflußten auch die Laien. Darüber hinaus traten sie als Grundherren und Organisatoren wirtschaftlichen Wohlstands in Erscheinung. Für einen Mann oder eine Frau des 10. Jahrhunderts (Karl Leyser hat auf die große Bedeutung von Nonnenklöstern in der aristokratischen Gesellschaftsordnung Sachsens im 10. Jahrhundert hingewiesen) lag die Daseinsberechtigung der Klöster in ihrem Gemeindegottesdienst, in ihrer Liturgie. Die Liturgie beeinflußte sogar die öffentliche Ordnung. Wäre es Herrschern denn möglich gewesen, ihr Erscheinungsbild wirkungsvoll durch Christus zu artikulieren, wenn es kein religiöses Empfinden in der Gesellschaft insgesamt gegeben hätte, das sie ansprechen konnten, wenn sie das Christusbild der Herrschaft projizierten? Der Erwerb der Reliquie des heiligen Blutes Christi durch das Kloster Reichenau um 920, ihre dortige Verehrung und die besondere Verbindung Ottos I. mit diesem Kult sind ein Beispiel für dieses religiöse Gefühl. Das gilt auch für die wunderbaren Zyklen des Lebens Christi, die Evangeliare und andere liturgische Bücher des 10. und frühen 11. Jahrhunderts aus Klöstern wie Reichenau oder St. Pantaleon in Köln. Das Aachener Evangeliar mit seinem Christusbild Ottos III. enthält ebenfalls eine höchst bewegende Serie von

Frauen im Klosterleben des 10. Jahrhunderts. Die Kirche von Gernrode, einem Nonnenkloster im Harz und Meisterwerk der ottonischen Architektur, wurde 969 von Gero, einem der bedeutenden Markgrafen Kaiser Ottos I., für seine Tochter und andere vornehme sächsische Damen gegründet.

Christusillustrationen. Der klösterliche Gottesdienst formte das religiöse Empfinden der frühmittelalterlichen Gesellschaft stärker als alles andere.

Das frühmittelalterliche Mönchtum fußte weitgehend auf der Regel des heiligen Benedikt. Seit Bonifatius war die liturgische Komponente der Regel stark ausgeweitet worden. Diese Entwicklung wird gelegentlich als besonderes Merkmal der mönchischen Bewegung des 10. Jahrhunderts bezeichnet, die von Gorze-Trier, Cluny in Burgund, Gerard von Brogne, Ethelwold von Winchester und anderen ausging. Doch die Reformer des 10. Jahrhunderts stützten sich, im Fall Odos von Cluny sehr bewußt, auf die Klosterregeln Benedikts von Aniane (man beachte den Namen), des klösterlichen Beraters Ludwigs des Frommen († 822). Allgemeiner gesehen beriefen sie sich in ihren liturgischen Gewohnheiten auf die Karolingerzeit. Ethelwold von Winchester baute Orgeln in Abingdon und Winchester; ihre Begleitung gab dem Kirchengesang vermutlich einen vollkommen anderen Rang. Die Praxis des Orgelbaus geht mindestens auf die Zeit Ludwigs des Frommen zurück, für den ein venezianischer Priester namens Georg 826 in Aachen eine Orgel baute. Dieses Ereignis spiegelt sich in den lebendigen Abbildungen von Orgeln im Utrechter Psalter, einem Manuskript aus Reims um 830. Die nach 790 erbaute Abteikirche von

Orgelmusik im frühen 9. Jahrhundert. Die Illustration zu Psalm 150 im Utrechter Psalter (um 830) zeigt eine Orgel, mit der musiziert wird. Kaiser Ludwig der Fromme, Sohn Karls des Großen, ließ von einem griechischen Orgelbauer 826 eine Orgel für die Palastkapelle in Aachen bauen.

St-Riquier weist Galerien in den Apsiden und Chorschranken um den Bereich einiger Altäre auf, die die Mönchs- und Knabenchöre trennten (wie wir aus der Ritusordnung ihres Abts Angilbert wissen); der gesamte Kirchenbau muß vom Echo dieser Chöre erfüllt gewesen sein, wenn sie sich antiphonisch von verschiedenen Stellen antworteten. Die Triforiengalerie des Nonnenklosters Gernrode (um 960), der vielleicht am besten erhaltenen ottonischen Kirche, wurde gewiß in gleicher Absicht erbaut. Und jeder, der die Akustik des Westwerks von St. Pantaleon in Köln, ebenfalls aus dem 10. Jahrhundert, prüft, wird sich davon überzeugen können, daß auch hier der Klang eine ebenso wichtige Rolle spielte wie die optische Wirkung des Raumes.

Die Quellen des karolingischen und ottonischen Europas tönen vor Musik, allerdings ausschließlich religiöser. Das *Leben Udalrichs, Bischof von Augsburg* berichtet schwärmerisch von den eigens komponierten Gesängen, die zu den Palmsonntagsgottesdiensten auf dem Hügel »Perleihc« von den Kanonikern und Chorknaben des Augsburger Doms vorgetragen wurden. Odo von Cluny, ein berühmter Komponist seiner Zeit, achtete darauf, daß Inhalt und Klang in seinen Antiphonen übereinstimmten. Ein anderer berühmter Komponist war im frühen 10. Jahrhundert ein Bischof von Lüttich namens Stephan, von dessen Melodien sich einige zuerst in Sammlungen des Klosters St. Gallen finden. Das zeigt die eine Möglichkeit, wie die verschiedenen Teile des Reichs Karls des Großen auch nach der politischen Spaltung ihre kulturelle Einheit wahren konnten. Karl der Große war selbst ein Sänger, wenn auch kein Solist wie David; er sang nur gemeinsam mit der Gemeinde und mit leiser Stimme. Aber er interessierte sich für den Kirchengesang. Der wichtigste Anreiz für die musikalisch-liturgische Entwicklung dieser Epoche war vielleicht die Einführung des römischen Kirchengesangs unter Pippin III., dem Vater Karls des Großen, in der Kathedrale von Metz, wo ein heiliger Vorfahre (Arnulf) ein Jahrhundert zuvor Bischof gewesen war. An dieser Stelle ist eine kurze Erläuterung notwendig. Die Kathedrale von Metz war keine klösterliche Einrichtung. Tatsächlich bildete das Kathedralkloster, wie es in Canterbury oder Durham entstand, eine englische Besonderheit. Ihr Bischof zur Zeit Pippins III., Chrodegang, ein jüngerer Zeitgenosse von Bonifatius, hatte jedoch für seine Kanoniker eine Lebensregel eingeführt, die praktisch mönchisch war. Im Bereich des aktiven seelsorgerischen Lebens der Kanoniker hob Chrodegang die Gemeindeliturgie hervor, und in diese fügte sich der römische Kirchengesang ein. Meines Erachtens war nicht die gesamte liturgische Entwicklung dieser Periode streng klöster-

St. Pantaleon in Köln, um 960 von Erzbischof Bruno von Köln, dem Bruder Kaiser Ottos I., erbaut. Das hier abgebildete Innere des Westwerks spielte bei großen Zeremonien eine Rolle, nicht zuletzt, weil es einem der Chöre Platz bot, die einander im Wechselgesang antworteten.

lich, doch beeinflußten die mönchischen Ideale das Leben der Kathedrale spürbar. Die Ziele des Mönchs Bonifatius und des Kanonikers Chrodegang ergänzten einander. Doch ob wir von Klöstern oder von Domkirchen sprechen, die Musik bildet einen Prüfstein der liturgischen Entwicklung (was sich auch an Meßbüchern, Gottesdienstordnungen, Hymnen und liturgischen Predigten ablesen läßt), der die karolingische und die ottonische Periode miteinander verbindet.

Historiker betrachten die Klosterreformen des 10. Jahrhunderts oft als ideales Instrument, das Könige und Bischöfe nutzten, um der Laienaristokratie in den Regionen entgegenzuwirken. Dem liegt die Überzeugung zugrunde, die Adligen hätten die Kirchen, zu deren Gründung sie beitrugen, als Teil ihres materiellen Besitzes betrachtet. Eine solche Einstellung konnte sich, auch wenn sie dem Gedanken der Universalkirche widersprach, für Kathedralen, Klöster und Gemeindekirchen als sehr nützlich erweisen, weil sie ihnen zu Schirmherren verhalf und der Familienstolz oft religiöse Regeln von hohem Niveau anregte. Aber es gab auch Schattenseiten, da die Verwendung des Kircheneinkommens oder eines Teils davon zur Versorgung von Familienmitgliedern ein unangemessenes Gewicht gegenüber den religiösen Verpflichtungen erlangen konnte. So konnte die Reform mit den ureigensten Interessen des lokalen Adels in Widerspruch geraten. Sie konnte bedeuten, daß ein Kloster für Gemeindezwecke Land eintrieb, das bislang von einer Adelsfamilie als privater Besitzanteil an ihrer Stiftung angesehen worden war. Um es mit diesen mächtigen Interessen aufnehmen zu können, so das Argument, brauchten die Reformer die Unterstützung von Herrschern und Bischöfen (sofern die Bischöfe nicht selbst mit der örtlichen Familie verbunden waren). Die Herrscher erhielten dadurch die Gelegenheit, die Macht des örtlichen Adels zu beschneiden. Generell, so wird argumentiert, habe diese Entwicklung dazu geführt, daß die Herrscher Deutschlands und Englands im 10. Jahrhundert die Kirche, besonders aber die reformierten Klöster, in ein Regierungssystem einarbeiteten. Umfassende örtliche Macht, heißt es, wurde von halb unabhängigen weltlichen Magnaten auf reiche und disziplinierte kirchliche Körperschaften übertragen, die wiederum ein natürliches Interesse am Erhalt der königlichen Macht gehabt hätten.

Doch werden die gegensätzlichen Interessen der Könige und des Adels in der Klosterreform leicht überbewertet. Zunächst einmal sollten die Reformer des 10. Jahrhunderts nicht mit den Reformpäpsten des 11. Jahrhunderts gleichgesetzt werden. Letztere unternahmen einen Generalangriff auf die Laienkontrolle über die Kirchen. Die ersteren erkannten durchaus noch Autorität und materielle Rechte von Laien an, solange die unverzichtbaren Bestandteile der Gemeindeliturgie und des damit verbundenen Gemeindelebens geschützt blieben. Laien waren häufig die besseren Schirmherren einer wahrhaft mönchischen Lebensweise. Zweitens waren die reformierten Klöster des 10. Jahrhunderts in ihrer Zusammensetzung weitgehend aristokratisch. Deshalb sollten die Klosterreformen ebensosehr im Licht der Zusammenarbeit wie des Kampfes zwischen König und Adel gesehen werden. Die Aktivitäten der reformierten Klöster beschränkten sich nicht auf ihre wirtschaftlichen Funktionen und auch nicht auf die Pflege des Wissens bzw. die Herstellung von Büchern. Aus vielen Zeugnissen wissen wir, daß Laien besonders die mit Gott versöhnende Funktion eines schönen Gottesdienstes schätzten, mit herrlichen Gesängen, gewobenen Meßgewändern und dem verschwenderischen Gold auf den Buchdeckeln. Es war das heroische Zeitalter der Schenkungen, um die Streiter Christi zu belohnen. Unter Knuts Regierung entbrannte eine adlige Dame namens Godiva während eines Nachtgebets an die heilige Etheldreda in Ely wegen der »Schönheit des Ortes und ihrer Frömmigkeit« derart in Liebe zu den Mönchen von Ely, daß sie dem Kloster drei Güter stiftete. Der Anklang der liturgischen Mönchsreligion läßt sich auch daran ablesen, daß nach der Vertreibung der verheirateten Geistlichen aus der Kirche von Winchester zugunsten unverheirateter Mönche durch Ethelwold nach 960 drei der ehemaligen Geistlichen, Eadsige, Wulfige und Wilstan, als Unverheiratete in das neue Gemeindeleben zurückkehrten.

Zweifellos trifft es zu, daß in dieser Epoche, als neue politische Herrschaften und Fürstentümer das Karolingerreich ersetzten und Europa sich von äußeren Angriffen erholte, die Kirche eher eine Hüterin als ein Werkzeug von Königen und anderen Herrschern war. Aber die Herrschaft beruhte auch auf einem gewissen Maß gemeinsamer Interessen von Königen und zumindest einem Teil der weltlichen Magnaten. Die Könige des 10. Jahrhunderts versuchten, eher ein lokales Gleichgewicht zwischen weltlicher und kirchlicher Macht zu erreichen als letztere zu vernichten; dies war nachweislich das Ziel Ottos I. und

Ottos II., als sie die von den Slawen eingetriebenen Tributzahlungen verteilten. Bevor wir von der Übertragung von Befugnissen sprechen, sollten wir außerdem bedenken, daß diese Männer keine Verfassungsrechtler des 19. Jahrhunderts waren, genausowenig wie sie Reformpäpste des 11. Jahrhunderts waren. Die juristischen Aspekte der Macht nahmen in ihrem Denken nicht den ersten Platz ein. Karl Leyser hat gezeigt, daß dies eine »patrimonial« und keine »bürokratisch« regierte Gesellschaft war; Herrschaft geschah durch die persönliche Anwesenheit eines reisenden Herrschers, die Ausübung seiner Schirmherrschaft, die engen Bande, die er zu seinen Anhängern herstellen konnte, und die zeremonielle Projektion seiner Heiligkeit. Ebensowenig wie Könige herrschten Bischöfe und Äbte vermittels bürokratischer Einrichtungen oder eng definierter gesetzlicher Befugnisse. Ihre Macht war – wenn man sie denn so nennen konnte – die Macht heiliger Männer.

In der frühmittelalterlichen Gesellschaft verband man Heiligkeit nicht nur mit Gebet, Moral und geistiger Demut. Mystische Schriften wurden weitaus weniger geschätzt als Hagiographien berühmter Prälaten oder Nonnen, die große Taten vollbracht hatten. Es gab in dieser Zeit Einsiedler wie den heiligen Romuald, der das Erzbischofsamt von Ravenna niederlegte, kaum daß er es von Otto III. erhalten hatte, um ein Leben des einsamen Gebets und der Askese zu führen. Charakteristischer war jedoch die sichtbare Lenkung übernatürlicher Macht durch Männer und Frauen, die Autorität ausübten. Eine starke Zunahme der Eremiten macht sich immer dann bemerkbar, wenn in der christlichen Gesellschaft die Kluft zwischen kirchlicher und geistiger Macht wächst. Die Reformbewegung des 11. Jahrhunderts ließ eine solche Kluft entstehen. In den Jahrhunderten davor ruhte die geistige Macht jedoch sicher bei den »Adelsheiligen«, den adligen frommen Männern und Frauen, die ein Kirchenamt innehatten. Die breite Mehrheit der Bischöfe waren zu dieser Zeit Adlige. Die wenigen, die allein aufgrund außergewöhnlichen Könnens aufgestiegen waren, wurden rasch zu einer Zielscheibe der Kritik, und wenn sie Erfolg hatten (wie im Fall des Erzbischofs Willigis von Mainz, 975-1011), dann deshalb, weil es ihnen gelang, aus der Tradition der Adelsheiligen Nutzen zu ziehen.

Einer der berühmtesten und tüchtigsten Bischöfe des ottonischen Reichs war Erzbischof Bruno von Köln (953-65), der Bruder Ottos I. Sein Biograph zögerte nicht, einen biblischen Ausdruck auf ihn anzuwenden: Er sprach von »königlichem Priestertum«. Für diesen Autor bestand eine der bewundernswertesten Eigenschaften Brunos in seiner Fähigkeit, Angst und Schrecken einzuflößen. Ohne sie wäre seine Gabe, im Gebet zu Tränen zu rühren, nichts wert gewesen. Als Erzbischof konnte er über ein ganzes Heer verfügen, und dieser Aspekt der Macht eines Bischofs oder Abts sollte nicht übersehen werden. Die Kirchenleute rechtfertigten dies im Augustinischen Sinn: Während ihrer Wanderschaft über diese Erde, ihrem Vaterland der künftigen Welt entgegen, hatten die Bürger der himmlischen Stadt die Pflicht, den irdischen Frieden zu sichern, um diese Wanderschaft zu erleichtern. Dem konnten sie sich nicht entziehen. Deshalb war Bruno bereit, gleichzeitig Herzog von Lothringen und Erzbischof zu sein. Aber nicht allein wegen seiner militärischen Mittel weckte er Ehrfurcht, sondern auch wegen seines großzügigen Umgangs mit seinem Reichtum, seiner glanzvollen Bauprojekte, seiner umfassenden Bildung sowie der Anziehungskraft seiner Persönlichkeit, die ihm zu Anhängern unter anderen Geistlichen verhalf. Das gleiche gilt für viele andere Kirchenmänner seiner Zeit. Im 10. und 11. Jahrhundert entwickelten die Bischöfe ein sakrales Erscheinungsbild, das

Bischof Ethelwold von Winchester *(links)*, einer der großen Kirchenreformer des 10. Jahrhunderts in England, wie er im Benedictionale des heiligen Ethelwold (um 980) gezeigt wird. Er befindet sich in seiner Kathedrale, wo er einen Segen aus seinem eigenen Buch verliest – ein englisches Beispiel bischöflicher Majestät.

Erzbischof Egbert von Trier (977-93) auf dem Frontispiz des Codex Egberti, eines Buches mit illustrierten Evangelientexten, das Mönche der Reichenau für ihn anfertigten. Zwei von ihnen überreichen ihm den Codex. Egberts überragende Gestalt ist vielleicht Ausdruck der bischöflichen Ideologie; allerdings besteht Grund zu der Annahme, daß er tatsächlich sehr groß gewesen sein könnte.

dem der Könige stark ähnelte. Erzbischof Egbert von Trier ließ sich auf der ersten Seite eines Buchs mit liturgischen Evangelienlesungen sowie in einem Psalter wie ein christusgleicher Kaiser thronend darstellen. Der Chronist Bischof Thietmar von Merseburg begründet seine Meinung, daß Bischöfe von niemand anderem als von Königen und Kaisern ernannt werden sollen, wie folgt:

»Unsere Könige und Kaiser, die den Platz des allmächtigen Herrschers auf dieser Welt einnehmen, sind über alle anderen Hirten gestellt; und es ist gänzlich widersinnig, daß diejenigen, die Christus seiner Herde zuliebe als Fürsten eingesetzt hat (d.h. die Bischöfe), unter irgendeiner anderen Herrschaft als derjenigen stehen sollten, die alle Sterblichen durch die Gnade Gottes und den Ruhm ihrer Krone übertreffen.«

Betrachten wir einen Kirchenmann bei seinem Tun und sehen wir zu, durch welche Mittel er lokale Macht in einer Gesellschaft ausübte, in der es keine verfassungsmäßigen Formen gab. Gauzlin, Abt von Fleury (1004-30), war kein Bischof. In Wirklichkeit rührte

Das Kloster St-Martin de Canigou in den östlichen Pyrenäen (*rechte Seite*), das von dem katalanischen Grafen Wifred von Cerdaña gegründet wurde. Die Gebäude aus dem frühen 11. Jahrhundert sind ein gutes Beispiel für die frühromanische Architektur in Frankreich. Das Kloster erscheint als feudale Burg, deren Feinde vielleicht nicht allein der Teufel und seine Heere sind.

seine Autorität im Loiregebiet aus der Wirkungslosigkeit sowohl der königlichen Macht (obgleich er ein gutes Verhältnis zu König Robert von Frankreich hatte) als auch der bischöflichen (es stand schlecht um den Bischof von Orléans). Doch sein Beispiel trifft auf viele Äbte und Bischöfe zu. Ein örtlicher Ritter namens Walter hatte Land an sich gerissen, das dem von Fleury abhängigen Kloster Sault gehörte. Gauzlin ritt dorthin, und als Walter drohte, jeden Mönch zu töten, den er auf dem Land fände, antwortete Gauzlin, daß er in Fleury einen reichlichen Vorrat an Glaubenszeugen habe. »Wenn du einen einzigen meiner Mönche zu Tode marterst«, sagte der Abt, »werde ich zwei schicken; wenn du zwei marterst, wirst du vier vor dir sehen; so viele du auch töten magst, ich werde die Zahl verdoppeln.« Bald darauf, am Karfreitag, wurde Walter von einem Fieber befallen. In sein Haus drangen unreine Dämonen ein. Er hatte gerade noch Zeit, sich nach Sault zu schleppen und die Beichte abzulegen. In der Dämmerung am Ostersonntag »verließ er seinen Körper«. Auf diese Weise wurde die Gesellschaft im frühen Mittelalter kontrolliert.

Es war eine bekannte Tatsache, daß nicht jeder Bischof und Abt ein heiliger Mann sein konnte, obwohl ihre hohe Zahl doch überrascht. Heilige Männer wurden überall gebraucht, und immer gab es zu wenige. Doch welche andere Funktion sollten die Heiligen im Himmel haben, als dieses Defizit aufzuwiegen? Besonders galt das, seit die Christen des frühmittelalterlichen Westens ihren germanischen Vorfahren folgten und das Heilige in natürlichen Objekten wie Steinen, Bäumen, Hainen und Hügeln ausfindig machten. In einer Gesellschaft, die keine scharfe Trennungslinie zwischen dem Natürlichen und dem Übernatürlichen zog, empfand man die Gegenwart der Heiligen im Himmel an dem Ort, an dem ihre sterblichen Reste ruhten, als sehr real. Man brauchte nur die Reliquie zu stehlen und brachte sich dadurch in den Besitz der heiligen Macht, die an ihr haftete. Wenn wir die Listen der Ruhestätten von Heiligen im angelsächsischen England betrachten, wenn wir sehen, wie die Überreste der Heiligen von den äußeren Rändern in das Herz der Königreiche Wessex und Mercia gebracht wurden, wo sie mehr Gutes wirken konnten (so der heilige Oswald von Tynemouth nach Gloucester oder der heilige Judoc von Cornwall nach Winchester), wenn wir beobachten, wie Otto I. den Leichnam des heiligen Mauritius (des Soldatenheiligen) mit großem Zeremoniell von Burgund nach Magdeburg überführen ließ, um an der Ostgrenze zu kämpfen, werden wir Zeugen eines Aufmarsches himmlischer Heerscharen auf Erden, als gäbe es zwischen den zwei Sphären nicht den geringsten Unterschied.

»Tote« Heilige konnten dieselben Aufgaben erfüllen wie lebende. Das Statuenreliquiar der heiligen Fides im Kloster von Conques wurde zu Gütern getragen, die die Mönche des 10. und 11. Jahrhunderts als ihren Besitz beanspruchten. Diese Statue kann heute noch in der Schatzkammer von Conques im Zentralmassiv betrachtet werden. Ganz in Gold gehüllt und mit Edelsteinen verziert, sitzt die Heilige in strenger Haltung starren Blicks und sieht dadurch einem orientalischen Potentaten ähnlich. Es ist ein vollendetes Kunstwerk, und es sollte Furcht einflößen und Adligen mit schlechtem Gewissen (besonders Plünderern von Klosterland) böse Träume eingeben. Solche Statuen waren in diesem

Die Statue der heiligen Fides zu Conques aus dem frühen 10. Jahrhundert. Sie ist aus Holz gefertigt, in Gold gehüllt und mit Edelsteinen besetzt. Die strenge Haltung und die starrenden Augen, die an einen orientalischen Potentaten erinnern, sollten Furcht einflößen in einer Gesellschaft, deren Ordnung stark vom Eingreifen Heiliger und anderer übernatürlicher Mächte abhing.

Teil Frankreichs während des letzten Teils des hier behandelten Zeitabschnitts relativ weit verbreitet, wenn auch die meisten nicht erhalten sind. Es dauerte in Frankreich viel länger als in Deutschland, bis sich nach dem Zerfall des Karolingerreichs ein gefestigtes Königtum herausbildete. Die Region von Conques litt in dieser Zeit besonders unter dem Zerfall der staatlichen Autorität und dem Aufstieg eines Adels, der die lokale Macht von seinen neuerrichteten Burgen aus zu festigen versuchte. Doch wie Jean Dunbabin ausgeführt hat, zogen die Burgvögte die vereinte Kritik der Gemeinden auf sich, über die sie herrschten. Bei der Inszenierung dieser Kritik und der Zügelung des durch keine königliche Macht eingeschränkten Ortsadels war die Verehrung der Heiligenschreine in einem örtlichen Kloster der wichtigste Faktor. Durch sie artikulierten sich die Identität einer örtlichen Gemeinschaft und ihr Aufbegehren gegenüber dem Unterdrücker. Das Kloster war darüber hinaus der Ort, an dem Männer und Frauen bei Krankheiten und Mißgeschicken Hilfe fanden. In einer Zeit politischer Zersplitterung bildete es damit einen nicht zu unterschätzenden Bestandteil der sozialen Ordnung. Es überrascht nicht, daß man in Frankreich wesentlich mehr Erzählungen findet, die von den Wundern toter Heiliger berichten als in Deutschland, weil sie dort mehr gebraucht wurden. Frankreich konnte sich jedoch auch lebender Heiliger rühmen. Besonders fanden sie sich in der Reihe heiliger Männer, die im 10. und 11. Jahrhundert Cluny als Äbte leiteten. Die Wirkung, die Odo von Cluny auf Räuber ausübte, läßt sich mit der Gauzlins von Fleury oder der Statue der heiligen Fides zu Conques auf skrupellose Ritter vergleichen. Odos Biographie wurde von einem Mönch verfaßt, der wenig Interesse am Wunderbaren und desto mehr an praktischen Tugenden hatte. Vielleicht zeigt die Bedeutung, die Cluny unter den Klöstern des Westens erlangte, unter anderem, daß lebende Heilige letzten Endes doch noch wirksamer waren als tote.

Diese Darstellung des westlichen Christentums im frühen Mittelalter mag ein wenig zu stark zum Politischen hinneigen, und vielleicht wird es einige Leser überraschen, daß bei dem politischen Anstrich der Diskussion nicht mehr über das Papsttum gesagt wurde. Die Päpste verfolgten ihre bischöflichen und richterlichen Ansprüche in dieser Epoche mit beeindruckender Kontinuität. Sie nutzten jede Bitte, die von karolingischen Geistlichen an sie herangetragen wurde, um ihre eigene Stellung zu stärken, bemühten sich, die Autorität des Papsttums über die bulgarische Kirche zu erlangen, sie erklärten sich zur einzigen Macht, die ein neues Erzbistum in Magdeburg 968 einrichten dürfe, und entwickelten die besondere Beziehung zu der neuen polnischen Kirche am Ende des ersten Jahrtausends. Die politische Geschichte der christlichen Kirche in dieser Zeit ist jedoch vor allem eine Geschichte der Bischöfe. Bischof Ratherius von Verona schrieb nach 930, daß die Kirche eins sei in allen ihren Bischöfen, und daß nicht Jerusalem, nicht Rom, nicht Alexandria ein besonderes Vorrecht der Herrschaft unter Ausschluß der anderen erhalten habe (dabei stellt er Rom augenfällig in die Mitte). Als Erzbischof Siegfried von Mainz sich nach 1080 zurückziehen wollte, um Mönch zu werden, reagierte seine Domgeistlichkeit entsetzt und beharrte auf der traditionellen Ansicht: »Nichts auf der Welt übertrifft das Leben eines Bischofs; jeder Mönch oder Klausner und jeder Eremit müssen ihm, da sie weniger wichtig sind, den Vortritt lassen.« Betrachtet man die Reihe bedeutender Bischöfe, die bis zu Bonifatius und Wilfrid sowie den großen gallischen und spanischen Bischöfen einer noch früheren Zeit zurückreicht, versteht man, was die Schreiber dieser

Sätze beeindruckte. Der eigentliche Anspruch auf Größe selbst der Päpste lag vor der Mitte des 11. Jahrhunderts in ihrem Verhalten als Bischöfe von Rom, die Kirchen bauten, Hilfe für die Armen organisierten und jedem Versuch, das Reich, die Stadt und ihr Volk zu beherrschen, Widerstand leisteten.

Das alles sollte sich mit der Reform des Papsttums ändern, der Papst Gregor VII. (1073-85) seinen Namen gegeben hat. Das Ideal der Reformer war eine Welt, die durch intellektuelle Logik, Recht und Gerichtsbarkeit von dem Zentrum in Rom aus geordnet wurde. Ihr gegenüber stand eine Welt, die durch Rituale, Heiligkeit und Magie geordnet war. Die Mentalität ihrer Bischöfe kann (um einen Ausdruck Henry Chadwicks zu benutzen) als elliptisch bezeichnet werden. Die Kirche war kein Kreis, der von einem Zentrum aus gelenkt wurde, sondern eine unzentrierte Ellipse – und die Bistümer der Welt bildeten einzelne Punkte auf ihr. Diese alte Ordnung war natürlich nicht unbehelligt geblieben von den Ideen der Universalkirche mit ihrer Vorstellung von zentralisierter Ordnung. Ihr Charakter war jedoch im wesentlichen geprägt durch die enge Verflechtung des Christentums mit der Herrschaft von Königen und Kaisern.

Die Geschichte der östlichen Christenheit von 330 an beschränkt sich nicht auf diese Stadt. Der Patriarch von Konstantinopel ist nur der Ranghöchste unter den vier östlichen Patriarchen; nach ihm in der Rangordnung, aber unabhängig von ihm in der Gerichtsbarkeit kommen seine Kollegen in Alexandria, Antiochia und Jerusalem. Dieses Muster der vier wichtigsten Bischofssitze begann sich im 4. Jahrhundert herauszubilden und wurde auf dem Konzil von Chalcedon (451) förmlich gebilligt. Doch diese vier waren nie die einzigen Zentren. Weiter nach Osten hin gelegen, war Edessa in dieser frühen Periode der Mittelpunkt für die syrischsprechende Christenheit. Anfangs waren alle Christen im Osten, ob griechische, syrische, koptische oder armenische, in einer Gemeinschaft vereint, doch führten Schismen im 5. und 6. Jahrhundert zu einer Zersplitterung, die sich bis in die heutige Zeit fortsetzt. So entstanden neben der griechischsprachigen byzantinischen Kirche weitere Ostkirchen: die Kirche des Ostens, häufig mißverständlich als »nestorianische« Kirche bezeichnet, sowie die fünf nicht der Entscheidung des Konzils von Chalcedon folgenden Kirchen, die im allgemeinen »monophysitisch« genannt werden. Vom 9. Jahrhundert an führte die byzantinische missionarische Tätigkeit unter den Slawen zur Errichtung orthodoxer Nationalkirchen nach Norden hin: die Kirche von Bulgarien, die Kirche von Serbien und, am wichtigsten von allen, die Kirche von Rußland mit ihrem Mittelpunkt in Kiew und später in Moskau. Sie alle haben ihren Platz neben Konstantinopel und bilden zusammen das bunte Geflecht des christlichen Ostens.

Der »organische Leib«: Kaiser und Patriarch in der byzantinischen politischen Ordnung

Wie mag sich ein Christ in der byzantinischen Ära in Konstantinopel gefühlt haben? »Die Verfassung *(politeia)* besteht wie die menschliche Person aus Teilen und Gliedern«, erklärt die *Epanagoge,* ein juristisches Lehrbuch, das um 880 in Konstantinopel vermutlich von dem Patriarchen Photius verfaßt wurde, »und von diesen sind die bedeutendsten und notwendigsten der Kaiser und der Patriarch. Daher beruhen Frieden und Glück der Untertanen an Körper und Seele auf der Übereinstimmung und Eintracht des Königtums und des Priestertums in allen Dingen«. Von diesen zwei beherrschenden Gestalten war der Kaiser der bei weitem mächtigere. Doch obwohl sie nie gleichrangige Partner waren, wurden beide als wesentlich für das ordnungsgemäße Funktionieren des Staatskörpers betrachtet.

Unsere moderne Unterscheidung zwischen Kirche und Staat war bei den Byzantinern bedeutungslos. Sie verstanden Kirche und Staat nicht als zwei einander gegenüberstehende Gebilde, sondern stellten sich die Gesellschaft als ein einziges, integriertes Ganzes vor. Der Kaiser hatte religiöse wie weltliche Verpflichtungen. Ihn ging das Leben seiner Untertanen in seiner Gesamtheit an, einschließlich der Art, wie sie Gott verehrten. »Welche höhere Pflicht habe ich kraft meines kaiserlichen Amts«, erklärte Konstantin, »als Irrtümer zu zerstreuen und vorschnelle Unbedachtheiten zu unterdrücken und so dafür zu sorgen, daß alle Menschen dem allmächtigen Gott die wahre Religion, ehrliche Eintracht und gebührende Verehrung entgegenbringen?« Patriarch Antonius von Konstantinopel schrieb um 1395 an den Großfürsten Wassilij von Rußland:

Geheiligter Raum: die Hagia Sophia in Konstantinopel. Gaspard Fossatis Zeichnung (1852) zeigt die Kirche in ihrer Verwendung als Moschee. Hier leitete bis 1453 der ökumenische Patriarch den Gottesdienst, hier wurde der Kaiser gekrönt.

Die »von Gott gekrönten« Herrscher: Christus vollzieht die Krönung des Kaisers Romanos II. und der Kaiserin Eudokia (Elfenbeinrelief aus Konstantinopel, um 945).

»Der heilige Kaiser hat einen bedeutenden Platz in der Kirche. Er ist nicht wie andere Herrscher und die Gebieter anderer Regionen; und das kommt daher, daß die Kaiser von Anfang an die wahre Religion auf der ganzen bewohnten Erde begründet und gefestigt haben... Es ist für Christen nicht möglich, eine Kirche zu haben und kein Reich zu haben. Kirche und Reich sind eine große Einheit und Gemeinschaft; sie können auch nicht voneinander getrennt werden.«

Wenn solche Ansprüche zugunsten des Kaisers erhoben werden, sollte man nicht vergessen, daß mehrere Herrscher des Byzantinischen Reichs Frauen waren. Damit sind nicht etwa kaiserliche Gemahlinnen gemeint, sondern selbständig regierende Kaiserinnen. Alles, was hier über den christlichen Kaiser gesagt wird, trifft auch auf sie zu.

Die Grundprinzipien der byzantinischen Reichsideologie wurden in dem Jahrzehnt nach 330 während der Regierung des ersten christlichen Kaisers, Konstantin I., von dem Hofprälaten Eusebius von Cäsarea formuliert. Sie bestanden praktisch unverändert fort, bis der letzte Kaiser, Konstantin XI., im Kampf gegen die Türken auf den Mauern der Stadt 1453 fiel. Eusebius' Theorie läßt sich in dem Satz zusammenfassen: »Wie im Himmel, so auf Erden.« Der Kaiser ist als die lebende Ikone Christi zu sehen, als Gottes Stellvertreter auf der Erde. Die irdische Herrschaft des Kaisers wiederholt Gottes Herrschaft im Himmel. In Eusebius' Worten: »Gekrönt im Ebenbild des himmlischen Königtums, den Blick nach oben gerichtet, lenkt und führt er die Menschen auf der Erde gemäß dem Muster seines Urbilds.« So wie Gott die kosmische Ordnung regelt, regelt der Kaiser die gesellschaftliche Ordnung. Gott bringt durch sein göttliches Walten die Schöpfung in eine geordnete Harmonie, die unter seiner absoluten Herrschaft steht; auf ähnliche Weise bringt der Kaiser die Menschheit im Rahmen eines universellen christlichen Staates in eine geordnete Harmonie, die unter der kaiserlichen absoluten Herrschaft steht.

Eusebius' »Ebenbild«-Theorie, die für den christlichen Osten normativ wurde, unterscheidet sich grundlegend von der politischen Theorie der zwei Reiche, die Augustinus im Westen nach dem Fall Roms an die Barbaren 410 ausarbeitete. Wo Eusebius in Kategorien der Kontinuität denkt – das Urbild, das sich im Ebenbild spiegelt –, ist Augustinus' Denken von Diskontinuität geprägt: Das Reich Gottes unterscheidet sich radikal von jedem irdischen Reich und von jeder menschlichen Gesellschaft in dieser gefallenen Welt. Bildete für Eusebius der platonische Idealismus den begrifflichen Rahmen, so war es bei Augustinus die Eschatologie.

Als Gottes Ebenbild und Stellvertreter leitete der Kaiser Tag für Tag die »Liturgie« des Palasts mit seinem komplizierten Hofzeremoniell und seiner bürokratischen Hierarchie. Durch die kaiserliche Verwaltung wurde die Einheit von Byzanz als »organischer Leib« erhalten, um Charles Williams Worte in *Taliessin through Logres* zu verwenden:

> Der Logothetes rannte die Porphyrtreppe hinab,
> um die Sendschreiben durch das Reich zu tragen ...
> Der organische Leib sang gemeinsam.

Der »organische Leib« hatte jedoch auch seine religiösen Aspekte, und selbst in dieser Hinsicht spielte der Kaiser, obgleich er nur Laie war, eine Rolle: In der Hagia Sophia oblag es ihm, während der Liturgie an hohen Festtagen die heiligen Gaben bei der Opferung in das Allerheiligste zu tragen und auf den Altar zu stellen.

Westliche Autoren haben das byzantinische Muster gelegentlich als »Cäsaropapismus« beschrieben, was heißen soll, daß Cäsar, der weltliche Herrscher, auch Papst war, höchster Lenker der Kirche. Diese Bezeichnung ist jedoch irreführend. Justinian spricht in seiner sechsten Novelle – einer klassischen Äußerung byzantinischer politischer Theorie – von einer »glücklichen Eintracht« zwischen Priestertum *(sacerdotium)* und Königtum *(imperium),* doch sagt er nicht, daß das eine dem anderen untergeordnet sei. In einem Abkommen zwischen Johannes V. Palaiologos und der heiligen Synode (ca. 1380-82) wird der Kaiser als »allgemeiner Verteidiger der Kirche« bezeichnet, nicht aber als ihr »Haupt« – dies blieb Christus vorbehalten. Gewiß verfügte der Kaiser im kirchlichen Bereich über weitreichende Machtbefugnisse. Er wählte den Patriarchen aus einer Liste von drei Namen aus, die ihm von der heiligen Synode vorgelegt wurde; tatsächlich ernannte er manchmal einen Patriarchen, ohne die Synode überhaupt zu Rate zu ziehen. Wenn ein Patriarch ihm die Stirn bot, konnte der Kaiser fast immer seine Absetzung erzwingen. Es war der Kaiser, der ein Kirchenkonzil einberief; er führte persönlich den Vorsitz oder ernannte Bevollmächtigte, die dies an seiner Stelle taten, und er konnte normalerweise die Tagesordnung bestimmen. Nach dem Abschluß des Konzils kam es ihm zu, dessen Beschlüsse zu bestätigen und sie als kaiserliches Gesetz zu verkünden.

Dennoch waren der Herrschaft des Kaisers Grenzen gesetzt. Bei einer Reihe von Entscheidungsfällen, in denen der regierende Kaiser eine besondere Religionspolitik erzwingen wollte, widerstand ein großer Teil der Geistlichen und Laien erfolgreich seinem Willen. Dies geschah zum Beispiel während der Kontroverse um den Monotheletismusstreit im 7. Jahrhundert, während des Bilderstreits im 8. und 9. Jahrhundert und während der Verhandlungen mit dem Papsttum um eine Wiedervereinigung im 13. und 15. Jahrhundert. Die byzantinische Kirche war dem Staat nie absolut untergeordnet.

»Der heilige Kaiser hat einen bedeutenden Platz in der Kirche«: Begleitet von Geistlichen und Hofbeamten bringt Justinian seine Gabe zum Altar (Mosaik in S. Vitale in Ravenna, um 547). Bei der Liturgie an hohen Festttagen in der Hagia Sophia nahm der Kaiser am »großen Einzug« (Prozession zum Altar) teil, bei dem er mit den Geistlichen durch die heiligen Türen hinter die Bilderwand schritt.

Der Gegenpart des Kaisers in Konstantinopel, der Patriarch, wurde seit 595 als »ökumenischer Patriarch« bezeichnet. Wörtlich hieß das Patriarch der *oikoumene* oder der ganzen bewohnten Erde, »universaler« Patriarch, in Wirklichkeit bedeutete es jedoch nur Patriarch des christlichen Reichs. Bis zum Schisma mit Rom betrachtete der Patriarch von Konstantinopel den Papst immer als Ranghöheren, ohne ihm allerdings direkte Gerichtsbarkeit im Osten zuzugestehen. Er erkannte auch die Autonomie der drei anderen östlichen Patriarchen an, obgleich ihr Einfluß in der Praxis, vor allem nach den arabischen Eroberungen der Mitte des 6. Jahrhunderts, viel geringer war als sein eigener.

Die meisten Patriarchen von Konstantinopel arbeiteten eng mit der heiligen Synode zusammen, der *synodos endemousa* (»ortsständige Synode«), die aus Hierarchien mit Sitzen in der unmittelbaren Umgebung der Stadt oder beliebigen anderen Bischöfen, die zeitweilig in der Stadt residierten, bestand. Gewöhnlich geschah dies während einer der mehr oder wenig regelmäßig stattfindenden Sitzungsperioden. Wenn gewichtigere dogmatische oder disziplinarische Probleme anstanden, wurden größere Bischofssynoden einberufen, normalerweise in Konstantinopel selbst oder in nicht allzu großer Entfernung. Zu außergewöhnlichen Anlässen wurde ein »allgemeines« oder »ökumenisches« Konzil abgehalten, das im Prinzip die gesamte christliche Welt vertrat. Die bzyantinische Christenheit erkannte sieben solcher Konzile an, von denen das erste 325 stattfand und das letzte 787. Für die östliche Orthodoxie stellte das ökumenische Konzil neben der Eucharistie den höchsten sichtbaren Ausdruck der anhaltenden Gegenwart Gottes in der Kirche auf der Erde dar. Während die westliche Kirche im Mittelalter zunehmend monarchisch wurde, haben orthodoxe Christen in byzantinischer wie in moderner Zeit ihre Kirche immer als konziliar angesehen. So erklärte der italienisch-griechische Barlaam von Kalabrien, der vom byzantinischen Kaiser geschickt worden war, um die Wiedervereinigung mit dem Westen auszuhandeln, gegenüber Papst Benedikt XII. in Avignon 1339: »Es gibt nur einen begehbaren Weg, die Union zustande zu bringen: durch die Einberufung eines allgemeinen Konzils, das im Osten abzuhalten ist. Denn für die Griechen hat alles, was durch ein allgemeines Konzil entschieden wird, die Autorität eines Gesetzes.« Bei jedem wahren Konzil erneuert sich nach orthodoxem Verständnis das Pfingstwunder; der Heilige Geist steigt herab, die vielen werden eins im Geist und im Herzen, und die Wahrheit wird offenbart.

Von den Bischöfen im christlichen Osten wurde vom 6. oder 7. Jahrhundert an Ehelosigkeit verlangt. In der modernen orthodoxen Praxis ist das Bischofsamt ausdrücklich Mönchen, nicht einfach Zölibatären, vorbehalten, aber vermutlich war das bis etwa zum 14. Jahrhundert nicht die unumstößliche Regel. Gemeindepriester dagegen sind im christlichen Osten in der großen Mehrheit der Fälle verheiratete Männer gewesen, die mit ihren Frauen und Familien zusammenlebten. Die Tatsache, daß Priester im griechischen Osten gewöhnlich verheiratet sind, im lateinischen Westen jedoch (besonders vom 11. Jahrhundert an) zölibatär leben, hat zu einem tiefgehenden Unterschied des Rangs und der Rolle der Geistlichkeit in den zwei Hälften der Christenheit geführt. Gemeindepriester in der orthodoxen Welt sind in Bildung und alltäglicher Lebensweise weitaus weniger scharf vom Laienstand unterschieden, als dies bei den römisch-katholischen Priestern der Fall ist. Manche Geistliche in byzantinischen städtischen Gemeinden, vor allem jedoch in der Hagia Sophia in Konstantinopel, waren nicht ungebildet, aber die Mehrheit der Dorfpriester verfügte vermutlich kaum über eine bessere Bildung als ihre Herde. Die meisten verdienten ihren Lebensunterhalt mit einer weltlichen Beschäftigung, am häufigsten als Bauern, bisweilen aber auch als Schuster, Kesselschmiede oder ähnliches; die Gebildeteren wurden Lehrer. Die Kirchenvorschriften führen eine breite Auswahl von Beschäftigungen an, die den Geistlichen nicht erlaubt waren; so durften sie weder Handel treiben, noch Bankiers, Gastwirte oder Bordellbesitzer werden. Auch war es ihnen untersagt, in den Staatsdienst einzutreten. Insgesamt wissen wir jedoch relativ wenig über die Gemeindegeistlichen in Byzanz, da sich die erhaltenen Quellen hauptsächlich auf Bischöfe und Mönche beziehen.

Die einzige Bildung, die im Westen die Invasionen der Barbaren überstand, war die der Geistlichen. In Byzanz waren viele Laien, besonders in den höheren Rängen des Staatsdienstes, sehr belesen, nicht nur in klassischer Literatur und Philosophie, sondern hin und wieder auch in Theologie. Patriarchen wurden, wenn nötig, unter den gebildeten Staatsdienern ausgesucht; Tarasius (784), Nikephorus (806) und Photius (858) waren zur Zeit ihrer Wahl ins Patriarchenamt Laien. Noch 1353 wurde der Laie und Höfling Nikolaus Kabasilas, der erst Anfang Dreißig war, als einer der drei Kandidaten für das Patriarchenamt ausgesucht, wenn er auch am Ende nicht gewählt wurde. Diese lange Tradition der weltlichen Bildung brachte es mit sich, daß die Laien nie zu einem rein passiven Element in der byzantinischen Kirchengemeinschaft wurden. Dies ist wesentlich für die Einschätzung der Beziehungen zwischen Kirche und Staat im Osten.

Das »engelgleiche Leben«: Das Zeugnis des Mönchtums

»Mönche sind die Lebensnerven und Grundmauern der Kirche«, stellte der Reformer des Mönchtums, Theodor Studites fest. Innerhalb des »organischen Leibs« von Byzanz wurde das Leben des Gebets, das Mönche und Nonnen führten, als eine wesentliche Stütze des sozialen und geistigen Gefüges angesehen. Für den Verfasser der anonymen *Geschichte der Mönche in Ägypten* aus dem 4. Jahrhundert bilden Klöster einen Verteidigungswall, der sich um die gesamte christliche Gesellschaft zieht: »Es gibt keine Stadt und kein Dorf in Ägypten oder der Thebais, die nicht von Einsiedeleien wie von Wällen umgeben sind, und die Menschen verlassen sich auf ihre Gebete wie auf Gott... Durch sie wird die Welt am Leben erhalten.« Im christlichen Osten gab es zahllose Klöster. Viele lagen in Städten, und allein in Konstantinopel sind uns mindestens 300 klösterliche Häuser bekannt. Andere befanden sich auf kultiviertem Land und wieder andere in entlegener Wildnis, so das Katharinenkloster auf dem Berg Sinai, die Felsenklöster Kappadokiens, der heilige Berg Athos oder die Meteoraklöster in Thessalien, die auf senkrecht aufragenden vulkanischen Felsspitzen hocken.

Die klösterlichen Gemeinschaften wichen in der Größe stark voneinander ab. Manche bildeten hochentwickelte landwirtschaftliche und kaufmännische Unternehmungen, in denen Hunderte von Glaubensgenossen in Gemeinschaft lebten. Andere verfügten nur über sehr bescheidene Mittel und bestanden vielleicht aus nicht mehr als drei oder vier Mitgliedern. Manche wurden von Angehörigen des Kaiserhauses oder des Adels gegründet, andere von kleinen Gruppen von Bauern, die sich damit vergewissern wollten, daß

Die Verklärung Christi (*rechts*): Theophanes dem Griechen zugeschriebene Ikone um 1403. Das göttliche, nicht erschaffene Taborlicht, das Menschen und die ganze Schöpfung verklärt, ist ein Hauptthema in der orthodoxen mystischen Theologie.

Der heilige Berg Athos in Nordgriechenland, das Hauptzentrum des orthodoxen Mönchtums seit dem 10. Jahrhundert. Der Gipfel steigt zu einer Höhe von über 2 000 m an der Südspitze der Klosterhalbinsel auf. »Hier flüstert jeder Stein Gebete«, sagt ein heutiger Einsiedler auf dem Athos. Im Vordergrund des Kloster Simonopetra, 1363 gegründet, eines der zwanzig Klöster auf dem Berg.

für sie und ihre Familien zu Lebzeiten und nach dem Tod gebetet würde. Der christliche Osten hat keine zentralisierten Orden, die mit denen, die während des 10. und 11. Jahrhunderts im Westen entstanden, vergleichbar gewesen wären, hervorgebracht. Jedes orthodoxe Kloster bildete eine selbstverwaltete Einheit, die unter der Leitung des eigenen Abts stand. Das war auch das Modell, das der heilige Benedikt in seiner Regel ins Auge gefaßt hatte.

Eremiten sind im östlichen Christentum verbreiteter gewesen als im mittelalterlichen und nachmittelalterlichen Westen. Überall gab es hier einzeln lebende, fromme Männer, in der Nähe eines Klosters oder eines Dorfs, im Wald oder in der Wüste. Als Behausung diente ihnen eine Hütte oder eine Höhle, manchmal auch ein Baum oder eine Säule. Für den christlichen Osten ist der Mönch *par excellence* eher der Eremit als der Zönobit. Isaak der Syrer drückte es so aus: »Der Ruhm der Kirche Christi ist das Leben der Eremiten.«

Das christliche Mönchtum trat im frühen 4. Jahrhundert in Erscheinung, doch handelte es sich dabei im Grunde genommen nicht um eine Neuerung, als vielmehr um einen neuen Ausdruck des asketischen Gedankens, der von Anfang an im Christentum vorhan-

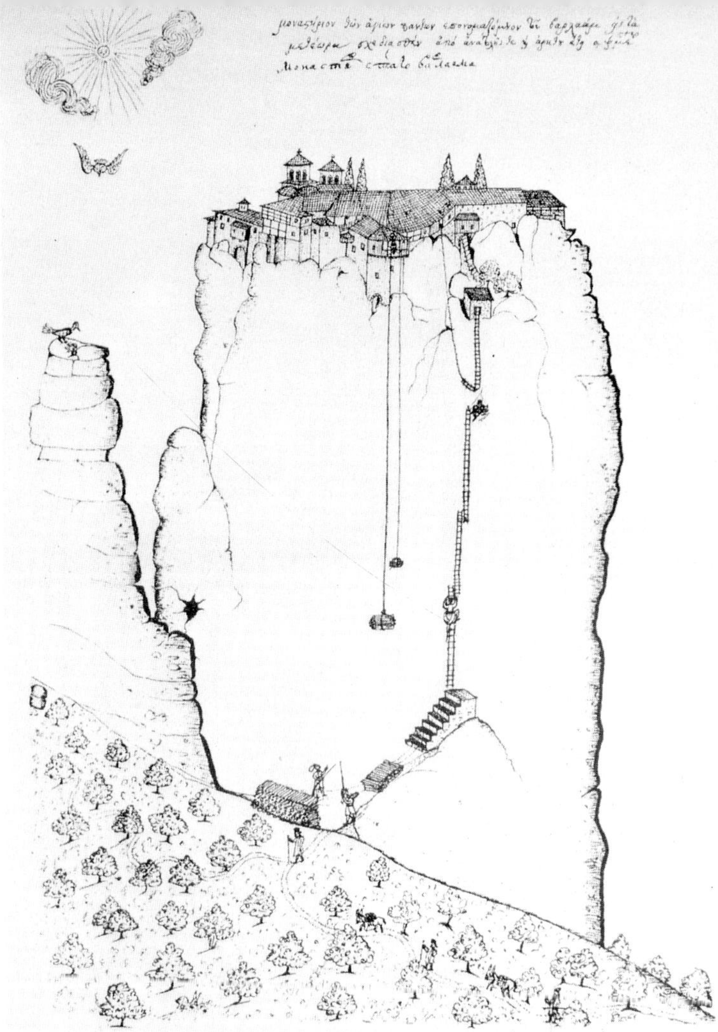

DIE SUCHE NACH EINSAMKEIT. Ein Felsenkloster in Thessalien: Varlaam, Meteora, nach einer Zeichnung des russischen Pilgers Wasilij Barskij aus dem 18. Jahrhundert. Ein Mönch klettert die Leiter hinauf, während Lebensmittel und Brennholz mit einem Seil hochgezogen werden. Bis in dieses Jahrhundert gab es keinen anderen Zugang.

den war. Es ist kein Zufall, daß die Entwicklung des Mönchtums genau in der Zeit nach der Bekehrung Konstantins einsetzte, als die Verfolgungen vorüber waren und das Christentum immer privilegierter wurde. Als Märtyrer im Herzen und Gewissen hielten die Mönche den Geist der Selbstopferung in einer Zeit am Leben, als das Blutmartyrium geendet hatte. Sie bildeten das Gegengewicht zum etablierten Christentum und erinnerten die Kirche daran, daß das Reich Gottes nicht mit irgendeinem irdischen Reich gleichgesetzt werden konnte. Als Propheten des zweiten Kommens Christi – so die Worte des heiligen Gregor Palamas – erfüllten sie durchaus eine eschatologische Rolle.

Die klösterliche Berufung galt für Frauen ebenso wie für Männer; oft sind es sogar Frauen, die als klösterliche Pioniere in Erscheinung treten. Antonius von Ägypten und sein Landsmann Pachomius werden im allgemeinen als »Begründer des christlichen Mönchtums« betrachtet (in Wirklichkeit sind die Ursprünge des Mönchtums ebenso in Syrien wie in Ägypten zu suchen). Doch als der junge Antonius um 270 nach dem Tod seiner Eltern Asket werden wollte, konnte er seine jüngere Schwester der Obhut einer Einrichtung anvertrauen, die sein Biograph Athanasius als *parthenon* bezeichnet, einem Konvent für Jungfrauen. Antonius' Neuerung bestand darin, daß er aus einer bewohnten Gegend in die entlegene Wüste zog; doch lange bevor er oder Pachomius ein asketisches

Ἡ ἈΝΑϹΤΑϹΙϹ
IC
XC

Leben überhaupt nur erwogen hatten, bestanden in Ägypten bereits hochorganisierte Gemeinschaften, deren Mitglieder wir heute als Nonnen bezeichnen würden. Die Pionierrolle, die eine klösterliche Frau spielte, wird besonders im Fall des Basilius von Cäsarea deutlich, der in Kleinasien das asketische Leben organisierte und Regeln verfaßte, auf die sich das Mönchtum der orthodoxen Kirche immer noch beruft. Seine ältere Schwester Makrina entschied sich vor ihm für das Klosterleben, und ohne ihren Einfluß wäre er vielleicht nie Mönch geworden. Nur allzu oft ist die Geschichte des Klosterwesens ausschließlich von einem männlichen Standpunkt aus betrachtet worden.

Was erwarteten die Byzantiner von den Klöstern? Nicht unbedingt Bildung und Erziehung. Manche Klöster unterhielten zwar kleine Schulen, doch bewegten sich diese auf einer elementaren Ebene und waren für zukünftige Mönche bestimmt. Das Kopieren von Handschriften wurde mehr als handwerkliche Arbeit denn als gelehrtes Studium betrachtet. Wenn der Byzantiner Gelehrsamkeit suchte, wandte er sich eher an die höheren Ränge des Staatsdienstes. Die meisten orthodoxen Mönche waren nicht Priester, sondern Laien, die in der Landwirtschaft oder in einem Handwerk arbeiteten. Dies entsprach durchaus den Vorstellungen, die sich der heilige Benedikt vom mönchischen Leben gemacht hatte; erst später wurden zahlreiche westliche Klöster in Priesterkollegien umgewandelt.

EINE BERUFUNG FÜR FRAUEN WIE FÜR MÄNNER. Die Äbtissin und die Nonnen des Klosters der Jungfrau vom Protovestiarium in Konstantinopel, dargestellt auf einer Miniatur des 14. Jahrhunderts.

DIE AUFERSTEHUNG CHRISTI (*links*): Wandgemälde um 1320, in der Kirche des Choraklosters (Kariye-Djami-Moschee) in Konstantinopel. Das Gemälde zeigt die »Höllenfahrt Christi«: Der auferstandene Erlöser, der über den Tod triumphiert hat, tritt die zerschmetterten Tore der Hölle mit Füßen und erhöht Adam und Eva.

THEOLOGE, PREDIGER, LITURG, FÜRSPRECHER DER ARMEN: Johannes Chrysostomus, Erzbischof von Konstantinopel (Mosaikikone aus Konstantinopel, um 1350-1400). Ikonen zeigen zwar ein idealisiertes Porträt, können aber oft authentische Züge enthalten. Chrysostomus wird stets mit zurückweichendem Haaransatz, spärlichem Bart und ausgemergeltem, asketischem Gesicht dargestellt.

Gelegentlich betätigten sich Mönche missionarisch und verkündigten das Evangelium. Ein Beispiel ist Nikon, der im 10. Jahrhundert lebte und *ho metanoeite* – »Bereuet« – genannte wurde, wegen der typischen Einleitung seiner Predigten. Er bekehrte die Bevölkerung Kretas nach der arabischen Besetzung und wirkte bei den heidnischen Slawen auf der südlichen Peloponnes. Ein Beispiel aus dem 18. Jahrhundert ist der »Neue Märtyrer« Kosmas von Ätolien, der vom Berg Athos aus mehrere Missionsreisen unternahm, auf denen er zu den griechischen und albanischen Christen predigte, die in Gefahr waren, an den Islam zu fallen. Doch blieben dies Ausnahmen. Im allgemeinen wurde die Verkündigung des Evangeliums von den Klöstern nicht systematisch betrieben.

Von größerer Bedeutung war die soziale und wohltätige Arbeit der Klöster. Von Anfang an wurde die Gastfreundschaft als Teil der mönchischen Berufung verstanden. Wiederholt betonen die Quellen, daß ein Mönch, selbst wenn er Eremit war, sich um die Kranken kümmern und den Armen Almosen geben sollte. Er bettelt nicht, sondern gibt anderen. Mönchische Bischöfe wie Johannes Chrysostomus setzten sich mit brennendem

Eifer für soziale Gerechtigkeit ein. Chrysostomus sprach bezeichnenderweise von den zwei Altären:

»Du ehrst den Altar in der Kirche, weil der Leib Christi darauf ruht; aber diejenigen, die selbst der Leib Christi sind, behandelst du voller Verachtung, und du bleibst gleichgültig, wenn du sie zugrunde gehen siehst. Diesen lebenden Altar kannst du überall sehen, er liegt auf den Straßen und Marktplätzen, und zu jeder Stunde kannst du auf ihm opfern.«

Der große Byzantinist N.H. Baynes führt dazu aus: »Eines der hervorstechenden Merkmale der frühen byzantinischen Askese ist... ihr Eintreten für die Armen und Unterdrückten... Der Byzantiner wandte sich in seiner Stunde der Not instinktiv um Hilfe und Trost an den Asketen in der vollen Gewißheit seines Mitgefühls und Beistands.« Mönchische Nächstenliebe nahm oft eine hochorganisierte Form an. Basilius begriff *philanthropia,* aktive Menschenliebe, als integralen Bestandteil der mönchischen Berufung und gründete in Cäsarea einen umfassenden Komplex wohltätiger Einrichtungen, darunter Krankenhäuser, Waisenhäuser und Herbergen für die Armen. Michael Attaleiates verfügte in der Gründungsurkunde des Hauses, das er 1077 in Konstantinopel errichten ließ, daß die Gemeinschaft – eine kleine Gruppe von acht Mönchen – ein »Zentrum zur Ernährung der Armen« unterhalten sollte. Jeden Tag hatten sechs notleidende Männer eine Mahlzeit zu erhalten, »Fleisch, Fisch, Käse, gekochtes Gemüse, getrocknet oder frisch, oder was immer Gott senden wird... Laßt keinen Tag ohne eine gnädige Tat vergehen; sondern laßt die Brüder für jeden, der arm ist, sowohl das Tor des Klosters als auch ihre Herzen öffnen und alles bis auf den letzten Krümel weggeben.«

Doch mildtätige Arbeit ist im christlichen Osten nie als wichtigste Funktion des Mönchtums angesehen worden. Die Hauptaufgabe des Mönchs oder der Nonne bestand im Beten. Das Kloster war in erster Linie ein Ort, wo der Zyklus des Breviers Tag für Tag, ohne Unterbrechung angeboten wurde. Auch wenn Attaleiates seinen Mönchen soziale Werke auftrug, bestand er zugleich darauf, daß es ihre Hauptaufgabe sei, »sorgsam über der Doxologie und Liturgie der Kirche zu wachen«. Der Mönch dient der Welt, indem er in Gottes Gegenwart steht. Er hilft der Gesellschaft nicht so sehr durch das, was er tut, sondern durch das, was er *ist* – durch sein aufrichtiges Streben nach Vollkommenheit. Wie Isaak der Syrer es mit einem absichtlichen Paradoxon ausdrückte, ist es besser, »die eigene Seele aufzubauen«, als »ganze Scharen der Heiden vom Irrtum zur Verehrung Gottes zu bekehren«.

Das also erwarteten die Byzantiner von den Klöstern: nicht Gelehrsamkeit, Verkündigung des Evangeliums oder organisierte Wohltätigkeit, sondern Frömmigkeit. Sie erwarteten, dort Männer und Frauen zu finden, die für ihre Sünden beten und ihnen in Augenblicken der Krise ein heilendes Wort des Rates anbieten würden. Eine für das orthodoxe Mönchtum in allen Epochen typische Gestalt ist der *geron,* der charismatische »Ältere« (im Slawischen *starez*) – nicht unbedingt alt an Jahren, aber reif an geistiger Erfahrung und fähig, andere zu führen. Der Urtyp des mönchischen *geron* ist der Eremit Antonius von Ägypten, der laut Athanasius zu einem »Arzt ganz Ägyptens« wurde. Die östliche Christenheit hat ebenso wie ihre geistigen Väter auch ihre geistigen Mütter. Ein Beispiel ist Melania, Äbtissin auf dem Ölberg in Jerusalem, die den jungen Evagrius zum mönchischen Leben führte; er wurde später zu einem der einflußreichsten griechischen spirituel-

Die Himmelsleiter: Ikone des 12. Jahrhunderts aus dem Katharinenkloster auf dem Berg Sinai. In einem in der orthodoxen Welt sehr beliebten Buch beschrieb Johannes Klimakus, Abt des Sinai im 7. Jahrhundert, das christliche Leben als eine Leiter mit 30 Sprossen. Die Mönche werden von Dämonen versucht und von Engeln ermutigt, während Christus sie auf dem Gipfel willkommen heißt. Engel und Dämonen nehmen einen herausragenden Platz in der Weltanschauung der Ostchristen ein.

len Schriftsteller. Ein Älterer mußte nicht unbedingt mönchisch sein – manchmal war er Laie und lebte in der Welt.

Der Beitrag, den die Klöster der Gesellschaft leisteten, bestand damit in Gebet, Frömmigkeit und spiritueller Führung.

»Dieser Glaube hat die ganze Welt gefestigt...«: Die Artikulation der Lehre

Das erste halbe Jahrtausend der byzantinischen Ära, vom frühen 4. bis zum frühen 9. Jahrhundert – die Epoche der sieben ökumenischen Konzile –, war eine Zeit der intensiven dogmatischen Erforschung. Heutigen Lesern mögen die Diskussionen oft abstrus und unfruchtbar erscheinen, doch damals weckten sie starkes öffentliches Interesse. Arius' theologische Hymnen wurden von den Hafenarbeitern in Alexandria gesungen. Gregor von Nyssa beklagte kurz nach 380 in Konstantinopel, daß er keine direkte Antwort auf eine praktische Frage erhalten könne: »Wenn man jemanden bittet, das Wechselgeld herauszugeben, philosophiert er über die Gezeugten und die Ungezeugten... Wenn man zum Diener sagt, ›Ist mein Bad fertig?‹, erzählt er einem, daß der Sohn aus nichts gemacht ist.« Im 6. Jahrhundert verfochten die rivalisierenden Gruppen bei den Pferderennen im Hippodrom, die Blauen und die Grünen, jeweils einen besonderen Standpunkt in der Christologie. Die Begeisterungsfähigkeit für kirchliche Kontroversen ist bis in die moderne Zeit ein Merkmal des griechischen Volks geblieben. Die Veröffentlichung einer Übersetzung des Neuen Testaments in zeitgenössisches Griechisch 1901 führte zum Sturz der Regierung und zu Studentendemonstrationen, bei denen acht Personen umkamen. In jüngster Zeit blieb ich in der Innenstadt von Athen in einem gewaltigen Stau stecken. Er wurde, wie mir der Taxifahrer erklärte, durch »einen Aufruhr von arbeitslosen Theologen« verursacht.

Die dogmatischen Diskussionen, die zur Zeit der sieben Konzile stattfanden, lassen sich in drei wesentliche Stadien unterteilen. Während des 4. Jahrhunderts stand die Theologie der Trinität im Mittelpunkt der Aufmerksamkeit. Wie ist das Verhältnis von Christus zu Gottvater beschaffen? In welchem Sinn kann Gott Vater, Sohn und Heiliger Geist und dennoch eins sein? Wie kann es in Gott wahre Einheit in Verbindung mit wahrer Verschiedenheit geben? Das Konzil von Nicäa (325), das erste ökumenische Konzil, verwarf die Ansicht von Arius, daß Gott der Sohn grundsätzlich geringer sei als Gott der Vater. Nicäa zufolge gehört Christus zum Reich des Ewigen und Ungeschaffenen, insofern er der »wahre Gott vom wahren Gott« ist, »konsubstantiell« oder »wesenseins« (*homoousios*) mit dem Vater; was der Vater ist, ist auch der Sohn. In den folgenden 60 Jahren erfreute sich der Arianismus großen Zuspruchs, während das nicänische Glaubensbekenntnis zuerst von Athanasius von Alexandria, später von den drei kappadokischen Kirchenvätern Basilius von Cäsarea, Gregor von Nazianz (im christlichen Osten als »Gregor der Theologe« bekannt) und Gregor von Nyssa verteidigt wurde. Die nicänische Position wurde schließlich auf dem zweiten ökumenischen Konzil, das 381 in Konstantinopel stattfand, bestätigt. Die von diesem Konzil verwendeten Formulierungen wiesen auf eine gleichberechtigte Stellung des Heiligen Geistes hin: »angebetet und verherrlicht zusammen mit dem Vater und dem Sohn«.

Die Heilige Dreieinigkeit: Ikone des heiligen Andrej Rublew (um 1411). Es handelt sich um das bekannteste Werk des bedeutendsten russischen Ikonenmalers. Die Dreieinigkeit ließ sich angemessen nur mit Hilfe der Symbolik darstellen: Drei Engel werden von Abraham unter den Eichen von Mamre empfangen (Gen. 18). Ikonen, die Gottvater als alten, bärtigen Mann abbilden, finden sich zwar gelegentlich in Kirchen der Ostchristen, werden aber von orthodoxen Theologen allgemein verurteilt.

Während des zweiten Stadiums, das sich von 431 bis 681 erstreckte, verlagerte sich das Interesse von der Trinität auf die Person Christi. Wenn Christus der wahre Gott ist, in welchem Sinn ist er dann auch menschlich? Wenn er Gott und Mensch zugleich ist, wie kann er dann eins sein? Das dritte ökumenische Konzil, das 431 unter Cyrill von Alexandria in Ephesus stattfand, betonte die persönliche Einheit Christi und bekräftigte, daß die Jungfrau Maria die *Theotokos* sei, die »Gottesgebärerin« oder »Muttergottes«. Was Maria geboren hat, so erklärte das Konzil, war nicht bloß ein Mensch, der Gott eng verbunden war – nicht bloß eine höhere Form eines Propheten oder Heiligen –, sondern eine einzige und unteilbare Person, die Gott und Mensch zugleich ist. Nestorius, der Bischof von Konstantinopel, der Vorbehalte wegen des Titels *Theotokos* geäußert hatte, wurde getadelt, zu scharf zwischen Christi Göttlichkeit und Menschlichkeit zu unterscheiden. Nestorius war ein Anhänger Theodors von Mopsuestia, des Hauptvertreters der Antiochenischen Schule der Christologie, die sehr energisch auf der vollen Integrität der menschlichen Natur Christi beharrte. In Alexandria wurde mehr Gewicht auf die Einheit seiner Person gelegt.

Die Heilige Jungfrau vom Don: Theophanes dem Griechen zugeschriebene Ikone (um 1392). Der christliche Osten weist Marias Rolle als *Theotokos* oder »Gottesgebärerin« entscheidende Bedeutung zu. Ohne ihre menschliche Einwilligung hätte die Fleischwerdung nicht stattfinden können.

Das Konzil von Ephesus führte, eher indirekt als direkt, zu einem anhaltenden Schisma. Die Christen in Ostsyrien und Mesopotamien, die größtenteils im Persischen Reich außerhalb der byzantinischen Grenzen lebten, waren nicht dazu bereit, die Definition Marias als *Theotokos* anzuerkennen. Sie wurden stark von der theologischen Schule von Edessa beeinflußt, einem der Hauptzentren der Antiochenischen Christologie. Im Laufe der Zeit bildeten sie eine unabhängige, in Sprache und Kultur syrisch orientierte Gemeinschaft, die von der griechischsprachigen byzantinischen Kirche mit ihrem Zentrum in Konstantinopel abgespalten war. Sie bezeichneten sich als »Die Kirche des Ostens« und werden von westlichen Schriftstellern manchmal »Assyrer«, »Chaldäer« oder »Nestorianer« genannt; letztere Bezeichnung ist allerdings irreführend, da sie Nestorius keine besondere Bedeutung zuschrieben, demgegenüber aber eine viel größere Bewunderung für Theodor von Mopsuestia zeigten. Im Westen stellte man sich einst vor, die Kirche des Ostens teile Christus in zwei verschiedene Personen. Das war sicher unzutreffend. Sie war jedoch immer darum bemüht, sein ganzes Menschsein zu betonen und jede Vermischung zwischen menschlichen und göttlichen Aspekten in seiner Person zu vermeiden, die hätte andeuten können, daß seine Menschlichkeit in seiner Göttlichkeit aufging. Die Kirche des Ostens, die einst so weit ausgedehnt war und deren missionarische Tätigkeit während des 13. Jahrhunderts quer durch Asien bis nach China reichte, ist durch Verfolgung praktisch ausgelöscht worden. Einer ihrer bedeutendsten Autoren, Isaak der Syrer aus dem 7. Jahrhundert, auch als Isaak von Ninive bekannt, wurde von Griechen und Russen viel gelesen, ohne daß ihnen klar war, daß er einer Kirche angehörte, die mit ihrer eigenen nicht mehr in Verbindung stand. Dieses Beispiel zeigt, daß die innere, spirituelle Einheit trotz der äußeren Trennung fortbestehen kann.

Die Christologie von Antiochia, die in Ephesus kein Gehör gefunden hatte, sollte auf dem vierten ökumenischen Konzil in Chalcedon (451) bis zu einem gewissen Grad wieder eingesetzt werden. Das Konzil bestätigte, daß Christus, »vollkommen in der Göttlichkeit und vollkommen in der Menschlichkeit«, »uns in zwei Naturen bekannt gemacht wird... Der Unterschied der Naturen wird keineswegs zerstört durch die Verbindung, sondern die Eigenschaft jeder Natur wird vielmehr bewahrt, und beide kommen in einer Person und einer *hypostasis* vor.« Es war dies der Versuch, zwischen den Schulen von Alexandria und Antiochia eine Brücke zu schlagen, indem beiden die Verschiedenheit und die Einheit im menschgewordenen Christus zugestanden wurde. Anhänger des Cyrill von Alexandria in Ägypten, Syrien und anderswo meinten jedoch, es schmecke zu sehr nach »Nestorianismus«, da es eine fortdauernde Spaltung zwischen dem Göttlichen und dem Menschlichen im Erlöser bedeute. Sie waren bereit zu sagen, daß Christus »*von* zwei Naturen« ist, nicht aber, daß er »*in* zwei Naturen« sei.

Im Westen endet die Erforschung der frühen christlichen Lehre häufig abrupt mit dem Jahr 451, während die Debatten um die Person Christi in Wirklichkeit noch zwei Jahrhunderte weitergingen. Ungeachtet seiner Bedeutung markiert Chalcedon nicht den Endpunkt, sondern bestenfalls einen Einschnitt in einem langwierigen Prozeß. Die kaiserliche Regierung in Konstantinopel bemühte sich energisch, die Gegner von Chalcedon in Ägypten und Syrien auszusöhnen. Das fünfte ökumenische Konzil, das 553 in Konstantinopel stattfand, bezog einen »neuchalcedonischen« Standpunkt, indem es das Konzil von 451 in Cyrills Sinn neu interpretierte. Christus sei »in zwei Naturen«, doch müsse im Sinne Cyrills ebenso bekräftigt werden, daß er »eine inkarnierte Natur (*physis*)« sei. Wie Ephesus 431 gesagt hatte: »Gott wurde geboren«, so sagte Konstantinopel 553: »Gott starb«, eine Wendung, die als Ausdruck der »Theopaschiten« bekannt ist, das heißt, ein Ausdruck, der Gott Leiden zuschreibt: »Der Herr der Herrlichkeit und einer der Heiligen Dreieinigkeit« wurde »im Fleisch gekreuzigt«.

Diese neuchalcedonischen Zugeständnisse wurden von den meisten Nicht-Chalcedoniern als unzureichend verworfen. Um 633 unternahm Kaiser Heraklius, unterstützt vom Patriarchen Sergius von Konstantinopel, einen erneuten Kompromißversuch: Während es in Christus zwei Naturen gibt, hat er nur eine einzige »Energie« und einen einzigen Willen. Dieser Standpunkt, der als monotheletische Position bekannt wurde, erfreute sich eines anfänglichen Erfolgs, vermochte aber letzten Endes nicht alle zufriedenzustellen. Die Nicht-Chalcedonier verlangten nicht weniger als eine ausdrückliche Verdammung von Chalcedon, während chalcedonische Theologen wie Maximus Confessor argumentierten, daß die menschliche Natur ohne den menschlichen Willen eine unwirkliche Abstraktion sei. Wenn Christus wirklich menschlich war, dann muß er auch über eine echte menschliche Freiheit verfügt haben, er muß als einer gesehen werden, »der in allem wie wir in Versuchung geführt worden ist, aber nicht gesündigt hat« (Hebr. 4, 15). Maximus starb im Exil, aber seine Theologie setzte sich auf dem sechsten ökumenischen Konzil (Konstantinopel 681) durch, das Christus »zwei natürliche Energien« und »zwei natürliche Willen« zuschrieb, das heißt nichts anderes als einen menschlichen Willen wie auch einen göttlichen Willen. Auf diese Weise erfuhr die Zweinaturen-Christologie von Chalcedon eine deutliche Bekräftigung.

Inzwischen gab es freilich für die kaiserliche Regierung in Konstantinopel kaum noch ein praktisches Motiv, einen Kompromiß mit den Nicht-Chalcedoniern zu suchen, denn als Folge der muslimischen Expansion zwischen 634 und 639 befanden diese sich jetzt fast alle außerhalb der Grenzen des Byzantinischen Reichs. Im nachhinein erscheint der Un-

Der heilige Georg und der Drache: Äthiopische Miniatur des 17. Jahrhunderts. Der heilige Georg wird im gesamten christlichen Osten sehr verehrt, bei Chalcedoniern wie bei Nicht-Chalcedoniern.

terschied zwischen den Formulierungen »in zwei Naturen« und »von zwei Naturen« winzig. Beide Parteien waren sich einig, daß Christus wahrhaft menschlich wie wahrhaft göttlich sei. Es war tragisch, daß sich in den zwei Jahrhunderten nach dem Konzil von 451 eine dauerhafte Übereinkunft zwischen den zwei Seiten als unmöglich erwies. Das Konzil von Chalcedon führte, wie zuvor schon Ephesus, zu einer bleibenden Trennung.

Die nicht-chalcedonischen Christen Ägyptens bildeten schließlich die heute als koptisch-orthodox bekannte Kirche, während die Christen in Syrien heute die syrisch-orthodoxe Kirche bilden; letztere werden oft als »Jakobiten« bezeichnet – nach dem Bischof des 6. Jahrhunderts, Jakob Baradaios oder Bar'adai. In enger Abhängigkeit von der koptischen befindet sich die äthiopisch-orthodoxe Kirche, die erst 1959 volle Unabhängigkeit erlangte. Verbunden mit der syrischen »jakobitischen« Kirche ist die syrisch-orthodoxe Malabar-Kirche in Südindien, deren Mitglieder als Thomaschristen bekannt sind, da sie ihre Entstehung auf den Apostel Thomas zurückführen. Das fünfte Mitglied der nicht-chalcedonischen Familie ist die Kirche von Armenien. Diese fünf Kirchen werden oft als »Monophysiten« bezeichnet, weil sie – Cyrill folgend – Christus als »eine Natur« beschreiben, obwohl das nicht heißt, daß sie seine volle Menschlichkeit leugnen. Es ist vielleicht weniger irreführend, sie als »orientalische Orthodoxe« zu bezeichnen, im Unterschied zu den Anhängern Chalcedons, die »östliche Orthodoxe« genannt werden könnten. Diskussionen zwischen den zwei Gruppen der Orthodoxen, die seit 1966 in Gang sind, haben klargemacht, daß der Unterschied zwischen ihnen weitgehend sprachlicher Art ist und auf dem Sinn beruht, mit dem man den Begriff *physis* belegt. Es besteht Grund zu der Hoffnung, daß das Schisma zwischen Chalcedoniern und Nicht-Chalcedoniern – eines der ältesten der christlichen Geschichte – in unserer Zeit vollständig überwunden werden kann. Für die östliche Christenheit ist dies der mit Abstand wichtigste und aussichtsreichste der gegenwärtigen »ökumenischen Dialoge«.

Als drittes Stadium der Ära der sieben ökumenischen Konzile kann der Streit um die Ikonen betrachtet werden. Unter einer Ikone verstehen wir ein Abbild oder eine visuelle Darstellung Christi, der Jungfrau Maria, der Engel oder der Heiligen. Sie kann die Form einer bemalten Holztafel haben, doch kann es sich auch um ein Mosaik oder ein Fresko auf einer Kirchenwand, eine Stickerei, ein Porträt in Metall oder sogar eine Statue handeln, wenngleich dreidimensionale Figuren in der ostchristlichen Kunst äußerst selten sind. Der erste Angriff, der sich gegen die Verwendung von Bildern richtete, dauerte von 726 bis 780, und wurde von der Kaiserin Irene vorläufig beendet. Im Jahr 787 verfügte das siebte ökumenische Konzil – das wie das erste in Nicäa zusammentrat –, daß es theologisch korrekt sei, Christus und die Heiligen auf Bildern darzustellen und diesen Bildern liturgische Ehre zu erweisen. Eine weitere, allerdings nicht so erbitterte Periode des Bilderstreits folgte zwischen 815 und 842. Die endgültige Wiedereinführung der heiligen Ikonen im Jahr 843 unter Kaiserin Theodora blieb späteren Generationen als »Triumph der Orthodoxie« in Erinnerung, und jährlich zur Fastenzeit wurde dessen gedacht. Es ist interessant, daß beide kaiserlichen Protagonisten der Ikonenverehrung Frauen gewesen sind.

Die Bilderverehrer oder Ikonodulen sahen in den Ikonen nicht nur eine Form des Schmucks oder eine optische Zutat, sondern betrachteten sie als grundlegend für das wahre Bekenntnis des christlichen Glaubens. In diesem Sinne bekräftigte das Konzil von 787 in seinem dogmatischen Dekret zu den Ikonen:

Dies ist der Glaube der Apostel,
Dies ist der Glaube der Väter,
Dies ist der Glaube der Orthodoxen,
Dieser Glaube hat die ganze Welt gefestigt.

Im Mittelpunkt der Auseinandersetzung standen nicht Bilder im allgemeinen, sondern speziell die Ikone Christi des Erlösers. Für beide Seiten ging es bei dem Streit nicht vorrangig um das Wesen religiöser Kunst, sondern um grundlegende Fragen der Lehre. In gewisser Weise kann man den Bilderstreit als Fortsetzung der früheren christologischen Debatten zwischen dem 5. und 7. Jahrhundert sehen. Die Bilderverehrer argumentierten, daß es möglich und sogar wesentlich sei, das Gesicht Christi darzustellen, da er ja nicht einfach auf der Erde erschienen war, sondern einen wirklichen menschlichen Leib angenommen hatte. Weigert man sich, Christus abzubilden, zieht man die Vollkommenheit seiner menschlichen Natur in Zweifel. Bilder sind daher – in den Worten des Konzils von 787 – eine Garantie, daß »die Fleischwerdung des Wortes echt und nicht trügerisch ist«.

Die Bilderverehrer führten noch weitere Argumente an. Zunächst trafen sie, um den bilderstürmerischen Vorwurf der Idolatrie zurückzuweisen, eine sorgfältige Unterscheidung zwischen der Verehrung im strengen Sinn (*latreia*), die nur dem Gott der Heiligen Dreieinigkeit dargebracht werden kann, und der »relativen Ehre« (*schetike time*), die den Bildern erwiesen wird. Zweitens sprachen die Bilderverehrer den didaktischen Wert der Bilder an und bezeichneten sie als »offene Bücher, die uns an Gott erinnern«. »Was das geschriebene Wort für diejenigen ist, die Buchstaben kennen«, sagte Johannes von Damaskus, einer der Hauptverteidiger der Bilder, »das ist die Ikone für die Ungebildeten; was die Rede für das Ohr, ist die Ikone für das Auge.« Drittens bedienten sich Johannes und andere eines Arguments, das man als »ökologisch« bezeichnen könnte: Bilder offenbaren ihrer Meinung nach die geisthaltigen Möglichkeiten materieller Dinge; nicht nur durch Worte, sondern auch durch Holz, Farbe oder Steinwürfel läßt sich Gott verehren.

Die Bilderbekämpfer waren in Johannes' von Damaskus Augen in ihrer religiösen Haltung zu intellektuell. »Beleidigt die Materie nicht«, protestierte er, »denn sie ist nicht ohne Ehre. Nichts darf verachtet werden, das Gott geschaffen hat. Das ist ein manichäischer Irrtum.« Bilder machen die Heiligkeit deutlich, die der stofflichen Welt innewohnt und rufen Gottes Segen auf jede menschliche künstlerische Tätigkeit herab. Der Ikonenmaler tritt als Priester der Schöpfung in Erscheinung, indem er sie verwandelt und zum Lob Gottes zum Sprechen bringt. Er handelt als »Nebenschöpfer«, wie J.R.R. Tolkien es formulierte, als ein »Schöpfer« nach dem Bild von Gott dem Schöpfer. Theodor Studites drückte es so aus: »Die Tatsache, daß die menschliche Person nach dem Abbild und Ebenbild Gottes geschaffen ist, bedeutet, daß das Herstellen einer Ikone in gewisser Weise ein göttliches Werk ist.«

Ikonen spielen in allen orthodoxen Kirchen der byzantinischen Tradition eine zentrale Rolle. Sie sind zwar auch bei den Nicht-Chalcedoniern in Gebrauch, stehen dort aber viel weniger im Mittelpunkt der Frömmigkeit. In der byzantinischen Orthodoxie werden sie mit allen liturgischen Ehren bedacht: Weihrauch wird vor ihnen geopfert, Kerzen werden angezündet, der Gläubige wirft sich vor ihnen zu Boden und küßt sie, sie werden in Prozessionen mitgeführt. Sie sind ebenso zu Hause wie in der Kirche zu finden. Ein orthodoxer Akt des liturgischen Gebets ist ohne die Anwesenheit von Ikonen undenkbar. Sicher-

»Vollkommen in der Göttlichkeit und vollkommen in der Menschlichkeit«: Christus der Erlöser (Ikone des 13. Jahrhunderts im serbischen Kloster Chilandar, Berg Athos). Das zentrale Problem im Bilderstreit war die Möglichkeit, Christus als *Theanthropos,* als »Gott-Mensch« abzubilden.

lich gibt es hier die Gefahr einer abergläubischen Übertreibung, doch verfügt der Ikonenkult, der ja auf einer soliden Lehre der Schöpfung und Inkarnation beruht, über eine feste theologische Grundlage.

Der Ikone wird zugeschrieben, daß sie Gnade vermittelt und sakramentalen Wert besitzt. Das Konzil von 787 stellte dazu fest: »Wenn wir eine Ikone ehren und anbeten, empfangen wir die Weihung.« Sie erfüllt eine Mittlerrolle. Sie ist nicht bloß eine visuelle Hilfe, sondern ein Mittel der Kommunion. Wenn der Betende vor der Christusikone steht, findet er sich Christus von Angesicht zu Angesicht gegenüber. Kraft der Ikone betreten wir die Dimensionen des geheiligten Raumes und der geheiligten Zeit und stehen in einem lebendigen, wirksamen Kontakt mit der abgebildeten Person oder dem dargestellten Mysterium. Die Ikone ist ein Zugang, ein Treffpunkt, ein Ort der Begegnung.

Mit dem Zusammentreten des siebten und letzten ökumenischen Konzils 787 und dem »Triumph der Orthodoxie« 843 glaubten schließlich viele byzantinische Christen, daß die Artikulation der Lehre nun vollendet sei. Die Väter des zweiten nicänischen Konzils legten eine typisch byzantinische Achtung vor der Tradition an den Tag, wenn sie bekräftigten: »Wir nehmen nichts weg, und wir fügen nichts hinzu... Wir bewahren ohne Änderung oder Neuerung alle kirchlichen Traditionen, die auf uns gekommen sind, ob schriftlich oder nicht schriftlich.« Ein solcher Traditionalismus konnte leicht zu einer unfruchtbaren »Theologie der Wiederholung« führen, und dennoch wäre es ein schwerer Fehler zu glauben, daß sich in der orthodoxen Welt nach 787 nichts bewegt hätte. Schöpferische Entwicklungen im religiösen Denken und in der Kunst fanden in Konstantinopel bis zum endgültigen Zusammenbruch des Reichs ohne Unterbrechung statt. Wenn Yeats von Byzanz als einer »Spindel tief im Mumientuch« sprach, sah er nur einen Teil der Wahrheit. »Konservatismus ist immer mit Wandel vermischt«, schreibt Ernest Barker, »und Wandel beeinflußt immer den Konservatismus in den zwölfhundert Jahren byzantinischer Geschichte; und das macht das eigentliche Wesen und die Faszination dieser Jahre aus.«

Das Zerbrechen der Einheit

Die Periode nach 843 war aber auch durch die zunehmende Feindschaft zwischen dem orthodoxen Osten und dem Papsttum gekennzeichnet. Früher nahm man allgemein an, daß das Schisma zwischen der griechischen und der lateinischen Christenheit in zwei Stufen erfolgte. Zuerst kam es zum Konflikt zwischen Papst Nikolaus I. in Rom und Patriarch Photius von Konstantinopel (863-67). Die Verbindung wurde zeitweilig abgebrochen; obgleich Photius in seiner zweiten Amtsperiode (877-86) mit Rom in Verbindung blieb, wurde keine Lösung für die tieferen Ursachen des Konflikts gefunden. Im Jahr 1054 kam es zu einem weiteren Zusammenstoß. Kardinal Humbert reiste als päpstlicher Legat nach Konstantinopel, um eine Aussöhnung herbeizuführen, geriet aber über die wenig kooperative Haltung des Patriarchen Michael Kerullarios in Wut und belegte ihn mit dem Bann. Michael reagierte darauf, indem er ihn ebenfalls bannte. Diese gegenseitigen Anathemata, die erst am 7. Dezember 1965, kurz vor dem Ende des Zweiten Vatikanischen Konzils, aufgehoben wurden, bezeichneten nach früherer Auffassung den endgültigen Bruch zwischen Orthodoxie und Rom, den definitiven Vollzug des Schismas.

Heute wird jedoch allgemein anerkannt, daß das sogenannte »Photianische Schisma« von 863-67 und die Bannflüche von 1054 nur als – wenngleich folgenreiche – Zwischenfälle in einer weitaus komplizierteren Geschichte anzusehen sind. Das Schisma zwischen Ost und West trat nicht in Form eines einzelnen Ereignisses zu einem bestimmten Zeitpunkt der Geschichte ein, sondern vollzog sich – in den Worten Gervase Mathews – als »ein allmählicher, schwankender, zusammenhangloser Prozeß«. Die Anfänge dieses Prozesses reichen bis weit vor das 9. Jahrhundert zurück, während seine endgültige Vollendung erst lange nach 1054 eintrat.

Einschneidender als die Bannflüche von 1054 waren die Kreuzzüge, die zu einer deutlichen Zunahme der griechisch-lateinischen Spannungen führten. Die Plünderung Konstantinopels durch den vierten Kreuzzug 1204 ist etwas, das die griechische Christenheit nie vergessen oder vergeben hat. Von diesem Punkt an sahen die meisten Griechen die Lateiner als Feinde ihrer Kirche und ihres Volkes an. Obgleich die Wiedervereinigung von zwei Konzilen, an denen auch die Griechen teilnahmen, verkündet wurde, in Lyon (1274) und Florenz (1438-39), blieb sie in beiden Fällen nur ein Abkommen auf dem Papier: Die Beschlüsse wurden von einer überwältigenden Mehrheit der Geistlichen und Laien in der gesamten orthodoxen Welt abgelehnt.

Noch im 17. Jahrhundert gab es wiederholt Gelegenheiten, bei denen Orthodoxe und Römisch-Katholische im östlichen Mittelmeerraum gemeinsamen Umgang pflegten. Besonders die Jesuiten wurden zwischen 1600 und 1700 oft von orthodoxen Bischöfen eingeladen, zu predigen, Schulen einzurichten und die Beichte abzunehmen. Wenn wir ein bestimmtes Datum für den »endgültigen Bruch« angeben sollten, dürfte es nicht vor 1724 liegen, als ein Schisma zwischen propäpstlichen und antipäpstlichen Gruppen in der Kirche von Antiochia eintrat und konkurrierende Patriarchen gewählt wurden. Dies führte zu einer feindseligen Verhärtung, so daß die Türen, die zwischen Orthodoxen und römischen Katholiken bis dahin noch offengestanden hatten, nun zugeschlagen wurden.

In der Kontroverse zwischen der Orthodoxie und Rom gab es von der Zeit Photius' an, also seit dem 9. Jahrhundert, zwei grundlegende Streitpunkte. Ost und West unterschieden sich erstens hinsichtlich des Ausströmens des Heiligen Geistes. Griechen und Lateiner stimmten darin überein, daß der Geist vollkommen persönlich und vollkommen göttlich sei. Die Griechen sprachen das nicänisch-konstantinopolitanische Glaubensbekenntnis jedoch in seiner ursprünglichen Form, indem sie erklärten, daß der Geist »vom Vater ausgeht«; sie betrachteten den Vater, die erste Person der Dreieinigkeit, als die alleinige Quelle des Seins, als die einzige Ursache des hypostatischen Ursprungs in der Gottheit. Die Lateiner dagegen hatten »Filioque« in das Glaubensbekenntnis eingefügt und damit bekräftigt, daß der Geist »vom Vater und vom Sohn ausgeht«. Die Ergänzung scheint ihren Ursprung im Spanien des 6. Jahrhunderts zu haben, doch wurde sie in Rom selbst nicht vor dem frühen 11. Jahrhundert angenommen. Aus byzantinischer Sicht war diese Meinungsverschiedenheit über das Ausströmen des Heiligen Geistes der wichtigste theologische Streitpunkt zwischen den Kirchen, und sie bleibt eine Schwierigkeit für heutige Orthodoxe, die meinen, die westliche Auffassung führe zu einer Abwertung des Heiligen Geistes, zu einer Unterschätzung seiner Persönlichkeit und Autonomie. Orthodoxe haben den Verdacht, daß ein großer Teil der westlichen Auffassung von der Trinität – bei Augustinus, Aquin und auch Barth – die Einheit des göttlichen Wesens auf Kosten der

Verschiedenheit der Personen überbetont habe, und sie betrachten die Hinzufügung des *Filioque* als Symptom dafür.

Der zweite Konfliktpunkt waren die päpstlichen Ansprüche. Orthodoxe sehen den Papst als älteren Bruder im universalen christlichen Episkopat, als den ersten an Ehren und in der pastoralen *diakonia.* Sie schreiben ihm jedoch keinen Supremat der direkten Macht und Gerichtsbarkeit im christlichen Osten zu und können nicht akzeptieren, daß er ein besonderes Charisma habe, das anderen Bischöfen nicht gegeben sei und das ihm den Status der Unfehlbarkeit verleihe. Die östliche Christenheit sieht die Struktur der Kirche konziliar, nicht monarchisch. Viel bedeutender als der Papst oder jeder andere Hierarch ist aus ihrer Sicht das ökumenische Konzil. Die Wahrheit wird in der Kirche auf der Erde, nicht allein durch das Zeugnis eines Bischofssitzes, sondern durch die Übereinstimmung des ganzen Gottesvolkes bewahrt. So erklärten die östlichen Patriarchen in ihrem Brief an Papst Pius IX. im Jahr 1848: »Der Verteidiger der Religion ist der Leib der Kirche an sich, das soll heißen, das Volk (*laos*) selbst.« Relativ wenig wurde jedoch über die päpstlichen Ansprüche von byzantinischen Polemikern gesagt, und viele unter ihnen betrachteten die Frage nicht als Angelegenheit des Dogmas im strengen Sinn, sondern des Kirchenrechts. Die dogmatische Frage *par excellence* blieb immer das Ausströmen des Heiligen Geistes. Das Konzil beschäftigte sich neun Monate mit Debatten über das *Filioque,* dagegen aber nur neun Tage mit den päpstlichen Ansprüchen.

Streit gab es auch in geringeren Fragen, etwa über die Fastenregeln, den westlichen Gebrauch des »Azymon«, des ungesäuerten Brotes beim Abendmahl, die Art der Übertragung der Firmung, das Zölibat der Geistlichen und die Ehescheidung (die im Westen verboten, unter gewissen Bedingungen nach orthodoxem Kirchenrecht jedoch erlaubt war). Den Orthodoxen mißfiel auch die mittelalterliche westliche Lehre von Fegefeuer und Ablaß. Die lateinische Theologie hat immer mehr Gebrauch von juristischen Kategorien gemacht als die Griechen, und in ihrer entwickelten scholastischen Form ist sie viel systematischer und mehr auf das logische Argument ausgerichtet als der vorwiegend mystische Ansatz des christlichen Ostens.

Die Unterschiede wurden in der Hitze des Meinungsstreits über Gebühr betont. Im allgemeinen wurde kaum versucht, zwischen grundlegenden und sekundären Streitpunkten zu unterscheiden. Glücklicherweise waren einige Lateiner, wie Anselm von Havelberg oder Humbert von Romans (nicht zu verwechseln mit Kardinal Humbert, der 1054 den Bannfluch aussprach), weitsichtiger, und das waren auch einige Byzantiner. Theophylakt von Bulgarien (oder von Achrida), der im späten 11. Jahrhundert auf der orthodoxen Seite stand, äußerte sich dahingehend, daß jede Kirche frei sein sollte, ihren eigenen Bräuchen in Dingen wie dem Fasten, dem ungesäuerten Brot und dem geistlichen Zölibat zu folgen. Er ging über die Frage des Papsttums hinweg und betrachtete das *Filioque* als einzigen Punkt von Bedeutung; doch selbst in diesem Fall sah er die Unstimmigkeit weitgehend als linguistische Frage an. Das grundlegende Problem war seiner Meinung nach moralischer und persönlicher Art: »Die Liebe ist kalt geworden.« Darin hatte er gewiß recht. Divergenzen in Lehre und Brauch hätten sich nicht als so hartnäckig erwiesen, wenn die zwei Hälften der Christenheit nicht Fremde füreinander geworden wären – und das aus überwiegend nichttheologischen Gründen. Die größte Hoffnung für die Ost-West-Aussöhnung liegt in unserer Zeit genau in der Tatsache, daß wir heute nicht mehr Fremde sind.

Das Taborlicht

Positiv zu vermerken ist, daß es in der byzantinischen Theologie nach der Epoche der sieben ökumenischen Konzile zu einer Blüte der mystischen Theologie kam. Vor allem zwei Personen sind hier zu nennen. Der erste, Symeon der Neue Theologe, war ein Dichter-Theologe des späten 10. Jahrhunderts. Sein Leitmotiv ist die Nähe und zugleich das Anderssein des Ewigen:

> Ich weiß, daß das Unbewegliche herabkommt;
> Ich weiß, daß das Unsichtbare mir erscheint;
> Ich weiß, daß er, der weit außerhalb der Schöpfung ist,
> Mich in sich aufnimmt und in seinen Armen birgt.
> ...
> Ich weiß, daß ich nicht sterben werde, denn ich bin im Leben,
> Ich spüre das ganze Leben wie einen Springquell in mir.
> Er ist in meinem Herzen, er ist im Himmel.

Symeon war der Meinung, daß es jedem getauften Christen möglich sei, auch in diesem gegenwärtigen Leben, zu einer direkten, bewußten Erfahrung des Heiligen Geistes zu gelangen:

> Sage nicht, es ist unmöglich, den Heiligen Geist zu empfangen;
> Sage nicht, es ist möglich, ohne ihn gerettet zu werden.
> Sage nicht, daß du ihn besitzen kannst, ohne es zu wissen...

Durch die Gnade des Geistes tritt der Christ in einer Vision göttlichen Lichts Christus gegenüber. Symeon selbst wurden solche Visionen mehrfach zuteil. Er beschrieb das Licht als »unstofflich« und »geistig«; für ihn war es kein natürliches, geschaffenes Licht, sondern ungeschaffen und ewig – das Licht war Gott selbst. Er fühlte sich »eins gemacht« mit diesem übernatürlichen Licht in einer Vereinigung, die seine menschliche Persönlichkeit verwandelte, ohne sie auszulöschen:

> O Macht des göttlichen Feuers, o seltsame Energie!...
> Du, der du wohnst, Christus mein Gott, in gänzlich unnahbarem Licht,
> Wie mischt du dich in deinem vollkommen göttlichen Wesen mit Gras?
> ...
> Du, das Licht, verbindest dich dem Gras in einer Vereinigung ohne Vermischung.

Was Symeons Schriften über den Heiligen Geist und das göttliche Licht vermitteln, ist vor allem ein Gefühl der Frische und der Begeisterung. Er betont den Vorrang der persönlichen Erfahrung und stellt damit unter Beweis, wie ungerecht es ist, die spätere byzantinische Theologie als reinen Formalismus zu bezeichnen, dem jede Originalität abgehe. Die gleiche Dynamik und die gleiche Berufung auf die persönliche Erfahrung werden während des 14. Jahrhunderts in einer zweiten beherrschenden Gestalt sichtbar, in Gregor Palamas, dem führenden Theologen des Hesychastenstreits. Ein Hesychast ist einer, der *hesychia* anstrebt, innere Ruhe oder Stille des Herzens, und dies durch das Jesusgebet erreicht. Dabei handelt es sich um eine kurze, ständig wiederholte Anrufung, gewöhnlich in der Form »Herr Jesus Christus, Sohn Gottes, erbarme dich meiner«. Durch innere Auf-

Der heilige Gregor Palamas, Erzbischof von Thessalonike, Theologe des göttlichen Lichts und Verteidiger der hesychastischen Gebetstradition. Diese Ikone aus dem 14. Jahrhundert wurde nur wenige Jahre nach seinem Tod gemalt. Der Vollbart ist im orthodoxen Mönchtum üblich, die auf dem Kopf des Heiligen sichtbare Tonsur findet sich heute dagegen nicht mehr.

merksamkeit und die Wiederholung dieses Gebets, manchmal auch unter Zuhilfenahme einer körperlichen Technik, mit der die Atmung kontrolliert wurde, glaubten die Hesychasten vom Berg Athos, daß sie eine Vision des göttlichen Lichts und damit die Verbindung mit Gott erlangen würden.

Ein in Konstantinopel lebender platonischer Philosoph, Barlaam von Kalabrien, der ursprünglich aus Süditalien kam, leitete einen umfassenden Angriff auf den hesychastischen Standpunkt ein. Unter Verweis auf die göttliche Transzendenz und Unergründlichkeit behauptete er, daß es nur in einem künftigen Leben möglich sei, eine direkte Vision Gottes von Angesicht zu Angesicht zu haben. Er betrachtete das Licht, das die Mönche im Gebet gesehen hatten, als bloß geschaffen und tat ihre körperliche Technik als groben Aberglauben ab. Palamas, der selbst ein Mönch vom Berg Athos war, verteidigte seine Mithesychasten. Ähnlich wie Symeon beharrte er auf der Möglichkeit einer direkten, nicht vermittelten Gotteserfahrung, nicht erst im kommenden Zeitalter, sondern hier und jetzt. Wo Barlaams Eschatologie futuristisch war, wurde die des Palamas verwirklicht oder, genauer, eingeleitet.

Mit der gleichen Überzeugung wie Barlaam glaubte auch Palamas an die Transzendenz

Kaiser Johannes VI. Kantakuzenos leitet das Konzil von Konstantinopel im Jahre 1351. Die Miniatur aus dem 14. Jahrhundert zeigt ihn umgeben von Bischöfen, Mönchen und Laien. Es handelte sich um das Konzil, das Palamas' Lehre vom göttlichen Licht endgültig bestätigte. Die Kaiser führten zwar den Vorsitz bei Kirchensynoden, übten jedoch nie eine absolute Kontrolle über die Kirche aus.

und das Mysterium Gottes. Er ging jedoch einen Schritt weiter und unterschied – unter Bezugnahme auf frühere griechische Kirchenväter wie Basilius von Cäsarea – zwischen dem Wesen und den Energien Gottes. Während Gott in seinem Wesen den Menschen durchaus unerkennbar bleibt, sowohl in diesem Leben als auch im Himmel, kommen seine Energien – das heißt Gott selbst als Handelnder – auf uns herab. Die Heiligen haben dank der Gnade durch einen Bund der Liebe an ihnen teil. Laut Palamas ist das Licht, das die Mönche im Gebet erblicken, kein natürliches Licht der Sinne, obwohl es durch die leiblichen Augen gesehen werden kann. Es sind vielmehr die ungeschaffenen Energien Gottes, das gleiche Licht, das von Christus auf dem Berg Tabor bei der Verklärung ausging und das auch bei seinem zweiten Kommen am Jüngsten Tag von ihm ausgehen wird. Seine Auffassung vom göttlichen Licht deckt sich also grundsätzlich mit der Symeons, obgleich Symeon nicht mit derselben Deutlichkeit erklärte, daß es sich um eine Vision der Energien Gottes und nicht seines Wesens handelt. Palamas maß der körperlichen Technik der Hesychasten keine entscheidende Bedeutung bei, doch hielt er sie für theologisch vertretbar. Er entwickelte eine holistische Anthropologie und argumentierte, der Körper sei aufgerufen, sich mit der Seele in die Arbeit des Gebets zu teilen, so wie er sich auch in die Vision des göttlichen Lichts teilen könne.

Die Palamitische Lehre von den Energien Gottes und dem göttlichen Licht wurde von drei Konzilen in Konstantinopel (1341, 1347, 1351) bestätigt. Dabei bemühte Palamas sich stets, sowohl das Anderssein als auch die Nähe der Gottheit zu wahren. In dialektischer Manier schrieb er von Gott: »Er ist sowohl seiend als auch nichtseiend, er ist überall und nirgends, er hat viele Namen, und er kann nicht benannt werden, er ist immer in Bewegung und unbeweglich, in einem Wort, er ist alles und nichts.« Gott ist Mysterium, alle Wirklichkeit und alles Wissen übersteigend, und dennoch ist Gott der Kern unseres Seins, uns näher als unser eigenes Herz. Er ist unerkennbar, doch wir begegnen ihm von Angesicht zu Angesicht. Die Palamitische Unterscheidung zwischen Wesen und Energien ist von vielen westlichen Theologen mißverstanden worden, die darin eine Gefahr für Gottes Einheit und Einfachheit sahen. Grundsätzlich jedoch äußerte Palamas das unstrittige Argument, das Mystiker in Ost und West gleichermaßen akzeptierten, daß Gott transzendent und doch immanent sei, völlig außerhalb unseres Verstehens und dennoch direkt mit uns in seiner Liebe verbunden.

Symeon und Palamas sind beide Vertreter des negativen oder »apophatischen« Ansatzes, der das Mysterium Gottes, seine Verborgenheit und Unergründlichkeit zu wahren sucht. Die patristische Theologie erscheint dem modernen Leser oft übertrieben spitzfindig, abstrakt, übermäßig spekulativ. In ihrer besten Form berücksichtigte sie jedoch, wie Symeon und Palamas zeigen, immer die Dimension Gottes als Mysterium. Das Göttliche kann in Liebe erfahren, aber nicht in Worten erklärt werden. »Laßt unsägliche Dinge mit Schweigen geehrt werden«, sagte Basilius, und Isaak der Syrer benutzt die Worte: »Schweigen ist das Mysterium des kommenden Zeitalters.« Dem hätten auch Symeon und Palamas zugestimmt.

Die Slawenmissionen

Die byzantinische Christenheit, die an der östlichen Flanke durch die Abtrennung der Nicht-Chalcedonier und das Vordringen des Islam eingeschränkt war, an der westlichen Flanke aber durch die Entfremdung von Rom behindert wurde, expandierte überraschend und auf dramatische Weise nach Norden. In der Mitte des 9. Jahrhunderts begann die Kirche von Konstantinopel erstmals systematisch mit der missionarischen Arbeit un-

Der heilige Sergij von Radonesch: Die bestickte Decke für den Schrein des Heiligen (um 1422) wurde etwa 30 Jahre nach seinem Tod angefertigt und befindet sich heute im Dreifaltigkeitskloster in Sagorsk. Sergij, der oft als »Erbauer Rußlands« bezeichnet wird, war nicht nur Klostergründer und Lehrer des mystischen Gebets, sondern unterstützte auch den nationalen Widerstand der Moskauer Großfürsten gegen die Tataren.

auffälligsten Züge ist eine »kenotische« Eigenschaft, ein Geist des liebenden Erbarmens und der Demut. Die alten Quellen stellen die Grausamkeit Wladimirs vor seiner Bekehrung seiner späteren Sanftmut als Christ gegenüber, die sich zum Beispiel darin zeigte, daß er die Anwendung der Todesstrafe ablehnte. Nach seinem Tod 1015 weigerten sich seine Söhne Boris und Gleb, angesichts des Angriffs ihres Bruders Schutzmaßnahmen zu ergreifen; sie entschieden sich gegen den Weg des Widerstands und ließen es eher zu, getötet zu werden, als daß sie zur Selbstverteidigung das Blut anderer vergossen hätten. Sie können nicht im eigentlichen Sinn als Märtyrer bezeichnet werden, denn sie waren in einem politischen Streit gestorben, aber sie werden als Teilhaber am unschuldigen Leiden Christi gesehen und erhielten den besonderen Titel von »Leidträgern«. Die russische Geschichte ist wie die byzantinische oft von Grausamkeit und Gewalt gekennzeichnet gewesen; Gestalten wie Boris und Gleb bilden ein wichtiges Gegengewicht. Klöster spielten im Kiewer Christentum eine wesentliche Rolle; das bedeutendste klösterliche Zentrum war die Petscherskaja Lawra, das Kiewer Höhlenkloster, das um 1051 von Antonius gegründet und von seinem Nachfolger Theodosius neu organisiert wurde.

Kiew wurde 1237 von den mongolischen Tataren überrannt, und im 14. Jahrhundert verlagerte sich das Zentrum des politischen wie des religiösen Lebens in Rußland nach Moskau. Das Dreifaltigkeitskloster (Troize-Sergijewa Lawra), das um 1340 von Sergij von Radonesch rund 70 Kilometer außerhalb Moskaus gegründet worden war, spielte für die moskowitische Orthodoxie die gleiche Rolle, die die Petscherskaja Lawra im Kiewer Rußland gespielt hatte. Mönche aus dem Kloster des heiligen Sergij trugen viel zur Ausbreitung des christlichen Glaubens in den entlegeneren Regionen Nordrußlands bei. Sergij selbst hielt die mystischen und sozialen Aspekte des Mönchtums im Gleichgewicht, doch unter seinen Nachfolgern kam es im frühen 16. Jahrhundert zu einer Spaltung. Eine Partei, die Besitzer, angeführt von Joseph von Wolokalamsk, betonte die Bedeutung des liturgischen Gottesdienstes im Klosterleben sowie die Verpflichtung der Mönche, gastfreundlich zu sein und für die Armen und Kranken zu sorgen. Um das alles zu ermöglichen, waren die Klöster nach Josephs Überzeugung dazu berechtigt, große Ländereien zu besitzen. Die andere Partei, die Nicht-Besitzer, mit Nil Sorskij als ihrem Hauptwortführer, gab dem inneren Gebet und der strikten Einhaltung asketischer Armut den Vorzug. Josephs Standpunkt setzte sich damals durch, aber die Tradition der Nicht-Besitzer überlebte – oftmals im Untergrund – und diente der russischen Christenheit als geheime Quelle der Lebenskraft.

»Byzanz nach Byzanz«: Die Türkenzeit

Unter dem seit dem Ende des 11. Jahrhunderts wachsenden türkischen Druck schrumpfte das durch die Plünderung Konstantinopels 1204 ohnehin geschwächte Byzantinische Reich immer mehr, um schließlich 1453 zusammenzubrechen. Rückblickend überrascht weniger der Umstand, daß es schließlich erlag, als daß es so lange durchgehalten hatte. Sultan Mehmed II., der Eroberer Konstantinopels, setzte unverzüglich einen Patriarchen ein, Gennadius, den er unter seinen Schutz stellte. »Sei Patriarch mit Glück«, sagte Mehmed zu ihm, »und sei unserer Freundschaft versichert, indem du alle Privilegien bewahrst, die die Patriarchen vor dir genossen haben.« Doch obwohl sie von ihren muslimischen Herren geduldet wurden, befanden sich die Christen des Osmanischen Reichs fortan in einer untergeordneten Stellung. Sie zahlten hohe Steuern und wurden gezwungen, eine bestimmte Kleidung zu tragen. Ihre Kinder konnten ihnen weggenommen werden, um am Hof des Sultans oder in der Janitscharengarde zu dienen. Es war ihnen untersagt, neue Kirchen zu bauen, und vorhandene Kirchen konnten konfisziert werden. Sichtbare Zeichen des christlichen Glaubens wurden auf ein Minimum reduziert; religiöse Prozessionen im Freien waren verboten, ebenso das Glockenläuten. Den Christen war es strengstens verboten, sogar unter Androhung der Todesstrafe, zu versuchen, einen Muslim zu bekehren, während sie selbst ständig dazu ermuntert wurden, abtrünnig zu werden.

Diese äußeren Beschränkungen hatten eine unglückliche Wirkung auf das innere Leben der griechischen Orthodoxie. Die Korruption war in der höheren Kirchenverwaltung weit verbreitet. Der ökumenische Patriarch war gezwungen, die türkischen Behörden für den *berat,* der ihn im Amt bestätigte, zu bezahlen, und die Gebühr erhöhte sich ständig. In der heiligen Synode bildeten sich rivalisierende Parteien, von denen jede ihren eigenen Kandidaten förderte, und es gab häufige Wechsel der Patriarchen, wobei die Türken normalerweise bei ihrer Ernennung und Absetzung die Hand im Spiel hatten. Im 16. Jahrhundert gab es 19 patriarchische Regierungen, im 17. Jahrhundert nicht weniger als 61 mit 31 verschiedenen Patriarchen (häufig hatte dieselbe Person das Amt zu mehreren Zeiten inne), im 18. Jahrhundert waren es 31 Regierungen mit 23 verschiedenen Patriarchen. Diese Zahlen vermitteln einen Eindruck von der geringen Stabilität des kirchlichen Lebens.

Ernster war jedoch, daß es der Kirche so gut wie unmöglich war, höhere Bildungseinrichtungen aufrechtzuerhalten. Ungeachtet der Bemühungen der Patriarchatsakademie in Konstantinopel, der »Großen Schule der Nation«, sank das Bildungsniveau der Geistlichkeit auf einen katastrophal niedrigen Stand. Griechen, die an der Universität studieren wollten, gingen in den Westen, vorzugsweise nach Italien und vor allem nach Padua. Unter römisch-katholischer oder protestantischer Schirmherrschaft erzogen, liefen sie Gefahr, das Gefühl ihrer wahren orthodoxen Identität zu verlieren. Die orthodoxe Theologie erfuhr im 17. und 18. Jahrhundert im Stil eine starke Latinisierung, deren Auswirkungen heute noch sichtbar sind.

Es bestand die Gefahr, daß die Orthodoxie unter den Türken durch stetige Demoralisierung und pure Unwissenheit ausgelöscht werden könnte. In Kleinasien, Bosnien und Albanien kam es zu Übertritten in großem Maßstab. Gelegentlich fanden die Menschen einen Kompromiß, indem sie zu »Kryptochristen« wurden, das heißt nach außen hin dem Islam entsprachen, insgeheim aber weiter ihren christlichen Glauben praktizierten. Wenn man jedoch die weltlichen Vorzüge des Abfalls betrachtet, ist das eigentlich Bemerkenswerte nicht etwa, daß viele abtrünnig wurden, sondern daß so viele ihrem Glauben treu blieben. Besonders in Griechenland widerstand die große Masse der Bevölkerung der Versuchung, zum Islam überzutreten. Viele zogen es vor, für ihren Glauben zu sterben, und diejenigen, die auf diese Weise während der Türkenzeit litten, haben den besonderen Titel »Neue Märtyrer« erhalten. Die Orthodoxie zeigte jedenfalls eine beeindruckende Überlebenskraft. Die Türkenherrschaft war nicht nur eine Zeit des Niedergangs, sondern auch des demütigen Beharrens.

Die Defensive, in die die Kirche gedrängt worden war, führte zur Stagnation. Die Orthodoxie blieb im Grunde ihrer byzantinischen Erbschaft treu, vermochte dieses Erbe jedoch nicht kreativ weiterzuentwickeln. Der konservative Geist, der in einigen Bereichen schon in der späteren byzantinischen Periode sichtbar wurde, trat nun viel deutlicher hervor. Patriarch Jeremias II. von Konstantinopel sei hier stellvertretend für jenen unnachgiebigen Traditionalismus zitiert:

»Es ist nicht die Praxis unserer Kirche«, so äußerte er sich 1590, »in irgendeiner Weise Neuerungen einzuführen, wogegen die westliche Kirche unaufhörlich Neuerungen einführt... Wir erdreisten uns nicht, aus den alten Büchern ein einziges ›Jota oder i-Tüpfelchen‹, wie man sagt, zu entfernen. Das hat man uns gelehrt und das ist unser Zweck – denen, die vor uns waren, zu gehorchen und uns ihnen zu unterwerfen.«

Die größte intellektuelle Herausforderung, der sich die griechische Orthodoxie in der Türkenzeit zu stellen hatte, waren Reformation und Gegenreformation. Zum ersten bedeutenderen Kontakt zwischen Orthodoxen und Protestanten kam es 1573, als Patriarch Jeremias II. eine Delegation von lutherischen Gelehrten aus Tübingen empfing. In seiner anschließenden Korrespondenz mit ihnen, die Themen wie Willensfreiheit und Gnade, Bibel und Tradition, die Sakramente, das Gebet für die Toten und die Anrufung der Heiligen berührte, zeigte er keine Neigung, den protestantischen Standpunkt zu übernehmen, sondern beharrte streng auf der traditionellen Orthodoxie. Eine Generation später gab jedoch ein anderer Patriarch von Konstantinopel, der glänzende, allerdings vom Unglück verfolgte Cyrill Loukaris, ein Glaubensbekenntnis heraus (1629), das in seiner Lehre stark calvinistisch war. Neun Jahre später wurde er auf Befehl der türkischen Behörden erdrosselt. Sein Bekenntnis provozierte eine antiprotestantische Reaktion und wurde auf den Konzilen von Jassy (1642) und Jerusalem (1672) verurteilt, die ihrerseits Erklärungen zum Glauben hervorbrachten, die stark von der römisch-katholischen Theologie beeinflußt waren. Besonders sprachen sie von der »Transsubstantiation« der Elemente bei der eucharistischen Konsekration; dieser Begriff aus der lateinischen Scholastik wird von der heutigen Orthodoxie gewöhnlich gemieden, obgleich man von der wirklichen Gegenwart Christi in der Eucharistie fest überzeugt blieb. Zu einem überraschend konstruktiven Austausch kam es zwischen den östlichen Patriarchen und den anglikanischen Non-Jurors (die sich 1689 geweigert hatten, den Eid auf Wilhelm III. zu leisten) zwischen 1716 und 1725. Hier wurde ein großes Maß an theologischer Übereinstimmung erreicht. Die Korrespondenz wurde jedoch abgebrochen, als die Orthodoxen merkten, daß die Non Jurors nicht die ganze anglikanische Kirche vertraten. Dies ist bei weitem die faszinierendste ökumenische Begegnung für die Orthodoxen während der türkischen Periode gewesen.

Mit dem Niedergang der griechischen Christenheit unter den Türken ging die Führung der orthodoxen Welt an die große Kirche von Rußland über. Bis zur zweiten Hälfte des 15. Jahrhunderts hatten die Großfürsten von Moskau die Tatarenherrschaft endgültig abgeschüttelt. Sie begannen sich als Erben des Byzantinischen Reichs zu betrachten und Moskau als Drittes Rom zu sehen, das an die Stelle des Zweiten Roms an den Küsten des Bosporus trat. Dieser Anspruch wurde erhärtet, als das Oberhaupt der russischen Kirche 1589 Patriarch wurde; aber das Patriarchat von Moskau stand nur an fünfter Stelle in der orthodoxen Welt, da es nach den vier alten Patriarchaten des Ostens kam.

Nikodemus vom heiligen Berg, Mitherausgeber der *Philokalia.* Dieses Porträt erscheint als Frontispiz zu seinen *Synaxaristes,* einer Sammlung von Heiligenleben, die 1819, zehn Jahre nach seinem Tod, erschien. Der unermüdliche Schreiber und Erbe der Hesychasten des 14. Jahrhunderts war aus tiefstem Herzen dem Jesusgebet hingegeben.

Die russische Orthodoxie wurde in der Mitte des 17. Jahrhunderts durch ein Schisma geschwächt, als der dynamische und autoritäre Patriarch Nikon von Moskau im Zusammenhang mit einem umfassenden Reformprogramm liturgische Veränderungen einführte, die von einer beträchtlichen Zahl russischer Christen abgelehnt wurden. Diese »Altgläubigen« – genauer wäre es, sie als »Altritualisten« zu bezeichnen –, blieben auf Dauer vom eigentlichen Leib der russischen Kirche getrennt. Ihre Aufrichtigkeit und Strenge spiegelt sich in der berühmten Autobiographie eines ihrer Führer, des Erzpriesters Awwakum.

Ein weiterer Schlag traf die russische Kirche zu Beginn des 18. Jahrhunderts. 1721 erließ Zar Peter der Große das Geistliche Reglement, mit dem er das Moskauer Patriarchat abschaffte und die Kirche unter ein »geistliches Kollegium«, den Heiligsten Synod, stellte, in dem verheiratete Geistliche wie Bischöfe saßen. Ihrer Führung beraubt, wurde die russische Kirche von den weltlichen Autoritäten in einem Maße abhängig, wie es in Byzanz nie der Fall gewesen war. Hierarchen und Gemeindepriester wurden wie Staatsdiener behandelt. Peter und mehrere seiner Nachfolger zeigten eine ausgesprochene Feindseligkeit gegenüber dem Mönchtum, und zahlreiche religiöse Häuser wurden unterdrückt. Doch unter der Oberfläche ging das wahre Leben des orthodoxen Rußland weiter und fand während des späten 18. Jahrhunderts denkwürdigen Ausdruck in der Person Tichons von Sadonsk, eines »kenotischen« Bischofs mit ausgeprägtem sozialem Gewissen in der Tradition des Johannes Chrysostomus.

1782 erschien in Venedig ein auf griechisch verfaßter Folioband mit dem Titel *Philokalia* (»Liebe zur [geistigen] Schönheit«). Herausgegeben wurde er von Makarius von Korinth in Zusammenarbeit mit einem Mönch vom Berg Athos, Nikodemus. Es war vielleicht das bedeutsamste Buch, das in den vier Jahrhunderten türkischer Herrschaft entstand. Es handelt sich dabei um eine Sammlung religiöser Texte in hesychastischer Tradition, die sich mit dem asketischen Leben, dem Jesusgebet, der inneren Stille und der mystischen Vereinigung befassen. Hier werden die wahren Kraftquellen sichtbar, die es der griechischen Orthodoxie ermöglichten, unter den Türken zu überleben. Das Buch wurde bald darauf von Paissij Welitschkowskij, einem ukrainischen Mönch, der sich in der Moldau niedergelassen hatte, ins Slawische übersetzt und übte nachhaltigen Einfluß auf

»Die Kirche ist ein irdischer Himmel...«: Der heilige Basilius neigt sich bei der Feier der Liturgie betend vor dem Altar (Wandgemälde in der Sophienkirche in Ochrid, Makedonien, um 1056). Die Basilius und Johannes Chrysostomus zugeschriebenen Liturgien sind heute maßgeblich für die Kirche.

das Rußland des 19. Jahrhunderts aus. Es ist auf symbolische Weise passend, daß ein Buch wie die *Philokalia* ausgerechnet in dem Augenblick erschien, als das östliche Christentum an der Schwelle zur Moderne stand. Denn das kostbarste Geschenk, das die Orthodoxie dem christlichen Westen in unserer Zeit machen konnte, ist gewiß ihre Tradition der mystischen Theologie gewesen, ihr Verständnis der Stille und das Gebet des Herzens.

Die Muttergottes als Beschützerin und Fürsprecherin mit zum Gebet erhobenen Händen (russische Ikone, um 1224). Die Fürbitte der Heiligen ist ein ständiges Thema in allen Gottesdiensten des christlichen Ostens.

Himmel auf Erden

Um Christen in der Vergangenheit oder Angehörige anderer Religionsgemeinschaften zu verstehen, ist es von Nutzen, sich mit ihrer Gebetserfahrung zu beschäftigen. Wie empfinden sie das Heilige? Wie nehmen sie das Numinose wahr, das »Jenseits mitten unter uns«? In welcher Weise stehen sie vor Gott?

Für den byzantinischen Gläubigen wie für den heutigen östlichen Christen läßt sich die Erfahrung des Gebets wohl am besten in dem Ausdruck »Himmel auf Erden« zusammenfassen. Genau diesen Eindruck machte die soeben wiederhergestellte Hagia Sophia auf Prokop: »Der Geist des Besuchers wird zu Gott erhoben und schwebt empor, denkend, daß er nicht weit weg sein könne, aber besonders gern an diesem Ort, den er selbst gewählt hat, verweilen müsse.« Ähnlich beeindruckt äußerte sich der legendäre Bericht über die Bekehrung Rußlands in der Nestor zugeschriebenen *Ur-Chronik* aus dem 12. Jahrhundert: »Wir wußten nicht, ob wir im Himmel oder auf der Erde waren«, berichteten die Gesandten Fürst Wladimirs, nachdem sie am Gottesdienst in der Hagia Sophia teilgenommen hatten. Germanos von Konstantinopel schrieb: »Die Kirche ist ein irdischer Himmel, in dem der himmlische Gott wohnt und wandelt.«

Dies ist das Grundempfinden des Heiligen in der Orthodoxie. Die Erfahrung des »Himmels auf Erden« wird vor allem in der zentralen Handlung des Gottesdienstes sichtbar, der Darbringung der Eucharistie oder der göttlichen Liturgie, wie es im christlichen Osten heißt. Es ist dies ein kunstvollerer und ausdrucksstärkerer Ritus als die lateinische Messe. Die Feier der Liturgie verbindet das irdische und das himmlische Reich in einer Einheit. Wenn die heiligen Gaben beim großen Einzug in das Allerheiligste getragen werden, ist es Christus selbst, der eintritt, begleitet von den Engeln. Die Mitglieder der sichtbaren Versammlung werden in eine Handlung aufgenommen, die viel mehr umfaßt als sie selbst: Sie werden zu Konzelebranten am himmlischen Altar mit Christus, dem einen Hohenpriester, mit der Mutter Gottes, den körperlosen Mächten des Himmels und den Heiligen. Das östliche Christentum mißt der Gegenwart und Fürbitte der Heiligen und vor allem der *Theotokos*, der Schutzherrin Konstantinopels, der Mutter und Hüterin der orthodoxen Menschen, größte Bedeutung bei. Die unmittelbare Einbeziehung der unsichtbaren Kirche in die irdische Feier wird durch die Ikonen verstärkt, die den Gläubigen von allen Seiten umgeben und in ihm die Empfindung wecken, daß die Kirchenmauern ihn nicht etwa einschließen, sondern sich hinaus in die Ewigkeit öffnen.

»Die Kirche«, bekräftigt Johannes Chrysostomus, ist der Ort der Engel, der Erzengel, das Reich Gottes, der Himmel selbst.« Hier, in dieser Vision des »Himmels auf Erden«, liegen die tiefste Inspiration der östlichen Christenheit und ihr lebendiges Herz.

Am Rand der Wüste vermittelten Grenzposten wie Sergiopolis (Rusafa) den Arabern Elemente byzantinischer Kultur – Christentum und zentralistische Monarchie. Der Schrein des heiligen Sergius wurde besonders von den Ghassaniden verehrt, den christlichen arabischen Verbündeten von Byzanz, die eines ihrer saisonalen Lager außerhalb der Mauern errichteten (*oben*): Die Spuren der rechteckigen Blockhäuser sind in der ebenen Umgebung noch sichtbar.
Einen kunstvollen Audienzsaal und Thronraum (*unten*) erbaute der Ghassanidenführer al-Mundhir in Sergiopolis (um 570), um seinen Anspruch zu unterstreichen, mit byzantinischer Unterstützung König aller Araber zu sein.

5

Christentum und Islam

Jeremy Johns

Einleitung

Das Verhältnis zwischen Christentum und Islam während des Mittelalters wird normalerweise im Westen vom Standpunkt des militärischen Konflikts und im Osten vom arabischen Beitrag zur westlichen Kultur her gesehen. Es ist symptomatisch für die vergangene (und für die gegenwärtige) Beziehung zwischen den zwei Religionen, daß jede sich auf eine Kernfrage konzentriert, die von der anderen als Randproblem angesehen wird. Außerdem klammern beide die Frage aus, die heute im Mittelpunkt des Verhältnisses zwischen den zwei Religionen zu stehen scheint: Wie und warum geschah es, daß der Islam erfolgreich christliche Gemeinschaften in die muslimische Gesellschaft eingliedern konnte, während das christliche Europa mit seinen Versuchen, Muslimen innerhalb der Christenheit einen Platz zu bieten, völlig versagte?

Christentum und Araber vor dem Islam

Die Eroberung des Ostens durch Pompejus (66-63 v. Chr.) schuf die politische Geographie, die die Geschichte des Vorderen Orients bis zum Islam bestimmen sollte. Zwei Supermächte, Rom und Persien, standen einander am Euphrat gegenüber. Die Syrische Wüste lag wie ein Keil zwischen beiden. In dieser Wüste und weiter nach Süden in die Arabische Halbinsel hinein war die Heimat der Araber.

Bis ins 3. Jahrhundert n. Chr. beherrschten arabische Reiche die Wüste zwischen Rom und Persien. Unabhängige Karawanenstädte, Hauptstädte ausgedehnter Handelsreiche und zugleich Zentren mächtiger militärischer Organisationen waren Edessa, Petra, Hatra und Palmyra. Zunächst duldeten die Supermächte diese Rivalen, doch begannen sie während des 2. und 3. Jahrhunderts damit, die arabischen Karawanenstädte zu unterdrücken. Ihre Zerstörung hatte zwei wichtige Nachwirkungen.

Zum einen wurden die seßhaften Araber schnell an die Kultur des Römischen Reichs assimiliert. Das Christentum, das sich unter den Aramäisch sprechenden Arabern des Reichs schon weit ausgebreitet hatte, wurde vom 3. bis zum 5. Jahrhundert fast allgemein angenommen und zur spezifischen Form der syrischen Kirche weiterentwickelt.

Zum anderen waren Rom und Persien nach wie vor auf zusätzlichen Schutz entlang ihrer Grenzen angewiesen, sowohl voreinander als auch vor den Beduinen der Wüste, weshalb sie halbnomadische Araber ermunterten, sich an der Grenze anzusiedeln. Ostrom oder Byzanz nahm die Christianisierung dieser arabischen Bundesgenossen in Angriff, so daß zu den Bindungen des Militärdienstes, der durch jährliche Hilfsgelder erkauft wurde, das Band des gemeinsamen Glaubens trat. Konstantins Militarisierung des Christentums bescherte den arabischen Kriegern den Siegreichen Christus, einen Gott, dem sie an der Seite ihrer byzantinischen Verbündeten in die Schlacht folgen konnten, sei es gegen die zoroastrischen Perser, die heidnischen Araber oder – schließlich – die Muslime.

In den Randgebieten der arabischen Bundesgenossen waren Klöster und Kultzentren die Hauptträger der Bekehrung: Häufig entstand ein saisonales Lager in der Nähe eines Klosters oder umgekehrt, und religiöse Stätten wurden oft in den Rhythmus des halbnomadischen Lebens einbezogen. Im 6. Jahrhundert bauten die Ghassaniden, die arabischen Verbündeten von Byzanz, eines ihrer wichtigsten saisonalen Lager außerhalb der Mauern von Rusafa (Sergiopolis), dem Hauptheiligtum des heiligen Sergius. Das jährliche Fest dieses Heiligen (15. November) fiel mit der Wanderung der Stämme von ihrem Sommerweideland am Euphrat nach Süden zusammen. In dem arabischen Lager errichteten die Ghassanidenführer einen prächtigen, kunstvollen Audienzsaal im byzantinischen Stil. An Orten wie Rusafa kann man beobachten, in welcher Weise das Christentum sich mit einer arabischen militärischen Aristokratie verband, die von einer zentralen Autorität gelenkt wurde, welche ihrerseits von der byzantinischen Herrschaft inspiriert und nach deren Vorbild gestaltet worden war.

Tatsächlich beschleunigte das Bündnis mit Byzanz die Entwicklung einer arabischen nationalen Identität und die Anhebung des Arabischen von einer nur gesprochenen Sprache zur Schriftsprache. Die kaiserliche Verwaltung förderte das Entstehen einer zentralistischen Monarchie unter den arabischen Bundesgenossen. Sie verlieh dem Kommandanten der Verbündeten und seinen Nachfolgern den Titel »Phylarch« und ließ ihm die Ehrungen des kaiserlichen Hofes zuteil werden: In der Folge nannte sich der Anführer der Verbündeten »König aller Araber«. Mit diesem Titel erscheint Imru' al-Qais († 328), der Vasallenkönig von Byzanz, auf seinem Epitaph, der Namara-Inschrift, der frühesten bekannten sprachlichen Form, die als Arabisch identifiziert werden kann. Das Christentum übte eine ähnlich bindende Wirkung aus, und bis zum Ende des 4. Jahrhunderts hatte sich bereits eine reife arabisch-christliche Kultur mit einem arabischen Episkopat, arabischen Kirchen- und Klostergründungen, arabischen Heiligen und vielleicht einer arabischen Liturgie und einer arabischen religiösen Dichtung herausgebildet.

Die Entfaltung einer spezifisch arabisch-christlichen Kultur wurde im 5. Jahrhundert durch die Ausbreitung des Nestorianismus und Monophysitismus unter den christlichen Arabern erleichtert, denen die Opposition gegen die offizielle byzantinische Kirche gemeinsam war. Der Nestorianismus war am stärksten in Ostsyrien, im persischen Bereich, wo er als eine offizielle persische Kirche eingeführt wurde, die Byzanz feindlich gesinnt, aber nahezu ausschließlich unter den Arabern Mesopotamiens und Babyloniens tätig war. Im Gegensatz dazu stellte der Monophysitismus beinahe eine Dissidentenbewegung innerhalb des byzantinischen Bereichs dar. Im 5. und 6. Jahrhundert kam es häufig zu

MOHAMMED GEHT DEN PROPHETEN ABRAHAM, MOSES UND JESUS IM GEBET VORAN, al-Aqsa-Moschee in Jerusalem (*oben*). Die islamische heilige Geschichte stellt Mohammed an das Ende einer prophetischen Tradition, die von Adam, Abraham, Moses und Jesus herrührt.
DER HEILIGE FRANZ VON ASSISI PREDIGT VOR DEM MAMELUCKENSULTAN AL-KAMIL (*unten*). Der Sultan zeigte sich von der franziskanischen Mission nicht beeindruckt, und am Ende gab es mehr Märtyrer als Bekehrte.

gewaltsamen Aufständen gegen die Autorität des Kaisers und des Patriarchen sowie zu systematischen Verfolgungen der Monophysiten in Nordsyrien. Ganze Mönchsgemeinschaften wurden in die Wüste getrieben, wo sie ihren Glauben unter den Arabern verbreiteten und die Feindseligkeit letzterer gegenüber der Staatskirche festigten. Das Überleben des monophysitischen Christentums unter dem Islam ist bemerkenswert: Die Jakobiten von Nadschran in Jemen waren die einzigen Christen auf der Halbinsel, die nach der Einführung des Islam geduldet wurden, während der mesopotamische Stamm der Taghlib sein Christentum bis ins 11. Jahrhundert behielt.

Die Städte im nordwestlichen Arabien blieben jedoch von der Ausbreitung des Christentums unter den syrischen Arabern ausgeschlossen. Einer Erzählung zufolge begleitete der junge Mohammed die Karawane seines Onkels von Mekka nach Bostra in Syrien, wo er von einem Einsiedler als der Prophet erkannt wurde, dessen Mission von der Bibel vorausgesagt worden war. Die Geschichte offenbart nur, wie wenig ihr Erzähler vom syrischen Christentum wußte, denn selbst bei dem Namen des Mönchs – Bahira –

Die Anerkennung des Propheten Mohammed durch den christlichen Einsiedler Bahira symbolisiert in der islamischen Tradition den Vorrang der Sendung Mohammeds vor derjenigen Christi. Die mittelalterlichen christlichen Kritiker des Islam identifizierten Bahira jedoch als diejenige heterodoxe Quelle, aus der Mohammeds angeblich häretische Lehren herrührten.

handelt es sich um eine Verwechslung mit dem syrischen Titel *bhira*, »Geistlicher«. Dennoch enthält der Koran mehrere Passagen, die eindeutig aus christlichen Quellen stammen. Einige davon spiegeln genau die Traditionen, denen sie entnommen wurden, andere, wie der Bericht vom Letzten Abendmahl, scheinen auf einem grundlegenden Mißverständnis zu beruhen, und wieder andere widersprechen der christlichen Lehre und stellen zentrale christliche Dogmen wie die göttliche Natur Christi und die Auferstehung in Frage.

Wann genau diese und andere christliche Einflüsse in den Koran aufgenommen wurden, läßt sich nicht mit Sicherheit feststellen: Die islamische Überlieferung ist fast die einzige Quelle, die uns zur Verfügung steht, und es sind noch keine befriedigenden Kriterien gefunden worden, mit denen sich Verläßlichkeit und Chronologie der zahllosen Elemente sicher untermauern ließen. Die islamische Überlieferung bewahrt in der Tat die Namen einiger Christen, die zur Zeit Mohammeds im heidnischen Mekka lebten, und behauptet sogar, daß das Innere der Ka'ba in Mekka mit Gemälden von Jesus und Maria geschmückt war, doch genügt dies nicht, um auf die Existenz einer aktiven christlichen Gemeinde in Mekka zu schließen, geschweige denn auf eine, die einen derart starken Einfluß auf den Islam gehabt hätte. Erst nach der arabischen Eroberung Palästinas und Syriens hatte die junge muslimische Gemeinschaft nennenswerten Kontakt mit dem Christentum. Der wichtigste Einfluß des Christentums auf den neuen Glauben bestand darin, daß er den frühen Islam veranlaßte, sich gegen die Praktiken und Überzeugungen seiner neuen christlichen Untertanen zu definieren.

Die militärische Bedrohung

Der Islam stellte zweimal eine militärische Herausforderung für das Christentum dar, zum einen während der Eroberungen von der Mitte des 6. bis zur Mitte des 8. Jahrhunderts, als die gesamte Christenheit eine Zeitlang in Gefahr schien, überrannt und besiegt zu werden, zum anderen vom 15. bis zum 17. Jahrhundert, als die Osmanen nach der Weltherrschaft griffen. Ansonsten blieb der militärische Konflikt zwischen christlichen und muslimischen Mächten auf begrenzte geographische Regionen beschränkt. Die westliche historiographische Tradition hat die Bedeutung der beiden großen militärischen Bedrohungen des Christentums in hohem Maße verdunkelt, indem sie sich auf einzelne regionale Konflikte konzentrierte und diese als »Kreuzzüge« zusammenfaßte. In Wirklichkeit war der Angriff des Westens auf das östliche Mittelmeer (zwischen dem 11. und 13. Jahrhundert), selbst wenn er mit der christlichen Eroberung Siziliens und der Iberischen Halbinsel zusammengesehen wird, ein kleineres Ereignis, das für den Islam wenig mehr als eine Belästigung darstellte. Weder liefen die Kreuzzüge auf eine militärische Bedrohung des Islam hinaus, noch bedrohte der muslimische Gegenangriff das Christentum.

Der islamischen Überlieferung zufolge wurde Mohammed um 570 in Mekka im Hidjas (nordwestliches Arabien) geboren. Dort trat er ungefähr von 610 an als Prophet auf, sah sich aber wegen der Opposition in Mekka 622 gezwungen, mit seinen Anhängern nach Medina auszuweichen. Während des nächsten Jahrzehnts, bis zu seinem Tod im Jahr

Die Pala d'oro in San Marco, Venedig, die wahrscheinlich im späten 10. Jahrhundert geschaffen und während des Mittelalters mehrfach verändert wurde. Es ist die schamloseste Ausstellung der Schätze der mittelalterlichen Kirche, darunter 1 300 Perlen, 90 Amethyste, 300 Smaragde und 83 große Emailarbeiten, viele davon Beutestücke aus der byzantinischen Welt.

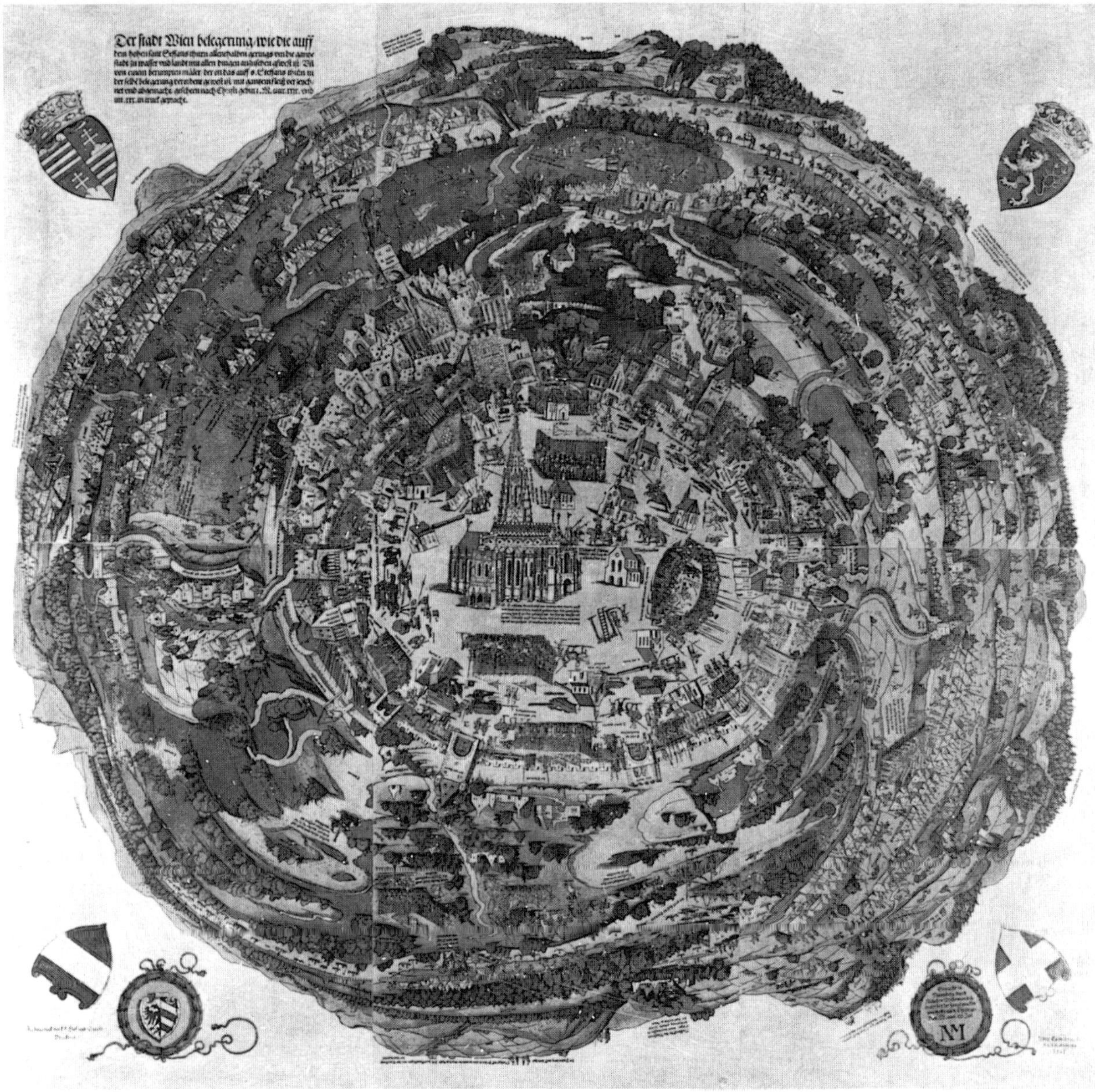

DIE BELAGERUNG WIENS 1683 markiert den Höhepunkt der osmanischen Expansion in das christliche Europa. Die Bedrohung des Christentums durch die zweite militärische Offensive des Islam war weitaus größer als zur Zeit der frühen muslimischen Eroberungen oder während der Kreuzzüge. Die zerstrittenen Kleinstaaten Europas, die noch unter den Folgen des Dreißigjährigen Kriegs zu leiden hatten, schienen dem osmanischen Vorstoß nichts entgegensetzen zu können, doch der Umschwung bahnte sich bereits an.

632, formulierte Mohammed die Grundzüge jener Politik, die unter seinen Nachfolgern, den Kalifen, zur Eroberung eines großen Teils des Mittelmeerraums und des Vorderen Orients führen sollte. Während dieses Jahrzehnts entstand in Medina eine herrschende Elite, in der Mohammeds Anhänger und die Aristokratie, die Mekka seit dem frühen 6. Jahrhundert kontrolliert hatte, verbunden waren. Mohammed selbst gehörte der herrschenden Schicht Mekkas an, die anfangs am stärksten gegen ihn opponierte.

Die Geburt Mohammeds (um 570), aus einem Manuskript des frühen 14. Jahrhunderts. Die Komposition ist in großen Zügen von der üblichen Darstellung der Geburt Christi in der byzantinischen Malerei abgeleitet und beweist den starken Einfluß, den die christliche Ikonographie auf die islamische Malerei ausübte. Die in den Darstellungen sichtbaren Ähnlichkeiten des Lebens Mohammeds mit dem Leben Jesu wurden von mittelalterlichen Kritikern als perverse und blasphemische Verspottung der Evangelien gedeutet.

Das Hauptziel der Elite Medinas während der Regierung des ersten Kalifen, Abu Bakr (632-34) sowie in den frühen Jahren Omars (643-44) scheint die Einbeziehung aller Araber der Halbinsel einschließlich Syriens, Ägyptens und Iraks in einem geeinten Staat unter der Kontrolle Medinas gewesen zu sein. Der Integrationsprozeß verlief nicht friedlich. Mohammed hatte die Ergebenheit des Hidjas und eines Großteils Zentral- und Südwestarabiens durch Waffengewalt, aber auch durch Diplomatie gesichert. Nach seinem Tod brach ein heftiger Aufstand gegen die Hegemonie Medinas aus, der von Abu Bakr energisch unterdrückt wurde. Dieser Sieg der Elite Medinas und ihrer loyalen Stammesverbündeten dehnte ihre Autorität über die gesamte Halbinsel aus. Nur die Araber Syriens blieben weitgehend unabhängig. Mohammed selbst soll zwei Expeditionen an die nördlichen Grenzen der Halbinsel geschickt haben, doch erst unter Abu Bakr wurden die Stämme im südlichen Syrien in die neue Gemeinschaft eingegliedert. Omar gelang es 634-36, diese Gewinne durch die Besetzung der Schlüsselstädte Südsyriens zu konsolidieren, was eine massive byzantinische Gegenoffensive auslöste. Die entscheidende Niederlage von Byzanz in Syrien am Jarmuk (um 636) ebnete den Weg zur Eroberung Nordsyriens 637-48. Zur selben Zeit fand die Eroberung Iraks und Ägyptens statt.

Die besiegten arabischen Stammesangehörigen der Halbinsel sowie Syriens, Ägyptens und Iraks bildeten in der Folgezeit das Instrument, mit dem die Regierung in Medina die frühen Eroberungen zuwege brachte. Das soll nicht heißen, daß die Eroberungen das Ergebnis von Stammeswanderungen waren, denn die arabischen Armeen waren klein, gut ausgerüstet, sehr diszipliniert und wurden zentral kontrolliert. Ihre Struktur und ihre Erfolge bezeugen die Fähigkeit der Elite von Medina, ihre Stammesuntertanen mit Hilfe verschiedener praktischer Maßnahmen zu regieren: dazu zählten die Lockungen materieller Gewinne aus Kriegsbeute, Militärsold und Landgeschenken, eine strenge, fest zusammenhaltende militärische Organisation, die weitgehend auf bestehenden Stammesstrukturen beruhte, eine gründlich durchorganisierte Politik der kontrollierten Einwanderung in das eroberte Land und ein Steuersystem, das so zugeschnitten war, daß es die Besiedlung der eroberten Gebiete förderte und das Nomadentum benachteiligte.

Da es keine Hinweise darauf gibt, daß die ersten Kalifen die Eroberung des byzantinischen Syrien und des sassanidischen Irak aus ideologischen Gründen in Angriff nahmen, ist es höchst wahrscheinlich, daß der direkte Konflikt mit Byzanz und Persien anfangs nicht auf die Eroberung der zwei Supermächte zielte, sondern nur auf die Einbeziehung der an und in ihren Grenzen wohnenden Araber in die Politik Medinas. Die byzantinischen und sassanidischen Gegenangriffe in den dreißiger Jahren des 6. Jahrhunderts lösten eine erneute arabische Offensive aus, die wegen der inneren Schwächen beider Reiche zur endgültigen Niederlage von Byzanz in Syrien und zur völligen Zerstörung des sassanidischen Persien führte. Es ist durchaus denkbar, daß dieser rasche Erfolg die arabischen Führer dazu veranlaßte, sich auf die zweite Expansionswelle einzulassen. Zwischen 656 und 692 lenkten innere Konflikte zunächst die Energien der Araber von Expansion und Eroberung ab, doch unter den Umajjaden-Kalifen Abd al-Malik (685-705) und al-Walîd I. (705-14) wurden die muslimischen Armeen (wie man sie nun nennen darf) in einen neuen Angriff gegen Byzanz getrieben. Im Westen gipfelte der muslimische Vorstoß entlang der nordafrikanischen Küste 711 in der Invasion Spaniens. Bis 716 war die Eroberung der Iberischen Halbinsel so gut wie abgeschlossen, und die arabischen Armeen begannen mit Vorstößen nach Norden ins Frankenreich. Die Invasion im Westen fiel mit dem letzten gemeinsam geplanten arabischen Angriff auf Konstantinopel zusammen (717-18): So sollte Byzanz gleichzeitig von Osten und Westen angegriffen werden. Schließlich war keine der beiden Offensiven erfolgreich: Die Araber gaben die Belagerung Konstantinopels auf, und 732 machte Karl Martell dem arabischen Vorstoß nördlich der Pyrenäen ein Ende. Bis 750 war der erste große Abschnitt der islamischen Expansion abgeschlossen.

Es gibt allerdings einen wichtigen Unterschied zwischen den Eroberungen der ersten vier Kalifen (632-56) und denen der Umajjaden (692-750). Syrien, Ägypten und Irak gehörten weitgehend zur gleichen ethnischen und kulturellen Umwelt wie die Arabische Halbinsel, und ihre Eroberung war in hohem Maße von dem Wunsch motiviert, die Araber dieser semitischen Welt zu vereinen. Die anschließenden Eroberungen fanden jedoch in neuen und gänzlich fremden Kulturen statt: im türkischen Osten und im lateinischen Westen. Während die treibende Kraft der frühesten Eroberungen die arabische Integration gewesen war, richteten sich die Vorstöße der Umajjaden-Armeen gegen äußere nichtarabische Feinde. Außerdem war die zweite Hälfte des 7. Jahrhunderts nicht nur durch den Bürgerkrieg geprägt worden, sondern auch durch einen ideologischen Gärungsprozeß, der den Islam zur Reife führte und ihn in den arabischen Armeen fest verankerte. Die umajjadischen Eroberungen des heidnischen Ostens und des christlichen Westens nahmen den Charakter eines ideologischen Konflikts an. Die militärische Bedrohung der Christenheit war real, und zu Beginn des 8. Jahrhunderts muß es einige Jahre lang geschienen haben, als würden sowohl Byzanz als auch der christliche Westen dem Islam unterliegen. Schließlich führte das Unvermögen der Umajjaden, die nichtarabischen Muslime der neu eroberten Gebiete in die politische Hierarchie einzugliedern, zu Aufständen in Nordafrika und in Iran, so daß die Stoßkraft der Eroberungen von innen her geschwächt wurde.

Nichtsdestoweniger machte der Islam während des 9. Jahrhunderts wichtige Fortschritte im christlichen Mittelmeer. Die Eroberung Kretas (823) öffnete den Weg zur Invasion Siziliens (827), und als die Eroberung der Insel 902 abgeschlossen war, drang eine muslimische Armee nach Italien ein und unternahm einen zweiten, jedoch gleichermaßen erfolglosen Versuch, Konstantinopel von Westen her anzugreifen. Sizilien blieb bis 1060-92 in arabischer Hand und diente während des 9. und 10. Jahrhunderts als Basis für Überfälle auf Italiens tyrrhenische und adriatische Küsten: Im Jahr 846 kam es sogar zur Plünderung Roms. Kurzlebigere arabische Stützpunkte wurden auf dem Festland in Bari (843-71), später in Agropoli und noch bis 915 auf dem Garigliano errichtet. Weiter nördlich gründeten die Muslime eine Kolonie in Fraxinetum (888-972), von wo aus sie für viel Unruhe in der Provence und in den Ligurischen Alpen sorgten. Der muslimische Vormarsch im zentralen Mittelmeergebiet war nur möglich, solange ein starker und koordinierter Widerstand fehlte. Während des 11. Jahrhunderts verdrängten das kraftvolle Wachstum der tyrrhenischen Seestädte und die Gründung des Normannenstaates in Süditalien und Sizilien den muslimischen Brückenkopf. Gleichzeitig gingen nach dem Zusammenbruch des Kalifats von Córdoba (1031) die christlichen Königreiche Nordspaniens in die Offensive und hatten bis zum Ende des Jahrhunderts einen großen Teil des kastilischen Hochlands zurückerobert.

Im Vorderen Orient hatte Byzanz schon vorher die Initiative ergriffen und in den Jahren nach 960 seine Grenze über die Kilikische Ebene hinaus vorgeschoben. 969 wurden Antiochia und Aleppo eingenommen, von denen ersteres gehalten und als Ausgangsbasis für Johannes Tzimiskes' (969-76) Expedition von 972, die weit nach Palästina vorstieß, genutzt wurde. Für ein Jahrhundert gehörten Armenien und ein großer Teil Syriens wieder zum Reich.

DIE VERTEIDIGUNG DER CHRISTENHEIT GEGEN DEN ISLAM wurde fünf Jahrhunderte lang weitgehend Byzanz überlassen. Westeuropa wußte kaum etwas vom Islam und stand den Byzantinern feindselig gegenüber.

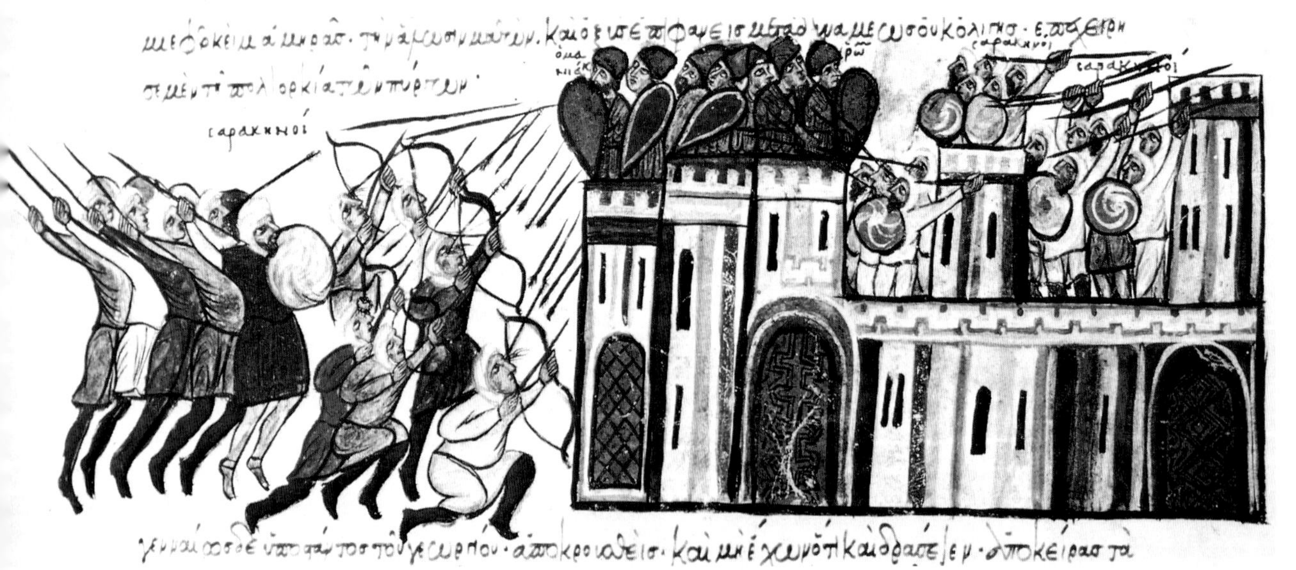

In der Mitte des 11. Jahrhunderts führten die Invasionen der Seldschuken zu einer Veränderung des Kräftegleichgewichts im Vorderen Orient, insofern sie Kleinasien auf Dauer von Byzanz lösten. 1060 hatten die Seldschuken Bagdad eingenommen und die Kontrolle über das Kalifat der Abbasiden erlangt. Unter den Seldschukensultanen erlebte der sunnitische Islam eine Erneuerung, die unter anderem in einer neuen Offensive gegen Byzanz und in den Jahren nach 1060 in tief nach Armenien, Georgien und Anatolien hineingetragenen türkischen Kriegszügen zum Ausdruck kam. Die entscheidende Niederlage der Byzantiner bei Mantzikert 1071 führte zum Verlust der asiatischen Gebiete und machte den Weg für das türkische Eindringen in die anatolische Hochebene frei. Nach Mantzikert wandte sich Byzanz mit der Bitte um Beistand gegen die Türken an die lateinische Christenheit. Fünfundzwanzig Jahre später antwortete Westeuropa mit dem ersten Kreuzzug.

Die Kreuzzüge wurden durch Strömungen innerhalb der europäischen Gesellschaft ins Leben gerufen, in Gang gehalten und schließlich aufgegeben: Der Angriff der Christenheit auf die Muslime hatte weniger mit dem Verhältnis zwischen Christentum und Islam zu tun als mit inneren Spannungen und Belastungen des christlichen Europa. Dennoch neigte die europäische Geschichtsschreibung dazu, die Beziehung zwischen Christentum und Islam während des Mittelalters als militärischen Konflikt darzustellen, und konzentrierte sich in diesem Sinne auf die Kreuzzüge.

Die militärische Bedrohung Westeuropas durch den Islam (und die Wikinger) im 9. und 10. Jahrhundert veranlaßte die Kirche, die augustinische Lehre vom gerechten Krieg aufzugreifen und zu erweitern. Während es nach wie vor in die Verantwortung der weltlichen Führer fiel, die Christenheit zu verteidigen, ermutigte die Kirche sie und ihre Gefolgsleute, indem sie denen, die im Kampf gegen die Heiden fielen, das ewige Leben versprach. Später, als die äußere Bedrohung der Christenheit nachließ und eine zunehmend grausame und gesetzlose Kriegerklasse unbeschäftigt übrigblieb, versuchte das Reformpapsttum, ihre gewalttätigen Energien zu zügeln. Die sogenannte »Gottesfrieden«-Bewegung war tatsächlich nur eines von mehreren Mitteln, mit denen die Kirche die Kriegerklasse organisierte, um ihre eigenen politischen Ziele zu sichern. Aber die Umwandlung der brutalisierten Krieger des 10. Jahrhunderts in die christlichen Ritter – die *militia Christi* – des 11. sollte eine entscheidende Wirkung auf das Verhältnis des Christentums zum Islam haben: Die Verantwortung für die Führung des gerechten Krieges wurde den weltlichen Mächten entzogen und statt dessen von der Kirche und den christlichen Rittern übernommen. Aber gleich zu Beginn der Kreuzzugsbewegung verlor das Papsttum die Kontrolle über seine Helfer, und die Kriegführung gegen den Islam ging von den verhältnismäßig vorsichtigen päpstlichen, kaiserlichen und königlichen Staatsmännern des mittelmeerischen Europa in die Hände der gewalttätigen, unwissenden und leicht zu beeinflussenden Krieger aus dem Norden über.

Während der zweiten Hälfte des 11. Jahrhunderts dehnte das Papsttum die Gottesfrieden-Bewegung über die Grenzen der Christenheit nach Spanien, Sizilien und Nordafrika aus und gewährte militärischen Expeditionen gegen die Muslime Unterstützung. Zusätzlich zum Versprechen der Märtyrerkrone für diejenigen, die im Kampf fielen, bot das Papsttum nun allen Teilnehmern den Erlaß aller von der Kirche auferlegten Strafen an. Auf dem Konzil von Clermont im November 1095 ergriff das Papsttum selbst die Initiative, und Papst Urban II. drängte darauf, einen weiteren »gerechten Krieg« gegen die Muslime zur Verteidigung der christlichen Kirchen des Ostens zu führen. Urbans genaue Worte sind nicht erhalten, aber es steht fest, daß entweder der Papst selbst oder die Prediger, die seine Botschaft von Clermont hinaustrugen, zwei große Ideen in die Herzen und die Köpfe der Ritter Europas pflanzten.

Die erste bestand darin, daß das Ziel der geplanten Expedition Jerusalem sein sollte. Die Macht dieses Bildes, in dem die irdische Stadt dem himmlischen Jerusalem untergeordnet wurde, war gewaltig, und wenn man späteren Propagandisten der Kreuzzüge glauben will, war Jerusalem das materielle und geistige Ziel, auf das sich die lauteren apokalyptischen und eschatologischen Überzeugungen der Masse der Teilnehmer richteten. Aber nicht weniger stark war die Verbindung der alten christlichen Tradition der Pilgerfahrt in die Heilige Stadt mit dem neueren Gedanken des gerechten Kriegs gegen die Muslime. Die frühen Kreuzfahrer beschrieben ihre Expedition als »Pilgerfahrt« (*peregrinatio*), doch anders als bloße Pilger trugen die Kreuzritter Waffen und erhielten als Lohn für ihre Kampfbereitschaft besondere Privilegien von der Kirche.

Die zweite, noch wirkungsvollere Idee, die von Clermont ausging, war die, daß der Papst den Kreuzfahrern nicht einfach einen Nachlaß der Bußstrafen in Aussicht gestellt hatte, sondern den vollen Erlaß der weltlichen Strafen infolge von Sünden, vielleicht sogar die volle Vergebung aller Sünden. Was immer Urban in Clermont wirklich gesagt und was er mit seinen Worten gemeint haben mag – es steht außer Frage, daß die Kreuzfahrer während des ganzen 12. und 13. Jahrhunderts glaubten, mit ihrer Teilnahme einen Vertrag mit Gott geschlossen und sich einen Platz im Paradies gesichert zu haben.

Dieses »gute Geschäft«, von dem nicht nur wiederholt in Kreuzfahrerliedern die Rede war, sondern auch in den Werken so hervorragender Prediger und Theologen wie Bernhard von Clairvaux, war Teil jenes Pakets von Vorteilen, die ritterliche Teilnehmer zu erwerben hofften, indem sie sich dem Kreuzzug anschlossen. In Clermont hatte Urban versprochen, daß diejenigen, die auf Kreuzfahrt gingen, die Gebiete, die sie eroberten, behalten durften. Die Aussicht auf materiellen Gewinn sowie auf wirtschaftliche und soziale Unabhängigkeit war ein kräftiger Anreiz im landhungrigen Europa. Die Lockungen der Kriegsbeute, des mit Kameraden in Waffen erlebten Abenteuers und des geheimnisvollen Orients mit seinem sagenhaften Reichtum und seinen exotischen Luxusgütern, das alles spielte eine Rolle in der berauschenden Mischung von religiösen und weltlichen Motiven, die die Ritter des christlichen Europa in die Schlacht gegen den Islam zogen.

Die Kreuzzüge nach Osten stellten für den Islam zu keiner Zeit eine militärische Bedrohung dar. Der schmale Streifen lateinischer Staaten, die sich im 12. und 13. Jahrhundert an die syrische Küste klammerten, bedeutete nur ein kleineres, lokales Ärgernis innerhalb der muslimischen Welt insgesamt, und dieses wurde schon bald durch den muslimischen Gegenangriff und die Siege Saladins (1169-93) beseitigt. Der einzige dauerhafte Gewinn für die Christenheit bestand darin, daß sie zur See die Kontrolle über das Mittelmeer und seine Inseln behielt. Die wichtigste langfristige strategische Folge der Kreuzzüge ergab sich aus Konflikten innerhalb der Christenheit, zwischen Lateinern und Griechen, die zum 4. Kreuzzug (1204) und zur Zerstörung der byzantinischen Abwehrstellung an Europas östlicher Grenze führten, womit der Weg für die muslimische Eroberung des Balkans, Griechenlands und Osteuropas frei wurde.

Saladin und König Guy von Jerusalem kämpfen um das Kreuz Christi. Nicht einmal Saladins entscheidender Sieg über das Kreuzfahrerheer bei Hattin im Juli 1187 (der zur Gefangennahme König Guys, zum Gewinn des Kreuzes und der Stadt Jerusalem führte) vermochte das christliche Europa aus seinem Traum von einem östlichen Reich wachzurütteln. Erst 1291 wurden die letzten Kreuzfahrer vom syrischen Festland vertrieben.

Die westliche Christenheit begriff jedoch die Kreuzzüge als militärischen Angriff auf die islamische Welt als Ganzes. Erfolge im westlichen und zentralen Mittelmeer vom 11. bis 13. Jahrhundert verbanden sich mit dem Triumph des 1. Kreuzzugs und der Eroberung Jerusalems (1097) und überzeugten Europa davon, daß der Islam sich auf dem Rückzug befand. Nicht einmal der Verlust der Heiligen Stadt (1187) vermochte Europa aus seinem Traum aufzurütteln, und bis zum späten 13. Jahrhundert gab es wiederholte Versuche, die muslimische Gegenoffensive zurückzuschlagen. Allmählich verlagerte sich die westliche Aufmerksamkeit von Syrien nach Ägypten, das sich unter Saladin zum Kernland des muslimischen Mittelmeerraums entwickelt hatte und das eine potentielle Gefahr für die westliche Seeüberlegenheit darstellte. Man erwog phantastische Pläne für ein Vorrücken der Lateiner über den Nil, das die westliche Christenheit mit den isolierten Kirchen von Nubien und Abessinien vereinigen würde, aber der katastrophale Mißerfolg des Kreuzzugs Ludwigs des Heiligen (1249-50) setzte dem Angriff auf Ägypten ein Ende. Etwa um diese Zeit wurden kurzfristig christliche Hoffnungen durch die Aussicht einer antimuslimischen Allianz mit den Mongolen geweckt, unter denen nestorianische Christen einen gewissen, wenngleich oberflächlichen Einfluß besaßen. Diese Hoffnung schwand jedoch nach 1260, als es den Mamelucken von Ägypten gelang, den mongolischen Vormarsch in Palästina aufzuhalten und ihre östliche Grenze zu festigen, indem sie die letzten Franken aus Syrien vertrieben (1291).

Doch wenn die Kreuzzüge auch nie eine ernste Bedrohung für die islamische militärische Kontrolle des Nahen und Mittleren Ostens darstellten, wurde allein die Existenz der Kreuzfahrerstaaten als schwere Beleidigung des Islam empfunden. Die Profanierung der Heiligen Stadt, die Herabsetzung der muslimischen Bevölkerung Syriens (von Spanien und Sizilien nicht zu reden) auf den Rang minderwertiger Untertanen, die Störung des

Haddsch und anderer religiöser Pflichten, das alles lief auf einen unverzeihlichen Affront der kollektiven Würde des Islam hinaus. Umgekehrt bedeutete auch die endgültige Niederlage und Vertreibung der Kreuzfahrer aus dem Osten eine nachhaltige und bittere Demütigung des christlichen Stolzes. Diese alten Wunden sollten im 19. und 20. Jahrhundert durch die Einverleibung eines großen Teils der islamischen Welt in die Kolonialreiche des christlichen Europa wieder aufgerissen werden.

Die dogmatische Herausforderung

Das Christentum hat das Wesen der islamischen Militanz größtenteils mißverstanden. Die Behauptung, daß der Islam mit dem Schwert gepredigt werde, das Christentum dagegen mit dem Lamm und der Taube, erschien schon früh in christlichen Schriften und übt immer noch großen Einfluß auf die populäre Auffassung vom Islam aus. Christliche Polemiken konfrontierten das idealisierte Leben Christi mit dem Leben Mohammeds und seiner Anhänger, »die nicht nachließen, in die Schlacht zu ziehen und zu plündern, mit dem Schwert zu töten, die Kinder zu rauben und Frauen und Jungfrauen zu schänden.« In Wirklichkeit waren, wie wir gesehen haben, die ersten arabischen Eroberungen Syriens, Ägyptens und Iraks nicht von religiösem Fanatismus motiviert, sondern vom politischen Streben nach einem arabischen Zusammenschluß. Als Folge dieser Eroberungen sahen sich die Araber als Herrscher über eine unterworfene jüdisch-christliche Bevölkerung, und der Islam entwickelte sich teilweise in Reaktion gegen diese Mehrheitskultur. Je mehr der Islam in den eroberten Gebieten an Einfluß gewann, stellte sich das Problem der Integration der nichtmuslimischen Untertanen in das neue sozioreligiöse System. Nach der *Schari'a* (dem offenbarten Gesetz des Islam) wurde Juden und Christen ein besonderer, privilegierter Rang als »Volk des Buches« gewährt, das an der Offenbarung Gottes teilhatte. Gegen Zahlung einer Summe, die teils Tribut, teils Religionssteuer war (*jizya*), wurde Juden und Christen der Schutz des Staates (*aman* oder *dhimma*) und die Freiheit der Person, des Besitzes und der Religionsausübung zugesichert. Damit soll nicht geleugnet werden, daß die »geschützten« nichtmuslimischen Untertanen des Islam als Bürger zweiter Klasse behandelt wurden und unter Ungleichheit vor dem Gesetz, Strafsteuern und einer Vielzahl von Unannehmlichkeiten, Demütigungen und Erniedrigungen zu leiden hatten. Die gesetzliche Regelung wurde durch das religiöse Gesetz sanktioniert, neigte aber offenbar dazu, von Ort zu Ort und von Zeit zu Zeit zu schwanken. Dennoch läßt sich an vielen Beispielen nachweisen, daß der ursprüngliche Mechanismus der Eingliederung jüdischer und christlicher Gemeinden gut funktionierte. Die gewaltsame Verfolgung von Christen durch Muslime war außerordentlich selten und im allgemeinen auf den Fanatismus einzelner oder eines Mobs und auf die Bestrafung für grobe und öffentliche Gotteslästerung einiger weniger Personen wie die Märtyrer von Córdoba um 850 begrenzt. Christliche und jüdische Gemeinden blühten in fast allen von Muslimen eroberten Gebieten, in krassem Gegensatz zum Versagen des mittelalterlichen Europa, seine unterworfenen muslimischen und jüdischen Gemeinden dauerhaft einzugliedern. Die Wurzel dieses Gegensatzes liegt in der Entwicklung der muslimischen Lehre und in der Reaktion der Christenheit auf sie.

Die islamische Tradition lehrt, daß der Islam keine neue Religion, sondern vielmehr die älteste aller Religionen sei, keine prophetische, sondern eine ursprüngliche und natürliche Form des Monotheismus, die originale und unverfälschte Religion Abrahams, von der ausgehend sich Judentum und Christentum entwickelt hätten: »Abraham war weder Jude noch Christ, aber er war des reinen Glaubens, der sich Gott unterwarf (*muslim*).« Tatsächlich gibt es Hinweise auf die Existenz eines vorislamischen arabischen Monotheismus: Bereits im 5. Jahrhundert skizzierte der palästinensische christliche Geschichtsschreiber Sozomenos die Umrisse eines prämosaischen Monotheismus, den, wie er sagte, einige Araber wiederentdeckt hätten und zu seinen Lebzeiten noch praktizierten.

Mit der Zeit hatte sich nach islamischer Tradition die Menschheit von der Religion Abrahams entfernt, und eine Reihe von Propheten waren gesandt worden, um sie an die Wahrheit zu erinnern. Unter diesen ragten Moses und Jesus heraus, die beide wahre Propheten waren, obgleich Juden und Christen ihre jeweiligen Offenbarungen entstellten. Daher hatte Mohammed eine zweifache Aufgabe: Zunächst gab er den Arabern die reine Religion ihres Ahnen Abraham wieder, zweitens war er das »Siegel der Propheten«, der Vermittler der letzten und größten Offenbarung Gottes an die Menschheit. Die auseinanderstrebenden Stränge der monotheistischen Tradition des Vorderen Orients wurden zu ihrer reinen Quelle zurückgeführt: der Pentateuch Mosis und das Evangelium Jesu wurden durch den Koran Mohammeds wieder in die Religion Abrahams eingegliedert.

Um diesem Anspruch gerecht zu werden, mußte die islamische heilige Geschichte die Biographie Abrahams erweitern. Die Genesis berichtet, daß Abraham, da er keine Söhne von seiner Frau Sara hatte, Ismael mit seiner Sklavin Hagar zeugte. Gott gewährte Sara schließlich doch einen Sohn, Isaak, worauf sie Hagar und Ismael aus Abrahams Haus vertreiben und in die Wüste schicken ließ, wo diese mit göttlichem Beistand überlebten. Von Sara stammen die Stämme Israels ab – die Juden, von Hagar die Stämme Ismaels – die Araber. An diesem Punkt greift die islamische Tradition in die Geschichte ein. Hagar und Ismael wurden ihr zufolge von Abraham nicht im Stich gelassen, sondern von ihm in ein unfruchtbares Tal geführt (Mekka), wo Gabriel für sie eine Wasserquelle sprudeln ließ (der heilige Brunnen Zamzam) und wo Abraham und Ismael ein Heiligtum gründeten (die Ka'ba) und den Ritus der Pilgerfahrt ins Leben riefen (*Haddsch*). Ismael, der Ahnherr der arabischen Rasse und Sprache und selbst ein Prophet, lebte weiter in Mekka: Die Gräber Hagars und Ismaels befinden sich im Heiligtum in Mekka. Bis heute erinnert die Haddsch an Stätten, die mit Episoden aus der islamischen Abrahamlegende verknüpft sind. Zum Beispiel sehen die Pilger die Bodenvertiefung, wo Vater und Sohn den Mörtel für den Bau der Ka'ba mischten, und sie werfen Kiesel auf die *jamarat*, genauso wie Abraham auf Gottes Befehl den Teufel steinigte. Die Überlieferung verwandelte die Umgebung von Mekka in eine spezifisch islamische religiöse Landschaft: Die Ka'ba war der Nabel der Welt, der erste Ort, den Gott schuf; Adam lebte und starb in Mekka und wurde im Heiligtum begraben; am Jüngsten Tag schließlich wird sich die Menschheit auf dem Arafat versammeln, um das Gericht zu erwarten.

Die Islamisierung Mekkas stellte die jüdisch-christliche religiöse Landschaft, in die der Islam durch seine ersten Eroberungen getragen worden war, unmittelbar in Frage. Nach der frühmittelalterlichen jüdischen und christlichen Legende war Jerusalem (und nicht Mekka) der Nabel der Welt, der Ort, an dem Adam geschaffen und begraben wurde.

DAS HEILIGTUM ZU MEKKA birgt nach islamischer Überlieferung viele Erinnerungen an das Leben des Propheten Abraham. Nachdem seine Nebenfrau Hagar und Ismael in die Wüste getrieben worden waren, stillten sie ihren Durst am heiligen Brunnen Zamzam (hinter und unmittelbar links der Ka'ba). Später baute (oder erneuerte) Abraham selbst die Ka'ba; die Stelle, von der aus er dies tat, trägt heute noch den Abdruck seiner Füße (der Reliquienschrein zwischen Zamzam und Ka'ba). Das Grab Ismaels, des Stammvaters der arabischen Rasse, liegt innerhalb der halbkreisförmigen Einfriedung (links der Ka'ba und davor).

Während die islamische Überlieferung lehrt, daß Abraham das Opfer Ismaels zu Arafat vorbereitete, identifiziert die jüdisch-christliche Überlieferung Jerusalem als die Stätte, an der Abraham seinen Sohn Isaak opfern wollte. Ebenso sollte der christliche Tag des Jüngsten Gerichts im Tal Jehosophat, und nicht auf der Ebene von Arafat stattfinden. Ähnlich wie die Christen die heiligen Wahrzeichen des jüdischen Jerusalem vom Tempelberg nach Golgotha übertragen hatten, verlegten die Muslime Elemente der jüdisch-christlichen religiösen Landschaft von Jerusalem nach Mekka.

Wann genau diese und andere Übertragungen stattfanden, läßt sich nicht mit Gewißheit feststellen. Wir haben schon gesehen, daß der christliche Einfluß auf Mohammed in Mekka gering war. Die islamische Überlieferung deutet an, daß die Wanderung nach Medina Mohammed und seine Anhänger in engen Kontakt mit den einflußreichen jüdischen Gemeinden des nördlichen Hidjas brachte. Die muslimische Gemeinschaft begann beinahe unmittelbar, sich von ihren jüdischen Nachbarn abzugrenzen, indem sie die Richtung des Gebets von Jerusalem weg nach Mekka änderte. Dieser Vorgang, bestimmte Elemente der islamischen Lehre und Praxis in Reaktion auf die Riten und Glaubensvorstellungen der Juden und Christen zu definieren, beschleunigte sich nach der Eroberung Syriens, Ägyptens und Iraks.

Im Hidjas und den frühen Eroberungen entwickelte sich der Islam in einer vorwiegend städtischen Umgebung. Der Kampf der muslimischen Minderheit um die Erhaltung ihrer religiösen Identität inmitten einer jüdisch-christlichen Mehrheit spiegelt sich in der frühen Annahme spezifischer Riten, Praktiken und Architekturformen. Man kann eine Liste von Dreiergruppen zusammenstellen, um die spezifischen islamischen Elemente vorzuführen, die sich rasch herausbildeten: Moses, Jesus und Mohammed; Torah, Evangelien und Koran; Hebräisch, Griechisch (oder Syrisch oder Latein) und Arabisch; Synagoge, Kirche und Moschee; Samstag, Sonntag und Freitag; Horn, Glocke (oder Klöppel) und Muezzin – die Liste ließe sich fortsetzen.

Dieser Vorgang wird nirgendwo deutlicher als im Fall Jerusalems. Die Eroberung von Jerusalem im Jahr 638 stellte die Muslime vor eine erhebliche Herausforderung: Wie konnte die religiöse Hauptstadt des Judentums und Christentums in die islamische religiöse Landschaft eingegliedert werden? Wie wir gesehen haben, bestand ein Teil der Antwort schließlich in der Erhöhung Mekkas, aber auch Jerusalem mußte islamisiert werden. Schon kurz nach der Eroberung eigneten sich die Muslime den Berg Moria an und errichteten an der Stelle des Tempels ein islamisches Heiligtum, das mit seinem jüdischen Vorgänger und dem christlichen »Neuen Jerusalem« auf Golgotha konkurrieren sollte. Vor 680, als der englische Pilger Arculf Jerusalem besuchte, hatten die Muslime »ein rechteckiges Gebetshaus, das sie mit aufrechten Brettern und großen Balken über einigen Ruinenresten zusammensetzten« errichtet. Aber diese ursprüngliche Form der al-Aqsa-Moschee wurde bald von einem viel prächtigeren muslimischen Heiligtum in den Schatten gestellt, dem Felsendom, der 691-92 unter dem Umajjaden-Kalif Abd al-Malik vollendet wurde. Der Mosaikschmuck des Inneren, in dem aus Edelsteinen gefertigte Darstellungen, passend zum byzantinischen Kaiser und zum sassanidischen Schah, zu Christus, der Jungfrau und den Heiligen, wie Trophäen an der Wand hängen, symbolisiert den militärischen Triumph des muslimischen Staates. Ähnlich verkünden die umajjadischen Inschriften die Überlegenheit des Islam über Judentum und Christentum. Aber der Felsendom unterstreicht auch, daß die drei Religionen ein gemeinsames Erbe haben, und heißt Juden und Christen im Islam willkommen. Die Lage des Doms auf dem Berg Moria kann als Anspielung auf die gemeinsamen Abrahamschen Wurzeln verstanden werden, und die Hauptinschrift im Innern bezeichnet die hebräischen Propheten, besonders Christus, als Vorläufer des Islam. Eine spätere muslimische Tradition identifizierte den Felsen als den Punkt, von dem aus Mohammed in den Himmel auffuhr, wohin ihn die Propheten leiteten, die ihm vorausgingen, darunter Abraham, Moses und Jesus.

Als die islamischen Armeen gegen Ende des 7. Jahrhunderts über die arabischen Länder hinaus vorzurücken begannen, war die islamische Lehre weitgehend ausgereift. Sie stellte für das Christentum eine große Herausforderung dar, weil sie den Anspruch erhob, der ursprüngliche Glaube zu sein, aus dem Judentum und Christentum erwachsen waren, und darüber hinaus Gottes letzte Offenbarung an die ganze Menschheit, die die früheren Offenbarungen Mosis und Christi überflüssig machte. Ebenso stellte die islamische Ablehnung des zentralen christlichen Dogmas, etwa der Göttlichkeit und Auferstehung Christi oder der Dreieinigkeit, die christliche Lehre direkt in Frage. Doch obwohl die Christen gedrängt wurden, sich zum Islam zu bekehren, und verschiedene steuerliche und soziale Nachteile hinnehmen mußten, wenn sie es nicht taten, gab es keinen umfassenden Versuch, die Christen zum Übertritt zu zwingen: Im Gegenteil, das islamische sozioreligiöse System war darauf angelegt, unterworfene Gemeinschaften von Christen zu integrieren.

Die Islamisierung der jüdisch-christlichen religiösen Landschaft wird auf dem Tempelberg in Jerusalem am deutlichsten, wo die Umajjaden-Kalifen einen monumentalen Komplex errichteten. Der Felsendom unterstrich die gemeinsamen Abrahamschen Wurzeln der drei Religionen, verkündete jedoch den Triumph des Islam. Die al-Aqsa-Moschee leitet ihren Namen von einem Hinweis des Korans auf Mohammeds wunderbare »Nachtreise« her. Der an die Moschee angrenzende Palast verdeutlicht die Einheit der politischen und religiösen Autorität im Islam.

Zu keiner Zeit hat die mittelalterliche Christenheit größere Anstrengungen unternommen, um auf diese Herausforderung zu antworten. Dies erklärt sich teilweise daraus, daß die Stärke der Bedrohung je nach der Nähe, in der die beiden Gemeinschaften lebten, unterschiedlich empfunden wurde. In bestimmten Gegenden und zu bestimmten Zeiten sahen sich Christen unter muslimischer Herrschaft gezwungen, dogmatische Debatten zu führen, weil der Islam einen ständigen Druck ausübte. Syrische Christen wurden im frühen 9. Jahrhundert von ihren muslimischen Herren nicht mit einer höflichen Grußformel angeredet, sondern mit dem islamischen Glaubensbekenntnis »Es gibt keinen Gott außer Gott, Mohammed ist der Gesandte Gottes« – eine Formel, die den islamischen Unitarismus betont und somit die Dreieinigkeitslehre angreift und die mit der Anerkennung des Prophetentums Mohammeds den Rang Christi in Frage zu stellen scheint.

Im Osten reagierten manche christlichen Gemeinschaften unmittelbar auf die Gefahr, die sie für ihre Lehre sahen. Die frühesten orientalischen Werke der christlichen Apologetik und antiislamischen Polemik datieren aus dem 7. Jahrhundert. Johannes von Damaskus (ca. 675-750), der in mehrfacher Hinsicht als Begründer der christlichen Überlieferung angesehen werden kann, verspottete den muslimischen Anspruch, von Abraham abzustammen, indem er erklärte, die Araber würden »Sarazenen« genannt, weil sie »ohne Sara« seien, und »Hagarenen«, weil sie »die unehelichen Abkömmlinge des Sklavenmädchen Hagar« seien. Er bezeichnete die islamische Lehre als bloßen Mischmasch, der durch den Pseudopropheten Mohammed mit Hilfe eines arianischen Mönchs aus dem Alten und Neuen Testament herausgeklaubt worden sei. Diese aggressive Kritik erreichte einen Höhepunkt in der al-Kindi zugeschriebenen berühmten *Apologie*, die vermutlich aus dem frühen 10. Jahrhundert datiert und in der der Islam als Gesetz Satans und Mohammed als götzendienerischer Wüstling geschildert werden.

Daß manche Christen derart ausfällig wurden, verweist auf ihre Empfindlichkeit gegenüber muslimischer Kritik. Die Dreieinigkeitslehre war eine ständige Zielscheibe muslimischen Spotts: Der christliche Philosoph des 10. Jahrhunderts, Jahja ibn 'Adi, wurde durch den muslimischen Witz, Christen könnten nicht zählen – »bei ihnen ist eins drei und drei eins« –, dazu veranlaßt, seinen Traktat über die Einheit und Dreiheit Gottes zu schreiben. Auch die Verehrung der Christen für das Kreuz und Bilder überhaupt setzte sie dem Vorwurf des Götzendienstes aus: Germanos von Konstantinopel, der um 725 schrieb, wies seine Leser an, solchen Beschuldigungen mit der Antwort zu begegnen, die Muslime verehrten einen Stein namens Chobar in der Wüste (d.h. die Ka'ba).

Im Gegensatz zu diesen militanten Tönen waren manche christlichen Gemeinden stark ökumenisch orientiert. Das *Gleichnis von der Perle* des nestorianischen Patriarchen Timotheus (ca. 728-823) ist das früheste erhaltene christliche Werk, das eine Wahrheit anerkennt, die Christentum und Islam gemeinsam sei. Weit davon entfernt, die Muslime des Götzendienstes anzuklagen, vergleicht Timotheus Mohammed wegen seiner lobenswerten Verfolgung der Götzendiener mit Moses. Es mag sein, daß der Glaube an eine gemeinsame Wahrheit viel verbreiteter war, als die erhaltenen Quellen vermuten lassen. Auf der Höhe der Verfolgung der Christen Córdobas protestierte ein Teil der christlichen Gemeinde, daß die Opfer keine echten Märtyrer seien, weil sie nicht von Heiden getötet worden waren, sondern von Muslimen, von »Männern, die Gott anbeten und das himmlische Gesetz anerkennen«. Etwa zur gleichen Zeit sah sich Niketas von Byzanz veranlaßt, der Meinung zu begegnen, daß Muslime den wahren Gott verehrten, und zu Beginn des nächsten Jahrhunderts schrieb der Patriarch Nikolaos an den Kalifen: »Wir haben das Geschenk unserer Zeugnisse [d.h. Koran und Evangelien] aus derselben Quelle erhalten«. Es ist möglich, daß bereits im Jahr 717 innerhalb der Mauern Konstantinopels Moscheen zugelassen wurden. Im christlichen Westen ist diese Ansicht weniger gut bekannt, aber 1076 schrieb Papst Gregor VII. an den Hammadiden-Herrscher al-Nasir, daß »wir an einen Gott glauben und uns zu einem Gott bekennen, zugegebenermaßen auf unterschiedliche Weise«, und er betonte die auf Abraham zurückgehenden Wurzeln der zwei Religionen. Dieser Gedanke scheint in Westeuropa nie Fuß gefaßt zu haben. Bis zum 1. Kreuzzug war er völlig verschwunden.

Es ist zwar richtig, daß die christlichen Gemeinden, die in nächster Nachbarschaft mit den Muslimen lebten, am entschiedensten dazu bereit waren, auf die islamische Herausforderung zu antworten, es trifft aber auch zu, daß die nächsten christlichen Nachbarn des Islam am besten dazu in der Lage waren, die gemeinsame Grundlage der beiden Religionen zu würdigen. Schließlich konnten sie von einem funktionierenden modus vivendi nur profitieren.

Das nordwestliche Europa war sich der muslimischen Bedrohung trotz der Entfernung sehr wohl bewußt. Bereits um das Jahr 658 lieferte der merowingische Chronist Fredegar den möglicherweise frühesten erhaltenen Bericht über die arabischen Eroberungen. Während des 8. Jahrhunderts war eine lateinische Fassung der syrischen *Offenbarung* des Pseudo-Methodius, die sich über die Gefahr ausließ, daß Christen zum Islam übertraten, in Westeuropa weit verbreitet. Karl der Große bat Alkuin sogar, für ihn einen antimuslimischen Traktat zu besorgen. Unter dem Eindruck des muslimischen Vorrückens in den zentralen Mittelmeerraum schien Nordwesteuropa um die Mitte des 9. Jahrhunderts bereit, die dogmatische Herausforderung aufzugreifen. Die militärische und die dogmatische Bedrohung waren im Denken der Zeitgenossen auf das engste miteinander verknüpft. Paulus Alvar aus Córdoba behauptete, daß die Muslime vorgaben, »auf Gottes Befehl« Krieg zu führen, und ein führender karolingischer Theologe, Paschasius Radbertus (um 850), verband die muslimische Lehre ausdrücklich mit dem Streben nach Weltherrschaft. Als die militärische Bedrohung Westeuropas nachließ und die kulturellen Kontakte mit Byzanz zurückgingen, wurde das Interesse der lateinischen Christenheit am Islam jedoch unter dem Gewicht der biblischen und patristischen Autorität erstickt, für die der Aufstieg des Islam nicht mehr war als eine Randbemerkung im Buch der Genesis oder der Offenbarung.

Das soziale Problem

Die militärischen Erfolge der westlichen Christenheit im 11. Jahrhundert in Spanien, in Süditalien und Sizilien sowie im Vorderen Orient schufen ein gewaltiges soziales Problem, auf das die Christen in keiner Weise vorbereitet waren. Die westliche christliche Gesellschaft mußte plötzlich innerhalb ihrer Grenzen nicht nur mit der Fülle griechischer und orientalischer christlicher Sekten und einer stark angewachsenen jüdischen Gemeinschaft, sondern auch mit vielen Zehntausenden von Muslimen zurechtkommen. Während

DIE CHRISTLICHE »RECONQUISTA« DES MUSLIMISCHEN EUROPA und die Einnahme der Kreuzfahrerstaaten im Osten führte zu isolierten muslimischen Gebieten unter christlicher Herrschaft. Der Status der unterworfenen Muslime war von Spanien bis Syrien derselbe. Auch der Widerstand muslimischer Gemeinschaften gegen christliche Herrschaft und christlichen Bekehrungseifer sowie die gewaltsame Verfolgung muslimischer Rebellen ähnelten sich: Im Jahre 1500 gab es keine muslimische Gemeinde mehr in Europa.

das islamische sozioreligiöse System, wie wir gesehen haben, innere Mechanismen besaß, die die Aufnahme des Judentums und Christentums ermöglichten, hatte die westliche christliche Gesellschaft seit dem 4. Jahrhundert ihre Praxis der Ausrottung jeglicher inneren Heterodoxie vervollkommnet. Nur die jüdischen Gemeinden Westeuropas durften bleiben. Sie waren die Opfer häufiger Verfolgungen, von denen eine der grausamsten dem 1. Kreuzzug unmittelbar vorausging. Die Anpassung der Juden in der westlichen christlichen Gesellschaft leitet sich weitgehend aus der Tatsache ab, daß das Judentum auf einer niedrigeren Stufe der Hierarchie der Offenbarung, die zum Christentum führte, angesiedelt werden konnte, ganz ähnlich übrigens, wie der Islam Judentum und Christentum unter seine Vorläufer einordnete. Im Gegensatz dazu verwarf das Christentum als Ganzes den Anspruch des Islam, die Religion Abrahams zu sein, und betrachtete ihn statt dessen als eine neue verkehrte Abweichung. Die Kirche, die weltliche Regierung und die ganze Gesellschaft reagierten unterschiedlich auf ihre neuen Nachbarn, aber die grundlegende Unfähigkeit der westlichen Christenheit insgesamt, ihre nichtkatholischen Bürger einzugliedern, stellt eines der trübsten Versäumnisse in der europäischen Geschichte dar.

Die Einstellung, die Byzanz zu seinen muslimischen Untertanen hatte, war dagegen völlig anders. Das byzantinische Recht enthielt das Prinzip der autonomen Organisation von Minderheitengemeinden und war von da vom Islam übernommen worden. Die lange Erfahrung, die Byzanz im Umgang mit seinen arabischen Nachbarn, Heiden, Christen und schließlich Muslimen hatte, bestimmte in hohem Maß das Verhältnis zwischen griechischem Christentum und Islam. In den Gebieten, die während des 10. Jahrhunderts von den Arabern zurückgewonnen wurden, veranlaßte Byzanz Muslime, sich niederzulassen, und ermunterte viele mit Erfolg, zum Christentum überzutreten. Während die griechische Kirche ein besonderes Ritual hatte, das es Muslimen ermöglichte, den Islam zu verwerfen und das Christentum anzunehmen, ist kein ähnlicher Ritus aus dem Westen bekannt. Im normannischen Sizilien, wo die griechische und die lateinische Kirche nebeneinander bestanden, brachte es nur die griechische Kirche zu einer beträchtlichen Zahl von Bekehrten außerhalb des geschlossenen und besonderen Kreises des königlichen Hofes. Während Muslime oder muslimische Bekehrte in die byzantinische Gesellschaft voll integriert wurden, bildeten die nichtkatholischen Untertanen der lateinischen Christenheit eine niedrigere Klasse und wurden von ihren katholischen Herrschern systematisch ausgebeutet.

In den meisten Fällen interessierte sich die westliche Kirche außerordentlich wenig für das Schicksal christlicher Gemeinden unter muslimischer Herrschaft. Gegen Ende des 8. Jahrhunderts unterstützten Papst Hadrian I. und Karl der Große eine Mission, die den Christen Spaniens zugute kommen sollte, und nach 850 löste die Nachricht von den Märtyrern von Córdoba immerhin eine bescheidene Reaktion aus, doch blieben das Ausnahmen. Wenn die Kirche doch einmal die christlichen Gemeinden unter muslimischer Herrschaft zur Kenntnis nahm, zeigte sie sich in der Regel sonderbar gefühllos gegenüber ihrer Notlage. In seiner Antwort an den Bischof von Karthago, der wegen seiner Weigerung, die unkanonische Ordination durch den muslimischen Herrscher anzunehmen, gefoltert worden war, erklärte Papst Gregor VII., der Bischof hätte besser daran getan, wenn er versucht hätte, seine Verfolger zu bekehren, auch wenn dies den Märtyrertod bedeutet hätte. Das Fehlen regelmäßiger Kontakte zwischen der westlichen Kirche und christlichen Gemeinden unter muslimischer Herrschaft führte dazu, daß die Kirche nie Gelegenheit hatte, die sozialrechtlichen Mechanismen zur Kenntnis zu nehmen, mit denen der Islam seine christlichen Untertanen integrierte. Das einzige Mittel, das sich die Kirche im Umgang mit dem Islam vorstellen konnte, war – neben dem Krieg – die Bekehrung zum Christentum. Vor dem 11. Jahrhundert hatte sich die westliche Kirche jedoch fast völlig der missionarischen Tätigkeit in der islamischen Welt enthalten, obwohl sie zur selben Zeit zahlreiche Missionen zu den Heiden Nord- und Osteuropas schickte; auch hatte kein einziger Kreuzzug die Bekehrung von Muslimen ausdrücklich zum Ziel. Erst als die muslimische Gemeinschaft innerhalb der Christenheit selbst auftauchte, nahm die Kirche das Problem zur Kenntnis.

Im Zuge des christlichen Vormarsches in Spanien, Süditalien und Sizilien trat die Kirche für die Bekehrung ihrer neuen muslimischen Untertanen ein. Als Papst Urban II. 1088 dem neuen Erzbischof von Toledo das Pallium verlieh, wies er ihn an, »durch Wort und Beispiel mit Gottes Gnade die Ungläubigen zum Glauben zu bekehren«. 1170 erklärte der spätere Papst Gregor VIII., Gründer des spanischen militärischen Santiago-Ordens, die Bekehrung der Muslime zu einem seiner Hauptziele. Im 13. Jahrhundert regte die religiöse Erneuerung innerhalb der Christenheit einen neuen Schub missionarischer Aktivitäten gegenüber dem Islam an. Jacques von Vitry hatte seine Predigtmethode unter dem Einfluß der europäischen evangelischen Bewegung entwickelt und anläßlich einer Mission zu den albigensischen Ketzern 1213 vervollkommnet. Kurz nach seiner Ernennung zum Bischof von Akkon 1216 begann er zu predigen, zuerst zu den orientalischen Christen, dann zu den muslimischen Untertanen des Königreichs.

Die abscheulichen Karikaturen der Juden, die am Verrat und der Geißelung Jesu beteiligt sind, aus dem Psalter von Winchester (um 1150) bezeugen, wie sehr Europa bereits seine jüdischen und muslimischen Nachbarn entmenschlicht und zu groben Stereotypen reduziert hatte. Dieser Vorgang war gleichzeitig Ergebnis und Ursache der Verfolgung der nichtchristlichen Untertanen des Westens.

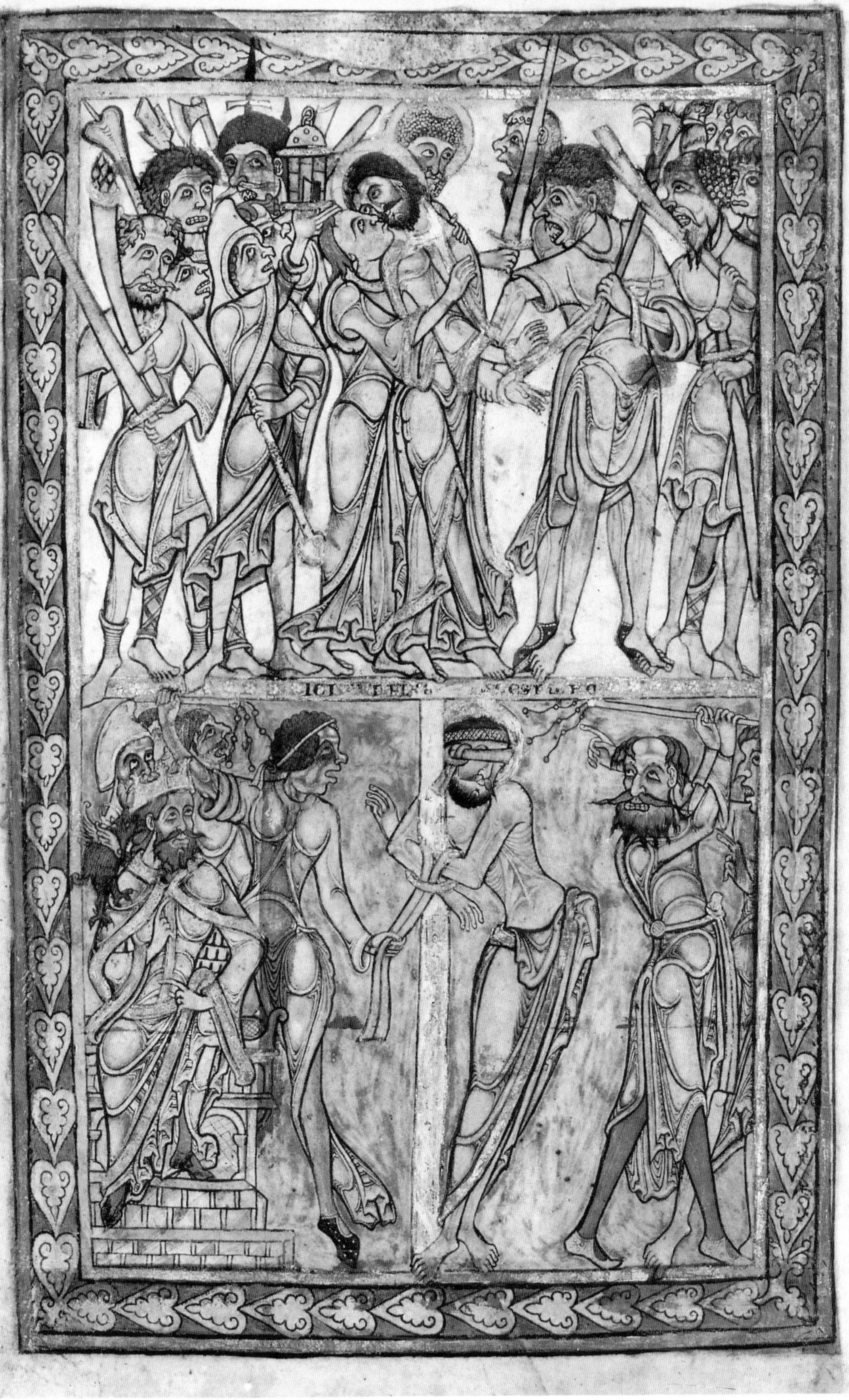
ICI

Araber, Griechen und Lateiner Siziliens bewahrten ihre jeweilige Identität unter der normannischen Herrschaft. Die königliche Kanzlei beschäftigte Schreiber aller drei Gruppen bei der Herstellung ihrer mehrsprachigen Verwaltungsakten.

Zu ihren berühmtesten Arbeiten zählt ein dreisprachiger Psalter, der für König Roger (1130-54) zusammengestellt wurde und zum Gebrauch in der Palastkapelle bestimmt war, in der Priester des griechischen und des lateinischen Ritus den Gottesdienst hielten. Die arabischen Randbemerkungen weisen darauf hin, daß die Liturgie auch auf Arabisch gesungen wurde.

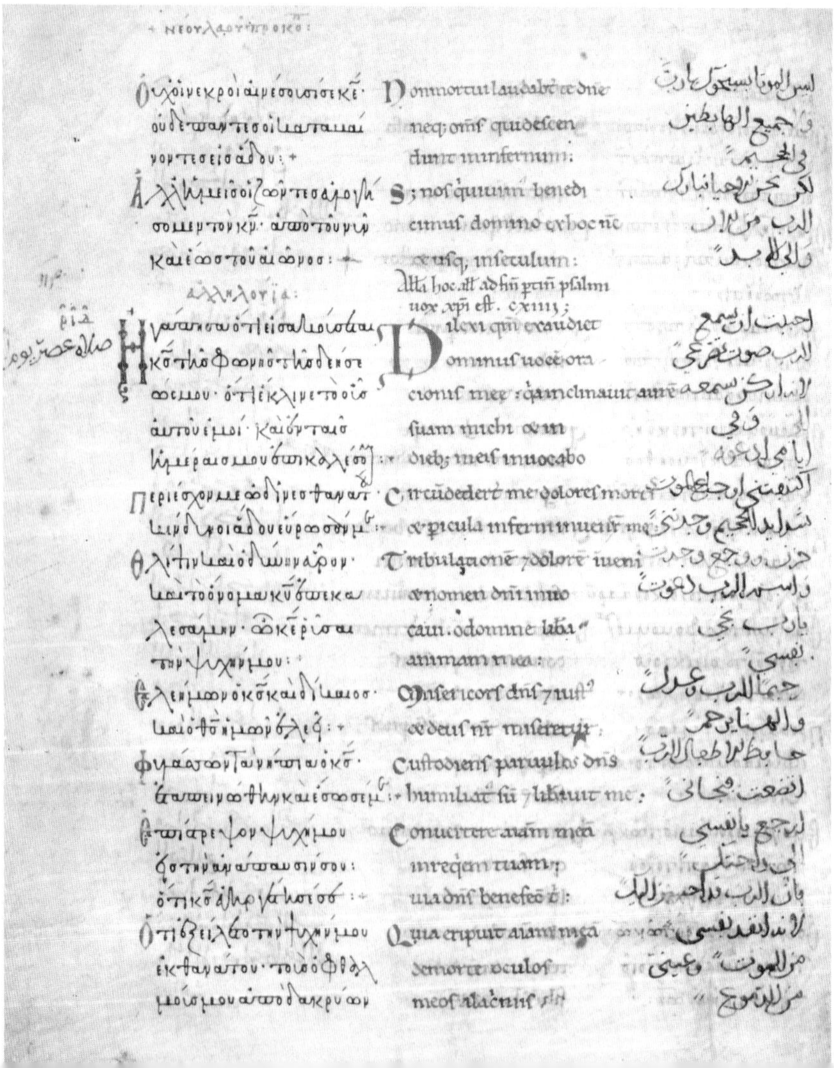

Zur gleichen Zeit schickte die Kirche die ersten organisierten Missionen zu den Muslimen außerhalb der Christenheit. Der heilige Franziskus scheint seinen Besuch am Hof des ägyptischen Sultans al-Kamil 1218 als eine Ausdehnung seiner Mission von seinen Mitchristen auf »alle Völker, Rassen, Stämme und Sprachen, alle Nationen und alle Menschen aller Länder, die sind und sein werden« betrachtet zu haben. Während der ganzen ersten Hälfte des 13. Jahrhunderts gingen die Franziskaner und auch die Dominikaner dem missionarischen Ideal in der islamischen Welt ebenso begeistert wie erfolglos nach. Im selben Maß, in dem die Zahl der Märtyrer unter den Bettelmönchen anstieg, wuchs auch die Ernüchterung der Kirche.

Selbst innerhalb der lateinischen Christenheit erwies es sich als äußerst schwer, muslimische Gemeinden zu bekehren. Dies erklärt sich aus dem Umstand, daß westliche Herrscher anders als die Byzantiner die Bekehrung während des 12. Jahrhunderts nicht aktiv förderten. Natürlich gab es Ausnahmen, doch hielten praktische Erwägungen die Herrscher meist davon ab, zu einer Massenbekehrung zu raten. So wurde Anselm untersagt, die sarazenischen Soldaten Rogers von Sizilien zu bekehren, der vermutlich den religiösen Gegensatz auszunutzen suchte, indem er muslimische Truppen gegen seine christlichen Feinde einsetzte. Andererseits konnte die Taufe eines muslimischen Sklaven die Rechte seines Herrn einschränken und zur Freilassung führen. In Spanien mußten sogar die Zisterzienserklöster wiederholt gemahnt werden, die Taufe ihrer muslimischen Sklaven nicht zu behindern. Im Kreuzfahrerstaat wurde gesetzlich verfügt, daß ein Sklave nicht getauft werden durfte, was ihn von der Knechtschaft befreit hätte.

Lateinische weltliche Regierungen hatten durch ihre Haltung den muslimischen Untertanen gegenüber die soziale Polarisierung gefördert und das Entstehen einer Art Apartheid begünstigt. In Sizilien, in den Kreuzfahrerstaaten und in Spanien hatten christliche Herrscher ihre muslimischen Untertanen im großen und ganzen auf gleiche Weise behandelt: Das muslimische Recht, insbesondere seine Praktiken im Umgang mit den christlichen Gemeinden, wurde den Bedürfnissen der neuen Herrscher angepaßt. Als Gegenleistung für Tributzahlungen erhielten Muslime den Schutz des christlichen Staates und bekamen die Freiheit der Person, des Besitzes und der Religion zusammen mit anderen, genau benannten Freiheiten und Privilegien zugesichert. Diese gesetzliche Regelung funktionierte jedoch in der Christenheit nicht so wie im Islam. Die muslimischen Gemeinden, die der Krone von Aragon im 14. Jahrhundert unterstanden, hatten nur aufgrund des wohlwollenden Paternalismus der Monarchen ihrem »königlichen Schatz« gegenüber Bestand. Der Ausdruck ist bezeichnend, denn christliche Regierungen betrachteten ihre muslimischen Untertanen als Ressourcen, die ausgebeutet werden durften. Schließlich verfügte die muslimische Bevölkerung über besondere Fähigkeiten und Kunstfertigkeiten, auf denen der wirtschaftliche Reichtum der eroberten Gebiete beruhte. Allein aus diesem Grund lag es im ureigensten Interesse der Eroberer, ihre muslimischen Untertanen zu schützen. Die Muslime stellten jedoch auch eine wertvolle Steuerquelle dar: Abgesehen vom Tribut wurde eine Vielzahl von Steuern ausschließlich von der muslimischen Gemeinde erhoben. So lagen Steuern auf der rituellen Schlachtung und auf Bädern. Die Finanzverwaltung, die von den christlichen Eroberern verwendet wurde, fußte im allgemeinen auf der früheren muslimischen Verwaltung und war meist mit Muslimen oder Bekehrten besetzt.

Die paternalistische Haltung christlicher Herrscher gegenüber den Muslimen wurde von den katholischen Untertanen selten geteilt. Im normannischen Sizilien genossen Muslime ihren privilegierten Rang nur in solchen Gebieten, wo die königliche Autorität stark war, d.h. in den größeren Städten und auf den königlichen Ländereien. Anderswo auf der Insel litten muslimische Gemeinden unter dem zunehmenden Druck durch die lateinische Einwanderung und Kolonisierung, dazu dem Vorrücken der feindseligen lateinischen Kirche und dem entsprechenden Rückzug der vergleichsweise wohlwollenden griechischen Kirche. Lateinische Siedler waren über den privilegierten Rang der einheimischen Muslime aufgebracht und ergriffen, wo und wann immer die königliche Autorität schwach war, die Gelegenheit, sie zu vertreiben und ihren Besitz zu übernehmen. Auf ähnliche Weise ärgerten sich lateinische Herren über die Leistungsfähigkeit der arabischen Finanzverwaltung und ihrer muslimischen Beamten. Während eines Aufstands der Barone 1161-62 ermordeten lateinische Siedler im Innern Siziliens ihre muslimischen Nachbarn und rissen deren Land an sich. In Palermo wurden der königliche *diwan*, das Finanzamt, geplündert, die arabischen Akten verbrannt und die muslimischen Beamten ermordet.

In den meisten Fällen reagierten die betroffenen muslimischen Gemeinden auf die königliche Politik der Apartheid und die Verfolgung durch katholische Bevölkerung und lateinische Kirche damit, daß sie die Reihen schlossen und sich auf sich selbst zurückzogen. Dieser Vorgang wurde im 13. und 14. Jahrhundert durch die Kirche gefördert, als eine Reihe von päpstlichen Dekreten die sozialen Kontakte, die rechtmäßig zwischen den zwei Gemeinschaften stattfinden durften, stetig einschränkte. Clemens V. (1305-14) ging sogar so weit, gesetzlich zu verfügen, daß bereits die Anwesenheit von Muslimen auf christlichem Boden als »eine Beleidigung des Schöpfers« aufzufassen sei.

In Sizilien und Spanien stärkte die Ausgrenzung muslimischer Gemeinden durch die Kirche und die weltliche Regierung deren kulturelle Identität und veranlaßte sie manchmal, sich gegen ihre christlichen Herren aufzulehnen. Während der zweiten Hälfte des 12. Jahrhunderts, als der muslimische Gegenkreuzzug im Osten in Gang kam und die Almohaden im Westen vorrückten, begannen muslimische Gemeinden, die den Normannen untertan waren, zu rebellieren. In den Jahren nach 1150 verloren die Normannen ihren nordafrikanischen Besitz. 1189 begannen die Muslime Siziliens ihren Aufstand, der sich bis 1246 hinziehen und zur Vertreibung der muslimischen Gemeinschaft von der Insel durch Friedrich II. führen sollte. Etwa zur gleichen Zeit erlebte das Königreich Valencia eine Reihe von muslimischen Aufständen, die bald nach der Eroberung begannen und sich bis 1276-77 hinzogen.

Um die Mitte des 13. Jahrhunderts wurde damit deutlich, daß die missionarische Anstrengung gegenüber der islamischen Welt gescheitert war und die einzelnen Gemeinden sich nicht bekehren würden, sondern im Gegenteil entschlossen waren, Widerstand zu leisten und gegebenenfalls zu rebellieren. Die Kirche reagierte damit, daß sie christlichen Bekehrungseifer mit der Anwendung von Gewalt verband. Im Hinblick auf die islamische Welt verfügte Innozenz IV. (1243-54), daß Muslime zwar nicht zum Christentum gezwungen werden durften, aber die weltlichen Mächte der Christenheit gleichwohl Gewalt anwenden konnten, wenn sie damit erreichten, daß das Evangelium in muslimischen Ländern gepredigt wurde. Dies scheint tatsächlich erheblichen Einfluß auf die späten Kreuzzüge in Spanien und Nordafrika gehabt zu haben.

Innerhalb der Christenheit erneuerte die Kirche das missionarische Bemühen, oft mit Hilfe der weltlichen Regierung, und rechtfertigte die Unterdrückung der muslimischen Aufstände. Ende des 12. Jahrhunderts identifizierte Papst Innozenz III., der damals Regent Siziliens für den jungen Friedrich II. war, die muslimischen Rebellen als die »Feinde der ganzen Christenheit« und bot jedem einen vollständigen Kreuzfahrerablaß, der gegen sie kämpfte. 1221 unterstützte Honorius III. mit allen Kräften Friedrich II. bei seinem Feldzug, der zum Ziel hatte, »die Muslime Siziliens vollkommen auszurotten«. In ähnlicher Absicht übergab Papst Gregor X. während des Aufstandes der valencianischen Muslime von 1276-77 König Peter III. den Kreuzfahrerzehnten, der ursprünglich für das Heilige Land vorgesehen war.

In Sizilien und später in Spanien kam die Vertreibung der gesamten islamischen Gemeinschaft einem Eingeständnis der weltlichen Machthaber gleich, daß sie bei der Eingliederung ihrer muslimischen Untertanen versagt hatten. Friedrich II. verfrachtete nach der Zerschlagung des muslimischen Aufstandes die Rebellen nach Lucera auf dem Festland, wo sie bis ins frühe 14. Jahrhundert als Militärkolonie gehalten wurden. Schließlich ermunterten die Könige aus dem Haus Anjou ihre katholischen Untertanen und die päpstliche Inquisition, die kläglichen Reste des muslimischen Sizilien zu zerstören.

Die Kirche befaßte sich ebenso eifrig mit der geistigen Rebellion unter den muslimischen Untertanen. Das Papsttum hatte sich des Beistands der weltlichen Macht bei der Verfolgung der Andersgläubigkeit auf dem 4. Laterankonzil (1215) und mit der Einrichtung der päpstlichen Inquisition durch Gregor IX. (1231) versichert. Die Inquisition war nicht speziell gegen die Muslime innerhalb der Christenheit gerichtet, doch wurde sie schon bald als Instrument der Verfolgung muslimischer Abtrünniger vom Christentum verwendet. Es bestand auch die Tendenz, Muslime, besonders muslimische Rebellen, mit christlicher Heterodoxie gleichzusetzen. 1196, während der ersten Jahre des Muslimaufstandes auf Sizilien, warnte Joachim von Fiore, daß sich die Muslime mit den patarenischen Häretikern verbünden und die Kirche verfolgen könnten. Salimbene, der Joachims Schriften zusammenfaßte, hatte gehört, daß die französischen Pastorellen von bösen Männern angeführt würden, die im Bündnis mit den Muslimen stünden und im Namen Mohammeds Gelder sammelten. Die exkommunizierten erwachsenen »Anführer« des Kinderkreuzzugs waren angeblich mit den muslimischen Rebellen Siziliens verbündet. Während ihrer Unterdrückung wurden auch die Templer gelegentlich angeklagt, heimliche Muslime zu sein. Nichts davon wurde als buchstäbliche Wahrheit betrachtet, aber es zeigt, wie leicht zwischen christlicher Heterodoxie und Islam eine Verbindung gesehen wurde.

Die Inquisition breitete sich schon früh nach Aragon (1232) sowie nach der Thronbesteigung Karls von Anjou im Jahr 1269 in das Königreich Sizilien aus. Papst Nikolaus IV. verfügte, daß sie 1290 nach Akkon getragen wurde, kurz vor dem Fall des Königreichs an die Muslime. In Kastilien jedoch weigerte sich König Alfons der Weise, die Einführung der Inquisition zu erlauben, und erst 1478 ließen Ferdinand und Isabella sie im Königreich zu. Ihre Anwesenheit in einem Königreich führte nicht unbedingt zur Verfolgung von Muslimen. So scheint es Muslimen im Königreich Aragon sehr viel besser ergangen zu sein als denen in Kastilien. Dennoch spielte die Inquisition eine wichtige Rolle bei der endgültigen Auslöschung des Islam sowohl im Königreich Sizilien im frühen 14. Jahrhundert als auch in Spanien vom 15. bis zum 17. Jahrhundert.

Ein gemeinsames Erbe

Christentum und Islam erwuchsen beide aus derselben monotheistischen Tradition des Vorderen Orients. Von Anfang an erkannte der Islam das gemeinsame Erbe, er betonte es sogar, doch tat er dies nur zu seinen eigenen Bedingungen. So erkannten die Muslime Jesus als Propheten an und gingen sogar so weit, die jungfräuliche Geburt zu akzeptieren, lehnten aber die Göttlichkeit Christi vollkommen ab. Auf ähnliche Weise erkannte das Christentum seine Verwandtschaft mit dem Islam an. Es war Allgemeingut, daß die Araber einen Platz in der heiligen Geschichte einnahmen, und ihr Anspruch, von Abraham abzustammen, wurde akzeptiert. Die Bedeutung, die Christen diesem Erbe beimaßen, unterschied sich jedoch sehr von der, die Muslime ihm gaben. Paulus' Deutung der Abraham-Legende kam hier sehr gelegen (Gal. 4, 22-31): Die »Kinder der Sklavin« Hagar wurden mit den Muslimen gleichgesetzt, deren angeborene Sklaverei sowohl geistig als auch, innerhalb der Grenzen der Christenheit, physisch zu verstehen war. Im Gegensatz dazu waren die »Kinder der Freien«, Sara, die Christen, die durch die Annahme Christi befreit worden waren.

Wie wir gesehen haben, gab es in der christlichen Tradition eine Strömung – in Byzanz stärker ausgeprägt als im Westen –, die die Ansicht vertrat, daß Christen und Muslime den einen wahren Gott anbeteten. Vom 11. bis zum 13. Jahrhundert, als die westliche Christenheit in engere Berührung mit dem Islam kam, begann man in Spanien, Sizilien und – wenn auch in geringerem Ausmaß – im lateinischen Osten, die Natur ihres gemeinsamen ideologischen Erbes stärker zu würdigen. Westliche Gelehrte beschäftigten sich mit dem Islam und fertigten Übersetzungen aus dem Arabischen an. Am einflußreichsten war die Arbeit von Petrus Venerabilis, dem Abt von Cluny, der die Übersetzung des Korans ins Lateinische als Teil eines größeren Projekts zur Untersuchung des Islam förderte, die 1143 abgeschlossen wurde. Diese Übersetzungen und die Kommentare, zu denen sie herausforderten, bildeten bis ins 16. Jahrhundert die Hauptquelle der fundierten westlichen Kenntnis des Islam. Das neuerworbene Wissen wurde jedoch nicht benutzt, um die Beziehung zwischen den zwei Religionen zu vertiefen; statt dessen versuchten christliche Missionare es bei ihren Angriffen auf den Islam einzusetzen. Dies war in der Tat die einzige Verwendung, die selbst in den Augen von Intellektuellen wie Roger Bacon das Studium der arabischen und muslimischen Lehre rechtfertigte.

Zur selben Zeit, als die westliche Christenheit ihr gemeinsames religiöses Erbe mit dem Islam entdeckte, um es dann beiseite zu schieben, war sie mit zwei anderen Elementen ihres gemeinsamen Erbes bekannt geworden, mit dem intellektuellen Vermächtnis der griechischen Welt sowie einer gemeinsamen Humanität.

Sowohl der Islam als auch das westliche Christentum entliehen in entscheidenden Momenten ihrer intellektuellen Entwicklung mit einer nur schwer nachvollziehbaren Begeisterung einzelne Elemente von der Kultur des anderen. Es ist kein Zufall, daß dieser Austausch mit den jeweiligen militärischen Eroberungen zusammenfiel. Der Islam übernahm viel von der Christenheit, als er einen großen Teil von Byzanz erobert hatte; die westliche Christenheit eignete sich demgegenüber viel vom Islam an, als sie über Spanien und Sizilien herrschte. Daraus erklärt sich auch zum Teil, warum der Strom der Ideen zu bestimmten Zeiten nur in einer Richtung floß. Im Gefolge der muslimischen

Eroberungen, als der Islam dem Christentum zahlreiche Elemente entnahm, verschloß sich die Christenheit dem Islam; nach der christlichen Gegenoffensive, als sich das Christentum dem Islam öffnete, kehrte die muslimische Welt ihrerseits der Christenheit den Rücken.

Keine der beiden Kulturen entlieh von der anderen pauschal. Jede wurde im Gegenteil von inneren Bedürfnissen getrieben und verhielt sich außerordentlich wählerisch. Während des 9. Jahrhunderts war die Übersetzungstätigkeit vom Griechischen ins Arabische im Bagdad der Abbasiden zum Teil eine Antwort auf die Forderung nach neuen intellektuellen Werkzeugen, die von der Entwicklung der Schulen des religiösen Rechts und der Grammatik ausging. So wurde zum Beispiel die Sammlung der Aristotelischen philosophischen Schriften übersetzt, während man Homer überging. Entsprechend übersetzte man in Westeuropa aus dem Arabischen nur diejenigen philosophischen und wissenschaftlichen Werke, die eigene Bedürfnisse zu befriedigen schienen, und ließ theologische, juristische, historische, geographische und literarische Werke bewußt außer acht. So wurde im lateinischen Europa Algazel ausschließlich als Kommentator zur griechischen Metaphysik durch die Übersetzung seiner kleineren Abhandlung *Die Absichten der Philosophen* bekannt; dagegen ist al-Ghazali im Islam immer noch als »Der Beweis des Islam« bekannt, dessen große Leistung die Aussöhnung der sufistischen Mystik mit dem offiziellen Islam war.

Die griechische Gelehrsamkeit, die der Islam von der Christenheit erwarb und die später die Christenheit vom Islam übernehmen sollte, war mehr oder weniger von dem vermittelnden Medium umgewandelt worden. Was die griechische Metaphysik für die muslimischen Philosophen des 9. Jahrhunderts in Bagdad so attraktiv machte, war neben anderem, daß die byzantinischen Autoren, von denen die Texte stammten, ihrerseits die Originale schon geschickt verändert hatten, so daß die ursprüngliche metaphysische Spekulation nun als eine Art »natürliche Theologie« erschien. Auf ähnliche Weise verdankten die Schriften des neuplatonischen Denkens, die den Augustinismus im 12. Jahrhundert neu belebt und die großen englischen und französischen franziskanischen Lehrer des 13. Jahrhunderts angeregt hatten, Ibn Sina (Avicenna) und durch ihn al-Farabi ebensoviel wie den griechischen Originalen.

Der Beitrag, den die durch den Islam vermittelte griechische Gelehrsamkeit zur Entwicklung der christlichen Philosophie leistete, ist so groß, daß er sich kaum ermessen läßt. Merkwürdig ist, daß das Verhältnis zwischen Christentum und Islam dadurch kaum besser wurde. Zum Teil liegt das daran, daß westliche christliche und muslimische Intellektuelle so gut wie nie zusammenkamen. Was sie trennte, war vor allem die sprachliche Barriere: Westliche Gelehrte, die Arabisch verstanden, waren eine große Ausnahme; Arabisch wurde nicht an den Schulen unterrichtet. Auch die Araber studierten normalerweise keine Fremdsprachen. Übersetzungen wurden von professionellen Übersetzern und nicht von den Gelehrten selbst angefertigt. Deshalb wäre ein arabischer Gelehrter nicht in der Lage gewesen, sich mit Europas bedeutendsten Experten in arabischer Philosophie zu unterhalten, selbst wenn er Paris oder Bologna unbehelligt hätte erreichen können. Nur an ganz wenigen Berührungsstellen in Spanien und Sizilien konnten lateinische und arabische Gelehrte zusammentreffen, und dort waren es nur die Lateiner, die etwas lernen konnten.

Die Sprache war jedoch nicht die einzige Schranke zwischen lateinischen und muslimischen Gelehrten. Die Muslime legten gegenüber dem Westen eine allgemeine Geringschätzung an den Tag, die ihren Ursprung in einer typisch mediterranen Verachtung für die Barbaren des Nordens hatte. Der intellektuelle Historiker aus dem 11. Jahrhundert Sa'id al-Andalusi bemerkte, daß das Wachstum der Gehirne von Europäern wegen des kalten Klimas gehemmt sei, so daß man von ihnen keinen Beitrag zur Zivilisation erwarten könne. Diese Einstellung hielt sich bis ins 12. und 13. Jahrhundert, als westliche Gelehrte zum erstenmal ein intellektuelles Niveau erreichten, auf dem ein Dialog möglich gewesen wäre. Als Friedrich II., angeregt von der Aristotelischen Metaphysik, der muslimischen Welt seine »Sizilianischen Fragen« stellte, erwiderte der spanische Philosoph Ibn Sab'in, daß es dumme Fragen seien (was nicht stimmte) und daß er sie nur zum Ruhm des Islam beantworten werde.

Vom 11. bis zum 13. Jahrhundert entwickelte die lateinische Christenheit eine große Hochachtung vor bestimmten Aspekten der arabischen Gelehrsamkeit, die in einem scharfen Gegensatz zu jener Verachtung stand, die die Muslime dem christlichen Westen gegenüber zeigten. Im Lateinischen bildete sich die aufschlußreiche semantische Unterscheidung zwischen »Araber«, zur Kennzeichnung von Rasse und Sprache, und »Sarazene«, zur Bezeichnung der Religion, heraus. Muslimische Gelehrte wie Ibn Sina und al-Ghazali hatten sich von ihren islamischen Wurzeln gelöst und schöpften aus dem gleichen nichtreligiösen Wissen wie vor ihnen Platon, Aristoteles und die Gelehrten der klassischen Vergangenheit. In Dantes *Göttlicher Komödie* wird Mohammed in der Hölle gemartert, während es Ibn Sina und Ibn Ruschd (Averroes) im Limbo erlaubt ist, die Ewigkeit im angenehmen Meinungsaustausch mit den Gelehrten der Antike zu verbringen. Westliche Künstler porträtierten muslimische Gelehrte im gleichen Gewand wie die klassischen Autoren, die diese dem Westen vermittelt hatten: Erst von der Renaissance an wurden arabische Gelehrte in zeitgenössischer arabischer Kleidung dargestellt. Doch war es nicht immer möglich, arabische Ideen aus ihrem muslimischen Zusammenhang zu lösen, und Europas Vorstellung von arabischer Weisheit wurde nach wie vor von religiösen Strömungen geprägt. Ibn Ruschd erfreute sich Anfang des 13. Jahrhunderts im Westen großer Beliebtheit, und man schätzte ihn als »Kommentator« zu Aristoteles. In den Jahren nach 1270 sowie im 14. Jahrhundert, als man die volle Wirkung seiner Ideen zu spüren begann, wurde er jedoch wiederholt als ein vom Satan inspirierter Ungläubiger verdammt.

Die intellektuelle Vermittlung zwischen Islam und Christenheit wurde nicht nur durch das westliche Auswahlprinzip eingeschränkt, sondern auch durch die Art und Weise, wie man klassische Bildung und arabische Ideen aus ihrer muslimischen Umgebung herauslöste. Der Westen versuchte, die muslimischen Gelehrten, denen er soviel verdankte, zu entmenschlichen und in passive Werkzeuge der Übermittlung klassischer Gelehrsamkeit zu verwandeln. Gleichzeitig begann die westeuropäische Gesellschaft jedoch anzuerkennen, daß sie trotz allem mit der Welt des Islam eine gemeinsame Humanität teilte.

Zur ersten breiten Begegnung Westeuropas mit seinen muslimischen Nachbarn kam es in der zweiten Hälfte des 11. Jahrhunderts während des christlichen Vormarsches in Spanien und Sizilien sowie anläßlich des 1. Kreuzzuges. Die frühesten Berichte beruhigten den Westen, daß seine Ritter in den Sarazenen einen würdigen Feind gefunden hätten. Die normannischen Chronisten Süditaliens und Siziliens zum Beispiel stellten die verräteri-

Die Philosophen der klassischen Antike wie Aristoteles (*oben rechts*) und Porphyrios (*unten rechts*) hatten dem Islam und dem Christentum ein gemeinsames kulturelles Erbe hinterlassen und wurden im allgemeinen als aufgeklärte Heiden verehrt. Das Christentum räumte auch einigen bedeutenden arabischen Kommentatoren der klassischen Bildung einen hohen Rang ein, etwa Avicenna oder Averroes (unten links).

schen Langobarden und die schwachen, verweichlichten Byzantiner den stolzen und kriegerischen Muslimen gegenüber. Ähnlich schilderte ein süditalienischer Chronist des 1. Kreuzzuges die Türken als genaue muslimische Entsprechung der Franken: »Keinen konnte man finden, der ihnen an Stärke, an Beherztheit und in der Kunst des Krieges gleichkam«, während die Türken selbst »sagen, sie gehören zur fränkischen Rasse, und versichern, daß niemand, sie und die Franken ausgenommen, das Recht habe, sich Ritter zu nennen«. Die *Chansons de geste* schildern die Muslime ebenfalls als »respektwürdig, ein guter Feind, schwierig zu besiegen, eine Aussicht auf Ruhm, immer zahlreich und ihre Führer berühmt für Tapferkeit«. Es ist dies ein bekanntes Klischee, das die Überzeugung des Mannes widerspiegelt, er zeige seine bewundernswertesten Qualitäten, wenn er andere Männer bekämpft und tötet, die ebenso edel sind wie er.

Im Zuge des christlichen Vorrückens wurde allgemein bekannt, daß Muslime sich zum Christentum bekehren konnten und dies auch taten. Es handelte sich dabei nicht um einen einfachen Übergang von einer Religion zu einer anderen, denn Christ zu sein war eine der wesentlichen Eigenschaften des Menschseins: Selbst heute noch bedeutet in der ganzen griechischen und lateinischen Mittelmeerwelt »Christ« soviel wie »menschliches Wesen« oder einfach nur »Mensch«, während die Wendung, sich wie ein »Türke« zu benehmen bedeutet, sich über die Konventionen der menschlichen Gesellschaft hinwegzusetzen. Somit brachte die Erkenntnis, daß Muslime zum Christentum übertreten konnten, ein stärkeres Bewußtsein des gemeinsamen Menschseins mit sich.

Ein christlicher Ritter (weiss) und ein maurischer Krieger (schwarz) spielen Schach. Wo immer Christen und Muslime einander auf dem Schlachtfeld gegenüberstanden, versuchten die gegnerischen Kriegerkasten ihren Kampf zu legitimieren und zu glorifizieren, indem sie die eigenen edlen Eigenschaften in ihrem Feind identifizierten. In Friedenszeiten war Intoleranz die Norm, obgleich sich gelegentlich ein gewisses Maß gegenseitigen Verstehens entwickelte.

Das Thema der Liebe zwischen Christen und Muslimen beeindruckte die volkstümliche Phantasie besonders stark. Normalerweise war es ein Sarazenenmädchen, das sich in einen christlichen Ritter verliebte und schließlich ihm zuliebe die Taufe annahm, und diese Geschichte verbindet sich mit einigen Anführern des 1. Kreuzzugs. Aber auch der umgekehrte Fall war vorstellbar. So munkelte man, daß Friedrich Barbarossa seine Tochter mit einem von Saladins Söhnen vermählen wollte.

Solche Themen fanden ihren Weg in literarische Werke und verbanden sich hier mit Aufrufen, das gemeinsame Menschsein anzuerkennen und zu achten. Im *Willehalm* legt Wolfram von Eschenbach einen Aufruf zur Duldsamkeit in den Mund Gyburgs, eines schönen muslimischen Mädchens, das sich aus Liebe bekehrt hatte. Und viele Protagonisten in Wolframs *Parzival*, der hauptsächlich aus orientalischen Quellen stammt, sind nicht nur Muslime, sondern auch wirkliche Charaktere, nicht bloß die groben Karikaturen der *Chansons de geste*.

Von arabischer Literatur war im Westen nur sehr wenig bekannt, und obgleich die Übersetzungen von Dichtungen wie *Kalila wa-Dimma* und *Sindbad und die sieben Weisen* die europäische Phantasie stark angeregt haben mögen, können sie wenig dazu beigetragen haben, die Auffassung des Westens vom Islam zu beeinflussen. Im Unterschied dazu zeigte Peter Alfonsis Sammlung arabischer Erzählungen, die *Disciplina Clericalis*, die vom 12. bis 14. Jahrhundert ungeheuer populär war und sogar in die Volkssprache übersetzt wurde, gewöhnliche Menschen, die ihren Alltagsgeschäften nachgingen. Sie muß den christlichen Lesern bewußt gemacht haben, was sie mit den muslimischen Protagonisten gemeint hatten.

Dennoch blieb die vorherrschende Reaktion der westlichen Christenheit auf den Islam leidenschaftlich fremdenfeindlich. Die Mehrheit war davon überzeugt, daß Muslime unmenschliche Scheusale, vom Teufel inspiriert und der Rechte und Rücksichten, die der Menschheit gebühren, unwürdig waren. Die meisten Europäer scheinen sich ihres widersprüchlichen Verhaltens nicht bewußt gewesen zu sein. Papst Gregor VII. konnte einem muslimischen Herrscher gegenüber betonen, daß sie denselben Gott verehrten, und gleichzeitig vor einem christlichen Publikum die Muslime als »Heiden« bezeichnen. Das volkstümliche Bild von Richard Löwenherz hatte keine Schwierigkeit damit, seine Ritterlichkeit gegenüber Saladin mit jener Geschichte, derzufolge er mit Appetit einen gerösteten Sarazenenkopf verzehrte und danach mehr verlangte, in Einklang zu bringen. Friedrich II. konnte sich äußerlich wie ein arabischer Monarch geben und an seinem Hof muslimische Gelehrte und Dichter zu Gast haben, während er gleichzeitig systematisch die gewaltsame Vernichtung der muslimischen Gemeinschaft Siziliens betrieb.

Wie erklärt sich diese Dualität? Die Christen Westeuropas akzeptierten im allgemeinen, daß das Christentum eine wesentliche Komponente ihres eigenen Menschseins bildete. Gleichzeitig weigerten sie sich, im Islam ein religiöses System anzuerkennen, das nicht weniger als ihr eigenes seinen Anhängern Menschlichkeit vermittelte. Manche haben die Ansicht geäußert, daß die christliche Ausschließlichkeit ihren Ursprung in der eigenen Verfolgung des 2. und 3. Jahrhunderts habe und »aus der vorgefaßten Überzeugung (stamme), daß andere sie immer verfolgten«. Christliche Gewalt gegenüber Muslimen wird so zu einer Erweiterung der christlichen Gewalt gegen Heiden und Ketzer. Von dieser Hypothese mag einiges zutreffen. Ein verbreitetes Merkmal verfolgter Gemeinschaf-

Im Tag eines Mönches nahm das Singen der Liturgie im Chor breiten Raum ein. Hier ein Beispiel aus einem spätmittelalterlichen Manuskript.

die örtlichen Kirchen als persönlichen Besitz, verkauften und verpachteten sie und erhoben Gebühren für ihre Dienste, genauso wie für die Dorfmühle oder das Backhaus. Das charakteristische Merkmal der Kirchenordnung während der ersten Hälfte des 11. Jahrhunderts bestand in einer Art Privatisierung von Kirchen. Deutsche Historiker haben dafür den Begriff »Eigenkirchentum« geprägt. Die alte Ordnung war von einem System privater Rechte verdrängt worden, die teils von Laien, teils von Geistlichen ausgeübt, aber alle als persönliches Eigentum ihrer Inhaber betrachtet wurden. Die am besten geordneten und gelehrtesten Einrichtungen waren die großen Klöster, wie Monte Cassino, Fleury und Cluny. Sie stellten eine alternative Lebensweise zur weltlichen Gesellschaft dar und erhoben den Anspruch, in ihrer Gemeinschaft die Prinzipi-

Die Kathedrale zu Durham, in der ersten Hälfte des 12. Jahrhunderts erbaut. Das gewaltige Maß der großartigen zylindrischen Säulen und der – mehr als zwei Meter dicken – Arkadenwand scheint künstlerisch gewollt und nicht aus Gründen der Statik gewählt zu sein.

Karte 4:
Westliche Christenheit im Jahre 1050

en zu verkörpern, die die apostolische Gemeinde in Jerusalem in den ersten Tagen der Kirche beseelt hatten, doch der Einfluß, den sie genossen, war mehr das Ergebnis der Wertschätzung ihres Rituals als ihrer Lehre, und sie mußten selbst darum kämpfen, ihre Ländereien und Stiftungen von der von allen Seiten auf sie eindringenden Unordnung freizuhalten.

Das Gebäude der Christenheit

Die nächsten zwei Jahrhunderte waren durch den Versuch geprägt, die Grundsätze des Evangeliums und des Kirchenrechts auf die zeitgenössische Gesellschaft anzuwenden, anfangs in der sogenannten Gregorianischen Reform auf die Disziplin der Geistlichkeit, später auch auf das Leben des Laienstandes. In einem früheren Kapitel dieses Bandes hat Robert Markus hervorgehoben, wie die Christen in dem soeben bekehrten Römischen Reich die herkömmlichen Normen der heidnischen Gesellschaft und ihr Bildungsmuster akzeptierten. Im hohen Mittelalter stellte sich die Situation ganz anders dar. Zwar mußte auf die Forderungen der einflußreichen adligen Laien Rücksicht genommen werden, doch lag die Initiative bei der kirchlichen Hierarchie, deren Autorität und Schulung sie befähigte, ein Christianisierungsprogramm zu entwickeln. Der Plan sah die Gestaltung der Christenheit vor, nicht im Sinne der ursprünglichen Bekehrung der Königreiche, aus denen sie bestand, sondern im Hinblick auf die bewußte Ausarbeitung eines Programms, das die Menschheit unter dem Gesetz Christi vereinen sollte. Viele der neuen Voraussetzungen und Institutionen sollten bis zur Französischen Revolution und sogar noch länger Bestand haben. Katholischen Historikern und den Historikern früherer Generationen erschienen sie richtig und unvermeidlich. Erst in unserer Zeit, die den Zusammenbruch der Christenheit erlebt hat, ist es möglich geworden zu erkennen, daß viele Fragen umstritten waren und anders hätten gelöst werden können, daß vieles, was als Teil des christlichen Erbes akzeptiert worden ist, nicht unbedingt Ausdruck des Evangeliums war. Manche modernen Christen, ebenso wie moderne Agnostiker, tun die gesamte Idee des Christentums voller Ungeduld ab. Sie sei, schreibt Peter Levi, »eine Zeitlang etwas Verheißungsvolles gewesen, und jetzt hat die Sache ihren Reiz verloren. Das Christentum war eine provinzielle, westliche und insulare Parodie des großen zivilisierten Römischen Reiches, das immer noch durch die Phantasie geisterte«.

Soziale Veränderungen 1050-1200

Der Christianisierungsversuch stützte sich zum Teil auf Gesetze, die von den Kirchenvätern und den karolingischen Reformern formuliert worden waren. Er war daher nicht vollkommen neu, doch ging seine Wirkung auf Westeuropa viel tiefer als bei früheren Versuchen. Die Erklärung dafür ist in den sozialen Veränderungen zu sehen, die im 11. und 12. Jahrhundert in vielen Teilen des Kontinents stattfanden. Marc Bloch hat vom

Ein reich verzierter Chorrock (kurz nach 1300 gefertigt) mit Szenen aus dem Leben Christi und der Heiligen Jungfrau. Ein Großteil der besten Handarbeit der Epoche war englisch – das *opus anglicanum*.

»Zeitalter der großen Rodungen« gesprochen, in dem Wälder der Besiedlung geöffnet, Sümpfe trockengelegt und Einöden kolonisiert wurden. Hand in Hand mit diesem Bevölkerungswachstum auf dem Land ging die Ausdehnung der Städte. In einigen von ihnen konzentrierte sich der internationale Handel, der zum Aufstieg der Kommunen Flanderns und Italiens zu wichtigen wirtschaftlichen und politischen Zentren führte. Kathedralschulen blühten auf und boten einen fortgeschrittenen Lehrplan an, wie er seit dem klassischen Zeitalter unbekannt gewesen war. Die herausragendsten unter ihnen, wie Paris, Bologna und Oxford, begründeten um 1200 ihren Rang als Universitäten. All diese Veränderungen wurden durch eine erhebliche Zunahme des Geldumlaufs erleichtert. Historiker haben von einer »Renaissance« oder einem »großen Tauwetter« um 1100 gesprochen, insofern neue ökonomische Kräfte eine neue Kultur ankündigten. Die wirtschaftlichen Veränderungen, zu denen die Initiative der Kirchen in hohem Maße beitrug, hatten tiefgreifende und widersprüchliche Auswirkungen. Die Rodung der Wälder machte den Weg frei für neue Klostertypen außerhalb des Netzes von Abgaben und Pachten, das für die grundherrliche Gesellschaft charakteristisch war; sie brachte sie aber auch in Versuchung, unternehmerischen Ehrgeiz zu entfalten und ihr Gebiet nach und nach zu erweitern. Die neue Bildung wirkte sich auf die Moral des Laienstandes aus, lieferte aber auch Abweichlern das Material, mit dem bislang akzeptierte Werte in Frage gestellt werden konnten. Die zunehmende Verwendung von Geld beschwor unter denen, die durch den Verkauf von Kirchenrechten und Sakramenten beunruhigt waren, zunächst eine Krise herauf, langfristig ermöglichte sie jedoch die Errichtung bedeutender Bauwerke und das Entstehen größerer internationaler Bewegungen.

Örtliche Zentren

Das auffälligste Merkmal der neuen westlichen Christenheit war das Ausmaß des örtlichen Unternehmergeistes. Neue Ideen gingen von den Städten aus, von großen Klöstern, von Schulen und Universitäten und von den Adelshöfen, von denen alle über eine bemerkenswerte Fähigkeit verfügten, die eigenen Angehörigen gegen Einwirkungen von außen abzuschirmen. Die Kontroll- und Integrationskräfte waren anfangs schwach. Der Zusammenhalt der westeuropäischen Kultur beruhte nicht (wie im früheren Römischen Reich) auf einer zentralen Leitung, nicht einmal einer Regelung auf nationaler Ebene, denn von wenigen Ausnahmen abgesehen war die königliche Regierung ineffektiv und wurde nicht kontinuierlich ausgeübt. Die lokalen schöpferischen Kräfte wurden nicht auf der Ebene nationaler Politik kontrolliert, sondern durch die Überzeugungskraft der großen internationalen Bewegungen gestaltet, die in dieser Zeit entstanden.

Die päpstliche Reformbewegung

Von 1050 an erlangten neue Organisationen und Geisteshaltungen in ganz Westeuropa Zustimmung. Am augenfälligsten war die allgemeine Anerkennung der Autorität der römischen Kirche. Im frühen 11. Jahrhundert war sie fest in der römischen Erde verwurzelt.

Die Päpste kamen aus dem römischen Adel und entfernten sich selten weit von der Stadt, die Kardinäle waren Geistliche, deren Funktion darin bestand, die Liturgie in den großen Basiliken zu leiten, und die Konzile galten ausschließlich für die Region Rom. Die Apostelgräber und das Alter seiner Gründung verschafften Rom den Vorrang vor den Kirchen des Westens, doch mischte es sich selten in Angelegenheiten nördlich der Alpen ein. Auf dem Weg zur Kaiserkrönung nach Rom leitete Heinrich III. die Synode von Sutri, wo der amtierende Papst, Gregor VI., aufgrund einer Anklage wegen Korruption abgesetzt und zwei andere Anwärter auf das Amt verurteilt wurden. Heinrich ernannte an seiner Stelle einen deutschen Bischof. Das Beispiel machte Schule, denn mit nur einer wichtigen Ausnahme sollte achtzig Jahre lang kein Papst mehr aus der Stadt Rom kommen. Der Name des neuen Papstes, Clemens II. (1046-47), weist auf den bewußten Versuch hin, den apostolischen Geist der Zeit Clemens' I., des Nachfolgers Petri, zu erneuern. Wie dem auch sei, die neue Politik wurde auf aufsehenerregende Weise von einem anderen deutschen Papst, dem charismatischen Leo IX. (1049-54), vorangetrieben, der durch Europa reiste, um Konzile abzuhalten und den Sündern das Gottesgericht anzukündigen, wobei er seinen Zuhörern solche Angst einjagte, daß sie Buße taten. Die Kampagne zielte ausdrücklich auf die Reform des Priestertums, besonders auf seine Reinigung von der Simonie (Kauf kirchlicher Ämter und Würden für Geld) und vom Zusammenleben mit Frauen.

Simon Petrus und Simon Magus. Dieses Kapitell der Kathedrale zu Autun, das wahrscheinlich von Gislebertus im frühen 12. Jahrhundert geschaffen wurde, zeigt Simon Magus (Sinnbild der »Simonie« oder des Verkaufs heiliger Dinge) bei dem Versuch, mit Hilfe der Magie zu fliegen. Die Gebete Petri, der an seinem mannshohen Schlüssel zu erkennen ist, führen zu seinem Absturz.

Das war ein radikaler Angriff auf die bestehende Ordnung, denn die Zahlung von Gebühren und die geistliche Ehe waren gesellschaftlich allgemein anerkannt. Wir müssen darauf achten, der Politik der Reformer nicht »moderne« Motive zu unterstellen; ihre Absicht bestand nicht darin, den Geistlichen zu einer besseren Bildung zu verhelfen oder auch nur bessere Menschen aus ihnen zu machen. Es ging um ein kultisches Ideal: Wie sollte sich Gott über einen Gottesdienst freuen können, in dem das Meßopfer von Händen dargeboten wurde, die durch Geld und Frauen besudelt waren? Mit einem praktischen Realismus, der für die Menschen im Mittelalter bezeichnend war, erkannte man, daß weder auf das eine noch das andere verzichtet würde, solange die Geistlichkeit nicht in besondere Gesellschaften, die außerhalb der Laienwelt lebten, abgesondert würde. Die Schaffung solcher apostolischer Gemeinschaften wurde zu einem der Hauptziele der Reformer. Das ganze Programm zielte darauf ab, die allgemeine Geistlichkeit nach mönchischen Normen zu gestalten. Deshalb ist es nicht überraschend, daß Mönchspäpste zwar in der Geschichte insgesamt selten gewesen sind, aber beinahe fünfzig Jahre lang nach 1073 alle Päpste Mönche waren, und mönchische Ratgeber in der ganzen Geschichte der päpstlichen Reformer großen Einfluß hatten.

Rudolf von Rheinfelden, Gegenkönig und Stütze Gregors VII. gegen Heinrich IV., wurde 1080 im Kampf tödlich verwundet und als Märtyrer für die Sache der Kirche angesehen. Auf seinem Grab in Merseburg nannte die Inschrift ihn »des Krieges heiliges Opfer; ihm war der Tod das Leben. Er starb für die Kirche.«

Der Konflikt zwischen Reich und Papsttum 1076-1122

Die Trennung der Geistlichkeit vom Laienstand, die mit diesem Programm verbunden war, führte zwangsläufig zu Spannungen mit den Laienherrschern, für die die Kontrolle der Ämterbesetzung in der Kirche ein Gewohnheitsrecht war. Dazu kam, daß die Reformer Verbindung mit Gruppen wie den Pataria in Mailand aufnahmen, die der herrschenden Ordnung und der Stellung der traditionellen Geistlichkeit den Kampf angesagt hatten und zu gewaltsamen und revolutionären Methoden griffen. Der Konflikt brach während des Pontifikats Gregors VII. (1073-85) auf. Gregor war ein Römer, der in der päpstlichen Reformbewegung von Anfang an in der ersten Reihe gestanden hatte; von ihm hat sie ihren Namen als »Gregorianische Reform«. Er war fest davon überzeugt, daß Petrus aus seiner Person sprach, und er war ein Mann von leidenschaftlicher Redlichkeit – ein Freund beschrieb ihn einmal als »heiligen Satan«. Beide Seiten ließen es zu, daß der Mailänder Konflikt eskalierte, und 1076 verweigerten die deutschen Bischöfe Gregor den Gehorsam, worauf dieser mit der Exkommunikation und Absetzung Heinrichs IV. antwortete. Es war ein beispielloser Vorgang, der sich gegen den Sohn desselben Herrschers richtete, der das Papsttum 1046 reformiert hatte. Heinrichs spektakuläre Unterwerfung bei der Begegnung in Canossa 1077 ließ auf Aussöhnung hoffen, aber spätestens bis 1080 war klar, daß der Bruch dauerhaft war. Gregor erkannte Rudolf von Rheinfelden, den Führer der deutschen politischen Opposition, als Gegenkönig an, und Heinrich ernannte den hervorragenden Erzbischof Wibert von Ravenna als Clemens III. zum Papst – ein Name, der bezeichnenderweise an die Ereignisse des Jahres 1046 erinnerte. Das breite Spektrum der Streitfragen zwischen den zwei Mächten wurde schließlich auf die besondere Frage der Laieninvestitur eingeengt. Kaiser und Könige beanspruchten das Recht, Bischöfe zu ernennen, indem sie ihnen Ring und Stab, die Insignien ihres Amtes, verliehen, während die Päpste dies als Vorrecht der Kirche betrachteten. Erst 1122 wurde der lange Streit durch das Wormser Konkordat mit einem Kompromiß beendet, bei dem der König auf sein Recht, den Bischof zu investieren, verzichtete, aber die Kontrolle über viele andere königliche Rechte über die deutsche Kirche behielt. Obgleich die römische Kirche immer noch weit davon entfernt war, eine ins einzelne gehende Kontrolle über die westliche Christenheit auszuüben, hatten die Ereignisse zwischen 1046 und 1122 sie zu einem Verfechter von Reforminteressen gemacht und ihr einen internationalen Rang verschafft, der nicht zu übersehen war.

Die neuen Mönchsorden

In derselben Epoche wandelte sich auch die Struktur des Mönchtums. Nach der Benediktinerregel war jede Abtei von ihrem Abt selbständig geleitet worden. Das erste Kloster, das von diesem Modell abwich, war Cluny, wo der »sanfte Tyrann«, Abt Hugo von Sémur (1049-1109), dem Mutterhaus nicht nur Neugründungen unterstellte, sondern auch alte Abteien unter seine Rechtsprechung nahm. Im Prinzip war die ganze Gemeinschaft ein Teil Clunys mit einem einzigen Abt an der Spitze. Beim Tod Hugos gab es Tochterhäuser nicht nur in Frankreich, sondern auch in Spanien, England und Nordditali-

DIE ABTEI FONTENAY, ein 1118 gegründetes Zisterzienserkloster in Burgund. Die klare, nüchterne Architektur ist typisch für diesen reformierten Orden. Die Gebäude wurden um 1140-75 vollendet. Bei dem L-förmigen Bau im Vordergrund handelt es sich um eine spätere Ergänzung.

en. In gewissem Sinn war Cluny der erste Mönchsorden, aber die Zisterzienser entwickelten seinen Ansatz zu einer internationalen Struktur ein großes Stück weiter. Bei seiner Gründung 1098 wird sich Cîteau von vielen innovationsfreudigen Häusern der Zeit nicht unterschieden haben, doch entwickelte es sich schon bald zu einer der ausgeprägtesten religiösen Kräfte im 12. Jahrhundert. Sein erstes Tochterhaus wurde 1112 begründet; 1153 gab es 344 Abteien des Zisterzienserordens, und bis 1200 waren es 530, die sich von Norwegen bis Portugal und von Irland bis ins östliche Mittelmeer erstreckten. Die Entwicklung des Ordens wurde in seinen frühen Jahren von dem englischen Abt Stephen Harding (1109-34) und von Bernhard, dem Abt des Tochterhauses Clairvaux (1115-53) geprägt. Die Zisterzienser bestanden auf der buchstäblichen Einhaltung der Benediktinerregel und gaben allen Häusern den Rang einer Abtei; dazu kamen eine gemeinsame Verfassung, die »Carta caritatis«, ein Kontrollmechanismus der Gründerabtei über die Tochterhäuser und ein jährliches Äbtekapitel, das Gesetze für den ganzen Orden erließ. Die Zisterzienser stehen für die größte Erfolgsgeschichte der neuen Orden des 12. Jahrhunderts, von denen sich viele weit ausbreiteten, dabei jedoch gemeinsame Bräuche und eine zentrale Verwaltung in irgendeiner Form beibehielten. Zu diesen Orden gehören auch Fontevrault (von Robert von Arbrissel 1101 gegründet) und Savigne (1112 gegründet, 1147 mit den Zisterziensern vereinigt). Neben diesen mönchischen Neuanfängen gab es Familien regulierter Chorherren, die nach der ganz anderen Augustinerregel lebten. Zu den verschiedenen Formen zählten die Prämonstratenser (1120 von Norbert von Xanten gegründet), die nach ihrer Lebensweise praktisch Mönche waren, Chorherren in Österreich und Ostdeutschland, die eine Zeitlang das Ideal erfüllten, geistliche Gemeinschaften mit allgemeiner seelsorglicher Aufsicht zu versorgen, sowie die Viktoriner, deren Mutterhaus eine beeindruckende Tradition der Gelehrsamkeit aufwies. Diese regulierten Chorherren standen im Gegensatz zu den Gemeinschaften von Chorherren, die der alten karolingischen Lebensweise folgten, die privates Eigentum erlaubte; solche »weltlichen« Chorherren, wie sie später genannt wurden, bildeten nach wie vor die Organe der Geistlichkeit an den meisten Domkirchen. Ein Merkmal schränkte die Wirksamkeit der Mönchsorden ein: Sie waren auf dem Prinzip der Stabilität gegründet, nach dem ein Mönch sein ganzes Leben lang im selben Haus zu bleiben hatte. In einem begrenzten Rahmen waren die Chorherren von dieser Einschränkung ausgenommen, und zwei größere Orden im 12. Jahrhundert blieben weitgehend davon befreit: die Hospitaliter (erstes allgemeines päpstliches Privileg 1113) und die Templer (1139). Beide wurden für den Pilgerdienst im Heiligen Land gegründet, der erste vorwiegend für die Armen- und Krankenpflege, der zweite für die Verteidigung, und beide erlaubten je nach Bedarf die Versetzung von Mitgliedern des Ordens.

Die Kreuzzüge

Eine andere Kraft auf dem internationalen Schauplatz war die Kreuzzugsbewegung. Im Lauf des 11. Jahrhunderts verpflichteten sich junge Mächte im westlichen Mittelmeerraum zu Feldzügen gegen den Islam und nutzten sie, um ihre moralische und politische Autorität zu festigen. Zu diesen Kräften gehörten Pisa, die Normannen in Süditalien, die aufstrebenden Königreiche des christlichen Spanien und die Franzosen, die ein wachsendes Interesse am Eingreifen in Spanien und Italien zeigten; die Rettung Spaniens und Siziliens von der muslimischen Herrschaft wurde zu einem Ziel päpstlicher Politik. Als aus Konstantinopel und Jerusalem Bitten um Schutz vor der türkischen Unterdrückung eintrafen, wurden sie von Urban II. gehört, einem französischen Papst, der schon mit dem heiligen Krieg im westlichen Mittelmeer befaßt gewesen war. Auf dem Konzil von Clermont 1095 kündigte er eine große Expedition nach Jerusalem an, die wir als 1. Kreuzzug kennen. Über mehrere Jahrzehnte hinweg war die Anstrengung der westlichen Mächte im Osten von Erfolg gekrönt. Jerusalem wurde 1099 eingenommen, und bis 1153 war der ganze syrische Küstenstreifen von Askalon bis Antiochia in lateinischer Hand. Die Einigung des Islam unter Nureddin und seinem Nachfolger Saladin führte dazu, daß Jerusalem 1187 wieder unter muslimische Herrschaft kam. Die Europäer entwickelten zunehmend eine gemeinsame Identität, die anscheinend besonders durch den 1. Kreuzzug geschmiedet worden war. Seine Chronisten verwenden eine Terminologie, die zwar nicht völlig neu, in der Vergangenheit jedoch selten gewesen war: Zum erstenmal beschreiben Menschen sich regelmäßig als »Abendländer« und »Christen« oder als Angehörige der *Christianitas,* ein Wort, das Christentum und Christenheit bedeutet und das in dieser Zeit in allgemeinen Gebrauch kam.

Autorität und Pracht

Die Hierarchie hatte keine Hemmungen, die Herrlichkeit Gottes und die Würde seiner geweihten Diener zu verkünden. Triumphalismus war die ständige Versuchung der mittelalterlichen Kirche, wie Säkularismus es für die moderne ist. Am deutlichsten wird das für uns in der Pracht der großen Bauwerke. Zu Beginn des hier behandelten Zeitabschnitts traf dies insbesondere auf die Klosterkirchen zu, etwa Abt Desiderius' Neubau auf dem Monte Cassino (der in einer glanzvollen Zeremonie 1071 geweiht wurde) oder Hugos dritte Kirche zu Cluny (1088 begonnen und um 1133 fertiggestellt), die bis dahin größte Kirche, die für den christlichen Gottesdienst gebaut worden war. Keine von diesen ist erhalten, doch gibt es zahlreiche Beispiele für den architektonischen Siegeszug, den die Normannen in England mit den Gewinnen aus ihren Eroberungen von 1066 einleiteten. Eine andere große Welle regte der Neubau von St-Denis durch Abt Suger (1122-51) an, wo zum erstenmal der Spitzbogen konsequent als Konstruktionsprinzip angewendet wurde. Der neue »gotische« Stil, um den modernen Begriff zu gebrauchen, wurde in den Kathedralen Nordfrankreichs vervollkommnet, etwa in Laon, Senlis, Paris (Notre-Dame) und Chartres, und von dieser Region breitete er sich über den größten Teil Westeuropas aus. Die Kirchen lieferten einen Rahmen für den Gottesdienst, einen Prozessionsraum und ein Haus für die Reliquien der Heiligen. Von den Schätzen der großen Kirchen aus dem Mittelalter sind nur Bruchstücke erhalten, aber diese genügen, um einen Eindruck von dem Reichtum zu vermitteln, der hier einmal angehäuft war. Kostbare Metalle wurden im Überfluß für Reliquienschreine und Altargeräte verwendet, Meßbücher prachtvoll verziert und gebunden, und die Herstellung der Meßgewänder war eine wichtige Kunstform, besonders in England, dessen *opus anglicanum* überall auf dem Kontinent gefragt war.

Die Entfaltung der päpstlichen Regierung im 12. Jahrhundert

Bis zum Ende des 12. Jahrhunderts wurde die geistige Führung, die die Päpste begründet hatten, zu einer Kontrolle über die Angelegenheiten der Kirche ausgeweitet. Die ersten Schritte hierzu waren schon viel früher getan worden, als Leo IX. Reformer aus dem Norden mitgebracht und sie zu Kardinalbischöfen erhoben hatte, die die Funktion von Ratgebern übernehmen sollten. Bis 1130 hatten sich die Kardinäle zu Verwaltungshelfern der Päpste entwickelt, sie hörten Rechtsfälle an, vertraten die römische Kirche als Legaten und übernahmen die Führung bei der Papstwahl. Die laufende Verwaltung lag in der Hand der päpstlichen Kurie, die an die Stelle der alten städtischen Verwaltung getreten war. Mit dem Erscheinen einer maßgeblichen Sammlung alter Kirchengesetze, der *Concordia discordantium canonum* von Gratian (vollendet um 1140), gab es ein Standardnachschlagewerk für kirchliche Gerichte. Die folgende Generation erlebte, daß sich schnell ein System von Berufungen nach Rom herausbildete, von wo Richter abgeordnet wurden, die mit päpstlicher Ermächtigung in ihrem eigenen Land Fälle anhörten. Unter Papst Alexander III. schließlich (1159-81) spielte die Kurie eine wichtige Rolle bei der Vereinheitlichung des Rechts durch das Abfassen unzähliger Dekretalbriefe, die der Anleitung von Richtern in schwierigen Fällen dienen sollten. Bis zum Ende des Jahrhunderts wurden

DER CAMPO DEI MIRACOLI in Pisa ist eine der prachtvollsten Baugruppen der Welt. Der Dom *(Mitte)* wurde kurz nach 1063 begonnen, um einen Sieg über die Muslime bei Palermo zu feiern. Das Baptisterium *(vorn)* und der schiefe Glockenturm folgten im 12. Jahrhundert, der Friedhof *(links)* nach 1278.

Sammlungen dieser Dekretalien angelegt. Sie wiesen den Weg zu der maßgeblichen Sammlung Gregors IX. (1226-39), die Gratians Sammlung fortsetzte und eine endgültige Darstellung des neuen kanonischen Rechts lieferte.

Während die römische Kirche ihren Einfluß auf andere Kirchen ausdehnte, mußte sie gleichzeitig darum kämpfen, ihre Handlungsfreiheit dem Reich gegenüber zu wahren. Das Wormser Konkordat hatte eine Periode der Zusammenarbeit eingeleitet, aber der herausragende Stauferkaiser Friedrich I. Barbarossa (1152-90) kehrte zu einer wesentlich energischeren Behauptung kaiserlicher Rechte über die deutsche Kirche und über jene Territorien in Italien zurück, die sowohl vom Reich als auch vom Papsttum beansprucht wurden. Nur im Bündnis mit den lombardischen Städten und dem Königreich Sizilien gelang es Alexander III., sich gegen den Widerstand einer Reihe von kaiserlichen Gegenpäp-

KARTE 5:
Italien im 13. Jahrhundert

sten an der Macht zu halten. Das Papsttum geriet in noch größere Gefahr, als es Kaiser Heinrich VI. gelang, Sizilien mit dem Reich zu vereinigen und damit die Herrschaft der Staufer auf der ganzen Halbinsel durchzusetzen. Dann machte der Tod Heinrichs VI. den Weg für die Wahl eines der jüngsten Päpste in der Kirchengeschichte frei, eines äußerst begabten Mannes, der das mittelalterliche Papsttum zu seinen eindrucksvollsten Leistungen führen sollte.

Innozenz III. (1198-1216)

Lothar von Segni stammte aus einer vornehmen römischen Familie. Er hatte in Paris studiert und eine Reihe hochgeschätzter theologischer Werke verfaßt. Mit 37 Jahren wurde er als Innozenz III. (1198-1216) zum Papst gewählt. Innozenz war für sein Geschick als Richter berühmt – ein zeitgenössischer Satiriker gab ihm den Spitznamen »Salomo III.« –, seine größte Wirkung auf das päpstliche Denken bestand jedoch in der Einführung neuer Ideen in das kanonische Recht. Für die Darlegung päpstlicher Rechte in seinen Briefen schöpfte Innozenz aus vielen Quellen: Theologie, Rhetorik und Geschichte mußten ihren Beitrag leisten. Der Papst wurde als Stellvertreter Christi auf Erden dargestellt und als Melchisedek, jene Gestalt aus dem Alten Testament, die sowohl König als auch Priester war. Innozenz erhob keinen direkten Anspruch, die Rechte der weltlichen Macht auszuüben und erkannte an, daß Könige eine von der Kirche unabhängige Rechtsprechung innehatten. In der Praxis jedoch griff er in politische Angelegenheiten in einem Umfang ein, den man in der Vergangenheit noch nicht erlebt hatte. Mit dem Tod Heinrichs VI. war die römische Kirche von einem schweren Druck befreit worden. Dies gab Innozenz freie Hand, die »Wiederherstellung« päpstlicher Rechte in Mittelitalien und Sizilien zu fordern und damit zum Gründer des Kirchenstaates in seiner späteren Form zu werden. Darüber hinaus gab er eine aggressive Erklärung über die Rechte der römischen Kirche bei der Wahl eines Kaisers ab. Wichtige Dekretalbriefe definierten das Recht des Papstes, in weltliche Dinge »infolge Sünde« und »bei Gelegenheit« *(casualiter)* einzugreifen. Er kümmerte sich intensiv um eine enge Beziehung zu den Königreichen, die in der Vergangenheit die römische Kirche als Oberherrn anerkannt hatten, und ergänzte diese mit der Unterwerfung Johanns von England 1214. Das alles war Munition für spätere Kirchenrechtler und Päpste, besonders für den herausragenden Juristen Sinibald Fieschi, der als Innozenz IV. (1243-54) Papst wurde. Es gab tatsächlich kaum Aspekte im Leben der Christenheit, die nicht vom Genie Innozenz' III. berührt wurden. Besondere Bedeutung hatte für ihn die Kreuzzugsidee. Nachdem der 3. Kreuzzug (1189-92) gescheitert war, predigte Innozenz den 4., der in der Hoffnung, sich byzantinischen Beistand zu sichern, einen Umweg über Konstantinopel machte und 1204 mit der Erstürmung der Stadt und der Errichtung eines schwachen lateinischen Kaiserturms auf den Ruinen des griechischen tragisch endete. Der 5. Kreuzzug befand sich in einem fortgeschrittenen Vorbereitungsstadium, als Innozenz starb. Ebenso wichtig war ihm die Reform der westlichen Kirche. Zu diesem Zweck brachte er Ideen, die er in Paris kennengelernt hatte, nach Rom und machte sie zur Grundlage eines neuen Ideals des seelsorgerischen Amtes. Verbunden mit der Reform war seine Entschlossenheit, Häresien zu unterdrücken und neue Bewegungen, wie zum Beispiel die Franziskaner und Dominikaner, zu fördern. Den Höhepunkt des mittelalterlichen Papsttums bildete das 4. Laterankonzil, das im November 1215 zusammentrat, um über diese und andere Fragen nachzudenken. Es war mit über 400 Bischöfen, 800 Äbten und anderen Vertretern der Geistlichkeit die größte ökumenische Versammlung, die die Kirche bis dahin gesehen hatte. Das Konzil wurde von zwei Anliegen beherrscht, die die Politik Innozenz' III. prägten: Kreuzzug und Reform. Seine zahlreichen Dekrete enthielten die Pläne für den 5. Kreuzzug, versuchten eine Beilegung der Unruhen, die aus dem Albigenserkreuzzug entstanden waren, und regelten die Angelegenheiten der griechischen Kirche, die von den Kreuzrittern 1204 der römischen Kirche unterworfen worden war. Detaillierte Vorschriften zur Ausbildung und Reform der Geistlichkeit sowie zur Disziplin der Laien (ein Punkt, auf den wir später zurückkommen) wurden festgelegt. Viele Entscheidungen spiegelten den Einfluß der Pariser Theologie auf Innozenz, zum Beispiel die stark seelsorgerisch geprägten Belange und solche praktischen Einzelheiten wie die Abschaffung der traditionellen Gottesurteile und eine Revision des Eherechts.

Suche nach Alternativen: Die Mönche

Die Geschichte der mittelalterlichen Kirche wurde nicht allein durch den Führungsanspruch der Hierarchie einerseits und den Widerstand von seiten der Laienmächte andererseits bestimmt. Es waren die Mönche, die mit ihrem Anspruch, das apostolische Leben in Gemeinschaft zu leben, eine radikale Alternative zur normalen Lebensweise sowohl der Laien als auch der Weltgeistlichen boten. Die neuen Orden des 12. Jahrhunderts verkörperten diese Alternative in viel schärferer Form als das ältere Mönchtum. In kluniazensischen und benediktinischen Häusern verfügten diejenigen Mönche über die beste Ausbildung, die bereits als Knaben eingetreten und in den schwierigen Kirchengesang sowie das komplizierte Zeremoniell eingeführt waren und die weltliche Gesellschaft nur vom Kloster aus gesehen hatten. Die Zisterzienser und Prämonstratenser rekrutierten sich dagegen aus Erwachsenen, Männern, die in der Gesellschaft gelebt hatten und ihre Werte ablehnten. Sie stritten gegen die »Wohlstandsgesellschaft«, wie sie sich in den neuen Städten entwickelte: »Ich will nicht in Städten leben«, erklärte Norbert von Xanten, »sondern lieber in Einöden und unbesiedelten Orten.« Die meisten von ihnen lehnten entschieden die neue Art der Bildung ab, wie sie von den entstehenden Schulen (den zukünftigen Universitäten) vermittelt wurde, und übten heftige Kritik an der Gewalttätigkeit des Adels. Die Kritik der zeitgenössischen Gesellschaft wurde, zumindest teilweise, von den Kirchenführern geteilt, doch brachten die mönchischen Reformer ebenso ihre Besorgnis über die Rolle der Kirche zum Ausdruck. Bernhard von Clairvaux tadelte in scharfen Worten ihren Wohlstand und die immense Prachtentfaltung und forderte (zumindest für Mönche) eine strenge Einfachheit des Gottesdienstes. Als ein zisterziensischer Schüler von ihm – Eugenius III. (1145-53) – Papst wurde, widmete Bernhard ihm den Traktat *De consideratione,* der Richtlinien für die Führung des päpstlichen Amtes enthielt und besonders die Menge der juristischen Arbeit kritisierte, die das Leben der Kurie zunehmend zu beherrschen begann. In Rom höre man mehr von den Gesetzen Justinians, klagte er, als vom Gesetz Christi. Die gleiche Beschwerde führte ein süddeutscher regulierter Chorherr, Gerdes Predigens sprach zunehmend ungebildete Katholiken an, doch die Hierarchie war wegen der damit verbundenen Gefährdung der Disziplin besorgt. Als Valdes, ein reicher Kaufmann aus Lyon, 1174 beschloß, sein Hab und Gut zu verschenken und sich dem apostolischen Leben zu widmen, zeigte Alexander III. zunächst große Sympathie. Valdes' Glaube war orthodox, und seine Anhänger verstanden sich als Antwort auf die katharische Bedrohung. Doch brachen sie mit der Kirche, weil sie darauf beharrten, auf der Grundlage volkssprachlicher Bibelübersetzungen zu predigen. Die Waldenser wurden schließlich eine weitverbreitete Bewegung, die bis zur Reformation bestand. Die Furcht vor unerlaubtem Predigen veranlaßte die Hierarchie, Abstand von solchen Gruppen zu wahren, bis Innozenz III. schließlich eine liberalere Haltung einleitete.

Dominikaner und Franziskaner

Es war eine bedeutsame Entscheidung, weil sie ihm erlaubte, zwei Männer, die großen Einfluß erlangen sollen, aufzunehmen und anzuleiten. Dominikus, ein spanischer regulierter Chorherr, war der Häresie der Katharer in Südfrankreich begegnet und hatte ein kleines Predigerhaus gegründet, um sie zu bekämpfen. Erst 1217, gegen Ende seines Lebens, faßte er den wichtigen Entschluß, seine Gruppe aufzuteilen und sie zur Arbeit nach Paris und Bologna zu schicken, wobei er auf der strengen Einhaltung der Forderung nach Armut beharrte. Innerhalb weniger Jahre besaß der Dominikanerorden Häuser in vielen Teilen Europas, von denen aus er den Kampf gegen die Häresie führte. Noch spektakulärer verlief die Ausbreitung des Franziskanerordens, die Gründung eines Mannes, der sich von Dominikus grundlegend unterschied. Franziskus war Laie und stammte aus einer wohlhabenden Familie in Assisi. Er war eine charismatische Persönlichkeit von überwältigendem Charme und widmete sein Leben der völligen Armut. Sein geistliches Amt übte er abwechselnd in den bevölkerten Städten und in seinen geliebten Einsiedeleien aus. Seine Hingabe an den gekreuzigten Christus war tief und gipfelte kurz vor seinem Tod 1226 im Empfang der Stigmata, der Kreuzigungsmale an den Händen und der Seite. Es fällt schwer, sich einen unkonventionelleren Ordensgründer vorzustellen, denn Franziskus hatte kein Organisationstalent und war außerdem wenig geneigt, eine Regel aufzustellen. Die Anziehungskraft seiner Persönlichkeit ließ eine umfangreiche Literatur an Geschichten und Legenden entstehen, und diese Persönlichkeit war es, die die Gründung eines zahlenmäßig so starken Ordens bewirkte. Einer der ersten Franziskaner bemerkte nach über vierzig Missionsjahren: »Wenn ich meinen eigenen demütigen Stand und den meiner Gefährten betrachte, die mit mir nach Deutschland gesandt wurden, und wenn ich den gegenwärtigen Zustand und Ruhm unseres Ordens betrachte, staune ich und preise die göttliche Gnade in meinem Herzen.« Franziskus stellte sein Amt nicht wie Dominikus in den Dienst des Kampfes gegen die Häresie, aber mit seiner Verpflichtung zum allgemeinen Lehren und dem unbedingten Gehorsam gegenüber Papst und Bischöfen diente es diesem Zweck sehr wohl. Die Minderbrüder oder *Fratres minores* waren ein sehr viel bunterer Orden als Dominikus' Predigerorden. Die Mehrheit seiner Mitglieder waren Italiener, darunter sehr viele Laien, während er in Nordeuropa Gelehrte und Theologen anzog und eher der Zusammensetzung des Dominikanerordens ähnelte.

DER HEILIGE FRANZ VON ASSISI bat den Papst um die Bestätigung der einfachen Regel, nach der die ersten Brüder lebten. Giotto fing die dramatische Begegnung zwischen den kleinen Brüdern und Innozenz III., dem bedeutenden Papst, auf diesem Fresko in Assisi ein, das kurz vor 1300 geschaffen wurde.

Die Reaktion auf die Häresie: Kreuzzüge

Die Anwerbung einer tüchtigen Truppe von volkstümlichen Rednern mit Überzeugungskraft war im Kampf gegen die Häresie wichtig, doch war es unwahrscheinlich, daß Überzeugung allein ausreichen würde. Die Kirche suchte deshalb auch nach Zwangsmitteln. Bereits auf dem 3. Laterankonzil 1179 war die Möglichkeit eines Kreuzzuges gegen die albigensischen Ketzer ins Auge gefaßt worden, aber erst unter Innozenz III. wurde er – nach dem Scheitern einer Reihe von Predigermissionen – in die Tat umgesetzt. Im Sommer 1209 marschierte eine Armee von nordfranzösischen Baronen und Bischöfen gegen helfen sollten. Die Tatsache, daß sie so scharf zwischen Geistlichen und Laien unterschieden, warf Fragen nach der angemessenen Funktion von Laien im Dienst Gottes auf. Außerdem traten in einer sich zunehmend differenzierenden Gesellschaft neue Laiengruppen mit neuen Bräuchen hervor. Diese Laienreligion war im 12. Jahrhundert in erster Linie eine »Standesreligion«, die jedem Rang in der Gesellschaft die entsprechenden Sitten vorschrieb. Es handelt sich um ein Mißverständnis, wenn der mittelalterlichen Kirche Gleichgültigkeit gegenüber dem sozialen Wohl vorgeworfen wird. In Wirklichkeit braucht die Qualität des sozialen Denkens den Vergleich mit der heutigen Kirche nicht zu scheuen. Einer ihrer wichtigsten Züge war die sorgfältige rechtliche Definition der Ehe, die als das Sakrament, das den Laienstand ausmachte, angesehen wurde. Während die Ehe für den Priesterstand abgelehnt wurde, sah man sie als göttlich bestimmte Bedingung für die Laien an. Einzelne Merkmale der neuen Vorstellung von der Ehe blieben bis in unser

Jahrhundert gültig, so das Verbot der Scheidung und die Beteuerung, daß die Ehe eine freiwillige Beziehung sei, die nur mit Zustimmung beider Parteien eingegangen werden könne. Jedem sozialen Rang wurde eine Ethik zugewiesen, auch denjenigen, deren Tun in der Vergangenheit als fragwürdig angesehen worden war. Für die militärischen Klassen gab es eine Aufnahmezeremonie in die Ordnung der Ritterschaft. Zu den Regeln, die der gute Ritter befolgen mußte, zählten unter anderem die Treue zu seinem Herrn und der Schutz von Bedürftigen. Es gab ein wachsendes Interesse, Maßstäbe für Kaufleute zu entwickeln; spätestens bis zum 13. Jahrhundert definierten Moralisten die Bedingungen, unter denen trotz der eindeutigen biblischen Verbote des Wuchers Darlehen gegen Zinsen vergeben werden durften. Die oberen Klassen der neuen Städte wurden gedrängt, für Krankenhäuser, Aussätzigenhäuser und Schulen für ihre Mitbürger zu sorgen. Zünfte waren stolz darauf, Fenster mit ihren Emblemen als Weinhändler oder Fleischer für die großen Kirchen zu stiften. Ein Angebot der Prostituierten in Paris, ein Maria Magdalena gewidmetes Fenster zu stiften, wurde allerdings entschieden abgelehnt. Diese Entwicklung zeigte sich gegen Ende des 12. Jahrhunderts im Auftauchen von Predigten *ad status*, die sich eigens an Ritter, Kreuzfahrer, Kaufleute, Hausfrauen und Bauern richteten. Es war eine Methode, die die Gegebenheiten der zeitgenössischen Gesellschaft widerspiegelte.

Neue Muster der Frömmigkeit

Gleichzeitig entwickelten sich neue Muster der Frömmigkeit. Bei den Zisterziensern treffen wir eine intensivere Anbetung des gekreuzigten Heilands an; Aelred von Rievaulx sah im Kreuz den einzigen angemessenen Schmuck für eine Klosterkirche. Es entstanden mehr lyrische Hymnen in der ersten Person (eine Form der Frömmigkeit, die es früher so gut wie nicht gegeben hatte), und man betete mehr als bisher die Heilige Jungfrau an, die als barmherzige Frau und liebende Mutter gesehen wurde. Diese sanftere und besinnlichere Religion läßt sich am besten für die klösterlichen Gemeinschaften belegen, doch gibt es gute Gründe zu der Annahme, daß sie auch die adligen Laien beeinflußte, die Schirmherren und häufig nahe Verwandte der Mönche waren. Das Kruzifix wurde zu einem herausragenden Merkmal des Kirchenschmucks. Christus erschien nicht länger in thronender Haltung aufrecht und majestätisch, in Purpur gekleidet und als König der Könige. Nun bot man einen sterbenden Mann dem Mitgefühl der Betrachter dar. Vermutlich wurde auch im 12. Jahrhundert eine neue Gebetshaltung angenommen, bei der man mit zusammengelegten Händen niederkniete – die Haltung eines Mannes, der seinem Herrn huldigt.

Die meisten Veränderungen des 12. Jahrhunderts betrafen die privilegierten Schichten. Das 13. Jahrhundert widmete den Gläubigen insgesamt wesentlich mehr Aufmerksamkeit. Zum Teil lag dies daran, daß das Amt der Bettelmönche den unteren Schichten neue Andachtsübungen brachte – Franziskus zum Beispiel führte die Praxis ein, eine Weihnachtskrippe herzurichten, um die Geschichte der Geburt Christi zu illustrieren. Das

Geoffrey Plantagenet, Graf von Anjou (*ganz links*), erscheint in ritterlicher Pracht auf diesem Porträt in Email von Le Mans. Er wurde mit einer glanzvollen Zeremonie 1128 zum Ritter geschlagen. Hierbei handelt es sich um eine der frühesten Illustrationen eines Ritters mit den vollständigen Familieninsignien. Die Inschrift feiert ihn dafür, daß er das Räuberunwesen unterdrückte und der Kirche Frieden brachte.

Barmherzigkeit war eine Pflicht, zu der die Oberschicht angehalten wurde. Sie kommt auf diesem Buchdeckel (*links*) zum Ausdruck, der im Königreich Jerusalem vor der Mitte des 12. Jahrhunderts für Königin Melisande angefertigt wurde. Er schildert die christlichen Pflichten, für die Notleidenden zu sorgen, was von jenen verlangt wird, die zum Jüngsten Gericht erscheinen (Mt. 25, 31-46).

Die Anbetung der Heiligen Jungfrau breitete sich in diesen Jahrhunderten zunehmend aus, wobei Mutter und Kind in immer menschlicherer und sogar sentimentaler Weise dargestellt wurden. Das Bild Christi, der in seiner Herrlichkeit auf dem Schoß seiner Mutter sitzt *(links)*, stammt aus Orcival in Zentralfrankreich und ist typisch für Statuen des 12. Jahrhunderts. Man vergleiche damit die französische Elfenbeinarbeit *(rechts)* aus dem frühen 14. Jahrhundert, in der das Christuskind einen Apfel in der Hand hält und mit seiner Mutter einen liebevollen Blick wechselt.

Programm des 4. Laterankonzils 1215 unternahm den Versuch, den seelsorgerischen Ansatz der Kirchen des Westens zu rekonstruieren und der Mehrheit ihrer Mitglieder ein gewisses Verständnis des Glaubens zu vermitteln. Innozenz III. brachte einige Ideen zu seiner »pastoralen Revolution«, wie man sie später nannte, von seinen Studien in Paris mit. Sie kreisten vor allem um das Predigen und den Beichtstuhl. Das Dekret *Omnis Utriusque Sexus* verlangte, daß jeder Erwachsene wenigstens einmal im Jahr die Beichte ablegen und die Kommunion empfangen sollte. Das hatte weitreichende Folgen: Zum erstenmal gab es einen Mechanismus, der es ermöglichte, die Selbstprüfung und Beratung in jede Burg und

Das Predigen zu den Menschen nahm vom 13. Jahrhundert an einen wichtigen Platz im kirchlichen Amt ein. Doch geschah dies nicht durch die Gemeindepriester, sondern durch die Mönche. Ihre mächtigen Kirchen waren vor allem als Predigthallen gedacht. Die Dominikanerkirche in Toulouse (*linke Seite*) ist ein Beispiel aus den dreißiger Jahren des 13. Jahrhunderts.

Der leidende Christus war ein zentrales Thema der mittelalterlichen Kunst. Die frühen formalen Bilder der Karolingerzeit verwandelten sich in menschlichere Porträts eines sterbenden Mannes und schließlich in übersteigerte Schilderungen der Todesqual und des Mitleidens wie auf dieser Darstellung der Kreuzabnahme. Deutsche Arbeit aus Lindenholz (um 1300).

jedes Dorf der Christenheit zu tragen. Das Konzil billigte auch ein neues Glaubensbekenntnis, das jüngste theologische Entwicklungen wiedergab, und zielte darauf ab, der Unterweisung der Laienschaft Material an die Hand zu geben. Ein Programm dieser Art machte es notwendig, das Niveau der Landgeistlichen anzuheben, denn wenige von ihnen besaßen die Fähigkeit, im Beichtstuhl Rat zu erteilen oder zu predigen. Dementsprechend wurde es unumgänglich, die Bildungseinrichtungen für die Geistlichen zu verbessern, und es gab einen Bedarf an regelmäßig zusammentretenden Synoden, auf denen die Geistlichen über ihre Pflichten belehrt werden konnten. In Frankreich und England brachten tatkräftige Bischöfe Synodalbücher oder kurze Abhandlungen für Geistliche heraus, die im einzelnen angaben, welche Art von Belehrung sie ihrer Herde geben sollten. Im wesentlichen beschränkten sie sich auf Grundsätzliches; allgemein übliche Anforderungen waren das Vaterunser, das Apostolikum und das Ave-Maria. Ebenso dürfen wir uns die Beichte nicht als Beratung vorstellen, sondern eher als ein Organ der sozialen Kontrolle, das mit dafür sorgte, daß die Laien die ihrem Stand angemessenen Pflichten erfüllten.

Doch gab es einige Bischöfe, etwa Robert Grosseteste von Lincoln (1235-53), die von Geistlichen und Laien mehr erwarteten und deren Anweisungen ein breites Spektrum grundlegender Merkmale des christlichen Glaubens betrafen. So elementar auch die angelegten Maßstäbe sein mochten, wichtig war, daß ein ernster Versuch unternommen wurde, die Geistlichen im Hinblick auf eine wirksame Unterrichtung der Laien und nicht bloß für die Durchführung bestimmter ritueller Funktionen zu schulen. Die Kirche wurde in eine Richtung gewiesen, der sie durch viele Jahrhunderte folgen sollte.

Volksreligion

Es ist allerdings eine andere Frage, inwieweit dieser Unterricht die Menschen, für die er gedacht war, erreichte. Wir haben aufgrund der Tatsache, daß sie keine Dokumente hinterlassen, nur sehr begrenzte Auskünfte über die religiösen Vorstellungen der gewöhnlichen Menschen. Mit großer Wahrscheinlichkeit war die Christianisierung in den Städten weiter fortgeschritten als auf dem Land. Stadtbewohner konnten Predigten hören, sie

Eine Dorfkirche. Die ersten Kirchen, die in Dörfern gebaut wurden, waren schlicht und häufig aus Holz. In Heath im englischen Shropshire steht eine Steinkirche aus der normannischen Periode, die das ursprüngliche Grundmuster bewahrt: Es ist im wesentlichen eine zweiteilige Konstruktion aus Schiff und Chor.

empfingen die Dienste eines Klosters sowie einer beachtlichen Zahl anderer Geistlicher und hatten die Möglichkeit, sich einer Zunft oder einem Wohltätigkeitsverein anzuschließen. Wir wissen, daß manche Laien von den Mönchen eine tiefe und echte Frömmigkeit lernten. Während es in jeder größeren Siedlung fast überall in Westeuropa Kirchen gab, dürfte die Zahl der Landgeistlichen gering gewesen sein, und trotz der Anstrengungen des 4. Laterankonzils waren sie oft unwissend und undiszipliniert. In dünn besiedelten Gebieten mochten die Dörfler außerdem isoliert sein: Wir hören von einem Weiler, wo man den Namenstag eines bestimmten Heiligen nur daran erkennen konnte, daß ein alter Mann, der es sich zum Steckenpferd gemacht hatte, seine roten Schuhe anzog. Die Unkenntnis des förmlichen Inhalts des Glaubens war allgemein. Es ist alles andere als gewiß, daß die Gläubigen die drei einfachen, von Konzilen vorgeschriebenen Formeln kannten, und es gab Fälle, wo die Gemeinde das Vaterunser auf Latein gelernt hatte und nicht wußte, was es bedeutete. Wir können auch nicht als sicher voraussetzen, daß gewöhnliche Laien regelmäßig an wöchentlichen Gottesdiensten teilnahmen. Wir kommen der Wahrheit vielleicht näher, wenn wir aufhören, uns sonntägliche Gottesdienstbesucher mit einer guten Grundunterweisung nach heutiger Art vorzustellen, und in der Volksreligion eher ein System von Zeremonien und Geschichten für besondere Anlässe sehen.

Zeremonien und Geschichten

Gewiß, die Kirchen hatten die örtliche Geographie mit einem Netz von Zeremonien überzogen. Prozessionen (von denen manche obligatorische »Kirchenumzüge« für die Gemeindemitglieder waren) gingen von den einzelnen Kirchengemeinden zur alten Mutterkirche, von der aus sie gegründet worden waren. Bittprozessionen zogen über die Felder, und an hohen Festtagen wurden große Umzüge in den Städten veranstaltet, an denen sich Zünfte und Familienoberhäupter beteiligten. Im Falle von Krankheit suchte eine Familie Zuflucht beim Schrein des Ortsheiligen oder reiste weiter in die Ferne. Das Zeremoniell an einem der bedeutenden Reliquienschreine muß ungeheuer beeindruckend gewesen sein. Die Teilnahme an einer Prozession und die Anwesenheit bei den Zeremonien nahmen einen großen Teil der religiösen Aktivitäten gewöhnlicher Menschen ein. Sie dürften auch etwas von der christlichen Geschichte gewußt haben. Frühere Autoren haben angenommen, daß sich in der Phantasie der Menschen des Mittelalters Evangelium und heidnische Legenden, die sich aus einer fernen Vergangenheit erhalten hatten, vermischten, doch wissen wir heute, daß die Wirklichkeit viel komplizierter war. Die Kirche erzeugte ihre eigenen Legenden, und Jacques Le Goff hat verschiedene Gründe für die umfassende Neugestaltung der europäischen Folklore im 12. Jahrhundert angeführt. Die Geschichte von der Zähmung eines wilden Drachens durch die Sanftmut der heiligen Martha zum Beispiel sieht sehr nach einer Adaption des »Tarasque«, des traditionellen Drachen von Tarascon, aus und trägt der Auffindung des Körpers der Heiligen 1187 an jenem Ort Rechnung. Manchmal stößt man auf überraschende Verwechslungen der Motive. Eine Untersuchung des Kults des heiligen Guinefort im 13. Jahrhundert in der Nähe von Lyon, der sich als ein heiliger Windhund entpuppte, scheint auf die Verknüpfung eines bretonischen Heiligen, einer heiligen Quelle, des Brauchs der Kindesaussetzung und einer klassi-

Eine Pilgerfahrt ist auf diesem Wandgemälde der Kirche von Tavant im Loiretal dargestellt. Der Pilger auf dem Weg zum Schrein des heiligen Jakobus in Compostela trägt den typischen Hut, den Stab und die Tasche. Der Palmwedel in der linken Hand ist ein Symbol des Martyriums, doch was er hier bedeutet, bleibt unklar.

schen Legende (handelte es sich bei letzterer um eine mißglückte Predigtillustration?) hinzudeuten. Nahezu alle großen christlichen Feste waren durch Legenden und zusätzliche Geschichten angereichert worden. Die moderne Feier des Weihnachtsfestes mit den drei Königen, mitten im tiefen Winter, mit Tieren, Geschenken und Tannenbäumen bewahrt etwas von dieser mittelalterlichen Mixtur; aber damals hatten alle großen Mysterien ähnliche Entwicklungen erlebt. Christ zu sein bedeutete für die meisten Menschen, an Prozessionen und Zeremonien teilzunehmen und den Geschichten in ihrer erweiterten und mythischen Form zu lauschen.

Reaktion

Die erste Hälfte des 13. Jahrhunderts war das goldene Zeitalter päpstlicher Macht. Fast alle Initiativen zum Aufbau einer christlichen Kultur waren, wenn sie nicht ohnehin von der römischen Kirche ausgingen, von ihr geformt und gutgeheißen worden. Die Kreuzzüge, die pastorale Reform, die Bettelmönche, die Inquisition, all dies trug den päpstlichen Stempel. Das große Experiment einer Christenheit, deren Kultur von der Geistlichkeit

Königsmacher *(links)*. Die Erzbischöfe von Mainz beanspruchten das Recht, die deutschen Könige zu krönen. Hier wird diese Macht in besonders eindringlicher Form geschildert, denn Erzbischof Siegfried, der 1249 starb, wird gezeigt, wie er zwei Könige gleichzeitig krönt. Beide sind vom Papsttum unterstützte Rivalen Friedrichs II.

Die Krönung Rogers II. von Sizilien durch Christus ist ein lebendiger Ausdruck des von Christus kommenden Königtums, an das die mittelalterliche Welt glaubte. Ein Mosaik aus der Martorana-Kirche in Palermo, gegründet von Rogers Großadmiral Georg von Antiochien.

Päpstliche Maßnahmen

Die ursprüngliche päpstliche Reformpolitik verhedderte sich auch in dem Bedürfnis der römischen Kirche, die Ressourcen der westlichen Kirche insgesamt auszunutzen. Es war ein echtes Problem, ohne sichtbare Hilfsmittel auf einer internationalen Ebene zu regieren; Steuereinkünfte wurden gebraucht, um die Kreuzzugsbemühungen in Gang zu halten, und Stellen, um für das Personal der Kurie zu sorgen. Die Päpste nahmen folglich das Recht in Anspruch, ihre eigenen Kandidaten auf einträgliche Posten zu berufen, besonders als Domherren. Solche Ernennungen oder *provisiones canonicae* gingen allmählich in großer Zahl von Rom aus. Reformbischöfe stellten fest, daß die Mittel ihrer eigenen Kirchen umgelenkt wurden, um Männer zu unterhalten, die bestenfalls abwesende Gelehrte und Verwalter und schlimmstenfalls Verwandte des Papstes und Kardinäle waren. Dies waren reale Schwierigkeiten auf dem Weg der Reform, und sie wurden durch den Konflikt mit den Staufern noch verschlimmert. Die politische Unordnung in Deutschland und Italien machte eine Verbesserung der Seelsorge unmöglich, und Innozenz IV., unter dem der Konflikt mit Friedrich II. seinen Höhepunkt erlebte, verlegte sich auf rein politische (und skandalöse) Bischofsernennungen in Deutschland und auf eine unkontrollierte Steigerung in der Zahl der Provisionen. Sein großes Konzil von Lyon 1245 läßt im Vergleich mit dem 4. Laterankonzil einen starken Wandel erkennen. Es war Maßnahmen gegen die Mongolengefahr und, in noch stärkerem Maß, der Auseinandersetzung mit dem Kaiser gewidmet; es verfügte einige wichtige Gerichtsreformen, aber keinerlei pastorale Verbesserungen. Zum erstenmal in dem ganzen hier behandelten Zeitabschnitt hatte die römische Kirche vollkommen aufgehört, sich für Reformbestrebungen einzusetzen.

Nationale Monarchien

Hinter diesen Problemen steckte ein noch komplizierteres. Auf den ersten Blick scheint das 13. Jahrhundert durch den Sieg des Papsttums über das Reich gekennzeichnet zu sein. Die Dynastie der Staufer war vernichtet, die Verbindung Siziliens mit dem Reich rückgängig gemacht und die kaiserliche Autorität praktisch auf Deutschland beschränkt, das selbst in eine Anzahl großer Herrschaften zerfiel. Der Triumph war jedoch nur ein scheinbarer, und er wurde durch den Aufstieg des Nationalstaats aufgehoben. Nun verhält es sich nicht so, daß die königliche Macht etwas Neues auf dem mittelalterlichen Schauplatz gewesen wäre. Kaiser und Könige waren immer so verstanden worden, als seien sie mit einer von Gott kommenden Autorität ausgestattet. In einigen Regionen war es erfolgreichen Monarchien gelungen, die Macht der Kirchen einzuschränken. Die normannischen Könige Siziliens hatten als päpstliche Legaten in ihrem Land gewirkt, und die Macht der englischen Monarchen in kirchlichen Angelegenheiten war während des größten Teils des 11. und 12. Jahrhunderts tatsächlich beeindruckend. Zu dem bemerkenswertesten Zusammenstoß zwischen der englischen Krone und der Kirche kam es anläßlich des Streits zwischen König Heinrich II. und Thomas Becket, dem Erzbischof von Canterbury. Thomas war ein enger Freund des Königs und königlicher Kanzler, aber sobald er 1162 zum Erzbischof ernannt worden war, trat er als entschiedener Verfechter der Privilegien der Geistlichkeit auf. Er widersetzte sich den Versuchen des Königs, die Macht der königlichen Gerichte über die geistlichen und kirchlichen Rechte geltend zu machen. Insbesondere wandte er sich gegen den Anspruch, daß Geistliche, die vom Bischof schwerer Verbrechen für schuldig befunden wurden, zur Bestrafung der Laiengewalt überstellt werden sollten. Die einzelnen Streitfragen waren technischer Art und hätten mit hoher Wahrscheinlichkeit durch vernünftige Verhandlungen gelöst werden können. Doch die zwei einstigen Freunde waren erbitterte Feinde geworden, der eine wütend wegen Majestätsbeleidigungen, der andere in Furcht vor einer Verweigerung der Rechte der Diener

Gottes. Nachdem der Erzbischof mehrere Jahre im Exil in Frankreich verbracht hatte, kehrte er 1170 auf der Grundlage eines fragwürdigen Friedens nach Canterbury zurück, wo er von Rittern des königlichen Hofes ermordet wurde. Nach Heinrichs Worten hatten sie ihn leider mißverstanden. Der Vorfall erregte in ganz Westeuropa großes Aufsehen, und überall, von Island bis Sizilien, wurden dem heiligen Thomas Kirchen geweiht. Mord an Bischöfen war eine barbarische Methode, die königliche Kontrolle zu sichern; in dem hier behandelten Zeitabschnitt kam es jedoch nur selten dazu, denn normalerweise genügten subtilere Maßnahmen. Die Vorteile, die die Kirche aus der königlichen Gunst und Beschützung zog, sowie die Gefahr königlichen Zorns reichten normalerweise aus, um starken Königen die Loyalität ihrer Bischöfe zu garantieren. Es wäre jedoch falsch zu glauben, daß die Monarchien sich bewußt zu weltlichen Einrichtungen entwickelten. Sie rühmten sich der Heiligkeit ihrer Vorfahren (Eduard der Bekenner, Karl der Große, Elisabeth von Thüringen und Ludwig IX. von Frankreich wurden in die Reihen der Heiligen aufgenommen), machten viel Wesens um ihre Beschützung der Kirche vor Ketzern und anderen Feinden und propagierten die Wirksamkeit der heilenden Berührung von Königen – eine Zeremonie, die wahrscheinlich im 13. Jahrhundert zur Gewohnheit wurde.

Der Aufstieg der Nationalstaaten

Dennoch stellten die Nationen von 1300 ein sehr viel ernsteres Hindernis für die Rechte der Kirche dar als jene von 1150. Recht und Verwaltung hatten große Fortschritte gemacht. Noch wichtiger war jedoch, daß der König allmählich in gewissem Sinn als Verkörperung der ganzen Gemeinschaft gesehen wurde. Adlige, Ritter, Stadtbürger und Geistliche bildeten einen Teil der repräsentativen Körperschaften. Parlamente oder Stände, die als Sprecher der »Gemeinschaft des Reichs« verstanden wurden. Das alles verschaffte der Monarchie ein Einkommen aus der Besteuerung und Mittel der Gesetzgebung und Kontrolle, wie es sie in der Vergangenheit nicht gegeben hatte. Die Ansprüche der Kirche wurden der Regelung durch Gesetze unterworfen, die von der ganzen Gemeinschaft beraten wurden. Ein bemerkenswertes Beispiel ist die Reihe von Gesetzen zur Ämterbesetzung und *praemunire,* die von 1351 an erlassen wurden, um das Papsttum daran zu hindern, über die englischen Pfründen zu verfügen oder irgendeine Form richterlicher Gewalt auszuüben. In der Praxis wurden diese Gesetze nicht häufig angewendet, doch bildeten sie ein wesentliches Kontrollmittel, und als die Tudormonarchie mit ihren Angriffen auf Rom begann, konnte sie sich ihrer bereits bedienen. Diese Regierungen waren willens, die von Kritikern des Papsttums angebotenen Möglichkeiten zu nutzen. Friedrich II. hatte schon die Neigung erkennen lassen, das Papsttum auf eine apostolische Einfachheit zurückzuführen, die es sich nicht gerade begeistert zu eigen machen wollte, aber zu jener Zeit standen die Bettelmönche mit wenigen Ausnahmen fest auf der Seite der Päpste. 1328 finden wir die führenden Franziskaner, Wilhelm von Ockham und Michael von Cesena, am Hof Ludwigs des Bayern, den sie mit wirksamer Propaganda gegen Johannes XXII. versorgen.

Die wachsende Autorität der Laien

Obwohl die Könige des 14. Jahrhunderts ihre Autorität noch in einem religiösen Sinn verstanden, waren sie sich bewußt, daß ihre Regierungsgewalt sich gleichermaßen über Geistliche und Laien erstreckte. Dies galt auch für das Reich, trotz seiner Stellung als (mittlerweile) politisches Unikum. Die Abhandlungen, die zu seiner Unterstützung gegen das Papsttum geschrieben wurden, wie z.B. Dantes *De Monarchia* (um 1310) und *Defensor Pacis* von Marsilius von Padua (1324), verteidigten die Macht einer Laienregierung in kirchlichen Angelegenheiten; sie nahmen damit einen wichtigen Platz in der Entstehung der modernen politischen Theorie ein. Ein wichtiger Bestandteil ihrer Argumentation war, daß sie den Anspruch von Papst oder Geistlichkeit, im Namen der Kirche zu sprechen, leugneten: »Alle Gläubigen Christi sind Kirchenleute«, stellte Marsilius ausdrücklich fest. Die Päpste ihrerseits brachten diese Autoren nicht von ungefähr mit dem englischen Theologen John Wyclif in Zusammenhang, dessen Angriff auf die Hierarchie, die er vor allem zwischen 1377 und seinem Tod 1384 vortrug, deutlich die spätmittelalterliche Häresie anklingen ließ. Der zunehmende Laiencharakter der Regierung spiegelte die größere Verbreitung von Bildung und Verwaltungswissen in der Gesellschaft. Es war jetzt möglich, die Regierung und weite Tätigkeitsbereiche in die Hände von Laien, ja sogar Antiklerikalen zu übertragen. Das Konzil von Vienne 1311-12 verfügte, daß Laien die Leitung von Krankenhäusern anvertraut werden sollte. Die Bauerhaltung der Kirchen selbst lag zunehmend in der Obhut von Kirchenvorstehern, und private Messen und Gedächtnisfeiern der Zünfte spiegelten die Bedürfnisse der reichen Bürger. Die ehemals von der Kirche geprägte Kultur erhielt einen fortschreitend weltlichen Charakter.

Philipp IV. und Bonifatius VIII.

Das Musterbeispiel der neuen Nationalstaaten war Frankreich. Die Macht der französischen Monarchie war im Lauf des 13. Jahrhunderts rapide gewachsen. Der Wandel war um so bedeutsamer, als die Kapetinger die Lieblingssöhne und Befürworter des Papsttums gewesen waren. Das Papsttum hatte die Niederlage des Reichs um den Preis der Begründung der kapetingischen Macht auf der italienischen Halbinsel erreicht und damit eine französische Gefahr anstelle der kaiserlichen Hegemonie geschaffen. 1294 wurde Bonifatius VIII. zum Papst gewählt, ein fähiger, aber ungestümer Mann, dem Kompromisse schwerfielen. Bei dem entscheidenden Zusammenstoß mit Philipp IV. von Frankreich ging es mehr ums Prinzip als um ein spezielles Problem. Ein von dem taktlosen Bischof Bernard Saisset von Pamiers ausgelöster Streit steigerte sich zu einer heftigen Auseinandersetzung, die in der Veröffentlichung der Bulle *Unam Sanctam* im Jahr 1302 gipfelte. In ihr wurde der Anspruch auf die Oberhoheit der römischen Kirche über die Menschheit geltend gemacht, was im einzelnen zwar Vorbilder hatte, zusammengenommen aber den Höhepunkt der Behauptung einer päpstlichen Monarchie darstellte. 1303 folgte die Exkommunikation des Königs. Philipp antwortete darauf, indem er seinen Minister Nogaret nach Anagni schickte, um Bonifatius festnehmen zu lassen. Der Papst wurde zwar von Bürgern der Stadt gerettet, starb aber bald darauf.

Die »Gefangenschaft« in Avignon

Der Druck des französischen Königs und Bonifatius' ungeschickte Politik hatten die Kardinäle und den Kirchenstaat tief gespalten. Dies führte 1305 zur Wahl eines französischen Papstes, Clemens V., dem eine Reihe französischer Päpste folgte, die einem Kardinalskollegium mit einer beträchtlichen Mehrheit von Franzosen vorstanden. Diese Päpste beschlossen, unter französischem Schutz abzuwarten, bis die Bedrohung Italiens durch den Kaiser und die Unordnung im Kirchenstaat überwunden wäre. In der Praxis führte diese Entscheidung zu der langen Einrichtung des Papsttums im südfranzösischen Avignon und dem Bau des großartigen Papstpalastes als Mittelpunkt der Verwaltung – zur sogenannten Babylonischen Gefangenschaft der Päpste. In mancher Hinsicht war Avignon

Bonifatius VIII. *(links)*. Porträts von Päpsten (im modernen Sinn mit persönlicher Ähnlichkeit) sind in dieser Periode selten. Arnolfo di Cambio, einer der großen Künstler seiner Zeit, arbeitete von 1297 bis 1299 in Rom und schuf diese eindrucksvolle Statue des Papstes, dessen Konflikt mit Philipp IV. von Frankreich das Ende der großen Zeit des mittelalterlichen Papsttums kennzeichnete.

Avignon *(unten)*. Das zeitweilige Exil des Papsttums in Avignon wurde allmählich zu einer festen Einrichtung. Wie dauerhaft es war, läßt sich an dem mächtigen Palast ablesen, der 1339 von Benedikt XII. begonnen und von seinem Nachfolger Clemens VI. weitergebaut wurde.

tergrund. Heinrichs Gewissen, das schließlich die Oberhand gewann, führte nicht nur zu Scheidung und neuer Ehe, sondern löste eine Reihe unvorhergesehener, aber logisch zusammenhängender religiöser Veränderungen aus, die wir als die englische Reformation bezeichnen.

Die deutschen Bauern hatten 1525 eine Anzahl von Beschwerden, die sie zu Aufstand und Blutvergießen trieben. Deren materielle Begründung und Substanz lassen sich verhältnismäßig eindeutig identifizieren und analysieren. Darüber hinaus ist es jedoch wichtig festzuhalten, daß der große Bauernkrieg teilweise von der Religion her begründet wurde, mehr noch, daß diese Ereignisse, die auf eine frühneuzeitliche Revolution des gemeinen Mannes hinauslaufen, ohne ein ausgeprägtes Gefühl der religiösen Legitimation in diesem Ausmaß gar nicht denkbar gewesen wären. Martin Luther vertrat einen recht originellen Standpunkt, wenn er behauptete, die Sache der Bauern sei in keiner Weise eine religiöse Sache.

Aus erhaltenen, ungewöhnlich detaillierten Gemeinderegistern erfahren wir, daß in Südlondon um 1600 von einem bestimmten Alter an nahezu jeder einmal im Jahr, anläßlich des Osterfests, die Kommunion empfing. Dabei handelte es sich mit Sicherheit um einen religiösen Akt. Die Kommunikanten trugen sich in die Wählerliste der Gemeinde ein, womit sie ihre Pflichten erklärten und ihre Rechte geltend machten. Zugleich folgten sie damit dem Rhythmus des Kalenders. Der Kelch Wein, der beim Abendmahl geleert wurde, unterschied sich nicht von dem geselligen Trinken, das unter prosaischeren Umständen einen Handel besiegelte oder Frieden nach einem Streit beschloß. Man darf zu Recht fragen, in der Kirche wie in der Bierschenke, ob es der Kelch war, der den Frieden zwischen den Nachbarn herstellte, oder ob ein Zustand der Versöhnung bestehen mußte, bevor der Kelch gemeinsam getrunken werden konnte. Es wäre jedoch unklug, daraus zu schließen, daß die Osterkommunion im frühen 17. Jahrhundert kein »religiöses« Ereignis war oder daß sie jedes Empfinden des Heiligen ausschloß.

Reformation und Gegenreformation

Religiöse Pflichten wurden im Jahr 1600 ebenso eingehalten wie bereits um 1400. John Donne sollte bald darauf das Verschwinden jeglichen Zusammenhalts beklagen, doch entweder übertrieb er, oder er schrieb mit prophetischem Weitblick. In Europa war der Zusammenhalt verlorengegangen. Doch in einem einzelnen Land wie England hatten die meisten Menschen immer noch eine gemeinsame Religion. Die Verpflichtungen der Religion waren jetzt allerdings andere, und es waren weniger geworden. In den dazwischenliegenden Jahren und besonders nach 1520 war fast jeder Teil des kunstvollen Gefüges des traditionellen Christentums einer kritischen Prüfung unterzogen worden. Glaubensvorstellungen, Praktiken und Institutionen, die sich gewissermaßen organisch entwickelt hatten, wurden nun zerstört, radikal verändert oder auf eine bewußtere und formalere Grundlage gestellt. Dies war nicht nur im protestantischen Europa der Fall, sondern auch in den Ländern, die zumindest in dem Sinne katholisch blieben, als sie die Verbindung mit Rom aufrechthielten. Selbst in der Kontinuität steckte ein wenig Diskontinuität. Allein die Tatsache, daß der Katholizismus jetzt im Gegensatz zu anderen Glaubensformen definiert wurde, die man für falsch hielt, unterschied ihn von dem zwar unklareren, aber auch unverkrampfteren Katholizismus der Vergangenheit.

Reformation und Gegenreformation sind Begriffe, auf die wir nicht einfach verzichten können. Dennoch sind sie irreführend, besonders wenn ihre Einmaligkeit durch den bestimmten Artikel betont wird. »Reform« war lange vor 1500 ein vertrautes Wort. Die Rede von der »Reform der Kirche an Haupt und Gliedern« bezeichnete eine von Papst, Bischöfen und anderen religiösen Würdenträgern erhoffte Reformtätigkeit. Die Reformation vollzog den Schritt vom bloßen Reden zur Tat, und in ihrem Verlauf kam es zu weitreichenden Veränderungen. Dennoch war Martin Luther sich nicht bewußt, daß er etwas eingeleitet hatte, das »die Reformation« genannt werden würde, und vor dem 17. Jahrhundert sprach niemand in dieser Weise davon. Ein führender Historiker der deutschen Reformation (der übrigens bedauerte, daß wir weiterhin von ihr im Singular sprechen müssen), beschrieb sie vor kurzem als »einen komplexen umfassenden historischen Prozeß, der weit über die Bemühungen eines Mannes oder über eine Tendenz hinausging und soziale, politische und weiterreichende religiöse Fragen einschloß«. Was den Begriff der Gegenreformation zur Kennzeichnung einer ganzen Epoche der Kirchengeschichte betrifft, die in sich eine Vielfalt von Ereignissen, Persönlichkeiten und Bewegungen in einem einzigen kulturellen Gebilde vereint, so handelte es sich dabei um ein typisches Produkt des synthetischen Denkens des 19. Jahrhunderts, das auch die Renaissance und die Aufklärung »entdeckt« hatte. Der Hinweis auf die künstliche Natur solcher Begriffe bedeutet allerdings nicht, daß hier wesentliche Verbindungen zwischen Personen, Ereignissen und Bewegungen geleugnet werden sollen, und erst recht nicht, daß man so tut, als habe das

Martin und Katharina. Luthers Eheschließung mit der ehemaligen Nonne Katharina von Bora war keine romantische Heirat, sondern eine Art öffentliche Erklärung aus einem komplexen Pflichtgefühl heraus. Dennoch wurde es eine gute Ehe, zum Teil auch, weil Katharina vornehmer Herkunft war und über ein bescheidenes Vermögen verfügte. Die Porträts wurden um 1525 von Lucas Cranach dem Älteren gemalt.

16. Jahrhundert nicht eine nahezu beispiellose Störung in der Ordnung der christlichen Gesellschaft erlebt.

Es ist nicht ausgemacht, daß schwerwiegende Ereignisse immer schwerwiegende Ursachen haben müssen, aber nach solchen Ursachen wird gesucht, vielleicht aus emotionalen Gründen ebenso wie aus intellektuellen, und von Historikern wird erwartet, daß sie die Ursachen benennen. Länger als hundert Jahre haben sie versucht, die Reformation zu erklären und sich dabei mit einer logischen Schwierigkeit herumgeschlagen: Mußte etwas unbedingt geschehen, weil es geschehen ist? Nimmt man die Beziehung zwischen Ursachen und dem, was man für ihre Folgen hält, als gegeben, hätten dann diese Ursachen auch zu anderen Folgen führen können? Die Philosophie des Grundlegenden und des Zufälligen verwandelt sich in die historische Sprache langfristiger und kurzfristiger Ursachen. Begann ein Mann, Martin Luther, die Reformation, die sonst nie stattgefunden hätte, indem er eine neue Theologie erfand bzw. gegen eine besondere zeitgenössische kirchliche Praxis protestierte? Thomas Carlyle, der die historische Bedeutung einer herausragenden Person nie unterschätzte, glaubte das und behauptete, daß es keine Französische Revolution, kein Amerika, keine moderne Freiheit gegeben hätte, wenn Luther auf dem Wormser Reichstag seinen Standpunkt nicht behauptet hätte, als er vom Heiligen Römischen Kaiser aufgefordert wurde, öffentlich zu widerrufen. Verursachte die Scheidung Heinrichs VIII. die englische Reformation in dem Sinn, daß ohne sie keine erhebliche Veränderung in der englischen Religion oder im Verhältnis Kirche – Staat eingetreten wäre, oder war sie bloß der Anlaß, der »Auslöser« für Veränderungen, die in jedem Fall stattgefunden hätten?

Unter den besonderen Umständen der Reformation in England gleicht das Problem der langfristigen und kurzfristigen Ursachen der abgedroschenen historischen Frage nach der Verbindung zwischen der hohen Politik und den zugrundeliegenden sozialen und kulturellen Umständen oder »Faktoren«. Die Angelegenheiten der Kirche im späteren Mittelalter wurden auf einem fortgeschrittenen politischen und diplomatischen Niveau verhandelt. Dabei ging es nicht nur um besonders umstrittene Fragen, wie etwa das Recht, kirchliche Ämter zu besetzen, Steuern zu erheben oder die Gerichtsbarkeit auszuüben, sondern auch um strukturelle Probleme, die in der Verfassung begründet und fast endemisch waren. Um diese Fragen entbrannten teilweise heftige Auseinandersetzungen, die man in Form eines Rechtsstreits, durch Diplomatie, wenn nötig aber auch durch Krieg zu entscheiden suchte. Es wurden jedoch auch Versuche unternommen, annehmbare Lösungen und einvernehmliche Einigungen auf den verschiedensten Ebenen zu finden, einschließlich jener internationalen Gipfelkonferenzen, die als allgemeine Konzile der Kirche bekannt sind. Insofern Reformation und Gegenreformation auf einen Prozeß der Zersplitterung hinausliefen, auf eine Reihe von schmerzlichen, aber mehr oder weniger geordneten, auf einer hohen politischen Ebene legitimierten Schismen, können sie mit dem Hinweis auf diese Prozesse erklärt werden. Die Historiker werden nur von ihren jeweils anderen ideologischen Voraussetzungen her begründen müssen, ob die Revolution der Reformation hätte vermieden werden können oder nicht, wenn man einen aufgeschlossenen Prozeß des langsameren institutionellen und konstitutionellen Wandels gefördert hätte.

KÖNIGLICHER SUPREMAT. Holbeins Titelblatt für die Große Bibel von 1539 kehrt die Tradition des Widmungsporträts um. Statt den Text aus den Händen des Autors zu erhalten, gibt ihn Heinrich VIII. persönlich an die Geistlichen *(zu seiner Rechten)* und die Laien *(zu seiner Linken)*. Seine Untertanen hören die Auslegung der Bibel von der Kanzel, vornehme Persönlichkeiten antworteten mit »Vivat Rex«, das gemeine Volk mit »Gott schütze den König«.

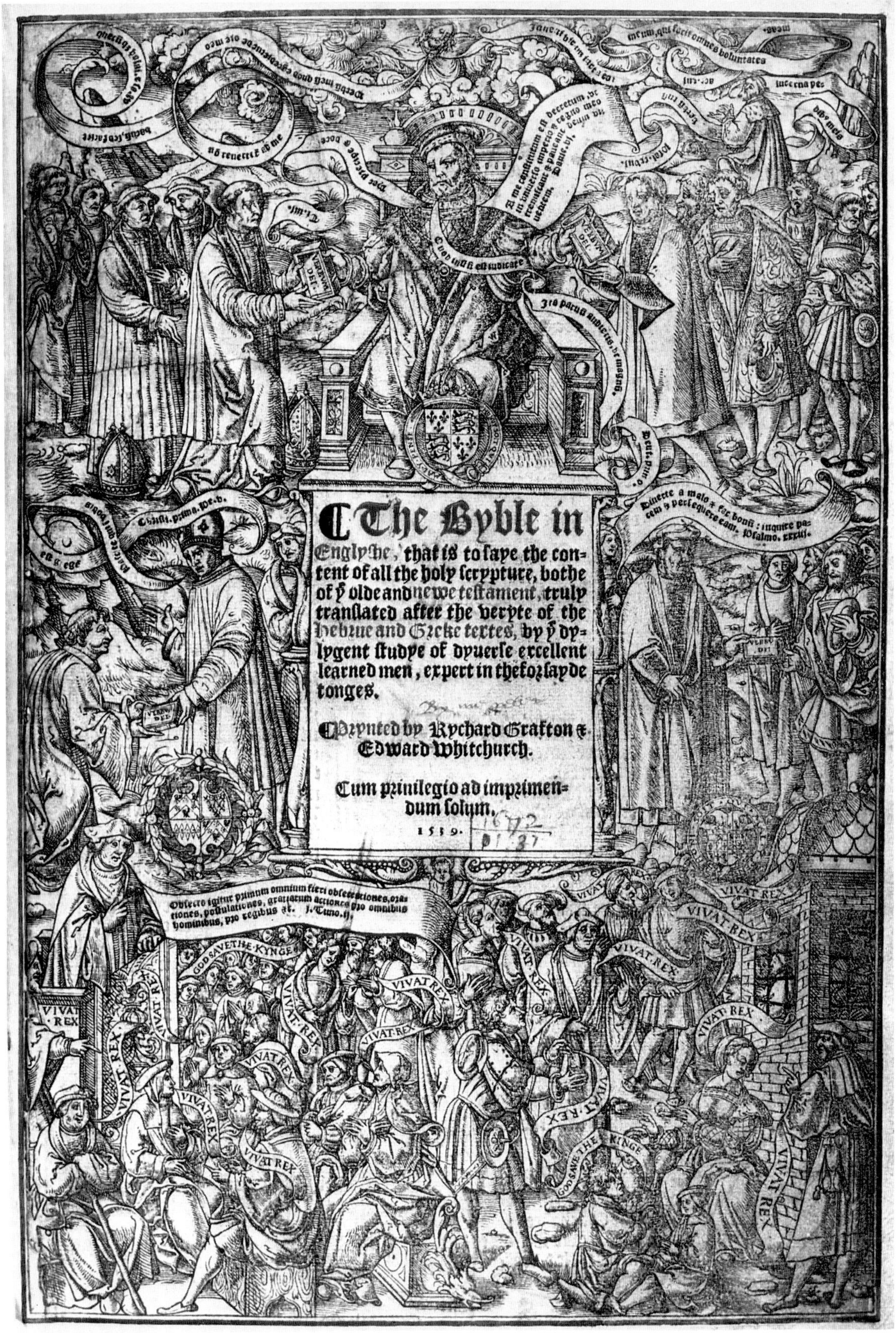
The Byble in Englyshe, that is to saye the content of all the holy scrypture, bothe of ẏ olde and newe testament, truly translated after the veryte of the Hebrue and Greke textes, by ẏ dylygent studye of dyuerse excellent learned men, expert in the forsayde tonges.
Prynted by Rychard Grafton & Edward Whitchurch.
Cum priuilegio ad imprimendum solum.
1539.
Obsecro igitur primum omnium fieri obsecrationes, orationes, postulationes, gratiarum actiones pro omnibus hominibus, pro regibus &c. j. Timo. ij.
Diuerte a malo & fac bonū: inquire pacem & persequere eam. Psalmo. xxxiij.
VERBUM DEI
VIVAT REX
GOD SAVE THE KYNGE

Die Reformation war jedoch mehr als Politik, auch mehr als Kirchenpolitik. Versteht man sie als eine Episode der Erneuerung und des Umbaus, muß sie als religiöse Erneuerung beschrieben werden, mit einer neuen Lehre, neuen Gewißheiten, einem neuen und verändernden Geist, der seine Stärke aus ebender Vergangenheit bezog, die er ablehnte. Negativ betrachtet zog die Reformation verschiedene Formen des Antiklerikalismus nach sich, sie führte zu dem Versuch, die Rolle des Klerus in der Gesellschaft zu beschneiden und seinen Privilegien Grenzen zu setzen. Positiv gesehen bewirkte sie eine Liberalisierung des Glaubens.

Ob religiöse Veränderung im 16. Jahrhundert als eine von oben, durch Autorität auferlegte Umwandlung oder als eine durch das Drängen des Volks nach Emanzipation von unten nach oben vermittelte Bewegung verstanden werden soll, ist eine Streitfrage, die von Historikern der englischen Reformation heftig debattiert wird. Auf dem von Holbein gestochenen Titelblatt der ersten autorisierten Version der Bibel, die auf Englisch erschien, wird Heinrich VIII. gezeigt, wie er einem ergebenen und dankbaren Volk Exemplare der Heiligen Schrift überreicht. Es war jedoch nicht der König, der dem jungen Lehrling William Maldon aus Chelmsford als erster das Neue Testament in die Hand gab. Er kaufte es von seinem eigenen, schwer verdienten Geld und versteckte es in seinem Bettsack. Daß er es überhaupt kaufen konnte, war der Eigeninitiative eines auf der Flucht befindlichen Übersetzers, William Tyndale, und den Kaufleuten, die seine Bemühungen unterstützten, zu verdanken. Die Gegenreformation begann in gewissem Sinn mit der Bekehrung Papst Pauls III. zu einigen ihrer Prinzipien und der Einsetzung einer Kommission von Reformkardinälen durch den Papst, die 1537 den Bericht *De emendanda ecclesia* vorlegten. Die katholische Reformation mit ihren Heiligen, Märtyrern und Missionaren ließ sich jedoch nicht einfach durch Empfehlungen der Kardinäle zur Ordnung rufen. Später wurde sie allerdings einer Ordnung unterworfen, der Ordnung des Trienter Konzils und der autoritären katholischen Regime des 17. Jahrhunderts.

Religion und hohe Politik

Erklärungen von Reformation und Gegenreformation müssen sich sowohl auf die hohe Politik als auch auf die zugrundeliegenden Gefühle und Bedingungen konzentrieren, da das Gefüge der Geschichte aus mannigfaltigen Interaktionen zwischen diesen beiden Schichten besteht.

Eine neuere Untersuchung der Häresie der Lollarden, der Anhänger Wyclifs im England des 15. Jahrhunderts, bezeichnet diese als »verfrühte Reformation«. Auf höherer kirchlicher Ebene mochten Reformation und Gegenreformation überfällig erscheinen, verzögert durch Ereignisse, die früher, nämlich bereits um 1400, hätten eintreten sollen. Zu dieser Zeit befand sich die westliche Kirche bereits im Zustand des Aufruhrs und förmlichen Schismas. Dies lag nicht etwa an konkurrierenden Theologien oder einer grundsätzlichen Ablehnung geistiger Ansprüche der Kirche, sondern hing mit der Existenz von zwei und bald darauf drei rivalisierenden Päpsten zusammen, die die Kirche unter sich in konkurrierende Obedienzen aufteilten. Zwangsläufig wurden diese Spaltungen politisch ausgenutzt. Es lag in der Logik der Situation, daß es bald ebenso viele Päpste wie weltliche Herrscher geben würde, das heißt, daß eine Vielzahl territorialer und dynastischer Kirchen zu entstehen drohte, in denen die Rolle der Kirchenmänner stark reduziert gewesen wäre. Das ökumenische Wesen der Kirche konnte unter diesen Umständen nur als fromme Fiktion erscheinen. Die Folgen einer solchen Dezentralisierung für die Einheit des Glaubens würden wahrscheinlich nicht weniger ernst sein. In Mitteleuropa zeigte sich, daß die spalterische, ja ketzerische Bewegung, die sich nach dem tschechischen Reformator Johann Huß benannte, unmöglich zu unterdrücken war. Es handelte sich in der Tat um eine verfrühte Reformation, die schon die meisten Elemente dessen enthielt, was sich im 16. Jahrhundert in den benachbarten deutschen Ländern ereignen sollte. In England war es nicht die universale Kirche, sondern die orthodoxe Wachsamkeit des neu an die Regierung gekommenen Hauses Lancaster, die zu energischen und im wesentlichen erfolgreichen Gegenmaßnahmen führte, um die Häresie Wyclifs zu zügeln und sie politisch zu entschärfen.

In einer Satire, die ein zorniger junger Mann namens Pierre d'Ailly, ein späterer Kirchenfürst, verfaßt hatte, freute sich der Teufel (»Leviathan«) hämisch über den drohenden Untergang der Kirche und beklagte sich nur über ein paar Frösche, die aus ihren Schlammlöchern unaufhörlich quakten: »Allgemeines Konzil, allgemeines Konzil!« D'Ailly war einer jener Frösche. Sie sollten allerdings schon bald unter Beweis stellen, daß sie die Antwort wußten. Nach dem fruchtlosen Konzil von Pisa (1409), das alles nur verschlimmerte, gelang es dem Konstanzer Konzil (1414-18), das große Schisma zu beenden, indem es die Abdankung dreier rivalisierender Päpste erzwang und die allgemeine Anerkennung eines vierten, Martins V., erreichte. Die Rechtgläubigkeit wurde durch die Verbrennung von Huß im Auftrag des Konzils verteidigt, ungeachtet des Geleitbriefs, den der Heilige Römische Kaiser ausgestellt hatte.

Die Kirche war allerdings noch weit davon entfernt, eine endgültige und umfassende Lösung ihrer tiefen Krise zu erreichen, von der das Schisma nur ein oberflächlicher Ausdruck war. Verschiedene Einzelinteressen, Bischöfe, geistliche Orden und Universitäten zerrten in verschiedene Richtungen. »Reform« wurde meist als Reform einer anderen Partei oder eines anderen Interesses im Sinne einer Beschneidung von Privilegien und Einfluß verstanden. Die Nationen Europas, nach denen die Vertretung in Konstanz förmlich gegliedert war, lagen genauso im Streit miteinander. Die Engländer waren, wie die Dinge lagen, am Morgen nach ihrem unwahrscheinlichen Sieg bei Azincourt in einer verständlicherweise optimistischen Stimmung eingetroffen. Als der Vertreter des Königs von Frankreich gegen ihre Anwesenheit als gesonderte Nation auf dem Konzil protestierte, gab es Pfiffe und Unmutsbekundungen. Ein englischer Sprecher, der Richter am kirchlichen Appellationsgericht in York, fragte, woher die Idee komme, daß »das glorreiche Königreich England nicht mit dem Königreich Frankreich verglichen werden könne«. England sollte gegenüber der einen Nation Frankreich den Stellenwert mehrerer Nationen erhalten – »natürlich bei allem Respekt vor der Ehre jener berühmten gallischen Nation«.

Es gab auch eine philosophische Krise. Nach der Ideologie, die sich in Konstanz behauptet hatte, verfügte ein allgemeines Konzil als wahrer Vertreter der ganzen Kirche über größere Autorität als jedes seiner Mitglieder, einschließlich des Oberhauptes. Diese Lehre stellte das Prinzip der päpstlichen Machtvollkommenheit in Frage, nach der das Haupt gleichbedeutend mit dem Körper, das heißt der Papst die Kirche war. Hier lag das

Fundament für eine politische, aristotelische Verfassung der Kirche – oder für eine Art von Anarchie, einen Verlust des Zusammenhalts, dem in der Theologie die Bedrohung der thomistischen Scholastik durch den spaltenden Nominalismus, der dieselben philosophischen Wurzeln hatte, entsprach. Sobald der Gedanke des »Konziliarismus« einmal in den philosophischen Hörsälen der Universitäten und juristischen Fakultäten entstanden war, ließ er sich nicht mehr wegdenken. Einer der Erlasse, die in Konstanz verabschiedet wurden, war eine Art Grundgesetz, das die Kirchenleitung auf eine permanente konziliare Basis stellte und verlangte, daß allgemeine Konzile in regelmäßigen Abständen abgehalten werden sollten. Auf dem Konzil von Basel (1431-49) übernahm der Konziliarismus die Kontrolle und verlor jeden Sinn für das richtige Maß. Papst und Konzil gönnten sich den Luxus gegenseitiger Bannflüche. Aber am Ende der Geschichte war der Papst immer noch der Papst, das Konzil dagegen viel leeres Geschwätz.

Das wiederhergestellte Papsttum ging aus dieser anhaltenden Krise zunächst triumphierend hervor. Sein Erfolg wurde auf dem Konzil von Ferrara-Florenz (1438-47) gefeiert, das am Vorabend der türkischen Eroberung Konstantinopels eine fruchtlose Wiedervereinigung mit der griechischen Kirche und sogar mit gewissen exotischen abessinischen Christen aus dem Land des Priesterkönigs Johannes erreichte. Aber der Preis war ein gewisses Maß an Autonomie für die Institutionen, die nun als nationale Kirchen hervortraten, oder ihre weltlichen Herrscher. Die Drohung mit dem allgemeinen Konzil wurde damit zu einem machtpolitischen Instrument, das die weltliche Regierung gegen den Papst einsetzen konnte.

Auf der anderen Seite führte der politische Konziliarismus zu einer fortschreitenden Umwandlung des Papsttums in ein italienisches Fürstentum, das seine Geschäfte nicht in der internationalen Sprache Latein führte, sondern in der einheimischen Sprache, und das seine Interessen aus der engen, verzerrenden Perspektive der instabilen Politik auf der Apenninenhalbinsel wahrnahm, die nun in einem halben Jahrhundert zerstörerischer italienischer Kriege versank. Papst Leo X., ein Medici aus Botticellis Florenz, Kardinal im Alter von 13 Jahren und Gönner von Michelangelo und Raffael, interessierte sich nur entfernt für die Kontroversen in Deutschland, die Martin Luther entfacht hatte, und er hätte sie vielleicht überhaupt nicht bemerkt, wenn sie nicht den Zustrom von Bargeld für den Bau seiner großartigen Peterskirche bedroht hätten. Während sich der Himmel über Deutschland in den zwei Jahrzehnten nach 1520 zunehmend verdunkelte, mußte der deutsch-niederländisch-spanische Kaiser Karl V. jahrelang verhandeln, um Papst Paul III., geborener Alessandro Farnese, zu überreden, die Behandlung der Krise an ein allgemeines Konzil zu überweisen, das seine immer wieder unterbrochenen Beratungen 1545 in dem Alpenort Trient aufnahm. Nach und nach erkannte Rom im Trienter Konzil nicht nur eine Kraft, die zur Wiedervereinigung und Konsolidierung der gefährdeten Kirche beitragen konnte, sondern auch ein Mittel, um die Universalität der päpstlichen Macht zu veränderten Bedingungen wiederherzustellen. Nach dem Abschluß des Konzils im Jahr 1563 wurde es, da Inhalt und Tagesordnung des Katholizismus neu definiert waren, zum Hauptanliegen des reformierten Papsttums, die katholischen Mächte Europas zu überreden, seine kirchenrechtlichen Regeln anzunehmen und umzusetzen.

Die Reihe der Kompromisse, die die konziliare Krise des 15. Jahrhunderts beendet hatte, zeigte bereits an, daß die überfällige Reformation, wenn sie denn käme, auf einer

Die christliche Renaissance. Die Vorstellung, daß die italienische Renaissance von einem klassischen und sogar heidnischen Standpunkt aus mittelalterliche christliche Werte ablehnte, war ein Stück weit Wunschdenken des Kulturhistorikers Jacob Burckhardt im 19. Jahrhundert. Donatellos »Verkündigung« in Santa Croce in Florenz (um 1435), ein Schlüsselwerk der Renaissanceskulptur, verwendet ein Repertoire antiker Mittel, um christliche humanistische Gefühle auszudrücken.

hohen politischen Ebene teilweise auf Ablehnung stoßen würde. Wenn nicht örtliche und zeitbedingte Umstände gegenteilig wirkten, konnten monarchische Regierungen und selbst eine so tief antipäpstliche Republik wie Venedig kein offenkundiges Interesse daran haben, alle formellen Beziehungen zur katholischen Kirche und ihren zentralen Regierungsämtern in Rom abzubrechen. Die meisten greifbaren Vorteile des Schismas waren auch ohne diesen Schritt zu erreichen, wie Franz I. von Frankreich bewiesen hatte, als er

»EL SACROSANTO CONCILIO GENERAL DE TRENTO« lautet die spanische Überschrift dieses Stiches des Trienter Konzils. Obwohl es sich bei dessen späteren Sitzungen von 1562-63 um eine große Versammlung handelte, bildete das Tridentinum nicht wirklich ein allgemeines Konzil, da der spanisch beherrschte Süden überrepräsentiert war. Von den 270 Bischöfen, die zur einen oder anderen Zeit daran teilnahmen, waren 218 Italiener oder Spanier.

in Bologna 1516 ein Konkordat mit Leo X. schloß. Dies war ein Hinweis auf die konsequente Politik der französischen Monarchie in den kommenden Jahrhunderten, und es lieferte ein Modell für die Art des Verhältnisses zwischen Kirche und Staat, das sich wahrscheinlich in einem von aufsteigenden Monarchien beherrschten Europa behaupten würde. England bildete eine der wenigen Ausnahmen von dieser Regel (zu denen darüber hinaus noch die skandinavischen Königreiche und Schottland gehörten), doch im 17. Jahrhundert drohte auch der britische Archipel wieder in den Hafen der römischen Konformität und Gehorsamspflicht gezogen zu werden. *Cuius regio, eius religio,* die Religion des Fürsten bestimmt die religiöse Zugehörigkeit des Staates, dieses 1555 in Augsburg nach der ersten Runde der Religionskriege angenommene Prinzip wirkte sich zum allgemeinen Vorteil des römischen Katholizismus aus. Nur die geopolitische Verlagerung, die Reichtum und Macht zunehmend vom Süden und der Mitte Europas an seine nordwestlichen Küsten trug, wo sich protestantische Regierungen behaupteten, sorgte dafür, daß die zwei großen Konfessionen in etwa gleich stark blieben, wobei die zukünftige Entwicklung eher die protestantischen Seemächte begünstigen würde.

Die Reformation und ihre spätmittelalterlichen Ursprünge

Bisher sind wir davon ausgegangen, daß religiöse Regelungen und Abmachungen von Päpsten und Fürsten getroffen wurden und daß auf der gleichen hohen politischen Ebene die kirchliche Landkarte Europas neu vermessen wurde. Gegenstand dieser Absprachen waren jedoch Menschen, Kirchenvermögen, religiöse Überzeugungen und Bräuche, die gesamten Belange örtlich beschränkter Gemeinschaften und letztlich einzelner Personen, die zwar oft ebenso eigennützig wie ihre Herrscher sein mochten, aber auch ängstlich, leichtgläubig und fromm waren.

Martin Luther stellte als Gemeindepriester wie als Mönch und Universitätsprofessor in der kleinen sächsischen Stadt Wittenberg fest, daß die pastorale Lenkung seiner Gemeinde ausgehöhlt wurde, weil die Menschen angefangen hatten, sich gewisse Pergamentblätter zu besorgen, die zu Hause nicht erhältlich waren. Es handelte sich um mit dem Namen des Papstes versehene Ablaßbriefe, die nicht nur, so sagte man wenigstens den Käufern, die Lebenden von den irdischen Folgen ihrer Sünden befreiten, sondern auch die Seelen ihrer verstorbenen Großeltern aus dem Fegefeuer erlösten, und das alles durch eine einfache finanzielle Transaktion. Das war der entscheidende Punkt, und Luther protestierte mit den 95 Thesen vom Oktober 1517. Zunächst konnte er nicht wissen, daß ein Teil dieser Finanzmittel dazu bestimmt war, die Schulden für die hohe Gebühr zu begleichen, die der Papst von Markgraf Albrecht von Brandenburg als Preis für die Erlaubnis gefordert hatte, das Erzbistum Mainz mit dem Erzbistum Magdeburg in einer Hand zu

»Wenn das Geld im Kasten klingt, die Seele aus dem Fegefeuer springt«, sollen der Dominikanermönch Tetzel und andere Verkäufer päpstlicher Ablaßbriefe ihren Zuhörern und Kunden gesagt haben. Dieser Holzschnitt (um 1530) von Jan Breu dem Älteren fängt die Elemente der Frömmigkeit, der kirchlichen Macht und zweifelhafter Verkaufsmethoden ein, die den heiligen Ablaßhandel ausmachten.

vereinen. Es war ebenjener Albrecht, dem Luther seine Bedenken vortrug. Er war davon überzeugt, der Erzbischof werde die in seinem Namen verübten Mißbräuche zurückweisen, wenn sie ihm zur Kenntnis gebracht würden. »Es ist in Eurem Namen verbreitet worden, aber zweifellos ohne Euer Wissen... Wenn es Euer Exzellenz genehm ist, möchten Sie vielleicht einen Blick auf meine beiliegenden Thesen werfen.« Luthers Zorn über »diese schamlosen Ablaßpredigten« löste einen unerwarteten Sturm öffentlicher Sympathie aus, den die weltlichen und geistlichen Autoritäten nicht unterdrücken konnten. Diese Vorgänge bezeichnen wir als Reformation.

Das Konkordat von Bologna bestimmte, wie die Interessen des Heiligen Stuhls und der französischen Regierung in Angelegenheiten wie der Besetzung der französischen Bistümer ausgeglichen werden sollten. Bis 1560 war mehr als die Hälfte des Adels protestantisch und mit dem Adel ein großer Teil der Nation. Diese folgenschwere und beunruhigende Entwicklung kam durch viele tausend Einzelentscheidungen zum Übertritt zustande. Diese mochten so persönlicher Natur sein wie die Entdeckung der Frau eines Lyoner Kaufmanns, daß sie mehr geistige Befriedigung fand, wenn sie in der Bibel las oder calvinistischen Predigern zuhörte. In hohem Maß war es solchen Frauen zuzuschreiben, daß die Reformation in den Häusern einer vermeintlich männlich dominierten Gesellschaft Fuß faßte. In Frankreich, England und den Niederlanden waren Hunderte von einfachen Menschen, Frauen wie Männer, bereit, sich für ihren jüngst erworbenen protestantischen Glauben verbrennen zu lassen. Die Reformation fand unter Mitwirkung Tausender statt. Sie wurde der Gesellschaft nicht aufgezwungen, sondern entstand aus ihrer Mitte.

Wie erklären Historiker ihre explosive Kraft? Auf zwei beinahe unvereinbare Weisen. Die Reformation erwuchs entweder als Reaktion auf die Verderbtheit und geistige Verarmung der Kirche und der bestehenden Religion oder, positiv gesehen, aus ihren reichen spirituellen Quellen. Der Widerspruch lag bereits in Luther selbst. Seine 95 Thesen und der ständig anschwellende Strom der Polemiken und Schmähungen, der in der Folge aus seiner Feder floß, erhoben eine umfassende Anklage gegen ein korruptes und korrumpierendes religiöses System. »Hinweg also mit alle den Propheten, die dem Volke Christi sagen: Friede, Friede und ist kein Friede« (92. These). Dies war jedoch nicht die Stimme einer Kritik von außen, sondern die eines Gewissens, das in der Tradition gewachsen war, die es nun kritisierte. Wenn Luther die Kirche aufgrund dessen verurteilte, was er in der Bibel oder in Augustinus' Schriften gelesen hatte, so war es die Kirche in den Personen seiner Lehrer, Spiritualen, religiösen Vorgesetzten und Arbeitgeber, die ihm diese Dokumente in die Hand gegeben hatten. (Das war mit anderen Worten Johannes von Staupitz, dem Luther, wie er sagte, seine Seele verdankte.) Aber es begann schon früher. Luthers tief religiöses Wesen war nicht nur im Kloster und an der Universität geprägt worden, sondern auch im gesellschaftlichen Kreis der Familie seiner Mutter, der Lindemanns in Eisenach, sowie aus den Predigten, denen deutsche Kleinbürger zu jener Zeit regelmäßig ausgesetzt waren. Luther kann kaum als ein typisches Produkt des spätmittelalterlichen deutschen Katholizismus bezeichnet werden, doch ist er als eine seiner authentischen Äußerungen erkennbar. Er war eine gesuchte und erwartete Gestalt – denn es ist typisch für eine bestimmte, weitverbreitete Geisteshaltung gewesen, auf Rettung durch einen großen, von Gott gesandten Reformator zu hoffen.

Versuche, die Reformation aus der Dekadenz, Irreligiosität und Verderbtheit der Zeit zu erklären, gibt es in großer Zahl. Sie spiegeln nicht nur ein durchsichtiges protestantisches Vorurteil gegen den Katholizismus, sondern finden sich auch in der moralischen Literatur, der antiklerikalen Satire und der zeitgenössischen protestantischen Propaganda. Diese voreingenommenen Quellen erlauben jedoch keine realistische Einschätzung des religiösen Lebens am Vorabend der Reformation.

Natürlich fällt es nicht schwer, eine Liste der Fehler und Versäumnisse der unreformierten Kirche aufzustellen. Dazu können Dokumente wie die *Gravamina* der deutschen Nation (Beschwerden, die an den Reichstag überwiesen wurden) herangezogen werden, die wortreichen und volkstümlichen Schriften des großen christlichen Humanisten Erasmus von Rotterdam oder, im England der ersten Tudors, die Reden des Dekans John Colet an St Paul's in London sowie des Kanzlers Melton in York vor kirchlichen Versammlungen. Das priesterliche Fachpersonal der Kirche schloß einerseits solch große Pfründeninhaber wie Albrecht von Mainz oder den Engländer Thomas Wolsey ein, gleichzeitig Erzbischof von York, Bischof von Lincoln und Abt von St Albans, der die spirituellen Bedürfnisse seiner Heimatstadt Ipswich so geringschätzte, daß er seinen natürlichen Sohn Thomas Winter zum Pfarrer ihrer führenden Gemeindekirche ernannte, und andererseits zahllose kärglich oder gar nicht bepfründete Priester, die sich auf einem übervollen kirchlichen Stellenmarkt um ihr mageres Auskommen abmühten. Priester sollten von Rechts wegen zölibatär und keusch sein, aber an vielen Orten, besonders in der Schweiz und in Wales, war allbekannt, daß sie es nicht waren. Um die Mitte des 16. Jahrhunderts waren 168 von 311 Landgeistlichen nicht in der Lage, die Zehn Gebote aufzusagen, und manche konnten nicht erklären, wer das Vaterunser abgefaßt hatte. Was für eine Unterweisung erhielten die Laien von solchen Seelsorgern? In den Akten der Visitationen und Kirchengerichte wimmelt es von Fällen sexueller Zügellosigkeit und seelsorgerischer Vernachlässigung, was unvorsichtige Historiker bisweilen nur zu gern verallgemeinert haben. Aber wie alles kriminelle Material sind diese Quellen naturgemäß nicht repräsentativ und sagen genausoviel über diejenigen aus, die die Untersuchungen durchführen, wie über die Ungeheuerlichkeit der entdeckten Verbrechen.

Die Kirche ist *semper reformanda,* sie bedarf der ständigen Verbesserung. Ob sie wirklich verdorbener war als in früheren Generationen oder ob dies nur den Kritikern so vorkam, die eine besser ausgebildete und engagiertere Laienschaft vertraten, ist eine andere Frage. »Manche sagen« – so lautete die übliche Floskel, mit der der antiklerikale Jurist Christophe Saint-Germain einen neuen belastenden Skandal ansagte. Thomas Morus erwiderte, daß hinter dem »manche« immer er selbst stecke. Von den Klagen, die wir im 16. Jahrhundert hören, waren nur wenige neu. Colet hatte Vorläufer in Chaucer und Langland. Es ist sicher bezeichnend, daß es außer in England, Böhmen und gewissen abgelegenen Alpentälern im frühen 16. Jahrhundert kaum eine zusammenhängende Häresie gab. Von daher sah sich die Kirche in Deutschland oder Frankreich keiner Gefahr ausgesetzt. Luther war nicht originell, wenn er die Kirche hinsichtlich ihres verdorbenen Lebens angriff, was bereits viele andere vor ihm getan hatten, nicht zuletzt Erasmus von Rotterdam; neu war vielmehr, daß er sie auf der Ebene einer unzulänglichen Lehre attackierte. Seine kritischen Äußerungen in dieser Hinsicht wurden von der Kirche bald als ketzerisch betrachtet, aber sie waren auch aus der Perspektive der vergangenen Jahrhunderte theologisch beispiellos. Wenn Erasmus hätte voraussehen können, was mit der religiösen Weltordnung, die er so gnadenlos angriff, bald geschehen würde, hätte er vielleicht mehr Zurückhaltung geübt.

Eine anspruchsvollere Version der »pathologischen« Darstellung des spätmittelalterlichen Katholizismus geht auf den Historiker Jean Delumeau zurück, der aus den gemeinsamen Erkenntnissen einer Gruppe französischer Religionssoziologen schöpfte. In seiner Sicht blieb das spätmittelalterliche Europa, besonders in seinen bäuerlichen Kernländern, eine sehr oberflächlich christianisierte Gesellschaft, die nicht so sehr auf einen Wandel der religiösen Orientierung wartete, als vielmehr auf ihre grundlegende Bekehrung zu einer kultivierten, disziplinierten Religion, die den Namen Christentum verdiente. Das war die Aufgabe, die sowohl Reformation als auch Gegenreformation (mit wechselndem Erfolg) auf sich nahmen. Diese These unterschätzt zweifellos die intellektuellen und moralischen Fähigkeiten der Europäer im Spätmittelalter und übertreibt auf der anderen Seite die Stärke unreligiöser Formen einer helfenden Magie in einer zumindest dem Namen nach christlichen Gesellschaft. Aber soweit er in den Reformbewegungen des 16. Jahrhunderts den Höhepunkt einer bevorstehenden christlichen Erneuerung erkennt, räumt Delumeau korrekt ein, daß Reformation und Gegenreformation auf einer breiten Grundlage alter Reformtendenzen beruhten.

»WIE IN CHRISTO, SO IN MIR.« Albrecht Dürers Selbstporträt zeigt einen nachdenklich melancholischen und kreativen Mann, der sich bei dieser Gelegenheit mit Christus als Schmerzensmann identifiziert. Ein ähnlich eindringlicher Christozentrismus drückt sich in den Auslegungen der Bußpsalmen des jungen Martin Luther aus, den Dürer als »den Christenmenschen, der mich von großen Ängsten befreit hat« bezeichnete.

»DA ENTBRANNTE IM HIMMEL EIN KAMPF« *(rechte Seite)*. Weiter heißt es in der Offenbarung (Apokalypse 12, 7): »Michael und seine Engel erhoben sich, um mit dem Drachen zu kämpfen. Der Drache und seine Engel kämpften.« Im letzten Jahrzehnt des 15. Jahrhunderts, als Dürer seine herausragende Holzschnittserie zur Apokalypse entwarf, stand Europa am Rande großer Konflikte: der dynastischen Kriege, der Türkenkriege und der Religionskriege.

Die Auffassung, die in der Reformation ein Ereignis sieht, das in ein frommes katholisches Milieu einbrach, ist katholischen Ursprungs. Sie ist Teil einer konspirativen Version der Geschichte, die Luther als Dämon hinstellte, der einen Garten verheerte, in dem alles Schönheit war, bevor er ihn zertrampelte. (»Ein wilder Eber«, schrieb Leo X. in der Bulle *Exsurge Domini,* 1520, »ist in deinen Weinberg eingedrungen.«) In jüngerer Zeit haben Historiker das Thema auf eine breitere Grundlage zu stellen vermocht. »Die Vielfalt religiöser Erfahrung« – so lautet beispielsweise der einst berühmte Buchtitel der Arbeit von William James.* Das Europa um 1500 zeigte ein breites Spektrum, das von der Mystik zur primitiv instrumentalen Beinahe-Hexerei volkstümlicher kultischer Zentren mit ihren Bildern und blutenden Hostien reichte und sowohl die galiläische Sonntagsschulatmo-

UNMITTELBARE RELIGIÖSE BEGEISTERUNG. Im Jahre 1520 wurden 12 000 Andenken an Pilger zur »Schönen Maria« in Regensburg verkauft. Kirche und Statue waren erst kurz zuvor errichtet worden, um die Wunderheilungen fortzusetzen, die begannen, während die Synagoge, die früher an dieser Stelle gestanden hatte, zerstört wurde. So mischte sich Antisemitismus mit religiöser Ekstase. Wenige Jahre später war Regensburg protestantisch, und der Kult verschwand (Holzschnitt von Michael Ostendorfer, 1519).

* Titel der Neuausgabe von 1979. Ursprünglicher Titel: »Die religiöse Erfahrung in ihrer Mannigfaltigkeit« (Anm. d. Übers.).

sphäre mit Erasmus' Paraphrasen und Kommentaren zum Neuen Testament als auch ketzerische und angstvolle apokalyptische Erwartungen einschloß, die sowohl den bäuerlichen Aufrührer, den Pauker von Niklashausen, als auch den bedeutendsten unter den Malern und Stechern der Renaissance des Nordens, Albrecht Dürer, inspirierten. Dürer steht auch für einen intensiven Christozentrismus, nicht nur in den Porträts, die Christus darstellen, sondern auch in wenigstens einem seiner Selbstporträts. In ihnen nahm er die Theologie der Vorlesungen Luthers über die Bußpsalmen vorweg: wie in Christus, so in mir. Dürers älterer Zeitgenosse Matthias Grünewald deutete an, daß die Todesqualen des sterbenden Christus die Leiden einer Gesellschaft wiedergaben, die Opfer grassierender unheilbarer Krankheiten und sozialer Entfremdung war.

Bis vor kurzem haben Darstellungen des Glaubens der Vorreformationszeit die Religion auffälliger Minderheiten in den Vordergrund gerückt. Dazu gehört die Form des Christentums, die als »neue Frömmigkeit« charakterisiert und in den Niederlanden und in Nordostdeutschland von den Brüdern (und Schwestern) vom gemeinsamen Leben geübt sowie in der ungeheuer erfolgreichen *Nachfolge Christi* des Thomas a Kempis (aus der kleinen Stadt Kempen bei Köln) artikuliert wurde. Die Bekehrung des Gründers der Jesuiten, des baskischen Soldaten Ignatius von Loyola, wurde zum Teil durch fromme Literatur in dieser Tradition bewirkt, die in der Folge in die Hauptströmung der Gegenreformation einfloß. Sie war Bestandteil eines breiteren kulturellen Einflusses, der von der fortgeschrittenen Kultur der spätmittelalterlichen Niederlande nach Spanien und Südeuropa ausstrahlte. Eine ganz andere Minderheitentradition stellte der Biblizismus der englischen Handwerker und Freibauern dar, die von ihren Kritikern als »Lollarden« (Unkrautsäer) beschimpft wurden. Noch eine andere Richtung war das Bibelstudium, das bestimmte modische Salons in den großen italienischen Städten mit einer neuen, befreienden Begeisterung für die Paulinische Theologie der Gnade durchdrang.

Viele Strömungen wurden in dieser Zeit wiederbelebt, so daß man von einer paulinischen, augustinischen und, bei den Dominikanern, sogar einer thomistischen Erneuerung sprechen kann. Manche dieser Rückbesinnungen strebten in gegensätzliche Richtungen. Neue Kulte entstanden um volkstümliche Heilige, etwa die Mutter der Jungfrau Maria, die heilige Anna, die besonders den Bergleuten vertraut war, so daß der junge Luther, dessen Vater Bergmann war, ausrief, als er von einem Gewitter überrascht wurde: »Hilf, heilige Anna, ich will ein Mönch werden«. Bilder der Jungfrau Maria wurden ekstatisch angebetet und wirkten Wunderheilungen. Die Selbstentdeckung der Familie, die ein typischer Zug der spätmittelalterlichen Kultur gewesen sein mag, kam in der Faszination für die Verwandtschaft Christi, die erweiterte Heilige Familie zum Ausdruck. Dies läßt sich an Leonardo da Vincis »Madonna in der Felsengrotte« ablesen, zeigte sich aber auch in Walsingham, wo Pilger glaubten, das durch ein Wunder nach Norfolk versetzte Heilige Haus von Nazareth zu besuchen. (Auch Loreto in der Nähe von Ancona beanspruchte das Heilige Haus für sich.) Erasmus machte sich in seinen *Colloquia* über Walsingham und vieles andere in der Religiosität seiner Zeit lustig. Sein *Enchiridion militis christiani* (»Handbuch des christlichen Soldaten«), das eine nach innen gerichtete, bibelbezogene Frömmigkeit ganz anderer Art empfahl, war bald unter den lesekundigen Laien ungeheuer beliebt, in Spanien ebenso wie in der Heimat des Autors, den Niederlanden. Erasmus' »philosophia Christi« ist als christliche Renaissance *par excellence* betrachtet worden,

Das Erasmische Rätsel. J.A. Froude forderte seine Leser auf, das 16. Jahrhundert durch die Augen von Desiderius Erasmus zu sehen, genauer gesagt durch seine Briefe. Wenn wir jedoch umgekehrt versuchen, durch diese Augen in Erasmus selbst hineinzusehen, wissen wir nicht genau, was wir sehen. Luther sagte über ihn, er sei ein Aal, den nur Christus fangen könne. Holbeins Porträt entstand 1523.

aber sie umfaßt bei weitem nicht das ganze Spektrum der christlichen Erneuerung des frühen 16. Jahrhunderts.

Jüngere Religions- und Sozialhistoriker äußern Vorbehalte im Hinblick auf die historische Bedeutung von Minderheitsbewegungen wie der Lollarden oder der *Devotio moderna* und betonen dagegen die positiven Verbindungen zwischen der Mehrheitsreligion und dem künftigen Geschehen im 16. Jahrhundert. Es wäre jedoch ein schwerwiegender Fehler, sich die spätmittelalterliche Religion als Gebrauchsartikel vorzustellen, den der Klerus für die Laien bereithielt. Die zentrale Stellung der Messe und des Priesters als Zelebranten, unterstützt von dem verborgenen intellektuellen Mysterium der Transsubstantiation, legt derartige Vorstellungen allerdings nahe. Andererseits wissen wir auch, daß Meßpriester oft die Angestellten der Laienschaft waren, besonders in Verbindung mit gemeinnützigen Gesellschaften wie den Gilden und Bruderschaften. Diese Bruderschaften oder Genossen waren auch Begräbnisklubs und, da eine Beerdigung für die Katholiken des Spätmittelalters nicht das Ende von allem war, Stiftungen, die garantierten, daß für die

Seelenruhe ihrer verstorbenen Mitglieder Messen gesungen wurden. Es war sogar Toten möglich, diesen Gesellschaften beizutreten. Wir bekommen erst allmählich eine angemessene Vorstellung von der Bedeutung dieses eng geknüpften Netzes von Bruderschaften aller Formen und Arten, von den *Scuole grandi*, die in Venedig ein festes Netz sozialer Sicherheit boten, bis zu den kleinsten Gilden, die Vorräte an Getreide und Wachs hielten, um Kerzen für die Altäre und Bilder in entlegenen Gemeinden in den Marschen von Cambridgeshire zu liefern. Wer baute die hoch aufragenden Türme und großzügigen Kirchenschiffe, die der Stolz der spätmittelalterlichen englischen Gemeindekirchen sind? Es waren die Gemeinden selbst.

Im Vercors im südöstlichen Frankreich galten Laienbruderschaften mehr als die Kirchengemeinden. Bei den alljährlichen großen Versammlungen bewarben sich zukünftige Festkönige und -königinnen um ihre Ämter mit großen Mengen von Kerzen und sorgten so für eine ständige Nachfrage nach Wachs. Viele rituelle Vorschriften waren Erfindungen von Laien oder wurden durch die Bemühungen von Laien unterstützt. Wenn der Klerus

Frommer Bürgerstolz. Als die krönende Spitze des 90 Meter hohen Turms zu Louth in Lincolnshire im Jahre 1515 geweiht wurde, waren die Städter anwesend, die auch schon der Grundsteinlegung beigewohnt hatten. Die Gesamtkosten des Bauwerks (305 Pfund, 8 Schilling, 5 Pennies) hatten sie aus eigener Tasche bezahlt. An diesem Ort begann 1536 der Aufstand von Lincolnshire gegen die Reformation Heinrichs VIII.

bis zu einem gewissen Grad die Sakramente kontrollierte, so handhabte die Laienschaft viele ergänzende, »Sakramentalien« genannte Rituale. Dazu gehörten auch Prozessionen, wie die am Palmsonntag, bei der eine Statue Christi auf einem hölzernen Esel auf fahrbarem Gestell, dem »Palmesel«, gezogen wurde, der eine Woche später das Ritual des Begräbnisses und der »Wiederauferstehung« desselben Abbilds folgte. Diese Handlungen standen dem Karneval nahe, der Sprache des volkstümlichen Feierns, aber auch des Protests.

Das volkstümliche spätmittelalterliche Fronleichnamsfest, das die Eucharistie feierte und dem in der Hostie verwandelten Leib Christi eine höhere Form desselben Respekts entgegenbrachte, den auch die Bruderschaften ihren Toten erwiesen, wurde von der Gesamtheit der Christen eingehalten, nicht nur von den Geistlichen. Besonders in den Städten gab es Fronleichnamsspiele zu Mittsommer, dem Höhepunkt des Festjahres, bei denen die Aufgabe, im Festzug die eine oder andere Episode der biblischen Geschichte darzustellen, den verschiedenen Handwerkerzünften übertragen wurde. Die Sprache dieser Spielzyklen läßt, wo sie noch bestehen, eine schlichte und sogar derbe Vertraulichkeit erkennen, die das Religiöse mit dem Alltäglichen verknüpft, was jedoch nichts mit Blasphemie zu tun hat. Prediger in Warwickshire sagten ihren Gemeinden, sie sollten, falls sie Anlaß hätten, an dem Gehörten zu zweifeln, nach Coventry gehen, wo sie alles auf der Bühne dargestellt sehen könnten. Sehen war gleichbedeutend mit glauben. Bilder *waren* die Heiligen, die sie darstellten, ebenso wie heute das Bild auf dem Fernsehschirm die häufig fiktive Medienpersönlichkeit *ist,* mit der sich die Zuschauer identifizieren.

Es läßt sich nicht mit Sicherheit sagen, ob solche »religiösen« Einrichtungen einschließlich der Mysterienspiele die harmonische Integration der städtischen Gemeinschaft oder aber ihre drohende Desintegration unter dem Druck wirtschaftlicher Schrumpfung und innerer Zuwanderung spiegeln. Wenn man in die Welt der »Mysterien« eintritt, spürt man ein wenig von dem, was man als »soziales Wunder« des spätmittelalterlichen Katholizismus bezeichnet hat. Aber es war kein vollkommenes Wunder. Bruderschaft schloß stillschweigend Anderssein ein, und für das methodischere Denken des 16. Jahrhunderts waren freiwillige Genossenschaften weniger geeignet, einen allgemeinen sozialen Frieden zu erhalten, als Kirchengemeinden, Zwangseinheiten des Zusammenlebens, in denen die verschiedensten Menschen irgendwie miteinander auskommen mußten. Der Katholizismus der Gegenreformation unterwarf bald darauf die Laienreligion neuen Formen der klerikalen Kontrolle, wie man sie bislang nicht gekannt hatte. In den Bergen des Lyonnais und des Vercors waren die Bruderschaften verpflichtet, den Gemeindepriester zu ihrem Vorsitzenden zu wählen und die orgiastische Hemmungslosigkeit ihrer jährlichen Feste zu zügeln. Freiwillige Unterstützung für echte Laienaktivitäten und sogar antiklerikale Aktivitäten entfielen. Auch in protestantischen Gemeinden entstand ein neuer Klerikalismus in der Person des gottesfürchtigen Predigers und Pastors, einer strengen, fernen Gestalt, die im Schoß der Familie und einer gut ausgestatteten Studierstube lebte und nur auftauchte, um die Sünden der Gemeinde von der Höhe der Kanzel herab anzuprangern.

Die alte Religion wird verworfen

Wir haben gesehen, daß das selbstbewußte Auftreten der Laien, das einst unmittelbar der Theologie der Reformation zugeschrieben worden war, tiefe Wurzeln hatte, die die Reformation eher als Erfüllung denn als bloße Verneinung der vorreformatorischen katholischen Kultur erscheinen lassen. Wir müssen uns jedoch der unangenehmen Tatsache stellen, daß die Reformation die Verwerfung, ja sogar die Zerstörung religiöser Erscheinungsformen der jüngsten Vergangenheit, besonders ihrer überschwenglichen Bildwerke, zur Folge hatte. Die Protestanten gaben Glaubensvorstellungen auf, die offenbar den Kern der Alltagsreligion der Mehrheit bildeten, besonders den Glauben an das Altarsakrament und bestimmte, den Toten zugedachte Gebete. Von der spätmittelalterlichen Religion wurde gesagt, sie sei von den Lebenden zugunsten der Toten praktiziert worden. Nun wurde jedoch gelehrt, daß gute Werke nicht zur Erlösung beitrügen. Wenn sie aber schon den Lebenden nicht helfen konnten, wie sollten sie dann für die Toten wirken? Symbole der alten religiösen Werte wurden in ikonoklastischen Ausbrüchen vernichtet, öffentlich und im Einklang mit dem Gesetz oder heimlich und blindwütig. Aber auch das geistige Auge wurde durch den Prozeß eines inneren Ikonoklasmus korrigiert, der eine Religion der Bilderwelt durch einen auf dem gedruckten Wort der Bibel und dem gesprochenen Wort der Predigt beruhenden Glauben ersetzte. Glauben bedeutete nun Hören, nicht Sehen.

Wie konnte es zu einer derart einschneidenden religiösen Revolution kommen, und dazu so plötzlich? Denn wir müssen uns vorstellen, daß die Bilderstürmer nicht über etwas herfielen, was alt und »mittelalterlich«, sondern was neu und frisch war. Das Problem wäre gelöst, wenn gezeigt werden könnte, daß die Erfinder des Protestantismus nie an den Katholizismus geglaubt hatten. Doch die englische Reformation hatte eine viel breitere Basis als das Lollardentum. In dem Jahrzehnt nach 1540 trafen Menschen, die fünf oder zehn Jahre früher mit Sicherheit ihren gebührenden Anteil an Totenmessen bestellt hätten, auf dem Sterbebett plötzlich keine Vorkehrungen mehr für ihre Seelenruhe. Natürlich wußten diese Erblasser, daß der Brauch in offizielle Ungnade gefallen oder vielleicht schon gesetzwidrig war. Aber es ist unwahrscheinlich, daß das als Erklärung ausreicht. Die Bereitschaft des englischen Volks, die Verbote Heinrichs VIII. zu akzeptieren, ist verständlich, die Geschwindigkeit, mit der diese Einwilligung erfolgte, bleibt jedoch ein Rätsel.

Im Jahr 1518 wurde Regensburg zum Mittelpunkt eines neuen Kults, der typisch war für die erregbare Frömmigkeit der Zeit. Die Zerstörung einer Synagoge während eines antisemitischen Gewaltausbruchs und ihre Ersetzung durch eine christliche Kapelle war von einem Wunder begleitet gewesen, bei dem ein verletzter Arbeiter durch das Bild der Jungfrau wieder gesund wurde. Innerhalb weniger Monate zog die Schöne Maria von Regensburg Pilger an, die nach Tausenden zählten. 1519-20 wurden mehr als 12 000 Andenken an die Gläubigen verkauft, die herbeiströmten, um an diesem spontanen Kult teilzunehmen, und 1521 wurden nicht weniger als 209 Wunderheilungen registriert. Doch nach einem zermürbenden politischen Kampf nahm Regensburg die Reformation an, in die noch relativ neue Kapelle drangen Bilderstürmer ein, und 1542 wurde die berühmte wunderwirkende Madonna zerstört. Solche Zwischenfälle sind mit dafür verantwortlich, daß die

Johannes der Täufer predigt in der flämischen Landschaft. Wann immer Kirchen und Städte reformerischen Predigern versperrt waren, wurden biblische Szenen wiederbelebt. So entdeckten französische Protestanten im 18. Jahrhundert die biblische »Wüste« in den Bergen der Cevennen. 1566 trieb das Predigen im Freien vor Antwerpen, hier von Pieter Bruegel d. Ä dargestellt, die Bewegung der revolutionären und bilderstürmerischen Reform in den Niederlanden voran.

Bilderzerstörer das Erscheinungsbild der Reformation prägten. 1529 fielen Bilderstürmer in Basel über das wunderschöne Kruzifix her, das sie aus dem Münster geholt hatten, und schrien: »Wenn du Gott bist, verteidige dich, wenn du Mensch bist, dann blute«, worauf sie das Abbild verbrannten. Vorgänge wie diese vermitteln uns vielleicht einen Eindruck der Mentalität, die sowohl der Bilderverehrung als auch der Bilderablehnung zugrunde lag. Ein bestürzter John Donne schrieb später, es sei möglicherweise gleich schlecht, ein Bild anzubeten oder es zu verachten und zu zerstören.

Verschiedentlich wird die Auffassung vertreten, daß Europa im frühen 16. Jahrhundert nicht unter zuwenig, sondern unter zuviel Religion litt. Die offenkundige Begeisterung, die der Religion entgegengebracht wurde, gewährte keine Befriedigung und Tröstung, sondern erzeugte Angst, und bald wurde Religion zur Last. Als die Gläubigen erfuhren, daß der große Aufwand an Zeit und Geld für religiöse Werke, der eigentlich Erlösung bringen sollte, vergebliche Mühe war, mag dies zu einem Gefühl der Erleichterung geführt haben. Wie ist das zu verstehen? Dürer schätzte Luther als jemanden, der ihn von tiefen Ängsten befreit hatte. Luther selbst beschrieb rückblickend die harte seelische Anstrengung, die dennoch nicht vermocht hatte, ihm Frieden zu bringen: »Ist je ein Mönch durch Möncherei in den Himmel gekommen, so wollt ich auch hineingekommen sein.«

Der Krieg gegen die Idole. Mit der Reformation begann das zweite große Zeitalter des Bildersturms in der christlichen Geschichte. Eine so drastische (gründliche) Kampagne der Zerstörung wie die hier von Erhard Schoen dargestellte war bezeichnend für die süddeutsche und schweizerische Reformation. Ideologisch beruht sie auf einer Auslegung des zweiten der Zehn Gebote im Sinne eines Verbotes von Bildern in Kirchen.

Doch wäre es unklug, aus Luthers Erfahrung Schlüsse auf die Erfahrung Zehntausender von Christen zu ziehen. Die Beichte, die für einen Mönch wie Luther eine ständige Gewissensqual bedeutete, war für die meisten seiner Zeitgenossen eine Routinesache. Es besteht kein Grund zu der Annahme, daß die Mehrheit in jener ständigen Stimmung krankhafter Angst lebte, mit der Jan Huizinga die spätmittelalterliche Kultur in seinem *Herbst des Mittelalters* charakterisierte. Allerdings sagte Erasmus seinen zahlreichen Lesern, daß ihre gottesfürchtigen Taten, äußerliche Frömmigkeit, Pilgerfahrten, Gelübde, Wachen und Fasten nutzlos seien, wenn die innere Einstellung fehle, und daß, wenn die innere Einstellung vorhanden sei, vielleicht nichts anderes gebraucht werde. Das war womöglich eine Botschaft von befreiender Wirkung für eine geistig unterdrückte (bzw. selbstunterdrückte) Gesellschaft. Man konnte auch zuviel des Guten haben. Doch bleibt es ein Rätsel, warum Friedrich der Weise sich weiterhin voll und ganz hinter Luther (den er nie persönlich kennenlernte) stellte, der lehrte, daß seine teure Reliquiensammlung aus wertlosem Plunder bestand.

Die neue Religion: Protestantische Bekenntnisse und Formen

Moderne Historiker der Reformation haben sich bei der Untersuchung ihrer sozialen und kulturellen Vielschichtigkeit so weit von Carlyles Fixierung auf die heldenhafte Einmaligkeit Martin Luthers entfernt, wie es nur möglich ist. Dennoch bleibt wahr, daß Luther den Protestantismus erfand, und es ist wahrscheinlich, daß es ohne ihn kein Ereignis wie die Reformation gegeben hätte. Dieser Tatbestand bleibt auch davon unberührt, daß Luthers Besonderheit sehr schnell erstickt worden wäre, wenn nicht mehrere einmalig günstige politische Umstände dazugekommen wären. Ferner legt Max Webers Prinzip der »Wahlverwandtschaft« es nahe, das, was man Luther sagen hörte, und warum er überhaupt gehört wurde und mit welchen Folgen, historisch mindestens ebenso wichtig zu nehmen wie den Inhalt seiner Botschaft, und daß Luther nur einer von vielen Predigern,

Publizisten und Agitatoren war, die zu dieser Zeit für Aufregung sorgten und von denen nur wenige typische »Lutheraner« waren.

Luthers Originalität bestand in der Rückführung des Christentums auf seinen eigentlichen Kern, das Evangelium (mit besonderer Berufung auf Paulus), und der Unterordnung jedes anderen Teils seiner dogmatischen und organisatorischen Struktur unter dieses einzige, einfache Prinzip. Das Verfahren trug anarchische Züge, und seine Wirkung war anfangs zerstörerisch. Der teilweise selbständigen reformatorischen Initiative in der Schweiz, die Ulrich Zwingli von seiner Kanzel in Zürich aus ergriff, fehlte die umstürzlerische Vision von Luthers Fassung des Evangeliums, doch hatte sie einen verheerenden bilderstürmerischen Angriff auf vertraute religiöse Symbole zur Folge. All dies geschah im Namen einer Religion des Wortes und des Geistes und in strengem Gegensatz zum Fleisch und den Sinnen als Medien religiösen Erlebens. Ganz Europa wurde mit den Folgerungen dieser Verneinungen im großen Bauernkrieg konfrontiert, der zwischen 1524 und 1526 weite Teile Süd- und Mitteldeutschlands überzog und in dem der radikal chiliastische Reformator Thomas Müntzer eine herausragende Rolle spielte. Weitere Aufregung verursachte die absonderliche Herrschaft der sogenannten Wiedertäufer im westfälischen Münster 1533-35, ein gewalttätiges Zwischenspiel in der Geschichte der sekundären, sektiererischen Reformation.

Im verbleibenden Teil des 16. Jahrhunderts wurden neue und alternative Modelle der christlichen Ordnung auf der Grundlage von Luthers Evangelium oder Varianten davon konstruiert. Dieser Aufgabe widmete sich auch Luther selbst; erfolgreicher war jedoch sein praktischer und systematischer vorgehender Kollege Philipp Melanchthon, eine Nachfolgerpersönlichkeit, die für die »Normalisierung« stand und in der Schweizer Reformation ihr Gegenstück im Schwiegersohn und Nachfolger Zwinglis, Heinrich Bullinger, hatte. Sogar die Wiedertäufer erfuhren unter der stabilisierenden Führung eines ehemaligen niederländischen Priesters, Menno Simons, eine Normalisierung. Er verwandelte die versprengten Reste dieser zerrütteten chiliastischen Bewegung in eine gesetzestreue Religionsgemeinschaft (»Mennoniten« oder »Baptisten«). Der Protestantismus als glaubwürdige Alternative zum Katholizismus, kirchlich, ökumenisch und ebenso fähig, der politischen Ordnung des Staates Widerstand zu leisten und sie zu untergraben wie sie zu stärken, war jedoch vor allem die Schöpfung eines französischen Juristen und Humanisten, der in Genf zum Reformator wurde: Johann Calvin. Calvin unternahm zunächst in seiner *Christianae religionis Institutio* (die erste Ausgabe erschien 1536, die letzte und endgültige 1559) eine Erweiterung der theologischen Grundlage des Protestantismus, um sodann das Arbeitsmodell einer Kirche und einer reformierten Gemeinschaft zu entwerfen, das weithin nachgeahmt wurde. Der schottische Reformator John Knox gab seiner Bewunderung mit den Worten Ausdruck, daß in Genf die vollkommenste Schule Christi bestehe, die man seit den Tagen der Apostel auf der Erde gesehen habe.

Worin bestand das Evangelium Christi nun Luther und allen späteren Protestanten zufolge? Der Mensch erfährt bei Gott jene Annahme, die »Rechtfertigung« genannt wird. In ihr liegen Anfang und Ende der Erlösung. Entscheidend ist, daß der Mensch nicht durch seine eigene moralische Anstrengung, sondern einzig und allein durch die liebende Gnade Gottes in diesen Zustand gelangt, die den Verdiensten Christi und seinem Erlösungstod am Kreuz zuzuschreiben ist. Dies war kein Prozeß einer schrittweisen moralischen Ver-

»Jener Franzose« – *ille Gallus* – diese abfällige Beschreibung Johann Calvins findet sich in den Genfer Archiven. Die abgebildete Studentenkarikatur fängt stärker noch als die förmlichen Porträts die strenge, wenngleich leidenschaftliche Persönlichkeit eines Religionslehrers ein, der in seinen Schriften so wenig von seinem eigentlichen Ich verrät.

besserung, sondern eine augenblickliche Transaktion, so etwas wie eine Vermählung, bei der Christus als Bräutigam eine verarmte, elende Hure zu sich nimmt und ihr alle seine Reichtümer vermacht. Der Schlüssel zu dieser Transaktion war der Glaube, definiert als völlige, vertrauensvolle Hingabe des Ichs an Gott, nicht als das Ergebnis einer menschlichen Leistung, sondern als reines Geschenk Gottes. »Glaube kommt vom Hören und Hören vom Wort Gottes«: *fides ex auditu.* Danach bewirkt der gerechtfertigte Christenmensch, in sich und seiner Natur nach ein Sünder, aber von Gott nicht als Sünder gesehen, jene guten Werke, die in der Liebe zu Gott und Mitmensch bestehen, nicht unterwürfig oder um eine Belohnung zu gewinnen, sondern freudig, jenen Dienst, der die vollkommene Freiheit ist, bejahend.

Die Auswirkungen dieser nur scheinbar kleinen Verschiebung in der orthodoxen augustinischen Theologie waren nahezu unbegrenzt. Die sakramentale Ordnung der Kirche wurde zusammen mit der hierarchischen Priesterschaft, den Hütern der Lehre und der Seelen der Kirchenmitglieder, radikal untergraben, da aus Luthers Sicht die Messe und alle anderen Andachten »Werke« mit falscher Motivation waren. Es gab keine Begründung mehr für das Mönchtum. In Wittenberg wurde Luthers Haus der Augustiner-Chorherren sein Familienheim, nachdem er die Nonnen am Ort verheiratet und schließlich die letzte von ihnen, Katharina von Bora, selbst zur Frau genommen hatte, denn das geistliche Zölibat war nicht länger eine Tugend. Geschlechtlichkeit und Ehe blieben zwar in gewissem Sinn sündig, aber die Geistlichen unterschieden sich nicht von anderen Christen und konnten der gemeinsamen Verwicklung in die sündigen Dinge der Welt, die die Ehe symburger Bekenntnisses, das dem Kaiser und den versammelten Fürsten auf dem Reichstag von 1530 vorgelegt wurde. Die weltlichen Behörden, Fürsten und Reichsstädte erhielten umfassende Vollmachten auf dem Feld der Religion und Moral oder eigneten sich diese an. Bald erwies es sich als zweckdienlich, die Menschen zum Kirchgang zu zwingen und Abweichler und Ketzer zu bestrafen oder sogar zu töten. Dies war mit Luthers ursprünglicher Lehre nicht unbedingt unvereinbar, aber so mag es erschienen sein, besonders den Abweichlern und Ketzern.

Doch es waren die Städte Süd- und Mitteldeutschlands und der Schweiz, die sowohl zur gründlichen Ausrottung der alten Ordnung als auch zur Errichtung der neuen am meisten beitrugen. Das Temperament der Stadtbewohner, die kommunalen Spannungen und die für das städtische Leben typischen Faktionen begünstigten eine Reform, die bilderfeindlicher war, als Luther es gebilligt hatte, und radikaler gegen Sakramente und Symbole, besonders gegen das Symbol der geweihten Hostie auftrat. Nahezu überall wurde die Reformation in den Städten (und dazu gehörten die meisten Reichsstädte und viele kleinere Städte) durch Volksunruhen eingefordert und nicht von oben durchgesetzt. In einem zweiten Stadium, nachdem die Reform erst einmal angenommen war, taten sich Ratsherren und Geistliche (nicht immer ganz harmonisch) zusammen, um neue Modelle einer christlichen Gesellschaft, für die Konformität gefordert war, zu entwickeln. Diese Modelle

WAHRE UND FALSCHE KIRCHEN. Auf einem Holzschnitt (um 1540) von Lucas Cranach dem Jüngeren hört die wahre Kirche auf Luther. Sie drückt eine eucharistische Frömmigkeit aus, die sich auf die Realpräsenz Christi (Lamm Gottes und gekreuzigter Erlöser) richtet und in Form von Brot und Wein allen mitteilt. Papst, Kardinäle und Mönche werden vom traditionellen »Höllenschlund« des religiösen Straßentheaters verschlungen.

bauten theologisch auf den Lehren der Erwählung und Prädestination auf (»Nicht ihr habt mich erwählt, sondern ich habe euch erwählt«). Sie sind in Luthers Evangelium zwar enthalten, wurden aber von lutherischen Predigern nicht häufig gelehrt. Biblisch beruhten sie auf der kollektiven Erfahrung des Gottesvolks des alten Bundes, mit dem sich die getaufte Bevölkerung einer »gottesfürchtigen« Stadt wie Zürich oder Bern gern identifizierte, pragmatischer aber auch auf den ererbten Werten der Stadtgemeinde, die im Titel der ersten Veröffentlichung des bedeutendsten städtischen Reformators, Martin Bucer aus Straßburg, zusammengefaßt werden, wonach ein Mensch nicht für sich, sondern für andere, für das Gemeinwohl leben solle *(Das von selbs niemant, sonder anderen leben soll,* 1532).

Alle, oder zumindest alle vom achtbaren Rang eines Haushaltsvorstands, waren sich einig, daß dieser wünschenswerte Zustand durch »Zucht« erreichbar sei. Was für eine Art von Zucht? Der Name eines ansonsten unbedeutenden Schweizer Arztes, Thomas Erastus, lebt in dem Programm des »Erastianismus« fort, dem Prinzip, daß dort, wo es christliche Ratsherren gibt, keine andere Zucht gebraucht wird. Diese Lehre sprach so unterschiedliche Obrigkeiten an wie Königin Elisabeth I. von England und die republikanischen Ratsherren von Genf, obgleich die meisten Obrigkeiten den Dienern der Kirche einen nützlichen Tätigkeitsbereich zusätzlich zum Predigen einräumten, der immer dem letzten Schiedsspruch des obrigkeitlichen Schwerts unterworfen war. Doch was die späteren Anhänger Calvins dann als »Kirchenzucht« in einem besonderen Sinn betrachteten, war die geistige Lenkung der Christen durch christliche Amtsträger, fast als sei die Kirche eine vom Staat getrennte Institution und mit Sicherheit eine gesonderte gerichtliche Zuständigkeit. Insbesondere wurde geltend gemacht, daß die Diener der Kirche und nicht die Ratsherren entscheiden sollten, welche Christen geeignet waren, das Abendmahl zu empfangen. Laut Martin Bucer war das geistliche Amt vierfach: Pfarrer, Lehrer, Älteste und Diakone, wobei die Kirchenzucht die besondere Aufgabe der Ältesten war. Calvin übernahm dieses System, lehnte es aber ab, die Zucht zu einem gesonderten »Wahrzeichen« oder unterscheidenden Merkmal der Kirche zu machen, indem er die Wahrzeichen der Kirche auf zwei beschränkte, das Evangelium und die Sakramente. Calvins Nachfolger in der Leitung der Genfer Kirche, Theodor Beza, und andere Calvinisten der zweiten Generation machten allerdings die Zucht in der besonderen Form, die wir als Presbyterianismus kennen, unentbehrlich. Zusammen mit der umstrittenen Frage der Prädestination ergab dies die laufende Agenda für die reformierten Kirchen, was sich auch in den Bekenntnissen niederschlug, die versuchten, das Durcheinander zu überwinden und zu einer Übereinstimmung zu gelangen: die französische und die belgische Konfession (1559 und 1561), der Heidelberger Katechismus (1562), die englischen 39 Artikel (1563) und die Artikel von Dordrecht (1619). Wie diese Dokumente andeuten, stand die wahre Lehre jetzt hoch im Kurs, genauso wie damals, als die junge Kirche das Glaubensbekenntnis ausarbeitete, und auch aus dem gleichen Grund, da es im Hinblick auf die Einheit notwendig war, intellektuelle Differenzen auszuräumen oder zu unterdrücken. Zu diesem Zweck wurden schwere intellektuelle Geschütze aufgefahren, vor allem eine stromlinienförmige logische Methode, die zu einer neuen, protestantischen Scholastik neigte. Es war der Anfang eines neuen Zeitalters der Orthodoxie oder des »Etablissement«, wie es ein führender Historiker des französischen Protestantismus bezeichnete.

KUNST UND GEISTIGES. El Greco (Domenikos Theotokopoulos) läßt im »Begräbnis des Grafen Orgaz« (1586-88) eine numinose Vision des Göttlichen und des Menschlichen in mystischer Durchdringung erstehen.

Der Gottesdienst des Wortes. Die Kanzel befindet sich im Mittelpunkt dieses Predigtsaales im calvinistischen Lyon. Männer, Frauen und Kinder sitzen jeweils für sich, die Männer mit Hüten, alle mit aufgeschlagenen Bibeln. Der Hund wird nur geduldet, solange er nicht bellt. Die Kinder müssen damit rechnen, daß ihnen das Gehörte abgefragt wird.

Um 1600 hatten sich die reformierten Kirchen in weiten Teilen Europas gefestigt, von den Orkneyinseln bis zu den Pyrenäen und im Osten bis nach Ungarn. Im Gegensatz dazu waren die evangelischen oder lutherischen Kirchen geographisch wie auch politisch und konfessionell begrenzt. Sie beschränkten sich auf die nördlichen deutschen Territorien und auf Skandinavien, nachdem sie ihre theologischen Meinungsverschiedenheiten schlecht und recht in der Konkordienformel (1577) ausgeräumt hatten. (Nicht ohne Grund sprach Shakespeare von »tückischen Lutheranern«.) Bereits um die Mitte des 16. Jahrhunderts, während der Regierung Eduards VI., wurde klar, daß der englische Protestantismus sich vom Luthertum entfernen und zu den reformierten Kirchen hinbewegen würde, nicht nur theologisch, sondern auch liturgisch und bis zu einem gewissen Grad auch in der Verfassung und Organisation, obgleich die Beibehaltung von Bischöfen und anderen Aspekten die Kirche von England zu einem Sonderfall machte und die Saat eines zukünftigen »Anglikanismus« barg. Unter Elisabeth I. und den frühen Stuartkönigen, doch ohne deren konsequente und rückhaltlose Unterstützung, identifizierten sich die englischen Protestanten stark mit »den besten reformierten Kirchen in Übersee«, wobei sie davon überzeugt waren, daß ihre Nation eine besondere, vielleicht sogar einmalige Rolle in dem sich zusammenbrauenden apokalyptischen Drama des Zeitalters, das wir als Zeitalter der Religionskriege kennen, zugewiesen bekommen hatte.

Der neue Katholizismus

Seit die ersten Stimmen gegen Luther laut geworden waren hatte eine andere Version der christlichen Zivilisation Gestalt angenommen, die sich beinahe ebenso stark von der mittelalterlichen Christenheit unterschied wie der Protestantismus selbst. In den Lehrbüchern wird die Gegenreformation als eine Folge mehr oder weniger getrennter Einzelereignisse präsentiert: die spanischen und italienischen Reformer; die neuen religiösen Orden, besonders die Jesuiten; die römische Inquisition und der Index der verbotenen Bücher; das Trienter Konzil; die Päpste der Gegenreformation und ihre Leistungen; missionarische Aktivitäten in Europa und darüber hinaus, die Europas Herzland zurückgewannen, sich die Märtyrerkrone in England verdienten, neue Eroberungen für Christus in Amerika, Japan und China machten; die politische Wiedereinführung des Katholizismus durch eine neue Generation eifriger katholischer Herrscher, insbesondere Kaiser Ferdinand II. aus dem Hause Habsburg, Produkt einer jesuitischen Erziehung und Schrecken der Protestanten Böhmens im Dreißigjährigen Krieg; gegenreformatorische Heiligkeit; die beängstigenden spirituellen Hochflächen, die von Theresa von Avila und Johannes vom Kreuz bewohnt werden, die heroische Arbeit des Rodens und Kultivierens, die Karl Borromäus und bedeutende Franzosen des 17. Jahrhunderts im Hinblick auf viele Schulen der Frömmigkeit und widerstreitende theologische Richtungen unternahmen; die manieristische religiöse Kunst.

Nach herkömmlicher Sicht hat sich die Gegenreformation von einer hoffnungsvollen und liberalen Irenik, einem religiösen Geist, der nicht weit vom Protestantismus entfernt und zur Einigung mit ihm bereit war, zu einer mehr reaktiven Form der Unterdrückung entwickelt. Die frühe italienische Reform versprach, weder protestantisch noch antiprotestantisch zu sein, sondern evangelisch. Kardinal Contarini, dessen religiöse Erfahrung in mancher Hinsicht jener Luthers ähnelt, fand, daß er sich auf dem Reichstag von Regensburg (1541) mit den Protestanten einig werden könnte. Es sollte jedoch zu keiner fruchtbaren Begegnung der Gedanken, keiner Aussöhnung kommen, weder in Regensburg noch später in Trient. Das allgemeine Konzil, von dem die französische Regierung noch 1561 hoffte, es werde die schwer bestimmbare Mitte finden und die blutenden Wunden der Christenheit heilen, bestätigte lediglich ihre Spaltung und definierte den Katholizismus als die Religion jenes Teils der westlichen Christenheit, die den Rest mit dem Bann belegte. Die Gegenreformation erreichte ihren Höhepunkt mit der Unterdrückung, für die Inquisition und Index stehen. Ihr zweifelhafter Ruhm gipfelte in der Verbrennung des

ROM ERLEBTE UNTER SIXTUS V. (1521-90) einen bemerkenswerten wirtschaftlichen und städtebaulichen Aufschwung. Apologeten der Kirche der Gegenreformation behaupteten, die äußere Pracht sei ein Zeichen göttlicher Gunst.

Philosophen Giordano Bruno in Rom 1600 (ähnlich wie der Calvins in der Verbrennung des Erzketzers Servetus in Genf 1555) und der Verdammung des heliozentrischen Universums Galileis 1633. Im Volksgedächtnis der modernen europäischen Zivilisation haben Galileis legendäre Worte »Eppur si muove« (»und sie bewegt sich doch«) ähnlich wie Luthers »Hier stehe ich« für die im wesentlichen fortschrittliche Vitalität der Kräfte gestanden, gegen die Rom sich stemmte. Die langfristige Sterilität der Kirche der Gegenreformation machte diese zu einer Art von geistigem Ancien régime.

Doch das ist eine sehr lange Perspektive. Nicht nur die tridentinische Kirche, sondern alle religiösen Bekenntnisse und Gemeinschaften, die durch Reformation und Gegenreformation geformt oder umgeformt wurden, trugen in gewissem Sinne Keime der Kränklichkeit in sich. Damit soll aber nicht behauptet werden, daß es keine neuen Entwicklungsansätze gegeben hätte: Zumindest Pietismus, Evangelikalismus und Neokatholizismus in ihren liberalen und ultramontanen Formen wären hier zu nennen.

Aus der Distanz betrachtet, sind es eher die Ähnlichkeiten zwischen Reformation und Gegenreformation, und weniger die Unterschiede, die beeindrucken. Beide Systeme stellten die Verinnerlichung der Zehn Gebote an die Spitze ihrer erzieherischen Bemühungen. Beide stützten ihre Unterweisungen durch eine korrigierende und sogar Zwang einschließende seelsorgerische Zucht. Beide vermittelten Vorstellungen von Ordnung und Unterwerfung, die sich für weltliche Regierungen so nützlich erwiesen, daß man zweifeln darf, ob das Aufkommen des zentralisierten autoritären Staates ohne sie möglich gewesen wäre. Katholische wie protestantische Geistliche waren feindselig eingestellt gegenüber Theaterstücken, grausamen Sportarten, Jahrmärkten, dem Zutrinken, Tanzen, Balladen, gesetzwidrigen Beerdigungen, der Entheiligung des Sonntags, dem Mißbrauch der Kirchhöfe, Gotteslästerung und Glücksspiel. Beide, besonders aber die Kirche der Gegenreformation, mißbilligten die Spontaneität von Laieninitiativen und förderten eher einen passiven und unterwürfigen als einen überschwenglichen religiösen Geist. Sowohl katholische als auch protestantische Regierungen meinten Gott zu ehren, indem sie in einem noch nicht dagewesenen Ausmaß jene Feinde Gottes, darunter vor allem weibliche, verbrannten, die für Hexen und Bundesgenossen Satans gehalten wurden.

Natürlich gab es Unterschiede. Katholiken verbrannten mehr Hexen als Protestanten und erreichten ein höheres Maß an religiöser Konformität und eine niedrigere Rate unehelicher Geburten. Auch gab es die ununterdrückbare Tendenz des Protestantismus, zur Urform zurückzukehren und neue Formen einer autodidaktischen religiösen Begeisterung zu erzeugen. Doch das steht auf einem anderen Blatt.

8

Das Christentum im Zeitalter der Aufklärung (1600-1800)

John McManners

Die zwei Jahrhunderte vor der Französischen Revolution waren durch eine zunehmende Säkularisierung der westeuropäischen Gesellschaften, ihrer Kultur und Gedankenwelt gekennzeichnet. Es handelte sich dabei nicht nur um einen Wandel von einer »christlichen« zu einer »weltlichen« Ordnung. Jean Delumeau hat sogar behauptet, daß das Leben im Mittelalter nur insofern »christlich« war, als jede weltliche Leidenschaft und Eingebung in christlichen Formen ausgedrückt werden mußte; würde man Zwang, Gewohnheit, theoretische Weltentsagung, magische Vorstellungen und Furcht vor der Hölle weglassen, so bliebe im Mittelalter weniger wahrer christlicher Glaube übrig als heute. Nicht jeder wird dieser engen Begrenzung der Religion auf ihren inspirierten Kern zustimmen, und vielleicht sollte der Historiker vor einem so pauschalen Vergleich zweier Zeitalter zurückschrecken, denn wie kann er mühsam Erreichtes gegen günstige Gelegenheit abwägen und die Sehnsüchte in den Seelen so vieler, die kein Andenken hinterlassen haben, beurteilen? Es ist jedoch sicher zutreffend, daß die christliche Kultur vor den unterschiedlichen Prozessen individueller Bekehrung entstanden war und sich in ihrem Schutz menschliche Individualität und Freiheit entfaltet hatten. Religion entwickelte sich dahingehend, zur Angelegenheit einer gefühlsbetonten persönlichen Entscheidung zu werden. Falls es eine zentrale Botschaft und treibende Kraft hinter Reformation und Gegenreformation gab, dann war es diese. Die Säkularisierung war das unumgängliche Gegenstück, die Kehrseite der Medaille, die Reaktion der menschlichen Natur auf eine fast unerträgliche Forderung. Die Vorstellung vom Christentum als einer riesigen Galeone, die auf die Klippen geworfen, dann von den Wellen zermalmt und in einem Zeitalter der Vernunft und des Materialismus von Strandräubern geplündert wird, ist irrig. Das Christentum entwickelte sich selbst sowohl in sittlicher als auch in dogmatischer Hinsicht, fand neue Schwerpunkte, neue Inspirationen, sprach in neuer Weise neue Schichten an, selbst als seine Umwelt sich veränderte – und trug sogar zu jener Veränderung bei und trieb sie an. Das Leben in Europa wurde verweltlicht; die Religion wurde personalisiert, individualisiert. Beide Entwicklungen paßten zusammen und waren voneinander abhängig.

Die Aufsplitterung der universalen Kirche in konkurrierende Kirchen und der wachsende Überdruß an den Religionskriegen beschleunigten den Säkularisierungsprozeß. *Cuius regio, eius religio:* Politisch gesprochen und praktisch gesehen war dies eine Mög-

MILDER TRIUMPHALISMUS auf einem Gemälde von Philippe de Champaigne († 1674). Bei dieser Begegnung des auferstandenen Christus mit den zwei Jüngern in Emmaus symbolisiert die zerbrochene Säule die dem Untergang geweihte klassische Welt. Der neidische Diener steht für das Judentum, das durch die neue Religion verdrängt wurde.

lichkeit, die ganze Gewissensprüfung, die quälende Furcht vor Ketzerei, das Streben nach einer gottesfürchtigen Gesellschaft, die Anstrengung, die Majestät Gottes oder den freien Willen der Kreatur zu rechtfertigen, zu beenden. Möge der Untertan sich der Religion seines Souveräns anpassen. Als Grundlage des Augsburger Religionsfriedens 1555 wurde diese zynische Formel 1648 erneut angewandt, um den Dreißigjährigen Krieg zu beenden – den letzten Krieg zwischen europäischen Mächten, bei dem der Religion eine entscheidende Rolle zufiel. Der Westfälische Friede gab den kirchlichen Besitz und die Kontrolle über ihn entsprechend dem Stand von 1624 (an manchen Orten 1618) wieder an die verschiedenen Parteien zurück – Katholiken, Lutheraner und Calvinisten –, auch wenn das zu Domkapiteln aus Chorherren mit abweichenden religiösen Bindungen führte und in einem Fall dazu, daß in einer Diözese katholische und protestantische Bischöfe alternierten. Ein großer Teil des kirchlichen Besitzes wurde säkularisiert. Ein verbreitetes Phänomen, wenn gottesfürchtige Männer danach streben, die Religion wieder zur Orthodoxie und Strenge zurückzuführen, ist die begeisterte Kooperation weltlicher Unternehmer, die der Sache damit dienen, daß sie die Einkünfte konfiszieren, die zur Korruption führen könnten.

Kaum war *cuius regio, eius religio* angenommen worden, da meinten einzelne Herrscher schon, es sei wenig zu gewinnen, wenn sie versuchten, das Prinzip durchzusetzen. Der Herzog von Hannover wurde 1651 Katholik, der Kurfürst von Sachsen 1697 (um auf den polnischen Thron zu kommen) und der Herzog von Württemberg 1733, aber keiner von ihnen war in der Lage, Zugeständnisse für ihre neue Religion abzuringen. Das lutherische Establishment war in ihren Ländern zu gut organisiert. Selbst eine kleine Minderheit zu verfolgen, barg Gefahren. Der polnische Reichstag entzog den »Dissidenten« (Protestanten und Griechisch-Orthodoxen) die Rechtsfähigkeit, und mächtige Nachbarn waren froh über die Vorwände zur Intervention. Der Kaiser versuchte, die calvinistischen Adligen in Ungarn zu schwächen, und diese intrigierten mit den Türken. Absolutismus war der Tagesbefehl, aber das war auch der Merkantilismus, und Verfolgung bedeutete eine Bedrohung von Frieden und Wohlstand. Die Kurfürsten von Brandenburg waren ein Beispiel für Europa. Ihre eigene Überzeugung war calvinistisch, doch sie erkannten die lutherische Vorherrschaft in Preußen an und schützten die Lutheraner gegen die calvinistische Mehrheit in Kleve. Beim Aufbau des preußischen Soldaten- und Beamtenstaats waren die lutherischen Geistlichen nützliche Mitarbeiter, die als Feldkapläne wirkten, an der Kadettenanstalt in Berlin unterrichteten und das Militärwaisenhaus in Potsdam leiteten, während fromme Laien den Staatsdienst zu ihrem Beruf machten und bei Ämterbesetzungen von der Regierung bevorzugt wurden. Die Hohenzollernherrscher hießen religiöse Flüchtlinge in ihren Territorien willkommen, ganz besonders, wenn sie neues handwerkliches Können mitbrachten und fleißig arbeiteten, was die Steuereinnahmen vermehrte.

Toleranz, wie sie in Brandenburg-Preußen vom Herrscherhaus gewissermaßen verordnet werden mußte, entstand in Holland spontan. Die nördlichen Provinzen, die vom katholischen Süden getrennt waren, erlebten eine kurze Phase des Rigorismus mit der Synode von Dordrecht 1618, die »arminianische« Abweichungen von der calvinistischen Prädestination verurteilte. In diesem äußerst heterogenen Staat, der zudem schon bald mit den Gebietsansprüchen Ludwigs XIV. konfrontiert wurde und deshalb um seine Existenz fürchten mußte, erwiesen sich ideologische Streitereien jedoch als gefährlicher Luxus. Der sich stürmisch entwickelnde Handel vermochte demgegenüber alle Schichten einzubinden. »Es ist ein Bund der Interessen und nicht der Meinungen, was den Königreichen Frieden schenkt«, sagte ein Quäker, der aus dem holländischen Beispiel eine Lehre zu ziehen versuchte. »Religion mag möglicherweise an anderen Orten mehr Gutes tun«, erklärte ein englischer Diplomat in Holland, »aber hier richtet sie weniger Schaden an.« Bis zum Ende des 17. Jahrhunderts fanden die verschiedensten religiösen Sekten hier jene

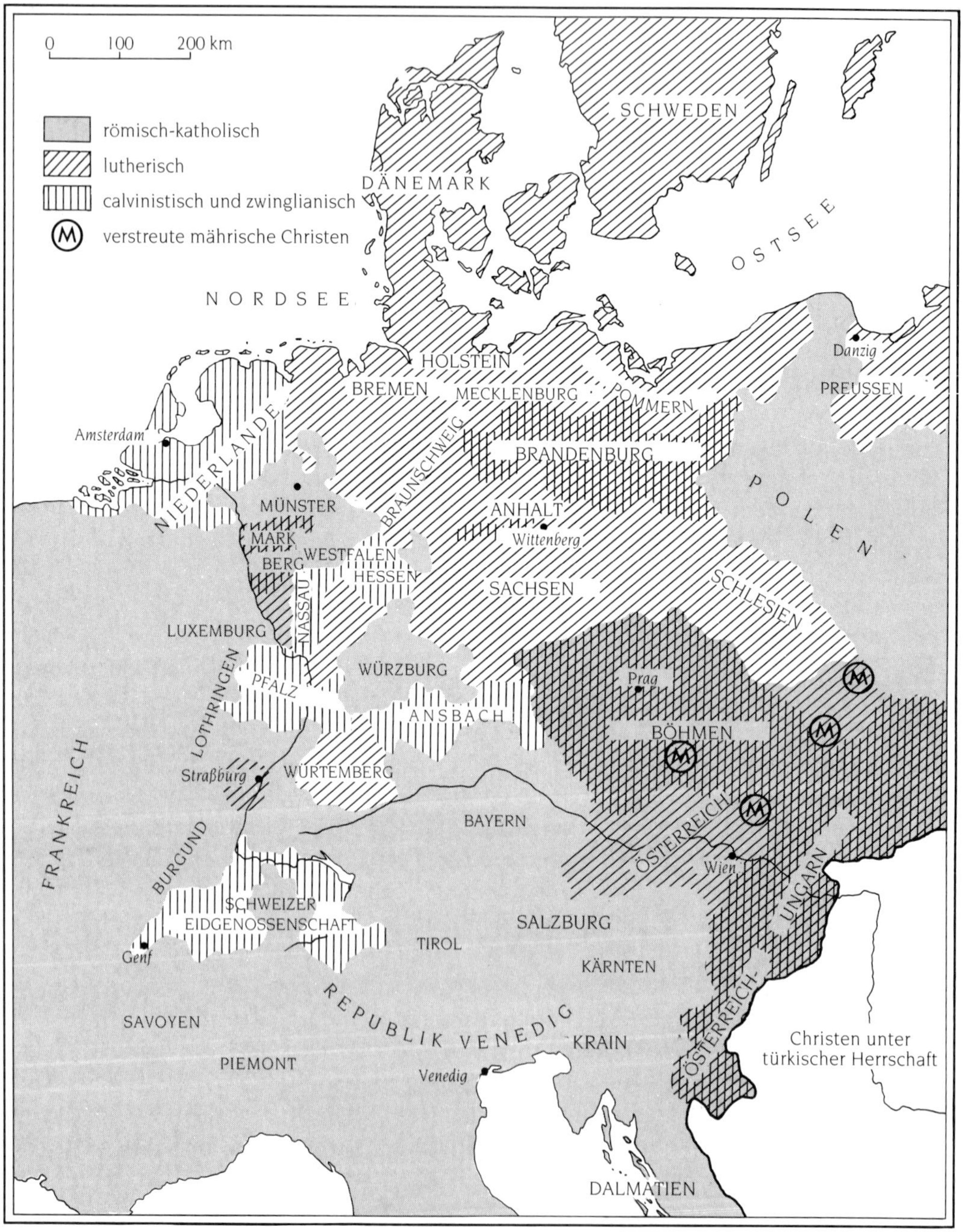

Karte 6:
Mitteleuropa nach der Reformation (1618)

Art von Zuflucht, die sie vorübergehend in England unter Cromwell genossen hatten; sogar Sozinianer (die die göttliche Natur Christi leugneten) und Katholiken wurden kaum behelligt, während die Ankunft hugenottischer Flüchtlinge aus Frankreich das Land zu einem internationalen Zentrum des Meinungsstreits, zu einer »Gelehrtenrepublik« machte.

In England, das ungefährdeter zu Wohlstand und Macht aufstieg, resultierte die Toleranz wie in Holland aus ökonomischem Weitblick und politischer Notwendigkeit. Die Restauration von 1660 wurde von Maßnahmen begleitet, die das Abweichen von der Staatskirche unter Strafe stellten, denn die Erinnerung an den Bürgerkrieg war mit der »Brut der Sekten« und der Herrschaft der »Heiligen« verknüpft. Aber die Besorgnis, in der Person Jakobs II. einen papistischen König auf dem Thron zu haben, und die Ehrbarkeit der vereinten protestantischen Revolution von 1688, die ihn absetzte, machte »gebührende Milde gegenüber Dissentern« unumgänglich. Ihre Einbeziehung in die anglikanische Kirche scheiterte, und das Parlament gewährte eine begrenzte Duldung. In Schottland wurde eine presbyterianische Kirchenordnung gesetzlich eingeführt; man setzte voraus, der Monarch habe seine religiöse Zugehörigkeit geändert, wenn er die Grenze überschritt.

Die Ereignisse in Frankreich bildeten unterdessen einen finsteren Kontrast zu denen jenseits des Ärmelkanals; hier wurde die Toleranz durch einen ungeheuerlichen Akt der Grausamkeit einer harten Prüfung unterzogen, als Ludwig XIV. das Edikt von Nantes widerrief und seine Dragoner gegen die Hugenotten losließ, die sich nicht dem Katholizismus anpassen wollten. Ob er stärker von der Furcht vor der Hölle als von dem Wunsch, die katholischen Fürsten in Deutschland auf seine Seite zu ziehen, motiviert war, ob er gefühllos gegenüber Grausamkeit war oder sich einredete, die Übertritte kämen dadurch leichter zustande, muß dem Urteil von Spezialisten der pathologischen Psychologie überlassen bleiben. Protestanten sind stolz auf das Heldentum jener, die litten – Männer, die in einen langsamen Tod auf den Galeeren gingen, Frauen, die geschoren wurden und in Konventen verschwanden, Flüchtlinge, die alles zurückließen und über die Grenzen flohen; doch müssen sie auch eine andere Schilderung der allgemeinen Wahrheit zur Kenntnis nehmen, daß nämlich die meisten Menschen keine Helden sind und daß Verfolgung erfolgreich sein kann. Es hängt freilich alles davon ab, was man unter »Erfolg« versteht. Die Grausamkeit schwächte die Kraft der religiösen Abweichler im Land und erzeugte Generationen von Ungläubigen und Antiklerikalen.

Die Überzeugung, religiöse Vielfalt gefährde die nationale Einheit, war weit verbreitet, und als Ludwig XIV. zu einschneidenden Zwangsmaßnahmen griff, stieß dies in Frankreich auf große Zustimmung. Die Geistlichen schwammen mit dem Strom, jedoch ohne rechte Begeisterung. Manche Bischöfe erlaubten Calvinisten, in zweideutigen Worten abzuschwören, und zwei verweigerten den Truppen den Zutritt in ihre Diözesen. Doch einer von diesen beiden, der Bischof von Grenoble, erklärte seinem Klerus: »Ich nutzte die Gelegenheit aus, daß die Dragoner in der Nähe waren, um meine Schafe durch Freundlichkeit wieder in den Schoß der Kirche zu bringen...« Zwar hatte der König die Grausamkeiten auf dem Gewissen, der Klerus machte sie sich jedoch zunutze. Der Papst verdammte erzwungene Bekehrungen – fast drei Jahre, nachdem sie geschehen waren. Die

VERFOLGUNG: eine königliche Maßnahme, die auf die Unterstützung des Volkes rechnen kann. Ein französischer Kalender von 1686 feiert die Widerrufung des Edikts von Nantes durch Ludwig XIV. Die Wahrheit demaskiert die Ketzerei; darunter schwören Calvinisten ihrem Glauben ab, während Katholiken die protestantische Kapelle zerstören.

»LEICHTGLÄUBIGKEIT, ABERGLAUBE, FANATISMUS« *(rechte Seite).* Auf diesem Stich von 1762 führt Hogarth in einem einzigen irren Konventikel Gestalten vor, die die Grausamkeiten und Narrheiten symbolisieren, die sich im Schutz der Religion angesammelt haben.

Kirchenmänner glaubten nicht an das Recht zu verfolgen, doch waren sie bereit, ihre Missionsernte am Rande des rücksichtslosen Drangs der weltlichen Macht nach Ruhm und nationaler Einheit einzufahren.

Als Ludwig XIV. tot war, konnten die Franzosen über die wirtschaftlichen Vorteile nachdenken, die ihre protestantischen Rivalen durch die Anwerbung so vieler arbeitsamer Flüchtlinge gewonnen hatten. Dieser Fall, wie auch die 1731 erfolgte Vertreibung von 2000 Protestanten durch den Fürstbischof von Salzburg zum Vorteil Preußens, bildeten für die Aufklärung Paradebeispiele, wenn es darum ging, die Torheit von Verfolgungen aufzuweisen. Es gab jedoch auch andere Argumente für die Toleranz: »Wir haben gerade

genug Religion, damit wir uns gegenseitig hassen, aber nicht genug, damit wir einander lieben«, sagte Dekan Swift in beißender Kritik an der Sache, der er diente. Es mußte sich etwas ändern; der wahre Sinn des Evangeliums stand gegen die panische Furcht vor Ketzerei, die soviel Unheil angerichtet hatte. Verfolgung war mit Bibelzitaten verteidigt worden, was mit Pierre Bayles vernichtendem Kommentar zu »Nötige sie hereinzukommen« endete. Fortan konnte kein aus dem Zusammenhang gelöster Text mehr gegen den allgemeinen Gehalt des Evangeliums verwendet werden. Die Christen fanden sich mit der Existenz mehrerer Kirchen ab. Die von der Reformation entfesselten gewaltigen Leidenschaften wurden kanalisiert und umgelenkt in ein Beharren auf individueller Bekehrung, auf einer Religion des Herzens, die tief und in sich gerechtfertigt und die unabhängig von der Struktur einer oberflächlichen Konformität war. Bei der Schaffung einer derartigen inneren Überzeugung war Zwang unbedeutend oder sogar kontraproduktiv. Mehr und mehr akzeptierten Theologen die Idee von der »unsichtbaren Kirche«, die über den zersplitterten christlichen Gruppen stand. Das 18. Jahrhundert war das »Zeitalter der Vernunft«, und Verteidiger eines vernünftigen Christentums stellten sich eine Kirche eher in Form der kollektiven Bindungen ihrer Mitglieder vor als einer in göttlichem Auftrag weiterbestehenden organischen Einheit – Lockes »freiwillige Gemeinschaft von Menschen, die sich aus eigenem Antrieb zur öffentlichen Anbetung Gottes zusammenschließen«.

Wenn alle Gläubigen zu einer unsichtbaren Einheit gehören und wenn ihre Bindung an einzelne Kirchen ein anhaltender Willensakt ihrerseits ist, warum kann dann ihr Wille nicht weiter reichen und ihre mystische Einheit zur sichtbaren Realität machen? Im Stil von Erasmus hatte Grotius 1622 in einem ungeheuer einflußreichen Buch die Dogmen in solche eingeteilt, die zur Erlösung notwendig, und solche, die zwar erbaulich, aber wahlfrei sind. Andere entwickelten den Gedanken weiter. Gewöhnliche Menschen sind den Intellektuellen in Gottes Erlösungsplan nicht unterlegen, doch sie begreifen nur wenige und einfache Glaubensvorstellungen. Dryden drückte es 1682, drei Jahre vor seiner Konversion in Rom, so aus:

> Faith is not built on disquisitions vain,
> The things we must believe are few and plain.

(Glaube baut nicht auf ausführlichen eitlen Abhandlungen auf, es sind wenige schlichte Dinge, die wir glauben müssen.)

Anglikanische Geistliche, die sich einer Form der Kirchenordnung erfreuten, die in ihren Augen die besten Eingebungen des Mittelalters und der Reformation vereinte, räumten gegenüber Protestanten auf dem Festland ein, daß es in den wesentlichen Dingen keine Meinungsverschiedenheit gab. »Etwas, das göttliche Autorität besitzt, mag fehlen, zumindest in Dingen der äußerlichen Führung, und dennoch kann die Erlösung ungeschmälert sein«, schrieb Bischof Lancelot Andrewes an einen französischen Hugenotten. In der zweiten Hälfte des 17. Jahrhunderts wurde der ökumenischen Sache Unterstützung zuteil durch unermüdliche Reisende (der zum anglikanischen Priester geweihte Schotte John Durie, der deutsche Lutheraner Georg Calixt, der Pole Jablonski von den Böhmischen Brüdern), utopische Theoretiker (Comenius), große Gelehrte (Leibniz) sowie kirchliche Staatsmänner (Bossuet und Spinola, General des Franziskanerordens). Im frühen 18. Jahrhundert führten die drei maßgeblichen Theologen Genfs unter Leitung von Jean-Alphonse Turrettini eine umfangreiche Korrespondenz, um eine Formel für eine protestantische Einheit zu erarbeiten, während Erzbischof William Wake von Canterbury zu gallikanischen Gelehrten und griechisch-orthodoxen Prälaten Kontakt hatte. Als Realist strebte Wake keine Union an, sondern die gegenseitige Anerkennung; jede Kirche sollte die andere zum »vernünftigen Teil der katholischen Kirche erklären« und als solche sollten sie miteinander verkehren. Nach so langem dogmatischem Streit war es nur natürlich, daß die Annäherung an die Einheit über die intellektuelle Debatte gesucht wurde. Doch gab es auch andere Ideen. Die Philadelphian Society (deren Gründung im Jahr 1697 durch ein Buch mit dem verlockenden Titel *The Heavenly Cloud now Breaking* angeregt worden war) ermöglichte die Begegnung der unterschiedlichsten Christen zum Meinungsaustausch, während die Deutsche Christentumsgesellschaft in Basel von 1756 an die erste internationale zwischenkirchliche Gesellschaft war, die Christen zu guten Werken und missionarischen Unternehmungen zusammenbrachte.

Wie immer gingen Initiativen zu einer ökumenischen Verständigung von wenigen aus. Die meisten Christen blieben ihren gewohnten Bindungen treu, ohne nach links oder rechts zu blicken. Einige vertraten die anmaßende Meinung, daß religiösen Minderheiten nicht mehr zugestanden werden sollte als das Recht, im Gottesdienst dem Gewissen zu folgen. Die Rechte, zu bekehren oder öffentliche Ämter zu bekleiden, sollten ihnen vorenthalten bleiben. Das Toleranzpatent, das der antiklerikale Kaiser Joseph II. für die habsburgischen Erbländer 1781 erließ, schloß Deisten oder Atheisten nicht ein; Kirchen von Minderheiten durften keine Glocken und Türme haben, ihre Mitglieder mußten Abgaben an den katholischen Klerus leisten, während ein Katholik, der zum Protestantismus übertreten wollte, sich zuvor einer sechswöchigen Unterweisung im römischen Glauben unterziehen mußte. Das französische Toleranzedikt von 1787 gestand den Protestanten kaum mehr zu, als daß ihre Ehen legalisiert wurden und sie Grabmäler für ihre Toten haben durften. In England war es zu dieser Zeit zumindest theoretisch notwendig, das Sakrament nach den Riten der Kirche von England zu nehmen, um in ein öffentliches Amt wählbar zu sein, und auch 1829, als Katholiken Mitglieder des Parlaments werden durf-

DER FRANZÖSISCHE ANTIKLERIKALISMUS des Jahres 1789 richtete sich gegen den Reichtum der Kirche und die Tatsache, daß die Bistümer und Ämter mit ihren hohen Einkünften praktisch ein Monopol des Adels waren. Auf dieser Karikatur tun sich ein Adliger in militärischer Ausrüstung und ein Kleriker im Chorrock zusammen, um vom dritten Stand Geld zu erheben – der eine durch Drohungen, der andere durch »Scharlatanerie«.

ten, war dies erst möglich, nachdem sie einen Eid geleistet hatten, »die gegenwärtige Kirchenordnung, wie sie per Gesetz geregelt ist, nicht zu untergraben«. In keinem europäischen Staat wurden vor der Französischen Revolution religiöse Minderheiten vollkommen gleichberechtigt behandelt.

1681 erhielt William Penn, der Quäker, von Karl II. in der Neuen Welt Land zugewiesen. Die 1701 erlassene Verfassung für Pennsylvanien ging über die bloße Duldung hinaus; niemand sollte gezwungen werden, an einem Gottesdienst teilzunehmen oder einen religiösen Ort zu besuchen, wenn dies seiner Überzeugung widersprach. Das Prinzip paßte zu einer Pioniergesellschaft, und es behauptete sich in den Vereinigten Staaten, nachdem sie ihre Unabhängigkeit erlangt hatten. In Europa hielt man eine Staatskirche jedoch für notwendig. Als die Gesetzgeber der Französischen Revolution Kirchengut verkauften und Klostergelübde verboten, errichteten sie dennoch eine neue Staatskirche, deren Geistliche gewählt wurden, anstatt von der Krone und Patronen eingesetzt zu werden; als die alte Ordnung im Terror unterging, probierte man offizielle Religionen der »Vernunft« und des »Höchsten Wesens« aus. Als Napoleon seine Diktatur errichtete, »stellte er die Altäre wieder her«, indem er ein neues Konkordat mit dem Papsttum schloß, das als Grundlage einer staatskirchlichen Verfassung das ganze 19. Jahrhundert hindurch Bestand hatte. Das Argument für eine amtliche Religion lieferte Swift: »Wir brauchen Religion, wie wir unser Essen brauchen, Bosheit macht das Christentum unentbehrlich, und dann ist ein Ende abzusehen.« Wenn sie seelsorgerisch tätig wurden, moralisches Verhalten predigten, Unmoral anprangerten und in barmherziger und erzieherischer Arbeit vorangingen, würde es den Geistlichen gelingen, die menschliche Bosheit zu bändigen und dadurch die öffentliche Ordnung aufrechtzuerhalten. Außerdem würden sie bei Gott Fürbitte für die Nation einlegen und die göttliche Gegenwart bei öffentlichen Zeremonien darstellen. Aber warum sollte es nicht die verschiedensten christlichen Organisationen geben, die als pluralistischer Rahmen die Moral der Gesellschaft garantierten? Der Gedanke wurde in England während der puritanischen Revolution diskutiert und von Thomas Edwards, dem puritanischen und presbyterianischen Geistlichen, in seinem *Reasons against the Independent Government of Particular Congregations* (1641) heftig kritisiert. Aber, schreibt Michael Watts, »nur einmal... scheinen Männer, die das Prinzip einer Nationalkirche ablehnten, nahe daran gewesen zu sein, die Geschicke der Nation zu lenken«. Dies war im Rumpfparlament von 1653 – der Vorschlag, den Zehnten abzuschaffen, scheiterte, und die Gemäßigten stellten das Verfahren ein und traten die Macht an Cromwell ab.

Hooker, der kluge Verteidiger der elisabethanischen Kirchenordnung, hatte die anglikanische Kirche als eine Kirche beschrieben, die alle einbezog: »Es gibt keinen Menschen, der Angehöriger des Gemeinwesens und nicht zugleich der Kirche von England ist.« Selbst in einer Zeit, in der Abweichung in größerem Umfang erlaubt war, gab es hier ein Ideal, das eine Staatskirche anerkennen mußte; sie sollte eine Institution sein, mit der sich die große Mehrheit identifizieren konnte. Eine besondere Schwierigkeit gab es, wenn die Staatskirche calvinistisch war, denn zum lutherischen Predigen des Wortes und zur Verwaltung der Sakramente fügten die Calvinisten die »Kirchenzucht« hinzu. In Holland

Das Abendmahl: calvinistisch und lutherisch. Der calvinistische Abendmahlsgottesdienst *(oben)* findet in kargem Rahmen statt. Die Gemeinde sitzt wie zu einer Mahlzeit da, die Vorsteher der Gemeinde an einer erhöhten Tafel. Der lutherische Gottesdienst in Augsburg *(unten)* findet in ausgeschmückter Umgebung statt – die Bilder sind an den Kirchenwänden belassen worden. Man beachte, daß die Frauen in der Mitte sitzen, die Männer aber auf dem Chorgestühl. Beide Stiche stammen von Picart und wurden 1733 in Amsterdam veröffentlicht.

führte dies zur Unterscheidung zwischen den *liefhebbers* und den *lidmaten;* erstere kamen zu Predigten, letztere hatten sich ganz »unter das süße Joch unseres Oberhirten Jesus Christus« begeben. Die Generalstaaten, die eine echte Nationalkirche wünschten, schlugen vor, diese Unterscheidung aufzugeben und alle zum Tisch des Herrn zuzulassen. Dies kam nie zustande; die reformierte Kirche klammerte sich an den Geist des Kriegs gegen Philipp II. und das Gefühl, das auserwählte Volk zu sein. In Massachusetts hatte die »versammelte Kirche« eine auf die »sichtbaren Heiligen« beschränkte Mitgliedschaft, die miteinander einen Bund schlossen, indem sie Zeugnis von der »seligmachenden Gnade« ablegten. Es war unmöglich fortzufahren, wenn so viele ausgeschlossen blieben – von daher das »halbe Bündnis« und schließlich das Vermögen als Voraussetzung für die Wahl gegenüber der Kirchenmitgliedschaft.

Der Gedanke von Auserwählten, die einander anerkennen und sich verbünden, paßte zu Kämpfen ums Überleben, gegen feindliche Heere oder widrige Umstände, nicht jedoch zu einer Theologie des friedlichen Wachstums – und gewiß nicht zum Zeitalter der Vernunft. Für die Anglikaner gab es eine andere Schwierigkeit, die sich mit der Entwicklung einer Ekklesiologie der Staatskirche verband. Die hochkirchliche Betonung des Leibs Christi, der Kirche der Apostel und der Kirchenväter erklärte nicht, warum diese Kirche den anderen vorzuziehen sei. Lockes »freiwillige Gemeinschaft« mochte hierauf eine Antwort geben, und auf diesen Standpunkt stellte sich 1717 in einer aufsehenerregenden Predigt Benjamin Hoadly, Bischof von Bangor, der daraufhin von William Law, dem Mann der Hochkirche, angegriffen wurde. Christus, so erklärte Hoadly, hinterließ keine Autorität, die ihn vertreten sollte, da sein Reich nicht von dieser Welt war. Die Kirche sei die Versammlung jener, die sich ihm bereitwillig unterwerfen würden. William Warburton zog in *Alliance between Church and State* (1736) den vernünftigen Schluß: Im Hinblick auf ihre »staatsbürgerliche Nützlichkeit« bestimmt der Staat die religiöse Gemeinschaft mit der größten Mitgliederzahl zur Staatskirche. Dies lag in der Logik der Situation, in der Presbyterianertum in Schottland und Anglikanismus in England begründet worden waren. Was geschähe jedoch, wenn die Mehrheit verlorenginge oder die Christen insgesamt zur Minderheit würden? Zu jener Zeit erschien dies undenkbar.

»Jedermann soll sich denen unterordnen, die die Regierungsgewalt ausüben... die bestehenden Gewalten sind von Gott eingesetzt.« Paulus' Ausspruch galt als Standardlehre. Es gab andere, untergründige Strömungen im Christentum, chiliastische, anarchistische, utopische, den Sturz der weltlichen Herrschaft und die Rückkehr in das freie, unschuldige Eden ersehnende Gedankengebäude. Während des Bürgerkriegs und nach Ausrufung der Republik in England waren diese Ideen in Form halb religiöser, halb weltlicher Hoffnungen an die Oberfläche gedrungen. Für die *Ranter* war Sünde eine Erfindung der Priester und Herrscher, mit der die Menschen in Abhängigkeit gehalten werden sollten; *Leveller* und *Digger* träumten von einem neuen Himmel und einer neuen Erde, die durch die Austreibung der Begierde sofort erreichbar wären. Aber dieses Schauspiel einer durch radikale Ideen »auf den Kopf gestellten Welt« – wie es etwa in den Religionskriegen auf dem Kontinent zu beobachten war – veranlaßte gemäßigte Männer, sich an die Autorität der weltlichen Macht zu halten, die – von Gott eingesetzt – allein den Frieden erhalten konnte. Diese aus der Furcht vor Anarchie entstandene Haltung spiegelte sich auch in der Rhetorik des 17. Jahrhunderts über die göttlichen Rechte der Könige wider. »Ihr seid Götter«, sagte Bossuet von den Königen, aber er zitierte Psalm 82: »Ihr seid Götter... doch nun sollt ihr sterben wie Menschen, sollt stürzen wie jeder der Fürsten.« »O ihr Götter aus Fleisch und Blut, Götter aus Staub und Lehm«, wettert er weiter, »alles, was göttlich und beständig ist, untersteht eurer Autorität.« Auch der Herrscher war nur ein vorübergehend auf Erden weilender Sterblicher, der dem Ratschluß Gottes unterstand. Die Pflicht des Christen lief damit auf die Hinnahme des Gegebenen hinaus. Die Universität Oxford sprach 1683 von »absoluter Unterwerfung«; der Lutheraner Veit von Seckendorff erklärte zwei Jahre später, das Gebet sei die einzige Waffe gegen einen boshaften Herrscher.

In demselben Jahr, 1685, wurde diese Haltung auf die Probe gestellt, als die Verfolgung der Hugenotten durch Ludwig XIV. ihren Höhepunkt erreichte und der römische Katholik Jakob II. den englischen Thron bestieg. Unter den calvinistischen Flüchtlingen in Holland beharrte Bayle weiterhin auf der Lehre der Unterwerfung; Jurieu dagegen forderte die Souveränität des Volkes. Anglikanische Theologen rechtfertigten die Absetzung ihres papistischen Monarchen, indem sie nun nicht mehr von Gottesgnadentum, sondern von göttlicher Vorsehung sprachen; außerdem hatte Jakob durch Flucht »abgedankt«. Dennoch lehnten einige Bischöfe, dic Jakob II. den Gehorsam verweigert hatten, auch den Treueschwur auf seinen Nachfolger ab – im Unterschied zu Bischof Compton von London, der in Lederrock und Stulpenstiefeln mit Schwert und Pistolen für die protestantische Sache antrat. Hundert Jahre später, als eine ganz andere Revolution in Frankreich das Ancien régime und die Monarchie gewaltsam stürzte, trat das eigentliche Prinzip offen zutage: Einer De-facto-Regierung mußte man gehorchen. Für die französischen katholischen Royalisten war es bitter zu akzeptieren, daß die »bestehenden Gewalten« sich auch auf eine revolutionäre Versammlung erstrecken konnten, wie es für deutsche und russische Christen noch viel bitterer war, den Paulustext unter Hitler und Stalin zu akzeptieren.

»Das Bündnis von Kirche und Staat« war ein Klischee der politischen Theorie und Ekklesiologie, das allen Ländern Europas im 18. Jahrhundert gemein war. Es war ein ungleiches Bündnis. Die Laien übten die Kontrolle aus. Im Zuge der Restauration von 1660 hatte die englische Geistlichkeit auf ihr Recht, selbst Steuern zu erheben, verzichten müssen; das Common Prayer Book von 1662 wurde vom Parlament mit einer Mehrheit von nur sechs Stimmen verabschiedet, wobei das Hohe Haus auf dem Recht bestand, zukünftige Änderungen zu erörtern; 1717 setzte die Whig-Regierung die Befugnis der Provinzialsynode von Canterbury außer Kraft, ihre Geschäfte zu führen. Die Macht der Krone, Bischöfe zu ernennen, wurde Teil des Patronagenetzes des Herzogs von Newcastle, und es wurde erwartet, daß die Prälaten im Oberhaus für die Regierung stimmten. Selbst die traditionell mächtigen lutherischen Pfarrer in Schweden und die calvinistischen Geistlichen in Genf gerieten mehr und mehr unter die Kontrolle örtlicher Würdenträger und Ratsherren. Die lutherischen Geistlichen neigten zu Unterwürfigkeit gegenüber weltlichen Herrschern; da die Autorität in ihren Kirchen zwischen Superintendenten, Konsistorien und Äbten von Klöstern geteilt und die Pfarrer eher niedriger sozialer Herkunft waren, überrascht das nicht. Allerdings interessieren sich Historiker neuerdings für die geistlichen Schriftsteller, die sich gegen die »Kameralisten« und absolutistischen Juristen stellten. In Frankreich war es die gallikanische Kirche gewohnt, in ihrem eigenen Bereich Unabhängigkeit zu beanspruchen. »Innerhalb des Bündnisses des Weltlichen und Geistli-

Ordination von Pfarrern in einer wallonischen Kirche (der französischsprachigen calvinistischen Kirche in den Niederlanden) auf einem Stich von Picart aus dem Jahr 1733. Man beachte die sonntägliche Kleidung und die zwanglose Familienatmosphäre (die Hüte der Geistlichen auf den Stühlen). Die Kanzel beherrscht den Kirchenraum.

chen ist jede Macht souverän und absolut in ihren Belangen«, erklärte die Synode 1765. Aber die gallikanischen Juristen sprachen überall für das Laienestablishment, wenn sie die Erklärung hinzufügten: »Es ist nicht die Aufgabe der Diener der Kirche, die Grenzen festzulegen, die Gott zwischen den zwei Mächten gezogen hat.« Wenn es darauf ankam, mußte der Wille des Staates die Oberhand behalten. Die Richter am »Parlement« von Paris, dem obersten Gerichtshof, machten dies um die Mitte des 18. Jahrhunderts klar, als sie rücksichtslos gegen Geistliche vorgingen, die dem Befehl des Bischofs gehorchten, sterbenden Jansenisten die letzten Sakramente zu verweigern – zugegeben, die Sakramente gehörten in den Bereich der Geistlichen, aber Bürger hatten ihre Rechte und durften nicht öffentlicher Verleumdung ausgesetzt werden. In allen Ländern des katholischen Europa (ganz besonders in Venedig) wurde der Bereich der Kirche von den Juristen des Staates definiert; die Rolle der kirchlichen Gerichte und das Recht kirchlicher Einrichtungen, Eigentum zu erwerben, wurden eingeschränkt; römische Bullen und Breves durften nicht ohne Genehmigung veröffentlicht werden, und wo die päpstliche Billigung für die Vergabe von Pfründen erforderlich war, mußte sie automatisch gegeben werden. Die katholischen Kronen nutzten ihre Kardinäle und das Vetorecht, um die Wahl von willfährigen Päpsten zu sichern; 1740 war ein halbjähriges Konklave und die Ausschöpfung jeder Intrige nötig, bis der einzige beeindruckende Kandidat des 18. Jahrhunderts, Benedikt XIV., gewählt war. Trotz päpstlicher Proteste wurden die Jesuiten aus Portugal, Spanien und Frankreich vertrieben, und 1773 mußte Clemens XIV. den Jesuitenorden schließlich ganz verbieten.

Aristokratische Frömmigkeit im Frankreich des 18. Jahrhunderts verdeutlicht dieses Grabmal von Michel-Ange Slodtz für zwei Erzbischöfe von Vienne (der eine übergibt sterbend die Insignien seines Amtes an seinen Nachfolger – einen alten Freund). Im Gegensatz zu diesem kunstvollen und bezaubernden Werk verurteilten christliche Moralisten »die vergoldeten Grabmäler gebrechlicher und sündiger Sterblicher«, und Anhänger Rousseaus träumten von einem Grab inmitten der Schlichtheit der Natur.

Während die katholischen Souveräne die Päpste tyrannisierten, war ihre Kontrolle der Kirche im eigenen Land geringer, als zu erwarten gewesen wäre. Sie ernannten die Bischöfe und hatten das Patronat über die großen Klöster, aber der Adel rechnete damit, diese umfangreichen Einkünfte für seine jüngeren Söhne zur Verfügung gestellt zu bekommen. Nur einmal, zwischen 1715 und 1789, wurde ein Bürgerlicher eingesetzt, eine der 130 Diözesen Frankreichs zu leiten (diese bestand aus 30 abgelegenen Pfarrgemeinden in den Bergen). In Spanien, Portugal und Neapel waren die reichen Bischofssitze Adligen vorbehalten, und auch in Deutschland, wo die Domkapitel wählten, fiel die Wahl fast ausnahmslos auf Adlige – 1730 hatten die beiden Zweige der Wittelsbacher die zwei bedeutenden Sitze von Köln und Mainz sowie neun kleinere Bistümer inne. Auch wenn es sich im Prinzip nicht rechtfertigen ließ, war dieses aristokratische Monopol beinahe zwangsläufig. Ein Bürgerlicher brachte nicht die Autorität mit, die nötig gewesen wäre, um seine Geistlichen und Gemeindemitglieder gegen die örtlichen Adligen und Beamten zu verteidigen. Die adligen höheren Geistlichen Frankreichs, die sich alle fünf Jahre versammelten, um ihre Steuereinkünfte zu beschließen, bildeten – zusammen mit den Richtern des

»Parlement« – ein Bollwerk gegenüber den Ansprüchen des Absolutismus. Normalerweise nutzten sie ihren Einfluß, um kirchliche Privilegien zu sichern, doch in ihrer Beschwerdeschrift vom 15. Juni 1788, mit der sie sich an den König wandten, erhoben sie sich über Eigeninteressen und forderten Freiheit für die ganze Nation ein. Ihre besonderen Rechte, erklärten sie, waren »die Reste der alten nationalen Gerechtsame«, und sie verlangten die Einberufung der Generalstände, um Steuern zugunsten aller zu beschließen: »Die menschliche Natur wird allmählich ihre Würde wiedergewinnen, und das Volk wird allmählich wieder etwas gelten.« Ihr Manifest war in der Tat ein denkwürdiger Beitrag zur Aufklärung.

In der Säkularisierung des europäischen Denkens vollzog sich der entscheidende Wandel Ende des 17./Anfang des 18. Jahrhunderts. In seiner berühmten Formulierung sprach Hazard von »la crise de la conscience européenne«. Bis 1778, dem Todesjahr Voltaires und Rousseaus, waren alle nur denkbaren Argumente gegen das Christentum vorgebracht worden. Uralte antiklerikale Neidgefühle wurden von Wirtschaftstheoretikern wiederbelebt, die kirchlichen Reichtum und mönchischen Müßiggang angriffen. Von Skeptikern der italienischen Renaissance, französischen *libertins* des 17. und englischen Deisten des frühen 18. Jahrhunderts wurden Zweifel an der Bibel und der Offenbarung geäußert. Beweise durch Wunder und Prophezeiung wurden nicht für überzeugend gehalten. Geographische Entdeckungen und eine Bildung, die auf den alten Sprachen beruhte, förderten die vergleichende Untersuchung von Religionen, wobei ein tendenziöses Lob für heidnische Philosophen, chinesische Weise und edle Wilde abfiel. »Es wird inzwischen, ich weiß nicht warum«, schrieb Bischof Butler 1736, »von vielen Personen als selbstverständlich vorausgesetzt, daß das Christentum jetzt endlich als Fiktion entlarvt worden ist.«

Manche Antworten christlicher Apologeten waren philosophisch schlüssig, etwa Butlers Bild von einem Universum, in dem alles geheimnisvoll und »Wahrscheinlichkeit die Richtschnur des Lebens« ist. Aber wie konnte die Heilige Schrift bestätigt werden? Dies war für Protestanten eine besonders beunruhigende Frage, da auf der einen Seite die Katholiken verkündeten, die Autorität der Kirche sei die einzige Gewähr für die Annahme der Bibel, und die Sekten auf der anderen in etwa das gleiche über das »Innere Licht« sagten. Wie der Quäker Samuel Fisher in seinem Buch *The Rustics Alarm to the Rabbies* (1660) feststellte, war weder der Text noch der Kanon in dieser »Masse heterogener Schriften« sicher. John Bunyan überlegte: Wenn die Türken ein Buch hatten, das ihren Glauben an Mohammed bewies – was wäre, wenn Christus und die Bibel »nur existierten, wenn ein Ich es auch denkt?« Richard Simon, der französische Oratorianer, begann mit der kritischen Untersuchung des Alten Testaments (1678), wohl wissend, daß er damit Unsicherheit unter den Protestanten säte. Doch blieb er zunächst ohne Nachfolger. Die fundamentalistische Deutung der Bibel erwies sich als Klotz am Bein der Verteidiger der Offenbarung. Man braucht nur einen Blick auf Dom Calmets Kommentare oder Voltaires nützlichen Index biblischer Belege für Gottes Rachsucht zu werfen, um zu merken, wie hoffnungslos das Unterfangen war, Widersprüche und Grausamkeiten unter fundamentalistischen Voraussetzungen zu erklären. Der Spott, mit dem die Schriftsteller der Aufklärung die Bibel überhäuften, tat den Christen einen großen Dienst, indem er sie zwang, die Entwicklung einer erhabenen Idee von Gott aus ihren primitiven Ursprüngen nachzuzeichnen und damit von der Vorstellung eines zeitlosen Tyrannen abzugrenzen.

Die Aufklärung tat dem Christentum einen weiteren Dienst, indem sie die Hölle ins Lächerliche zog, wobei Voltaires und Diderots ironische Darstellungen den bereits von innovativen christlichen Denkern vorangebrachten Fall endgültig entschieden. Während des ganzen 17. Jahrhunderts verurteilten christliche Autoren, die sich an den Rändern der Orthodoxie bewegten – Platoniker, Chiliasten, Gelehrte der Patristik, die Origines' Universalismus wiederentdeckten, liberale Anglikaner, protestantische Mystiker –, den Gedanken der ewigen Strafe als unvereinbar mit der Liebe Gottes. Erzbischof Tillotson, der sich nicht von der fundamentalistischen Exegese lösen konnte, flüchtete sich in den Gedanken, daß die biblischen Texte über die Hölle von Gott als heilsame Drohungen ersonnen waren, die er jedoch nicht in die Tat umzusetzen beabsichtigte. Der protestantische Theologe und Mystiker Pierre Poiret, der anglikanische Philosoph John Locke und der französische *curé* Pierre Cuppé sprachen von Gottes Bereitschaft, alle Menschen guten Willens zu retten, seien sie nun Heiden, Ketzer oder Ungläubige. Nur wer unnachgiebig seinen freien Willen gebrauche, um sich der göttlichen Gnade zu widersetzen, bringe sich um die Erlösung, führte Poiret aus, doch sei es nicht Gott, der ihn bestrafe: Verloren in der Dunkelheit, würde sein Leben sich in Bedeutungslosigkeit auflösen. Ihren Argumenten gab Marie Huber, eine Protestantin, die das Fegefeuer ernster nahm als die Katholiken, einen universalistischen Schluß, indem sie behauptete, alle würden hineingeraten, sogar die Teufel, und schließlich geläutert werden und den Grad von Seligkeit erreichen, zu dem sie fähig seien. Ihr entscheidendes Argument war, daß biblische Zusammenhänge nicht so gedeutet werden dürften, daß sie Wahrheiten, die am Ursprung aller Religion liegen, zuwiderliefen. Rousseau traf den Kern der Sache, als er die Sterbeszene seiner Heldin Julie schrieb; sie kennt keine Angst vor dem Erwachen, denn sie legt sich in den Schoß eines liebenden Vaters schlafen. Jean-Jacques Rousseau, sentimentaler Deist und genialer Publizist, systematisierte die Ideen, die von liberalen protestantischen Denkern entwickelt worden waren, zu allgemeinen Prinzipien, die das christliche Denken im folgenden Jahrhundert revolutionieren sollten: »Die Notwendigkeit, jede Lehre durch die überragende Erklärung zu qualifizieren, daß Gott Liebe ist; die Regel, die gesamte Heilige Schrift im Licht des Wesens Gottes zu interpretieren und nicht als Steinbruch für Auskünfte, auch in spirituellen Dingen; die Anerkennung der Begrenztheit unseres Wissens von Gott auf das moralisch Notwendige – genug Licht, um danach zu leben.« Diese Prinzipien stimmen mit Lockes »Vernünftigkeit des Christentums« überein und deuten bereits hin auf Schleiermachers Definition der Religion (vom Ende des Jahrhunderts) als unserer Antwort auf Gottes erlösende Liebe, das Gefühl der »absoluten Abhängigkeit«.

Wenn die Aufklärung den Aberglauben angriff, geschah dies häufig mit Unterstützung von geistlicher Seite. Sowohl Reformation als auch Gegenreformation hatten auf eine gebildete Geistlichkeit hingearbeitet, die an den Universitäten Englands und Deutschlands und den auf Weisung des Trienter Konzils eingerichteten Seminaren katholischer Länder herangezogen wurde, und die soziale Stellung der Geistlichen erhöhte sich in dem Maß, in dem der Ertrag aus dem Zehnten anstieg. Das 18. Jahrhundert war, wie Leser Fieldings, Goldsmith' und Parson Woodfordes sowie der unzähligen Anekdoten über »le bon curé« in Frankreich wissen, das goldene Zeitalter des Gemeindepriesters, des Führers einer festgefügten örtlichen Gemeinschaft in den letzten Jahrzehnten vor der Auflösung der allgemeinen religiösen Konformität. In seiner Gemeinde stand der Priester gewissermaßen für

Mystik und göttliche Liebe. In der langen christlichen Tradition der geistigen Interpretation des Hohenliedes beschrieb die heilige Theresa von Avila die Stadien des Gebetes, das sie schließlich im Jahre 1572 zur »spirituellen Vermählung« führte. Bernini gelang das nahezu Unmögliche, als er ihre Offenbarungen in Marmor übertrug (um die Mitte des 17. Jahrhunderts).

nachhaltig eingeprägt. Zum Nachteil des katholischen Europa sah sich Rom in Reaktion gegen den Protestantismus dazu veranlaßt, an der Vulgata festzuhalten und damit die Laien vom Bibelstudium auszuschließen; erst 1752 billigte das Heilige Offizium Übersetzungen, jedoch nur unter der Auflage, daß sie von einem orthodoxen Kommentar begleitet wurden. Bis dahin hatte es Übersetzungen ins Deutsche, Französische und Polnische gegeben, die trotz der römischen Verbote viel gelesen wurden; in der Folge erschienen italienische und spanische Übersetzungen, und bis zum Ende des Jahres 1800 gab es katholische Bibeln in nicht weniger als 71 Volkssprachen.

MÖNCHISCHE FRÖMMIGKEIT IN SPANIEN beschworen die Gemälde Zurbaráns aus den dreißiger Jahren des 17. Jahrhunderts – feierlich, zart, Meisterwerke in der naturalistischen Manier Caravaggios. Der heilige Franz mit einem Schädel ist eines seiner bevorzugten Motive. (Die Meditation in Gegenwart eines Schädels war Bestandteil der barocken Andacht.)

Katholiken wie Protestanten veröffentlichten eine Unmenge anderweitiger religiöser Literatur – über das Gebet, das andächtige Leben, moralisches Verhalten und die Vorbereitung auf den Tod. Da sie nur eine bestimmte Generation ansprach, war ihr jedoch keine lange Dauer beschieden. Eine Ausnahme bildeten Franz von Sales' *Anleitung zum frommen Leben* und Bunyans *Die Pilgerreise.* Sie erlangten unsterblichen Ruhm. Unterdes war der Säkularisierungsprozeß in vollem Gange: Während sich der Umfang der Buchproduktion im 18. Jahrhundert mindestens verdoppelte, ging der streng religiösen Themen gewidmete Anteil zurück. Dennoch kam in großem Umfang weltliche moralische, zwar nicht direkt christliche, doch dem christlichen Leben zuneigende Literatur in Mode. Der Übergang von der *Pilgerreise* zu *Robinson Crusoe* bezeichnet keinen eigentlichen Bruch mit der großen Tradition. Er veranschaulicht die Art und Weise, wie die Welt sich bewegte. Die Religion war eindringlicher geworden und hatte für mehr Menschen als jemals zuvor an Gewicht gewonnen, doch war der Rahmen des Lebens nun für jeden nachhaltig säkularisiert und die weltliche Ordnung bestimmend für viele Gefühle und Beschäftigungen, die einst rein religiös gewesen waren.

Ähnlich wie im Denken und in der Literatur entwickelten sich die Dinge in den Künsten. Die Künste entzogen sich der kirchlichen Kontrolle, wurden jedoch zugleich mit unvergleichlicher Perfektion und Brillanz von der Kirche eingesetzt. Die einst große »christliche« Zivilisation des Westens befand sich im Niedergang, doch ist der Herbst eine milde Jahreszeit, in mancher Hinsicht sogar die schönste. Es war »die letzte bedeutende Bauepoche des Christentums«. Die geistigen Hemmungen, die den Künstler gezwungen hatten, zwischen Stilen für Kirchen und solchen für Paläste und Theater zu unterscheiden, verloren allmählich an Einfluß, und beim Übergang vom Barock zum Rokoko mochte es scheinen, als überwiege in den Vergoldungen und den lebhaften Farben Fischers von Erlach und der Brüder Asam in der kirchlichen Kunst Süddeutschlands die weltliche Pracht vor der Geistigkeit. Doch die bedeutenden Barockkirchen Italiens waren dazu bestimmt, den apostolischen Schwung der Gegenreformation auszudrücken. Sie bildeten prachtvolle Bühnenbilder für die Feier der Messe, ähnlich wie Wrens Londoner Kirchen mit einem protestantischen Interesse am Predigen und Sitzplätzen für die Armen gebaut wurden. Für das Mittelalter war das Wunder Symbol der Heiligkeit, für das 17. Jahrhundert die Ekstase: unvergeßlich die Darstellungen der Hingabe und Vereinigung mit dem Göttlichen, die einen äußersten Höhepunkt der Vergeistigung wie der Erotik in Berninis heiliger Theresa erreichten. Die mittelalterlichen Dome strebten in die Höhe und griffen nach der Unendlichkeit: Die Decken der Gesù, von S. Pantaleo und S. Ignazio in Rom zeigen eine lichterfüllte Ewigkeit, die uns entgegenkommt und in die himmlische Hierarchie hinaufzieht. Die Strenge des Katholizismus drückte sich in den düsteren Heiligen Zurbaráns und den bleichen Nonnen Philippe de Champaignes aus, aber die Künstler wandten sich mehr und mehr der Zärtlichkeit und Hoffnung zu und vernachlässigten sogar die Leiden Christi zugunsten der Verkündigung, der Unbefleckten Empfängnis und der Geburt Christi, mit ihrer Lieblingsheiligen als Maria Magdalena. Das musikalische Talent, das sich einst auf Messen konzentriert hatte, fächerte sich in Oratorium, Kantate und Oper auf. Die Epoche, die von Purcell bis zu J.S. Bach und Händel reicht, brachte einige der großartigsten Werke religiöser Musik hervor, die die Welt kennt. Sie mochten ebenso anrührend sein, waren aber kunstvoller und vielfältiger als die Werke der Meister des Kontrapunkts aus dem 16. Jahrhundert. Es war dies auch die Epoche des Kirchenlieds, des idealen Mittels, um eine religiöse Überzeugung intensiv und persönlich, jedoch in Gemeinschaft auszudrücken. Metrische Versionen der Psalmen – die düstere Inspiration für Cromwells Armee oder für französische hugenottische Kamisarden, wenn sie in die Schlacht zogen – waren ungeeignet, um die Beziehung des Gläubigen zu Christus, um das Gefühl der Freude und Gewißheit auszudrücken, das der religiösen Erneuerung in protestantischen Ländern zugrunde lag. Die große lutherische Tradition des Kirchengesangs, die mit Luther selbst begann und die Höhen emotionaler Selbstenthüllung in Paul

Gerhardts Liedern der Hoffnung inmitten eines Lebens voller Leiden erreichte, gelangte im 18. Jahrhundert in England mit Isaac Watts, Philip Doddridge und Charles Wesley zu einer besonderen Entfaltung. Die großen Choräle, die in jener Zeit entstanden, gehören zum festen Bestand des angelsächsischen Gottesdienstes. Es sind Variationen über das Thema der Freude, die der heilenden Berührung Christi entspringt. Thomas Ken, der sein Bistum aus Gewissensgründen aufgab, begleitete sich selbst auf der Laute, wenn er seine Morgen- und Abendchoräle sang. »Hark my Soul it is the Lord« und »God Moves in an Mysterious Way«, Lieder von stiller Zuversicht, wurden von William Cowper geschrieben, als er sanft in seine private Welt des Wahnsinns sank. »How Sweet the Name of Jesus Sounds« stammt von John Newton, dem bekehrten Kapitän eines Sklavenschiffs, »Rock of Ages Cleft for Me« von Augustus Toplady, einem fanatischen Calvinisten. Dies ist Poesie einer besonderen Art, persönlich und doch Ausdruck eines kollektiven Erlebens, einfach, aber feinsinnig in psychologischen Folgerungen, voller Emotion, auf praktisches Tun gestimmt, in ihre Zeit gehörig, doch zeitlos, Ausdruck eines neuen Christentums des persönlichen Engagements, das sich in einer zunehmend säkularisierten Gesellschaft entwickelte.

Die Frage der Erlösung gewann an Brisanz, je mehr die alten Volksbräuche, die den Gedanken einer gemeinsamen Erlösung kannten, verschwanden und nachdem die Reformation sowohl für Katholiken als auch für Protestanten eine einfache Lehre der Erlösung durch gute Werke unmöglich gemacht hatte.

Das eiserne Gesetz der Prädestination lieferte keine Antwort, höchstens für sehr Naive (»Ich, Joseph Jostyn von Cranham, Freisasse, vermache Gott meine Seele im Glauben, ›einer in der Zahl der Auserwählen‹ zu sein«, November 1642). Auch als Prädestinationslehren auf der Dordrechter Synode feierlich bekräftigt wurden, lehnten sie die meisten Protestanten ab, Calvinisten suchten Zuflucht in »covenant« und »gathered churches«, um Trost zu finden, und schlugen sich mit William Perkins paradoxem Lob der Ungewißheit als einer wesentlichen Komponente der Gewißheit herum. Seltsamerweise hielten sich augustinische Lehren in ihrer vollen Strenge am längsten in der römischen Kirche in Frankreich. Es ist eine eigenartige Geschichte, nicht zuletzt weil gute Männer ihre tiefsten Überzeugungen mit spitzfindigem Geschick ausdrücken mußten, um zu vermeiden, daß sie mit einer der zwei Autoritäten, die sie als – fast – unfehlbar anerkannten, in Konflikt gerieten: Rom und Versailles. Theologisch gesehen war der Jansenismus eine Bewegung der Rückkehr zu augustinischen und Prädestinationslehren, die mit der postumen Veröffentlichung eines Buchs von Jansen, Bischof von Ypern, 1640 begann. Ideengeschichtlich betrachtet, mag er als Versuch erscheinen, einige Teile des Calvinismus in den Katholizismus hineinzunehmen, so wie die konkurrierenden Jesuiten versuchten, den Humanismus der Renaissance zu assimilieren. Aus der Sicht der Historiographie handelte es sich bei dem Jansenismus um eine Partei innerhalb der französischen Kirche, die von den Jesuiten heftig bekämpft und verfolgt wurde und die immer neue Verurteilungen durch das Papsttum auf sich zog. Ungeachtet zahlreicher Verwirrungen und Skandale wirkte sich die puritanische Frömmigkeit in vielerlei Hinsicht positiv aus. Die kultivierte Schlichtheit des geweihten Lebens in Port Royal, Pascals Bekehrung und Begegnung mit dem Gott Abrahams, Isaaks und Jakobs, die Werke der Logik und der Grammatik, die Übersetzung des

WUNDERHEILUNGEN UND KONVULSIVISCHE PHÄNOMENE fanden im Umkreis der jansenistischen Bewegung in Paris statt. Dieser Stich einer Heilungszeremonie im Jahre 1732 findet sich in einem Handbuch über »die Wahrheit der Wunder«, das von einem jansenistischen Richter als Geschenk für den König herausgebracht wurde.

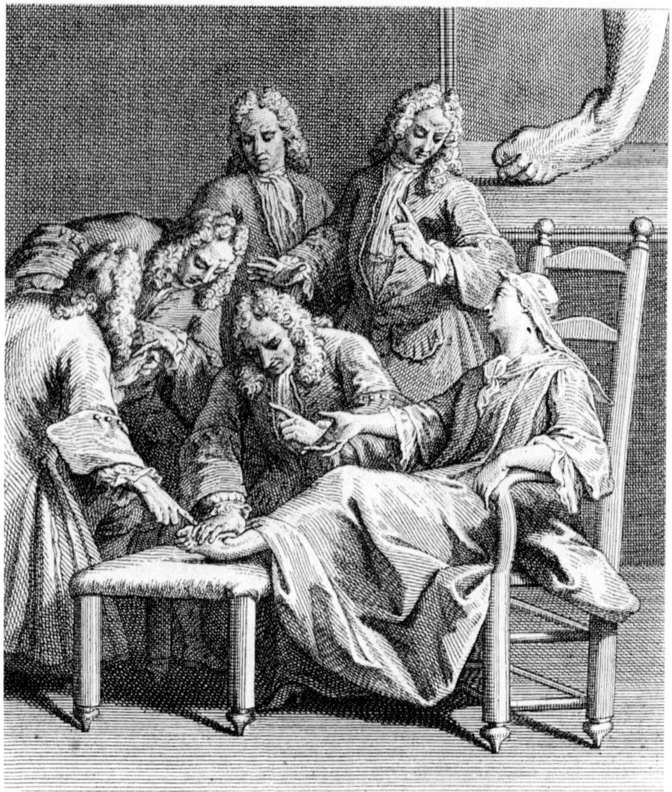

Neuen Testaments, die kalte ätherische Schönheit der Gemälde Philippe de Champaignes, die Stücke Racines, die *Pensées* Pascals – all das zählt zu den glänzendsten Dingen im 17. Jahrhundert. Es gab aber auch eine Bewegung, die sich für Strenge im Beichtstuhl einsetzte, für liturgische Reformen, für eine Beteiligung von Laien an der Leitung des Gottesdienstes sowie für einen größeren Einfluß der Frauen. Besonders in Italien und Frankreich gelang es ihr, zahlreiche Anhänger zu finden.

Ob ein Mann der augustinischen Theorie der Gnade oder der arminianischen folgte – strenggenommen konnte er nicht auf Erlösung hoffen. In der *Pilgerreise* gibt es unmittelbar vor der Himmelspforte einen Seitenpfad, der in die Hölle abzweigt; die umfangreiche katholische Literatur über die Vorbereitung auf das Sterben räumte die Möglichkeit des Scheiterns kurz vor dem Ende ein, selbst bei hingebungsvollen Gläubigen. Die katholische Erbauungsliteratur sprach von einem Gleichgewicht zwischen Furcht und Zuversicht (wobei sich die Waage immer etwas mehr der Furcht zuneigte, um den Hochmut zu zügeln). Mystiker der Schule des Quietismus wählten den heroischen Pfad der »reinen Liebe«, d.h. die bewußte Entsagung jeglicher Hoffnung auf Belohnung und die Bejahung der Verdammung aus einer selbstlosen Hingabe an Gott. Diese extreme Einstellung wurde 1699 mit der Verurteilung Fénelons geächtet. Danach erreichte der Quietismus mit Père de Caussades »Hingabe an Gottes Vorsehung« eine neue Stufe der Vervollkommnung. Sage »Dein Wille geschehe« zu allem, zum Kreuz oder zum Glück gleichermaßen, und stelle keine Fragen nach unserem liebenden Herrn. »Seelen, die im Licht gehen, singen die Lobgesänge des Lichts; jene, die im Dunkeln gehen, singen die Lieder der Dunkelheit. Beiden muß gestattet sein, den Teil, den Gott ihnen in seiner Motette zugewiesen hat,

Die Frömmigkeit der Gegenreformation konzentrierte sich auf die Eucharistie. 1648 verbindet Jan de Heem mit barockem Überschwang und in der Tradition der niederländischen Stilleben die Schönheit der Natur mit dem Geschenk des auferstandenen Lebens.

zu Ende zu singen... jeder Tropfen göttlich gefügter Bitterkeit muß ungehemmt fließen dürfen.« All diese Schriften bewegten sich weg von einem Evangelium der Furcht und hin zur Wiederentdeckung des großen christlichen Glaubens, der jede Lehre, die von ihm abweicht, zunichte macht und der das einzige ist, was in der Stunde des Todes zählt: die Liebe Gottes, die in seinem Sohn gezeigt und dargeboten wird. George Fox durchbrach seine Verzweiflung, als er eine Stimme sagen hörte: »Das ist einer, nämlich Jesus Christus, der zu deiner Lage sprechen kann«. Er entwickelte daraufhin das Thema der andauernden Gegenwart Christi in seiner Lehre vom »Inneren Licht«. Die Sprache, die die zentrale christliche Überlieferung erfolgreich weiterführte und reinigte, war vor allem die Sprache der Freundschaft. Der französische Calvinist Pierre du Moulin sprach von Christus als »unserem ewigen Freund: und es ist ein Gesetz der Freundschaft, daß Freunde einander unterstützen«. Dies stand in einer der umfangreichen Abhandlungen, die das 17. Jahrhundert so sehr liebte. Der von seinen irdischen Gefährten getrennte Baxter fand Trost in »meinem besten und verläßlichsten Freund« – »wer wird mich von deiner Liebe scheiden?«, und Henry Vaughan, der royalistische Soldat, erlebte die gleiche Gewißheit:

DER JANSENISMUS wurde anfänglich stark von der Familie Arnauld geprägt. Antoine Arnauld verfaßte die entscheidenden Angriffe gegen die Theologie und Morallehre der Jesuiten; seine Schwester Marie-Angélique reformierte und leitete das Kloster in Port-Royal, wo sich die Elite der Bewegung sammelte. Ihr Porträt aus dem Jahr 1643 stammt von Philippe de Champaigne, dem großen jansenistischen Künstler, dessen zwei Töchter in Port-Royal ihre Erziehung erhielten (eine blieb als Nonne dort).

He is thy gracious friend
And (O my soul awake!)
Did in pure love descend
To die here for my sake.

[Er ist dein barmherziger Freund
und (O, erwache, meine Seele!)
stieg aus reiner Liebe herab,
um hier um meiner willen zu sterben.]

Bis zum 18. Jahrhundert schien sich die von der theologischen Fakultät in Wittenberg beherrschte lutherische Orthodoxie in einen neuen Scholastizismus von Spitzfindigkeiten über die »Ubiquität« verirrt zu haben. Aber diese subtilen Meinungsverschiedenheiten hatten zumindest das Verdienst, daß das lutherische Denken christozentrisch blieb. »Und siehe, ich bin bei euch alle Tage bis an das Ende der Welt« – was bedeutete dieser Schlüsseltext der Allgegenwart für den einzelnen Gläubigen? Als eine Antwort darauf entstand die Erneuerungsbewegung, die als »Pietismus« bekannt wurde, eine Bewegung, die zu der Sehnsucht nach dem »barmherzigen Freund«, der »um meiner willen starb«, zurückkehrte. Johann Arnd († 1621) änderte Luthers »Rechtfertigung« in »Heiligung« ab. Christus wohnt im Gläubigen und führt ihn zu einem Leben der Heiligkeit. Es war, sagte Francke, eine »neue Geburt«, aber keine momentane Schöpfung, eher ein Leben, das fortschreitend dem Willen Gottes angeglichen wird, wobei das Kreuz täglich getragen werden muß, wenngleich stets mit Freude. Speners *Pia Desideria* (1675) schlug vor, die neue Frömmigkeit durch die Bildung von Gruppen engagierter Laien innerhalb der bestehenden kirchlichen Organisation zu verbreiten. Vierzig Jahre später fand das pietistische Ideal in größerem Maßstab Aufnahme in das Leben der christlichen Gemeinschaft, die von den Böhmischen Brüdern (einer spätmittelalterlichen Sekte aus Böhmen und Polen, später als »Mährische Brüder« bekannt) auf dem Besitz des Grafen Zinzendorf in Sachsen begründet worden war. Diese erstaunlich glückliche Gemeinschaft (trotz arrangierter Ehen und Losentscheid in Verfahrensfragen) lebte das einfache Evangelium der Liebe vor, auf das Zinzendorf die gesamte Theologie zurückgeführt hatte. Es war »Herzensreligion«. »So bald eine Wahrheit zum System wird«, sagte er, »besitzt man sie nicht.« Wir können Gott nicht in sich kennen, sondern nur durch den Sohn, und den Sohn kennen wir im wesentlichen durch das Gefühl. Zinzendorf scheute auch nicht davor zurück, göttliche Liebe mit Erotik in Verbindung zu bringen; geradezu zwanghaft kam er immer wieder auf die Leiden Christi zu sprechen. Die Religion wurde auf den Satz reduziert: »Laßt uns lieben, denn er hat uns zuerst geliebt.« Es gab keine Furcht, denn vollkommene Liebe vertreibt die Furcht. Tod ist demnach ein frohes Ereignis: »Heimgang«.

Für Zinzendorf hatte die Frage nach der Erlösung keinen Sinn: Liebende stellen keine Fragen. Dieselbe Entdeckung des Gottes der Liebe bekehrte im Jahr 1735 die calvinistischen Erweckungsprediger George Whitefield und Howel Harris. »Abba, Vater!« schrieb Harris, »ich wußte, daß ich sein Kind war und daß er mich liebte und mich hörte... Christus starb für mich, und alle meine Sünden wurden ihm auferlegt.« Harris gründete später in Wales die calvinistischen Methodisten, und Whitefield predigte in der ganzen protestantischen Welt und reiste nicht weniger als dreizehnmal nach Amerika. Ein anderer,

ähnlich eindringlicher paulinischer Text beendete John Wesleys Suche nach Gewißheit in der Begegnung mit dem Sohn, »der mich geliebt und sich selbst für mich dahingegeben hat«. Es geschah am 24. Mai 1738 kurz vor 10 Uhr abends: »Ich fühlte mein Herz seltsam erwärmt. Ich fühlte, daß ich auf Christus vertraute, Christus allein für die Erlösung, und mir wurde eine Gewißheit zuteil, daß er meine Sünden, auch meine, von mir genommen hatte.« Die zwei großen Erweckungsprediger Whitefield und Wesley vermochten ihre Kräfte nicht zu vereinen, da die »schrecklichen Fügungen« der Prädestinationstheologie zwischen ihnen standen. Während Whitefields charismatisches Predigen unsystematisch vor sich ging, war Wesley ein Organisationsgenie. So unsicher er in persönlichen Beziehungen, besonders gegenüber Frauen, war, sah Wesley dennoch das Christentum im wesentlichen als ein System persönlicher Beziehungen, das die Gläubigen verband, »indem sie einander in Liebe behüteten« auf ihrem Weg zu christlicher Vollkommenheit. »Das Evangelium Christi«, sagte John, »kennt nur die gesellige Religion, keine Frömmigkeit außer geselliger Frömmigkeit.« In seiner Organisation hatten Laien die Kontrolle, und es gab ein Betätigungsfeld für die Begabungen eines jeden, einschließlich der Frauen, die den Gottesdienst leiten und predigen durften. Die Bewegung baute jedoch nicht auf aufsehenerregende Bekehrungen. Sie orientierte sich an der Vielzahl religiöser Gesellschaften zur Meditation und gegenseitigen Erbauung, die sich in England vom Ende des 17. Jahrhunderts an auch innerhalb der Staatskirche stark ausbreiteten. Sie sprach die hart arbeitenden und achtbaren Kaufmanns- und Handwerkerfamilien an, die in der Religion einen tieferen Sinn der »Zugehörigkeit« suchten. Darüber hinaus drangen Wesleys Prediger in jene Gegenden vor, in denen industrielle Entwicklung und Bergbau eine neue Klasse hatten entstehen lassen, die religiösen Bräuchen entfremdet war. Hier entfaltete die »Kapelle« eine einzigartige zivilisierende Wirkung.

Und wer bekehrte die Oberschicht? Nicht Wesleys Bewegung. William Wilberforce, ein reicher junger Parlamentsabgeordneter, der 1785 zum »rein nominellen Christentum« bekehrt wurde, war von seiner Berufung zu Großem überzeugt: »Es war ein Reformer der Sitten der Nation vonnöten, der seine Stimme bei den hohen Stellen des Landes erheben sollte.« Die Frage der Bekehrung des Einflußreichen war für die Christen nie ganz problemlos; zumindest hatten sie damit mehr Schwierigkeiten als die Jesuiten, die die Welt veränderten, indem sie als Beichtväter und Erzieher der herrschenden Klasse wirkten. Puristen, die Wilberforces Konzentration auf die Elite bedauern, mögen bedenken, daß ihre Vorbehalte damals von Schiffs- und Plantagenbesitzern geteilt wurden, die gesetzliche Maßnahmen gegen den Sklavenhandel fürchteten.

Christliches Predigen verlangte persönliches Engagement. Diese Forderung richtete sich an Männer und Frauen gleichermaßen, unabhängig von ihrer Arbeit, ihrer Intelligenz und Bildung. Damit verbunden war eine bestimmte Art von Spiritualität, eine Spiritualität für den Alltag und für gewöhnliche Menschen. Der geheime Weg der Mystiker – das Fortschreiten von Sammlung über Ruhm zum Tod der Sinne, die Hingabe und schließliche Vereinigung, der Weg der heiligen Theresa und des heiligen Johannes vom Kreuz – war nicht für jeden gangbar. Das gleiche galt für die große Entsagung von der Welt und

TRIUMPHALISMUS DER GEGENREFORMATION. »Die Verherrlichung des Namens Jesu« von Baciccio (1672-85), einem Schüler Berninis und dem letzten großen Maler des Barock in Rom – in der Kirche Il Gesù.

John Wesley predigt in Willybank (in der irischen Grafschaft Wicklow). Das Gemälde wurde nach seinem Tod von einer lokalen Künstlerin, Maria Spilsbury (Taylor), angefertigt. Sie entnahm Wesleys Gesichtszüge dem Porträt von George Romney und stellte die Versammlung aus ihr bekannten Personen zusammen, darunter die eigenen Kinder. Ihr Mann findet sich im Hintergrund, »einige Spötter tadelnd«.

dem Fleisch, die geistliche und klösterliche Berufung. Im 17. Jahrhundert breiteten sich katholische Andachtsbücher aus, die sich an jene »in der Welt« richteten; das Lippenbekenntnis zum Klosterleben als höchstem Wert war immer noch zu hören, doch klang es weniger überzeugend. Bei Katholiken wie Protestanten schrieben fromme Autoren strenge Gebetsübungen für die Laien vor, die in die Lücken der täglichen Arbeit eingepaßt waren, normalerweise mit Danksagungen und Bitten um Führung am Morgen, mit dem Tischgebet vor Mahlzeiten und Meditation über den Tod am Abend. Familiengebete wurden in zahlreichen Haushalten allgemeiner Brauch. Als steuernde Kraft des persönlichen geistigen Fortschritts wirkte bei den Katholiken der Beichtvater, der »Direktor«, und das 17. Jahrhundert erlebte die Entwicklung einer kasuistischen Literatur. Pascals Angriff auf extreme Formen der Kasuistik und Kontroversen um »Probabilismus« zeichnen ein ungerechtes Bild von dieser Art von Schriften. Teilweise handelte es sich bei ihnen (wie bei den Büchern von Jesuiten in Marseille und Lyon, die Darlehen gegen Zinsen billigen) um intellektuelle Übungen; die meisten Argumente waren jedoch hochgesinnt und notwendig.

Die protestantische Alternative zum Beichtstuhl war die Selbstprüfung, die manchmal bis zur ständigen Bewertung mit Hilfe eines Tagebuchs ging – »um dem Herrn einen strengen Bericht über alle unsere Wege an jenem großen Tag und über alle seine Wege gegenüber uns zu geben«, wie John Beadle 1656 schrieb. Seine Zeitgenossin, die Gräfin

Beim Tischgebet. Das 18. Jahrhundert erlebte eine Stärkung der familiären Frömmigkeit und Zuneigung – hier von Jean-Baptiste Siméon Chardin eingefangen, dessen Gemälde die Tröstungen und Annehmlichkeiten des bürgerlichen Frankreich anschaulich schildern.

Warwick, hinterließ 40000 Seiten Gebete und Danksagungen, während in Deutschland Ludwig Kleinhempel, Kupferschmied und frommer Lutheraner, sein Leben der Unterwerfung unter Gott inmitten privaten Unglücks und Bürgerkriegs aufzeichnete. Manchmal wurden Berichte zur Erbauung veröffentlicht. Richard Baxter tat das, »damit junge Christen durch die Fehler und Schwächen meiner unreiferen Zeiten gewarnt seien« – wobei seine Verbrechen darin bestanden, daß er Obst gestohlen und »Romanzen, Fabeln und alte Sagen« gelesen hatte. Die Pietisten des nächsten Jahrhunderts sammelten und veröffentlichten »Geschichten der Wiedergeborenen« und »Lebensläufe frommer Seelen«, einschließlich der Beichten von Bauern und Dienstmädchen. Das waren Lebensweisen, die gewöhnliche Christen nachahmen konnten; die anerkannten Heiligen und die Helden der Reformation dagegen schienen in eine unerreichbare Höhe zu rücken.

Eines der Merkmale der neuen Alltagsgeistigkeit war die Anerkennung des eigenen Standorts und der damit verbundenen Pflichten – sowie der Freuden, solange es harmlose waren. Franz von Sales gilt als Begründer dieser menschlichen Einstellung zum Vergnügen. Seine Strenge wurde durch ein Gefühl für das rechte Maß und die Einsicht in die oft negativen Wirkungen einer übertriebenen Gewissenhaftigkeit gemildert. Der *honnête homme*, sagte er, nimmt die Ehrungen der Welt an, wie ein Abenteurer aus Peru, der mit Silber beladen zurückkehrt, auch seltsame Affen und Papageien in seiner Fracht haben mag. Noch weiter ging Erzbischof Tillotson, als er argumentierte, daß der Reiche verurteilt wurde, weil er Lazarus die Hilfe verweigerte, und nicht wegen seiner luxuriösen Lebensweise. James Archer, der berühmte englische katholische Prediger der Jahre nach 1780, drückte sich vorsichtiger aus: Heiligkeit vertrug sich seiner Meinung nach »mit fröhlichem Vergnügen an unserer Lage in der Welt«. Auf dieser Grundlage mußte ein Mann seine Pflicht erfüllen. »Alle unsere Beschäftigungen, meine Brüder, sind eigentlich religiöse Übungen«, fuhr Archer fort, und ein Heiliger ist »einer, der den Verpflichtungen seiner Stellung nachkommt«. Ein Protestant hätte vielleicht eher gesagt, daß es möglich sei, in einer weltlichen Berufung »Gott zu preisen« (das waren die Worte, die Kepler gebrauchte, als er die Theologie zugunsten der Astronomie aufgab). In der Tat erarbeiteten protestantische Pfarrer eine systematische Theorie der Berufung, ohne Bedenken im Hinblick auf das Gewinnmotiv zu zeigen. Der Händler, schrieb ein englischer geistlicher Schriftsteller 1684, soll »in seinem Gewerbe Gott dienen und es so gut wie möglich betreiben«. Ein Mann muß den einträglichsten Weg wählen, sofern er gesetzlich ist und Gott ihn zeigt, meinte Richard Baxter. Der Grund, warum der »einträgliche« Weg der richtige ist, ist jedoch von Bedeutung. Gott wünscht, daß wir als seine »Sachwalter« handeln. Ein Christ ist nicht frei, mit seinem Eigentum zu tun, was er will, dies, sagt Baxter, ist »ein atheistisches Mißverständnis« – es gibt »kein absolutes Eigentumsrecht außer Gottes«. Und es gab noch einen anderen Vorbehalt, der nicht immer so deutlich erklärt wurde: Kein weltliches Streben sollte zwanghaft werden. Ein Mann durfte nicht versäumen, den Sonntag und seine täglichen Gebetsgewohnheiten einzuhalten. Das Hauptwerk der Erbauungsliteratur für englische Katholiken im 18. Jahrhundert, Challoners *Garten der Seele* (1740) ging darüber hinaus. Es lehrte das Evangelium der Arbeit, ohne dabei »übergroßem Eifer« das Wort zu reden; die Seele mußte auch »Ruhe und Frieden« suchen.

Jede ehrliche Arbeit, und sei sie noch so niedrig, war eine Erfüllung der Berufung Gottes:

Who sweeps a room as for thy laws
Makes that and the action fine.

Es wurde dabei nicht als Widerspruch empfunden, daß George Herbert ein halbes Dutzend Diener hatte, die sein Pfarrhaus ausfegten: Man erkannte die Richtigkeit der hierarchischen Gesellschaftsordnung mit einer gewissen Selbstgefälligkeit an. Nur in einigen Sekten, die phantastischen Utopien nachhingen, war ein Widerhall des ursprünglichen christlichen Experiments mit sozialer Gleichheit zu vernehmen. Die Prediger waren jedoch verpflichtet, soziale Mißstände anzuprangern, und es gab Theologen, die Pamphlete gegen Wucherer und Wuchermieten verlangende Hausbesitzer verfaßten. Das Predigen des Höllenfeuers, das heute aufgrund seines Gebrauchs der Angst als Waffe so unchristlich erscheint, befaßte sich häufig mit der Verkündung völliger Gleichheit. Der Tod »kommt gleichermaßen zu uns allen«, sagte Donne, »und macht uns alle gleich, wenn er kommt«. »Mehr Knechte als Herren, mehr Pächter als Grundbesitzer werden das Himmelreich erben«, erklärte Bunyan.

Den Kern der neuen Laienfrömmigkeit bildete die Familie. Die vorreformatorische Voraussetzung, daß sexuelle Betätigung sündhaft sei, wenn sie nicht die Empfängnis zum Ziel habe, wurde fallengelassen. Calvin drängte die Gatten, Sexualität als Mittel gegen Lüsternheit »freudig« anzuwenden, und der Jesuit Sanchez stellte zu Beginn des 17. Jahrhunderts den »gegenseitigen Trost«, den die Sexualität geben konnte, auf eine Stufe mit der Fortpflanzung. Während der Jahrhunderte, in denen die große Mehrheit der Bevölkerung am Rande des Existenzminimums gelebt hatte, oftmals unter Bedingungen, die denen von Tieren ähnelten, hatte die Kirche die Christen ständig daran erinnert, das Geheimnis der menschlichen Liebe in den Gestalten der Heiligen Jungfrau und des Jesuskindes zu verehren. Verbesserungen in Landwirtschaft, Technik und Verkehrsverbindungen hoben nun den allgemeinen Lebensstandard, und diejenigen, die sich über die brutale Armut der bloßen Existenz erhoben, fanden neue Möglichkeiten, Frömmigkeit und Zuneigung, auch in Verbindung mit dem Geschlechtstrieb, auszudrücken. Die Frömmigkeit der Gegenreformation entdeckte die Weihnachtskrippe wieder, und die christliche Kunst wandte sich der Geburtsszene im Stall zu. Diese erschien in zartes Kerzenlicht gehüllt, gerade so, als sollte damit gezeigt werden, daß die Innerlichkeit jetzt in rein menschlichem Sinn anerkannt würde. Das geschah in der Tat. Der Druck des Beichtstuhls auf das private Verhalten, die puritanische Lehre von der Frau als »Gefährtin«, die Rolle, die Geistliche als Schlichter bei Familien spielten und um Kinder aus lieblosen Ehen zu retten, das alles trug dazu bei, verbunden mit den günstigeren Lebensbedingungen, die Stellung der Frauen zu verändern; ihr Beitrag zum Gesellschafts- und Wirtschaftsleben wurde höher geachtet, und es gab Ansätze einer elementaren Empfängnisverhütung, die sie von der Tyrannei der ständigen Schwangerschaft befreite. Im Protestantismus wuchs ihr Anteil am kirchlichen Leben. In der anglikanischen und der lutherischen Kirche wurde die Frau des Pfarrers eine einflußreiche Persönlichkeit mit einem fest umrissenen Platz; in den nonkonformistischen Sekten durften Frauen den Gottesdienst leiten und predigen. »Darf nicht der Geist Christi in der Frau ebenso wie im Mann sprechen?« fragte Fox. In der römischen Kirche übernahmen sie das Schulwesen für Mädchen und die Arbeit in Krankenhäusern. Franz von Sales brauchte Jeanne de Chantal, um den Orden von der Heimsu-

Spanischer Kreuzzugseifer. Im Jahre 1170 wurde der Santiago-Orden (unter der Schirmherrschaft des Apostels Jakobus, dessen Gebeine angeblich nach Compostela gebracht worden waren) gegründet, um gegen die Mauren zu kämpfen. Dieses Bild (um 1500) von Juan di Flandes schildert ihren Kampf. Das militante Christentum fand ein neues Feld für Triumphe in Amerika.

eine unbezwingbar
Wiederentdeckung
Historia rerum ubi
Man wünschte eine
Venedig und Genu
liche europäische E
lich wird auf eine i

9

Die Expansion des Christentums (1500-1800)

John McManners

Im Jahr 1800 umspannte das Christentum die Erdkugel von China bis Peru. Noch dreihundert Jahre zuvor war sein Einflußbereich auf Europa beschränkt gewesen. Im Osten wurde es durch den Islam begrenzt, nach Süden hin von der Wüste, nach Norden von unfruchtbarer Tundra und im Westen vom endlosen Ozean. Der Islam herrschte über das Land, in dem Christus geboren und gekreuzigt worden war. Er hatte die christlichen Gemeinden an der nordafrikanischen Küste weggefegt und drängte die monophysitischen Kopten Ägyptens, sich zum Propheten zu bekehren; die koptische Schwesterkirche in Äthiopien überlebte nur dank der unwirtlichen, abgelegenen Bergwelt. Im Sudan, wo das Christentum einst dominiert hatte, überwog nun der Glaube des Korans. Die Jakobiten und die weit entfernte nestorianische Kirche, die sich nach China, Mittelasien, Persien und Indien ausgebreitet hatte, waren von den Zerstörungen durch die Horden Tamerlans in der zweiten Hälfte des 14. Jahrhunderts schwer getroffen worden; einige wenige Gemeinden überlebten verstreut entlang den Handelsstraßen. Doch gab es eine Ausnahme. Verborgen im tiefen Süden Indiens, inmitten einer zahlreichen Hindu-Bevölkerung, blieben die nestorianischen Thomaschristen übrig, die mit einer Liturgie in syrischer Sprache Gottesdienst hielten und ihre Bischöfe durch stets gefährdete Kontakte zu chaldäischen Patriarchen in Mesopotamien bekamen. Ohne etwas von der Existenz des Papstes und theologischen Streitigkeiten zu wissen und stolz darauf, sich an ihre Herkunft von den ersten Aposteln zu erinnern, bestand die Kirche, und so fanden sie die Portugiesen vor, als sie 1500 in Cragnagore an Land gingen. Der alte römische Traum eines christlich-mongolischen Bündnisses gegen den Islam war dahin; die Mongolen fühlten sich von der fortgeschrittenen islamischen Kultur angezogen, die sie kennenlernten, als sie von Mittelasien nach Westen vordrangen. Die osmanischen Türken, die erstarkten, als die mongolische Macht schwand, nahmen 1453 Konstantinopel ein; das Ostreich, Europas Bollwerk, zerfiel. Türkische Heerführer und Janitscharen besetzten Griechenland und den Balkan, muslimische Sultane spielten sich gegenüber den Patriarchen der orthodoxen Kirche innerhalb ihres Herrschaftsgebiets als Herren auf und verhandelten stolz mit den christlichen Herrschern Europas und sogar mit dem Papsttum. Die Zukunft schien eher dem Halbmond als dem Kreuz zu gehören.

Umständen aus dem Christentum erwuchs. Darüber hinaus gab es mit Sicherheit das echte religiöse Motiv in seiner ganzen Einfachheit, den Wunsch, das Evangelium neuen Völkern zu bringen. Portugal und Spanien hatten lange gegen die Muslime gekämpft. Portugal hatte sie zwar zunächst besiegt, aber in Marokko weiter gegen sie Krieg geführt, und die letzte maurische Festung in Spanien, Granada, wurde erst 1492, im Columbusjahr, eingenommen (es war auch das Jahr, in dem die Juden aus Spanien vertrieben wurden, womit ein neuer Zug der Härte und Unduldsamkeit im spanischen Katholizismus zutage trat). Mit der Beendigung dieses Kreuzzuges konnte der nächste gegen die Heiden in Übersee beginnen. Wie in allen »Kreuzzügen« war das christliche Motiv mit materiellen Ambitionen verknüpft. In Spanien hatten die Ritter, die gegen die Mauren gekämpft hatten, in den wiedergewonnenen Gebieten Lehen in Besitz genommen; jetzt konnten sie neue Ländereien in Amerika an sich bringen – Untersuchungen der sozialen Zusammensetzung der *conquistadores* zeigen, daß die meisten *caballeros* und *hidalgos* waren, mittellose Söhne adliger oder edler Familien, die ihr Glück noch zu machen hatten. Mit der Umrundung Afrikas fielen die Portugiesen den islamischen Streitkräften in den Rücken. Sie stellten fest, daß der Handel entlang der afrikanischen Ostküste nach Moçambique, nach Indien und weiter nach Osten von Arabern und muslimischen Gudscharaten kontrolliert wurde. Um ihren Schiffen den Weg abzuschneiden und um ihnen als Ungläubigen zu trotzen, eroberte Albuquerque Goa als indischen Stützpunkt (1510). Es folgten Ormuz am Persischen Golf und Malakka, von dem aus die Malakkastraße beherrscht werden konnte.

Der Eigennutz der Kreuzfahrer setzte die Echtheit des Eifers, den christlichen Glauben zu verbreiten, nicht unbedingt herab – der Eigennutz und der Glaubenseifer bestanden nebeneinander, ohne daß den Zeitgenossen die Unverträglichkeit bewußt geworden wäre. Prinz Heinrich der Seefahrer, der die portugiesischen Reisen initiierte, hatte sich zum Ziel gesetzt (und wurde darin von einer päpstlichen Bulle bestätigt), das Christentum auszubreiten und sich mit Mitchristen zu vereinen. Verbunden war damit die Hoffnung, das geheimnisvolle Reich des Priesterkönigs Johannes, eines legendären christlichen Königs, in Äthiopien oder Asien zu finden. Als Vasco da Gama in Calicut landete, erklärte er, seine Suche gelte Mitchristen und Gewürzen. Die offizielle Politik der spanischen Krone stellte die Bekehrung der einheimischen Bevölkerung an die erste Stelle. Der königliche Brief von 1523 an Cortez untersagte jegliche Unterdrückung, um die Indianer durch Freundlichkeit für das Christentum zu gewinnen. Die grausame Vernichtung der aztekischen Kultur stand in scharfem Widerspruch zu dieser frommen Hoffnung. Dennoch war Cortez' Kreuzzugseifer aufrichtig. Er ermahnte seine Männer, »Ruhm« zu suchen und es den alten Römern gleichzutun, doch rief er sie auch auf, den Mut der Streiter Christi zu zeigen und ließ sie vor der Schlacht zu Petrus und Jakobus beten. Bei seiner ersten Landung an der Küste Yucatáns zerstörte er Götzenbilder und ließ an einem christlichen Altar die Messe feiern. Ohne die besondere Kraft religiöser Gewißheit hätten die Konquistadoren wohl nur schwerlich triumphieren können; Stahldegen, dreizehn Musketen, sechzehn Pferde und Intrigen mit unzufriedenen Stämmen dürften kaum als Erklärung ausreichen. Wer die Mentalität des frühen 16. Jahrhunderts verstehen will, muß sich mit Männern abfinden, die darauf bestanden, daß Indianerfrauen erst die Taufe annahmen, ehe sie zu Nebenfrauen genommen wurden. Bernal Diaz del Castillo, jener schreibkundige Glücksritter, faßte zusammen, warum er nach Westindien gegangen war: »um Gott und seiner Majestät zu dienen, denen Licht zu bringen, die im Dunkeln waren, und reich zu werden, wie es alle Menschen wünschen.« Es war für ihn selbstverständlich, daß Ungläubige im Dunkeln lebten, daß ihre Bekehrung bedeutete, Gott zu dienen – und es gab keinen Grund, warum er sich nicht nebenbei bereichern sollte.

Der Ausbeutung – und der Verkündigung des Evangeliums – eröffneten sich ganz neue Möglichkeiten. Ungeachtet dessen wären die zwei iberischen Mächte beinahe über ihre jeweiligen Einflußsphären in Streit geraten. 1493 wendete Papst Alexander VI. die Gefahr ab, indem er eine Linie durch den Atlantik zog und Entdeckungen westlich davon Spanien, östlich davon Portugal zuwies. Derselbe Papst vollendete die Politik seiner Vorgänger, als er den zwei katholischen Souveränen weitreichende Vollmachten über die Kirche gewährte (das portugiesische *padroado*, das spanische *patronato*), die notwendig waren, wenn die Verkündigung des Evangeliums in Übersee erfolgreich sein sollte. Er verfügte aber auch, daß die Indianer das Recht haben sollten, selbst den Entschluß zu fassen, ob sie den Glauben annahmen. Diese weisen apostolischen Entscheidungen wurden von einem unmoralischen, machiavellistischen Papst getroffen, der den Namen Borgia gleichbedeutend mit Verbrechertum gemacht hat.

Zum Glück blieb Rom nicht das Rom der Borgias. Unter dem Schock der Revolte Luthers sollte sich die katholische Kirche selbst reformieren. Tatsächlich war die spanische Kirche schon bevor Columbus auslief von Kardinal Ximénez de Cisneros umgewandelt worden, der durch seinen eigenen Franziskanerorden wirkte. Diese Bettelmönche sollten zur Vorhut der missionarischen Bewegung werden. Den Franziskanern folgten die Dominikaner und die Merzedarier in die Neue Welt, dann die jüngeren Orden der Kapuziner und Jesuiten. Insoweit die spanische Eroberung auch eine Bekehrung war, war dies die Leistung der geistlichen Orden.

Das spanische Weltreich war schnell gewonnen. Die Eroberung Westindiens war dreiundzwanzig Jahre nach Columbus' erster Reise abgeschlossen, das Aztekenreich sechs, das Inkareich fünfzehn Jahre später vernichtet. Die Eroberung war brutal, sie erfolgte mit der bedenkenlosen Grausamkeit von Abenteurern, die gegen eine enorme Übermacht ankämpften. Danach wurden die Indianer systematisch unterdrückt; sobald die anfängliche Beute verteilt war, konnten die Konquistadoren, ihre Nachfolger und die Krone nur Gewinn machen, wenn es genügend Arbeitskräfte gab, um den Boden zu bestellen und später das Silber zu schürfen. Von daher rührt das *encomienda*-System, nach dem Gruppen von Indianerhaushalten einzelnen Abenteurern Tribut zahlen und Dienste leisten mußten. Ohne das Eingreifen von Geistlichen wäre das System in Sklaverei ausgeartet. Am Weihnachtstag 1511 prangerte der Dominikaner António Montesinos in Santo Domingo in seiner Predigt die Unterdrückung öffentlich an. Er brachte damit die Siedler gegen sich auf, aber die Dominikaner appellierten an Spanien. Das Ergebnis war die Veröffentlichung eines Kolonialgesetzbuches im folgenden Jahr, in dem die Indianer als freie Menschen, nicht als Sklaven beschrieben wurden. Sie sollten nicht durch Zwang bekehrt werden, obgleich sie, und das blieb mehrdeutig, gezwungen werden konnten zu arbeiten, wie es alle Menschen tun mußten. Die zwölf Franziskaner, die 1524, und die zwölf Dominikaner, die im folgenden Jahr in Mexiko eintrafen, waren hervorragende Persönlichkeiten, streng im Geist der Reformen des Kardinals Ximénez und menschlich in der Tradi-

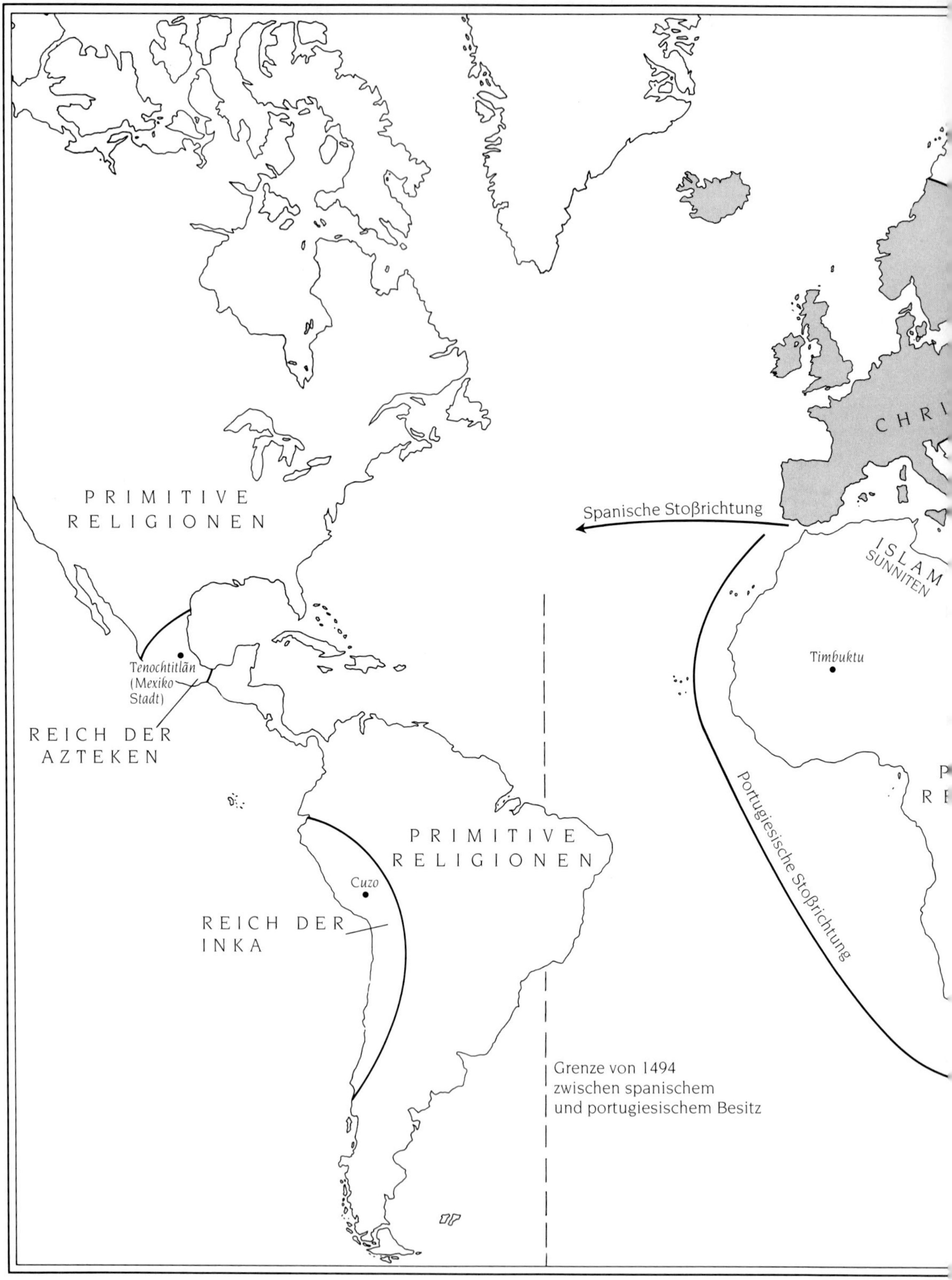

KARTE 8:
Die Welt um 1500. Staaten und Religionen

Moskauer Stoßrichtung
Tobolsk
PRIMITIVE RELIGIONEN
CHANAT ASTRACHAN (SUNNITEN)
verstreute nestorianische Kirchen
REICH
erreicht Ägypten 1517
CHANAT DER USBEKEN (SUNNITEN)
Isfahan
PERSISCHES REICH DER SAFAWIDEN (SCHIITEN)
MOGUL-REICH (SUNNITEN)
erreicht Delhi 1526
Delhi
INDISCHE STAATEN
HINDUISMUS
Thomas-Christen
V E
N E N
Muslemische Händler nach: Sumatra, Java, Malaiische Halbinsel und Ostküste Afrikas
Peking
CHINESISCHES REICH DER MING-DYNASTIE
KONFUZIANISMUS TAOISMUS BUDDHISMUS
JAPAN
SCHINTOISMUS
BUDDHISMUS
PRIMITIVE RELIGIONEN

tion der Erasmusstudien, die sie betrieben hatten. Sie planten, die Indianer im Umkreis von Kirchen anzusiedeln, sie durch Rassentrennung vor Unterdrückung zu schützen und sie durch farbenprächtige Zeremonien und frommes Beispiel zu bekehren – ein Vorhaben, das den Interessen der *encomenderos* entschieden widersprach. Zumárraga, der erste Bischof von Mexiko, war bereit, sich hinter die Mönche zu stellen, sogar durch Anwendung des Interdikts. Die spanische Regierung, die durchaus geneigt war, die Macht der zentralen Verwaltung zu steigern, wurde überredet und erließ 1542 Gesetze, die das ganze System reformierten. Die Kontrolle der Indianerhaushalte sollte mit dem Tod der derzeitigen *encomenderos* an die Krone zurückfallen (nach verschiedenen Aufständen wurde die Frist später auf zwei Generationen festgelegt). Die Zwangsarbeit sollte aufhören, die Indianer würden Abgaben zahlen und sonst keine Pflichten haben.

Diese Gesetze waren dem Druck der Kirche zu verdanken. 1537 bestätigte Papst Paul III. in einer Bulle auf Betreiben der Dominikaner von Hispaniola das Recht der Indianer auf Freiheit und Eigentum. Zwei Jahre später hielt der bedeutende dominikanische Jurist Vitoria, einer der Begründer des Völkerrechts, in Salamanca Vorlesungen über die Legitimität der spanischen Eroberung. Es gebe kein Recht, gegen eine Nation Krieg zu führen, nur weil sie eine niedrigere Zivilisation habe oder Götter anbete, noch um die Bevölkerung zu bekehren. Gewalt dürfe nur gegen einen angreifenden Staat oder einen, der friedfertigen christlichen Missionaren den Zutritt verweigere, angewendet werden. Damit lieferte er den Spaniern eine theoretische Rechtfertigung für ihre Invasion, doch hatten sie seiner Meinung nach »bei weitem überschritten, was nach menschlichem und göttlichem Recht erlaubt ist«. Wie weit sie gerechte Grenzen überschritten hatten, verkündete in finsteren Einzelheiten ein anderer Dominikaner, Bartolomé de Las Casas, der Sohn eines der Abenteurer auf Columbus' zweiter Reise und der erste Priester, der in Amerika geweiht wurde. Er hatte an der Universität von Salamanca studiert und war dann nach Hispaniola zurückgekehrt, um seine Ländereien zu verwalten. Von Gewissensbissen wegen der mißlichen Lage der Indianer geplagt, strebte er die Priesterweihe an und widmete sich ihrer Sache. In praktischen Dingen scheiterte er: Sein naiver Glaube an die angeborene Tugend der Indianer war nachweislich falsch, seine Bemühungen, ein koloniales Unternehmen zu gründen, das freie Arbeitskräfte verwendete, waren ein Reinfall, und als er siebzigjährig ein Bistum in der Neuen Welt übernahm, machten seine liberalen Ideen es ihm unmöglich, seine Diözese zu kontrollieren. Dennoch war er missionarisch erfolgreich. Seine zahlreichen Reisen zwischen Westindien und Spanien und seine geschickte Widerlegung der aristotelischen Behauptung, manche Menschen seien von Natur aus Sklaven, erinnerten ständig an Spaniens christliche Verantwortung gegenüber den Indianern.

Obwohl die eingeborene Bevölkerung Spanisch-Amerikas nicht versklavt war, hatte sie dennoch ein tragisches Schicksal. Ihre Zahl ging schnell zurück – durch schlechte Behandlung, Epidemien und Hoffnungslosigkeit. Eine Untersuchung in den Gegenden von Quito, Lima und Charcas zwischen 1582 und 1586 ergab, daß die Indianer einen Grund für ihren Rückgang angaben, der in unseren Ohren paradox klingt – »Freiheit«. Ihre anspruchslosen dörflichen Gewohnheiten des Ackerbaus, der ausschließlich den Eigenbedarf befriedigte, waren zerbrochen; da ihre alte Welt vernichtet war, hatten sie ihren Lebenswillen verloren. Nur das franziskanische Ideal geschützter christlicher Gemeinschaften hätte sie retten können, und das wurde durch ökonomische Zwänge weggefegt. Die

Krone, die einen wachsenden Anteil ihrer Einkünfte aus dem Kolonialreich schöpfte, insbesondere vom *quinto,* der Silbersteuer, wünschte die Entwicklung von Rinderfarmen und die Ausbeutung tieferer Minen voranzutreiben. Damit begann das System der Rekrutierung von Arbeitskräften. Die Regierung setzte einen Lohntarif fest, dann mußte der Häuptling jeden Dorfes Schichten von Arbeitern auf Zeit in die Minen und zu anderen Projekten schicken (auch zum Bau der prachtvollen Barockkirchen). Indianer, die ständige Arbeit auf den großen Ländereien fanden, gerieten bald in Schulden und wurden zu Peonen – persönlich frei, aber an das Land gebunden. Der christliche Einfluß hatte die Durchsetzung des Prinzips garantiert, daß die Indianer menschliche Wesen und frei waren; frei, jedoch ausgebeutet, waren sie dazu verurteilt, die Masse armer Arbeiter am Sockel der sozialen Pyramide zu stellen.

Wie die Eroberung machte auch die Bekehrung rasche Fortschritte. Die Krone nahm ihre Verantwortung ernst und trieb die Organisation des religiösen Rahmens voran. Bis zur Mitte des 16. Jahrhunderts entstanden acht Diözesen auf den Antillen, acht in Mexiko und drei in Südamerika. Die geistlichen Orden hatten ihre Missionare geschickt; inzwischen gab es 200 Dominikaner, 200 Augustiner und noch mehr Franziskaner. Die alten

Bekehrung in Mexiko. Der Codex Azcatitlan ist eine Bildgeschichte der Azteken, die im Einfall von Männern in Rüstung vom Meer her gipfelt. Dieses Bild zeigt die Taufe eines Indianers mit neun tonsurierten Mönchen als Zuschauern. Aber es finden sich auch heidnische Motive, darunter ein Spiel, das »Volador«, bei dem die vier Spieler als Aras (der Sonne heilige Vögel) gekleidet sind, die sich 13mal im Kreis schwingen, um zusammen die 52 Jahre des Zyklus im aztekischen Kalender zu vollenden.

Kulturen traten en masse zur Religion der Eroberer über. Gewalt wurde nicht angewandt, wenn man davon absieht, daß die Spanier sich verpflichtet fühlten, die sichtbaren Zeichen des Heidentums zu beseitigen. Bischof Zumárraga brüstete sich 1531 damit, die Zerstörung von 500 Tempeln und 26 000 Götzenbildern geleitet zu haben. Die Missionare bedienten sich subtiler Methoden, indem sie sich auf die Erziehung der Kinder konzentrierten, junge Männer in Gruppen organisierten, deren »Kapitäne« sie beim Kirchenbesuch anführten, und beim Unterrichten die Ähnlichkeiten mit dem Christentum ausnutzten, die sie in den Geschichten über die alten unterlegenen Götter entdeckten. Am Ende des 16. Jahrhunderts waren die 7 000 000 Indianer des spanischen Reichs zumindest dem Namen nach Christen. Sofern wir Statistiken von Bekehrungen haben (Pedro de Gante, ein Verwandter des Kaisers Karl V., der zu den Missionaren gegangen war, berichtete, mit der Hilfe eines einzigen Gefährten an einem Tag 14 000 getauft zu haben), wird deutlich, daß ihnen keine ernsthafte Unterweisung vorausgegangen sein kann. Auch war es nicht leicht, nach der förmlichen Aufnahme christliches Bewußtsein zu entwickeln, da die Gesellschafts- und Familienstrukturen einer moralischen Erziehung eher abträglich waren. Die Spanier ließen sich in sozialen Beziehungen von Rassenvorurteilen leiten, jedoch nicht in sexuellen. So gab es jede Menge ungesetzlicher Verbindungen und unstabiler Pseudofamilien mit Mischlingskindern von fraglichem sozialem Status.

Die Entscheidung des Konzils von Lima 1552, den Indianern das Abendmahl vorzuenthalten, wird heute als Rassenvorurteil beklagt; damals bedeutete es eine Anerkennung der Oberflächlichkeit der Bekehrung. Weniger galt das für die Empfehlung des Konzils von Mexiko 1555, keine Indianer, Mestizen oder Mulatten zu Priestern zu weihen. Die Einschränkung muß realistisch erschienen sein, nachdem Bischof Zumárragas Seminar in Tlateloleo gescheitert war, da das Leben im Zölibat kaum Studenten angezogen hatte. Wenn aber die Bekehrung Realität werden sollte, war die erste Vorausssetzung ein einheimisches Priestertum. Papst Gregor XIV. erkannte die Tatsache 1576 an, indem er ausdrücklich die Priesterweihe von Halbblütigen und unehelichen Söhnen erlaubte. Dennoch gab es am Ende des Jahrhunderts nur wenige Indianer oder Mestizen im Dienst der Kirche. Das war um so bedauerlicher, als inzwischen, zur Bestürzung der Ordensgeistlichen, die Gemeinden der besiedelten Gebiete von Weltpriestern übernommen worden waren, von denen die meisten ohne Unternehmensgeist und manche faul und weltlich gesinnt waren.

Die Masse der oberflächlich bekehrten Gläubigen erhielt einen religiösen Rahmen von überwältigender Pracht. Um die einfachen Menschen zu beeindrucken, wurden Zeremonien mit einem in Europa unbekannten Prunk durchgeführt. Die neu errichteten Kirchen spiegelten die verschiedenen spanischen Regionalstile wider und vermischten sich mit exotischen Einflüssen – Aztekenschädel und Masken bildeten neben Engeln, Affen, Aras und Kokospalmen in üppigen Farben den Hintergrund zu den biblischen Geschichten. Die Missionsorden brachten nach wie vor heroische Gestalten hervor, etwa Pedro Claver, Jesuit und spanischer Adliger, der während der ersten Hälfte des 17. Jahrhunderts für die Schwarzen auf den in Cartagena einlaufenden Sklavenschiffen sorgte. Die meisten Mönche befanden sich immer noch an den Grenzen und drangen erst allmählich in die Wildnis vor. Im Jahr 1630 waren sie bis nach Südamerika, in die Sümpfe des Gran Chaco und darüber hinaus gekommen, in nördlicher Richtung bis nach Kalifornien, Florida und Texas.

DIE CHRISTLICHE KUNST IN LATEINAMERIKA machte sich indianische Motive zu eigen (*links*). Am verzierten Portal der Kirche zu Tealmanako in Mexiko (um 1560-65) verbinden sich die Totenschädel, Masken, Affen und Hunde der aztekischen Schnitzkunst mit Engeln.

DIE EROBERUNG DER PHILIPPINEN (*rechts*), »die weltliche durch die Waffen des Señor Don Phelipe, die geistige durch die Mönche des Augustinerordens« – Frontispiz eines 1698 erschienenen spanischen Berichts. Die dem Alten Testament entnommenen Texte sehen dem Kommen des göttlichen Lichts entgegen, das durch das Herz Jesu gebrochen wird.

Gelegentlich werden sie flüchtig für uns sichtbar – barfuß mit Kreuz und Brevier wandernd, predigend, einen Totenschädel in der Hand, die Lehre in Reimen vortragend, Psalmen zur eigenen Violinbegleitung singend, Saatgut für neue Ernten liefernd, neue Bauweisen für Häuser und Brücken lehrend und einsam an Krankheit oder an der Grausamkeit der Wilden sterbend.

Die päpstliche Aufteilung der Welt zwischen Spanien und Portugal (die im Jahr 1494 von den zwei Mächten selbst revidiert wurde) erlaubte den Portugiesen, in Amerika, in Brasilien, Fuß zu fassen, schloß aber andererseits die Spanier, da die Erde rund ist, nicht aus dem Osten aus, sofern sie nur vom Pazifik her kamen. 1561-62 nahm eine spanische Expedition von Amerika aus die Philippinen in Besitz. Fünf Augustinermönche begleiteten die Invasion, Philipp II. hatte die Anwendung von Gewalt verboten. Die Eingeborenen lebten in einer primitiven Kultur und leisteten den spanischen Waffen und der spanischen Religion wenig Widerstand. Die weitere Entwicklung verlief ähnlich wie in Amerika, allerdings weniger dramatisch. Die geistlichen Orden trafen ein, und es kam zu Massenbekehrungen, bei denen im Verlauf von 30 Jahren mehr als eine halbe Million Menschen getauft wurden. Das *encomienda*-System wurde eingeführt und artete allmählich in Sklaverei aus. Salazar, ein Dominikaner, der in Amerika gedient hatte und nach Spanien gegangen war, um für die Indianer zu kämpfen, wurde 1581 Bischof von Manila und setzte sich entschlossen für die Herstellung von Gerechtigkeit ein. Unterdessen führten die Augustiner zu Hause Klage und erreichten, daß Papst Gregor XIV. die Zusage gab, die Filipinos für Verluste infolge der Eroberung zu entschädigen. Die Regel, nach der christlicher Protest Elend lindern, jedoch große ökonomische Prozesse nicht umkehren kann, bestätigte sich, dieses Mal jedoch in einer Weise, die sich für die Eingeborenen günstig auswirkte. Chinesische Dschunken begannen, nach Manila zu segeln, um Seide und Porzellan gegen amerikanisches Silber zu tauschen; Steuern auf diesen Stapelhandel verschafften der Regierung Einkünfte, und die spanischen Siedler begannen, Reichtum durch Handel zu suchen, anstatt auf dem Land Abgaben und Fronarbeit zu verlangen. Bis zum frühen 17. Jahrhundert hatte sich die spanische Herrschaft überall durchgesetzt und war weniger bedrückend als in Amerika. Die Kirche überzog die Inseln mit einem Netz ihrer Einrichtungen, und gut die Hälfte der Bevölkerung war bekehrt.

In Brasilien hatten die Portugiesen Gelegenheit, mit dem Imperialismus der Spanier zu wetteifern – dank der Teilungslinie, die ihnen ein Stück südamerikanisches Territorium zuwies –, freilich in Gebieten, die in weiten Teilen aufgrund des tropischen Klimas und dichter Wälder der Siedlung verschlossen blieben und deren Bewohner scheue und wilde Stammesgenossen waren, die schnell dahinstarben, wenn sie zu Arbeitsleistungen gezwungen wurden. Dies verhinderte jedoch nicht ihre Versklavung. Ein finsteres Kapitel der portugiesischen Invasion bildete die Aktivität der *bandeiras*, beutegieriger Sklavenhändler und ihrer indianischen Hilfstruppen. Die Jesuiten auf der spanischen Seite der Grenze mußten ihre Bekehrten zu Milizen ausbilden, um diese Eindringlinge abzuwehren. Schließlich machte es der Import von robusteren afrikanischen Sklaven den portugiesischen Unternehmern möglich, eine große Zahl von Zuckerplantagen anzulegen. Bis zum Ende des 17. Jahrhunderts umfaßten die Zuckerflotten, die nach Europa segelten, jährlich genauso viele Schiffe, wie die Flotillen, die zwischen Westindien und Spanien pendelten. Für ein armes Land war das ein lukrativer Handel, und es stand nicht zu befürchten, daß sich gegen die Art und Weise, wie man mit den Arbeitskräften verfuhr, Opposition in nennenswertem Umfang regen würde. Da die Sklaverei krasser war als in den spanischen Besitzungen und es den Eingeborenen an organisierten Lebensformen fehlte, die eine strukturelle Grundlage für Massenbekehrungen hätten bilden können, breitete sich das Christentum langsamer aus als in Mexiko und Peru. Gleichwohl kam der Reichtum, der aus Zucker und Sklaverei erwuchs, in einer Mischung aus Frömmigkeit und Prahlerei zum Ausdruck, wie sie sich in den überreich geschmückten manieristischen Kirchen von Sao Salvador (Bahia) findet. Um die eingeborenen Völker vor schlechter Behandlung zu schützen, folgten die Jesuiten Brasiliens der von den spanischen Franziskanern ersonnenen Methode und zogen ihre Bekehrten in Dörfern um Kirchen zusammen *(doutrinas)*; die zivile Verwaltung verbot das Eindringen von Sklavenhändlern in diese Gemeinden und dehnte den Schutz auf entlaufene Sklaven aus, die in den Jesuitensiedlungen Zuflucht suchten. Der amtliche Schutz erwies sich in Wirklichkeit oft als illusorisch. Die portugiesischen Siedler, viele von zweifelhafter Herkunft und von Weltpriestern betreut, die zu Hause ausgemustert worden waren, hatten die Ausübung der Religion weitgehend aufgegeben. Verordnungen gegen ihre materiellen Interessen, von fernen Gouverneuren erlassen und von weltfremden Bettelmönchen empfohlen, wurden mißachtet. Antonio de Vieira, jesuitischer Missionar, Intellektueller und Hofprediger, der während der zweiten Hälfte des 17. Jahrhunderts zwischen Brasilien und Lissabon pendelte, berichtete von anhaltender Grausamkeit und Ausbeutung – und prangerte sie leidenschaftlich an.

Den Portugiesen fehlte es an Menschen und militärischer Stärke, um ein Kolonialreich der spanischen Art aufzubauen. Außerdem hatte der päpstliche Schiedsspruch ihnen als hauptsächliches Expansionsgebiet den Osten zugewiesen, wo die Bedingungen sich völlig von denen in Amerika unterschieden. Hier, in Indien und weiter östlich, bauten sie ein Reich von ganz anderer Art auf, nämlich ein kommerzielles, das auf Kampfbereitschaft und Rücksichtslosigkeit basierte, jedoch mit Häfen ausgestattet war, die für den Handel genutzt werden konnten. Die Geistlichen hatten die schwierige Aufgabe, Händler, Beamte, Soldaten, verheiratete Siedler (*casados*) und unter Eingeborenen ausgehobene Truppen zu betreuen, eine rauhe zusammengewürfelte Mannschaft, die zu Zügellosigkeit und Bestechlichkeit neigte. Grausamkeit und Mißtrauen kennzeichnete die Beziehungen zwischen der einheimischen Bevölkerung und den Neuankömmlingen – und zwar auf beiden Seiten. Der Sklavenhandel trug zur Zerrüttung der menschlichen Beziehungen bei, im Osten wie in Brasilien. Von Moçambique exportierten die Portugiesen afrikanische Sklaven nach Goa und weiter nach Osten. Dominikaner und Augustiner versuchten, sie auf der Reise zu bekehren, standen im übrigen aber diesen Vorgängen machtlos gegenüber.

Missionen zu den Völkern Asiens erwiesen sich als schwierig, nicht zuletzt aus dem Grund, weil die Portugiesen verhaßt waren. Darüber hinaus wurden missionarische Unternehmungen wiederholt durch Kämpfe unterbrochen: Scharmützel mit türkischen Galeeren aus Ägypten oder der Flotte des javanischen Staates Japara, Angriffe auf Malakka durch die Sultane von Atschin, Aufstände auf den Molukken, und die zehnmonatige Belagerung Goas im Jahr 1570 durch benachbarte Sultane. Als die Regierung in Lissabon in Geldschwierigkeiten geriet, blieben die Gehälter der Geistlichen aus, und viele mußten ihren Lebensunterhalt mit weltlichen Tätigkeiten verdienen. Anders als die Spanier in Amerika und auf den Philippinen sahen sich die Portugiesen mit stolzen, alten Kulturen und höheren Religionen konfrontiert. Islam, Hinduismus, Buddhismus und Konfuzianismus hatten ihre philosophischen Begründungen, heiligen Schriften, mystischen Traditionen, heiligen Männer und Prediger. Sie waren es gewohnt, andere Glaubensvorstellungen zu absorbieren und hatten Zugang zu den Sitzen der Macht.

In Indien gab es eine Massenbekehrung spanisch-amerikanischer Art, als die ungefähr 10000 Personen zählenden Paravas, Fischer an der Koromandelküste, 1534 getauft wur-

Die Heilige Familie, von einem indischen Künstler gesehen (erstes Viertel des 17. Jahrhunderts). Die Umgebung ist palastartig, die Personen sind vornehm. Manchen Bekehrten schien die Geschichte eines Gottes, der auf die Erde kommt, schlecht zum Stall und der Zimmermannswerkstatt zu passen.

weiht worden waren, und 300 000 Gläubige, einige davon aus hochgestellten Familien, mit einer besonders starken christlichen Gemeinde in der florierenden Hafenstadt Nagasaki.

Valignano hoffte, eine ähnliche Taktik in China verfolgen zu können, in dem stolzen, verschlossenen Reich, das Europäer normalerweise nur als Händler akzeptierte oder wenn sie bereit waren, Tribut zu zahlen. Er veranlaßte zwei Angehörige seines Ordens, die chinesische Sprache und Kultur zu studieren und wartete dann auf eine günstige Gelegenheit. Eine Einladung nach Peking erfolgte im Jahr 1600. Matteo Ricci begab sich an den Kaiserhof, wo er wegen seines Talents im Reparieren von Uhren und im Kartenzeichnen, wegen seiner wissenschaftlichen Kenntnisse und seiner Gelehrtheit in der chinesischen Tradition willkommen geheißen wurde. In den zehn Jahren bis zu seinem Tod beschäftigte ihn die Angleichung zwischen Christentum und den intellektuellen Methoden Chinas. Er trug die Gewänder eines konfuzianischen Gelehrten und billigte konfuzianische Riten und Ahnenverehrung mit der Begründung, es handle sich dabei um rein höfliche Zeremonien. Er interpretierte die chinesischen Klassiker im missionarischen Sinn und deutete an, daß die Hinweise auf den »Himmel« und den »Herrscher im Himmel« Beweis eines frühen, später verlorengegangenen Monotheismus seien. Ein neueres Studium chinesischer Quellen hat die Vermutung bestätigt, daß Riccis Darstellung des Christentums von der chinesischen Philosophie her nur schwer zu verstehen war. Dennoch gab es bei seinem Tod ungefähr 2 000 Bekehrte, darunter einige von hohem Rang, und die Jesuitenmission genoß hohes Ansehen.

In Indien hatte sich 1580 eine ähnliche Gelegenheit geboten, christliche Propagandisten in die Umgebung eines mächtigen Herrschers zu bringen, denn Akbar, der Mogulkaiser, ließ Jesuitenpatres kommen, damit sie vor ihm diskutierten. Den Jesuiten gelangen in diesem Zusammenhang mehrere Bekehrungen, und Pater Hieronymus Xavier, ein Großneffe von Franz, schrieb Werke der christlichen Apologetik auf Persisch, der Sprache des Hofes. Doch die Hoffnungen, den Kaiser zu bekehren, waren illusorisch. Akbar, ein Philosoph auf dem Thron, beschäftigte sich mit dilettantischen Experimenten, eine neue Religion zu schaffen, die aus seinem muslimischen Glauben und dem Hinduismus sowie aus persischen und christlichen Glaubensvorstellungen und Praktiken zusammengesetzt war und in der er selbst als eine Art Halbgott anerkannt wurde. Sein Vorschlag, ein Jesuit mit einer Bibel und ein Mullah mit einem Koran sollten um ein Wunder wetteifern, indem sie durch ein Feuer gingen, war vermutlich ein Beispiel seines Sinns für Ironie. Sein Nachfolger Dschahangir (1605-27) nahm das Christentum ernster und zeigte eine gewisse Verehrung für Christus und die Heilige Jungfrau. Danach kamen strenggläubige muslimische Herrscher auf den Mogulthron, und Christen waren Schikanen ausgesetzt, die von Gewalt bis zu unterschiedlicher Besteuerung reichten.

Im Jahr 1605 kam Roberto de Nobili nach Indien. Er trieb die jesuitische Strategie der religiösen Anpassung bis zu ihrem Extrem. 37 Jahre lang lebte er in Madurai das Leben eines indischen *sanyassi* (heiliger Mann), kleidete sich in ockerfarbene Gewänder, trug kein Leder, aß kein Fleisch, lernte klassisches Tamil und bemühte sich, mit Hilfe des Sanskrit in die verbotene Welt des Weda einzudringen. Er lehnte jeden Kontakt mit anderen Europäern ab und diskutierte ausschließlich mit den Brahmanen. Paulus war bereit gewesen, sich »zum Knecht aller« zu machen, damit er »möglichst viele gewinne«. Ob dies auch die

Anerkennung des Kastensystems bedeutet hätte? Die Christen, einschließlich der Jesuiten, waren geteilter Meinung. Aber eines war sicher: Ohne Anerkennung der chinesischen Riten und der indischen Kastenstruktur konnte es weder in dem einen noch in dem anderen Land einen christlichen Durchbruch in der Oberschicht geben.

Um 1630 war der fernöstliche Schauplatz erkundet worden. Als persischer Händler verkleidet, war der Jesuit Bento de Goes von Indien nach China gereist. Er hatte einen Namen angenommen, der seine Treue verkündete, »Abdullah Isai«, der Diener Gottes. Seine fünfjährige Reise 1602-07 über das Dach der Welt bewies, daß es kein Reich des Priesterkönigs Johannes gab und auch kein Kitai, sondern China. Franziskaner, Dominikaner und Jesuiten waren im Kielwasser portugiesischer Söldner, die in den Dienst örtlicher Könige traten, nach Birma und Siam vorgedrungen. Vom portugiesischen Malakka und dem spanischen Manila gingen die Mönche nach Kambodscha und Kotschinchina und wagten sich trotz der mächtigen islamischen Präsenz in die malaiische Inselwelt vor. Von den Jesuiten hatte Antonio de Andrade schwindelerregende Abgründe auf Seilbrücken und Bogen aus Schnee überquert, um nach Tibet einzudringen, wo er 1626 die erste christliche Kirche baute. Fünf Jahre später trank Francisco de Azevede Tee mit Butter beim König von Ladakh, einer schmuddligen Gestalt mit einem Halsband aus Totenschädeln, der ihm immerhin ein abgemagertes Pferd und zwei Yakschwänze schenkte. Andere Mitglieder des Ordens standen in Verbindung mit dem chinesischen Kaiserhof. Rund um die indischen Küsten gab es fest begründete christliche Gemeinden, und in Ceylon, wo die Portugiesen erfolgreich in Kriege zwischen rivalisierenden Königreichen eingegriffen hatten, unterhielten die Franziskaner 80 und die Jesuiten 16 Einrichtungen. Die Kirche der Thomaschristen wurde nun in die römische Gemeinschaft eingegliedert. Der Erzbischof von Goa hatte die Synode von Udayamperur (1599) mit einer Schar in aller Eile geweihter Priester bestückt, und in Verhandlungen auf Portugiesisch, das sie schlecht verstanden, hatten jene arglosen Christen für die Abschaffung ihrer alten Kirche gestimmt. Der Schachzug ging zwar im Augenblick auf, führte aber am Ende zu Bitterkeit und Schisma.

Für das Christentum zeigte sich am östlichen Himmel ein hoffnungsvoller Silberstreif – außer in Japan. Hier wurde deutlich, daß Gewalt nicht nur Bekehrungen fördern, sondern diese auch zunichte machen kann. Das Christentum und der christliche *Daimyo* hatten von der politischen Instabilität des Landes sowie von den Verbindungen zwischen den Jesuiten und dem portugiesischen Handel profitiert. Die Situation änderte sich, als Tokugawa Ieyasu Japan 1600 einte und holländische und danach englische Kaufleute dort Niederlassungen einrichteten. Die Japaner wurden Zeuge der Konflikte zwischen Katholiken und Protestanten, Jesuiten und Franziskanern. Vielleicht mißtrauten viele auch dem europäischen Willen nach Vorherrschaft – jedenfalls steht fest, daß das Christentum als Bedrohung der dauerhaften Stabilität des Tokugawa-Regimes angesehen wurde. 1614 bis 1616 wurden Edikte erlassen, die christliche Gottesdienste untersagten. Eine unerbittliche Verfolgung setzte ein, die es an Grausamkeit mit den schlimmsten Exzessen des Kriegs zwischen Katholiken und Protestanten in Europa aufnehmen konnten. 62 Missionare und 2 000 japanische Konvertiten kamen durch Folter um – sie wurden lebendig begraben oder am Strand gekreuzigt, ehe die Flut auflief. 1639 war kein tätiger Missionar mehr übrig. Die Christen, die nicht umgekommen waren, hatten das Land verlassen oder waren

VOCABVLARIO
DA LINGOA DE IAPAM
com adeclaraçao em Portugues, feito por
ALGVNS PADRES, E IR-
MAÕS DA COMPANHIA
DE IESV.

COM LICENCA DO ORDINARIO,
& Superiores em Nangasaqui no Collegio de Ia-
PAM DA COMPANHIA DE IESVS
ANNO. M.D.CIII.

Die Jesuiten in Japan am Vorabend der großen Verfolgung. 1603, zehn Jahre bevor die Edikte den christlichen Gottesdienst verboten, erstellten die Jesuiten von Nagasaki ein japanisch-portugiesisches Wörterbuch mit 32 000 Wörtern (*links*). Es ist immer noch eine wichtige Auskunftsquelle über das gesprochene Japanisch vor 400 Jahren. Hier das Titelblatt.

Eine japanische Probe, um Christen zu erkennen, war die Zeremonie des *e-fumi.* Dabei mußte man auf eine Platte mit einer religiösen Abbildung (*rechts*) treten. In erster Linie wurde dieses Verfahren angewandt, um christliche Kaufleute auszuschließen. Eine solche Platte konnte die Madonna mit dem Kind oder, wie hier, den leidenden Christus darstellen.

untergetaucht. Von da an wurden japanische Kontakte mit dem Rest der Welt streng kontrolliert und bis zur Mitte des 19. Jahrhunderts eingeschränkt. Inzwischen zerfiel die Machtbasis der katholischen missionarischen Bemühungen. Portugal war im Niedergang begriffen. Die Holländer schickten ihre großen, mit schweren Geschützen bestückten Schiffe aus, um die Handelsrouten in den Monsunbreiten abzuschneiden, und errichteten Festungen an der indischen Küste und auf den Gewürz-Inseln, den Molukken. Seit sie gegen Spanien um ihre Existenz gekämpft hatten, haßten sie die römische Religion und versuchten sie auszurotten, wo immer sie sich durchsetzen. Spanien, dessen atlantische Lebensader durch England und Holland gefährdet war, sah sich nicht in der Lage, portugiesische Pflichten zu übernehmen. Das römische missionarische Bemühen hatte nun außer der Strategie eines Ricci oder Nobili und dem Mut seiner Märtyrer keine Waffen mehr.

Das Papsttum hatte die Versklavung unterworfener Rassen immer verurteilt. Um dieses Prinzip zu erhalten, aber auch, um die Lücke zu schließen, die durch den Niedergang Spaniens und Portugals entstanden war, um der missionarischen Tätigkeit eine zentrale Leitung zu geben und um die eigene Autorität zu stärken, richtete Rom 1622 die allgemein »Propaganda« genannte Kongregation für die Verbreitung des Glaubens ein, die die missionarische Arbeit steuern sollte. Die Kardinäle der neuen Institution bewiesen erstaunlichen Weitblick. Zusätzlich zu den auf der Hand liegenden Entscheidungen, nämlich mehr Bistümer zu schaffen, mehr Weltgeistliche zu finden und mehr Kontrolle auszuüben, benannten sie zwei Prinzipien, auf denen die Zukunft der aufgeklärten christlichen Missionsarbeit beruhen sollte. Erstens mußte in jedem Land eine einheimische Geistlichkeit rekrutiert werden: Dies war die einzige Möglichkeit, um eine größere Zahl von Bekehrungen zu erreichen und um Priester zu haben, die erfolgreich »untertauchen« konnten, um den Glauben in Zeiten der Verfolgung am Leben zu erhalten. Zweitens mußten die Bräuche der verschiedenen Völker respektiert werden, es sei denn, sie waren beleidigend für Religion und Moral. Doch selbst dann mußte der Wandel schrittweise vollzogen werden: »Es liegt in der Natur der Menschen, vor allem anderen das eigene Land und seine Bräuche zu lieben.«

Den spanischen kolonialen Abenteurern hatte es an Achtung vor diesen Prinzipien gefehlt. Vielleicht würden sie sich jedoch in den neuen Eroberungen der Franzosen in Kanada durchsetzen. Die Rekollekten kamen 1615, die Jesuiten zehn Jahre später, die Sulpizianer und die Priester des Seminars der Missions Étrangères folgten. Marie de l'Incarnation brachte 1639 Ursulinen, die Schulen für Kinder von Siedlern und Indianern einrichteten, und Hospitaliterschwestern kamen aus Anjou. Aber das Ideal der »Propaganda«, örtliche Bräuche zu bewahren und einheimische Geistliche zu ordinieren, war in diesem Fall unrealistisch. Die Indianer waren grausam und verräterisch, ihre einzige Tugend war Tapfer-

DAS MARTYRIUM VON JEAN DE BRÉBEUF UND GABRIEL LALEMANT im Jahre 1649. In ihren veröffentlichten »Berichten« und durch bildliche Darstellungen erzählten die Jesuiten den Gläubigen in Westeuropa die Geschichte ihrer Märtyrer – um zu frommen Spenden zu ermuntern und andere zu heldenhaften Berufungen zu inspirieren.

Die Kirche war das Herz der frankokanadischen Kultur. Das Zentrum von Quebec bestand aus *(von links nach rechts)* der Kathedrale, dem Jesuitenkolleg und der Kirche der Rekollekten. Dieses zeitgenössische Gemälde zeigt britische Truppen, die hier nach der Einnahme der Stadt im Jahre 1759 exerzieren. Der durch die Beschießung angerichtete Schaden ist noch zu sehen.

keit; ihre ständigen Stammeskriege verschärften sich durch die Kriege zwischen England und Frankreich, in denen sie als Hilfstruppen eingesetzt wurden. Die Franzosen hatten die Huronen auf ihrer Seite, die Engländer den Irokesenbund. 1649, als die Irokesen die Huronen endlich überwanden, ereilte die zwei Jesuitenpatres Jean de Brébeuf und Gabriel Lalemant ihr unglaublich grausames Martyrium. Es war unmöglich, die Indianer in Dörfern anzusiedlen, wie die Jesuiten es wünschten, teils wegen ihrer angeborenen Wanderlust, teils weil die Franzosen selbst weniger bäuerliche Siedler waren, als vielmehr eine ausgedehnte Organisation von Fallenstellern, deren strategische Stoßrichtung zunächst auf die Großen Seen zielte und sich dann nach Süden auf den Mississippi zu wandte – ein Vormarsch, bei dem die Jesuiten zwangsläufig als Spähtrupp fungierten. Branntwein für Felle: Es lag im Interesse der Kolonie, die Indianer zu verderben. Drohungen mit der Exkommunikation durch zwei aufeinanderfolgende Bischöfe von Quebec – zwei furchtlose autoritäre Aristokraten – stießen auf taube Ohren. Mit wenigen Weltpriestern (nur 70 um 1700) konnten sie kaum die Moral überwachen, weder der betrunkenen *coureurs des bois* noch der leichtlebigen Gesellschaft in Quebec und Montreal, die sich darin gefiel, die Pariser Salons nachzuäffen. Aber die Kirchenleute Kanadas hielten sich streng an die Tugenden des 17. Jahrhunderts und bildeten weiterhin das Rückgrat des französischen Nationalstolzes, nachdem ihr Land nach dem Siebenjährigen Krieg 1763 an Britannien abgetreten worden war.

Für »Propaganda« war es zu spät, noch darauf zu setzen, in Spanisch-Amerika die Kontrolle auszuüben. Die Krone war sehr auf ihre Rechte bedacht, und es lag in der Ten-

Die überladene Pracht der Kirche im 18. Jahrhundert in Lateinamerika, wo Frömmigkeit mit einem Aufwand ausgeschmückt wurde, der in Europa aus der Mode kam. Die Madonna *(links)* ist von Manuel Chile, einem indianischen Künstler aus Quito, geschnitzt. Das Porträt *(rechts)* zeigt ein Mädchen, das im Begriff ist, in ein Kloster in Mexiko Stadt einzutreten (um 1750). Es trägt einen zinnoberroten Mantel mit schwarzen Borten und goldenen Blumen und Engeln, einen bemalten Schild mit der Unbefleckten Empfängnis und einen glitzernden Kopfschmuck; in der Hand eine puppenartige Figur Christi.

denz der Zeit, die weltliche Kontrolle zu verstärken. Im 18. Jahrhundert hinderte die Gesetzgebung der »Toten Hand« die Kolonialkirche daran, ihren Besitz zu erweitern, und 1734 wurde den geistlichen Orden verboten, neue Klöster einzurichten. Die Ideen der Aufklärung unterstützten den Antiklerikalismus, den sich auch die Politik der Regierung, die auf dem Vorrang des Staats bestand, zu eigen gemacht hatte. Der Druck der Umstände freilich bestärkte »Propaganda« in ihrem Ideal einer einheimischen Geistlichkeit. Schon früh hatten die Kreolen (*criollos,* reinblütige Spanier, die in der Neuen Welt geboren waren) sich erbittert mit Spaniern, die in Spanien geboren waren *(peninsulares),* um die Auswahl geistlicher Stellungen gestritten, und als ihr Wohlstand zunahm und sie eine verbesserte Ausbildung an den aufblühenden amerikanischen Seminaren vorweisen konnten, wurden ihre Forderungen noch heftiger. Auch waren weniger Spanier bereit auszuwan-

RELIGION IN CUZCO in der zweiten Hälfte des 17. Jahrhunderts. Cuzco, die einstige Inkahauptstadt Perus, wird von der herrlichen Kathedrale *(oben)* beherrscht, die nach dem Erdbeben von 1650 in barocker Pracht wiederaufgebaut worden ist. Ein Gemälde in der Kirche S. Ana *(unten)* zeigt die Fronleichnamsprozession in der Stadt (um 1660) – die Häuser sind reich geschmückt, das Volk drängt sich an den Türen und Fenstern, und ein stattlicher Zug aus Fahnen und Wagen mit frommen Bildern zieht vorbei.

Jesuitensiedlungen in Kalifornien. Die Jesuiten siedelten ihre Bekehrten in Dörfern an, die von einem Verteidigungszaun umgeben waren und in deren Mittelpunkt die Kirche stand. Die Zeichnung stammt von Ignacio Tirsch, einem böhmischen Jesuitenmissionar, der in den sechziger Jahren des 18. Jahrhunderts in Kalifornien tätig war. Die Kirche mit dem Friedhof befindet sich im Vordergrund; auf dem Hügel, der die Gegend beherrscht, ist ein Kreuz aufgestellt worden.

dern. Die Politik der Bischöfe sah vor, Weltpriester in die Gemeinden zu schicken und die Mönche (die sich gegen die Disziplin in der Diözese auflehnten) an die Grenzen zu senden. Immer mehr in Amerika geborene Priester wurden geweiht, und da die Zahl der kreolischen Freiwilligen nicht ausreichte, um die bescheideneren Seelsorgerposten zu besetzen, wurden erst Mestizen, später dann vollblütige Indianer ernannt. Der Fortschritt bei der Bildung einer eingeborenen Geistlichkeit läßt sich an einem königlichen Erlaß von 1768 ablesen: Mindestens ein Viertel der Studenten, die an den Seminaren aufgenommen wurden, waren Mestizen oder Indianer.

Die große Zeit des Kirchenbaus hielt an. Nach dem peruanischen Erdbeben von 1650 wuchsen die Kathedralen von Lima und Cuzco wieder in üppiger Pracht empor. Im 18. Jahrhundert brachte der »ultrabarocke« Stil Meisterwerke in Mexiko hervor, die die Leistungen in Europa übertrafen – etwa die Kirche Santa Prisca in Taxco, deren Türme und Kuppel die Berglandschaft beherrschen. Die geistlichen Orden kehrten dieser Pracht und der freundlichen Trägheit der Gemeinden den Rücken und drängten immer weiter – die Jesuiten nach Kalifornien, Arizona und Texas, gefolgt von den Soldaten, die *presidos* errichteten, Blockhäuser zur Sicherung der Grenze, ferner zu den Mojos und Chiquitos im heutigen Bolivien und den wilden Araukanern im südlichen Chile, die Franziskaner nach Mittelamerika und die Kapuziner an die Orinocomündung, nach Venezuela, Trinidad und Guyana. Sie stießen dort auf Völker, deren Zivilisation zu wenig entwickelt war, als daß das Ideal der »Propaganda« von der Bewahrung der einheimischen Kultur von Bedeutung gewesen wäre. Es gab jedoch eine Möglichkeit – der inzwischen beinahe in Vergessenheit geratene Plan der Bettelmönche, die den ersten Konquistadoren gefolgt waren. Heroisch

Die Messe, gemalt von einem Mogulenkünstler des frühen 17. Jahrhunderts. Eine Maria mit dem Kind schmückt das Altarretabel. Die Zuschauer wirken seltsam unbeteiligt, und zwei von ihnen haben muslimische Heiligenscheine.

setzten ihn die Jesuiten bei den primitiven Stämmen der Guaraní in den weiten Wäldern Paraguays in die Tat um. Ein einzelner Jesuit und ein Kirchenbau genügten, um ein Guaraní-Dorf um sich entstehen zu lassen; die Guaraní arbeiteten eine bestimmte Stundenzahl auf dem Kirchenland und bebauten in der restlichen Zeit ihr eigenes Feld. Sie erlernten Handwerke, die Grundlagen des Lesens und Schreibens und wurden in der Musikausübung auf einen durchaus gehobenen Stand gebracht. Europäer waren ausgeschlossen, und die Jesuiten bildeten eine Miliz, die ihre Gemeinden gegen portugiesische Sklavenjäger verteidigten. Es war ein faszinierendes Unternehmen für die Schriftsteller der Aufklärung, die zwischen der Bewunderung für eine verwirklichte Utopie der »edlen Wilden« und der Verdammung des jesuitischen Paternalismus hin und her gerissen waren. Die Indianer bewahrten ihr Gemeinschaftsgefühl im Rahmen der christlichen Religion und profitierten von den elementaren Annehmlichkeiten der europäischen Zivilisation. Ihre Welt war jedoch statisch und verletzlich. Es gab keine Weihen oder Berufungen zum religiösen Leben und nur eine scheinbare Selbstverwaltung. Als die katholischen Kronen den Jesuitenorden verboten, blieben die Guaraní in einem Zustand von Kindern zurück, den Ausbeutern und Sklavenhaltern hilflos ausgeliefert.

»Es liegt in der Natur der Menschen, vor allem anderen das eigene Land und was dazugehört zu lieben.« In Indien und China nahmen die Jesuiten gebührende Rücksicht auf diese Warnung von »Propaganda«. Ähnlich wie Nobili lebten der portugiesische Aristokrat Britto, der Franzose La Fontaine und später, zu Beginn des 18. Jahrhunderts, der Italiener Beschi als *sannyasi* an verschiedenen Orten in Südindien. Sie hatten das Ohr der örtlichen Herrscher und errangen einen gewissen Ruhm als Dichter in den lokalen Sprachen (La Fontaine in Telugu, Beschi in Tamil). Von Beschi, der beim Radscha von Tanjore in hoher Gunst stand, hieß es, er sei bei den Großen nur mit gewaltigem Pomp erschienen, doch er beschloß seine Tage im Dienst für die armen Paravas an der Fischereiküste. Britto, der sich mit dem Fürsten von Marawa überwarf, fand den Märtyrertod. Brahmanen wurden bekehrt – zwar nur einige wenige, doch war die Tatsache an sich bedeutsam, denn die höheren Kasten wurden als große Hoffnung für Berufungen zum Priesteramt angesehen. Obgleich in China auch andere geistlichen Orden aktiv waren, hielten die Jesuiten aufgrund ihrer einflußreichen Stellung am Kaiserhof in Peking den Schlüssel zur Zukunft in ihrer Hand. Hier hatten sie einen Wechsel der Dynastie überstanden und waren wieder wie zu Riccis Zeiten zu hoher Gunst gelangt. Als der flämische Jesuit Verbiest, Direktor des astronomischen Amtes und Mandarin der sechsten Klasse 1688 starb, marschierten die kaiserlichen Wachen hinter Bildern der Heiligen Jungfrau und des Jesuskindes in seinem Leichenzug mit. 1692 konnte ein aufsehenerregender Erfolg verzeichnet werden: Der bedeutende Kaiser Kang Xi (K'ang Hsi) erließ ein Edikt, das den christlichen Gottesdienst tolerierte; da die Christen nicht zum Aufruhr anstifteten oder gefährliche Lehren verbreiteten, so erklärte er, sollten sie nicht bekämpft werden.

Rom erkannte die Bedeutung der indischen und chinesischen Missionen durch die Bischofsweihe zweier Einheimischer an. Matthaeus de Castro, ein Brahmane aus Goa, wurde 1658 als Apostolischer Vikar von Bijapur vom päpstlichen Hof zurück nach Indien gesandt, und Luo Wenzzo (Lô Wen-Tsao), der aus einer Bauernfamilie stammte, von Franziskanern bekehrt und in Manila erzogen worden war, wurde 1674 zum Apostolischen

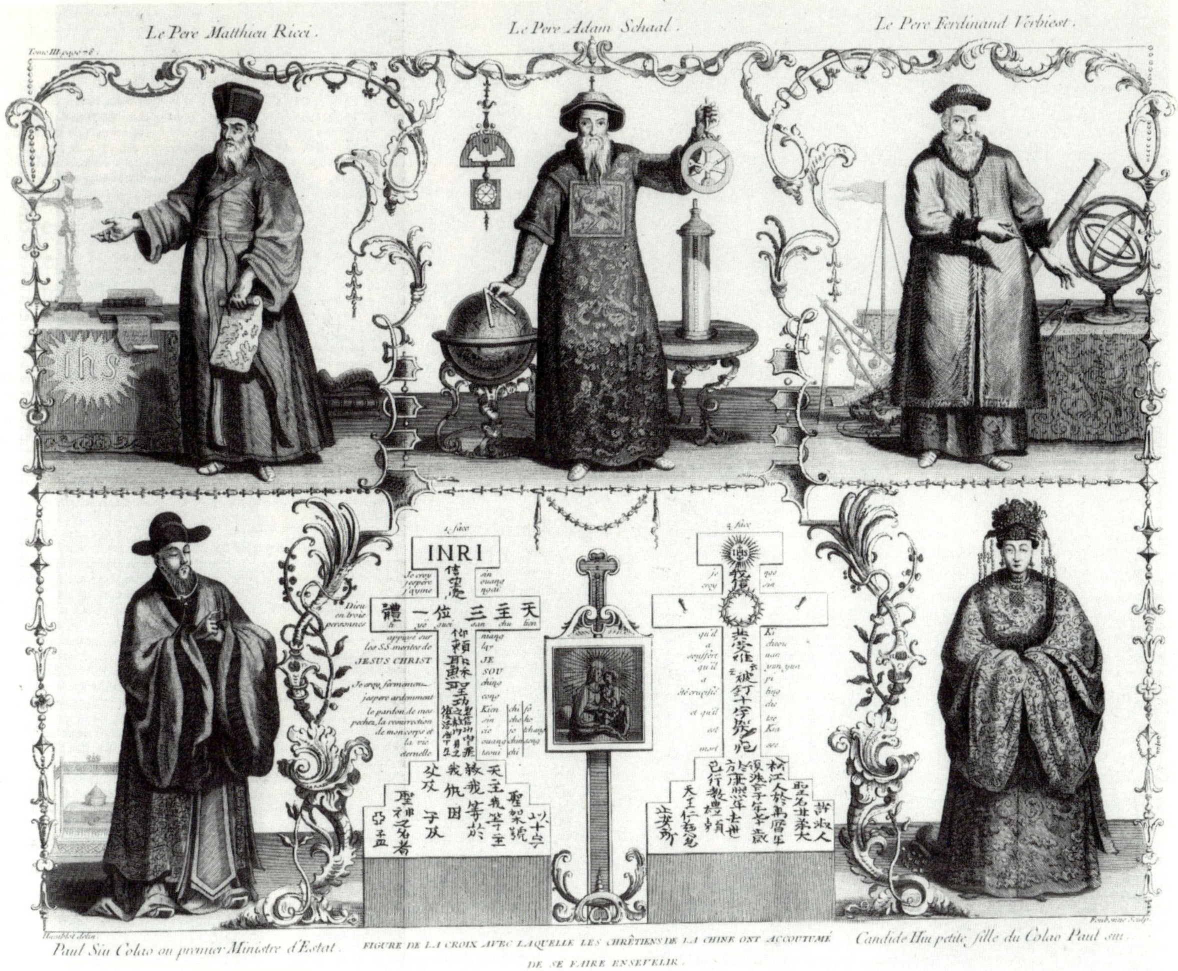

DIE JESUITENMISSION IN PEKING (1600–88). Die Patres Ricci, Schaal und Verbiest tragen chinesische Kleidung und werden von Symbolen des kartographischen, mechanischen und astronomischen Wissens begleitet, das sie so willkommen machte. Unten legen Paul Sin Calao, ein vornehmer Bekehrter, und seine Enkelin ihr Bekenntnis zum christlichen Glauben ab.

Vikar von Nordchina ernannt. Keine der beiden Ernennungen hatte eine unmittelbare Wirkung. Aufgrund portugiesischer Feindseligkeiten verzögerte sich Luos Weihe um elf Jahre, und sie verhinderten Castros Anerkennung ganz. Die symbolische Bedeutung der römischen Initiative war jedoch enorm. Das Prinzip der einheimischen Geistlichkeit wurde fest verankert – es gab unter dem Erzbischof von Goa zahlreiche Weltpriester eurasischer oder hoher indischer Abstammung. Die Ernennung einheimischer Bischöfe hätte den Grundstein indischer und chinesischer Kirchen bilden können, die vom Makel der europäischen Beziehungen (außer der Treue zu Rom) frei waren und zunehmend unabhängig vom offiziellen portugiesischen Schutz wurden. Unter einer Bedingung: wenn sie die örtlichen Bräuche achteten, wie »Propaganda« es vorschrieb.

Nun gab es natürlich unterschiedliche Bräuche, akzeptable und weniger akzeptable, und es gab das Erfordernis, die Integrität der christlichen Lehre zu wahren. Nicht jeder,

DIE KATHEDRALE ST THOMAS IN BOMBAY 1767, auf einer Zeichnung von James Forbes. Eine Ecke des Regierungsgebäudes ist am linken Bildrand zu sehen; rechts neben der Kathedrale die Gebäude der Kolonialverwaltung.

Dies waren jedoch Ausnahmen. Immerhin versuchten Protestanten, ihren Glauben zu verbreiten, wenn Handel, Krieg oder Auswanderung sie mit anderen Rassen in Berührung brachten. Von Anfang an übernahm die niederländische Ostindische Kompanie diese Verpflichtung – in einer strengen, wenig idealistischen, dafür aber praktischen Weise. Wo immer die Holländer die Herrschaft übernahmen, wurden Katholiken und Anhänger anderer Religionen schikaniert. Jeder Stützpunkt hatte seinen Kaplan, der am Seminar der Kompanie in Leiden ausgebildet worden war; dort wurden die Geistlichen ermuntert, Einheimische zu gewinnen, indem man ihnen für jede ordnungsgemäß bescheinigte Bekehrung einen Zuschlag auf das Gehalt anbot. Es waren Bekehrungen zu einem entschieden biblischen Christentum; bezeichnenderweise stammt die erste Bibelübersetzung in eine südostasiatische Sprache von den Holländern; 1688 erschien das Neue Testament auf Malaiisch.

In England war die förmliche Anerkennung der missionarischen Verpflichtung in den Freibriefen enthalten, die die Krone für überseeische Unternehmungen gewährte, wobei jener für Sir Humphrey Gilbert von 1583 patriotischen Dünkel verriet: »Da zu vermuten ist, daß Gott diese Heiden aufgespart hat, damit sie durch die englische Nation in die christliche Gesellschaft eingeführt werden...« Der Freibrief Jakobs I. für Virginia sprach davon, das Evangelium jenen zu bringen, »die noch in der Dunkelheit leben«, und Karl I. forderte die Kolonisten von Massachusetts in reizender Ausdrucksweise auf, die Eingeborenen für das Christentum »zu gewinnen und einzuladen«. 1698 wurde die Ostindische Kompanie angewiesen, Kapläne zu ernennen, die Portugiesisch (die Lingua franca des Ostens) zu lernen hatten, damit sie die Diener der Kompanie unterrichten konnten. In ihren wichtigsten Handelsposten in Indien errichteten die englischen Gemeinden Kirchen (Madras 1680, Kalkutta 1709) – St Thomas in Bombay, 1718 geweiht, war ein riesiger Bau, der den Eingeborenen genügend Platz bot, einzutreten und »die Reinheit und Feierlichkeit unserer Gebete zu beobachten«. In Neuengland wurden aufrichtige Anstrengungen unternommen, um die frommen Ermahnungen im Freibrief Karls I. zu erfüllen. 1644 verfügte die Regierung von Massachusetts, Missionare zu den Indianern zu schicken, und fünf Jahre später wurde die Society for the Propagation of the Gospel in New England (die Gesellschaft für die Verbreitung des Evangeliums in Neuengland, SPG) gegründet, zu deren Unterstützung auf Befehl des Langen Parlaments in London Sammlungen durchgeführt wurden. Wie die Franziskaner und Jesuiten festgestellt hatten, war es nur möglich, indianische Bekehrte zu gewinnen und zu halten, wenn man sie in Dörfern ansiedelte. Dies war auch die Methode, die Pfarrer John Eliot anwandte, der Stammesangehörige in seinen »Gebetsstädten« versammelte, in die die Haushaltsvorstände aufgenommen wurden und denen sie wie einem feierlichen Bund beitraten.

Ohne eine durch die Seefahrt vermittelte Berührung mit den fernen Missionsgebieten schien Deutschland wenig zu den protestantischen Bemühungen beitragen zu können. Das änderte sich, als der Pietismus, die große Bewegung geistiger Erneuerung, im Luthertum entstand. 1706 gingen auf Einladung des Königs von Dänemark zwei pietistische Missionare von der Universität Halle nach Tranquebar, dem dänischen Handelsposten in Südostindien. 1730 nahm Graf Zinzendorf, der einer pietistischen Gemeinde auf seinem Besitz in Sachsen vorstand, an der Krönung Christians VI. in Kopenhagen teil; dort begegnete er christlichen Eskimos und Schwarzen, die ihn anregten, Boten seiner Mährischen Brüder zu den Sklaven auf die dänischen westindischen Inseln und zu Hans Egede, dem einsamen norwegischen Missionar in Grönland, zu schicken. Danach zogen die Mährischen Brüder durch die Welt, legten frommen Gruppen in England und Amerika das Neue Testament aus und predigten den Heiden das Evangelium. Manche unter ihnen waren einfache Männer, die nur nach einem Vorbild predigen konnten. Andere waren Intellektuelle, etwa Bartholomäus Ziegenbalg, der von 1706 bis 1729 in Indien arbeitete und das Neue Testament, Luthers Katechismus und Kirchenlieder ins Tamil übersetzte, und Christian Friedrich Schwartz, einer seiner Nachfolger, der in seinem langen Dienst von 1746 bis 1798 in einem halben Dutzend Sprachen predigte und schrieb, Erster Minister des Radscha von Tanjore wurde und trotz dieses hohen Amts bei der Hindubevölkerung den Ruf der Heiligkeit gewann. Die englische SPCK (Society for Promoting Christian Knowledge, die Gesellschaft zur Förderung der Kenntnis des Christentums) finanzierte die deutschen Lutheraner, damit sie ihre Mission über das dänische Gebiet hinaus ausweiten konnten, und die Ostindische Kompanie akzeptierte ihre Pastoren als Kapläne. Das ganze Jahrhundert hindurch hielten sie ohne Zuwendung von anglikanischen Orden Gottesdienste nach dem Book of Common Prayer auf Englisch und, nach ihrer eigenen Übersetzung, auf Tamil. Bis 1800 hatte die deutsch-dänisch-englische Mission 20000 Bekehrte, vor allem Paria und halbblütige Portugiesen, eine bescheidene Herde verglichen mit jenen 300000 in Ceylon unter holländischen Pfarrern, jedoch mit christlicheren Methoden gewonnen. Frei vom Konkurrenzdenken, die Interessen einer einzelnen Kirche, Nation oder eines einzelnen Ordens zu fördern, fingen die pietistischen Missionare wieder etwas vom Geist der ersten Apostel ein. Sie waren – in Paulus' Worten – entschlossen,

»Christus als den Gekreuzigten zu verkündigen«. Dabei gingen sie ohne dogmatische Hartnäckigkeit oder konfessionelle Überheblichkeit vor, empfahlen ihren Glauben durch Übersetzungen des Neuen Testaments, verhielten sich wohlwollend gegenüber den einheimischen Bräuchen und boten zugleich vorbehaltlos europäische Bildung an. Ihr System bildete einen Entwurf für die höchsten missionarischen Ideale der Zukunft.

Wenn das Christentum eine lebendige Weltreligion werden wollte, würde es aufhören müssen, sich ausschließlich mit der europäischen Zivilisation zu identifizieren. Es sollte jedoch noch viel Zeit vergehen, bis die Masse der europäischen Christen zu einem einfühlenden Verständnis anderer Kulturen kam, geschweige denn sie ermutigte, das Christentum nach ihrem eigenen Bild neu zu schaffen. Gewiß fühlte sich das 18. Jahrhundert dank der Schriftsteller der Aufklärung und später der deutschen Romantik voller Sympathie zu den alten Kulturen Indiens und Chinas hingezogen, aber evangelische Frömmigkeit, Utilitarismus und der Kult des technischen Fortschritts und der Bildung verbanden sich und verdunkelten das Bild – zu erinnern ist hier an die Grausamkeiten der Witwenverbrennung und der Tötung neugeborener Mädchen vor dem Hintergrund der Einsichten der *Bhagavadgita.* Während Europa einer militärischen, technischen und wirtschaftlichen Vorherrschaft ohnegleichen entgegeneilte, mußte es schwerfallen, die Welt anders als vom Standpunkt der tiefen Überzeugung von der europäischen Überlegenheit zu sehen, obwohl der Gedanke der »Treuhandverwaltung«, der die Ausübung der nackten Macht in Britisch-Indien mildern sollte, sich bereits abzeichnete. Aber eines konnte getan werden, um den Vorwurf eines herzlosen Triumphgefühls Europas zu entkräften: Die Ablehnung der Sklaverei durch aufgeklärte christliche Denker mußte in die Realität umgesetzt werden.

Der üble Handel hatte sich derart ausgedehnt, daß in der zweiten Hälfte des 18. Jahrhunderts im Durchschnitt jährlich 60 000 Schwarze, eingepfercht in die stinkenden Frachträume englischer, französischer und portugiesischer Schiffe, die furchtbare Überfahrt über den Atlantik machen mußten. Der Handel wurde mit Scheinargumenten verteidigt, die eine gewisse Logik hatten – er rette afrikanische Gefangene, die sonst massakriert oder Opfer von Hungersnöten würden. Menschen, die alle Hoffnung aufgegeben hatten, die Ungerechtigkeit zu verhindern, flüchteten sich in den Versuch, die Sklaven zu bekehren und ihr Los zu bessern. Daraus erklären sich einige unerfreuliche Paradoxe: So befanden sich unter den Waren, die die Sklavenhändler an die afrikanische Küste mitnahmen, Rosenkränze und Kruzifixe; die SPG akzeptierte 1712 ein Vermächtnis von Plantagensklaven, behandelte sie gut, ließ sie aber nicht frei; die Sklaven der Kapkolonie blieben ungetauft, weil die Taufe automatisch die Freiheit verliehen hätte. Von der Mitte des 18. Jahrhunderts an arbeiteten Methodisten und Mährische Brüder unter den Sklaven und, was alles andere als ungefährlich war, unter den vogelfreien Entlaufenen in Westindien. Unter den Evangelisten waren seltsam widersprüchliche Persönlichkeiten: Nathaniel Gilbert, ein bekehrter Pflanzer, John Baxter, ein Schiffsbauer, Thomas Coke, ein Oxfordabsolvent und anglikanischer Geistlicher, George Liele, ein freigelassener schwarzer Baptist aus den Vereinigten Staaten. Ihre Nachrichten gelangten nach England und erzeugten dort eine Woge christlichen Zorns. Der Quäker Thomas Clarkson nahm die Untersuchung der Bedingungen auf Sklavenschiffen auf, die im Jahr 1788 zu parlamentarischen Regelungen führten. 1787 hatte der evangelische Bankier Henry Thornton den Vorsitz der Gesellschaft inne, die Sierra Leone als Zuflucht für befreite Sklaven gründete und zugleich als Beweis dafür, wie Afrika statt eines Reservoirs für Zwangsarbeiter ein Handelskunde Europas werden könnte. Damit waren die Voraussetzungen geschaffen für das entschiedene Eingreifen des evangelischen Gewissens, das Freiheit für jedermann verlangte, um seinen Frieden mit Gott zu machen, aber auch für das dynamische Zupacken eines Wilberforce, der rücksichtslos seinen Einfluß bei den höchsten Persönlichkeiten des Landes geltend machte.

Der Weg wurde frei für den raschen Aufschwung der christlichen Expansion in den nächsten hundert Jahren, Latourettes »großem Jahrhundert«. Dem Vorwurf des Sklavenhandels wurde nach und nach der Boden entzogen. Die protestantische Initiative führte zur Gründung von Missionsgesellschaften. Diese waren von Laien beherrscht und wiesen eine überkonfessionelle Orientierung auf. Sie bildeten die protestantische Entsprechung zu den römischen geistlichen Orden, waren aber im Leben der Kirchen und Gotteshäuser, wo das Geld gesammelt wurde, verwurzelt. Die anglikanische SPG war von 1701 an in Amerika aktiv gewesen, 1792 kam die Baptist Missionary Society (Missiongesellschaft der Baptisten), sieben Jahre später die Church Missionary Society (Kirchenmissionsgesellschaft) und 1804 die British and Foreign Bible Society (Britische und ausländische Bibelgesellschaft) hinzu. Sodann entstanden in Amerika neben lokalen Gesellschaften für die Arbeit bei den Indianern im Jahr 1810 das American Board of Commissioners for Foreign Mission (Amerikanische Kommission für Auslandsmission) und 1814 das American Baptist Missionary Board (Amerikanischer baptistischer Missionsausschuß). Diesen folgten unzählige weitere Gesellschaften.

Der Aufstieg der amerikanischen Gesellschaften war bezeichnend. Die Vereinigten Staaten sollten die beherrschende missionarische Kraft der Zukunft werden, selbstgerecht und großzügig, naiv, doch mit Unternehmungsgeist und im Besitz des geschäftlichen Knowhow. In Anbetracht dessen, was die Zukunft bringen sollte, nimmt die grausame und heroische Geschichte der Eroberungen und Missionen rund um den Erdball möglicherweise einen weniger wichtigen Stellenwert in der christlichen Geschichte ein als die Erweiterung der christlich-europäischen Machtbasis, in deren Folge die Grenze westwärts im nahezu leeren Nordamerika, nach Osten durch die öden Landstriche Sibiriens und nach Süden in den riesigen Kontinent Australien vorgeschoben wurde. Fast unbemerkt war die Macht der Moskauer Zaren an die pazifische Küste vorgerückt, wobei die russisch-orthodoxe Kirche fremde Stammesleute aufgenommen und den Anspruch angemeldet hatte, in den weiten leeren Gebieten die Kirche der Zukunft zu sein. Peter der Große, der sein Volk mit den Methoden der Barbarei in die Zivilisation zerrte, hielt die russisch-orthodoxe Kirche in Abhängigkeit, nutzte sie aber als Werkzeug, um die verstreuten sibirischen Stämme seßhaft zu machen und ihnen eine rudimentäre Bildung angedeihen zu lassen. Die Mönche, die als Missionare hinausgingen, konnten militärisches Geleit anfordern und durften als Belohnung für die Bekehrung Befreiung von der Steuer und vom Militärdienst anbieten. Statistische Angaben wurden selten festgehalten, aber Lukas Konaschewitsch, Metropolit von Kasan, führte eine laufende Liste, die zeigt, daß 1741-62 eine halbe Million Tscheremissen und andere Völker an der mittleren Wolga der Kirche zugeführt worden waren. Ein Erfolg dieses Umfangs läßt allerdings Rückschlüsse auf die

RELIGION UND NOSTALGIE IN AUSTRALIEN. Verbannte bauten Kirchen nach dem Vorbild in der Heimat. Das Bild *(oben)* zeigt den Rohbau der von einem verbannten Architekten entworfenen Steinkirche in der Strafkolonie Port Arthur auf Tasmanien. Die Thomaskirche in Port Macquarie *(unten)* errichteten Sträflinge im Jahr 1824. Die Strafkolonie wurde 1821 eingerichtet und 1830 wegen des Zustroms freier Siedler aufgelöst.

Oberflächlichkeit des Christianisierungsprozesses zu. Insoweit gab es eine Parallele zur früheren Tätigkeit der Spanier in Südamerika, und wie der spanische Katholizismus hatten die Russisch-Orthodoxen ihre Helden auf dem Feld der Mission. Da war Filofej, Metropolit von Tobolsk unter Peter dem Großen, der sich nach dem Frieden seines Klosters zurücksehnte, doch in seiner Diözese aktiv war und seine Missionare an die pazifische Küste und seine Gesandten an den Kaiserhof in China schickte; da war Kyrill Suchanow, der Laienprediger, der in absoluter Armut mit dem nomadischen tungusischen Stamm zog, bis es ihm endlich im Jahr 1776 gelang, einige von ihnen um einen Kirchenbau herum anzusiedeln; da waren die Märtyrer von Kamtschatka, wo die Mönche vor dem Hintergrund von Vulkanen und Dauerfrost versuchten, in der Steinzeit lebende Eingeborene und – was noch schwerer war – die verrohten Bewohner der russischen Strafkolonie zu bekehren. Pelzhändler, Abenteurer und Missionare gingen voraus, bäuerliche Siedler folgten. Mitte des 17. Jahrhunderts hatte Sibirien eine Bevölkerung von 70 000, um 1780 war es eine Million – mit Weltpriestern, die in den verstreuten Gemeinden ihren Dienst versahen.

Um diese Zeit öffnete sich in der Südsee dem angelsächsischen Unternehmungsgeist ein großer Kontinent, der eines Tages ähnliche Bedeutung erlangen sollte wie die russisch-sibirische Wildnis. Die erste Sträflingsflotte erreichte Neusüdwales im Jahr 1788. Der einzige Kaplan der Kirche von England, der sich an Bord befand, war auf Drängen von William Wilberforce im letzten Moment mitgenommen worden. Aus den bitteren Anfängen erwuchs eine neue Nation. In dem Maße, in dem freie Siedler ins Land kamen, schwand die Idee einer Staatskirche, doch blickten die Neuankömmlinge voller Wehmut auf die verschiedenen religiösen Bekenntnisse zurück, denen sie in England, Schottland oder Irland angehört hatten, so daß das Christentum ein integraler Bestandteil ihrer Kultur blieb.

Inzwischen wurde der nordamerikanische Kontinent von der angelsächsischen Zivilisation übernommen. Eine neue Welt tat sich auf, in die der Bevölkerungsüberschuß Europas im 19. Jahrhundert strömen würde. In der ersten Hälfte des 18. Jahrhunderts blühten die Gemeinden von Quäkern, deutschen Wiedertäufern, Schweizer Mennoniten, schottischen und schottisch-irischen Presbyterianern, calvinistischen und arminianischen Baptisten in Rhode Island, New York, New Jersey, Pennsylvanien und Delaware. Hier be-

Die erste Methodistenkirche in Amerika – schlicht, stabil und würdig; erbaut im Jahre 1768 an der John Street in New York an der Stelle eines früheren Geschäfts und Takelbodens.

haupteten sich religiöse Freiheit und Pluralismus – das Muster der amerikanischen Zukunft. Der Puritanismus Neuenglands entwickelte sich zum Liberalismus, und die anglikanische staatskirchliche Verfassung in Virginia, Maryland und den zwei Carolinas war auf dem Weg, eine Konfession zu werden, wobei sie an Vitalität gewann. Nach 1720 kamen deutsche Einwanderer hinzu, hauptsächlich Lutheraner. Die Härte des Grenzerlebens und das Fehlen einer strukturierten kirchlichen Organisation bedrohten die gewohnte Konformität, aber die »Große Erweckung« wendete das Blatt. Eine Welle von Erweckungsbewegungen entstand, die Richard Hofstadter »eine zweite und mildere Reformation« genannt hat. Die Idee selbständiger Kirchenkörper breitete sich aus, wobei jede Kirche sich als unverwechselbares Glied eines größeren Ganzen verstand und so ein Gefühl amerikanischer religiöser Einheit über dem Mosaik der konfessionellen Vielfalt schuf. Amerika war eine Nation geworden, und es sollte eine religiöse Nation werden, das künftige Herzland der christlichen missionarischen Bestrebungen.

Die jesuitische Vision eines neuen Christentums, das in Indien und China entstand und die Weisheit und die Einsichten jener alten Kulturen in sich aufnahm, war gescheitert. Aber in den unendlich großen Ländern des Westens, in Nordamerika, hatten Inspirationen, die im Christentum immer vorhanden waren, freies Spiel. Etwas Neues entstand, ein mannigfaltiges, einfallsreiches Christentum, das weder durch den Staat in Schach gehalten noch ihm zu Dank verpflichtet war, das nicht durch Europa oder Rom beaufsichtigt wurde, Freiheit genoß und Freiheiten garantierte in Form demokratischer Systeme des Kirchenregiments, des Freiwilligkeitsprinzips und der Laienführerschaft. Im Amerika des 18. Jahrhunderts gab es Menschen, die einen Blick in die Zukunft warfen und sie – wie immer in chiliastischen Träumen – in utopischen Kategorien sahen. In der Mitte des Jahrhunderts dachte Jonathan Edwards, der calvinistische Nestor der Erweckung, über die Aussicht nach, die sich ihm öffnete:

»Amerika hat die Religion des alten Kontinents empfangen, die Kirche der alten Zeit war dort gewesen, und Christus ist von dort gekommen: aber es mag eine Gleichheit gegeben haben, und in Anbetracht der Tatsache, daß jener Kontinent Christus gekreuzigt hat, sollen sie nicht die Ehre haben, die Religion in ihrem glorreichsten Zustand uns mitzuteilen, sondern wir ihnen... Wenn Gott im Begriff ist, die Erde in ein Paradies zu verwandeln, beginnt er sein Werk nicht, wo es schon ein gutes Wachstum gibt, sondern in der Wildnis, wo... nichts zu sehen ist als trockener Sand und unfruchtbare Steine; damit das Licht aus der Dunkelheit scheine und die Welt aus der Leere erfüllt werde und die Erde durch Quellen aus einer regenlosen Wüste bewässert werde.«

Kirchen als Mittelpunkte des amerikanischen Lebens. Auf dieser Decke, die Sarah Furman Warner aus Connecticut um 1815 in Applikationstechnik herstellte, ist die ideale ländliche Gemeinde dargestellt: einige stattliche Häuser, einige bescheidene, eine Windmühle, darum eine gezähmte, wohlgeordnete Landschaft und die Kirche mit ihrer hohen Spitze in der Mitte.

Das Christentum seit 1800

10

Europa

Owen Chadwick

Abstriche an der europäischen Dominanz im Christentum

In der späteren Neuzeit wandelte sich das Christentum Europas. Es büßte seine unumschränkte Vorherrschaft innerhalb des Weltchristentums ein. Christen aus Europa gingen nach Übersee und bekehrten die eingeborene Bevölkerung oder versuchten, die dort seit langem bestehenden einheimischen Kirchen weiterzuentwickeln. Später verlor Europa sein Selbstvertrauen als Träger des Christentums an diese neuen Welten. Das europäische Christentum wurde zunächst wegen seiner Lehren angegriffen, dann wegen seiner Moral. In manchen europäischen Ländern war es sogar der Verfolgung ausgesetzt. Europäer stellten fest, daß Europa ein barbarischerer Kontinent war, als sie geglaubt hatten, und sie waren sich nicht mehr so sicher, ob es gut sei, alle seine Glaubensvorstellungen, Praktiken, Sitten und Bräuche in die Länder der anderen Kontinente zu exportieren. Zwar hielt der Expansionsdrang des Christentums an, doch verlor es in Europa allmählich seine Zuversicht und fürchtete gar, es könnte seine Heimat verlieren. In diesem Zusammenhang entwickelten sich stärkere Vorbehalte gegen die zeitgenössische Welt, was zum Teil erhebliche Folgen innerhalb der Kirchen hatte.

Religionskriege, Aufklärung und Französische Revolution lehrten Europa die schwierige Lektion der Toleranz. Während des 19. Jahrhunderts begannen die einzelnen Länder Europas, die sozialen Nachteile abzubauen, die mit dem Bekenntnis zu einem Glauben, der nicht der Mehrheitsglaube war, einhergingen. In den katholischen Ländern erhielten nach und nach erst die Protestanten, dann die Juden und Atheisten Glaubensfreiheit. Dasselbe galt für die römischen Katholiken, Juden und Atheisten in den protestantischen Ländern, wenngleich sich die Dinge hier etwas schneller entwickelten. In England und Irland bekamen die römischen Katholiken durch den »Roman Catholic Emancipation Act« von 1829 gleiches Bürgerrecht. In Frankreich gingen die durch die Revolution erlangten Freiheiten nie verloren, obwohl einige konservative Katholiken sie gern wieder rückgängig gemacht hätten. Belgien, die Schweiz, Holland und der Westen Deutschlands wurden ebenfalls stark von der Napoleonischen Ordnung der Gesellschaft beeinflußt.

Diejenigen Länder, in denen Nationalität und Religion besonders eng verbunden waren, taten sich schwerer, Toleranz zu gewähren, weil eine Abweichung von der allgemein gültigen Religion sofort als Abweichung von der anerkannten Gesellschaftsordnung interpretiert wurde. Ein Beispiel dafür ist Spanien. Trotz mehrerer liberaler Abschnitte während des 19. Jahrhunderts, als sich protestantische Kirchen bilden konnten und ein George Borrow herumreisen und Bibeln verteilen durfte, blieb die Haltung Spaniens bis ins 20. Jahrhundert intolerant. Den Polen fiel es vor allem aus Gründen der nationalen Loyalität schwer, ihrem großen jüdischen Bevölkerungsanteil die Gleichberechtigung zu gewähren, da die Lage Polens unter der zaristischen Herrschaft den katholischen Glauben zu einem Merkmal der Unterscheidung und damit zum Zeichen polnischer Nationalität machte.

Während des 19. Jahrhunderts hatten sich fast überall in Europa Toleranz und Gleichheit durchgesetzt. Dies bedeutete einerseits einen großen Gewinn für die Christenheit, stellte sie aber andererseits auch vor eine große Herausforderung: Konnte sie unter den Bedingungen der Freiheit noch als Christenheit bezeichnet werden? Auf lange Sicht bedeutete es, daß Menschen, die Christen sein wollten, diese Entscheidung bewußt treffen mußten. Das erforderte ein höheres Maß an Aufrichtigkeit und Einsatz in der seelsorgerischen Arbeit der Kirchen. Gleichzeitig verringerte es den christlichen moralischen Einfluß auf die Gesellschaft, weil die Menschen nicht mehr alles am Christentum als selbstverständlich hinnahmen, nicht einmal seine moralischen Maßstäbe.

Die Evangelikalen

Die pietistische oder evangelikale Bewegung im westeuropäischen Protestantismus erlebte ihren Höhepunkt während der ersten dreißig oder vierzig Jahre des 19. Jahrhunderts. Sie bildete die Voraussetzung für jene Haltung, die in England als viktorianisches Ethos bezeichnet wurde. Sie war sehr bibelnah, puritanisch im Verhalten und ganz auf die Verbreitung des Evangeliums ausgerichtet. Die meisten der erfolgreichen protestantischen Missionen nach Afrika, Indien oder China während des 19. Jahrhunderts waren evangelikal in ihrer Inspiration, ob sie aus Großbritannien oder Deutschland, Holland oder der Schweiz kamen. Um die Mitte des 19. Jahrhunderts erlangten sie vorübergehend die Führung in den Kirchen Englands und des lutherischen Deutschlands, denn in den Jahren nach 1850 zogen sowohl die britische Regierung mit Premierminister Palmerston als auch die preußische Regierung unter dem konservativen König Friedrich Wilhelm IV. Anhänger dieser Richtung für höhere Kirchenstellen vor. Evangelikale Missionen waren eine Zeitlang überraschend erfolgreich in Spanien, Portugal und Italien, wenn auch nur in kleinerem Umfang. Ihr öffentlicher Einfluß in Europa (nicht jedoch der in Übersee) ging in der zweiten Hälfte des Jahrhunderts zurück. Das hatte etwas mit ihrer anfänglichen Unfähigkeit zu tun, die schwierigen intellektuellen Probleme zu lösen, die die Bibel oder das Thema Religion und Wissenschaft stellten, und es hatte auch etwas damit zu tun, daß so viele ihrer besten Leute nach Afrika, Indien oder China gingen und weniger geeignete Führungspersönlichkeiten für die Heimatfront übrigblieben, und ferner damit, daß ihre Ideen in die hochkirchlichen Bewegungen aufgenommen wurden. Die Führer der Oxfordbewegung in Großbritannien, die hochkirchlich und anglikanisch war, kamen meist aus evangelikalen Familien, und ihre Frömmigkeit hatte eine evangelikale Wurzel, mochte ihre Sprache noch so katholisch klingen. Dies traf in Deutschland weniger zu, wo das etablierte Luthertum eine Rückkehr zu einer älteren lutherischen Tradition anstrebte, die sich vom Pietismus unterschied. Die Macht der evangelikalen Bewegung in Schottland spaltete die Kirche dort 1843; die getrennten Kirchen vereinigten sich 1929 wieder.

Der Niedergang des Glaubens

Im Jahr 1914 lehnten es viel mehr Menschen ab, sich zum Christentum zu bekennen, als im Jahr 1800. Verschiedene Faktoren mögen dazu beigetragen haben.

1. Die Medizin machte Fortschritte. Der Tod traf nicht mehr so viele junge Menschen. Narkotika machten das Leiden erträglicher. Das Bewußtsein der Sterblichkeit wirkte weniger beängstigend. Wir haben keinen Beweis, daß dies sich auf das Bedürfnis nach Religion auswirkte. Es ist eine Vermutung. Andererseits blieb das Bedürfnis nach Religion – nicht unbedingt nach orthodoxer Religion – sehr ausgeprägt. Seine anhaltende Stärke hat viele davon überzeugt, daß der religiöse Instinkt Teil der menschlichen Natur sei.

2. Die Menschen zogen vom Land in die Städte. Die Religion war über einen langen Zeitraum hinweg mit der bäuerlichen Umgebung verbunden gewesen. Viele christliche Helden des 19. Jahrhunderts kamen noch aus dem ländlichen Raum: ein John Keble war Dorfpfarrer in Südengland, ein Curé d'Ars in einer winzigen französischen Gemeinde. Wenn Bauern in die Stadt zogen, erschien ihnen die Stadtkirche nach ihrer ländlichen Kirche bedeutungslos für ihr Leben. Diese Theorie stützt sich auf die Statistik. Es steht fest, daß in Städten prozentual weniger Menschen in die Kirche gehen. Je größer die Stadt, desto geringer der Anteil. Liegt es am Umzug vom Land in die Stadt? Oder am Wesen der Stadt? Oder an der Art der Arbeit in der Stadt? Oder an der Entfernung der Stadtbewohner von den natürlichen Quellen ihres Wohlergehens? Oder an der Unfähigkeit der Kirchen, genügend Orte des Gottesdienstes und eine ausreichende Seelsorge in der Stadt zur Verfügung zu stellen? Letztere Erklärung vermag nicht zu überzeugen. In früheren Zeiten trug ein Mangel an Pfarrern nicht dazu bei, daß das menschliche Bedürfnis nach Religion eingedämmt wurde, so wenig wie im heutigen Afrika oder Indien.

3. Mit zunehmender Toleranz verstärkte sich der Wettbewerb der Kirchen um Mitglieder. Es konnte nicht länger als selbstverständlich hingenommen werden, daß Menschen in die Kirche kamen, weil sie sie eben brauchten. Toleranz bedeutete, daß den Leuten nicht nur christliche Gedanken, sondern auch antiklerikale, ja antichristliche Ideen vorgetragen wurden. Manche wurden durch den Widerstreit der Ideen verwirrt. Christliche Werte und Vorstellungen waren bislang von den Eltern an die Kinder weitergegeben und in der Regel auch fraglos akzeptiert worden. Als die Religion jetzt auf dem Markt erschien, konnte die Annahme kaum noch so automatisch vor sich gehen. – In den Jahren nach 1860 beschleunigte sich diese Entwicklung durch das Aufkommen landesweiter Zeitungen, die von etwa 1890 an ein Massenpublikum erreichten, nach 1930 durch das Radio und nach 1950 durch das Aufkommen des Fernsehens.

4. Die Autorität der Bibel verlor mehr und mehr an Einfluß. Es schien vielen Christen 1914 weniger wichtig, die Bibel gründlich zu kennen, als es für die meisten protestantischen Christen um 1800 der Fall gewesen war, und dies, obwohl bis 1914 viel mehr Europäer lesen gelernt hatten und damit in der Lage waren, die Bibel selbst zu lesen.

Wissenschaft und Religion

Die christlichen Kirchen hatten gelehrt, daß die Bibel in allen Teilen Geschichte war. Dies entsprach nicht ganz der Wahrheit. Doch schwächte diese Interpretation ihre Autorität in der Gesellschaft bei weitem nicht so stark, wie man hätte erwarten können, weil die Geschichtlichkeit etwa eines Noah für die Religion völlig unwichtig war. Genauso wie der Wert des heiligen Georg als Symbol kein bißchen durch Personen herabgesetzt wurde, die behaupteten, er sei Schweineschlächter gewesen oder habe gar nicht existiert, weil das Symbol um vieles wichtiger war als der erzählerische Nachweis, auf den es gebaut war, scheint die Erschütterung biblischer Geschichten auf die Religion der Gesellschaft im allgemeinen weniger Eindruck gemacht zu haben. Von einem begrenzten Kreis von Intellektuellen abgesehen, war die Religion mit größerer Wahrscheinlichkeit durch eine soziale Erscheinung wie die Bevölkerungsverschiebung zu erschüttern als durch intellektuelle Tatsachen wie die Entdeckungen zur Evolution, zu denen Darwins *Von der Entstehung der Arten* (1859) den Weg wies.

Die Kirchen dienten weiter den Bedürfnissen der Menschen. Manche wollten, daß ihre Kinder als moralische und redliche Wesen aufwuchsen und waren sicher, daß die moralischen Grundsätze, die von den christlichen Kirchen gelehrt wurden, der richtige Schutz für den Charakter waren. Manche hatten ein angeborenes Gefühl von einer transzendenten Welt, und dies scheint eine natürliche und nicht angelernte Eigenschaft eines großen Teils der menschlichen Rasse zu sein. Das heißt, es war ihnen ein Bedürfnis, Gott zu verehren, und die Kirche wies ihnen den Weg. Viele hatten moralische Überzeugungen, die sie sich nicht losgelöst von religiöser Sprache und Übung vorstellen konnten. Manche, wenngleich es sich dabei auch um eine winzige Minderheit handelte, glaubten, daß ihnen eine unmittelbare, überwältigende Erfahrung des Göttlichen in ihrem Leben zuteil geworden war, die jeden Streit um Gott trivial und belanglos machte.

Es ist nach wie vor umstitten, ob der Konflikt zwischen Naturwissenschaft und Religion, der ungefähr zwischen 1840 und 1939 brisant war, irgendeine Auswirkung auf die Religion hatte. Wurde die Wissenschaft dazu benutzt, um einen mechanischen Zweck im Universum zu beweisen – denn eine Theorie des mechanischen Zwecks war zweifellos unvereinbar mit Religion? Keiner der beiden Wissenschaftler sagte das. Ein mechanischer Zweck konnte aus der Wissenschaft nicht hergeleitet werden; es war eine Theorie, die von außen in die Wissenschaft hineingetragen wurde. Der deutsche Wissenschaftler Haeckel hielt den Christen vor, daß sie Dummköpfe seien, weil die Wissenschaft bewiesen habe, daß es keinen Gott gebe. Haeckel fand jedoch nur bei denjenigen Gehör, die bereits davon überzeugt waren, daß es sich bei Gott um ein Produkt der menschlichen Phantasie handelte.

Die Rede von der »Evolution« beraubte die Europäer des Gefühls, ihren Ursprung zu kennen, und flößte ihnen damit eine verschwommene Furcht ein, die jeden befällt, der von seiner Geburt, den ersten Lebensjahren oder der Vergangenheit nichts weiß.

Die verschiedenen Ordinationsriten der Kirche von England mögen die Konsequenzen veranschaulichen.

DARWINS *Von der Entstehung der Arten* erschien 1859, *Die Entstehung des Menschen* 1871. Hier entwickelt sich aus dem anfänglichen Chaos ein Wurm, der ein Affe wird, dann ein Mensch mit Keule und schließlich ein geckenhafter Mann mit Hut. Wie steht es also um den Menschen, den Gott »als sein Abbild« schuf?

1662-1927: »Glaubst du aufrichtig an alle kanonischen Schriften des Alten und Neuen Testaments?«

1928-1980: »Glaubst du aufrichtig an alle kanonischen Schriften des Alten und Neuen Testaments, wie sie von Gott gegeben sind, damit sie uns auf mannigfache und unterschiedliche Art die Offenbarung seiner selbst vermitteln, die sich in unserem Herrn Jesus Christus erfüllt?«

Seit 1980: »Nimmst du die Heilige Schrift an als Offenbarung aller Dinge, die für die ewige Erlösung durch den Glauben an Jesus Christus notwendig sind?«

1928 noch glaubten sie aufrichtig. Von 1980 an nahmen sie nur noch an. 1928 glaubten sie an das Alte wie an das Neue Testament, obgleich sie anerkannten, daß die Offenbarung durch diese Testamente »auf mannigfache und unterschiedliche Art« geschehen könne. Seit 1980 brauchen sie nicht mehr zu bekennen, daß die Offenbarung durch das Alte wie das Neue Testament zu ihnen kommt. Die Formeln räumten denjenigen, die sich für aufrichtige Christen hielten, aber dennoch ihre Zweifel hatten, auf welche Weise die Offenbarung durch die Bibel zu ihnen kam, immer größere Freiheit ein.

Die Formel von 1980 ist noch aus einem anderen Grund von Interesse. Bei der Bischofsweihe wurde eine Erklärung des historischen unveränderten Glaubensbekenntnisses hinzugefügt – »Diese Kirche ist Teil der einen heiligen katholischen und apostolischen Kirche, die den einen wahren Gott, Vater, Sohn und Heiligen Geist, verehrt. Sie bekennt sich zu dem Glauben, der einzig in der Heiligen Schrift offenbart und in den katholischen Glaubensbekenntnissen dargelegt ist, ein Glaube, den in jeder Generation aufs neue zu verkünden die Kirche aufgerufen ist...«

Es ist beachtenswert, wie wenig sich geändert hatte. Die Kirche stand noch im Kontext der historischen Dogmen, vom Dogma der Heiligen Dreieinigkeit bis hin zu all den Dogmen, die im katholischen Glaubensbekenntnis erwähnt werden, einschließlich der jungfräulichen Geburt Christi und der Auferstehung des Fleisches. Soweit es um eine neue Formulierung der christlichen Lehre ging, hätte Darwin nichts zu schreiben brauchen. Dies ist insofern von Bedeutung, als es sich hier nicht um eine kleine, obskure Sekte handelt, sondern um eine Kirche mit einer starken liberalen Tradition des Denkens und der Bereitschaft, sich der modernen Kultur und den durch naturwissenschaftliche oder historische Entdeckungen begründeten Wahrheiten zu stellen. Es sieht rückblickend so aus, als habe der Konflikt zwischen Naturwissenschaft und Religion weniger Auswirkungen auf die christlichen Kirchen gehabt, als manche Menschen damals dachten.

Die konservative Natur des Glaubensbekenntnisses

Die Bedeutung von Worten ist eine Sache der Intelligenz. Die Assoziation von Worten ist eine Sache der Assoziation im Herzen. Deshalb werden Worte weiter im Gottesdienst gebraucht, auch wenn ihre Bedeutung nicht in ihrem alten Sinn akzeptiert werden kann. Das Glaubensbekenntnis der Apostel ist ein katholisches Bekenntnis aus der frühesten christlichen Geschichte. Es enthält ein Bekenntnis des Glaubens an die Auferstehung des Körpers. Wie viele Christen glaubten 1980 an die leibliche Auferstehung in dem Sinn, in dem ihre Vorväter daran geglaubt hatten? Die Frage läßt sich nicht beantworten, aber man kann mit Sicherheit einen sehr großen Meinungswandel voraussetzen. Das Mittelalter verstand den Satz noch wörtlich. Im 20. Jahrhundert (und schon vorher) war er nur aus dem Grund akzeptabel, weil jeder, der ihn benutzte, ihn in eine Metapher, eine Allegorie oder in Poesie verwandelte, ein Bekenntnis der Hoffnung auf das persönliche Überleben und eine Erklärung, daß ein »Überleben« durch das Aufgehen in einer unendlichen Welt des Geistes eine Idee war, die die christliche Hoffnung nicht angemessen auszudrücken vermochte.

Der Satz konnte nicht weggelassen werden, weil er im apostolischen Glaubensbekenntnis enthalten und dieses kanonisiert war. Während des 19. Jahrhunderts hatten mehrere lutherische Kirchenführer versucht, ihn bei der Ordination oder Konfirmation fallenzulassen. Die Lutheraner waren konservativ. 1845 enthoben sie den Königsberger Pfarrer Julius Rupp seines Amtes, obwohl er nicht gegen das Apostolikum predigte, sondern gegen die Sprache des Athanasianischen Symbols, ein Glaubensbekenntnis von geringerer katholischer Autorität. Zwei andere lutherische Pfarrer wurden aus ihren Ämtern entfernt, weil sie sich weigerten, das Apostolikum zu verwenden. Die preußische Generalsynode von 1846 billigte die Verwendung eines umgeschriebenen Bekenntnisses, das weder die jungfräuliche Geburt noch die Höllenfahrt, noch die Auferstehung des Fleisches erwähnte. Das Glaubensbekenntnis ist nach dem Theologen, der federführend bei dem Entwurf war, als »Nitzschenum« bekannt. Es sollte Ruhe in die Kirchen bringen, löste aber heftige Kontroversen aus. Nach 1870 flammte dieser Streit in Berlin zwischen Liberalen und Konservativen erneut auf. Mit dem Fall Schrempf erreichte er seinen Höhepunkt. Christoph Schrempf war ein württembergischer Pfarrer, der entlassen wurde, weil er sich weigerte, das Apostolikum zu verwenden. Eine Gruppe von Studenten wandte sich an den großen Berliner Theologen Harnack, der argumentierte, das apostolische Glaubensbekenntnis solle respektiert, aber nicht obligatorisch in der Liturgie verwendet werden. Er sagte sogar, ein informierter moderner Christ müsse an dem Bekenntnis Anstoß nehmen, wenn er die Bibel und die Kirchengeschichte studiert habe. Diese Äußerung löste einen erbitterten Meinungsstreit aus, an dem sich wichtige Persönlichkeiten beteiligten. Keiner war zum Nachgeben bereit, und noch 1924 gab es Fälle in den konservativeren lutherischen Kirchen, daß Pfarrer entlassen wurden, weil sie sich weigerten, das Apostolikum zu sagen. Das apostolische Glaubensbekenntnis war so heilig, daß keine der vorgeschlagenen Umschreibungen von den Kirchen angenommen wurde.

Spannungen wegen der Bibelkritik

Alle Kirchen zeigten sich aufgrund der Uneinigkeit in der Frage der biblischen Wahrheit und der Konsequenzen aus den Entdeckungen von Naturwissenschaft und Geschichte beunruhigt.

Die Freie Kirche von Schottland, die sich von der Staatskirche, der Kirche von Schottland, im Jahr 1843 wegen einer prinzipiellen Frage trennte (die Freie Kirche lehnte das Recht des Staates ab, die angestammten Rechte der Patrone gegen die Entscheidungen der kirchlichen Autorität zu stützen, während die Staatskirche dies akzeptierte) – die Spaltung ist als »Disruption« bekannt –, entfernte einen jungen, doch hervorragenden Alttestamentler, William Robertson Smith, von seinem Posten in Aberdeen (1881), weil er die Entdeckung der Wahrheit über die Entstehung des Alten Testaments und der frühen Religion der semitischen Völker nicht nur akzeptierte, sondern zu ihr beitrug und seine Ansichten in der *Encyclopaedia Britannica* zusammenfaßte.

In jeder Kirche traten Spannungen dieser Art auf. Zur größten Krise kam es jedoch in der römisch-katholischen Kirche. Sie war deshalb so gravierend, weil die Autorität in dieser Kirche stark und besonders konservativ war und auch weil es aus den verschiedensten politischen Gründen während des größten Teils des 19. Jahrhunderts um die höhere Bildung von Katholiken schlecht stand. Die geistlichen Orden, die einst bedeutende Gelehrte hervorgebracht hatten, wurden jetzt vor allem für die Seelsorge gebraucht. Aus diesem Grund brachen die Spannungen zwischen den katholischen Gelehrten und den Behörden ihrer Kirche relativ spät aus. Diese Verspätung machte sie jedoch um so schmerzlicher und folgenreicher, weil sie das Gefühl einer Kluft zwischen der Kirche und der normalen gebildeten Welt in Europa entstehen ließen.

JOHN HENRY NEWMAN, der Führer der Oxfordbewegung in der Kirche von England, der 1845 in die römisch-katholische Kirche aufgenommen wurde. Er war ein einfühlsamer christlicher Denker, ein Meister der psychologischen Analyse des Glaubens und der religiösen Bindung.

1907 veröffentlichte Pius X. (1903-14), der ein schlichter, gottesfürchtiger Mensch ohne wirkliches Verständnis für intellektuelle Probleme war und der sich zu fürchten begann, daß Verräter heimlich in der Kirche daran arbeiteten, das apostolische Evangelium zu zersetzen, die Enzyklika *Pascendi.* In ihr wurde das Bild einer übergreifenden Bewegung namens »Modernismus« gezeichnet, die sich als christlich hinstellte, aber zum Agnostizismus abfiel. Keiner der katholischen Gelehrten der Zeit akzeptierte, daß das Porträt in der Enzyklika auf sie zutraf, doch der größte Teil der Kirche schluckte die Enzyklika mühelos. Einige wenige Gelehrte verließen die Kirche, von denen der anglo-irische Jesuit George Tyrrell der berühmteste und ein Franzose, der Bischof von Tarentaise, der ranghöchste war. Offenbar hatte die Autorität gesiegt, und in der Tat gab es viele Christen in Europa, nicht nur Katholiken, die froh waren, daß der Papst sich so kraftvoll zu den alten Wahrheiten und den alten Wegen bekannt hatte.

In Wirklichkeit war dies eine der großen Katastrophen in den Kirchen seit 1800. Der Papst hatte nicht nur Gelehrten Einhalt geboten, die im Begriff waren, Agnostiker zu werden. Er machte zugleich auch die Aussichten derjenigen, die es nicht waren, zunichte. In den folgenden Jahren kam es zu sehr unerfreulichen Vorgängen, nämlich zur Entlassung von Lehrern an Seminaren oder auch von Kanonikern und Gemeindepriestern aus in der Regel unzureichenden Gründen oder auf bloße Gerüchte hin. Einige der um die Mitte des 20. Jahrhunderts führenden Katholiken hatten eine, im allgemeinen kurze, Phase durchgemacht, während der sie im Verdacht standen, vom »Modernismus« angesteckt zu sein (zum Beispiel der spätere Papst Johannes XXIII.). John Henry Newman war von allen englischen Katholiken des 19. Jahrhunderts derjenige, der am offensten für das Festhalten am wahren Glauben unter Anerkennung der berechtigten Schlußfolgerungen aus den Naturwissenschaften und der Geschichte eintrat, sofern sie ausgereift schienen. 1879 wurde er zum Kardinal ernannt. 1890, fünfzehn Jahre nach seinem Tod, fiel er als eine Art Modernist vor dem Modernismus in Ungnade und gewann seinen wohlverdienten Ruf nur langsam, erst nach dem Zweiten Weltkrieg, wieder.

Diese Phase kirchlicher Rückständigkeit endete, noch bevor Papst Pius X. 1914 starb. Aber sie hatte ernste Folgen. In einem äußerst kritischen Moment der Beziehungen zwischen den Kirchen und der Mentalität der Welt nahm ihre größte und mächtigste Körperschaft eine Haltung ein, die von der Welt als Obskurantismus empfunden werden mußte. Das hatte zwangsläufig Auswirkungen auf andere Kirchen.

Die Naturwissenschaften gewannen als Methode zur Erforschung der Wahrheit an Ansehen. Mit Hilfe einer langen Reihe von praktischen Experimenten Schritt für Schritt voranzukommen, schien der richtige Weg zu sein, um sich der Realität zu vergewissern. Die Naturwissenschaften rückten als Mittel der Erziehung stärker in den Vordergrund und nahmen bereits viele Stunden im Lehrplan der Schulen ein. Religiöse Menschen wurden sich mehr und mehr der Unangemessenheit des von ihnen benutzten Wortschatzes bewußt. Wenn sie darüber nachdachten, hatten religiöse Menschen immer gewußt, daß ihre Worte dem Geheimnis, das sie zu beschreiben suchten, nicht angemessen waren. Jetzt empfanden sie diese Unangemessenheit stärker denn je. Sie ahnten, daß die Wahrheit viel schwieriger zu finden war, als ihre Väter vermutet hatten.

reich war eher schwächer, Britannien stärker, der norddeutsche Protestantismus viel stärker, Rußland, eine nicht römisch-katholische Macht, ebenfalls viel stärker. Das Kräfteverhältnis hatte sich eindeutig zugunsten der Protestanten verschoben. Nach 1918 konnten sich allerdings die Staaten nicht mehr überzeugend als entweder protestantisch oder katholisch bezeichnen, wenn man von Italien absah, wo Mussolini und Papst Pius XI. sich im Lateranvertrag (1929) darauf einigten, daß es ein katholisches Land sein sollte. (Der Lateranvertrag wurde durch ein Abkommen 1984 dahingehend geändert, daß der Katholizismus nicht mehr die Staatsreligion Italiens ist und Rom keine Sonderstellung mehr als »heilige Stadt« hat.)

Deshalb sahen die neuen protestantischen Herrscher Deutschlands die Katholiken, die vor allem in Bayern, im Rheinland und im polnisch besiedelten Reichsgebiet lebten, als Gefahr für die Einheit des neuen Staates an. Von 1871 bis 1880 führte Reichskanzler Bismarck einen immer bedrohlicheren Feldzug, der Katholiken aus dem öffentlichen Leben hinausdrängen sollte, den sogenannten Kulturkampf, eine Bezeichnung, die zu unterstellen suchte, daß die Protestanten »Kultur« hatten und die Katholiken nicht. Der Hauptangriff beschränkte sich auf Preußen. Bismarck vertrieb die Jesuiten und später andere geistliche Orden, brachte das Erziehungswesen einschließlich der Ausbildung des Klerus unter staatliche Kontrolle, und verhaftete oder vertrieb Bischöfe und Geistliche, die Widerstand leisteten. Eine solche Form der Verfolgung ließ sich in einem Staat, der demokratische Bürgerrechte akzeptierte, jedoch nicht durchhalten, und zehn bis fünfzehn Jahre später wurden die meisten antikatholischen Maßnahmen in aller Stille widerrufen.

Der Lateranvertrag (1929) zwischen Italien und dem Papsttum. Mussolini liest das Dokument, am Ende des Tisches steht Kardinal Gasparri. Der Papst gab seinen Anspruch auf die Stadt Rom auf und erhielt die Vatikanstadt als souveränen Staat. Italien erkannte den Katholizismus als einzige Staatsreligion an und sorgte für katholischen Religionsunterricht an den Schulen.

DER KULTURKAMPF: Karikatur von Felix Regamey (1875). Bismarck teilt dem Satan mit, er wolle die Peterskirche zerstören. Der Teufel erwidert: »Ich versuche es schon mein Leben lang. Falls es dir gelingt, werde ich dir höchstes Lob zollen.«

Die seltsamsten illiberalen Akte liberaler Regierungen waren in Frankreich zu beobachten. Nach dem Sturz des Diktators Louis Napoleon durch die Deutschen 1870 entwickelten die Franzosen schrittweise das erste Beispiel (vielleicht mit Ausnahme Belgiens) eines stabilen modernen demokratischen Staates in Westeuropa, der Liberalismus, Toleranz und Menschenrechten verpflichtet war. Die Kirche war jedoch im Denken der Demokraten stark mit der gestürzten Diktatur verknüpft. Sie hielten die Demokratie für gefährdet und unterstellten der Kirche feindliche Absichten. Papst Leo XIII. versuchte 1892, die französische Kirche zu einer öffentlichen Aussöhnung mit der neuen Republik zu veranlassen, aber die meisten Katholiken ließen sich nicht von ihrer Loyalität zur alten Monarchie oder zur bonapartistischen Sache abbringen. Deshalb beschloß das französische Parlament nach und nach Maßnahmen, die auf eine Schwächung der Kirche zielten. Durch ein trauriges Ereignis der Geschichte spaltete dann die Dreyfus-Affäre (1894-1906), in der ein jüdischer Offizier hauptsächlich aufgrund gefälschter Beweise beschuldigt wurde, militärische Geheimnisse an Deutschland verraten zu haben, die Franzosen in einer Weise, daß die katholische Kirche oder viele ihrer wortgewandteren Pamphletisten auf der Seite der Armee zu stehen schienen, die schließlich stärker als Dreyfus im Mittelpunkt des Prozesses stand. Nicht wenige Flugschriften enthielten antisemitische Äußerungen. Die Dreyfus-Affäre weckte eine erbitterte Feindseligkeit gegen die französische katholische Kirche, wodurch die bereits existierende antiklerikale Kampagne zusätzlich angeheizt wurde. 1903 wurde ein Ex-Ordinandus, der die Kirche haßte, Émile Combes, Ministerpräsident. Er schloß oder säkularisierte einige tausend katholische Schulen, ver-

»Pietà« (1946) von Bernard Buffet. Das Datum ist bedeutsam. Der geistige Horizont wurde von den Erinnerungen an den Krieg und die Konzentrationslager beherrscht.

trieb über 20000 Mönche und Nonnen, erlaubte dem französischen Präsidenten, dem König von Italien einen Besuch abzustatten, ohne auch den Papst aufzusuchen, rief den französischen Botschafter aus dem Vatikan ab und legte ein Gesetz zur Trennung von Kirche und Staat vor. Combes stürzte 1905, als sein Antiklerikalismus selbst den Sozialisten zu radikal wurde. Sein Nachfolger jedoch brachte das Gesetz in verbesserter Form durch. Es verstaatlichte den gesamten Kirchenbesitz und erlaubte den Geistlichen, die meisten Gebäude unter staatlicher Kontrolle zu benutzen. Weil Frankreich eine Demokratie war, konnte eine solche Form des republikanischen Antiklerikalismus nicht von Dauer sein, denn dies widersprach den Prinzipien der Freiheit und der Menschenrechte. Zwanzig Jahre später war er auch nur noch Erinnerung. Die gleiche Stimmung, wenn auch bei weitem nicht so ausgeprägt, war in Spanien und Portugal, in der Schweiz und in Preußen anzutreffen, wo liberale Regierungen so unsicher waren, daß sie ihren eigenen Prinzipien widersprachen, indem sie sich weigerten, eine Kirche, die ihre Opposition zum Liberalismus erklärte, zu tolerieren.

Es läßt sich nicht leicht feststellen, inwieweit diese Angriffe die Kirche stärkten. In Deutschland förderte der Kulturkampf zweifellos das Selbstbewußtsein und den Kampfgeist der Katholiken. In Frankreich hatte die antiklerikale Kampagne in etwa die gleiche Wirkung. Doch in Frankreich und auch in Spanien spaltete der Kampf, der um die tiefsten religiösen Gefühle vieler Menschen geführt wurde, die Seele der Nation und erzeugte Probleme der Identität mit der Religion, die viel länger anhielten als die rechtlichen Auswirkungen der antiklerikalen Gesetzgebung.

Die christlich-soziale Bewegung

Die Zeit zwischen 1860 und 1930 war von Klassenkämpfen geprägt. Damals wurden die großen sozialistischen Parteien Europas gegründet. In den meisten Fällen, mit Ausnahme Großbritanniens, trugen sie antichristliche oder zumindest antikirchliche Züge. Die Kirchen lehnten sie zunächst ab, zum einen, weil sie selbst als Handlanger der kapitalistischen Unterdrückung angeprangert wurden, zum andern, weil die Sozialisten zum Klassenkampf aufriefen, den Christen nicht als moralisch akzeptieren konnten, und manchmal, weil einige von der Notwendigkeit der Revolution sprachen, die von den meisten Christen als nicht zu rechtfertigende Gewalt abgelehnt wurde. Die preußische Kirchenleitung von 1878 billigte das Sozialistengesetz, mit dem die Sozialdemokratie verboten wurde.

In mehreren Kirchen gründeten sich Gruppen christlicher Sozialisten, die den Christen zeigen wollten, daß die Sozialisten die Gerechtigkeit auf ihrer Seite hätten, und den Sozialisten, daß das Christentum nicht Teil des Systems zur Unterdrückung der Arbeiterklasse sei, wie sie behaupteten. Die frühesten Ansätze dazu fanden sich in Frankreich und Deutschland in den Jahren nach 1840. Die Bezeichnung »christlich-sozial« wurde jedoch von dem englischen Theologen Frederick Denison Maurice und dem Romancier Charles Kingsley zwischen 1848 und 1853 eingeführt. Die Frage war, ob die Pflicht der Kirche nur darin bestehe, einzelne Menschen zu bekehren und die Politik den Politikern zu überlassen, oder ob es die Pflicht von Kirchenmännern sei, die Gesellschaft, sofern sie ungerecht ist, zu verändern. Ein Schüler von Maurice, Charles Gore, verhalf einer gemäßigten Form des christlichen Sozialismus in England zu Einfluß, gewann William Temple, der Erzbischof von Canterbury werden sollte (1942-44), für seine Ideen und spielte später eine wichtige Rolle in Afrika.

In Deutschland gründete Adolf Stoecker die christlich-soziale Arbeiterpartei, doch trug diese den Makel des Antisemitismus und verlor bald an Bedeutung. In der Schweiz gründeten zwei christliche Denker, Kutter und Ragaz, 1903-06 den Internationalen Bund Religiöser Sozialisten, der den Sozialismus als neue Offenbarung für die Kirche vorstellte, der ein ähnlicher Stellenwert wie der Reformation zugemessen wurde. Sie standen unter dem Einfluß eines deutschen Pfarrers, der der erste wirklich bedeutende christliche Sozialist im protestantischen Deutschland war, Christoph Blumhardt, ein sozialdemokratischer Abgeordneter in Württemberg in den Jahren 1900-1906.

In der römisch-katholischen Kirche versuchte (1867 und später) Bischof Ketteler von Mainz, in seiner Kirche Sympathie für sozialistische Ideale zu wecken. Papst Pius IX. verurteilte den Sozialismus im Syllabus von 1864, und sein Nachfolger Leo XIII. bestätigte die Verurteilung. Dennoch veröffentlichte Leo XIII. (1891) die Enzyklika *Rerum novarum,* die den katholischen Denkern, die sozialistische Ideale zu erörtern wünschten, großen Spielraum gewährte. Sie spielte eine wichtige Rolle, als sich das Verhältnis zwischen den Kirchen und den europäischen sozialistischen Parteien (außer der sozialistischen Linken in ihren kommunistischen Formen) in den ersten 30 Jahren des 20. Jahrhunderts allmählich entkrampfte.

Christentum und Nationalsozialismus

Doch nun zeichnete sich ein verhängnisvollerer Angriff auf die Kirchen ab, und nicht nur auf die katholische Kirche. Die erstarkenden Nationalisten Mitteleuropas standen den christlichen Prinzipien ablehnend gegenüber. Was ihren Unmut erregte, waren der Wunsch nach Frieden, der Internationalismus, die Ablehnung des Rassismus, das Gutheißen von Gewalt nur als allerletztes Mittel bzw. als staatliche Gewalt, schließlich die Überzeugung, daß jeder Mensch gleich welcher Rasse oder Kultur gleichermaßen ein Kind Gottes sei. Die Marxisten hatten etwas gegen das Christentum, weil es gegen die Revolution war und weil die Kirchen den Marxisten als Säule der bürgerlichen Gesellschaft erschienen. Die Rassisten hatten etwas gegen das Christentum, weil es gegen den Krieg war und weil christlicher Einfluß dem Aufstieg der Nationen im Wege stand. Als Adolf Hitler *Mein Kampf* schrieb (das Buch erschien 1925/27), fand er bei Houston Stewart Chamberlain die Rechtfertigung für seine nationalistischen und antisemitischen Vorstellungen. Jesus war demnach kein Semit, doch hatten die Kirchen seinen Einfluß verdorben und seine Botschaft judaisiert. Hitler selbst war als Österreicher römisch-katholisch getauft worden. Von seinen Jugendjahren an haßte er römisch-katholische Priester und verachtete protestantische Pfarrer.

1914 konnte niemand vermuten, daß solche Lehren etwas anderes waren als die abwegigen Gedanken einiger Spinner. Die Vorstellung, daß sie die Christenheit zugrunde richten könnten, war undenkbar. Doch der Erste Weltkrieg erschütterte diese Zuversicht.

Niemand hatte es für möglich gehalten, daß sogenannte christliche Nationen töten und immer weiter töten würden, bis es Millionen Opfer gab und die europäische Führung der Welt einen nicht wiedergutzumachenden Schaden genommen hatte. Als unmittelbare Folge dieses Krieges setzten sich die zwei antichristlichen Doktrinen: Religion als Opium für das Volk und Religion als Behinderung nationalistischer Ideale in den zwei mächtigsten Militärnationen der Welt durch.

Von 1917 an riß eine marxistische Regierung in Rußland die Macht an sich und versuchte während der nächsten drei Jahrzehnte, das russische Christentum zu ersticken. Von 1933 an lenkte eine extrem nationalistische Regierung Deutschland. Zwei oder drei Jahre lang versuchte die NSDAP, die deutschen Kirchen, Katholiken wie Protestanten, in den Dienst des Nationalsozialismus einzuspannen, sie für ein Gefühl der Berufung in der Nation, für das Selbstopfer im Namen der nationalen Sache, für den Glauben an ein auserwähltes Volk, für die Ausschließung der Juden aus dem nationalen Leben zu gewinnen. Dieses Bemühen hatte einen gewissen Erfolg. Die Appelle an Selbstopfer und Schicksal paßten zu manchen Aspekten des Christentums, und die Kompromisse schwacher Führer taten das übrige. Noch 1939 setzten manche Kirchenmänner und ein paar Nationalsozialisten auf eine enge Verbindung zwischen Nationalsozialismus und Christentum. Aber bereits 1937 glaubte Hitler selbst nicht mehr, daß die Kirchen für das deutsche Geschick von Nutzen sein könnten. Unter den Protestanten war 1934 die Bekennende Kirche ge-

Religion im Ersten Weltkrieg. Französische Soldaten nehmen in Fort Douaumont, dem Schauplatz erbitterter Kämpfe im Jahre 1916, an einer mitternächtlichen Messe teil.

gründet worden, die gegen die Gleichschaltung der Kirchen Widerstand leisten sollte. Ihr eigentlicher Führer war der lutherische Pfarrer Martin Niemöller, den Hitler 1937 in ein Konzentrationslager brachte, aus dem er erst 1945 freikam. Ihr Denken beruhte zu einem großen Teil auf den stark biblischen Ideen des Schweizer Theologieprofessors Karl Barth. Ihre inspirierendste Konferenz, die Barmer Synode im Mai 1934, hatte weitreichende Folgen für die Geschichte des Christentums in Mitteleuropa.

Bei den Katholiken wurde der Widerstand von einigen beherzten Bischöfen und Priestern angeführt, die sich auf die katholische Tradition beriefen und versuchten, durch Papst Pius XI. Hilfe von außen zu erhalten. Nach einer Phase der Kompromißbereitschaft, als der Papst ein Konkordat mit Hitler schloß (Juli 1933), das zwar für den Katholizismus sehr günstig war, das Hitler jedoch nicht einzuhalten gedachte, kam die Hilfe des Papstes endlich im März 1937, als die Enzyklika *Mit brennender Sorge* nach Deutschland geschmuggelt und von den meisten katholischen Kanzeln verlesen wurde. Sie machte ganz Europa mit den schlimmen Repressalien der Nationalsozialisten gegen Schulen, Gerichte, Presse und Klöster bekannt.

Der kirchliche Widerstand gegen die Gleichschaltung war gespalten und insgesamt schwach. Allerdings war er ausreichend, um Hitler davon zu überzeugen, daß das Christentum ein Hindernis für die nationale Mission bildete. Er beschloß, die Kirchen zu zerstören, wenn er erst Rußland im Krieg besiegt und sich selbst zum Herrn Europas gemacht haben würde. Mittlerweile war eine ständige Verfolgung gegen die Kirchen durch lokale Nazigrößen im Gang, die je nach der Persönlichkeit des Zuständigen sehr unterschiedlich ausfiel. 1938 besetzte Hitler Österreich, und nun war auch die starke katholische Kirche dieses Landes dem Druck ausgesetzt.

Es gab eine ganze Reihe wirklicher Märtyrer. Nur ein einziger katholischer Bischof in Deutschland wurde durch eine organisierte Nazibande aus seinem Bischofssitz vertrieben. Eine erhebliche Anzahl von Priestern, protestantischen Pfarrern oder kirchlichen Amtsträgern wurde in Konzentrationslagern ermordet. Der katholische Dompropst an St. Hedwig in Berlin, Bernhard Lichtenberg, der von seiner Kanzel aus gegen die Verfolgung der Juden protestiert hatte, starb auf dem Weg in ein Konzentrationslager (aus dem er ohne Zweifel nicht lebend herausgekommen wäre). Dabei handelte es sich jedoch um Einzelfälle. Auch in Nazideutschland konnten die Kirchen ihre gewohnten Gottesdienste weiter abhalten, selbst wenn ein Polizist unter der Kanzel saß und sich Notizen über die Predigt machte. Dem größeren Teil der Kirchen gelang es, ein Mittelpunkt christlicher Philosophie und Ethik zu bleiben und somit ein Organ des passiven Widerstands gegen die Unmoral des Regimes. In einem einzigen Bereich hatten die Kirchen einen eindrucksvollen moralischen Erfolg zu verzeichnen. 1940-41 billigte Hitler das Euthanasie-Programm für unheilbar Kranke. Einzige gesetzliche Grundlage war das Dekret des Kanzlers, das der Geheimhaltung unterlag. Die Ausführenden erweiterten seine Anwendung, und allmählich tauchten gefälschte Totenscheine auf. Die Geheimhaltung konnte nicht gewahrt werden, das Volk war beunruhigt. Energische Proteste von Kirchenmännern, besonders von Graf Galen, dem katholischen Bischof von Münster, und dem protestantischen Pfarrer von Bodelschwingh, überzeugten Hitler, daß er unklug handelte, und das Programm wurde abgebrochen. Es kam jedoch zu keinem vergleichbaren Protest gegen das Judenpogrom, obgleich es viele Anstrengungen gab, einzelne Juden zu retten.

Martin Niemöller im Jahre 1951. Der U-Boot-Kommandant im Ersten Weltkrieg wurde lutherischer Pfarrer und ein Kopf der »Bekennenden Kirche«, die seit 1934 in Opposition zu den Nationalsozialisten stand. 1937 kam er in ein Konzentrationslager und lehnte Angebote einer Freilassung unter bestimmten Auflagen ab. Er wurde zur Symbolfigur des christlichen Widerstands gegen den Nationalsozialismus.

Karl Barth *(zweiter von rechts)* bei einem Besuch Italiens im Jahr 1934. Im Jahr darauf verlor er seinen Lehrstuhl in Deutschland aufgrund seiner Opposition gegen Hitler und zog sich auf einen akademischen Posten in seine schweizerische Heimat zurück. Er lehrte eine existentialistische Theologie, die auf einer radikalen Sicht des Sündenfalls gründete, der die menschliche Vernunft pervertiert und eine »natürliche« Theologie unmöglich gemacht habe.

CHRISTUS LEIDET UNTER DEM HAKENKREUZ (Juni 1933). Helmut Herzfeld (John Heartfield), Mitgründer der Berliner Dada-Gruppe und Kommunist, floh vor Hitler und spielte schließlich im Kulturleben der DDR eine Rolle. Er entwickelte die Fotomontage zu einer propagandistischen Kunstform.

RELIGION UND DIE NATIONALSOZIALISTEN. Die Nationalsozialisten förderten eine »deutsch-christliche« Bewegung. Hier weihen sie im Jahre 1934 ihre Fahnen bei einem Gottesdienst in der Gustav-Adolf-Kirche in Berlin.

Die Katholische Aktion

Im letzten Viertel des 19. Jahrhunderts bauten katholische wie auch protestantische Kirchengemeinden alle möglichen Gemeindeorganisationen auf – vor allem Jugendklubs, aber auch Müttervereine, Sparkassen, Krankenpflegeverbände, Versammlungen zum Gebet und später Kinoklubs. Im ersten Jahrzehnt des 20. Jahrhunderts kam für diese Organisationen, zuerst in Italien, die Bezeichnung »Katholische Aktion« auf. Dieser Ausdruck bedeutete erstens, daß alle derartigen Organisationen ein einheitliches Instrument bildeten, das der päpstlichen und bischöflichen Führung unterstand, und zweitens, daß sie Instrumente der Verkündigung des Evangeliums durch Laien waren – das heißt, die Kirche bat Laien, Männer wie Frauen, Arbeit für die Gesellschaft zu leisten, die in früheren Zeiten von Priestern übernommen worden war. Papst Pius XI. bezeichnete die Katholische Aktion (1922) als »die Teilnahme der Laien am Apostolat der Kirchenhierarchie«.

Diese Bewegung nahm in den einzelnen Ländern unterschiedliche Formen an. Am weitesten verbreitet waren die Jugendorganisationen. In Belgien baute der Priester Joseph Cardijn die Jocistes auf (von JOC, Jeunesse Ouvrière Chrétienne, christliche Arbeiterjugend), eine sehr erfolgreiche Jugendbewegung, die in anderen Ländern kopiert wurde. Ein großes Problem bildete ihr Verhältnis zur Politik. Die meisten Konkordate zwischen Kirche und Staat in den Jahrzehnten zwischen den zwei Weltkriegen enthielten diesbezügliche Vorschriften. Diktatoren hatten etwas gegen kirchliche Jugendgruppen. Mussolini war entschlossen, die italienische Jugend faschistisch auszurichten und legte der Katholischen Aktion Fesseln an, was den Papst veranlaßte, ihn in einer Enzyklika 1931 anzugreifen. Mussolini setzte sich jedoch durch. In Deutschland, wo die Katholische Aktion unter diesem Namen nie stark war, unterdrückte Hitler alle Jugendverbände außer der Hitlerjugend. Nach dem Zweiten Weltkrieg stand die Katholische Aktion bei dem Versuch, die Kommunisten in Italien von der Macht fernzuhalten, in vorderster Front. Die damit verbundene politische Zuordnung machte ihr eine Zeitlang zu schaffen. In den fünfziger und sechziger Jahren kam es zu Spannungen zwischen den jungen Menschen an der Spitze der Klubs, die nach vorn schauten, und einigen Angehörigen der Hierarchie, die glaubten, die Katholische Aktion sei dazu verpflichtet zu gehorchen.

Eine Institution, die ebenfalls zu der Bewegung gehörte, Laien für das Apostolat unter der Hierarchie zu gewinnen, war Opus Dei, das 1928 von einem spanischen Priester in Madrid gegründet worden war. Die Ereignisse des spanischen Bürgerkriegs und seine Nachwehen gaben dem Opus Dei eine Tendenz zur politischen Rechten in Kirche und Staat, und seine Führer waren im allgemeinen auf diesem Flügel zu finden. Rom billigte seine Tätigkeit, und das Opus Dei unterhält nach wie vor die katholische Universität in Pamplona und einige andere Erziehungseinrichtungen.

Das Recht auf Widerstand

Die Verfolgung unter Hitler hatte eine unerwartete Konsequenz. Alle waren sich einig, daß christlicher Widerstand gegen eine unmoralische Regierung passiv sein mußte, was bedeutete, daß jeder versuchen mußte, unmoralisches Tun abzulehnen, auch wenn die

DIETRICH BONHOEFFER, ein lutherischer Pfarrer der Bekennenden Kirche, der zur direkten Verschwörung gegen Hitler bereit war. Er forderte eine Reform der Kirche von Grund auf, die bis zur Aufgabe der traditionellen Religion reichte. Er wurde 1943 in Buchenwald inhaftiert und 1945 hingerichtet. Seine Briefe aus der Haft sind ein bewegendes Zeugnis eines Menschen, der allein auf die Gesellschaft Jesu angewiesen ist.

Regierung es befahl. Aber konnten sich Christen, die durch das Neue Testament auf die moralische Pflicht zum Gehorsam festgelegt waren, was den Staat natürlich einschloß, auf aktiven Widerstand einlassen? Konnte ein Christ zum Verschwörer werden, wenn dies die einzige Möglichkeit war, der Ungerechtigkeit Einhalt zu gebieten? Diese Diskussion war seit den Debatten über den Tyrannenmord gegen Ende des 16. Jahrhunderts im Christentum kaum mehr geführt worden. Viele, vielleicht die meisten, behaupteten weiterhin, sie könnten es nicht. Einige angesehene Persönlichkeiten bezogen jedoch den gegenteiligen Standpunkt. In Deutschland gelangte ein Schüler Pastor Niemöllers, Dietrich Bonhoeffer, der mit einigen nichtkirchlichen Führern des Widerstands gegen Hitler nahe verwandt war, zu der Überzeugung, daß er sich beteiligen müsse. Er wurde wegen seiner (nicht wesentlichen) Rolle bei der Verschwörung hingerichtet. Der Jesuitenpater Delp erlitt das gleiche Schicksal. Diese Einstellung wurde Anfang 1940 von höchster Stelle bekräftigt, als Papst Pius sich heimlich als Verbindungskanal zwischen den deutschen Verschwörern gegen Hitler und der britischen Regierung benutzen ließ, was er damit rechtfertigte, daß dadurch viele Menschenleben gerettet werden könnten.

Doch blieb diese Haltung umstritten. Später erhielt sie in christlichen Debatten großes Gewicht, weil junge Befreiungsbewegungen in Südafrika und Lateinamerika sich auf die europäischen Präzedenzfälle beriefen, um Gewaltanwendung von Christen gegen eine Militärdiktatur zu rechtfertigen. In diesem Zusammenhang kam es zu schwierigen Diskussionen zwischen den afrikanischen, asiatischen oder lateinamerikanischen Kirchenführern und einigen ihrer europäischen Kollegen.

Die deutschen und russischen Verfolgungen waren nicht die einzigen im damaligen Europa. Zu den schlimmsten Auswüchsen kam es von 1936 an in Spanien, als Kommunisten oder Anarchisten, die General Franco Widerstand zu leisten versuchten, in großer Zahl unschuldige Mönche, Nonnen oder Priester ermordeten. In einem Bürgerkrieg ist es nie möglich, genau festzustellen, wer mit dem Morden begonnen hat. Dennoch war es bezeichnend, daß die Truppen der extremen Linken, wenn sie nicht unter Kontrolle waren, ausgerechnet diese Menschen zu ihren Opfern auswählten. Eine Nonne zu ermorden, die keinem Menschen geschadet und vielleicht viel Gutes getan hat, erfordert eine gewisse Obsession, vergleichbar mit dem Fanatismus der Nationalsozialisten hinsichtlich der Juden, und genauso wie die nationalsozialistische Haltung zum Teil (aber nur zum Teil) im Kontext der langen Geschichte des europäischen Antisemitismus erklärt werden kann, so kann die Ermordung von Nonnen durch spanische Anarchisten nur im Rahmen der verworrenen Geschichte des europäischen Antiklerikalismus und Marxismus erklärt werden.

Die Bindungen zwischen Kirche und Staat

Die neue feindselige Haltung gegenüber dem Christentum hatte nicht unbedingt etwas mit dem Prozeß der Trennung von Kirche und Staat zu tun, die in dieser Zeit stetig voranschritt. Demokratie bedeutete Gleichheit vor dem Gesetz für alle, und deshalb mußte jeder das gleiche Recht haben, seine Religion auszuüben. Inzwischen führten der Widerstreit verschiedener Gesellschaftsordnungen und die neuen politischen Entwicklungen in Europa zu größeren Wanderungsbewegungen, in deren Folge gemischte Gemeinschaften entstanden. Die modernen Gesellschaften gehörten in der Regel nicht mehr nur einer Religion an. Ein Land mochte immer noch im großen und ganzen ein einziges Bekenntnis haben – etwa den Katholizismus in Spanien, Portugal, Italien, Teilen Süddeutschlands, Belgien, Polen – oder die Ehrenführerschaft eines Bekenntnisses, etwa die Presbyterianer in Schottland, die Anglikaner in England, die Lutheraner in Schweden, Norwegen und Dänemark, die Reformierten in Holland und der Nordschweiz, die Lutheraner in Nordwestdeutschland, alles Länder, in denen es andere Bekenntnisse in nennenswertem Umfang gab, in denen aber Geschichte und Volkstradition der angestammten Kirche einen Ehrenvorrang einräumten. Aber auch dort, wo ein Bekenntnis eine große Mehrheit hatte und auf eine lange Tradition zurückblicken konnte, war ein ständiges Beschneiden seiner Sonderrechte zu beobachten.

Die Trennung von Kirche und Staat in Frankreich 1905-06 war insofern ein einmaliger Vorgang, als er mit einer erbitterten Feindseligkeit gegen die Kirche einherging. Zu einer gewöhnlicheren Form der Trennung kam es, wenn eine Monarchie gestürzt wurde. Als Kaiser Wilhelm II. durch die Revolution von 1918 vertrieben wurde, verloren alle deutschen Kirchen ihren Status als Staatskirche, allerdings nur nominell. Die Nachfolgeregierungen in Deutschland wahrten weiterhin ihren Einfluß auf die Wahl der Kirchenführer. Die Revolution bewahrte ein Merkmal, das man allgemein als eines der wesentlichen Charakteristika einer Staatskirche ansieht, das Recht, die Bürger für die Unterhaltung der Kirche zu besteuern. Die Kirchensteuer existiert in Deutschland bis heute. Hitler schaffte sie nie ab, plante allerdings, sie nach dem Ende des Krieges zu un-

GLORIA
AL VALIENTE
MARTIR
1937
VIVA EL
HEROICO
MARTIRES
GRANDE
LIBRE
UNA
PAÑA

terbinden. Dies geschah nur in Ostdeutschland durch das kommunistische Regime nach 1945, während man sie in Westdeutschland beibehielt. In England wurde die Kirchensteuer nach 1868 abgeschafft, in Irland 1833. In der Schweiz erheben die Kantone Kirchensteuern; ein Vorschlag, Kirche und Staat zu trennen, wurde durch eine Volksabstimmung im Jahr 1980 abgelehnt. In den noch existierenden Monarchien gab es unterschiedliche Formen innerhalb der Staatskirchenordnung, etwa die Vorschrift, daß der Monarch der Staatsreligion angehört (so in Spanien, Großbritannien, Schweden und Belgien) oder die Anwesenheit von Vertretern der alten Staatskirche im Oberhaus des Parlaments (so in Großbritannien bis heute und in Österreich-Ungarn bis zur Revolution von 1918). Nicht nur in den Monarchien, sondern auch anderswo enthielten die Verfassungen häufig – obgleich dies nie unumstritten war – die Pflicht staatlicher Schulen, die christliche Religion zu lehren, soweit es nicht von einzelnen aus Gewissensgründen abgelehnt wurde, an diesem Unterricht teilzunehmen.

Mit diesem Prozeß, eine historische Kirche von ihrer staatlichen Lenkung abzutrennen, war nicht unbedingt Feindseligkeit gegenüber der Religion verbunden, obgleich sie vorhanden sein konnte wie in Frankreich, Spanien oder Italien. Viele Befürworter der Trennung waren fromme Mitglieder einer Staatskirche, die einfach nur Gleichheit und Gerechtigkeit und die Beseitigung eines Mißstands im Staat wünschten oder die Kirche von solchen staatlichen Eingriffen befreien wollten – Veto gegen kirchliche Gesetzgebung oder Veröffentlichungen, Ernennung wichtiger Pfarrer oder Veto gegen die vorgeschlagenen Personen –, die sie für anachronistisch hielten. Ihre Kirche sollte sich ganz um ihre seelsorgerischen Aufgaben kümmern können.

Überall fanden sich jedoch weiterhin Spuren des alten Systems, nach dem Bischöfe durch die Krone ernannt worden waren. Die Staaten räumten der Kirchenführung eine maßgebliche Funktion im Hinblick auf die öffentliche Meinungsbildung ein. In allen kommunistischen Staaten Osteuropas wurde es nach 1945 unmöglich, einen Bischof zu wählen, der für den Staat nicht annehmbar war. In Frankreich und Spanien gab es weiterhin Verhandlungen zwischen Regierung und Papst. In England ernannte der Souverän, worunter in diesem Fall hauptsächlich der Premierminister zu verstehen war, die Bischöfe der Kirche (wobei er etwa von 1922 an aus einer von den Erzbischöfen abgesegneten Liste auswählte, bis 1977 die Krone einem System zustimmte, nach dem die Liste auf zwei Namen reduziert wurde, die von einem Ausschuß der Generalsynode der Kirche vorgeschlagen wurden). Die Situation war von Land zu Land verschieden, sei es, daß der Verlust an staatlicher Autorität über die Kirchen auf eine Schwächung der staatlichen Autorität überhaupt zurückzuführen und insofern ein Merkmal demokratischer Gesellschaften war oder daß der Staat in Verlegenheit kam, die hohen Geistlichen auswählen zu müssen, obwohl seine Führungspersonen allen möglichen Bekenntnissen oder gar keinem angehörten, oder daß der Staat glaubte, die Kirchen seien, da sie schwächer waren als politische Interessengruppen, weniger wichtig für den Staat und könnten deshalb ein stärkeres Mitspracherecht in der Auswahl ihrer eigenen Führer zugestanden bekommen. Wo die Regierung nicht demokratisch war, wurde dieser letzte Standpunkt freilich nie vertreten. In autokratischen oder von einem Politbüro regierten Staaten kontrollierte oder beeinflußte die Regierung immer die Wahl. Aber schließlich kontrollierte man dort auch andere Entscheidungen, etwa die Wahl der Gewerkschaftsführer.

Katholizismus und Antikatholizismus im spanischen Bürgerkrieg. General Francos Soldaten bei einer Messe im Freien vor dem Portal der Kirche San Nicolas in Bilbao (*oben*). Anhänger der Regierung recken die Faust zum kommunistischen Gruß, während hinter ihnen eine Kirche brennt (*unten*).

Die ökumenische Bewegung

Die einzige Vereinigung von Kirchen vor dem Aufkommen moderner Verkehrsmittel war die preußische Union zwischen Lutheranern und Reformierten aus dem Jahr 1817. Ihrem Beispiel sollten einige andere deutsche Staaten folgen. Es handelte sich dabei um Unionen von oben, die von den meisten Geistlichen, jedoch keineswegs von allen, akzeptiert wurden.

Als die modernen Verkehrsmittel die Welt zusammenrücken ließen und Politik bzw. Leichtigkeit des Ortswechsels umfassende Bevölkerungsbewegungen bewirkten, wurden die Spaltungen der Christenheit schmerzlich bewußt. Die römische Kirche zeigte sich zunächst nicht interessiert. Sie wünschte, daß andere Kirchen die Autorität des Papstes anerkannten, und hielt es daher nicht für richtig, sich an Verhandlungen zu beteiligen, denn damit hätte sie eingestanden, nur eine von mehreren Kirchen zu sein. Die Ostkirche war anfangs ebenfalls nicht interessiert, weil auch ihr Ideal darin bestand, daß andere Kirchen ihre Lehre über das Dogma und die Art und Weise ihres Gottesdienstes übernähmen. Doch bereits während des 19. Jahrhunderts bemerkten römische Katholiken und Griechisch-Orthodoxe bei manchen Protestanten ein sich allmählich vertiefendes Verständnis der Katholizität und sogar Sympathie für ihre liturgischen Formen. Edward Bouverie Pusey (Professor für Hebräisch an der Universität Oxford) und die hochkirchlich orientierten anglikanischen Geistlichen in England, Anhänger der Oxfordbewegung, einer 1833 gegründeten hochkirchlichen Bewegung mit Newman, Keble und Pusey (auch als *Tractarian movement* oder Traktarier bekannt, weil ihre ersten Veröffentlichungen Traktate waren) sprachen viel von katholischer Einheit und stießen damit bei liberal gesinnten römischen Katholiken auf große Sympathie. 1871 gründeten deutsche und Schweizer Professoren, die sich nicht überwinden konnten, den Beschluß des Vatikanischen Konzils von 1870 zu akzeptieren, demzufolge der Papst unfehlbar war, wenn er sich auch ohne förmliche Zustimmung der Kirche *ex cathedra* zu Fragen des Glaubens und der Moral äußerte, die Altkatholische Kirche. Das heißt, sie verstanden sich als katholisch ohne dieses »neue« Dogma des Vatikanischen Konzils und befanden sich folglich in Ungehorsam gegenüber dem Papst. Selbstverständlich beobachteten die Ostkirche und die hochkirchlichen Anglikaner diese Rebellion eine Zeitlang optimistisch. Sie hofften, daß dies einem breiteren Katholizismus, der hinter das Trienter Konzil zurückginge, den Weg bereiten und daß die Kirchen sich auf die Zugehörigkeit zum Glauben der frühen Jahrhunderte der Christenheit einigen könnten. Zu diesem Zweck fanden die ersten Veranstaltungen im Sinne der modernen »ökumenischen Konferenz« 1874 und 1875 in Bonn statt. Den Vorsitz führte der Münchener Professor für Kirchengeschichte Döllinger, der an der Spitze derer stand, die sich weigerten, die Dekrete des Vatikans zu akzeptieren. Es waren dies kleine Konferenzen – um die fünfzig Mitglieder, von denen viele interessierte Laien waren. Praktisch kam dabei nicht sehr viel heraus, aber sie leiteten einen Prozeß der gegenseitigen Verständigung ein. Eines der Ergebnisse war, daß die Anglikaner einem amerikanischen Beispiel folgten und das »Lambeth-Quadrilateral« entwarfen, in dem sie die Grundlagen benannten, nach denen sich Anglikaner eine Wiedervereinigung vorstellen konnten. Danach sollte folgendes anerkannt werden: Altes und Neues Testament, die alles zum Heil Notwendige enthalten, das apostolische und das nicänische Glaubensbe-

Das Erste Vatikanische Konzil 1869-70: die Verlesung der Dekrete. Das Konzil erklärte, daß Entscheidungen des Papstes, wenn er *ex cathedra* spricht, »durch sich selber, nicht durch Zustimmung der Kirche unabänderlich sind«.

DIE KIRCHEN RÜCKEN IN GEGENSEITIGER VERBUNDENHEIT ZUSAMMEN. Papst Johannes Paul II. und Robert Runcie, der Erzbischof von Canterbury, beten 1982 gemeinsam in der Kathedrale von Canterbury.

Von 1929 an besaß der Papst wieder ein gewisses Maß an wirklicher politischer Unabhängigkeit und begann langsam, selbstbewußter gegenüber der Welt aufzutreten. Diese Entwicklung verzögerte sich, weil den Päpsten, die in der Atmosphäre Roms nach 1870 aufgewachsen waren, der Weihrauch der Heiligkeit anhaftete. Dies traf besonders auf Pius XII. (1939-58) zu, der ein wahrhaft hierarchischer Papst war, ein Mann des Gebets, ansonsten aber eher weltfremd. Seine Regierung markierte den Höhepunkt des Prozesses, in dessen Verlauf der alte Herrscher eines mittelitalienischen Staates, der einiges Gewicht in der europäischen Politik hatte, durch den Verlust seines Staates in einen rein geistigen Führer verwandelt wurde. Dieser Wandel wurde 1978 besiegelt, als Johannes Paul I. es ablehnte, als Souverän gekrönt zu werden.

Von 1958 an, seit Johannes XXIII., bewegte sich das Papsttum auf die Welt zu. Die Steifheit lockerte sich, das Ritual wurde vereinfacht, das Denken offener, die Herzen gütiger. Gleichzeitig gingen die Päpste aus ihrem Palast heraus wie seit dem Mittelalter nicht mehr. Die Entwicklung des modernen internationalen Luftverkehrs machte dies möglich. Paul VI. war der erste Papst, der eine Wallfahrt nach Jerusalem und ins Heilige Land unternahm. Er reiste zu einem eucharistischen Kongreß nach Bombay sowie nach New York, um vor den Vereinten Nationen zu sprechen. Er betete im portugiesischen Heiligtum der Heiligen Jungfrau zu Fatima. Er besuchte die Kirche in Uganda und im Fernen Osten. Es war ein völlig neuer Typ des Papsttums, das hinausging, um die Welt zu treffen. Als Johannes Paul II. 1978 sein Amt antrat, sollte seine hauptsächliche Aufgabe darin

PILGER IN LOURDES, die in einer langen Reihe durch die Grotte gehen, um das Weihwasser zu berühren. Hier hatte Bernadette Soubirous zwischen dem 11. Februar und dem 16. Juli 1858 achtzehn Visionen der Jungfrau Maria. Eine Quelle entsprang, Heilungen wurden gemeldet, und 1862 wurde Lourdes als Wallfahrtsort anerkannt. Katholiken kommen in großer Zahl hierher, um Heilung von Krankheit zu erbitten und Gottesdienst zu halten.

bestehen zu reisen; Person und Amt des Papstes wurden zu einem Instrument der Weltevangelisation.

Natürlich barg das Verlassen der hohen Mauern körperliche Risiken. Paul VI. entging einem Mordanschlag, als er Manila besuchte. 1981 wurde Johannes Paul II. schwer verletzt, als er in seinem Jeep auf dem Petersplatz von einer Kugel in den Unterleib getroffen wurde. Ein Jahr später wurde in Portugal erneut ein Attentat auf ihn verübt. Das Gerücht kursierte, Johannes Paul I. sei 1978 ermordet worden, um sein Reformprogramm zu stoppen. Die Geschichte entbehrte jeder Grundlage, war aber ein weiterer Hinweis auf die Risiken des neuen Papsttums.

Veränderungen des christlichen Begräbnisses

Die Entwicklung der städtischen Gesellschaft zog drastische Veränderungen gewisser Bräuche und moralischer Urteile der europäischen Kirchen nach sich.

Zunächst wurde der christliche Brauch des Begräbnisses einschneidend verändert. Die Platznot der städtischen Friedhöfe nahm zu, bis die Kremation einen Ausweg aus einer großen praktischen Schwierigkeit zu bieten schien. Die Einäscherung verlangte technische Anlagen, und solche Anlagen standen vor 1873 nicht zur Verfügung. Die praktische Anwendung begann etwa 1875, begleitet von Mißtrauen und Kritik. Von den frühesten Zeiten an hatte das historische Christentum die Beisetzung des Körpers praktiziert, das Gesicht in Erwartung der allgemeinen Auferstehung nach Osten gerichtet. Von diesem traditionellen Standpunkt aus verurteilte das moderne Kirchenrecht der römisch-katholischen Kirche (1917 kodifiziert) die Kremation und verlangte die Erdbestattung, ausgenommen in Fällen, wo eine Notwendigkeit bestand, etwa bei Seuchen. Jedem, der um Einäscherung bat oder sie testamentarisch verfügte, wurde das kirchliche Begräbnis verweigert. Doch 1963 erlaubte die Kongregation für die Glaubenslehre die Kremation, und später wurde eine Form des Gottesdienstes dafür vorgesehen. 1983 gestattete ein neues Kirchenrecht die Feuerbestattung, während die Erdbestattung weiterhin vorgezogen werden sollte. Die Protestanten zeigten dieselbe Abneigung gegen eine Veränderung des Brauchs, aber ihre Kirchen verboten die Praxis nie förmlich, und nach und nach veranlaßten die gesundheitlichen und praktischen Gründe, die die Bevölkerung im allgemeinen bewegten, auch die Kirchen, die Kremation als christliche Art der Bestattung zu akzeptieren. Die Kirche von England erkannte dies in ihrem Gebetbuch von 1928 förmlich an.

Vom anthropologischen Standpunkt aus war dies eine enorme Veränderung. Es läßt sich gegenwärtig nicht feststellen, daß sie auch nur im geringsten etwas an der christlichen Haltung der Ehrfurcht vor dem menschlichen Körper oder am Dogma der Auferstehung geändert hätte. Es wurde die Ansicht geäußert, daß die nachlassende Bedeutung des Friedhofs unbewußte religiöse Folgen im Denken der Menschen habe. Aber die Bedeutung der Friedhöfe ging viel stärker durch die Mobilität der Menschen zurück, die sie von ihren lebenden oder toten Vorfahren entfernte, als durch die Bestattung der sterblichen Reste in anderer Form. In der ersten Zeit wurde die Einäscherung stark von Freidenkern gefördert, die die naive Vorstellung hatten, damit würde die Lehre von der Auferstehung zerstört. Wie sich zeigte, hatte sie diese Folgen nicht. In manchen Fällen kam die Achtung vor dem menschlichen Körper in der Verbrennung stärker zum Ausdruck als durch die Bestattung.

Ehescheidung

In der Industriegesellschaft war die Familie für das Aufwachsen der Kinder und die Gesundheit der Erwachsenen immer noch wichtig, doch hatte sie nicht mehr dieselbe ökonomische Bedeutung wie in der bäuerlichen Wirtschaft. Die städtische Welt schätzte die Wahlfreiheit, und die Eltern zögerten, Ehepartner für die Töchter auszusuchen. Vom 18. Jahrhundert an lösten sich die Ehegesetze in den europäischen Staaten langsam davon, biblische oder theologische Gründe als Basis für ihre Regelungen zu akzeptieren, und verließen sich auf das »Naturgesetz« oder seelsorgerische Ratsamkeit. In der Folge wurde zunehmend anerkannt, daß es andere Gründe als Ehebruch für eine Scheidung geben könnte. Für die Nachkommen der deutschen Reformation war dies leicht zu akzeptieren. Einige Reformatoren hatten schon lange die Möglichkeit des Scheiterns einer Ehe anerkannt. Auf ähnliche Weise hatten auch die Ostkirchen seit langem die Scheidung aus unterschiedlichen Gründen in ihrer Tradition zugelassen. Für die westlichen Katholiken war sie dagegen nicht leicht zu akzeptieren, auch nicht für die Anglikaner. Die Päpste hatten jede Möglichkeit der Scheidung beharrlich verurteilt, es sei denn, die Ehe war nicht vollzogen worden. Eine Ehe konnte für ungültig erklärt werden, aber eine richtige Ehe konnte nicht beendet werden.

Im gleichen Maß, in dem die europäischen Staaten des 19. Jahrhunderts die Gründe für eine Scheidung erweiterten (Großbritannien seit 1857), nahm natürlich auch die Scheidungsquote zu. Anfangs wuchs sie nicht schnell, weil es den Frauen an Möglichkeiten einer unabhängigen Existenz fehlte, besonders wenn sie Kinder hatten. Aber seit Beginn des 20. Jahrhunderts und mit der stetigen Zunahme der Berufstätigkeit der Frauen verringerte sich die Schwierigkeit auf dem Weg zu einer Scheidung, bis fast die einzige Kraft, die ein unglückliches Paar zusammenhielt, die Bedürfnisse der Kinder waren. Deshalb begann der Anteil der Scheidungen in einer Weise zuzunehmen, die alle Kirchen alarmierte, die für die Heiligkeit der Familie und ihres Lebens eintraten und sich sehr wohl darüber im klaren waren, welchen Schaden eine mühelose Scheidung anrichten konnte.

Das Problem der Kirchen war jedoch nicht so sehr der Kampf gegen eine unausweichliche gesellschaftliche Bewegung, die teilweise durch die wirtschaftlichen Verhältnisse bedingt wurde. Sie waren zufrieden, daß man von der Idee der patriarchalischen Familie abrückte und zur Idee einer Partnerschaft freier Personen fand. Sie sagten weiterhin, daß sie an die Heiligkeit der Ehe und des Hauses glaubten. Papst Pius XI. veröffentlichte 1930 die Enzyklika *Casti Connubii,* die an der Vorstellung vom Mann als Haupt der Familie festhielt: In ihr war vom »Vorrang des Ehemannes« und der »bereitwilligen Unterordnung der Ehefrau« die Rede; darüber hinaus stellte die Enzyklika aber auch fest, daß die Frau ihre Freiheit als Mensch behält und ihrem Ehemann nicht gehorchen soll, wenn er etwas erbittet, das nicht ihrem Rechtsverständnis entspricht oder nicht mit ihrer Würde als Frau vereinbar ist. Die Kirchen verlangen weiter, daß Braut und Bräutigam sich feierlich versprechen, bis zum Tod zusammenzubleiben. Allerdings erlaubte die Kirche von England (von 1928 an) den Bräuten, wenn sie es wünschten, von dem Versprechen, ihrem Mann zu gehorchen, abzusehen. Das Problem der Kirchen war die Disziplin derjenigen, die trotz allem geschieden wurden und dann wieder heirateten. Sollten sie die Wiederverheiratung immer noch als eine Form des Ehebruchs behandeln? Sollten sie Geschiedene und Wiederverheiratete wieder zu den Sakramenten und Kirchenprivilegien zulassen? Sollten sie einem Paar erlauben, zum zweitenmal kirchlich zu heiraten, und sollten sie, falls sie es erlaubten, zum zweitenmal ein Versprechen verlangen, bis zum Tod zusammenzubleiben? Während die Zahl der Scheidungen anstieg, wurde es den Kirchen klar, daß sie mehr für das Zuhause und die Familie taten, wenn sie die meisten dieser Fragen nicht so streng beantworteten. Sie wollten nicht, daß es so aussähe, als verwässerten sie ihre Aufgabe, die dauerhafte Natur der Ehe und die Stabilität des Zuhauses zu verkünden. Aber sie stellten sich den Tatsachen. Ehre und Zuneigung erwiesen sich als zu komplex, als daß sie mit automatischen Vorschriften behandelt werden konnten.

Diese seelsorgerische Schwierigkeit verursachte in den Kirchen Spannungen. 1969 erkannten die westdeutschen protestantischen Kirchen und die Kirche von England die völlige Zerrüttung der Ehe als Scheidungsgrund an. Beide Kirchen verhielten sich über mehrere Jahrzehnte pastoral und flexibel bei der Zulassung Wiederverheirateter zum Abendmahl. Gegen Ende der 70er Jahre begannen sie, zumindest unter gewissen Umständen, auch hinsichtlich der Möglichkeit für Geschiedene, zum zweitenmal kirchlich zu heiraten, flexibel zu handeln. Das gilt nicht für die römische Kirche, in der die Debatte zu dieser Frage anhält.

Empfängnisverhütung

Seit dem 18. Jahrhundert, wenn nicht schon früher, hatten Christen – neben der Enthaltung vom Geschlechtsverkehr – verschiedene primitive Formen der Geburtenkontrolle praktiziert. Im späteren 19. Jahrhundert wurden diese zuverlässiger und leichter zugänglich. Um die Mitte des 20. Jahrhunderts waren sie sowohl zuverlässig als auch verfügbar. Da das Haupthindernis eines wahllosen Geschlechtsverkehrs immer die Angst vor einem ungewollten Kind mit gesellschaftlichen Konsequenzen für beide Eltern gewesen war, sahen sich die Kirchen daher mit einem neuen moralischen Problem konfrontiert, das die Heiligkeit des Zuhauses und der ehelichen Treue schwächen konnte.

Die erste Frage war, ob die Kirchen Empfängnisverhütung überhaupt akzeptieren würden. Der Zweck der Ehe bestand nach der traditionellen christlichen Lehre darin, Kinder gottesfürchtig aufzuziehen. Eine Ausübung des Geschlechtsverkehrs, die das Empfangen des Kindes verhinderte, schien den Zweck der Ehe zu untergraben. Diese Haltung wurde in den protestantischen Kirchen schnell aufgegeben. Der Grund für diesen mühelosen Wandel lag in der unterschiedlichen Betonung des Wesens und Zwecks der Ehe, die nicht nur als eine Möglichkeit, Kinder zu zeugen, gesehen wurde, sondern auch als eine Äußerung gegenseitiger Zuneigung. Die protestantischen Moralisten akzeptierten recht bald, daß Familienplanung in dieser Hinsicht der Ehe zum Erfolg verhelfen und auch vielen Familien in den verschiedensten sozialen Bedingungen von Nutzen sein konnte. Auch wurde ihnen bewußt, daß die Probleme Afrikas und Indiens viel leichter zu beherrschen wären, wenn Methoden der Familienplanung zur Verfügung ständen. In Großbritannien zum Beispiel wurde ein Vorschlag, die Empfängnisverhütung zu verurteilen, auf der anglikanischen Lambethkonferenz von 1930 abgelehnt. Die Lambethkonferenz von 1958 akzeptierte, daß die Praxis der Familienplanung mit künstlichen Methoden unter gewissen Bedingungen richtig und christlich ist. 1967 empfahl eine Kommission römisch-katholischer Theologen mehrheitlich dem Papst, sich auf den gleichen Standpunkt zu stellen. Doch Paul VI. verwarf die Empfehlung und veröffentlichte die Enzyklika *Humanae Vitae,* die auf der alten Ansicht beharrte, daß die einzige Methode der Geburtenkontrolle die Enthaltsamkeit während der empfängnisbereiten Zeit sei. Die Lambethkonferenz von 1968 sah sich durch diese Enzyklika zu dem ungewöhnlichen Schritt veranlaßt, sie im Namen der Anglikaner förmlich zurückzuweisen. Während der Jahre nach 1970 wurde deutlich, daß viele römische Katholiken in Europa *Humanae Vitae* nicht zur Kenntnis nahmen. Aber die in ihr geäußerte Ansicht blieb die offizielle Vorschrift der römisch-katholischen Kirche. Manche Katholiken räumten ein, daß das Verlangte schwierig sei und daß deshalb Paaren, denen es nicht gelänge zu gehorchen, die Sakramente der Kirche nicht verweigert werden sollten. Die Menschen nahmen ihr Recht wahr, dem Gewissen zu folgen.

Abtreibung

Die Enzyklika *Humanae Vitae* verurteilte auch die Abtreibung, selbst bei zwingenden Gesundheitsgründen. Die Kirche hatte von ihren frühesten Zeiten an die Abtreibung verurteilt; die Verpflichtung der Ärzte, Leben zu retten, war jedoch seit langem anerkannt. Bis 1967 ließ das englische Recht die Abtreibung nur zu, wenn damit das Leben der Mutter gerettet werden konnte. In diesem Jahr erlaubte ein Gesetz weitere Gründe, die sich auf das Wohl der Mutter oder des erwarteten Kindes oder auch auf die anderen Kinder der Familie bezogen. Die medizinische Wissenschaft hatte dafür gesorgt, daß die Abtreibung leicht und sicher durchzuführen war, und Mütter ließen unerwünschte Schwangerschaften abbrechen: Die Kirchen mußten Stellung beziehen. Sie waren verschiedener Meinung. Diejenigen, die *Humanae Vitae* anerkannten oder ihr nahestanden, betrachteten jede Abtreibung, abgesehen von extremen Umständen der Gefahr für die Mutter, als eine Form von Mord, und die Kirchen traten für die Heiligkeit des menschlichen Lebens ein. Diejenigen, die das bürgerliche Gesetz für vernünftig hielten, akzeptierten es als das beste für alle Seiten und waren nicht bereit, die Abtreibung in den frühen Stadien der Schwangerschaft zu verurteilen – vorausgesetzt (dies war ein starker Vorbehalt), die Heiligkeit des Lebens wurde gewahrt. Diese Spaltung verlief nicht entlang der Linie katholisch – protestantisch, obwohl die meisten Katholiken die konservative Sicht vertraten und die meisten Protestanten wahrscheinlich die Regelung des Staates anerkannten.

Die Möglichkeit, dank der modernen Medizin Geschlechtsverkehr ohne Empfängnis zu haben, brachte in Europa unweigerlich freiere Einstellungen im sexuellen Bereich hervor. Die Kirchen hatten immer gelehrt, daß der Geschlechtsakt nur in der Ehe stattfinden dürfe und daß jede andere Form des Geschlechtsverkehrs falsch sei. Die Kirchen blieben bei dieser Einstellung. Aber sie sahen sich einer großen Zahl ihrer jüngeren Anhänger gegenüber, die darin keinen Sinn erkennen konnten. Da die Jungen nicht beabsichtigten, sofort Kinder zu zeugen, sahen sie nicht ein, warum sie nicht zusammenleben und geschlechtlich verkehren sollten. Die Praxis, vor der Ehe wie Mann und Frau zusammenzuleben und erst dann zu heiraten, wenn sich ein Kind ankündigte, wurde in Europa verbreiteter als jemals zuvor. Den Kirchen gefiel das nicht. Sie befürchteten, es würde die Familie schwächen. Doch während sie diese Freizügigkeit nach wie vor verurteilten, gingen sie seelsorgerisch milde damit um, wenn sie mit ihr konfrontiert wurden. Dies war sicherlich ein Umstand, der im späteren 20. Jahrhundert in Europa zu einer Form von Entfremdung zwischen der jüngeren Generation und den Kirchen beitrug.

Das geistliche Amt von Frauen

Die Industriegesellschaft veränderte den Platz der Frauen in der Wirtschaft. Sie waren Arbeiterinnen in einem bäuerlichen Betrieb im familiären Zusammenhang gewesen. Jetzt waren sie einzelne Arbeiterinnen in Fabriken – wenn sie Arbeit hatten. Aber viele hatten keine. Sie wurden auf das Haus zurückgeworfen. Die Frau mußte sich mit dem Haus und den Kindern beschäftigen, während der Mann im Büro oder in der Fabrik war. Natürlich waren viele Frauen in Branchen wie der Textilindustrie sehr gesucht, und im 19. und frühen 20. Jahrhundert arbeiteten viele als Hausangestellte. Christliche Denker diskutierten zum erstenmal auf theologischer Grundlage über die Gleichheit der Geschlechter im Plan der Schöpfung und argumentierten, daß das Werk Gottes in der Partnerschaft zwischen den Geschlechtern zu finden sei. Der Protestantismus, der den Status der Nonne abgeschafft hatte, verfügte über wenig Spielraum für die geistliche Berufung von Frauen. In den Erweckungsbewegungen Deutschlands und Englands im frühen 19. Jahrhundert nahmen jedoch einige Frauen führende Positionen ein.

Die städtische Gesellschaft erzeugte ein Bedürfnis nach Nonnen – die aber fehlten den Protestanten. Deshalb kamen etwa von 1840 an Frauengruppen zusammen – zunächst nicht ohne einen gewissen Widerstand –, um die Bedürfnisse zu erfüllen, die Nonnen erfüllt hatten, nämlich in der Krankenpflege, der Erziehung und der Altenfürsorge. In England wurden sie von 1842 an Nonnen genannt, und sie waren von der Oxfordbewegung inspiriert und in manchen Fällen von ihrem Führer Pusey geleitet. In Deutschland wurden sie Diakonissen genannt, ein Orden, der 1836 in Kaiserswerth von Theodor Fliedner gegründet worden war. Bald hießen sie auch in England Diakonissen. In der römisch-katholischen Kirche kam es gleichzeitig zu einem starken Aufblühen kleiner Nonnenorden, die sich insbesondere sozialen Bedürfnissen widmeten. Inzwischen war der Pflegeberuf in der Hand einer disziplinierten und fürsorglichen Gemeinschaft von Frauen, die in Florence Nightingale nach ihrer Erfahrung in der Pflege der Verwundeten des Krimkriegs ihr Vorbild und ihre Führerin sahen. Obgleich Protestantin, war sie stark von ihrer Kenntnis der katholischen Barmherzigen Schwestern vom heiligen Vincentius a Paulo (Vinzentinerinnen) beeinflußt. Die protestantischen Gruppen überließen die Führung nicht immer Frauen, etwa in der Form, wie Nonnen einer Oberin unterstanden. Fliedner zum Beispiel bestand darauf, daß seine Diakonissengesellschaften von Männern organisiert wurden. Aber gleichzeitig wurden andere Gruppen protestantischer Schwestern in der Kranken-

NONNEN ALS KRANKENSCHWESTERN im Deutsch-Französischen Krieg von 1870/71. Neun anglikanische Nonnen von der Gesellschaft der Allerheiligenschwestern der Armen (angeregt durch die Oxfordbewegung 1855 in London gegründet) gingen mit dem Roten Kreuz nach Frankreich, um Verwundete auf beiden Seiten zu pflegen.

pflege ganz von Frauen geleitet. Die erste wurde vermutlich 1832 in Hamburg von Amalie Sieveking gegründet. Sie lehnte die Aufforderung, sich Fliedner anzuschließen, ab, weil sie fürchtete, männliche Kontrolle würde ihre Arbeit beeinträchtigen.

Mittlerweile entstanden überall in Europa, wenn auch in protestantischen Ländern schneller als in katholischen, Bildungseinrichtungen für Frauen. Um 1900 war deutlich zu sehen, daß Frauen in der europäischen Gesellschaft schwieriger bezahlte Arbeit fanden als Männer, wenn sie keine Ausbildung hatten, und erst recht nicht, wenn sie gebildet waren, weil man dann kaum annahm, daß sie Arbeit wünschten. Mancherorts, wie beispielsweise in Deutschland 1848, wehrten sich gewerkschaftliche Zusammenschlüsse erbittert gegen Arbeiterinnen. Die Frauenbewegung entstand.

Die Frau, die aktiv in ihrem Beruf oder Gewerbe stand, entsprach nicht ganz dem Bild der Frau in den meisten christlichen Büchern. Die Kirchen traten wie schon immer für Heim und Familie ein. Bei der Vorstellung, daß alle Frauen beschlössen, voll berufstätig zu sein (vorausgesetzt, das wäre jemals möglich), wurde den Kirchen angst und bange, weil sie sich die Folgen für Kinder und Heim ausmalten. Sie erkannten nur langsam, daß manche Frauen nie Familien haben würden, daß andere Frauen nur ein Kind oder zwei bekommen würden und eine Beschäftigung für die Zeit brauchten, wenn die Kinder erwachsen waren. Sie brauchten noch länger, um die neuen Bedingungen zu erkennen, die durch die Möglichkeiten der Empfängnisverhütung und die Einführung arbeitsparender Geräte im Haushalt geschaffen wurden. Und sie brauchten genauso lange, bis sie erkann-

Frauen im Dienst der Kirche. Am 22. März 1987 ordinierte der Bischof von London bei diesem Gottesdienst in der St Paul's Cathedral 71 Frauen als Diakoninnen. Inzwischen gestattete die Generalsynode der Kirche von England am 11. November 1992 auch die Zulassung von Frauen zur Priesterweihe.

ten, daß sie im nunmehr gebildeten weiblichen Geschlecht eine riesige seelsorgerische Reserve hatten, die noch nicht angemessen genutzt wurde.

In den Kirchen führte die Aggressivität mancher Führerinnen der Frauenbewegung zu Widerstand. Sie wandten sich gegen den alten Gebrauch des Wortes »man« (Mensch = Mann) zur Bezeichnung beider Geschlechter, was alle liturgischen Bücher betraf. Sie waren mißtrauisch gegenüber manchen Darstellungen des Christentums, die die Vaterschaft Gottes betonten. Nach und nach tauchten einige Liturgien auf, die in feministische Sprache gekleidet waren, besonders in den Vereinigten Staaten von Amerika.

Die eigentliche Kontroverse erwuchs jedoch aus der Frage, ob Frauen das Priesteramt innehaben könnten. Die freieren protestantischen Kirchen hatten seit langem Frauen als Prediger und Pfarrer anerkannt. Gegen Ende des 19. Jahrhunderts begann sich dies bereits auf traditionellere protestantische Kirchen wie die Kongregationalisten auszuwirken. Da sie nun zum erstenmal in ihrer Geschichte eine große Anzahl gut ausgebildeter Frauen zur Verfügung hatten, wünschten alle Kirchen, daß sie sich verantwortlich an der Arbeit in der Kirche, am Unterricht, an der Wahl der kirchlichen Amtsträger und an der Verwaltung beteiligten. Die katholische Kirche war bereits in der Lage, Frauen als Nonnen in vielen Bereichen einzusetzen und brauchte deshalb länger, bis sie das Bedürfnis spürte, die Möglichkeiten auf andere entsprechend gebildete Frauen auszudehnen. Doch die Zahl der Nonnen verringerte sich im Verhältnis zur katholischen Bevölkerung, und auch im Katholizismus wurden Frauen immer stärker in der gleichen Weise eingesetzt.

Andererseits waren Frauen Diakonissen und kirchliche Amtsträgerinnen. Viele von ihnen waren daran gewöhnt zu unterrichten, und nicht wenige waren besser ausgebildet als die Männer; sie waren von Frömmigkeit erfüllt und hatten Zugang zu fast allen ehemals männlichen Berufen – mit Ausnahme der höheren geistlichen Ränge. Gleichzeitig nahm die Zahl der Männer ab, die in den traditionellen Kirchen die Ordination anstrebten, teils, weil die intellektuelle Unruhe der Zeit ihre Bereitschaft verringerte, einen so öffentlichen Beruf zu ergreifen, teils, weil im 20. Jahrhundert in Europa die Finanzmisere sich auch auf die alten Stiftungen der Kirchen auszuwirken begann und es ihnen erschwerte, angemessene Gehälter zu zahlen. In der römisch-katholischen Kirche kam hinzu, daß das Festhalten am Zölibat nicht zu den sexuellen Sitten im Europa des 20. Jahrhunderts paßt. Unter diesen Bedingungen spürten manche Frauen eine Berufung zum Priesteramt.

Vor allem nach dem Zweiten Vatikanischen Konzil kam es in der katholischen Kirche zu einer intensiven, auch wissenschaftlich abgestützten Diskussion über Zulassung von Frauen zum Diakonat und in jüngster Zeit auch zum Priesteramt. Doch für nahezu die gesamte römisch-katholische Kirche, für die ganze Ostkirche, für manche Anglikaner und manche anderen Protestanten bedeutet dieser Gedanke einen zu großen Bruch mit der apostolischen Tradition, als daß sie ihn gutheißen könnten. Viele meinen, dies würde die verbesserte ökumenische Stimmung der Zeit beeinträchtigen und die Beziehungen zwischen den Kirchen schädigen, insofern in den Augen der Katholiken der Protestantismus um eine neue »Häresie« bereichert würde.

Im Zweiten Weltkrieg kam es oft vor, daß unter den Bedingungen von Konzentrations- oder Gefangenenlagern die kanonisch vorgeschriebene Form des Gottesdienstes nicht möglich war – zum Beispiel gab es in Lagern im Fernen Osten vielleicht weder Brot noch Wein, und gefangene Geistliche fragten sich, ob sie das Abendmahl in Ermanglung der richtigen Elemente mit Reis und Saft feiern könnten. Diese Kriegsbedingungen wirkten sich auch auf die Frauenfrage aus. Bischof Hall von Hongkong (das von japanischen Truppen besetzt war) weihte eine Diakonisse, Florence Li, in Macao, um seinen Gläubigen die Sakramente zuteil werden zu lassen, als Priesterin. Sie zeigte die besten Eigenschaften eines christlichen Geistlichen. Nachdem die 12. Lambeth-Konferenz als Versammlung der an sich autonomen anglikanischen Kirchen 1988 jeder Kirche die Bischofsweihe der Frau freistellte, wählte die US-amerikanische Episkopalkirche im September 1988 Barbara Harris zur Weihbischöfin. Die Generalsynode der Kirche von England erlaubte schließlich im November 1992 die Zulassung von Frauen zum Priesteramt. Allerdings führte das inzwischen zu schweren Spannungen, weil Gegner dieses Votums die apostolische Ordnung gefährdet sehen und das Gespräch mit der römischen Kirche sowie den Ostkirchen damit vor neuen Herausforderungen steht – Herausforderungen, die aber auch eine Chance zur Besinnung auf die innerkirchliche Gleichberechtigung von Mann und Frau bedeuten könnten.

11

Nordamerika

Martin Marty

»Wir sind ein religiöses Volk.« Dies schrieb der ziemlich weltlich gesinnte Richter William O. Douglas 1952 in einem Urteil des Obersten Bundesgerichts. Er charakterisierte damit die Bürger der Vereinigten Staaten, ein Volk, das oft für weltlich, materialistisch und diesseitig gehalten wird.

»Wir sind ein religiöses Volk.« Dies sagten die meisten Amerikaner von sich auch noch am Ende des 20. Jahrhunderts, dessen Geist zumindest im Westen im allgemeinen als weltlich bezeichnet werden kann. Wo immer Meinungsforscher in der zweiten Hälfte des Jahrhunderts Umfragen durchführten, erhielten sie stets die gleichen Antworten. Neun von zehn sagten, sie glaubten an Gott, was immer sie unter Gott verstanden. Sieben von zehn gaben an, eingetragenes Mitglied einer religiösen Vereinigung zu sein, sechs von zehn waren dort auch zu finden, und vier von zehn behaupteten, am vergangenen Wochenende einen Gottesdienst besucht zu haben. Wie immer es in den Herzen aussehen mochte, die Köpfe und Körper ließen darauf schließen, daß Richter Douglas' Charakterisierung, ein religiöses Volk zu sein, auf sie zutraf.

In Kanada, dem riesigen, aber sehr dünn besiedelten Land nördlich der Vereinigten Staaten, ergab sich ein ähnliches Bild. Gewiß, die Indikatoren lagen bei den Erhebungen in jedem Fall ein wenig niedriger als in den Vereinigten Staaten. In dieser Hinsicht scheint Kanada mehr mit den Gefühlen und Gewohnheiten der westeuropäischen Völker gemein zu haben. Doch der Prozentsatz derjenigen, die einen religiösen Glauben bestätigten und praktizierten, war immer noch viel höher als in jedem Land Europas. Entgegen allen Vermutungen waren auch die Kanadier »ein religiöses Volk« geblieben.

Das Ausmaß an Religion, falls man bei einem Glaubens- und Verhaltensmuster in quantitativen Begriffen sprechen darf, war in beiden Ländern beeindruckend und überraschend. Die politischen Verfassungen der zwei Gesellschaften waren verschieden. In den Vereinigten Staaten hatte es, ausgehend von der Verfassung und der ersten Ergänzung, schon vor 1800 ernsthafte Bemühungen gegeben, staatskirchliche Bestrebungen aller Religionen oder auch nur die Privilegierung einer bestimmten Religion zu verhindern. Mitglieder der bürgerlichen Gesellschaft entzogen religiösen Institutionen zunehmend die Unterstützung. Die Kirchen erhielten Steuerfreiheit auf ihren Besitz, und dies war ein großer Segen. Sie wurden jedoch nicht subventioniert. Kanada verfuhr etwas großzügiger. Es folgte dem europäischen Vorbild und machte es möglich, daß die Grundschulen verschiedener Religionsgemeinschaften mit staatlicher finanzieller Hilfe rechnen konnten. Doch in beiden Staaten verließ man sich hauptsächlich auf das »Freiwilligkeitsprinzip«, wie es später genannt wurde. Religion war eine Privatangelegenheit, und theoretisch hätte sie eigentlich zurückgehen müssen. Doch sie blühte eher auf und hatte, periodisch und in Einzelbereichen, öffentliche Auswirkungen.

Die amerikanische Art der Religiosität

Daß Nordamerikaner religiös waren, schien unbestritten. *Wie* sie es jedoch waren, war eine andere Frage. Reisende aus Europa, die aus einer katholischen oder lutherischen, anglikanischen oder reformierten Gesellschaft kamen, stellten erstaunt fest, daß die Bürger vor allem mit der wesentlichen religiösen Frage »des einen und der vielen« beschäftigt waren. Dieses Thema rückte in den Mittelpunkt des Interesses nicht nur der Reisenden, sondern auch der Sozialwissenschaftler und Theologen.

Warum nun aber die Beschäftigung mit »dem einen«? Gemeint ist damit der Impuls, daß religiöse Menschen gewöhnlich wünschen, das Leben als Ganzes zu erfassen, daß sie versuchen, einen einzigen und endgültigen Zweck, ein Bedeutungssystem oder eine Reihe von Symbolen zu sehen, nach der eine Einzelperson und, so hoffen sie, »die Welt« oder wenigstens eine Gesellschaft leben und sich organisieren kann. An einen Gott auf eine Art zu glauben und dann festzustellen, daß der Nachbar nicht glaubt oder an einen anderen Gott oder auf andere Art glaubt und dennoch ein wertvolles, moralisches, funktionierendes Glied der Gesellschaft ist – das kann eine Herausforderung an das Verständnis des Gläubigen sein. Der Gläubige möchte, daß alle »eins« sind.

Noch wichtiger ist, daß es, besonders in den Vereinigten Staaten, allgemeine Forderungen nach einem »Einssein« in einem politischen Sinn gegeben hat. Dabei geht es nicht etwa um den persönlichen Einfluß auf die letzte Wahrheit. Viele Bürger glaubten, daß eine funktionierende Gesellschaft eine gemeinsame Religion im weiten Sinn haben sollte. 1749 hatte einer der amerikanischen Gründerväter, Benjamin Franklin, sich für die Entwicklung der »staatlichen Religion« (»Public Religion«) eingesetzt, einer Religion, die selbstverständlich mit dem Christentum einverstanden war, aber dennoch einen eigenen unverwechselbaren Stempel trug. 1955 sprach der jüdische Soziologe Will Herberg von einem »staatsbürgerlichen Glauben«, 1963 schrieb der Historiker Sidney E. Mead von der »Religion der Republik« und 1967 stellte ein anderer Soziologe, Robert N. Bellah, einem sehr unterschiedlich zusammengesetzten Volk eindringlich die Idee einer einzigen »staatsbürgerlichen Religion« vor.

Der gemeinsame oder staatsbürgerliche Glaube sollte als eine Art Zement für eine Gesellschaft dienen, die sonst zerfallen würde, als ein Schmiermittel für den Fortgang der Nation. Frühere Verträge, zum Beispiel der berühmte »Mayflower Compact« der Kolonie Plymouth in Neuengland von 1620, fingen an mit: »Im Namen Gottes, Amen«. Die im Jahr 1787 verabschiedete Verfassung der Vereinigten Staaten begann dagegen mit den Worten: »Wir, das Volk der Vereinigten Staaten.« Um 1800 arbeiteten die Staatsbürger angestrengt daran, einen *consensus juris* zu finden, eine Art Übereinkunft, die hinter dem Gesetz stand, und die als Stütze des Gesetzes fungieren konnte. Sie stellten sich an die Seite der nationalen Gründerväter, indem sie erklärten, daß es eines durch »staatsbürgerliche Tugend« ausgezeichneten Volkes bedürfe, um einen solchen Konsens zu entwickeln. Die Tugend erwuchs aus einem moralischen System. Die meisten Gründerväter gingen einen Schritt weiter, wenn sie argumentierten, daß ein derartiges moralisches System letztendlich auf einer tiefen, wenn auch weitgefaßten und unklaren Religion oder religiösen Anschauung gründete.

Es ist festzuhalten, daß Kanada als bireligiöse Gesellschaft – mit Ausnahme des »katholischen« Quebec ist das Land »protestantisch« – weniger mit einem religiös begründeten Konsens befaßt war. Der britische Politikwissenschaftler Bernard Crick erwähnt Kanada ausdrücklich als Staat, der ähnlich wie die meisten Staaten Europas keinen solchen Konsens mehr kannte. Zwar konnte er auch in den Vereinigten Staaten nicht viel davon entdecken, doch räumte er ein, daß es hier in der Bevölkerung ein Bedürfnis danach gab.

Die vielen Möglichkeiten, in Nordamerika religiös zu sein

Hier kommen »die vielen« ins Spiel und mit ihnen eine gewisse Ironie. Denn dieser im großen und ganzen christliche Staat mit seinem ausgeprägten Interesse an »dem einen«

KARTE 9:
Verteilung der großen christlichen Denominationen in den Vereinigten Staaten von Amerika (1980)

bot gleichzeitig den Anblick einer wilden Anarchie der Kirchen oder Denominationen. Das Jahrbuch der amerikanischen und kanadischen Kirchen verzeichnete Ende der 80er Jahre über 200 selbständige konkurrierende Denominationen, die meisten davon christlich, von denen jede irgendwie behauptete, daß sie im Besitz der Wahrheit und ein wirksamer, wenn nicht überlegener Mittler zur Förderung des privaten Glaubens und des Gemeinwohls sei. Wenn 219 Körperschaften nötig waren, um die 142 172 138 Mitglieder der Denominationen, die Angaben machten, aufzunehmen – und viele, besonders unter ethnischen Minderheiten und den Armen meldeten sich nicht –, wies die viel geringere Bevölkerung Kanadas 85 Denominationen mit 16 476 866 Mitgliedern auf. Gordon J. Meltons *The Encyclopedia of American Religions* bezog kleine, okkulte, nichtchristliche und kurzlebige Gruppen ein und brachte es auf mehr als 1 200 Beispiele, von denen jedes potentiell für Unordnung in den Köpfen anderer sorgte, die »das eine« angesichts der »vielen« suchten.

Es fällt schwer, sich vorzustellen, was die 53 Millionen Mitglieder (in den Vereinigten Staaten) und die 10 Millionen Mitglieder (in Kanada) der römisch-katholischen Kirche mit der Amana Church Society, die aus sieben Gemeinden im ländlichen Iowa besteht, verbindet. Die ersten Eintragungen für die Vereinigten Staaten ergeben eine bunte Aufstellung von ethnischen oder fremdstaatlichen Überbleibseln: »afrikanische methodisti-

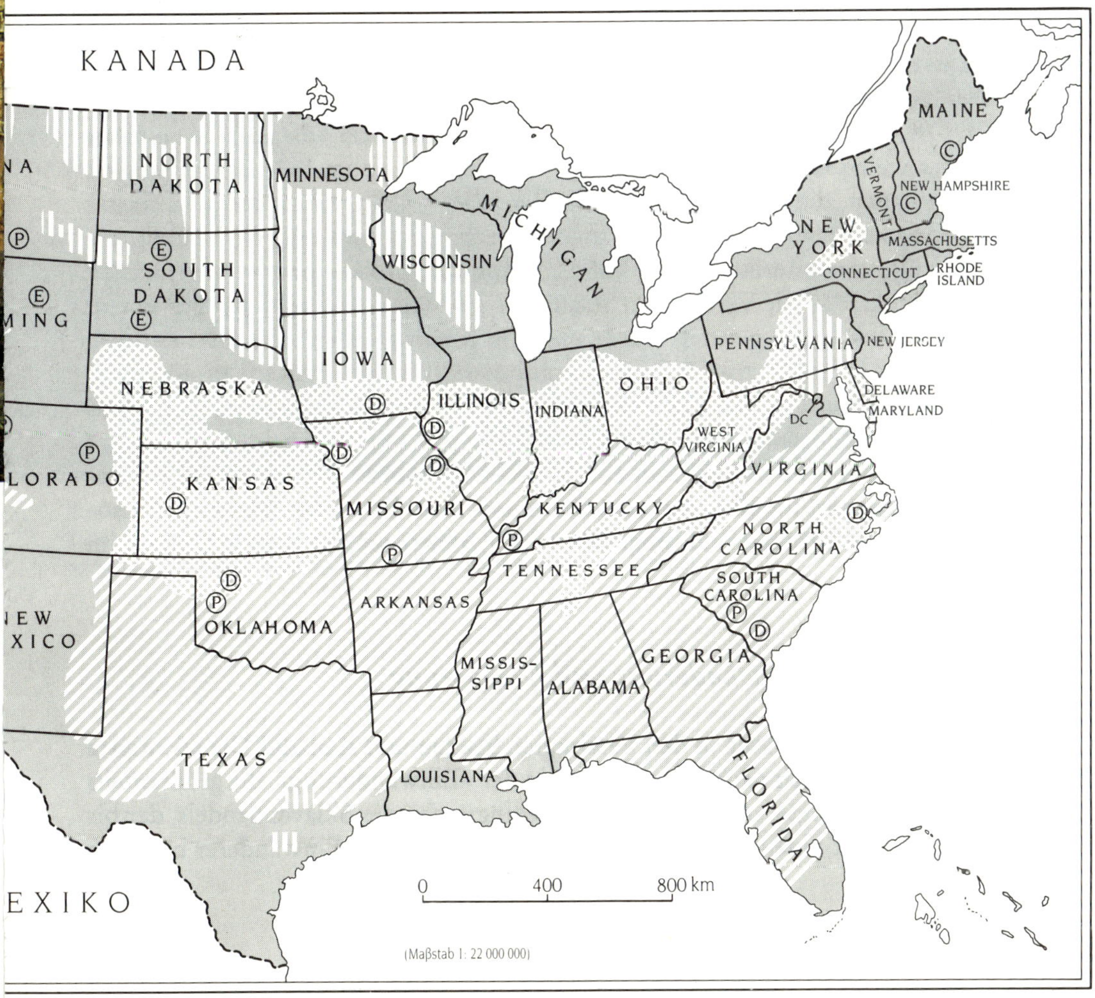

Religion sollte nicht vom Staat begünstigt werden – das Thema eines Karikaturisten von *Harper's Weekly* (1871). Nebenbei und unabsichtlich macht er auf die Vielfalt und den Wettstreit in der amerikanischen Religion aufmerksam, indem er Kirchenführer zeigt, die sich vordrängen, um Vergünstigungen zu erhalten. Das Stadtbild im Hintergrund besteht aus Kirchen und Tempeln, die unter anderem mit »Mormonen«, »Jupitertempel« und »Afrikaner« bezeichnet sind.

unterschiedliche und konkurrierende Religionen mit, die nichts miteinander zu tun hatten oder sich sogar feindselig gegenüberstanden.

In der Kolonialzeit war die Schar der Einwanderer bereits recht bunt zusammengesetzt, aber immer noch überschaubar. Im 15. und 16. Jahrhundert hatte es noch ein römisch-katholisches Monopol gegeben. 1607 stellten die Anglikaner dies in Frage, und nach 1620 bzw. 1630 richteten die Puritaner ihre eigenen unverwechselbaren Kolonien ein. Bald gab es holländische und schwedische und beliebig viele andere koloniale Eindringlinge in jenes »Eine«, das britische Kolonisten sich vielleicht vorgestellt hatten.

»Shakers« (*rechte Seite oben*), gegründet von Mutter Ann Lee, die aus England (wo sie traumatische Erfahrungen mit der Ehe gemacht hatte) nach Amerika kam. Die Anhänger dieser Gemeinschaftsbewegung, die ihren Höhepunkt in den 40er Jahren des 19. Jahrhunderts hatte, mußten ehelos bleiben und einen einfachen Kunst- und Lebensstil bejahen. Rituelle Tänze wie der hier abgebildete waren ein fester Bestandteil des gemeinschaftlichen Lebens.

Die Kirche Jesu Christi der Heiligen der letzten Tage, die bekannteste der neuen religiösen Gruppen, sah sich als »Wiederherstellung« einer verborgenen Form des Christentums und errichtete ihr Reich in Utah. Die Praxis der Polygamie führte zum Konflikt mit dem Gesetz und zu Gefängnisstrafen. Hier (*rechte Seite unten*) bietet das Staatsgefängnis von Utah dem Mormonenapostel George Q. Cannon und einigen frommen Polygamisten in den 80er Jahren des 19. Jahrhunderts eine Bühne.

Religiöse Inspiration aus der amerikanischen Landschaft – eine Religion der Natur neben jener der Kirchen. Frederic Edwin Church sieht in »Abenddämmerung in der Wildnis« (1860), in einer Szene, in der Gedanken der Transzendenz und Ehrfurcht anklingen, eine offenbarende Bedeutung.

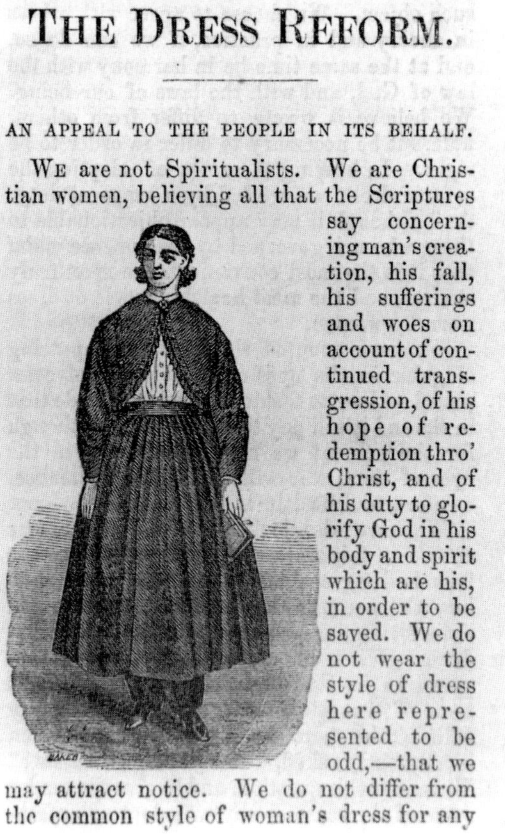

THE DRESS REFORM.

AN APPEAL TO THE PEOPLE IN ITS BEHALF.

WE are not Spiritualists. We are Christian women, believing all that the Scriptures say concerning man's creation, his fall, his sufferings and woes on account of continued transgression, of his hope of redemption thro' Christ, and of his duty to glorify God in his body and spirit which are his, in order to be saved. We do not wear the style of dress here represented to be odd,—that we may attract notice. We do not differ from the common style of woman's dress for any

Die Adventisten vom Siebenten Tag zählten zu den neuen Denominationen, die im 19. Jahrhundert in Amerika entstanden. Ellen Gould White, die Einflußreichste unter den Gründern, ergänzte die bestehenden endzeitlichen und sabbatarischen Anliegen der Bewegung um ein ausgeprägtes Interesse an Fragen der Gesundheit. Eine Seite aus ihrem Buch *The Dress Reform* (1868).

Christian Science, eine weitere neue amerikanische religiöse Bewegung, gegründet von Mary Baker Eddy. Nach dem Erlebnis der Heilung entwickelte sie eine komplette Lebensphilosophie, die sich auf den Einklang mit der Güte des heilenden Gottes konzentrierte. Dieses Kreideporträt von Elizabeth Eaton entstand auf Wunsch von Mrs. Eddy während ihrer ersten Zeit in Boston, und es hängt heute noch in ihrem Haus in Chestnut Hill.

Im Jahr 1800 gab es annähernd fünf Millionen weiße Bürger der Vereinigten Staaten. Die meisten von ihnen waren protestantischer Herkunft. Römische Katholiken zählten nach Zehntausenden, wobei die Mehrheit der nordamerikanischen Katholiken abgesondert in Quebec lebte. Die Vereinigten Staaten waren damals nicht nur eine christliche Gesellschaft im allgemeinen, sondern eine protestantische Gesellschaft im besonderen, allerdings mit immer weniger staatskirchlichen Regelungen. New Hampshire behielt seine rudimentäre staatskirchliche Verfassung bis 1818, Connecticut bis 1819, und nachdem Massachusetts 1833 den rechtlichen Pluralismus anerkannte, gab es keine gesetzlichen Hilfssysteme oder Privilegierungen der Religion(en) mehr. Der Zustrom der Einwanderer hielt unvermindert an. Im Lauf der Jahrhunderte entstand eine jüdische Gemeinschaft, die fünf bis sechs Millionen Mitglieder zählte. Das Bild der Vereinigten Staaten als einer christlichen Nation wurde immer vielfältiger.

Einfallsreichtum und Neuerung schienen – was die verschiedenen Erlösungsmodelle anbelangte – keine Grenzen gesetzt. Mutter Ann Lee hatte die Shakers (»Zitterer«) mitgebracht und weiterentwickelt, eine Art nachchristlicher oder nachorthodoxer Gemeinschaftsreligion. Joseph Smith, ein New Yorker Bauernjunge, sah zwei engelhafte Gestalten, die ihm goldene Tafeln offenbarten, auf denen ein Buch der Offenbarung über Nordamerika geschrieben war – und er gründete 1830 die Kirche Jesu Christi der Heiligen der letzten Tage, die Mormonen. Ein und ein halbes Jahrhundert später zählten sie fast vier Millionen amerikanische Mitglieder und hatten sich über die ganze Welt ausgebreitet. William Miller und Ellen Gould White gründeten zweimal (offiziell 1863) die endzeitlich gestimmten Adventisten vom Siebenten Tag, die eine Zweidrittelmillion Mitglieder anzogen. Charles Taze Russell ließ 1881 eine »Zion's Watch Tower Tract Society« patentieren: Nach einem Jahrhundert verbuchten diese Zeugen Jehovas eine Dreiviertelmillion aktive, sogar sehr aktive Mitglieder in den Vereinigten Staaten. Ende des 19. Jahrhunderts erkannte Mary Baker Eddy das Bedürfnis, Religion und Gesundheit zu verbinden, und gründete die »Church of Christ, Scientist«, eine Gruppe, die Hunderttausende anzog. Jede dieser Gruppen und Dutzende mehr bereicherten die »vielen«, die schon früher mit dem Gepäck der Einwanderer gekommen waren.

Ständige Verschiebungen der konfessionellen Kräfte

Bei allen Unterschieden sucht man nach Homogenität, und die Geschichte des amerikanischen Christentums um 1800 zeigt Bürger, die es nach religiöser »Gleichheit« in einer äußerst vielfältigen Gesellschaft verlangte.

Ein kurzer Blick auf Kanada beleuchtet das Hauptproblem in beiden Ländern. Die Kirchenführung mußte die Anhängerschaft unter den Ostküstenbewohnern erhalten, als sich der Westen öffnete, und dann die Menschen im Westen gewinnen. Kanadas Lage wies eine gewisse Besonderheit auf, weil das französische katholische Quebec praktisch wie eine Nation zwischen den protestantischen Küstengebieten im Osten und dem zukünftigen protestantischen Westen Kanadas lag. Während der Westbewegungen erlebte Kanada einen Konflikt zwischen den zwei großen christlichen Gruppen, der zum Teil eine Reaktion auf eine eingebildete »päpstliche Aggression« war, ein Echo auf eine Anschuldigung, die man um die Jahrhundertmitte auch in England gehört hatte. Kanada sollte, wie wir sehen werden, nicht das einzige Land mit katholisch-protestantischen Spannungen bleiben. Die Protestanten trugen zweifellos oft wirksam dazu bei, die Menschen, die sich auf dem Weg in den Westen befanden, der Kirche zuzuführen. Der Methodismus eignete sich sehr, in dieser Hinsicht erfolgreich tätig zu werden, und es gelang ihm über mehrere Jahrzehnte. Die kanadischen Christen scheiterten jedoch ebenso wie ihre Glaubensbrüder in den Vereinigten Staaten, wenn es darauf ankam, eingeborene Amerikaner in größerer Zahl zum Christentum zu bekehren.

Die Zusammensetzung der Bevölkerung in den neuen Vereinigten Staaten läßt sich an dem Zensus von 1790 ablesen. Demnach waren 83,5 Prozent der weißen Bevölkerung (Schwarze und eingeborene Amerikaner wurden nicht als Staatsbürger anerkannt) englischer Abstammung. Die Schotten und Deutschen zählten 6,7 bzw. 5,6 Prozent, gefolgt

Die Erweckungsbewegung. Nach 1800 trugen Erweckungsprediger dazu bei, den Protestantismus im Grenzland und im gesamten amerikanischen Westen zu verbreiten. Sie erfanden neue Formen, wie das abgebildete Lagertreffen, um ein großes Publikum anzuziehen, bei dem sie durch Predigen, gemeinsames Choralsingen und Aufforderungen zur Bekehrung emotionale Reaktionen zu stimulieren vermochten.

von 2 Prozent Holländern, 1,6 Prozent Iren und 0,6 Prozent »sonstigen«. Das bedeutete, daß Englisch die Sprache der überwältigenden Mehrheit war. Die Kirchen englischer Herkunft trugen ihrerseits dazu bei, eine »Gleichheit« zu fördern, die ein Jahrhundert später verlorengehen sollte, als unter den Einwanderern diejenigen zu dominieren begannen, die nicht Englisch sprachen.

Das englische Volk und die englische Sprache förderten zwar die Homogenität, doch kam es unter den Kirchen zu Machtverschiebungen. Zwar ist es nicht möglich festzustellen, wie viele Anhänger jede Kirche hatte, doch läßt sich ermitteln, wie viele örtliche Kirchen der jeweiligen Religionsgemeinschaft es gab. Im Jahrzehnt der Gründung des Staates nahmen die Kongregationalisten mit etwa 750 Kirchen den ersten Platz ein, gefolgt von den Presbyterianern mit annähernd 500 Gemeinden. Die Anglikaner, Erben der kolonialen Staatskirche in den südlichen Kolonien, zählten mehr als 400 Gemeinden. In den 80er Jahren des 18. Jahrhunderts geschah jedoch etwas Ominöses: Die baptistischen Emporkömmlinge überholten die Anglikaner und kamen auf nahezu 500 Kirchen. Die Lutheraner sowie die deutschen und holländischen Reformierten hinkten nach, nahmen aber zu, und mit ihnen kamen nichtenglische Kirchen. Der römische Katholizismus dagegen blieb mit weniger als 60 Gemeinden in allen Kolonien zurück. In Neuengland oder im tieferen Süden gab es überhaupt keine katholischen Gemeinden, die meisten lagen in Maryland und im südlichen Pennsylvanien.

Wie anders stellte sich die Situation um 1800, also nur 20 Jahre später dar! Inzwischen gab es Schätzungen der Mitgliederzahlen. Die Baptisten waren auf den ersten Platz gerückt, bereit, sich auf ein Jahrhundert des Wettbewerbs mit dem Methodismus einzulassen. Am Ende wurden sie zur stärksten protestantischen Gruppe, besonders im Süden. Die Kongregationalisten standen an zweiter Stelle, verloren den Platz ein oder zwei Jahre später, und nahmen so langsam zu, daß eine Gruppe nach der anderen die ursprüngliche puritanische Gruppe überholte. Inzwischen kamen gleichsam aus dem Nichts die Methodisten. Bis 1820 überrundeten sie die Baptisten und blieben bis etwa 1920 nach ihrer Mitgliederzahl auf dem ersten Platz. Presbyterianer und Lutheraner hielten sich in ihrem Wachstum in etwa die Waage, bis um 1900, als die Einwanderung aus Europa die Lutheraner auf den doppelten Umfang der Presbyterianer anwachsen ließ, während die Mitglieder der Episkopalkirche, Erben der Anglikaner aus der Kolonialzeit, durch das ganze Jahrhundert immer mehr zurückfielen. 1827 organisierten sich die »Disciples of Christ«, eine neue Bewegung, die innerhalb weniger Jahre die Episkopalen überholte.

Statistiken mögen tot und blutlos erscheinen, in diesem Fall spiegeln sie jedoch einen lebhaften, wenn auch nicht direkt erbitterten Wettbewerb. Wer eine Erklärung für die Verschiebung der Kräfte von den »großen Drei der Kolonialzeit« zu den »großen Drei des Grenzlands« sucht, von der Vorherrschaft der Kongregationalisten, Presbyterianer und Anhänger der Episkopalkirche zur Vorherrschaft der Baptisten, Methodisten und Disciples of Christ, findet sie zu einem guten Teil in einem Vorgang, der sich mit einem Wort benennen läßt: Erweckungsbewegung. Massenevangelisation und lokale Erneuerungen haben einen festen Platz in der Geschichte der Religion in den Vereinigten Staaten und in Kanada behalten, im frühen 19. Jahrhundert aber spielten Evangelisationsbemühungen eine fast unvorstellbar wichtige Rolle bei der Verschiebung der Kräfteverhältnisse unter den Christen.

Pioniere des Kongregationalismus

Die Geschichte der Erweckungsbewegung verlangt einen kurzen Rückblick auf das koloniale Erbe. Der Kongregationalismus war hauptsächlich eine Religion der nördlichen Vereinigten Staaten und ist es auch geblieben; bis heute ist ihr Abkömmling (hervorgegangen aus dem Zusammenschluß mit historisch deutschsprachigen evangelischen und reformierten Kirchen 1957), die »United Church of Christ«, kaum im Süden vertreten. Der Kongregationalismus ging dahin, wohin die Yankees gingen, von Neuengland durch den Staat New York, dann von Stadt zu Stadt in Ohio, Indiana, Illinois und den Staaten im oberen Mittleren Westen. Die Kongregationalisten stellten in dieser Epoche die Eliten. Sie organisierten neue Städte nach geordneten Vorbildern in Neuengland und setzten die »erste Kirche« jeweils an die zentrale Straßenkreuzung. Sie gründeten angesehene geisteswissenschaftliche Colleges und brachten Kultur in die Länder im Westen, die sich in den Jahren der Grenzlandbesiedlung öffneten.

Der Kongregationalismus stand nicht grundsätzlich in Opposition zur Erweckungsbewegung. Tatsächlich war der bedeutendste der in Amerika geborenen Prediger der Bekehrung (und Theologen), der Yale-Absolvent Jonathan Edwards, der als Erweckungsprediger in den 30er und 40er Jahren des 18. Jahrhunderts in Northampton, Massachusetts, wirkte, ein durch und durch kongregationalistischer Puritaner. 1801 ging der Kongregationalismus eine Verbindung mit seinen nächsten Verwandten, den Presbyterianern, ein. Diese Annäherung zerbrach jedoch 1837, weil die Presbyterianer erfolgreicher waren, die Bekehrung zu predigen, und die Kongregationalisten glaubten, dabei ins Hintertreffen zu geraten.

Das bedeutende Vermächtnis des Kongregationalismus war nicht die Erweckung, sondern ein bestimmter Stil der Kirchenleitung und Theologie sowie Konzepte der Weltmission. Diese puritanische Bewegung trug durch die Betonung der Autonomie örtlicher Kirchen dazu bei, ihrem rebellischen, ja schismatischen Abkömmling, den Baptisten, einen Anstoß zu geben, einsatzbereite Kirchen im Grenzland ins Leben zu rufen, was kongregationalistische Eliten nicht leisten konnten oder wollten. Theologisch lebte die »Edwardssche« Linie weiter, wenngleich sie sich veränderte. Im 19. Jahrhundert nahm unter Predigern wie William Ellery Channing ein liberaler Flügel als unitarische Kirche Gestalt an. Bei der 1815 gegründeten Organisation handelte es sich um eine rational gesinnte Kirchenbewegung, die nicht soviel vom Übernatürlichen, vom Wunderbaren oder von der Göttlichkeit Christi hielt, dafür aber die Wohltätigkeit des einen Gottes und das moralische Gewissen der Menschen predigte. Harvard College war ihr intellektueller Brennpunkt, Boston ihr Zentrum.

Die Mehrheit der Kongregationalisten blieb trinitarisch orientiert und verkündete die Gottheit Christi. Aufgrund ihrer überkommenen calvinistisch-puritanischen Themen befanden sie sich jedoch in einer unangenehmen Situation, wenn sie sich nicht sogar gegen sie auflehnten. Besonders unter der Führung von Geistlichen wie Nathaniel William Taylor (1786-1858) von Yale versuchten sie, die »Fügungen« abzuschwächen, die Erklärung also, daß ein vorherbestimmender Gott die Erlösung oder Verdammung einzelner Menschen entschied. In der Praxis war diese Erklärung längst durch einen Kompromiß geregelt, denn kongregationalistische Erweckungsprediger hatten sich anpassen müssen. Wenn Menschen ihren Willen durch Akte der Reue und Bekehrung zu Gott in Christo ausdrücken sollten, schienen sie mehr Kontrolle über ihr Geschick zu haben, als ältere Calvinisten eingeräumt hatten. Taylor gab unter dem Eindruck der Konkurrenz mit den Unitariern vieles auf: So mußte er von der älteren kongregationalistischen Theologie Abschied nehmen und zugeben, daß im Sündenfall des Menschengeschlechts nicht alle Elemente des Willens, der Reaktion oder des freien Handelns verschwunden waren.

Die kongregationalistische Theologie brachte um die Jahrhundertmitte einen der großen christlichen Denker der Vereinigten Staaten hervor: Horace Bushnell (1802-76), Pastor von Hartford in Connecticut. Bushnell, der die Rauheit des Grenzlands fürchtete, wie er in *Barbarism the First Danger* eingestand, bekämpfte den Katholizismus als Bedrohung der nationalen »Gleichheit« und »Einheit«. Bekannt wurde er, weil er die Erweckungsbewegung wegen ihrer emotionalen Bearbeitung von Bekehrten kritisierte. Statt

verfügen. Es gab unter ihnen keine theologische Einigkeit; manche lehnten den Calvinismus ab. Nicht alle befürworteten die Organisation für die Evangelisation und Mission. Doch die meisten von ihnen evangelisierten und führten die Mission fort. Die Zahl der Baptisten wuchs rasch.

Der Methodismus, das Vermächtnis des Gründers John Wesley in England, kam mit einer ganz anderen Theologie und Verfassung, war aber mindestens ebenso erfolgreich in der Erweckungsbewegung und Beherrschung des Grenzlands. Francis Asbury, ein durch Wesley geprägter Missionar, trug dazu bei, daß sich der Methodismus von den konservativen, gegen die Loslösung vom Mutterland gerichteten Vorstellungen Wesleys distanzierte. Der Methodismus war »arminianisch«, nicht calvinistisch. Er betonte das menschliche Streben nach Vollkommenheit, die große Breite des Erlösungsakts Gottes in Christus und seines Wohlwollens gegenüber allen Menschen sowie Urteile über das große menschliche Potential. Dies bedeutete, daß Gott nicht das einzige Werkzeug bei der Bekehrung war. Die menschliche Seite wirkte ebenfalls mit und bekam das von Gott als Verdienst angerechnet. Er war auch »episkopal« organisiert, mit Bischöfen, die das Wohl der Kirche repräsentieren. Die Anhänger Wesleys und Asburys schufen Organisationen zur Bekehrung, Fürsorge und Mission; darüber hinaus engagierten sie sich im Grenzland.

Die Disciples of Christ waren eine »primitive« Bewegung, die christliche Einfachheit suchte. Einige presbyterianische und baptistische Elemente gingen in die Mischung ein, die Thomas Campbell und sein Sohn Alexander prägten. Letzterer war 1809 aus Schottland eingewandert. Unabhängige Bewegungen unter Führung von Walter Scott, einem genialen Vereinfacher, arbeiteten an anderen Abschnitten der Grenze. Diese Menschen, von denen manche ihre Gruppe einfach nur als »Christen« auftreten lassen wollten, und andere, die den Namen »Disciples of Christ« vorzogen, verkündeten, daß sie sprechen würden, wo das Neue Testament sprach, und schweigen, wo dieses schwieg. Sie wollten keine Kirche unter den Kirchen sein, keine Konfession, sondern eine Bewegung für die wahre und endgültige christliche Einheit. Ironischerweise, jedoch unumgänglich, wurde aus ihnen eine weitere Gruppe von Kirchen, eine Konfession.

Amerikas religiöse Vielfalt wächst

Auf andere kirchliche Trends dieser Zeit kann hier nur flüchtig eingegangen werden. Der römische Katholizismus blieb zunächst zwar unbedeutend, doch blühte er in dem Maße auf, in dem seine Anhänger dazu beitrugen, das Grenzland im Westen zu bevölkern. Historiker dieser Epoche haben festgestellt, daß auch die Katholiken Evangelisationsformen ähnlich denen der Protestanten übernahmen. Sie waren nicht in der Lage, viele Menschen protestantischer Herkunft anzuziehen, denen sie als massive Bedrohung erschienen, als Werkzeug einer antirepublikanischen, wenn nicht gar dämonischen fremden Macht: des Papstes. Dennoch gelang es ihnen, Einwanderer an sich zu binden, von denen viele religiös desinteressiert waren, als sie ankamen: Iren in den Städten der Ostküste, wie etwa in Boston, oder Deutsche in Ohio, Indiana und im Grenzland im Mittleren Westen. Den größten Zuwachs erlebten die Katholiken nach den Hungerjahren in Irland sowie zur Zeit der europäischen Revolutionen in den 40er Jahren des 19. Jahrhunderts.

Der katholische Aufschwung löste Reaktionen auf seiten der Protestanten aus. Eine Gruppe nannte sich »Know-Nothings«, und andere wurden um die Jahrhundertmitte als »Nativisten« bezeichnet. Ihr heftiger Antikatholizismus war damals in weiten kulturellen Kreisen gesellschaftsfähig und wurde erst in einem folgenden toleranteren Jahrhundert allmählich als beschämend angesehen. In den 40er Jahren des 19. Jahrhunderts jedoch erschien diese Reaktion bei ihnen vernünftig, denn Katholiken wurden als Bedrohung der amerikanischen »Einheit« empfunden. Die neue Einwandererbevölkerung war arm, lebte in übervölkerten Slums, trank, war aufsässig, undemokratisch – wenigstens dachten das ihre Feinde. Diese katholischen Einwanderer waren jedoch politisch erfahren. Sie zogen einige angesehene Konvertiten vom Protestantismus an, etwa den Laien und Publizisten Orestes Brownson oder Isaac Hecker, den Gründer der Paulisten, eines geistlichen Ordens, der sich anschickte, den Katholizismus für Amerika annehmbar zu machen.

Sie mußten aufgehalten werden, wenn amerikanische Institutionen weiter vorherrschen und »Einheit« als Ideal Bestand haben sollte. Deshalb bekämpften Lyman Beecher und Horace Bushnell den Katholizismus als Unkultur. Deshalb zündete der Pöbel 1834 eine Klosterschule in Charlestown bei Boston an und überfiel 1844 irische Versammlungen in Philadelphia, wobei einige Menschen den Tod fanden. Deshalb gab es einen Markt für Skandalbücher wie Maria Munks *Awful Disclosures of the Hotel Dieu Nunnery of Montreal.* Das alles bestürzte Katholiken, denn sie fühlten sich mit den republikanischen Institutionen in Amerika wohl. Sie ignorierten den Syllabus von 1864, in dem Papst Pius IX. reaktionäre, antimoderne und antidemokratische Gedanken verkündete. Während diese Kontroverse in Gang war, um die Mitte des Jahrhunderts, wurde der Katholizismus zur größten christlichen Gruppe in Amerika.

Andere europäische Gruppen wie die Lutheraner bauten auf ihren kleinen kolonialen Gründungen auf und erhielten in den 30er und 40er Jahren des 19. Jahrhunderts durch die Einwanderungen in den Mittleren Westen, nach Missouri, Iowa oder Wisconsin Zuwachs. In theologischer Hinsicht wurden sie im allgemeinen von den Protestanten akzeptiert, war doch Martin Luther der bahnbrechende Protestant. Kulturell jedoch blieben sie Außenseiter. Einige gründeten ähnlich wie die Katholiken fremdsprachige kirchliche Privatschulen, die neben den staatlichen Schulen bestanden. Daß viele von ihnen Bier tranken, wirkte im zunehmend abstinenten angloprotestantischen Amerika nicht gerade integrationsfördernd. Sie blieben unter sich und stritten darum, wer im Sinne des deutschen lutherischen Glaubens des 17. Jahrhunderts am orthodoxesten war. Nur wenige unter ihnen schätzten die Erweckungsbewegung, aber auch sie borgten deren Methoden und richteten Auffangstätten für neue Einwanderer in aufstrebenden Städten wie Chicago, Milwaukee und St Louis oder in entlegenen Siedlungen im Grenzland ein.

Es ist schwer einzuschätzen, inwiefern die kleinen neuen religiösen Bewegungen den Traum vom einzigen Reich, ob nun »Erlösernation« oder Imperium, bedrohten. Gewiß stellten die Gemeinden in den Grenzwäldern oder auf den Prärien Herausforderungen dar für die Bedeutungssysteme der evangelischen Protestanten vom konventionellen Typus des Unionsplans. Manche wurden von Agnostikern wie Robert Owen angeführt, der Land und Gebäude einer erloschenen deutschen protestantischen Gemeinde in New Harmony, Indiana, kaufte und ein nicht- oder antichristliches sozialistisches Experiment begann. »Ländliche Utopien« entstanden unter solchen Auspizien oder in Form ketzerischer christlicher Unternehmungen, wie andere meinten. In Oneida, New York, förderte der abtrünnige Geistliche John Humphrey Noyes Ideen, die die schockierten Orthodoxen als »freie Liebe« bezeichneten, und sie bekämpften sie genauso, wie sie die Shakers verhöhnten. Tatsächlich war ihr Einfluß nicht groß. Die bürgerliche Gesellschaft verhalf ihnen jedoch zu einer Bekanntheit, die ihre zahlenmäßige Stärke übertraf, da sie in ihnen eine Herausforderung der Ideale der Familie, wie sie sich damals normalerweise darstellte, bzw. der »frühkapitalistischen« Wirtschaft und des normalen Verhaltens sah.

Eine eher intellektuelle Herausforderung bildeten die unitarische Linke oder Bewegungen wie der Transzendentalismus, der unter den Bostoner Eliten Fuß gefaßt hatte. Herausragende Persönlichkeiten wie Henry David Thoreau und Ralph Waldo Emerson sprachen von Göttlichkeit in Begriffen, die sich stark von denen unterschieden, die mit dem Gott der Bibel oder der statischen Gottheit, dem »Wesen« der orthodoxen Theologie, verknüpft wurden. »Vergeßt das historische Christentum«, forderten die Transzendentalisten. Emersons »Überseele« versuchte die Göttlichkeit in der Natur und dem Fluß der menschlichen Interaktion oder in Formen der Frömmigkeit, die nichts mit kirchlichem Gottesdienst, Sakramenten und Dogma zu tun hatten, zu fassen. Auch sie rebellierten gegen die alte »Einheit« und trugen damit zur Vielfalt bei.

BEKEHRUNG DER INDIANER. Katholiken und Protestanten erfanden im Rahmen der – oft erfolglosen – Versuche, die Indianer zu bekehren, verschiedene Zeremonien. In der katholischen Mission San Gabriel in Kalifornien fand am Karsamstag eine rituelle Improvisation für Indianer statt – eine Judas Ischariot darstellende Puppe wurde gesteinigt, beschossen und bespuckt. Dargestellt als Keramikminiatur von Katherine Donnell.

Während des ganzen 19. Jahrhunderts wurden die eingeborenen Amerikaner, die Indianer, von der Verfassung nicht als Bürger anerkannt. Sie waren gewissermaßen Objekte, gegen die man Krieg führte, die »beseitigt« oder im isolierten Ödland des weiten Westens »geschützt« oder konvertiert und zivilisiert oder vergessen wurden. Während sich manche protestantischen und katholischen Missionare für sie einsetzten, einige von ihnen als Vertreter der Regierung unter Präsident Ulysses S. Grants Indianerpolitik nach dem Bürgerkrieg, wurden viele der Aufgabe überdrüssig. Es gab relativ wenige vollständige Bekehrungen. Indianer, die ihre alten Glaubensvorstellungen über Geist, Natur und Stamm hochhielten oder mit dem Christentum vermischen wollten, wurden als Heiden und Barbaren abgelehnt. Sie stellten »die vielen« auf amerikanischem Boden dar, aber durchweg als negative Bilder, ohne jedes positive Potential.

Auf ähnliche Weise wurde mit den Schwarzen verfahren. Die meisten waren Sklaven, Eigentum anderer Menschen (die mehrheitlich protestantische Christen waren). Es gab sie vor allem im amerikanischen Süden, aber, so fürchtete man, bald auch im amerikanischen Westen. Als sich das Baumwollreich nach 1800 entwickelte, nahm die Sklaverei zu, anstatt zurückzugehen. Die Antisklavereivereine, die es einst überall im Süden gegeben hatte, gingen zurück, und die Sklavenbefreiung wurde zum Anliegen einer Minderheit im Norden, häufig von Leuten, die aus christlichem Antrieb arbeiteten, aber die christlichen Kirchen zu träge fanden. So spalteten Gegner und Befürworter der Sklaverei und Norden und Süden zusätzlich die Vorstellungen von einer nahtlosen Einheit.

Aus der Distanz könnte ein Beobachter geglaubt haben, daß das Entstehen schwarzer Kirchen zu einer Annäherung führen werde, nicht zur Zwietracht. Als die Sklavenhalter begannen, sich um die Seelen der Schwarzen zu kümmern (bzw. versuchten, sie über die Religion zu kontrollieren) und als die Minderheit der Freigelassenen ihre eigenen Kirchen organisierten, brachten sie die zwei christlichen Hauptformen im Süden, Methodisten und Baptisten, zusammen. Richard Allen, der Freigelassene in Philadelphia, der die »afrikanische methodistische Episkopalkirche« mitformte, war wie die meisten seiner Kollegen der Lehre nach ein herkömmlich orthodoxer Methodist, ein Anhänger der methodistischen Erweckung und Organisation. Die weißen orthodoxen Methodisten förderten eine solche getrennte Organisation und begrüßten im allgemeinen methodistische Evangelisationen unter Sklaven auf den Plantagen. Aber sie zogen weiße Erweckungsprediger und weiße Aufsicht vor und behinderten das Aufkommen einer elementaren Bildung unter den Sklaven.

Gleichzeitig entwickelte sich auch zu der anderen bedeutenden südstaatlichen Religionsgemeinschaft, den Baptisten, ein schwarzes Gegenstück. Diese baptistischen Gruppen bildeten sich häufig spontan, ebenso wie weiße Gemeinden, und das Wachstum der winzigen baptistischen Kirchen unter Schwarzen war beeindruckend. Während jedoch manche weißen Baptisten im Sinne der Nächstenliebe unter ihnen wirkten, gab es mit Sicherheit keine Kontakte, die auf Gleichheit, Gemeinschaft oder menschliche Nähe hingedeutet hätten. Ein schwarzes methodistisch-baptistisches Reich wuchs neben den weißen Reichen heran, und die Haltung der Weißen trug dazu bei, gerade die »Vielheit« zu erzeugen, die sie angeblich verhindern wollten.

EINE VERSAMMLUNG VON SKLAVEN in Port Royal in South Carolina (1863). Als die Sklavenhalter in den Südstaaten begannen, die Christianisierung ihrer Sklaven zu fördern oder zu erlauben, versuchten sie, ihre Zusammenkünfte zu kontrollieren. Ein weißer Missionar war dann der »Oberprediger«, doch die Schwarzen hörten lieber einen Prediger aus ihren Reihen, gewöhnlich einen Diakon oder »Ermahner«.

Der Konflikt zwischen Norden und Süden

Der Hinweis auf die abweichenden Methoden im Norden und Süden zeigt einmal mehr, wie schwer man sich mit dem Gedanken einer einzigen »Erlösernation« oder eines einzigen »gerechten Reichs« tat. Selbst Anhänger eines schrittweisen Vorgehens im Norden, die sich ursprünglich nicht einmischen wollten, bezogen immer deutlicher Position gegen die Sklaverei. Sie lebten in einer gewissen Entfernung von den zwei Carolinas oder wo immer sonst Sklavenaufstände unter Führung von messianisch gesinnten Schwarzen wie Nat Turner Bedrohungen für die allgemeine Selbstgefälligkeit und öffentliche Ordnung darstellten. Deshalb reagierten sie darauf nicht mit dem Wunsch nach repressiveren Maßnahmen, wie es die Südstaatler taten, sondern mit verstärktem Eifer, ein Ende der Sklaverei herbeizuführen. Sie zeigten sich in der Bibelinterpretation flexibler und fanden Wege, sich aus biblischen Rechtfertigungen der Sklaverei herauszureden. Sie sahen, daß Kirchenführer im Süden, darunter intellektuelle presbyterianische Theologen wie Robert Lewis Dabney, ausgeklügelte biblische und calvinistische Verteidigungen der Sklaverei und schließlich der Abspaltung von der Union betrieben. Diese Theologen des Südens lieferten auch die geistigen Grundlagen für den Widerstand gegen die Rassenintegration in der Wiederaufbauphase nach dem Krieg und in vielen kommenden Generationen.

Während Mißtrauen und Haß zwischen nördlichen und südlichen Zweigen der Konfessionen sich in aggressiver Sprache und Politik Luft machten, begannen die Kirchen sich zu spalten. Die Presbyterianer hatten das bereits 1837 getan, in Schismen, die nicht nur durch Rassenfragen kompliziert wurden, Schismen, die bis in die 80er Jahre des 20. Jahrhunderts andauerten. Die Methodisten spalteten sich 1845 auf der Versammlung von Louisville, Kentucky, und konnten erst 1939 wieder zusammenfinden. Eine »Southern Baptist Convention« wurde 1845 in Augusta, Georgia, gegründet. Bis dahin waren die Gräben zwischen den Baptisten im Norden und Süden so breit geworden, daß keine Hoffnung auf Wiedervereinigung nach dem Bürgerkrieg bestand. Die »Southern Baptist Convention« wurde die beherrschende Kirche des Südens, beinahe eine (inoffizielle) Staatskirche, und wuchs in der zweiten Hälfte des 20. Jahrhunderts zur größten protestantischen Denomination an. In der Episkopalkirche wurde der Zusammenhalt stark auf die Probe gestellt, doch zerbrach sie nicht förmlich.

Der Bürgerkrieg markiert einen großen Einschnitt in der amerikanischen Geschichte. Die alte »Einheit« war in dem blutigen Krieg 1861-65 zerbrochen. Damit hatte sich auch der Traum von einem homogenen Ort, die Vorstellung, daß die Wege, Worte und Werke Christi sich unter den Völkern durchsetzen würden, als unrealisierbar erwiesen. Es mutet seltsam, ja ironisch an, daß Präsident Abraham Lincoln während des Kriegs und an seinem Ende, obgleich er selbst keiner Kirche angehörte, eine biblische und spezifisch christliche Sprache heranzog, um beide Seiten zu einer Aussöhnung zu bewegen. Er berief sich auf den Gedanken einer »transzendenten Gerechtigkeit«, demzufolge der allmächtige, wenn auch geheimnisvolle Gott seine eigenen Ziele jenseits jener irdischen Parteigänger hatte. Er selbst hielt stets an der Idee der Union mit einer Leidenschaft fest, die manche mit religiösem Mystizismus verglichen haben.

Die Kanadische Konföderation

Während die Vereinigten Staaten in den 60er Jahren auseinanderbrachen, kam Kanada ohne Blutvergießen und auf undramatische Weise 1867 in einem Bundesstaat zusammen. Ungeachtet intensiver protestantisch-katholischer Rivalitäten und Auseinandersetzungen in den 50er Jahren förderten wirtschaftliche und politische Interessen die Einheit der kanadischen Provinzen. Katholiken und Protestanten widersetzten sich dieser Entwicklung nicht. Die Kanadier haben ihren bundesstaatlichen Zusammenschluß nie mit einer religiösen Bedeutung unterlegt, wie es in den Vereinigten Staaten mit dem Unabhängigkeitskrieg und dem Verfassungsentwurf der Fall war. Man hat den Unterschied im allgemeinen damit zu erklären versucht, daß die Sorge der Vereinigten Staaten »den vielen« und dem »einen« gegolten habe, während Kanada sich vorwiegend mit der »Zweizahl« beschäftigen mußte, mit der katholischen und der protestantischen Interpretation, um schließlich einen zusammenhängenden und zwingenden Mythos zu finden.

In den Jahren nach dem Zusammenschluß begann Kanada, ein Land, das größer ist als die Vereinigten Staaten, aber eine geringere Bevölkerungsdichte aufweist, seine westlichen Provinzen zu entwickeln. Dies geschah jedoch ohne eine Ideologie, die die Menschen nötigte, an der Grenze Barbaren zu bekehren. Das Land wurde einfach von Kirchenmitgliedern und Kirchgängern besiedelt. Doch gab es auch eifrige Gruppen, an erster Stelle die Methodisten, die die Evangelisation mit der halb bäuerlichen Version eines »sozialen Evangeliums« verbanden. Diese Bewegung konnte in den östlichen Städten Fuß fassen, wo die Menschen mit den Problemen von Slums, Armut und Übervölkerung, die mit dem städtischen Wachstum einhergingen, konfrontiert waren.

Der Katholizismus blieb mit einem Anteil von mehr als 40 Prozent unter der kanadischen Bevölkerung in den 90er Jahren des 19. Jahrhunderts die am weitesten verbreitete Religion. Drei Viertel waren Frankokanadier, die meisten ihrer Führer energische Befürworter einer konservativen Politik. Der Herausragendste unter ihnen war Elzéar Taschereau (1820-98) aus Quebec, der sich verschiedentlich in Streitigkeiten zwischen Katholiken in den Vereinigten Staaten einmischte. Im Gegensatz zu stark »ultramontanen« oder päpstlichen Parteien, die den Katholizismus im späten 19. Jahrhundert beherrschten, entwickelte er eine konservative theologische und gemäßigt liberale soziale Anschauung. Taschereau setzte sich in Kanada durch, was seiner Richtung in den Vereinigten Staaten nicht gelang.

Eine Ära der religiösen Prosperität

Zwischen dem Bürgerkrieg und dem Ende des Ersten Weltkriegs blühte das Christentum in der ganzen Nation. Dies mag manchen europäischen Beobachter seltsam anmuten, denn es waren Jahre der Verstädterung, der Industrialisierung, der Bildung von Unternehmen, Gewerkschaften und modernen Universitäten. In Europa leerten sich in dieser Zeit die Kirchen, ging die Bindung der gewerkschaftlich organisierten Arbeit verloren und entstanden antichristliche (von Marx, Nietzsche, Darwin und Freud beeinflußte, »Gott tötende«) Ideologien. Wer, so fragten Skeptiker, sollte noch an Gott glauben, wer noch die Kirchen füllen?

Doch die Kirchen wuchsen mit den Städten. Die Einwanderer aus Ost- und Südeuropa, die zu den früher eingetroffenen (und immer noch eintreffenden) Iren und Deutschen stießen, wurden von den städtischen katholischen Gemeinden angezogen. Die kleinen wöchentlichen Spenden der Arbeiter trugen zum Bau gewaltiger Stadtkirchen bei. Diese wurden zu Zentren nicht nur der Frömmigkeit und des liturgischen Lebens, sondern auch Sitz von Kreditvereinen und Gewerkschaften, zu Orten des gesellschaftlichen Lebens (wodurch Heiraten zwischen Katholiken gefördert wurden) und der religiösen Erziehung. Sie boten eine Reihe von religiösen Symbolen, an denen sich Katholiken in einer Umgebung, die so wenig tat, um sie willkommen zu heißen, festhalten konnten.

Unter der Führung von Männern wie Kardinal James Gibbons (1843-1921) aus Baltimore wurde der Katholizismus zu einer Macht im pluralistischen Amerika. Gibbons versäumte keine Gelegenheit, die Loyalität der Katholiken zu demonstrieren. So unterstützte er den spanisch-amerikanischen Krieg 1898, obwohl dieser Krieg kaum moralisch zu

A TEN STRIKE!

Antichristliche Kräfte in Amerika sind immer schwach und schlecht organisiert gewesen. Gelegentlich jedoch stand ein begabter »Freidenker« oder »Ungläubiger« auf, um christliche Ansprüche und Einrichtungen anzugreifen. Der berühmteste (oder berüchtigtste) unter ihnen war im späten 19. Jahrhundert Robert Ingersoll, dessen Vorträge, hier durch Kugeln symbolisiert, christliche Lehren, durch die Kegel dargestellt, über den Haufen warfen.

rechtfertigen war und als Krieg protestantischer Imperialisten gegen katholische Mächte interpretiert werden konnte. Gibbons wurde ein Vertrauter von Präsidenten und war regelmäßig öffentlich an ihrer Seite zu sehen. Er und seine Kollegen waren es auch, die in der Hierarchie die Katholiken 1917 zur Teilnahme am Ersten Weltkrieg drängten.

Gleichzeitig setzte sich Gibbons für die Arbeiterschaft ein. Der Protestantismus neigte zu Mittelschicht und Landbevölkerung und betrachtete die Gewerkschaftsbewegung feindselig. Seiner Meinung nach verletzte sie das »Naturgesetz« und lief Gottes Absicht, den Individualismus zu ermutigen, zuwider. Die Katholiken wurden zunächst von den Arbeitern nicht als vertrauenswürdig angesehen, weil die Arbeiterschaft in Europa im allgemeinen gegen die Kirche eingestellt war. Ihre frühen Organisationen in Amerika nahmen beinahe zwangsläufig einen quasi freimaurerischen »Bruderschafts«- und »Logen«-Charakter an, so daß sie als Geheimorden verurteilt wurden. Doch Gibbons hielt konservative Kirchenführer davon ab, die bahnbrechenden »Knights of Labor« zu verurteilen. Als diese Bruderschaft, die gewissermaßen Funktionen der Gewerkschaften vorwegnahm, zurückging und durch die »American Federation of Labor« und andere Zusammenschlüsse ersetzt wurde, stellten die Arbeiter fest, daß sie der Kirche *und* der Gewerkschaft treu sein konnten.

Gibbons und ihm gleichgesinnte Kirchenführer förderten zwar katholische Einrichtungen wie kirchliche Privatschulen und Colleges, die die Tendenz hatten, katholische

Die russisch-orthodoxe Kirche in Alaska. Die 1907 erbaute Kirche der Kreuzerhöhung. Um die Wende zum 20. Jahrhundert kamen Immigranten aus Osteuropa in die Vereinigten Staaten, die nach Millionen zählten. Viele gehörten östlich orthodoxen Gemeinschaften an. Einige der orthodoxen Pioniere kamen aber auch aus dem Westen, aus Alaska.

Kinder vom öffentlichen Leben abzusondern, setzten sich aber andererseits auch dafür ein, ihnen den Weg ins öffentliche Leben zu ebnen. Während sie als Lehrer orthodox waren und die wenigen theologisch anpassungsfähigen Modernisten in ihrer Mitte kritisierten, verübelten sie dem Vatikan seine Versuche, den Modernismus in den amerikanischen Kirchen als Bedrohung darzustellen. Gibbons und seine Kollegen vermittelten zwischen einem Vatikan, der »amerikanistische« Häresien argwöhnte, die aus einer Überanpassung an eine nichtkatholische Umgebung rührten, und »Amerikanisierern«, die vielleicht dabei waren, vom rechten Weg abzukommen. Als der Vatikan 1908 den amerikanischen Katholizismus neu definierte, indem er ihn nicht mehr unter die Kongregation zur Ausbreitung des Glaubens (Propaganda) stellte und er folglich nicht mehr als »Mission« galt, war die Kirche inNordamerika ein reifer, ethnisch vielfältiger, dogmatisch geeinter, vitaler Teilnehmer an der Weltkirche und ein mächtiger, wenngleich argwöhnisch betrachteter Faktor im amerikanischen politischen Leben geworden.

Was die östliche Orthodoxie anbelangt, so war sie bis zum Ende des 19. Jahrhunderts in den Vereinigten Staaten fast unbekannt. Die ersten, die an die Öffentlichkeit traten, waren russische orthodoxe Missionare in Alaska, das die Vereinigten Staaten 1867 erworben hatten. Viele Orthodoxe, fast ausnahmslos Russen, trafen in den folgenden Jahrzehnten über das Meer an der Westküste, in Seattle und San Francisco ein. Andere kamen über den Atlantik. Russen, Griechen und Orthodoxe anderer Nationalitäten ließen sich in Pennsylvanien, dem Land des Kohlebergbaus nieder oder trugen dazu bei, Stahlwerkstädte wie Gary in Indiana zu bevölkern.

Kompetenzstreitigkeiten zwischen Russen und Griechen sowie zwischen Laienschaft und Geistlichkeit sind für die Anfänge der Orthodoxie in Amerika bezeichnend. Weil die neuen Einwanderer in der Regel an ihren europäischen Sprachen festhielten, in geschlossenen Enklaven lebten und oft von den alteingesessenen Protestanten schikaniert und verhöhnt wurden, waren Orthodoxe den Nicht-Orthodoxen bis zur Zeit des Zweiten Weltkriegs wenig bekannt. In der Folgezeit wurde von ihnen allerdings bisweilen als einer »vierten amerikanischen Religion« neben Protestantismus, Katholizismus und Judentum gesprochen.

Schwarze Kirchen blühten in der Zeit der Rassentrennung während und nach der Wiederaufbauphase. Die meisten befanden sich immer noch im ländlichen Süden, aber während des Ersten Weltkriegs lockte der industrielle Norden Arbeiter in die Hüttenwerke und Fabriken oder auch nur zu einem Wechsel des Schauplatzes ihrer Armut in die Arbeitslosigkeit. Wo immer es Schwarze gab oder wohin immer sie gingen, wurden sie von der methodistischen und der baptistischen Kirche begleitet. Manche schwarzen Kirchen im Norden übernahmen Gebäude, die von Weißen aufgegeben worden waren, als sie die Gebiete verließen, in die besonders viele Schwarze zogen. Andere improvisierten »Ladenfront«-Kirchen, wo unternehmerische Geistliche, die die Gabe dazu hatten, eine Herde um sich sammelten. Mittlerweile entstand, manchmal mit Hilfe christlicher Wohlfahrtseinrichtungen im Norden, ein Netz von Colleges und Universitäten, die schwarze Eliten ausbildeten. Allmählich entwickelte sich ein Mittelstand. In diesem Fall wie in anderen bildete die Kirche für viele immer noch den Mittelpunkt des Gemeindelebens. Schwarzen Männern, denen der Zugang zu vielen anderen Berufen verwehrt blieb, bot sie ein berufliches Betätigungsfeld. Der militante Vertreter schwarzen elitären Denkens, der schließlich Kommunist wurde, W.E.B. DuBois, sprach später von der afrikanischen methodistischen Episkopalkirche als der beeindruckendsten Leistung schwarzer Organisatoren im Amerika des 19. Jahrhunderts.

Weiße Protestanten taten jedoch wenig, um mit diesen Kirchen in Kontakt zu treten. Rassisch gab es mindestens zwei Amerikas oder Christenheiten. Die dogmatische und praktische Ähnlichkeit zählte wenig. Um die Jahrhundertwende begannen Anthropologen, Soziologen und Historiker, in Europa erdachte, ausgesprochen rassistische Theorien zu übernehmen, mit denen sie die Unterlegenheit der Schwarzen zu beweisen und die Rassentrennung zu legitimieren suchten. Der Oberste Gerichtshof der Vereinigten Staaten zog in dem Fall *Plessy* v. *Ferguson* von 1894 »getrennte, aber gleichberechtigte« Einrichtungen für Schwarze in Betracht und förderte damit Rassentrennungsmodelle, die eine Diskriminierung der Schwarzen begünstigten. Kritiker bemerkten, daß die sonntägliche protestantische Stunde des Gottesdienstes die »getrennteste« Zeit der Woche war. Tatsächlich nahmen die Kirchen des Nordens, nachdem sie den Sieg über die Übel der

LUTHERISCHE SIEDLUNGEN gab es in der Kolonialzeit vor allem in den mittleren Kolonien, im 19. Jahrhundert in den oberen Staaten des Mittleren Westens. Lutheraner paßten sich gut an das bäuerliche und dörfliche Leben an, und sie wurden geachtete Bürger in einem Land, in dem englischsprachige Menschen bestimmend waren. Joseph H. Hidleys »primitives« Gemälde mit dem Titel »Poestenkill, New York: Sommer« zeigt die lutherische Kirche an herausragender Stelle, auf einem Grundstück, das von einem Cousin des Künstlers gestiftet worden war.

Sklaverei und den Süden verkündet hatten, im Lauf des nächsten Jahrhunderts mehr und mehr südliche Verhaltensweisen hinsichtlich der Schwarzen und ihrer Kirchen an. Es gab kaum Kontakte, nicht einmal innerhalb verwandter Denominationen.

Die alten weißen protestantischen Gruppen hatten nach wie vor beinahe die gesamte politische, kulturelle und religiöse Macht in Amerika inne, nicht nur im Süden. Die Religionsstatistik ist zwar recht ungenau, doch vermittelt sie – insbesondere, als die Volkszählung noch religiöse Angaben enthielt – einen Überblick über die allgemeine Gestaltung der Macht. Bei der Zählung von 1906 standen die römischen Katholiken mit 10658066 erwachsenen Mitgliedern an erster Stelle. Methodisten und Baptisten brachten es auf eine Anhängerschaft von jeweils weit über fünf Millionen – ganz zu schweigen von den nicht mitgerechneten unzähligen schwarzen Baptisten. In deutlichem Abstand, aber immer noch relativ stark, folgten Presbyterianer und Lutheraner mit jeweils fast zwei Millionen Mitgliedern. Die Lutheraner profitierten im Unterschied zu den Presbyterianern von der anhaltenden Einwanderung. Die Disciples of Christ waren die fünftgrößte Denomina-

St Thomas's Church, Fifth Avenue, New York. Die »großen drei« Konfessionen der Kolonialzeit, Kongregationalisten, Episkopalkirche und Presbyterianer, mußten – was die Mitgliederzahlen anbelangt – der baptistischen und der methodistischen Bewegung des 19. Jahrhunderts Platz machen. Doch sie behielten ihren Rang unter den protestantischen Eliten bei – wie ein Blick auf die vornehme Kirche in den 90er Jahren des 19. Jahrhunderts verrät.

tion, gefolgt von der Episkopalkirche, den Kongregationalisten und Mormonen, während die Reformierten und Quäker zahlenmäßig gering blieben.

Der Protestantismus war bestrebt, seine starke Präsenz in der Industriestadt zu erhalten, und teilweise gelang ihm dies auch. Als ländliche, bürgerliche und später vorstädtische Kirche sprach der Protestantismus in seinen Zeitschriften und Predigten traditionell von der Arbeiterschaft als »sie«, nicht als »wir«. Der Einwanderer sollte als Katholik, als Sozialist oder als Anarchist gefürchtet werden. Sporadische Bemühungen, Personen nichtprotestantischer Herkunft zu bekehren, waren nicht erfolgreich und durften bald vergessen werden. Dennoch ließen die Protestanten die moderne Welt, ihre großen Firmen, die städtische Bevölkerung oder ihre Denkmuster nicht einfach links liegen.

Was die großen Unternehmen anging, so eröffnete sich hier ein ganz neues Feld. Geistliche Führer wie Lymans Sohn Henry Ward Beecher und eine Generation von »Fürsten der Kanzel« predigten, daß Gott mit dem Geld im Bunde war. Während noch eine Generation früher den Gläubigen eingeschärft worden war, gegenüber den Reichen oder, falls die Gläubigen selbst wohlhabend waren, gegenüber den Reichtümern, mißtrauisch zu sein und sich mit einem bescheidenen Stand zufriedenzugeben, sollten sie jetzt mit Gottes Segen reich werden. Der Prozeß des Aufstiegs in und durch die Mittelschicht war ein Zeichen nicht nur des Segens Gottes, sondern einer von göttlichem Wohlwollen begleiteten menschlichen Leistung.

Die protestantische Kritik an der Weltlichkeit wurde nur noch gedämpft vorgetragen. Die ungeheuer reichen Unternehmer und Firmeneigentümer – ob nun Rockefeller oder Drew, Fisk, McCormick oder Vanderbilt – waren Kirchenmitglieder und großzügige Spender. Viele von ihnen stifteten Seminare, Colleges, Universitäten und wohltätige Einrichtungen. Angesichts ihres Einflusses war es für Geistliche und Laienpropheten schwierig, rücksichtslosen Erwerb von Reichtum, ja selbst unredlich erworbenen Gewinn in Frage zu stellen.

Social Gospel und Liberalismus

Einige Protestanten versuchten jedoch, die neue kapitalistische Unternehmensordnung unter ein, wie sie es sahen, Wort des göttlichen Urteils zu stellen. Mitglieder der Episkopalkirche wie W.D.P. Bliss und Vida Scudder orientierten sich dabei an den britisch-anglikanischen Christlichen Sozialisten. Was sie wollten, war eine Neufassung der Sozialordnung. Bei orthodoxen amerikanischen Protestanten stand dafür das »Social Gospel« (soziales Evangelium). Führer wie der baptistische Seminarprofessor Walter Rauschenbusch, der kongregationalistische Prediger Washington Gladden aus Ohio und der Laie und Volkswirtschaftler Richard Ely aus Wisconsin argumentierten, daß die Unternehmens- oder Geschäftsordnung »christianisiert« werden müsse und könne. Nur wenige von ihnen waren Sozialisten, und mit einem gewaltsamen Umsturz hatten sie nichts im Sinn. Ihre Vorstellungen von einer Neuorganisation der Macht in einem nachkapitalistischen Amerika blieben allerdings vage.

Die Anhänger des Social Gospel erzielten jedoch beachtliche Erfolge als Kritiker des Sozialdarwinismus. Sie traten dafür ein, daß die Kirchen ein verstärktes Eingreifen der Regierung bei der »Kartellkontrolle« und der allgemeinen sozialen Wohlfahrtsarbeit unterstützten. Sie sprachen Slumprobleme und Fragen der Armut an. Manche begründeten »institutionelle Kirchen«, die versuchten, sich mit den sozialen Bedürfnissen der Armen in der Stadt zu befassen. Walter Rauschenbusch veröffentlichte 1907 *Christianity and the Social Crisis* und stieß damit auf große Resonanz. 1908 formulierten die Methodisten ein Soziales Glaubensbekenntnis. Im selben Jahr gründeten die Protestanten einen Bundesrat der Kirchen. Diese Einrichtung atmete nicht nur den Geist eines praktischen christlichen Ökumenismus oder einer kirchlichen Zusammenarbeit. Sie konzentrierte sich auch auf eine soziale Vision unter Hintansetzung einer ausdrücklichen Verkündigung des Evangeliums.

Das Social Gospel hatte seine blinden Flecke. Die Probleme des schwarzen Amerika wurden von seinen Führern kaum jemals thematisiert, höchstens insofern, als Schwarze unter den allgemeinen negativen Auswirkungen der Armut zur Zeit der Industrialisierung litten. Während Christen, aber auch Kritiker des Christentums für die Rechte und insbesondere das Wahlrecht der Frauen arbeiteten, das durch eine Verfassungsergänzung 1917

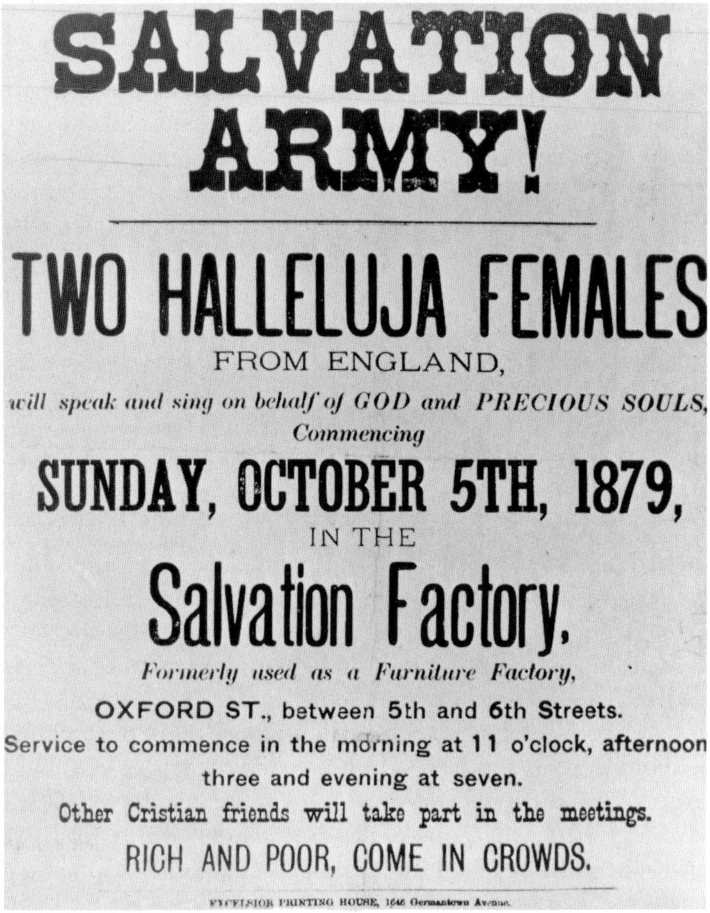

DIE HEILSARMEE, ein Import aus Großbritannien, trug dazu bei, die städtische Szene zu beleben, indem ihre »Offiziere« Botschaften der Erlösung und Vollkommenheit mit Taten verbanden, die sich gegen städtische Mißstände richteten. In ihren farbenfrohen Uniformen und überschwenglichen Auftritten weckten sie weit mehr Aufmerksamkeit, als man bei ihrer relativ geringen Zahl erwarten würde. Dieses Plakat wirbt für ihre erste Versammlung in Philadelphia.

gewährt wurde, setzten sich die Männer des Social Gospel nicht für die Rechte der Frauen ein. Im Gegenteil. Viele von ihnen befürworteten das Modell des viktorianischen Heims, das die Frauen aufrief, zu Hause zu bleiben und ihren Beitrag für Amerika und das Christentum durch häusliche Treue zu leisten. Statt dessen taten sich die Anhänger des Social Gospel mit konservativeren Protestanten zusammen, um die Abstinenz und danach in einer Verfassungsergänzung von 1919 das Verbot alkoholischer Getränke zu fordern.

Das Social Gospel sollte während und nach dem Ersten Weltkrieg Rückschläge erleiden. Es ist allerdings schwer einzuschätzen, wie viele sich in der protestantischen Mittelschicht zu ihm bekannten. Soweit es auf einer Metaphysik des Fortschritts und dem Bemühen, »das Reich Gottes herbeizuführen«, beruhte, verlor es an Einfluß, als die entsetzliche Sinnlosigkeit des Ersten Weltkriegs die Zeichen menschlichen Fortschritts in Frage stellte. Die Nachkriegsprosperität verurteilte einen Großteil des Social-Gospel-Programms zum Scheitern, während Amerika sich um »Normalität« und eine neue Legitimation des Wettbewerbs bemühte.

Gleichzeitig mit dieser sozialen Angleichung experimentierten viele Führer in progressiven protestantischen Denominationen mit einer theologischen Anpassung an die Moderne. Die Bewegungen wurden »Liberalismus« und in der extremeren Form »Modernismus« genannt. Sie standen in der Tradition Horace Bushnells, die die Immanenz

Gottes hervorhob. Allerdings kamen jetzt zwei neue Faktoren hinzu. Zum einen wurde die sogenannte Bibelkritik in den 80er Jahren des 19. Jahrhunderts aus Deutschland und, in geringerem Maß, aus England importiert. Das bedeutete, daß Gelehrte die Bibel einer kritischen Prüfung unterwarfen, so, wie sie mit jedem anderen historischen Text verfahren wären. Sie entdeckten darin eine andere Geschichte als die Buchstabengläubigen sie vortrugen. Sie zogen die Autorenschaft vieler Bücher in Frage und fanden Entwicklungsschichten im Text. Wie würde eine solche historische und literarische Untersuchung auf die Autorität eines göttlichen, verbal inspirierten Buches wirken? Schließlich hatte jenes Buch dazu beigetragen, die amerikanische Einheit und Gleichheit zu fördern. Wie würde die Ignorierung solcher wissenschaftlicher Kriterien auf intelligente Menschen wirken? Führer wie der Gründer der University of Chicago, William Rainey Harper, in seinen jüngeren Jahren Professor für Semitistik an Yale, fürchteten, dies könnte zu einem Glaubensverlust bei gebildeten Menschen führen. Sie wollten, sie mußten das Bibelstudium »wissenschaftlich« anpacken.

In ähnlicher Weise war die Herausforderung der Evolution ein Thema, das die Liberalen aufgriffen. Darwins *Von der Entstehung der Arten*, 1859 erschienen, führte nicht zu jenem unmittelbaren, massiven Widerstand in Amerika, wie dies von vielen Berichten unterstellt wird. Dies hat nicht nur mit Kulturrückständigkeit zu tun. Innerhalb einer Generation kannten gebildete Amerikaner durchaus seine Entdeckungen und seine Argumente. Was den Schock dämpfte, war die Tatsache, daß während des 19. Jahrhunderts die evolutionäre Schule nicht darwinistisch, sondern neolamarckistisch war. Dies bedeutete, daß Evolution »Gottes Weg, die Dinge zu tun« sein konnte, wie Henry Ward Beecher es ausdrückte. Es gab Raum für das Argument des göttlichen Plans in der Evolution. Erst als Darwins »natürliche Auslese« sich in der wissenschaftlichen Gemeinde durchsetzte, fühlten sich gemäßigte Konservative gezwungen, von der evolutionären Sicht abzurücken.

Die Liberalen meinten, ihre Sicht fördere die Einheit. Sie waren im allgemeinen Angelsachsen, die von ihrer rassischen Überlegenheit überzeugt waren und dachten, sie könnten sie nutzen, um die Nation zu einen und ein Maß für die ganze Menschheit zu setzen. Sie waren für einen christlichen Ökumenismus bzw. christliche Einheit und wünschten, die sektiererische Vielfalt in einer einzigen Kirche zu überwinden. Ihre Vision der göttlichen Immanenz brachte Gott und Welt zusammen, was radikal transzendente Ansichten nicht taten. Das »soziale Evangelium«, dachten sie, schöpfte aus einfachen vormodernen Modellen eines integrierten menschlichen Lebens, das, in die Zukunft projiziert, Konkurrenz und Teilung überwinden könnte. In der Zwischenzeit war die Evolution, an die sie glaubten, eine unausweichliche Kraft, die über Äonen hin grundverschiedene Phänomene in immer größere Grade der Einheit zog. Christen sollten ihre Lebensformen anpassen, um diesen Prozeß zu fördern. Römische Katholiken mochten abgeschwächte Versionen all dessen glauben, doch durch die vatikanische Verurteilung des Modernismus 1907 wurde dies inopportun. Solche Verurteilungen fanden statt und waren erfolgreich, auch wenn dies bedeutete, daß das katholische intellektuelle Leben gehemmt und der Kreativität für das nächste halbe Jahrhundert ein Riegel vorgeschoben wurde.

Konservative Reaktionen im Protestantismus

Die Protestanten konnten sich auf keine vatikanische Autorität berufen, um dem Liberalismus oder Modernismus zu begegnen. Sie mußten um ihre Republik, ihre Kirchen, ihre Einkünfte kämpfen. Eine reaktionäre Partei begann sich zu bilden. Zunächst versuchten ihre Evangelisten die Ideen von John Darby und den Plymouthbrüdern zu verbreiten. Es handelte sich dabei um einen Komplex prächiliastischer Ansichten, mit denen sie dem älteren liberalen Postchiliasmus entgegentraten. Der Prächiliasmus ging nicht davon aus, daß die Welt besser wurde, daß sie sich zum Reich Gottes auf Erden hin entwickelte. Im Gegenteil. Sie würde schlechter werden, so lange, bis Christus zu seiner tausendjährigen Herrschaft wiederkehrte. Es war deshalb kaum sinnvoll, soziale Institutionen zu reformieren.

Zum anderen begannen die Reaktionäre angesichts der Bibelkritik, aus europäischen protestantischen Äußerungen des 17. Jahrhunderts zu schöpfen und sie mit einigen gängigen wissenschaftlichen oder philosophischen Ansichten zu vermischen. Sie entschieden sich für den beständigen, wenn auch wiederholt in Frage gestellten Einfluß von Princeton auf den schottischen Realismus. Diese Philosophie des »Was du siehst und was du fühlst, ist das, was du bekommst«, führte – zusammen mit Francis Bacons induktiver Methode – zu manchen vernünftigen Annäherungen an die Bibel, die auf Syllogismen beruhten: Die Bibel ist Gottes Wort. Da Gott vollkommen ist, kann er nicht irren. Deshalb kann die Bibel ebenfalls nicht irren. Dies bezieht sich auch auf die in ihr enthaltenen Äußerungen zu Geographie, Geschichte und Naturwissenschaft. Sie bietet eine alternative Darstellung zur Evolution an. Dazu mußte man aber an eine Bibel glauben, die in ihren originalen Manuskripten keine Irrtümer enthielt, und das taten die Liberalen nicht.

In dieser unruhigen Zeit, als solche Intransigenten im zweiten Jahrzehnt des 20. Jahrhunderts begannen, unter dem Titel *The Fundamentals* Pamphlete herauszugeben, stellten sie fest, daß sich mit dem Gedanken der Unfehlbarkeit gut Parteien definieren ließen. Sie war auch eine nützliche Waffe im Krieg zwischen den Denominationen. Die Partei, die sie für sich beanspruchte, konnte die andere Seite immer als weniger sicher, weniger maßgeblich und weniger eindeutig hinstellen. In einer Welt plötzlicher Veränderungen war die Religion ein Bollwerk, eine Festung, ein sicherer Fels. Die Unfehlbarkeit schien das alles zu bieten, ganz gleich, wie viele Unfehlbare sich in noch so vielen Punkten bekämpften.

Nach dem Ersten Weltkrieg war der Augenblick gekommen zuzuschlagen. Die Erben von *The Fundamentals* wurden militant. Im Jahr 1919 gründeten sie eine World Christian Fundamentalist Association. In ihren Reihen befand sich ein Baptistenführer namens Curtis Lee Laws, der in einem Leitartikel im Juli 1920 verlangte, die ganze Bewegung solle von nun an »fundamentalistisch« sein. In dem Presbyterianer J. Gresham Machen in Princeton besaßen sie einen intelligenten Kopf, und in dem einstigen, beinahe pazifistischen Außenminister (1914) und dreimaligen demokratischen Präsidentschaftskandidaten William Jennings Bryan, fanden sie einen mannhaften Streiter gegen die Evolution.

1925 waren die Voraussetzungen für ein Ausbrechen der Kämpfe zwischen den Denominationen gegeben, hauptsächlich in baptistischen und presbyterianischen Kreisen im Norden. Die Fundamentalisten wollten die wichtigen Seminare und Missionskommissionen von Liberalen und Modernisten säubern, da diese angeblich die Geistlichkeit und die

Missionsarbeit vergifteten. In jenem Jahr verteidigte Bryan in Tennessee in dem berühmten Prozeß gegen den Lehrer Scopes (dem sogenannten »Affen-Prozeß») antievolutionistische Ansichten. Obwohl seine Seite den Fall für sich entschied, spürten bis auf die fanatischsten Parteigänger der Bewegung alle, daß er der fundamentalistischen Sache geschadet hatte, weil seine Argumente schlecht begründet und seine Positionen obskurantistisch waren. Nachdem die Fundamentalisten in den konfessionellen Kämpfen verloren hatten, verlegten sie sich darauf, Bibelschulen, Pressebüros, kleine und sich häufig spaltende Denominationen sowie Sendeanstalten für die Rundfunkevangelisation zu gründen.

Auch der kanadische Protestantismus erlebte in den 20er Jahren dieses Jahrhunderts gegensätzliche Tendenzen. Zum einen gelang es den traditionellen Kirchen, den Methodisten, Presbyterianern und Kongregationalisten, sich 1925 zur United Church of Canada zusammenzuschließen, wobei die Union ihr Bedauern zum Ausdruck brachte, daß die Anglikaner nicht beteiligt waren und daß sich 784 presbyterianische Gemeinden geweigert hatten, dem Zusammenschluß beizutreten. Das protestantische Kanada war empfänglich für die Idee der Einheit und den Gedanken einer »Nationalkirche«. Diese »Nationalkirche« zählte 600 000 Mitglieder in fast 5 000 ehemals methodistischen, 4 000 presbyterianischen und nur 166 kongregationalistischen örtlichen Kirchen. Das »soziale Evangelium«, das vor dem Ersten Weltkrieg aufgekommen war, gehörte zum Selbstverständnis der UCC, doch verlor es aus ähnlichen Gründen wie in den Vereinigten Staaten an Bedeutung.

Auch Kanada hatte seinen militanten Fundamentalismus. Der Reverend T.T. Shields, ein Streithahn aus Toronto, griff führende baptistische Einrichtungen wie die McMaster University an und fand eine ansehnliche Gefolgschaft für seinen Protest gegen baptistische Aktivitäten. Im westlichen Kanada wirkte der Laie William Aberhart auf ähnliche Art spaltend im traditionellen Protestantismus. Er trug zum Aufkommen einer Bibelinstitutsbewegung bei, förderte seltsamerweise aber auch radikale populistische wirtschaftliche Anschauungen.

Neue Debatten in den 20er und 30er Jahren

Inzwischen neigten die Nichtfundamentalisten in den Vereinigten Staaten dazu, diese reaktionären Tendenzen nicht mehr so genau zu beobachten. Sie hatten sich mit anderen Dingen auseinanderzusetzen. Zunächst einmal waren da die zahlreichen geistigen Ablenkungen, die nach Ansicht vieler eine blühende materialistische Kultur in den 20er Jahren zunichte machten. Die Protestanten versuchten mit aller Kraft, die Aufhebung des Prohibitionsgesetzes zu verhindern, verloren aber 1933. 1928 stellten sie sich vereint gegen den ersten überzeugenden katholischen Präsidentschaftskandidaten, Alfred E. Smith, und er verlor. Sie sahen die Wiedergeburt eines radikal rechten Ku-Klux-Klan, der sich auf Protestanten stützte und unterschiedslos Vorurteile gegen Juden, Schwarze und Katholiken schürte.

In der großen Depression, die 1929 einsetzte, deren volle Wirkung aber erst um 1933, während der neuen Präsidentschaft Franklin Delano Roosevelts, spürbar wurde, setzten sie sich neue Ziele. Die römischen Katholiken orientierten sich an zwei Schulen des sozia-

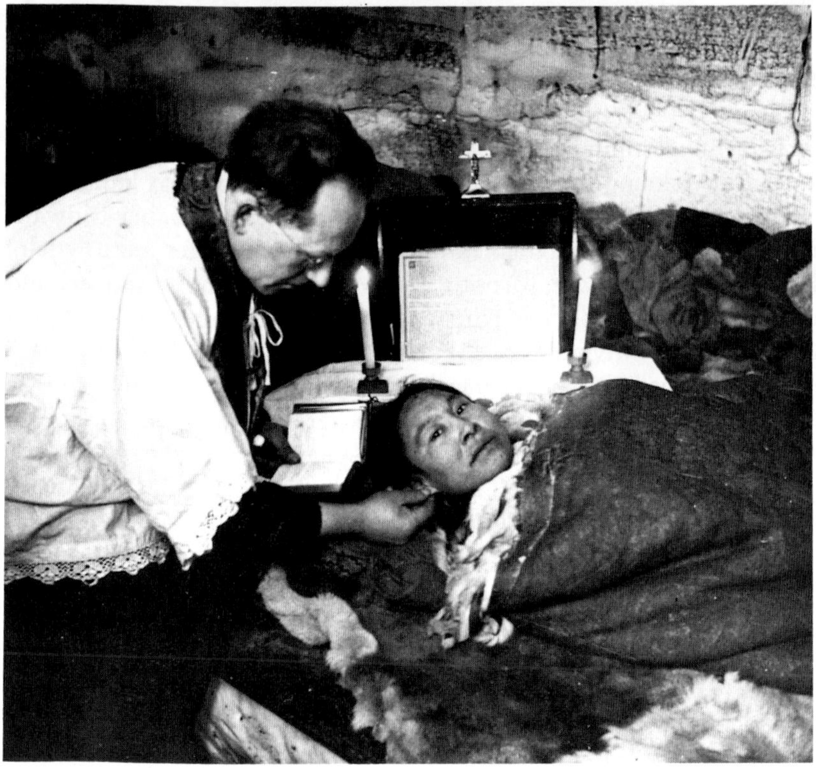

Das Christentum und die eingeborenen Völker Kanadas. Die Begegnung zwischen christlichen Missionaren bzw. Pfarrern europäischer Herkunft und den eingeborenen Völkern Kanadas ist kein Thema, das in eine ferne Vergangenheit gehört. Sowohl Katholiken als auch Protestanten haben als Geistliche und Erzieher unter den Inuit und anderen Eingeborenen gewirkt und von ihnen gelernt. Die Aufnahme aus der Mitte des 20. Jahrhunderts zeigt einen römisch-katholischen Priester, der eine Inuitfrau im Northwest Territory mit den Sterbesakramenten versieht.

len Denkens. Die eine unter Führung von Monsignore John J. Ryan, der »Right Reverend New Dealer« (in Anlehnung an Roosevelts Politik des New Deal), unterstützte mit päpstlichen Enzykliken und naturgesetzlichen Lehren eine progressive Gesetzgebung. Die andere waren die Millionen Anhänger des Rundfunkpredigers Pater Francis Coughlin, die eine Zeitlang von einer Art faschistischem und schließlich antisemitischem Populismus angezogen wurden.

Protestantische Führer waren mittlerweile hin und her gerissen zwischen dem Pazifismus, der sich als Reaktion auf den Ersten Weltkrieg entwickelt hatte, und der Vision des »Realismus«, die den Theologen Reinhold Niebuhr veranlaßte, mit den Pazifisten zu brechen und für die Bereitschaft zu agitieren, der dämonischen Herausforderung Adolf Hitlers zu begegnen. Während der Kriegsjahre unterstützten die meisten die militärischen Anstrengungen und das moralische Anliegen gegen die Achsenmächte. Diese Annäherung der Feinde erzeugte ein mehr oder weniger vereintes Amerika, dessen Einheit mehr aufbot als christliche Energien und oft »staatsbürgerlich religiös« war in seinen Einheitsmotiven.

Kanada war ebenfalls dazu gezwungen, sich mit dem Zweiten Weltkrieg, in den es 1939 eintrat, auseinanderzusetzen. Auch hier tobten Debatten über Pazifismus, aber nur in Quebec gab es im Zusammenhang mit den Kriegsanstrengungen ein religiöses Problem. Dort formierte sich eine Opposition gegen die Einberufung zum Militär, aber der Erzbischof von Quebec, Kardinal Villeneuve, unterstützte schließlich die Regierung und äußerte sich im Sinne der kanadischen Einheit – einer Einheit, die nach dem Krieg durch die Bewegungen des frankophonen und katholischen Separatismus auf die Probe gestellt rikanischen Republiken. Rom meisterte die Herausforderung, allerdings nur mit Mühe und Not. Erst in den 70er Jahren des 20. Jahrhunderts, als chiliastische Hoffnungen und Befreiungsschwärmereien wieder einen neuen Höhepunkt erreichten, sollte Rom erneut vor einer Herausforderung stehen, die entfernt an die Krise zwischen 1820 und 1850 erinnerte.

Die Kirche im Belagerungszustand

In Lateinamerika verfügte Rom über keine ausreichende hierarchische Struktur, auf der es hätte aufbauen können, als es seine Autorität über das Christentum nach erlangter Unabhängigkeit zu festigen suchte. Die meisten der in Europa geborenen Prälaten verließen ihre Posten im Verlauf der Unabhängigkeitskämpfe und kehrten im allgemeinen nach Spanien zurück. Ein Streit, der über mehrere Jahre andauern sollte, entzündete sich zwischen Rom und Lateinamerikas nationalen Regierungen (in Rio de Janeiro ebenso wie in den Hauptstädten der spanischsprachigen Republiken) an der Frage, ob der Vatikan oder die neuen staatlichen Autoritäten das Recht hatten, Prälaten zu ernennen. Die Folge war, daß in vielen spanischsprachigen Republiken die meisten Bistümer für eine gewisse Zeit verwaisten. Ohne Bischöfe, die Priester ordinierten und die Disziplin aufrechterhielten, kamen die kirchlichen Aktivitäten praktisch zum Erliegen. Währenddessen verschlechterte sich der Ruf der schrumpfenden Zahl von Geistlichen hinsichtlich ihrer Bildung und persönlichen Moral stetig. Außerdem unterdrückten viele spanisch-amerikanische Regierungen zwischen 1826 und den frühen 30er Jahren die religiösen Orden, wodurch sich die Probleme der Kirche zusätzlich verschlimmerten.

Dennoch stellte sich die katholische Kirche in einer ganzen Reihe von Fragen, darunter der des Besteuerungsverfahrens, gegen den Staat. Ungeachtet des Protests von seiten der Geistlichkeit gaben die neuen zivilen Machthaber die koloniale Tradition auf, nach der der Staat aufgefordert war, den Zehnten für die Kirche zu erheben. Gleichzeitig wurden gesonderte kirchliche Gerichte, die durch den *fuero* (eine Urkunde über Privilegien) in der Kolonialzeit geschaffen worden waren, unter Beschuß genommen. Außerdem weckten Reichtum und Landbesitz der Kirche Kritik nicht nur von Laienseite, sondern – in den 20er und 30er Jahren – auch von seiten einer recht großen Zahl von Geistlichen.

Um die Kernfragen der Ernennung für das kirchliche Amt, der Besteuerung, der geistlichen Gerichte und des Kirchenvermögens war es in verschiedenen Teilen Europas schon vom 11. Jahrhundert an zu Konflikten gekommen. In Spanisch-Amerika und bis zu einem gewissen Gad auch in Brasilien tauchten lästige Probleme, die die Europäer im Lauf der Jahrhunderte für sich bereinigt hatten, erst nach dem Erreichen der Unabhängigkeit auf. In manchen Ländern eskalierten die Auseinandersetzungen bis hin zum Bürgerkrieg.

In einer Zeit, als die Macht, die Absichten und die Ambitionen der katholischen Kirche bereits schwerer Bedrängnis ausgesetzt waren, mißdeutete Herman Allen, der erste diplomatische Vertreter der Vereinigten Staaten in Chile, die Lage, als er 1824 berichtete: »Priester [genießen] vollständigen Supremat, im Staat wie in der Kirche.« Allen sprach auch von der übermäßigen Zahl »dieser erbärmlichen Wesen«, die ihre Landsleute veranlassen, mit »lächerlichen Zeremonien« Zeit zu vergeuden, die produktiv genutzt werden könnte. In seinen Beobachtungen gab Allen die vorherrschende Einstellung seiner Landsleute gegenüber den scheinbar unter Pfaffenherrschaft stehenden Ländern im Süden wieder. Auf die nur schlecht verhüllte Feindseligkeit der Vereinigten Staaten reagierten die Lateinamerikaner schließlich, indem sie sich zur Verteidigung ihrer traditionellen Kultur zusammenschlossen und deren Tugenden den angeblichen Lastern des protestantischen und kapitalistischen Ethos Nordamerikas gegenüberstellten.

In den ersten Jahrzehnten der Unabhängigkeit griffen jedoch viele nominelle und auch einige fromme Katholiken Lateinamerikas, manchmal für sich, manchmal im Bund mit ihren protestantischen nördlichen Nachbarn, praktisch jeden Aspekt der weltlichen Macht der katholischen Kirche an. Diejenigen lateinamerikanischen Kritiker des weltlichen Einflusses des Katholizismus, die wissentlich oder nicht auf die Anhänger des königlichen Supremats über die Kirche aus der Zeit der Aufklärung vor der Unabhängigkeit zurückgriffen, nannten sich stolz Liberale. Zunächst neigten sie dazu, sich mit vielen Aspekten der Kultur der Vereinigten Staaten zu identifizieren, als sie sich auf die Suche nach materiellem Fortschritt machten und die Waffen gegen ihre angeblich obskurantistischen und klerikal dominierten Feinde, die Konservativen, erhoben.

In Wahrheit lagen der Rivalität und dem Krieg zwischen Liberalen und Konservativen häufig eher regionale, familiäre, ethnische und soziale Animositäten zugrunde als die Ideologie. Insofern die Ideologie eine Rolle spielte, bildete der Antiklerikalismus den Kern des liberalen Standpunkts. Die Liberalen forderten nachdrücklich, die Religion auf den privaten Bereich zu begrenzen, während die Gesellschaft einen Prozeß der Verweltlichung erlebte. Sie bekundeten ein leidenschaftliches Interesse am Fortschritt und verlangten die Beseitigung des paternalistischen, traditionell von der Kirche kontrollierten Apparates, der bislang angeblich den Geist des Selbstvertrauens und der wirtschaftlichen Freiheit erstickt hatte, auf dem der Fortschritt beruhte. Die Liberalen schimpften auch auf die Zahl der religiösen Feiertage und Fiestas, die sowohl Zeit als auch wirtschaftliche Ressourcen vergeudeten, und sie griffen die korporative Grundlage der Kolonialgesellschaft an, die eher einen gemeinschaftlichen anstatt einen individualistischen Geist förderte. Gleichzeitig sprachen sie von der Notwendigkeit, Land aus dem unveräußerlichen Besitz der Kirche herauszulösen, angeblich im Interesse größerer Produktivität, in Wirklichkeit jedoch sehr oft, um den Landhunger aufstrebender liberaler Eliten zu sättigen. Die Liberalen stellten das Monopol der Kirche über die nationale Erziehung in Frage und forderten ein staatlich kontrolliertes Unterrichtswesen. Sie orientierten sich häufig an der Freimaurerei, drängten auf religiöse Toleranz und prangerten den »theokratischen Staat« an. Aus ihrer Sicht war der theokratische Staat ein Staat, der die gegenseitige Durchdringung von Religion und Politik akzeptierte, und sei es in einem noch so geringen Ausmaß. Des weiteren war er für sie dadurch gekennzeichnet, daß ihm die Kontrolle über die Kirche fehlte, auch im Hinblick auf ihre innenpolitischen Entscheidungen und Wirkungen.

Die Ideologie der Konservativen stellte das Spiegelbild der Liberalen dar. Es sollte aber festgehalten werden, daß die Konservativen in vielen lateinamerikanischen Republiken im Gegensatz zu den Liberalen, die den theokratischen Staat mit dem Bann belegten, den »atheistischen Staat« verurteilten. Nach ihrer Definition handelte es sich dabei um einen Staat, in dem Religion und Politik sich nicht gegenseitig durchdrangen und in dem die Geistlichkeit nicht das Recht hatte, alle Fragen der Moral zu entscheiden, die Reichweite der Moral zu definieren und den Stil von Politik und weltlichem Leben zu bestimmen.

DER LATEINAMERIKANISCHE ANTIKLERIKALISMUS des 19. Jahrhunderts spiegelte den Liberalismus wider, der sich im späten 18. Jahrhundert in Spanien ausbreitete. In einer Serie von Radierungen aus den 90er Jahren des 18. Jahrhunderts, den »Caprichos«, veranschaulicht Francisco Goya den Geist des iberischen Antiklerikalismus: Die Bestrafung der Schande, auferlegt vom Heiligen Offizium, der Inquisition, die im frühen 19. Jahrhundert in der hispanischen Welt noch tätig war *(links)*. Eine als Priester gekleidete Vogelscheuche schreckt einfältige Menschen *(rechts)*.

Zu Beginn der Unabhängigkeitsbewegung sympathisierten viele Geistliche mit dem Liberalismus. Pater Vigil war in dieser Hinsicht keine Ausnahme. In den 50er Jahren des 19. Jahrhunderts hatten sich die Geistlichen jedoch um das Banner des Konservatismus geschart. Sie handelten aus Bestürzung über das politische Chaos, für das sie den Liberalismus verantwortlich machten, sowie aus dem Bedürfnis nach einem Verbündeten in Rom, der sie bei ihren Versuchen, der Kontrolle kirchlicher Angelegenheiten durch Antiklerikale zu entgehen, unterstützte. Die Annäherung an Rom vermochte die Ausbreitung des Liberalismus zunächst nicht einzudämmen. Genaugenommen setzte sich zwischen den 50er und den 90er Jahren des 19. Jahrhunderts im größten Teil Lateinamerikas die liberale Position durch.

Die Woge des Liberalismus erreichte zuerst in Mexiko in den Kriegen von »La Reforma« während der 50er Jahre einen Höhepunkt. Die Liberalen bestanden auf ihrem antiklerikalen Programm, auch wenn sie die meisten ihrer erklärten wirtschaftlichen und sozialen Ziele aufgeben mußten. Von Mexiko breitete sich die liberale Welle nach Süden aus und erfaßte fast ganz Mittelamerika und einen großen Teil Südamerikas. Allerdings erlebte sie einen Rückschlag in Kolumbien, wo Konservative in den 80er Jahren die Oberhand gewannen. Doch genau zu der Zeit, als der krasse Antiklerikalismus des Liberalismus beinahe überall zu dominieren schien, setzte in der katholischen Kirche die Regeneration ein, die ihr nicht nur das Überleben ermöglichte, sondern auch soviel Gewicht verschaffte, daß sie im 20. Jahrhundert als eine Institution von geistiger Vitalität und in einigen Republiken von erheblicher Macht aufzutreten vermochte.

Der weitgehend auf ein intellektuelles Elitedenken gegründete Liberalismus hatte alle Elemente einer volkstümlichen Religion feindselig ins Visier genommen und als wild wuchernden Aberglauben abgetan. Aufgrund der Verachtung, die er den volkstümlichen Glaubensvorstellungen und Mythen entgegenbrachte, entwickelte der Liberalismus unge-

LA REFORMA, der Name, den sich die mexikanische liberale Bewegung in den 50er Jahren des 19. Jahrhunderts gab, zielte auf die Beendigung des weltlichen Einflusses der katholischen Kirche. Sie wurde von Benito Juárez angeführt, der später Präsident wurde. Auf dem Wandgemälde »Juárez, der Klerus und die Imperialisten« stellt José Clemente Orozco Júarez und seine Anhänger im Kampf mit den lasterhaften Geistlichen und ihren ausländischen Helfern dar.

achtet seiner Bekenntnisse zur Freiheit autoritäre Züge. Mit Pius IX. stand den Liberalen ein populistischer Papst gegenüber, der die Menschen über die Köpfe der Intellektuellen und der politischen Eliten hinweg ansprechen konnte. Indem er sich von der Vision der Bernadette in Lourdes 1858 inspirieren ließ, sammelte Pius IX. die Kräfte der volkstümlichen Religion für seine Sache, nicht nur im lateinischen Europa, sondern ebenso in Lateinamerika. Obgleich es damals nicht sichtbar war, gelang der Kirche während des Pontifikats Pius' IX. (1846-78) in ihrem Kampf gegen den lateinamerikanischen Liberalismus der Durchbruch.

Im 16. Jahrhundert hatte die katholische Kirche in Europa der Reformation zum Teil dadurch widerstanden, daß sie sich mit der volkstümlichen Religiosität verband, die Wunder der Heiligen Jungfrau sowie der Heiligen beglaubigte und deren Verehrung in zahllosen örtlichen Heiligtümern billigte. Auf ähnliche Weise belebte das Papsttum den lateinamerikanischen Katholizismus um die Mitte des 19. Jahrhunderts wieder, indem es Begeisterung für die Wunder der Jungfrau und andere Glaubensvorstellungen förderte, die von den Liberalen in ihrer Verachtung für die volkstümliche Kultur als unvernünftig abgetan worden waren. Begeisterung konnte freilich nicht alles zustande bringen. Sobald sie geweckt war, tat Pius IX. den nächsten Schritt und errichtete über der lockeren Struktur der lateinamerikanischen Kirche eine zentralisierte Autorität. Der Papst schickte ganze Heere von ausländischen Priestern, um Gemeinden und Seminare zu reaktivieren, und formte damit eine Kirche, deren Hirten und Herden begannen, ihren Blick über Meer und Gebirge nach Rom zu richten. Während eine richtiggehende Invasion französischer, spanischer und anderer Priester der Kirche half, eine institutionelle Struktur wiederzubegründen, führte der Chauvinismus vieler Neuankömmlinge zu kulturellen Zusammenstößen, ein Phänomen, das in den 50er und 60er Jahren des 20. Jahrhunderts erneut auftauchte, als eine Welle ausländischer Priester, überwiegend aus Nordamerika, aber auch aus Westdeutschland und anderen Teilen Europas, eintraf, um die Kirche Lateinamerikas zu »retten«.

Das weibliche Prinzip im Katholizismus

Indem er lieber an die Heilige Jungfrau als an den Dynamo appellierte – um eine Dichotomie zu gebrauchen, die durch Henry Adams berühmt gemacht wurde –, versetzte Pius IX. dem Geist der Moderne, den er in seinem Syllabus von 1864 pauschal angegriffen hatte, in Lateinamerika einen Schlag. Dadurch stärkte er die Identifikation des Katholizismus mit Kräften, die dem materiellen Fortschritt feindlich gesinnt waren. Es ist durchaus möglich, daß Pius den Katholizismus nur dadurch in die Lage versetzen konnte, sich gegen den Liberalismus zu behaupten, indem er den geheimnisvollen Nimbus der Heiligen Jungfrau ausnutzte. Gleichzeitig hauchte der Papst möglicherweise unbeabsichtigt den um die Frau kreisenden Aspekten des lateinamerikanischen Katholizismus neues Leben ein und förderte vielleicht sogar indirekt unorthodoxe Vorstellungen von der Dreieinigkeit. Diese Entwicklungen erfordern ein erklärendes Wort.

Traditionell wichtig für die Erlösung im iberischen Katholizismus war die Fürbitte von Ehefrauen und Müttern, von denen man erwartete – wenigstens unter den Männern

Der leidende Christus war eine bevorzugte Gestalt bei den religiösen Künstlern Lateinamerikas in der Kolonialzeit und im frühen 19. Jahrhundert. Einen Christus als Rollenmuster für ergebenes Leiden stellt diese anonyme Skulptur der mexikanischen Kolonialzeit dar. Der lateinamerikanische Katholizismus hat oft weltliches Scheitern über den Erfolg gestellt *(links)*.

Die Schmerzensmutter gesellte sich zu dem leidenden Christus als Symbol für die Notwendigkeit, das Leben auf der Erde als ein Tränental zu akzeptieren. Der Stich des mexikanischen Künstlers José Guadalupe Posada stellt eines der in Lateinamerika am meisten verehrten Bilder der Heiligen Jungfrau dar, »Unsere liebe Frau der Einsamkeit«. Maria wird nach der Kreuzigung gezeigt, als sie sich aus der Gesellschaft zurückzog, um ein Leben der ewigen Trauer zu führen *(rechts)*.

der Elitekaste –, daß sie rein und fromm waren. Trotz der strengen patriarchalischen Prägung der katholischen Kirche nahm die Religion beinahe matriarchalische Züge an, beruhte sie doch auf der vermittelnden Macht heiliger Frauen – der Jungfrau und derjenigen, die versuchten, sich ihrem Vorbild anzunähern und die sich der auf Abwege geratenen Männer annahmen. Außerdem gab es unter den von weiten Kreisen verehrten Heiligen zahlreiche Frauen, die wie die heilige Rosa von Lima außerhalb des Klosterlebens als Terziarinnen verschiedener Konvente wirkten. Diese frommen Frauen *(beatas)* waren sowohl den geistigen Bedürfnissen der unteren Schichten der Gesellschaft als auch, durch ihre barmherzige Tätigkeit, weltlichen Erfordernissen dienlich.

Der Kult des Weiblichen in der übernatürlichen Ordnung kontrastierte scharf mit dem Männlichkeitskult *(machismo)* im weltlichen Leben, der die Herrschaft der Männer über die Frauen unterstrich. Die dialektischen Spannungen zwischen den gegensätzlichen Kulten erklären viele Merkmale des Katholizismus und des sozialen Sittenkodex Lateinamerikas.

So sehr das Männliche auf der Erde dominierte – in Sachen des Himmelreichs und seiner Erlangung behielt das Weibliche einen gewissen Vorrang. Über allen Frauen stand selbstverständlich die Heilige Jungfrau, die »Fürsprecherin der Sünder«. Tatsächlich war die Jungfrau im Katholizismus Lateinamerikas derart wichtig, daß sie schließlich, wenngleich immer inoffiziell, als Mitglied einer Vierzahl gesehen wurde, die die von der orthodoxen Theologie vereinbarte Dreieinigkeit in Frage stellte. Für das lateinamerikanische Christentum sind die Folgen der unorthodoxen Quaternität so weitreichend gewesen, daß der Hintergrund dieses Phänomens kurz erläutert werden muß.

Spaniens beliebtester Krieger-Heiliger, Santiago oder Jakobus, gewann viele Bewunderer in Lateinamerika und zählt zu den von den Künstlern der Kolonialzeit am häufigsten dargestellten Heiligen. Die Holzschnitzerei (*links*) stammt von einem unbekannten mexikanischen Künstler der Kolonialzeit. Das fast lebensgroße, reich gekleidete Abbild Santiagos, rittlings auf seinem Schlachtroß sitzend (*rechts*), wird bei der Fronleichnamsprozession in Cuzco in Peru auf den Schultern der Gläubigen getragen, die eigens für diese Ehre ausgewählt wurden.

Vorkolumbische indianische Religionen hatten immer auch Göttinnen verehrt. Die Azteken und ihre Vorgänger zum Beispiel kannten verschiedene Erd- oder Muttergottheiten, darunter Tonantzín. An der Stelle ihres Tempels errichteten die Spanier im 16. Jahrhundert das Heiligtum der Jungfrau Maria in ihrer Erscheinung als Liebe Frau von Guadalupe. Die Inkas und ihre Vorgänger hatten Erdgöttinnen angebetet, unter denen Pacha Mama besondere Bedeutung zukam. Ausnahmslos waren die Göttinnen, die man im allgemeinen mit Fruchtbarkeit verband, besonders von den unteren sozialen Schichten in den hierarchisch gegliederten vorkolumbischen Kulturen verehrt worden. Diejenigen, die den Boden bestellten, beteten zu Tonantzín und Pacha Mama und opferten ihnen, während privilegierte Schichten ihre Verehrung auf Himmelsgötter richteten, die nach dem Glauben nicht nur irdische Funktionen – gemeinsam mit den geringeren weiblichen Gottheiten – erfüllten, sondern auch den Kosmos bewegten.

Mit der Ankunft der Spanier und Portugiesen wurden die Kräfte, die man einheimischen Erdmüttern zuschrieb, nicht nur auf die Jungfrau Maria übertragen, sondern auch auf einen mehr oder weniger androgynen Christus, der in dem »Jesus-als-Mutter«-Kult des Mittelalters vorgebildet war, über den Carolyne Walker Bynum 1982 eine zu Recht hochgelobte Abhandlung veröffentlicht hat. Der beklagenswerte Archetypus Mutter – leidender Christus wurde zum bevorzugten Rollenmuster der Massen, reduziert auf eine fatalistische Hinnahme des irdischen Verlusts und der irdischen Machtlosigkeit. Den Vater und das Mutter-Sohn-Symbol (das von einheimischen, in Lateinamerika immer noch lebendigen Tendenzen, weibliche und männliche Gegensätze im religiösen Denken und in religiösen Symbolen zu vereinen, beeinflußt ist) ergänzt der Heilige Geist. Jedoch nur in Perioden chiliastischer Heilserwartungen, die es im kolonialen Lateinamerika etwa so häufig gab wie im mittelalterlichen Europa, trat der Heilige Geist als das Werkzeug, das eine Ära des Himmels auf Erden einleitete, in den Vordergrund der unorthodoxen Quaternität.

In den oberen Schichten wurde die Vierzahl durch ein aggressives und anmaßendes Rollenmuster von besonderer Bedeutung für die Männer ergänzt: durch einen archetypischen Santiago (heiliger Jakobus) – entweder Santiago selbst oder ein ähnlicher kriegerischer Heiliger, etwa der heilige Michael. Die Spanier des Mittelalters hatten bisweilen Santiago, der seine Heiligkeit bewies, indem er Mauren tötete, für wichtiger als Christus selbst betrachtet. Spanische Eroberer übertrugen seinen Kult in die Neue Welt, wo er sich als stark genug erwies, den Typ des Kriegers und Heiligen zu erhöhen, was zu seiner Aufnahme in diese unorthodoxe Quaternität führte. Wie die nichtprivilegierten Gruppen fanden auch die oberen sozialen Ränge gelegentlich Verwendung für den Heiligen Geist. Für sie stand der Heilige Geist für die mystische Annäherung an die Erlösung.

Weder das resignierte, leidende, abhängige Wesen (Göttin/androgyner Christus), das als Rollenmuster für die Massen diente, noch der militante Heilige, der sich donquichottischem Abenteurertum hingab, zog lateinamerikanische Liberale an. Hier lagen Modelle vor, die nur zu der vormodernen Gesellschaft paßten, die Liberale gerade zu überwinden hofften. Manche Liberale des 19. Jahrhunderts sahen in der einmaligen Quaternität einen pathologischen Befund, der ihnen so bedrohlich erschien, daß sie sich auf der Suche nach einer handfesten theologischen Rechtfertigung bürgerlicher Werte dem Protestantismus zuwandten.

Die Einstellung zu Wohltätigkeit und Armut

Wenn wir nun zum chronologischen Gang der Ereignisse nach dem Pontifikat Pius' IX. zurückkehren, setzt unsere Geschichte mit den sich wandelnden Bedingungen ein, unter denen Konservative und Liberale ihre Auseinandersetzung um die Wohltätigkeit führten. Traditionell hatte die Ikonographie des heiligen Martin von Tours im lateinamerikanischen Katholizismus immer einen großen Stellenwert eingenommen. Der heilige Martin, Symbol der Wohltätigkeit, der seinen Mantel mit dem Schwert zerschnitt und das halbe Kleid einem Bettler schenkte, verschaffte der Haltung der Kirche, die in der Wohltätigkeit die einzige Lösung sozialer Probleme sah, übernatürliche Billigung. Liberale und zahlreiche Positivisten des späten 19. Jahrhunderts, die mit dem Liberalismus sympathisierten, lehnten Wohltätigkeit als fortschrittsfeindlich ab und riefen alle Menschen, von den niedrigsten bis zu den mächtigsten, auf, sich an den Tugenden zu orientieren, die Max Weber (1881-1961) unter dem Begriff »protestantische Ethik« zusammengefaßt hat. Um die Jahrhundertwende verließ die Positivisten jedoch der Mut. Erschreckt durch das Auftauchen anarchistischer und sozialistischer Lehren sowie durch die Arbeitskämpfe, die durch die kapitalistische Modernisierung hervorgerufen wurden, kehrten die Positivisten zur iberischen Tradition zurück und akzeptierten den Geist des heiligen Martin. Ungelöst blieb allerdings immer noch die Kernfrage, ob die Kirche oder der Staat für die Wohltätigkeit zuständig sein sollte.

Einige wenige Liberale und Positivisten begrüßten die wohltätige Arbeit, die die Katholische Aktion, die vom Vatikan ins Leben gerufen worden war, um gutsituierte Schichten der Laienschaft für die Katechisierung und Unterstützung der Armen zu mobilisieren, am Anfang des 20. Jahrhunderts in Gang brachte. Manche zeigten sich sogar beeindruckt von der ablehnenden Haltung gegenüber dem Geist des individualistischen Kapitalismus, der päpstliche Enzykliken von Leos XIII. *Rerum Novarum* (1891) bis Pius' XI. *Quadragesimo Anno (1931)* durchdrang. Und nicht wenige von ihnen akzeptierten die Arbeiterorganisationen, die die Kirche in den Jahren vor und nach dem Ersten Weltkrieg gründete, weil sie in ihnen eine geringere Bedrohung als in der weltlichen Arbeiterbewegung sah, deren Führer im allgemeinen anarchistische oder sozialistische Bekenntnisse ablegten.

Zu Beginn des 20. Jahrhunderts gerieten lateinamerikanische Intellektuelle in den Bann europäischer Denker, die den Auftrag von Schriftstellern, Malern, Architekten und Komponisten proklamierten, die Menschheit zu höheren Stufen des Bewußtseins zu führen und die Massen von den lebensverkürzenden Zwängen des Materialismus zu befreien. Jeremy Bentham, Auguste Comte und Herbert Spencer kamen in Lateinamerika aus der Mode, und zu den neuen Kulturhelden gehörten Ernest Renan, Henri Bergson und eine ganze Reihe Gurus esoterischer Kulte.

Was seit dem späten Mittelalter die Aufgeschlossenheit der iberischen Welt gegenüber dem sogenannten modernen Geist mit am stärksten behindert hatte, war eine anhaltende Hingabe an die aristokratische Ethik gewesen, nach der galt: »las letras dan nobleza« – Literatur oder Kultur verleiht Adel. Zu den *belles-lettres* als Mittel, adligen Rang zu erlangen, fügten lateinamerikanische Intellektuelle um die Jahrhundertwende die ganze Fülle der Kunst und humanistischen Kultur, aber auch den Spiritualismus oder die esoterischen

Künste. Viele Intellektuelle befürworteten den Fortschritt, setzten ihn aber mit gesteigerten Seinszuständen gleich. Angemessene Bedingungen des materiellen Wohlergehens würden, so nahmen sie an, im Kielwasser der erhöhten Geistes- und Seelenzustände automatisch folgen. Lateinamerikas neue intellektuelle Eliten – aus deren Sicht sich der Anspruch auf politische Führung aus kulturellen Errungenschaften herleitete, niemals aber aus rein wirtschaftlichen Leistungen – nahmen währenddessen an, daß politische Stabilität aus der Bereitschaft bislang kulturell ausgehungerter Massen resultiere, die nichtmateriellen Belohnungen zu schätzen, die ihre künstlerischen und kulturellen Führer zu vergeben wußten – genauso wie soziale Stabilität in einer früheren Zeit von Priestern, die erlösende Gnade ausgeteilt hatten, garantiert worden war. Im nachhinein erscheint die Vision von sozialer Ruhe in einer nichtmaterialistischen Gesellschaft, die von geistig und ästhetisch empfindsamen Eliten gelenkt wird, lächerlich. Diese Vision war jedoch nicht absurder als die Erwartungen, die zahlreiche Intellektuelle im Europa der Jahrhundertwende inspirierten und letztlich dazu beitrugen, nicht wenige von ihnen in die mythenerfüllten Reiche kommunistischer und faschistischer Bewegungen zu führen.

Die ablehnende Reaktion Lateinamerikas auf den Positivismus und die ganze bürgerliche Ethik wurde von einigen abgefallenen Katholiken beeinflußt, die davon überzeugt waren, daß der Humanismus, in Verbindung mit einigen esoterischen oder spiritualistischen Vorstellungen, die um die Wende zum 20. Jahrhundert in der westlichen Welt so sehr in Mode waren, angemessene Mittel bot, um moralische Disziplin und spirituelle Erleuchtung zu erlangen. Etwa zwischen 1910 und 1930 tauchte dann ein neues Muster auf, wobei sich die Situation von Land zu Land beträchtlich unterschied. Die Führer der geistigen Reaktion gegen eine utilitaristische und mechanistische Kultur begannen zunehmend zur katholischen Kirche zurückzukehren, weil sie zu der Überzeugung gelangt waren, daß die Verteidigung der höheren Werte, auf denen die gesellschaftliche Hierarchie beruhte, die theologische und organisatorische Disziplin wie auch den ganzen Apparat der Mythen und Symbole des römischen Katholizismus verlangte.

Die aristokratische Ethik des mittelalterlichen Katholizismus, die in der iberischen Alten und Neuen Welt bis weit ins 20. Jahrhundert fortdauerte, beharrte darauf, daß Adel sich nicht nur von Literatur, sondern auch von Waffen herleitete: »Las letras y las armas dan nobleza.« In Lateinamerika waren um die Jahrhundertwende nicht nur Bergson, Neuplatoniker, Symbolisten und spiritualistische Gurus in Mode. Auch Friedrich Nietzsche war in hohem Maße angesehen. Mit seiner Verachtung »verweichlichter« bürgerlicher Werte trug er dazu bei, den Ambitionen des Militärs eine intellektuelle Rechtfertigung zu liefern und eine säkularisierte Form des Santiagomythos zu popularisieren. In einer Entwicklung des frühen 20. Jahrhunderts, die Nietzsche gewiß verurteilt hätte, taten sich dann Militarismus und Klerikalismus zusammen, wenigstens in einigen lateinamerikanischen Ländern, um die höheren, heroischen Tugenden des christlichen Ritters zu verteidigen.

Abgesehen von zahlreichen Meinungsverschiedenheiten teilten Offiziere und Priester im allgemeinen die Abneigung gegen den bürgerlichen Liberalismus. Beide Gruppen taten die liberale Demokratie als unorganische Erfindung ab, die die für eine Gesellschaft natürlichen korporativen Unterteilungen zerstörte. Ihre Version einer korporativen Gesellschaftsphilosophie setzte voraus, daß Konflikte zwischen den organischen Komponenten des Staatskörpers nur durch eine religiös-politische Macht vermittelt und harmonisiert werden könnten, deren Legitimität letztendlich auf theologisch-ideologischer Reinheit und Unfehlbarkeit beruhte.

Katholizismus, Politik und revolutionäres Ferment

Ermutigt durch die neuerliche Anerkennung in vielen lateinamerikanischen Ländern, war es den Kirchenführern möglich, sich mit der Forderung des Vatikans – mit besonderer Dringlichkeit von Papst Leo XIII. (1878-1903) geäußert – abzufinden, die direkte Verbindung mit bestimmten politischen Gruppen zu meiden, zugleich aber danach zu trachten, allgemeine Regeln sozialer und politischer Moral aufzustellen. Durch frühere Versuche, ihre Interessen ausschließlich mit konservativen Parteien zu verknüpfen, nur um diese dann meistens von antiklerikalen Liberalen bedrängt zu sehen, neigten die lateinamerikanischen Geistlichen dazu, politisch keine Risiken einzugehen, indem sie sich mit gar keiner Partei identifizierten. Abgesehen von Mexiko – ein einmaliger Fall, der weiter unten diskutiert wird – gelang es tatsächlich, direkte politische Verstrickungen zu meiden, und in den 20er und 30er Jahren des 20. Jahrhunderts hatte die Kirche in einem großen Teil Lateinamerikas wieder etwas von dem weltlichen Einfluß zurückgewonnen, der durch die liberal-positivistischen Erfolge des vorausgegangenen Jahrhunderts verlorengegangen war. Doch gerade als sich die Dinge günstig zu entwickeln schienen, begegnete die Kirche einem neuen Gegner: dem Marxismus-Leninismus.

Alles in allem waren die lateinamerikanischen Marxisten, die den größten intellektuellen Einfluß ausübten, keine orthodoxen Kommunisten. Was die Komintern betraf, waren sie geradezu Ketzer, denn sie schienen sich durchweg mehr für den »Überbau« als für die »Basis« zu interessieren. Sie suchten die Macht, die Welt zu verändern, eher in den Ideen und der Kraft des Geistes als in ökonomischen Prozessen. Sie neigten zu einer mystischen, fast spiritualistischen Methode, griffen einige Ideen der Frankfurter Schule auf, orientierten sich an Antonio Gramsci und einem russischen Symbolisten, der Kommunist geworden war, an Anatolij Lunatscharskij. Sie predigten einen Mythos, der der Inkarnation nicht unähnlich war, und drängten Männer – es gab so gut wie keine Frauen im frühen lateinamerikanischen Marxismus – mit überlegenen geistigen Gaben, herabzusteigen und die verborgene Spiritualität der Massen, des »Volks«, zu wecken und dadurch die Energie freizusetzen, die notwendig war, um die alte materialistische Ordnung zu zerstören. Aus der Zerstörung des Alten würde eine neue Ära hervorgehen, in der die Menschen sich auf höhere Stufen des Bewußtseins und der geistigen Entwicklung zubewegen und in der die wirtschaftlichen Probleme mit Hilfe der befreiten Kräfte, der geistigen Energie und des Willens überwunden würden.

Als neue Gegner standen den lateinamerikanischen Katholiken keine eingefleischten Materialisten gegenüber. Vielmehr hatten sie militante Idealisten vor sich, die mit einer säkularisierten Version derselben Todes- und Wiedergeburtsmythen handelten, die die katholische Geistlichkeit lange als ihr Monopol betrachtet hatte. Die mächtigste Waffe des Marxismus gegen das Christentum in Lateinamerika war nicht etwa die wissenschaftliche

»Die Familie des Präsidenten«, 1967 von dem kolumbianischen Künstler Fernando Botero gemalt, deutet an, daß Politiker, Offiziere und geistliche Hierarchie eine unheilige Dreieinigkeit darstellen, die zu Maßlosigkeit neigt und das Volk ausbeutet. Sogar der Hund der Präsidentenfamilie, verhätschelt und überfüttert wie seine Besitzer, ist abstoßend.

Ökonomie, sondern die Fähigkeit, Variationen des christlichen Mythos zu erzeugen und die Vitalität der volkstümlichen Religion anzuzapfen.

Nach ihrem Ausbruch 1910 hatte die mexikanische Revolution schnell die typischen Merkmale einer religiösen Bewegung angenommen. In ihr verbanden sich ein ursprüngliches Element der anarchistischen Apokalyptik mit einem romantischen marxistischen Utopismus, dem Okkultismus einer symbolischen Freimaurerei sowie den Erwartungen einer wunderbaren Erlösung. Die Revolution erhöhte den Indianer zum Symbol all derer, die unter der alten Ordnung unterdrückt worden waren, die aber bald zu den neuen Herren würden, wenn die Welt erst auf den Kopf gestellt war. Ähnlich wie in der traditio-

Ausprägung des Spiritualismus, in symbolischer Freimaurerei und religiösen Vorstellungen der vorkolumbischen Inka, bei Heraklit und Pythagoras und anderen Beispielen esoterischer Erleuchtung sowie in verschwommenen Ideen, das Bewußtsein in die vierte Dimension zu heben, die er angeblich von Albert Einstein ableitete.

Seine unheimlichen populistisch-missionarischen Fähigkeiten, das vorzutragen, was er unerschrocken als neue Religion bezeichnete, hätten Haya de la Torre beinahe zum Präsidenten seiner Republik gemacht. In Kolumbien erzielte Jorge Eliécer Gaitán bis zu seiner Ermordung 1948 mit einigen neuen Spielarten des unorthodoxen religiösen Populismus, der inzwischen in weiten Teilen Lateinamerikas verbreitet war, beachtliche Erfolge. Das gleiche galt für Juan José Arévalo, der Mitte der 40er Jahre Präsident von Guatemala wurde. In mancher Hinsicht erwies sich allerdings Juan Domingo Perón während seiner ersten Periode als Präsident von Argentinien (1946-55) als geschicktester Praktiker einer Art des politischen Populismus, die sich von religiöser Mythologie und auch von esoterischen Traditionen, die die Aussöhnung von Gegensätzen in Harmonie betonten, inspirieren ließ. So hob Perón in der Philosophie seiner Bewegung, die er *justicialismo* nannte, hervor, daß er eine neue Ära einleiten werde, indem er Materialismus und Spiritualität, Individualismus und Kollektivismus verschmolz. War dies erreicht, war das Reich des Friedens nahe.

Unterstützt wurde Perón von seiner Frau, Eva Duarte de Perón. Um sich als überlebensgroße, helfende Mutter der Armen darzustellen, bediente sie sich der Mythologie der Heiligen Jungfrau und der Maria Magdalena. Durch ihre Sozialarbeit versuchte »Evita« sich in die lange Tradition der angesehenen kolonialen *beatas* einzureihen, deren Leidenschaft für die Wohltätigkeit sie in den Stand der Heiligkeit erhoben hatte. Evita wurde die erfolgreichste der »supermadre«-Typen, in die mehrere ehrgeizige lateinamerikanische Politiker ihre Frauen oder Töchter zu verwandeln versuchten. Sie nahm auch die Rolle der Vermittlerin zwischen den Demütigen und ihrem Gatten an, dem angeblich mit gottähnlichen Eigenschaften ausgestatteten Herrn der Nation.

Kein Wunder, daß noch 1982 ein prominenter Peronist verkündete: »Wir sind mehr als eine Ideologie, wir sind eine Religion.« Kein Wunder auch, daß in den 70er Jahren »Dritte-Welt-Priester«, die Visionen vom Himmel auf Erden anhingen, den *justicialismo* als Weg zu ihrem Ziel begeistert aufgriffen und den Tod Präsident Peróns betrauerten, als er 1974 im Amt starb, obwohl dieser sein Land an den Rand des Chaos gebracht hatte. Kein Wunder schließlich, daß 1986 das vatikanische Dokument »Instruktion über christliche Freiheit und Befreiung« folgende Worte enthielt: »Es wäre verbrecherisch, die Energien der volkstümlichen Frömmigkeit zu nehmen und auf einen rein irdischen Plan der Befreiung hin fehlzuleiten.« Der Marxismus war nur eine der Kräfte, denen sich die traditionelle Kirche gegenübersah, die genau dies im Lateinamerika des 20. Jahrhunderts taten.

Seit den 40er Jahren richtete eine zunehmende Zahl von Geistlichen und katholischen Laien ihr Augenmerk auf eine Verbesserung der sozialen und wirtschaftlichen Not, der die Armen dieser Erde ausgesetzt waren, und stellte damit die jenseitige Orientierung, die historisch mit dem iberischen Katholizismus verknüpft wird, in Frage. Diese Richtung bekam nach 1953 Auftrieb, dem Jahr, in dem eine von der Katholischen Aktion geförderte Untersuchung offenbarte, daß nur 15 Prozent der Lateinamerikaner ihren Glauben praktizierten, obwohl 90 Prozent in der Kirche getauft worden waren. Außerdem waren In-

Juan Domingo Perón und seine Frau Eva Duarte de Perón verließen sich während der ersten Amtsperiode Peróns als Präsident Argentiniens (1946-55) auf religiöse Bildersprache und Symbolik, obgleich sie mit der katholischen Kirche in Streit lagen. »Evita« verglich ihren Mann mit Christus, während sie sich staatlicher Mittel bediente, um die Massen ruhig zu halten, statt die von der Kirche finanzierte Wohltätigkeit zu nutzen.

dustriearbeiter und höhere Berufsstände fast vollständig nichtpraktizierende Katholiken. Schockiert über die Entdeckung, daß ihnen in gewisser Hinsicht nur eine Minderheit in der Kirche gehörte, verstärkten die katholischen Geistlichen die Anstrengungen, die darauf zielten, die Arbeiterklasse zu gewinnen. Vielleicht übersahen manche Geistliche den Grad, in dem die große Mehrheit der Lateinamerikaner auf ihre eigene Weise katholisch geblieben war, wenn auch nicht in der von Rom verordneten Weise. Selbst wenn sie im Konkubinat lebten und zu den hohen nationalen Prozentsätzen außerehelicher Geburten beitrugen, hielten sie periodisch private Andachtsübungen nach eigener Wahl ab, die sie, zumindest nach eigener Einschätzung, erneut mit der Kirche verbanden. Auf diese Weise hatten die Massen den religiösen Stil assimiliert, der einst als Vorbedingung der Zugehörigkeit zur Oberschicht beansprucht worden war.

Die sozialreformerische Haltung des Katholizismus trug in den 50er und 60er Jahren zum Aufkommen einer starken christdemokratischen Bewegung bei. Anfangs unter dem Einfluß des französischen Philosophen Jacques Maritain und weit weniger am freien Markt orientiert als ihre Namensvettern in Europa, kritisierten die Christdemokraten Lateinamerikas den individualistischen Kapitalismus, da dieser unweigerlich zu wirtschaftlicher Ungerechtigkeit führe. Während sie jede förmliche Verbindung mit der kirchlichen Hierarchie mieden, drängten die Christdemokraten auf die Durchführung von Programmen, die von den Sozialenzykliken des Vatikans angeregt wurden. Aus ihrer Sicht verlangte soziale Gerechtigkeit eine staatliche Intervention im sozialen und wirtschaftlichen Bereich. Sie verlangte auch eine genossenschaftliche Gesellschaft, die auf Prinzipien der ausgleichenden Gerechtigkeit basierte und organisch oder korporativ in verschiedenen funktionalen Vereinigungen organisiert war, von denen jede einen gewissen Grad von Volksbeteiligung und Selbstverwaltung genoß. Die Christdemokraten vermieden jedoch sorgsam Anleihen am faschistischen Modell des autoritären Korporativismus, das in den 20er und 30er Jahren eine große Zahl katholischer Laienführer und Geistlicher angezogen hatte.

Viele Kritiker des katholischen Korporativismus irrten sich, wenn sie behaupteten, daß jede seiner Erscheinungsformen Verbindungen zum Faschismus habe. Die Niederlage und verdiente Ächtung des Faschismus nach dem Zweiten Weltkrieg führte – nach dem trügerischen Argument »schuldig durch Assoziation« – in katholischen Kreisen zu einer Ablehnung des innovativen korporativen Denkens, das möglicherweise lebensfähige Alternativen zum liberalen Kapitalismus hätte fördern können. Der katholische Korporativismus, der wegen seiner angeblich faschistischen Verbindung nur als blutarme Komponente der christlichen Demokratie überlebte, ist eine weitere große verpaßte Möglichkeit in der Geschichte des lateinamerikanischen Christentums.

Ursprünge und Entwicklung der Befreiungstheologie

In den 60er Jahren betrachteten viele katholische Denker die schrittweise Reform und Harmonisierung der Klasseninteressen, für die die Christdemokraten im allgemeinen eintraten, als eine viel zu schwache Reaktion auf lateinamerikanische Mißstände. Manche der radikalen katholischen Reformer in Lateinamerika sahen in den Armen der Region einzigartige Wesen, die von den Lastern des bürgerlichen Kapitalismus verschont geblieben waren. In gewisser Hinsicht ähnelten sie darin jenen missionarischen Chiliasten des 16. Jahrhunderts, die die Indianer in den neuentdeckten Ländern als die einzigen Menschen priesen, die von der Habgier, dem Materialismus und der Verdorbenheit eines dekadenten Zeitalters nicht vergiftet worden waren. Somit wiederholten sie die Grundsätze der Bewegung des »sozialen Evangeliums« in Großbritannien und Nordamerika um die Jahrhundertwende. Gleichzeitig verstärkten sie das traditionelle Mißtrauen des iberischen Katholizismus gegenüber dem Kapitalismus.

Viele waren der Überzeugung, daß die sozialen und wirtschaftlichen Probleme nicht nur menschlichen Fehlern oder mangelnden wirtschaftlichen Ressourcen anzulasten waren. Die Natur, sowohl die menschliche als auch die Umwelt, trug keine Schuld. Dieser Auffassung zufolge resultierten die Probleme vielmehr aus den strukturellen Ungerechtigkeiten des vorherrschenden Systems des internationalen Kapitalismus. In Lateinamerika und der sogenannten Dritten Welt im allgemeinen resultierten wirtschaftliche Unterentwicklung und soziale Ungerechtigkeit vor allem aus der Abhängigkeit von der räuberischen entwickelten Welt. So unvollständig und voreingenommen ihre Diagnose auch sein mochte, die Dependenztheorie stellte eine verständliche Reaktion auf den einseitigen Standpunkt dar, der in der entwickelten Welt vorherrschte und alle Probleme in der Dritten Welt den inneren Mängeln zuschrieb, zu denen Mangel an Charakter, ökonomische Kurzsichtigkeit, politische Korruption und sogar rassische Unterlegenheit gehörten.

Die insbesondere von marxistisch beeinflußten Intellektuellen vertretene Dependenztheorie genoß während der 60er und 70er Jahre ein hohes Ansehen, vor allem innerhalb einer internationalen Gegenkultur, deren Anhänger strategische Lehrpositionen an vielen führenden Universitäten der Welt übernahmen. An diese Universitäten kam eine neue Generation lateinamerikanischer Geistlicher, die bereit waren, nicht nur Theologie zu studieren, sondern auch Volkswirtschaft, Soziologie und politische Wissenschaften. Letztere drei waren in hohem Maße von der Dependenztheorie beeinflußt. Viele Geistliche verbanden die Theologie mit diesen drei Disziplinen, während sie der Dependenztheorie das Siegel göttlich sanktionierter Zustimmung anhefteten.

Viele Priester, Brüder und Schwestern hatten aus erster Hand den Erfolg populistischer Politiker miterlebt, durch religiös inspirierte Mythologie, Symbolik und Prachtentfaltung frenetische Massenunterstützung hervorzubringen. Es gab keinen Grund, warum man diesen Populisten, deren Opportunismus bei der Manipulation einer religiösen Bildersprache häufig auf der Hand lag, im Hinblick auf die Mobilisierung der Massen allein das Feld überlassen sollte. Es gab auch keinen Grund, warum es Fidel Castro und Ernesto »Che« Guevara, die in Kuba Anfang der 60er Jahre eine neue Welle eines populistischen Chiliasmus auslösten, erlaubt sein sollte, die Verwendung mythologischer Archetypen, die mit Sicherheit ebensosehr aus dem Christentum wie aus dem Marxismus-Leninismus herrührten, zu monopolisieren. Statt dessen wollten die Geistlichen die Massen in bewußtseinsbildenden Kreuzzügen mobilisieren, indem sie reiche moralische Belohnungen und die letztendliche Umwandlung sozialer und wirtschaftlicher Strukturen versprachen. Damit würden sie die Entfremdung bannen und menschliche Wärme, Gemeinschaft und wirtschaftliche Sicherheit wiederherstellen. Gleichzeitig könnte die Geistlichkeit einen Teil der weltlichen Macht, die sie im vergangenen Jahrhundert an liberale Säkularisierer abgetreten hatte, zurückgewinnen.

Lateinamerika kann, wie bereits gesagt, nur von denen verstanden werden, die sich des intellektuellen Erbes bewußt sind, das Dante, der heilige Thomas von Aquin und Machiavelli hinterlassen haben. Zu diesen drei muß vielleicht noch Plotin hinzugezählt werden. Nur unter Bezugnahme auf Plotin bzw. den Neuplatonismus wird beispielsweise die lateinamerikanische Neigung nachvollziehbar, vorauszusetzen, daß Wille, Bewußtsein und Gedankenkraft immer über die Materie – oder die Illusion von Materie – triumphieren. Irgendwo auf dem Weg mögen amerikanisch-indianische Kosmologie und Magie zusammen mit der Mystik der Alten Welt und Magie unterschiedlicher Herkunft Plotin in Lateinamerika eine helfende Hand gereicht haben, doch kann man sich in solchen Dingen nie sicher sein.

Aus Lateinamerika kam in jenem einzigartig optimistischen Jahrzehnt nach 1960 eine neue Theologie, die bald als Theologie der Befreiung bezeichnet wurde. In ihr finden sich Elemente eines mystischen Marxismus und der Dependenztheorie, einer apokalyptischen Weltsicht, die in vorkolumbische Zeiten zurückreicht, sowie eines an Postchiliasmus grenzenden Utopismus, der von religiöser Mythologie durchdrungen ist. Spürbar ist

außerdem Henri Bergsons Gedanke der schöpferischen Entwicklung und des *élan vital* (die das Übergewicht des Geistigen über dem Materiellen voraussetzen). Diese Ideen erfreuten sich in Lateinamerika im frühen 20. Jahrhundert ungeheurer Beliebtheit. Die Befreiungstheologie kann durchaus als Produkt einer jener zyklischen Phasen religiöser Begeisterung gesehen werden, die die Errichtung der vollkommenen Gesellschaft zum Ziel hatten. Begleitet wurden all diese Aspekte jedoch von einem Zug des Neuplatonismus, der die Befreiungstheologie unhistorisch machte. Letzten Endes beruht diese Theologie auf dem Glauben, daß die Geschichte durch die Schaffung eines neuen Menschen, der durch ein auf eine höhere Stufe gehobenes Bewußtsein ins Leben gerufen wird, überwunden werden kann. Durch ein höheres Bewußtsein kann der neue Mensch die Unvollkommenheiten des materiellen Lebens überwinden, die ihrerseits aus dem falschen Bewußtsein früherer Generationen entstanden sind.

In ihrem Bemühen, eine soziale Reform und möglicherweise sogar Revolution in Gang zu bringen, trug die Befreiungstheologie auf ihrem Höhepunkt zu Beginn der 80er Jahre dazu bei, eine neue Art von Religionskrieg in Lateinamerika auszulösen. Auf der einen Seite standen die vorgeblichen Verteidiger der traditionellen Religion. Sie sahen das Bild Schmerzensmutter-Schmerzensmann als einzige passende Ikone für die unteren Klassen, reservierten für die Oberschicht das Rollenmodell militanter Heiliger und beriefen sich auf das Bild des heiligen Martin, wenn sie sich für Wohltätigkeit als Mittel zum sozialen Frieden stark machten. In Gegnerschaft zu denen, die mit den Symbolen des religiösen Traditionalismus handelten, setzten neue Kader von Militanten die Rollenmuster des Leidens herab, verzichteten auf Heilige der Wohltätigkeit und verwandelten Christus in einen Krieger, der darauf aus ist, die etablierte Gesellschaftsordnung zu zerstören. Pfründeninhaber und Verteidiger jener Ordnung fanden im religiösen Traditionalismus eine Rechtfertigung für ihr Handeln. Sie begannen, radikale Priester und Nonnen zu terrorisieren, damit sie stillhielten, wobei sie Hunderte von ihnen töteten. Im März 1980 wurde in El Salvador Erzbischof Oscar A. Romero, ein militanter Wortführer der Armen, ermordet, während er die Messe feierte.

Katholizismus, Menschenrechte und Sexualität

Trotz des wachsenden Mißtrauens des Vatikans gegenüber der revolutionären Theologie und revolutionären Handlungen in den 70er Jahren sah sich Rom durch die tückischen Angriffe auf Geistliche mehr und mehr zu einer Verurteilung der Methoden veranlaßt, mit denen autoritäre Regime den Status quo verteidigten. Die Bande zwischen autoritärem Militarismus und Klerikalismus wurden abgelehnt. Zunehmend stärkte der Vatikan seinen Bischöfen den Rücken, wenn sie sich vor ihre Geistlichen stellten. Dieses Muster begann sich in den 60er Jahren abzuzeichnen, als brasilianische Prälaten nicht nur ihre radikalisierten Geistlichen verteidigten, sondern oft auch persönlich die militärischen Autokraten verurteilten. Von Brasilien breitete sich die Methode in den 70er Jahren nach Argentinien, Chile und Uruguay aus.

Inzwischen hatte in der katholischen Kirche eine Revolution von oben begonnen, die zeitweise und auf nicht immer vorhersehbare Weise mit der viel weniger vorsichtigen

Die Gewalttätigkeit des neuen Antiklerikalismus in Lateinamerika wird von dem Schrein für El Salvadors Erzbischof Oscar Romero symbolisiert. Als entschiedener Verfechter sozialer Gerechtigkeit, der die Mißstände einer in den Kampf mit marxistischen Guerilleros verstrickten etablierten Ordnung brandmarkte, wurde Romero durch einen Schuß ins Herz ermordet, als er im März 1980 die Messe feierte.

Revolution, die von Lateinamerikas radikalisierten Geistlichen ausgelöst worden war, interagierte. Einer der wesentlichen Züge der »neuen Öffnung«, die Papst Johannes XXIII. verkündete, als er das Zweite Vatikanische Konzil (1962-65) einberief, war die Sorge um die Achtung der Menschenrechte. Spätere Päpste gingen mit neuen Öffnungen behutsam um, doch blieben ihnen kaum Alternativen zur Unterstützung der Bürgerrechte, als die Ereignisse in Lateinamerika ihre eigene Dynamik entwickelten. So sehr dem Vatikan nach Johannes XXIII. die radikalisierten Geistlichen mißfallen haben mochten, noch mehr mißfiel ihm die Verfolgung der Geistlichen durch Zivilregierungen und regierungsnahe Organisationen. Da er die Menschenrechte einer revolutionären Geistlichkeit verteidigte, mußte sich der Vatikan auch für die Menschenrechte revolutionärer Laien einsetzen.

In der Vergangenheit hatte das Bürgerrecht in den Augen lateinamerikanischer Prälaten und Theologen auf der Kirchenzugehörigkeit beruht. Alle Personen, die nicht auf der Linie der Kirche lagen, waren als außerhalb der Ordnung und nicht voll schutzwürdig angesehen worden. Erst in den 60er Jahren machte der alte inquisitorische Geist, Grundrechte der Menschheit nur für diejenigen zu reservieren, die in der Gunst der Geistlichkeit standen, einer umfassenden Sorge um die Rechte aller Personen Platz, die jetzt nicht mehr im Lichte ihrer katholischen Rechtgläubigkeit, sondern ihres Menschseins gesehen wurden. Ein Jahrhundert zuvor waren die Geistlichen im Zweifel über die Menschenrechte von Liberalen gewesen, doch nun begannen viele, die Rechte von Marxisten-Leninisten, Juden und anderen ehemaligen Parias zu verteidigen. Dieser folgenschwere Wandel, gegen den sich bestimmte Traditionalisten immer noch sträubten, kam zum Teil zustande, weil die Geistlichen selbst begonnen hatten, in einer Weise zu handeln, die nach allen Maßstäben als unorthodox bezeichnet werden mußte.

Grundsätzlicher gesehen stellte der Wandel die von Europa und den Vereinigten Staaten ausgehende Antwort der Kirche auf den weltweiten Trend zum Individualismus dar. Personen werden diesem Trend zufolge mehr wegen ihrer individuellen Menschlichkeit als wegen der geistlichen oder weltlichen Organisationen und Institutionen, denen sie angehören, geschätzt. Die Spannung zwischen der privaten und organisatorischen oder kollektiven Basis der Bewertung bleibt ungelöst, und gerade das Vorhandensein der Spannung deutet an, daß eine wirklich große Wandlung im Entstehen sein könnte.

Während die katholische Kirche für die Menschenrechte eintrat, zeigte sie in den 80er Jahren gleichzeitig die Bereitschaft zu einem kompromißlosen Autoritarismus, besonders in Fragen, die mit dem Thema Sexualität in Zusammenhang standen. Wie die Menschen Lateinamerikas darauf reagieren werden, bleibt abzuwarten. Angesichts Lateinamerikas geschätzter 40 Millionen ausgesetzter Kinder (bei einer Gesamtbevölkerung von 390 Millionen Mitte der 80er Jahre nach ungefähr 61 Millionen im Jahr 1900) und Bevölkerungszuwächsen, die alle Fortschritte in der Wirtschaftsproduktivität zunichte machen und immer mehr Menschen zu Arbeitslosigkeit oder Unterbeschäftigung verurteilen, gehen die Gläubigen dazu über, den Widerstand der Kirche gegen die verschiedenen Methoden der Geburtenkontrolle zu ignorieren. Lateinamerikanische Frauen haben damit begonnen, sich gegen den vorherrschenden männlichen Voluntarismus aufzulehnen. Außerdem haben angesichts der sich verschlimmernden Priesterknappheit Probleme wie das geistliche

Zölibat Diskussionen ausgelöst. Sollte Rom jemals ernsthaft die Ordination von Frauen für das Priesteramt erwägen, würden lateinamerikanische Männer, kulturell mit den Werten des *machismo* indoktriniert, vielleicht mit Entsetzen reagieren. Allerdings läßt sich dies nicht genau voraussagen. Auf die Ordination von Frauen könnten lateinamerikanische Männer auch mit einem Schulterzucken reagieren, da sie es gewohnt sind, Religion als Frauensache anzusehen.

Basisgemeinden

Um den Glauben in einer Zeit des chronischen Priestermangels am Leben und lebendig zu halten, begannen manche Bischöfe und Geistliche in der Ära nach Vatikanum II die Bildung von kirchlichen Basisgemeinden (CEB) zu fördern. Dabei handelt es sich um kleine, zwischen zehn und 20 Personen umfassende Gruppen von Katholiken, die etwa einmal in der Woche zu religiösen Diensten (wie Bibellesen) und der Diskussion religiöser und sozialer Angelegenheiten zusammenkommen. Die CEB, die eine »Do-it-yourself«-Seelsorge mit sozialer Bewußtseinsbildung verbinden, werden durch gelegentliche Besuche von Priestern beaufsichtigt, bleiben aber für den größten Teil der Zeit unter der Obhut von Laienhelfern. In den frühen 80er Jahren wurde die Zahl der Lateinamerikaner, die sich an den CEB beteiligten, auf annähernd drei Millionen geschätzt. Davon entfielen zwei Drittel allein auf Brasilien.

Trotz der Berichte einiger Enthusiasten, die sie mit echter kirchlicher Demokratie gleichsetzen, sind die CEB gewöhnlich eher die Produkte und Werkzeuge geistlicher Autorität (außer in Nicaragua nach 1979 unter der sandinistischen Herrschaft, wo die Basisgemeinden zum Entstehen einer teilweise schismatischen »Kirche des Volks« beitrugen). Wichtiger ist, daß sich die Wirksamkeit der bischöflichen Macht, nicht nur im Hinblick auf die CEB, sondern auf die gesamten Kirchenaktivitäten bezogen, seit der Bildung des Lateinamerikanischen Bischofsrates (CELAM) 1955 in einem stetigen Aufschwung befand. Seit den 50er Jahren hat Rom außerdem wirksamere Kontrollmechanismen für die Koordinierung der Aktivitäten des lateinamerikanischen Episkopats eingerichtet.

Als besonders wirksam haben sich die Lateinamerikabesuche Papst Johannes Pauls II. erwiesen. Anders als Johannes XXIII., der nur 20 Jahre vorher sein Charisma in den Dienst der Erneuerung gestellt hatte, hat Johannes Paul II. sein Charisma, manchmal an Ort und Stelle, zur Wiederherstellung der Ordnung eingesetzt.

Eine gestraffte hierarchische Autorität und die populistische Mobilisierung der Massen, wie sie teilweise durch die CEB bewirkt wurde, haben die katholische Kirche darauf vorbereitet, neuen Gefahren von innen wie von außen zu begegnen. Seit dem Zweiten Weltkrieg hat die große äußere Nemesis des Katholizismus, der Protestantismus, ernsthaft begonnen, sich zu behaupten, und viele neue Initiativen, die die katholische Kirche in Lateinamerika ergriffen hat, müssen als Antwort auf die protestantische Herausforderung gesehen werden.

Protestantismus

Protestantische Kirchen, die oft von liberalen Herrschern gefördert wurden (darunter Kaiser Pedro II. von Brasilien, Antonio Guzmán Blanco in Venezuela und Justo Rufino Barrios in Guatemala), tauchten in einer gewissen Häufung seit der zweiten Hälfte des 19. Jahrhunderts auf. Über viele Jahrzehnte hinweg zeigte der Protestantismus jedoch kaum größere Wirkung. Ein Jahrhundert später hatte sich die Lage dramatisch verändert, und seit den 60er Jahren zählt der Anstieg des protestantischen Einflusses zu der bedeutsamsten Entwicklung im lateinamerikanischen Christentum. Im Grunde können Katholizismus und Protestantismus in relativer Harmonie gemeinsam wirken, und Harmonie auf der kirchlichen Ebene könnte durchaus nach unten durchsickern und die an einen Heiligen Krieg erinnernden Parteienkämpfe mäßigen, die den Geist des weltlichen Kompromisses erstickt haben. Dies wenigstens ist das optimistische Szenario für die Zukunft der sich gegenseitig beeinflussenden Religion und Politik Lateinamerikas. Nicht allzu weit hergeholt sind aber auch jene pessimistischen Szenarios, die die ganze Bandbreite bis zum schlimmsten Fall umfassen, in dem religiöse Rivalität weltliche Gewalt nährt, in einem Maß, das an Irland und den Vorderen Orient heranreichen könnte.

Die Lateinamerikaner erlebten in den 60er Jahren eine erhebliche Zersplitterung protestantischer Kirchen, die Jahrzehnte zuvor von Missionaren der Lutheraner, Presbyterianer, Methodisten, Baptisten, Mährischen Brüder, Christian Science, Brethren of Christ und anderen gegründet worden waren. Viele der zahllosen Splittergruppen errichteten evangelische Kirchen. Gleichzeitig gelang es einer Welle neuer Missionare, die vor allem aus den Vereinigten Staaten kamen und von Sieben-Tage-Adventisten, Mormonen und einer Unzahl von Evangelikalen angeführt wurden, größere Massen zu bekehren, insbesondere unter den bäuerlichen und städtischen Armen Chiles, Brasiliens und Guatemalas. Diese protestantischen Missionare verwarfen die strukturalistische Methode einiger der eifrigsten katholischen Befürworter einer Gesellschaftsreform und betonten die persönliche Reform, die auf der Aufhebung der Sündhaftigkeit des Individuums beruhte.

Fundamentalisten und Evangelikale mit ihren strengen Ansichten zur Moral (im Gegensatz zu der lockeren Haltung zur individuellen Tugend, die den iberischen Katholizismus gekennzeichnet hat), mit ihrer Befürwortung öffentlicher Bekenntnisse zum Glauben und ihren Chören zum Mitsingen befriedigten gewisse seelische Bedürfnisse, die in Lateinamerika lange keine Nahrung bekommen hatten. Die vom Vatikan 1986 herausgegebene »Instruktion« mutmaßte, daß protestantische fundamentalistische Gruppen in Lateinamerika erfolgreich waren, weil sie »menschliche Wärme, Fürsorge und Unterstützung in kleinen, eng verbundenen Gemeinschaften« bereithielten, dazu »einen Stil des Betens und Predigens, der den kulturellen Merkmalen und Hoffnungen der Menschen nahe ist«. Was immer die Gründe sein mögen, scheinen Lateinamerikaner, die sich seit der Mitte des 20. Jahrhunderts dem Protestantismus zugewandt haben, die Formen zu bevorzugen, die am weitesten vom traditionellen Katholizismus entfernt sind.

Zwischen 1960 und 1985 stieg die Zahl der puertorikanischen Protestanten von ungefähr 20 auf gut 30 Prozent der Bevölkerung der Insel. Vielleicht war dies bei dem anmaßenden Einfluß der Vereinigten Staaten nicht anders zu erwarten. Doch ähnliche protestantische Zugewinne erschienen auch anderswo in der Karibik und reichten, in kleinerem Maßstab, bis nach Brasilien und weiter in den Süden. Bis zur Mitte der 80er Jahre, als ungefähr einer von fünf Bürgern El Salvadors Protestant war, hatte die evangelische Bewegung Einfluß und Hochachtung nicht nur unter den Armen des Landes gefunden, sondern auch unter den Offizieren, Geschäftsleuten und Universitätsstudenten, von denen viele glaubten, ihr neuer Glaube sorge für festere Bastionen des Antikommunismus als der Katholizismus mit seinen zahlreichen, zur Linken neigenden Geistlichen. Bis zur Mitte der 80er Jahre nahmen auch verschiedene protestantische Kirchen und die Mormonen mehr als 20 Prozent der guatemaltekischen Bevölkerung für sich in Anspruch, während fundamentalistische Gruppen eine jährliche Wachstumsrate von gut 15 Prozent meldeten. Anfang der 80er Jahre verkündete ein guatemaltekischer Präsident, der einer protestantischen Sekte namens »Das Wort« angehörte, daß nur eine reinere Form des Christentums als der Katholizismus die Probleme der Gesellschaft durch besonderen Nachdruck auf individueller Redlichkeit lösen könne.

Die protestantische Expansion nach Lateinamerika hat von den gewaltigen Kapitalspritzen aus Kirchen der Vereinigten Staaten profitiert, deren Mitglieder vielfach davon überzeugt sind, daß nur der Fundamentalismus die kommunistische Flut aufhalten und für eine Ethik sorgen könne, die für den wirtschaftlichen Aufschwung und die Entwicklung zur Demokratie notwendig ist. In vielerlei Gewändern fordert der protestantische Kreuzzug die traditionelle Ablehnung der Werte eines individualistischen Kapitalismus durch den iberischen Katholizismus heraus; er rühmt den Gedanken der Selbstkontrolle

»Die Seele im Fegefeuer«, eine Radierung des Mexikaners José Guadalupe Posada, veranschaulicht die katholische Lehre von der Gemeinschaft der Seelen: die Vereinigung der Gläubigen auf der Erde, der Heiligen im Himmel und der Seelen im Fegefeuer. Somit ergibt sich die Erlösung aus den gemeinsamen Anstrengungen der Lebenden und der Toten. Der Protestantismus dagegen betont die Rolle des selbstbewußten Individuums in göttlichen wie in weltlichen Dingen.

DIE PROTESTANTISCHE EVANGELISATION machte in Lateinamerika während der 70er und 80er Jahre dieses Jahrhunderts erstaunliche Fortschritte, besonders in Brasilien, wo der amerikanische »Televangelist« Jimmy Swaggart mit ungeheurem Erfolg Bekehrte gewann. Mit einem Übersetzer hinter sich predigt Swaggart 1987 zu einer Menge von 70 000, die sich im Fußballstadion von Rio de Janeiro versammelt haben.

und Sublimierung, der den unternehmerischen Erfolgen wie der politischen Stabilität zugrunde liege, und er prangert die initiativehemmenden Einflüsse des Paternalismus und ökonomischen Interventionismus des Staates an. Viele erfolgreiche lateinamerikanische Unternehmer sind es überdrüssig, als Parias im Wertesystem des Katholizismus mit seiner neuerdings betonten Bevorzugung der Armen betrachtet zu werden, und hat sich Konfessionen zugewandt, die den engagierten Unternehmer als sozialen Helden begrüßen, dessen weltliche Triumphe aus seinen religiösen Überzeugungen resultieren. Zweifellos hat dies zu der bemerkenswerten Zunahme der protestantischen Konversionen im Mexiko der 80er Jahre beigetragen. Ebenfalls beteiligt ist die Tatsache, daß Mexikos Einparteiensystem, das allmählich den rigiden Antiklerikalismus abschüttelt, der nach der Revolution von 1910 zwei Generationen lang die offizielle Politik kennzeichnete, in den vergangenen Jahren in eine friedliche Zusammenarbeit mit der katholischen Kirche eingeschwenkt ist. Angesichts der sich verschärfenden sozialen und wirtschaftlichen Krise werfen nun viele Mexikaner Kirche und Staat in denselben Topf und demonstrieren ihre Unzufriedenheit mit dem Status quo, indem sie zum Protestantismus übertreten.

Alles in allem bedroht das Eindringen des Protestantismus nicht bloß die alte Religion Lateinamerikas, sondern alle sozialen und wirtschaftlichen Strukturen, die in den Werten dieser Religion wurzeln. Genaugenommen hat das marxistisch-leninistische Allheilmittel, das nach dem Ersten Weltkrieg auftauchte, vielleicht eine geringere Bedrohung der alten Ordnung dargestellt als das Patentrezept, das manche Lateinamerikaner nach dem Zweiten Weltkrieg im Protestantismus entdeckten.

Opus Dei

In gewisser Weise stellt die Ausbreitung des Protestantismus im heutigen Lateinamerika einen neuen Abschnitt innerhalb der kulturellen Auseinandersetzung zwischen römisch-katholischem Traditionalismus und den religiösen, wirtschaftlichen und sozialen Werten der Vereinigten Staaten dar, die sich bereits über eineinhalb Jahrhunderte erstreckte. Abgesehen vom Ansatz des Opus Dei, das seinen Ursprung 1928 in Spanien hatte, aber richtige Wirkung erst nach dem Zweiten Weltkrieg gewann, hat der Katholizismus in der iberischen Welt im allgemeinen die Religion eher als Rechtfertigung der Armut denn als Ansporn zu wirtschaftlichem Vorankommen benutzt. Seine reiche Ikonographie ist der Elemente beraubt worden, die hätten verwendet werden können, um den Unternehmer zu erhöhen und zu rechtfertigen. Dies ist ein Grund, warum viele Lateinamerikaner im 19. Jahrhundert, die sich zum Geschäftsleben hingezogen fühlten, gegenüber dem traditionellen Glauben gleichgültig, wenn nicht sogar feindselig wurden und in örtliche liberale Parteien oder Freimaurerlogen eintraten. Seit dem Aufschwung des Protestantismus im späten 20. Jahrhundert haben die Lateinamerikaner eine weitere Alternative. Zu einer Herausforderung könnte sich jedoch das Opus Dei entwickeln, das versucht, das Rollenmuster des christlichen Ritters durch das des gottesfürchtigen Unternehmers zu ersetzen, der das individualistische Gewinnstreben dem Dienst einer höheren sozialen und religiösen Berufung unterordnet. Zweifellos betrachtet Papst Johannes Paul II. die zukünftige Rolle von Opus Dei mit großen Hoffnungen. Er hat Opus Dei sogar zu einer persönlichen Prälatur erhoben.

Sowohl Opus Dei als auch viele seiner protestantischen Rivalen wenden ihr Hauptaugenmerk den oberen sozialen Schichten zu. Allerdings haben einzelne protestantische Kirchen auch unter den sich mühsam durchschlagenden Massen beeindruckende Zahlen von Konvertiten gewonnen. Von aktivistischen Priestern, die den Himmel auf Erden versprechen, nicht überzeugt, haben die Schwachen und Benachteiligten begonnen, sich jenen protestantischen Kirchen zuzuwenden, die die Verklärung in der nächsten Welt betonen. Wie im alten Glauben kann man auch im neuen zwei Arten von Rollenmustern finden: eines für diejenigen, die hoffnungsvoll auf das Hier und Heute blicken, ein anderes für alle, die jede Hoffnung darauf aufgegeben haben. Opus Dei ist der neue Ansporn des Katholizismus für die Hoffnungsvollen.

Religiöser Pluralismus

Während des ganzen 19. Jahrhunderts und weit ins 20. hinein glaubten viele katholische Führer und Denker, ihre Kirche sei die einzige Institution mit ausreichendem, allgemein anerkanntem Charisma (Gnade, Heiligkeit, göttliche Zustimmung), um zwischen den verschiedenen politischen, wirtschaftlichen und ideologischen Faktionen, die einander in der bürgerlichen Gesellschaft bekämpfen, zu vermitteln. Zunächst hoffte die Geistlichkeit, ihren Einfluß auf die Gesellschaft mit Hilfe der Regierungen auszuüben, die die Durchdringung der Politik durch die Religion begrüßten. Seit dem Siegeszug des antiklerikalen Liberalismus in weiten Teilen Lateinamerikas strebte die Geistlichkeit dann eine

sen Bilderwelt schöpften, die unverminderte Stärke volkstümlicher Religionen, der nachklingende Einfluß vorkolumbischer und afrikanischer Religionen, die mystische Seite des Marxismus und die Wiederbelebung des Katholizismus zu einer Resakralisierung der Gesellschaft beigetragen. In jüngster Zeit hat der Protestantismus dieser Tendenz zusätzlichen Auftrieb gegeben.

Die Geschichte hat jedoch noch eine andere Seite. Die Säkularisierung des 20. Jahrhunderts hat ihre Triumphe zu verzeichnen. Für Millionen Lateinamerikaner ist mittlerweile das am höchsten geschätzte Heiligtum die Einkaufsstraße. Der einzige Boden, den Tausende als irgendwie mit den Transzendenten verbunden verehren, liegt unter den ausländischen Banken, wo sie ihre Gewinne deponiert haben. Die neue Generation der Drogenbosse, die mit dem Niedergang der Gesellschaft der Vereinigten Staaten reich werden, scheinen noch weniger Interesse an christlichen Lehren zu haben als die lateinamerikanischen Magnaten des 19. Jahrhunderts, die etwas von den Rohmaterialien zur Verfügung gestellt haben, die den Aufstieg jener Gesellschaft erleichtert hat. Währenddessen bleibt die Mehrheit der Lateinamerikaner unterhalb der Ebene des triumphierenden Säkularismus am Rand der Wirtschaftskatastrophe. Die Umstände, unter denen zu leben sie gezwungen sind, haben in der Vergangenheit fatalistische Jenseitsvorstellungen gefördert, die von gelegentlichen Ausbrüchen des Chiliasmus durchzogen waren.

Es ist gewagt, die zukünftige Entwicklung der beiden Lateinamerikas vorauszusagen, dem des Profils und der Habgier und dem der zahllosen Massen, die mit dem reinen Überleben beschäftigt sind – denn heute schon hat Lateinamerika mehr Menschen als es verkraften kann. Und die Bevölkerung wächst weiter. Es erfordert wenig Voraussicht zu erkennen, daß das Christentum die Art, wie die zwei Lateinamerikas interagieren, beeinflussen wird. Doch wird es auch selbst von ihnen beeinflußt. Falls man sich von dem historischen Präzedenzfall leiten lassen kann, wird man vielleicht voraussagen dürfen, daß das Christentum dazu beitragen wird, die sozialen Probleme, die Lateinamerika schütteln, zu mildern, während es gleichzeitig Teil dieser Probleme bleibt.

13

Afrika

Peter Hinchliff

Bis nach dem Zweiten Weltkrieg hatten Darstellungen der Geschichte Afrikas die Tendenz, den Kontinent zu behandeln, als sei er nur eine Bühne für die Taten weißer Männer (und einiger weniger weißer Frauen). Das kam daher, daß sie zum größten Teil von Menschen europäischer Herkunft verfaßt worden waren, die Geschichte mit Parlamentsberichten, Protokollen von Staatsdienern und der privaten Korrespondenz derer, die über Macht und Einfluß verfügten, gleichsetzten. Die Taktiken europäischer oder kolonialer Regierungen, die in Archiven erforscht werden konnten, waren ausschlaggebend für dieses Geschichtsverständnis. Dazu kam, daß alle einflußreichen Personen Europäer gewesen waren. All dies erzeugte den Eindruck, Afrika habe keine eigene Geschichte. Geschichte war etwas, das von außen kam.

Moderne Historiker haben versucht, diese Einstellung zu korrigieren, indem sie nicht nur europäische, sondern auch afrikanische Quellen, nicht nur Dokumente, sondern auch mündliche Überlieferungen heranzogen. Sie behandeln die weiße Erforschung, den weißen Handel und Kolonialismus als bloße Episode einer viel längeren Geschichte. Wir wissen nun eine ganze Menge über den Aufstieg und Fall afrikanischer Reiche. So gab es bereits im 10. Jahrhundert ein großes Reich von Ghana, das Zentrum eines hochentwickelten Handelsnetzes war. Auf der anderen Seite des Kontinents bestanden christliche nubische Reiche mit einer Schriftsprache, die sich in aus Backstein gebauten Klöstern erhalten hat, bis ins 15. Jahrhundert. In Westafrika waren zu dieser Zeit ummauerte »Städte« der Hausa mit einer blühenden islamischen Zivilisation aufgetaucht. Weiter nach Süden hin breiteten sich allmählich nomadische Rinderhirten vom Kongo aus, wurden seßhaft und vermischten sich mit den früheren Bewohnern.

Daraus ergibt sich, daß es keine »typische« afrikanische Gesellschaft geben konnte. Selbst dort, wo allein die Entfernung eine Berührung mit den schriftlichen Kulturen des Islam und des Christentums verhinderte, gab es einheimische Zivilisationen wie die jenes Volkes, das im 15. Jahrhundert die Steinbauten von Simbabwe errichtete und dessen Nachfolger bis ins 19. Jahrhundert existierten. Aufstieg und Niedergang solcher Gesellschaften lassen Rückschlüsse auf Machtverschiebungen und auf die geographische Bewegung von Völkern zu. Der letzte der Staaten Simbabwes wurde von den Ngoni zerstört, die von Süden her eindrangen und ihrerseits durch die Gründung des Zulureichs durch Shaka (um 1820) verdrängt worden waren. Dieses Zusammenschweißen relativ unabhängiger Clans, die sich auf Hüttendörfer oder als »Kral« bezeichnete Siedlungen stützten, zu einem wehrhaften Reich war in Europa durchaus bekannt. Seine Auswirkungen wurden von Missionaren und anderen beobachtet und festgehalten. Der größte Teil der afrikanischen Geschichte blieb jedoch von der Außenwelt einfach unbeachtet.

Wegen des Unwillens, der durch das koloniale Geschichtsverständnis erzeugt wurde, ist man heute entschlossen, frühere Verzerrungen zu korrigieren. Dies hat unweigerlich zu neuen Verzerrungen geführt. Man kann zum Beispiel erfahren, daß die Kolonialverwaltung in Algerien eifrig versuchte, das »einheimische« Arabisch durch ihre eigene Sprache zu ersetzen. Genaugenommen ist Arabisch natürlich in Afrika nicht einheimischer als Französisch. Trotz solcher Schönheitsfehler ist der neue Ansatz dem älteren jedoch vorzuziehen.

Dennoch trifft es zu, daß viel von dem, was in Afrika im 19. und frühen 20. Jahrhundert geschah, eine Folge des Eingriffs insbesondere der Europäer war. Und die Missionen bildeten zusammen mit Kolonialismus, Handel und Erforschung einen der Hauptfaktoren der europäischen Durchdringung Afrikas. Zwangsläufig ist deshalb ein Teil der Geschichte des Christentums in Afrika seit 1800 mit dem Bericht über die Aktivitäten der weißen Missionare, die ihre Religion importierten, identisch, während nur wiederum ein Teil davon das Christentum unter den Afrikanern selbst betrifft. Eine Chronologie der Ereignisse für die Zeit bis 1900 wird deshalb eine große Zahl von »missionarischen« Einträgen enthalten. Danach werden solche Ereignisse weit weniger im Vordergrund stehen.

ROMANTISCHES ABENTEUER. Die Reisen Livingstones und Stanleys öffneten Afrika den christlichen Missionen. Henry Morton Stanley machte sich 1871 auf die Suche nach Livingstone und setzte anschließend seine Forschungen fast 20 Jahre lang fort. Das Bild zeigt seine Ankunft im Dorf Manyema.

Daß das Christentum ein Bestandteil der europäischen Durchdringung war, bedarf kaum der Erklärung. Das 19. Jahrhundert bildete die große Epoche der kommerziellen und kolonialen Expansion Europas. Europa war damals auch ein Zentrum missionarischer Unternehmungen. Die Überzeugung, daß Christen eine fast erdrückende Verantwortung für die Bewohner der nichtchristlichen Welt hatten, war weit verbreitet. Als der Evangelikale Henry Martyn auf seinem Weg nach Indien zufällig die britische Einnahme des Kaps 1806 miterlebte, schrieb er in sein Tagebuch: »Ich betete, daß ... England, während es den Donner seiner Waffen in ferne Gegenden des Erdballs sandte, zu Hause nicht stolz und gottlos bleiben, sondern sich wirklich groß zeigen möge, indem es die Diener der Kirche aussendet, um das Evangelium des Friedens zu verbreiten.« Dies war nicht nur eine fromme Regung. Martyn, der den Tag damit verbracht hatte, Sterbenden beizustehen, war durch seine erste Kriegserfahrung und die Arroganz der britischen Truppen sehr betroffen gewesen. Wie andere Missionare war auch er der Überzeugung, es sei Britanniens Berufung, nicht zu erobern, sondern zu bekehren. Niemand kann die Briefe solcher Männer lesen, ohne ihren Mut, ihre Selbstlosigkeit und ihre religiöse Hingabe zu spüren. Aber Missionare waren Menschen mit menschlichen Schwächen, und ihre Motive waren nicht immer rein und lauter. So gab es einen ausgeprägten – wenngleich harmlosen – Sinn für das romantische Abenteuer. Als die Gründer der Londoner Mission (London Missionary Society, LMS) die Liste der Orte bekanntgaben, an die sie ihre Vertreter schicken wollten, erschien der exotische Klang der Namen wichtiger als jede strategische Erwägung – Tahiti, Afrika, Tartarei, Astrachan, Surat, Kalabar, Bengalen, Koromandel, Sumatra.

Ein ernsteres Problem war jedoch die Arroganz, die manche Missionare an den Tag legten. Sie beruhte auf der Überzeugung, daß sie etwas Besseres besaßen als das, was in den Gebieten, in die sie gingen, schon vorhanden war. Vielerorts dominierte die Vorstellung, daß alle europäischen Dinge besser als alles Afrikanische seien, daß jeder weiße Mann, und sei er noch so unwichtig und ungebildet, besser sei als der mächtigste afrikanische Herrscher. Von daher rührte zum Beispiel der Eifer der Missionare, das alte christliche Reich Äthiopien zu »bekehren«. Das koptische Christentum schien ohne Zweifel barbarisch und abergläubisch, doch war es arrogant, Äthiopien als »heidnisches Land« zu behandeln.

Denn das Christentum war nichts Neues auf dem Kontinent Afrika. Cyprians Karthago und Augustinus' Hippo hatten keine Erben hinterlassen, aber es gab alte Kirchen in Ägypten wie in Abessinien, und als europäische Entdecker zum erstenmal versuchten, das Kap der Guten Hoffnung zu umsegeln, bestanden die christlichen nubischen Reiche im Norden noch. 1862 schrieb Kaiser Theodor von Äthiopien an Königin Viktoria und schlug ein Bündnis christlicher Herrscher gegen die Bedrohung durch den Islam vor. Für Äthiopien war diese so ernst, wie es die Türkengefahr für die Christen Europas im 16. Jahrhundert gewesen war. Die europäische Haltung gegenüber der äthiopischen Religion stand jedoch bereits fest. In den vorangegangenen 25 Jahren hatte die Church Missionary Society (CMS) dort einen Deutschen (J.L. Krapf) eingesetzt, und der Vatikan hatte das Vikariat Abessinien geschaffen. Theodor selbst war in der Tat nicht gerade ein ausgeglichener Herrscher. Die Beamten im britischen Außenministerium amüsierten sich vermutlich über die Anmaßung dieses unzivilisierten Häuptlings. Es gab andere Probleme in

ÄTHIOPISCHES CHRISTENTUM. Die Kirche von Biet Mariam (11.-12. Jahrhundert) ist aus massivem vulkanischem Gestein herausgehauen. Unter ihren Schmuckformen finden sich alte Symbole, die von den Christen übernommen wurden. Neben einem der Portale sind Hakenkreuze verbunden mit Kreuzen zu sehen, über einem anderen zeigt ein Basrelief die »Reiter des Lichtes« bei der Verfolgung der Bestien der Dunkelheit.

der internationalen Politik, die der britischen Regierung dringlicher erschienen. Aber die ganze Geschichte, die in der Invasion Abessiniens durch eine britische Armee gipfelte, ist in gewisser Weise bezeichnend für Europas Unfähigkeit, Afrika und das afrikanische Christentum ernst zu nehmen.

Teilweise erklärt sich dies aus einer großen Unwissenheit. So war es den Missionaren kaum möglich, etwas über den Ort zu erfahren, an den sie geschickt wurden. Häufig war vor ihnen noch kein Europäer dort gewesen. Es gab niemanden, der sie in der Sprache und den Bräuchen der Menschen hätte unterrichten können. In den frühen Jahren des Jahrhunderts beruhten die Landkarten Afrikas meist auf Vermutungen und waren mit weißen Flecken durchsetzt. Es ist also nicht erstaunlich, daß um 1830 ein Wesleyscher Missionar am Kap entdeckte, daß seine Gesellschaft gar nicht wußte, wo ihre Station lag.

Die Kunst der koptischen Kirche im 6. Jahrhundert: eine Holztafel in der Kirche Abu Sargah (St. Sergius) in Alt-Kairo. Dargestellt ist das letzte Abendmahl mit zwölf Broten und einem Fisch, den Jesus hält. Die Vorhänge und der Tisch spiegeln die Gestaltung der frühen koptischen Altäre.

Zur Bedeutung David Livingstones in der Missionsgeschichte trug bei, daß er das wissenschaftliche Können und die Ausrüstung besaß, um seine Entdeckungen auf Karten einzeichnen zu können. Doch als Livingstone selbst in den frühen 60er Jahren des 19. Jahrhunderts damit beschäftigt war, die Universities' Mission für Zentralafrika einzurichten, erfaßte er nicht die Tatsache, daß sich die ganze Region in einer Umbruchsphase befand. Der Sklavenhandel, der erst kurz zuvor in dieses Gebiet vorgedrungen war, hatte Unsicherheit und Panik erzeugt. Es kam zu einem erbitterten lokalen Machtkampf. Livingstone und die Missionare waren nur widerwillig bereit, Waffen zu benutzen, um die Sklaven zu befreien. Vielleicht hatten sie sich aber in Wirklichkeit entschieden, die Seite zu unterstützen, die am stärksten in den Sklavenhandel verstrickt war.

Diese Unwissenheit erstreckte sich auch auf Angelegenheiten der Religion. Da die frühen Missionare die Sprache nicht kannten, mußten sie sich auf Dolmetscher verlassen, deren eigene sprachliche Kompetenz gering sein mochte und denen vielleicht jegliches Wissen über das Christentum fehlte. Was für eine Art Evangelium man die Missionare predigen hörte, läßt sich nur erraten. Ihr eigenes Unverständnis muß ebenso groß gewesen sein. Robert Moffat, der große wegbereitende Missionar, bei dem Livingstone seine Vorbereitungszeit verbrachte und dessen Tochter er heiratete, behauptete sogar, daß keiner der Menschen, unter denen er 20 Jahre lang gearbeitet hatte, irgendeine eigene Religion besaß.

Solche Unwissenheit war natürlich relativ. Die Missionare waren sicherlich weniger unwissend als die meisten Europäer. Sie legten das Fundament für anthropologische, geographische und linguistische Untersuchungen. Missionsgesellschaften waren über die Bedingungen und Ereignisse in Afrika oft besser informiert als das Kolonialministerium an der Whitehall. John Philip von der Londoner Mission, der in den 20er und 30er Jahren des 19. Jahrhunderts für die Rechte der ursprünglichen Einwohner im südlichen Afrika kämpfte, erwies sich in seinen Informationen immer wieder genauer als andere Europäer.

Das Christentum war deshalb vielleicht nicht der schlimmste Aspekt des europäischen Einbruchs in die afrikanische Geschichte, doch hat es sehr viel negative Aufmerksamkeit auf sich gezogen – unter Umständen aufgrund der Erwartung, daß Missionare sich besser hätten verhalten sollen als alle anderen. Es war bei den Historikern der 60er und 70er Jahre des 20. Jahrhunderts üblich, die Missionare als Hauptvertreter des Kolonialismus zu betrachten, und das Christentum wird immer noch als Religion der weißen Imperialisten hingestellt, während man den Islam so gut wie nie als Religion der aktivsten Sklavenhändler bezeichnet.

Dafür gibt es viele Gründe, nicht zuletzt die Tatsache, daß das Christentum so häufig *offiziell* mit der Ausbreitung der europäischen Vorherrschaft verknüpft zu sein schien, während der Islam nie ein erkennbarer Teil des Handels mit Sklaven war. Viele Verallgemeinerungen über die Rolle, die Missionare bei der Kolonisation Afrikas spielten, vereinfachen zu stark. »Die Missionare« waren keine homogene Gruppe. Ihre Einstellungen zum Kolonialismus wichen erheblich voneinander ab. Die Gründe, warum sie ihn stützten, wenn sie es denn taten, waren genauso vielfältig. Sie standen vor einem Dilemma. Fest stand, daß die europäische Durchdringung Afrikas nicht verhindert werden konnte. Oft schien es und war manchmal auch objektiv der Fall, daß die Intervention einer europäischen Macht der unkontrollierten privaten Unternehmung oder dem bereits vorhandenen Zustand vorzuziehen war. Die eine europäische Macht mochte dabei einer anderen vorzuziehen sein, was nicht unbedingt mit Nationalismus zu tun haben mußte.

Die Verstrickung von Missionaren in weltliche europäische Rivalitäten in Afrika reicht bis in die Zeit vor dem eigentlichen Imperialismus im späten 19. Jahrhundert zurück. Schon 1764 ließen britische Kaufleute in Senegal und in Gambia die Gesellschaft zur Verbreitung des Evangeliums (Society for the Propagation of the Gospel) wissen, daß die Ernennung eines französischsprachigen protestantischen Geistlichen in Westafrika »der beste Schritt wäre, den man unternehmen könnte, um unseren Besitz des Ortes zu sichern, den wir im Falle eines zukünftigen Bruchs mit den Franzosen sehr gefährdet sehen«. Ähnliche Gefühle, *mutatis mutandis,* wären auch für die Franzosen typisch gewesen, deren Kirche und Staat in dem Glauben verbunden waren, die Welt der Wilden zivilisieren zu müssen.

Aber das Motiv war nicht immer nationalistisch. Nachdem Krapf Äthiopien in den 40er Jahren des 19. Jahrhunderts verlassen hatte, wurde er Missionar in Ostafrika. Obwohl er im Prinzip entschieden gegen die europäische Intervention war und als Deutscher

Charles Lavigerie (um 1890), Gründer der Missionsgesellschaft der Weißen Väter. Die Mitglieder leisteten keinen klösterlichen Eid, verpflichteten sich jedoch zu lebenslanger Tätigkeit in Afrika. Ihre Tracht, weißer Mantel und Burnus, war der einheimischen Kleidung in Algerien, wo die Gesellschaft ihren Ursprung hatte, nachempfunden *(links)*.

»Zivilisiert war gleichbedeutend mit französisch und katholisch« – ein Stich (um 1890) der außerhalb von Tunis von den Weißen Vätern erbauten Kathedrale. Das Gebäude, das in Architektur und Ornamentik arabische Merkmale aufgreift, ist weithin sichtbar – ein Symbol der imperialistischen Beherrschung, verbunden mit missionarischem Bemühen. Die Kirche wird nicht mehr genutzt *(rechts)*.

kaum einen chauvinistischen Grund haben konnte, den britischen Kolonialismus zu unterstützten, tat er es schließlich dennoch, weil er die Ausbreitung des Islam und die imperialen Ambitionen des römisch-katholischen Frankreich fürchtete.

Eine Generation später, Ende der 70er Jahre, spitzte sich der von Krapf vorausgesehene Interessenkonflikt im Königreich Buganda (heute Teil Ugandas) zu. Die Church Missionary Society war die erste christliche Gesellschaft, die das Land erreichte, aber wenige Jahre später erschienen auf der Szene auch die »Weißen Väter« (Pères Blancs), die Erzbischof Lavigerie 1868 in Algier gegründet hatte. Dies war eine Gemeinschaft von Weltpriestern und Laien, die sich auf eine lebenslange missionarische Tätigkeit in Afrika verpflichtet hatten, jedoch im strengen Sinn kein Mönchsorden. Wenn die Missionare der CMS sich selbst so verstanden, daß sie die Wahrheit der englischen evangelischen Religion brachten, so waren die Weißen Väter gleichermaßen davon überzeugt, daß zivilisiert gleichbedeutend mit französisch und katholisch war. Diese Tradition hatte sich trotz der Säkularisierung der französischen Gesellschaft und Regierung erhalten. Keine Partei verstand die komplizierte Rivalität der bugandischen Politik. Der Islam gewann im Land ebenfalls an Einfluß, und die Ereignisse im Norden, wo der englische protestantische General Gordon in einen noch komplizierteren politischen und religiösen Kampf verwickelt war, verschärften die innere Situation Bugandas zusätzlich.

Die konkurrierenden bugandischen Parteien verbündeten sich mit den verschiedenen, von außen kommenden Religionen, mit dem Islam wie mit den diversen Arten des Christentums. Aufeinander folgende Kabakas (Herrscher) mußten wie jeder mittelalterliche europäische Monarch vermittels komplizierter Bündnisse ihre Macht zu sichern versuchen, sich heute mit der CMS, morgen mit den Weißen Vätern verbünden, manchmal den Islam wählen, um beide christlichen Parteien zu meiden. Dabei erwarben sie sich den Ruf grausamer Doppelzüngigkeit. Märtyrerschicksale, Staatsstreiche und Bürgerkrieg folgten. 1889 sah es so aus, als hätten die Katholiken die Oberhand gewonnen, doch im folgenden Jahr griff Captain Lugard von der britischen Ostafrikanischen Gesellschaft (einer staatlich konzessionierten Körperschaft, die von Glasgower Geschäftsleuten gegründet worden war, die an kommerziellem Gewinn, Missionen und der Vernichtung des Sklavenhandels interessiert waren) in die bugandischen Angelegenheiten ein. Dieser Feldzug der Streitkräfte einer britischen kommerziellen Einrichtung führte dazu, daß die protestantische (und probritische) Partei zu Beginn des Jahres 1892 an die Macht kam. Es ist bezeichnend, daß der Vatikan der Meinung war, die römisch-katholische Mission in Buganda könne nur fortgesetzt werden, wenn die französische Verbindung gelöst würde. Sie wurde deshalb von den Mill Hill Fathers (Missionspriestern, die am St Joseph's College in Mill Hill, London, ausgebildet worden waren) übernommen. Herbert Vaughan, der Gründer des Kollegs, war kurz zuvor Erzbischof von Westminster geworden, und seine »englischen« römisch-katholischen Missionare konnten in Buganda arbeiten, wo die Weißen Väter nicht mehr annehmbar gewesen wären. Die zentralisierende Autorität des Vatikans, die manchmal als ein Hindernis der römisch-katholischen Missionare angesehen wurde, konnte also gelegentlich von erheblichem Vorteil sein.

Selbst ein so radikaler Fürsprecher der Menschen Afrikas wie John Philip unterstützte eine europäische Herrschaft mit der Begründung, daß sie etwas Schlimmeres verhindern könnte. Als 1834 und 1835 entlang der Ostgrenze des Kaps Kriege ausbrachen, machte Philip folgerichtig die Gier der Kolonisten nach afrikanischem Land als Ursache der Probleme aus. Ein Wesleyscher Missionar namens Shrewsbury vertrat den entgegengesetzten Standpunkt, indem er eine Politik der »Extermination« (Ausrottung) verfocht, obgleich er den Begriff in seiner strengen etymologischen Bedeutung (»über die Grenze zurücktreiben«) verwendete. Dennoch wollte Shrewsburys Gesellschaft nichts mehr mit ihm zu tun haben, und Philip ging nach England, um gegen die Kolonisten auszusagen. Aber nicht einmal er konnte sich überwinden, ein Wort für den Verzicht auf neuerworbenes Kolonialgebiet einzulegen. Er wünschte nicht, daß den früheren Bebauern ihr Land abspenstig gemacht würde, doch glaubte er, daß die britische Herrschaft besser sei als die der Häuptlinge und eine günstige Gelegenheit für das Wachstum der Missionen biete.

Missionare betrachteten örtliche Herrscher nicht einfach als Tyrannen. Doch kam es oft vor, daß Fragen des Stammesrechts moralische Probleme aufwarfen. Missionsstationen dienten wiederholt als Zufluchtsstätten für Afrikaner, die von ihren eigenen Herrschern bestimmter Verbrechen angeklagt wurden. Wenn sie entkommene Sklaven waren oder der Zauberei beschuldigt wurden, meinten die Missionare, sie nicht zur Bestrafung ausliefern zu dürfen. Daraus mußten sich Spannungen zwischen dem Häuptling und der Mission ergeben, und unter solchen Umständen äußerten Missionare häufig den Wunsch nach Schutz durch eine europäische Regierung.

Wie sehr sich die Motive in der Praxis vermischten, läßt sich gut an der Geschichte der Anfänge Rhodesiens in den letzten zwei Jahrzehnten des 19. Jahrhunderts veranschaulichen. Die Vertreter der Londoner Mission wurden beschuldigt, den König der Matabele, Lobengula, überredet zu haben, Rhodes' Britischer Südafrika-Kompanie die benötigte Konzession zum Goldabbau zu gewähren. Einem von ihnen, Charles Helm, einem Siedler deutscher Abstammung, wurde nachgesagt, er sei von der Kompanie »gekauft« worden. Tatsächlich geht aus Helms Briefwechsel mit der LMS sein wahres Motiv hervor: Er war vor allem von der Furcht getrieben, daß Lobengulas Herrschaftsgebiet, falls Rhodes nicht die alleinige Konzession erhielte, von der gleichen Art »Gesindel« übernommen würde, das in der Frühzeit die Diamantenfelder von Kimberley überschwemmt hatte.

Aber Helm war nicht der einzige Missionar, der Rhodes' Unternehmen unterstützte. Bischof Knight Bruce, ein in Eton und Oxford ausgebildeter anglikanischer hochkirchlicher Geistlicher, der Rhodes einst als skrupellos, gefährlich und unmoralisch angeprangert hatte, wurde sein Freund und Verbündeter. Und ein jesuitischer Missionar, Pater Prestage, notierte in seinem Tagebuch, daß er, obgleich ein leidenschaftlicher Befürworter der irischen Selbstverwaltung, die Zerschlagung von Lobengulas Macht stillschweigend billigte. So wie Helm die Kompanie für wünschenswerter als das »Gesindel« hielt, meinte Prestage, sie sei der Unterdrückung der Mashona durch Lobengula vorzuziehen. Trotz ihrer unterschiedlichen Herkunft und aus sehr verschiedenen Gründen waren diese Männer davon überzeugt, daß die europäische Herrschaft für die Menschen in Afrika gut sei.

Es gab in der Tat so etwas wie eine Zwangsläufigkeit der kolonialen Expansion, selbst wenn die Regierungen in Europa und die Einzelpersonen, die in den Vorgang verwickelt waren, sie nur widerstrebend förderten. Um die Jahrhundertmitte hatte sich ein Wesleyscher Missionar namens Thomas Jenkins als einflußreicher Berater der Herrscher der Mpondo jenseits der Ostgrenze der Kapkolonie durchgesetzt. Über eine lange Zeit trug Jenkins dazu bei, den Frieden an der Grenze zu wahren, und verhinderte die Unterjochung des unabhängigen Volks. In der entscheidenden Krise, als die Kolonisten entschlossen schienen, das Gebiet der Mpondo in Besitz zu nehmen, hielt Jenkins sich jedoch zurück. Die doppelte Loyalität erlaubte ihm nicht, sich der kolonialen Expansion zu widersetzen. Anscheinend führten Kontakte zwischen Europäern und Afrikanern zwangsläufig dazu, daß letztere die Unabhängigkeit verloren. Außerdem schienen die Einzelpersonen, die die tatsächlichen Kontaktstellen waren, ungeachtet ihrer Motive und trotz ihrer Prinzipien letztlich nicht fähig zu sein, einen Ausweg aus dieser Unvermeidlichkeit zu finden.

So überrascht es nicht, daß in den 60er Jahren, als es Mode wurde, den Begriff der »Evolution« zu verwenden, auch wenn man Entwicklungen erklären wollte, die wenig oder nichts mit Biologie zu tun hatten, Leute auftraten, die versuchten, diese Unvermeidlichkeit mit dem »Überleben des Stärkeren« zu erklären. 1865 hielt es Bischof J.W. Colenso von Natal, einer der scharfsichtigsten Missionare des 19. Jahrhunderts, für notwendig, beim »Marylebone Literary Institute« einen Aufsatz als Antwort auf pseudodarwinistische Gedanken einzureichen. Sein ungenannter Gegner glaubte offenbar, daß Missionen nicht nur nicht wünschenswert seien, sondern sogar zerstörerisch, da die Anwesenheit einer »überlegenen« Rasse neben einer »minderwertigen« Rasse zwangsläufig das Verschwinden der weniger überlebensfähigen verursachen würde. Der Bischof akzeptierte die wahrscheinliche Richtigkeit der biologischen Hypothese Darwins und zeigte sehr deutlich, daß er ihre Bedeutung wirklich verstand, eine seltene Fähigkeit unter Missionaren. Aber er blieb dabei, daß sie in diesem Fall falsch angewendet worden sei, und er schloß seinen Aufsatz mit dem Argument, daß Afrika zum Christentum genausoviel beizutragen habe wie das Christentum zu Afrika.

Die Erkenntnis, daß Afrika eine eigene Geschichte und Kultur habe, zeichnete Colenso vor den meisten anderen Missionaren aus. Gleichzeitig machte ihn dies aber auch zu einer höchst umstrittenen Persönlichkeit. Beinahe vom ersten Augenblick seiner Ankunft in Afrika 1854 an hatte er sich dafür eingesetzt, daß man Polygamisten erlaubte, Christen zu werden. Polygamie, behauptete er, sei kein Symptom einer rohen heidnischen Sexualität, sondern ein integraler Bestandteil der afrikanischen Gesellschaft. Wenn man sie angriffe, würde man die Stabilität der Gesellschaftsstruktur aushöhlen. Da Colensos Theologie der Versöhnung ihn zu der Behauptung führte, alle Menschen seien bereits erlöst, begriff er seinen Auftrag weniger von der *Bekehrung* einzelner als von der Christianisierung der ganzen Kultur und des ganzen Volks her.

JOHN WILLIAM COLENSO – anglikanischer Bischof von Natal und eine Ausnahmeerscheinung unter den Missionaren, weil er vom Wert der afrikanischen Kultur überzeugt war. Er wurde 1866 exkommuniziert, weil er eine universalistische Lehre der Versöhnung vertrat und es befürwortete, sich dem Alten Testament mit kritisch wissenschaftlichen Maßstäben zu nähern.

Bei der Übersetzung der Bibel gebrauchte Colenso durchweg den traditionellen Zulunamen für Gott statt der Neuprägung, die von den meisten Missionaren benutzt wurde. Er war sich der Schwierigkeit des Unterfangens bewußt, manche Erzählungen des Alten Testaments zu verteidigen. Es schien ihm absurd, darauf zu beharren, Gott habe die Welt in sieben Tagen erschaffen oder die Vernichtung der Amalekiter gefordert, während man seine Zuhörer gleichzeitig drängte, die eigenen Legenden und kriegerischen Traditionen aufzugeben. Also vertiefte er sich in die Arbeit der deutschen Bibelkritiker und schrieb selbst ein fünfbändiges Werk, *Pentateuch and the Book of Joshua, Critically Examined.* Darin versuchte er, die arithmetische Unmöglichkeit mancher biblischer Geschichten nachzuweisen. Der eigentliche Zweck der Arbeit bestand jedoch darin zu zeigen, daß das Alte Testament nicht buchstäblich wahr sein konnte und daß die Absurditäten und unmoralischen Geschichten deshalb nicht als wesentlicher Teil des Glaubens betrachtet werden müßten. Nachdem er wegen seiner Ansichten exkommuniziert worden war, widmete er seine späteren Jahre dem Kampf für die Rechte der Afrikaner gegen die Kolonialregierung von Natal.

Colensos Aktivitäten hatten zu einer Wiederbelebung einer Reihe älterer Debatten unter den Missionaren geführt. War es die Aufgabe des Missionars, die Saat so breit wie möglich zu säen oder eine kleine, sorgfältig geprüfte Gruppe von Bekehrten aufzubauen? Sollte er individuelle Konversionen anstreben oder, wie die frühen Missionare in Europa, einen Herrscher überreden, sein ganzes Volk der Kirche zuzuführen? Die meisten christlichen Kirchen in Afrika neigten dazu, Methoden anzuwenden, die man hauptsächlich bei Erweckungspredigern erwarten würde. Obwohl jeder Missionar Vorteile darin sah, den Schutz eines Häuptlings zu erhalten, zielten nur wenige offen auf Massenkonversionen. Aus Europa bekannte evangelische Erweckungsmethoden wurden afrikanischen Bedingungen angepaßt. Während römische Katholiken vielleicht weniger an den Glauben gebunden waren, daß Männer und Frauen aufgrund einer persönlichen, »empfundenen« Bekehrung Christen werden sollten, bemühten sie sich dennoch nicht weniger als die meisten Protestanten darum, langsam und mühevoll eine Gemeinschaft von nachweislich gläubigen Bekehrten aufzubauen.

Aus diesem Grund empfanden die Missionare das nomadische Verhalten mancher afrikanischer Völker häufig als Behinderung ihrer Arbeit. Sie bemühten sich, Siedlungen zu schaffen, in denen ihre Bekehrten unter christlicher Disziplin zusammenleben sollten. Missionarische Siedlungen wurden zu einer typischen Erscheinung des offiziellen afrikanischen Christentums. Manchmal wurden sie zu Zufluchtsorten für befreite Sklaven. Manchmal entwickelten sie sich, wie in Ostafrika, zu nahezu autonomen Staaten. Und jede Kirche baute sie auf. Im südlichen Afrika waren die Mährischen Brüder die ersten, die die Missionssiedlung einführten, aber die am besten durchdachte Anlage sollte die römisch-katholische Station in Marianhill in Natal werden, die bewußt den klösterlichen Missionen im frühmittelalterlichen Europa nachgebildet war. Zwangsläufig bedeutete die Gründung solcher Siedlungen, daß die neuen Christen aus ihrer eigenen Gesellschaft herausgerissen und in eine neue, in sich geschlossene Welt mit eigenen kleinen Anwesen, Werkstätten, Schulen und Geschäften verpflanzt wurden.

Die Siedlungen forderten zusammen mit dem christlichen Glauben auch die Verbreitung einer europäischen Lebensweise. Im zweiten und dritten Viertel des 19. Jahrhun-

derts, als ein Bündnis zwischen Freihandel und humanitären Interessen bestand und Sklavenbefreiung ein wichtiges Anliegen war, scheint ein großer Teil der Missionare geglaubt zu haben, die christliche Religion werde, wie die Exporte aus dem industrialisierten Europa, aufgrund ihrer puren Überlegenheit über örtliche Erzeugnisse ihren Weg in Afrika machen. Auch in dieser Epoche wurde Zivilisation einfach mit europäischer Zivilisation gleichgesetzt. Die Entschlossenheit viktorianischer Missionare, ihre Bekehrten in Kleider zu stecken, ist lange Zeit als Beispiel einer beschränkten Prüderie verspottet worden. In Wirklichkeit steckten dahinter vermutlich eher Vorstellungen von zivilisiertem Verhalten als sexuelle Obsession. Aus genau dem gleichen Grund zogen Missionare es auch vor, ihre Bekehrten in rechteckigen statt runden Häusern wohnen zu lassen. Und sie konnten zutiefst schockiert sein, wenn relativ »zivilisierte« Menschen weiterhin Schnalzlaute und andere »barbarische« Laute von sich gaben, anstatt die »anständigen« Konsonanten zu benutzen.

Mit diesem Vorgehen wurde das Christentum in anderen Worten zu einer Europäisierungsbehörde. Die Missionen neigten dazu, in fast jeder Hinsicht auf der Form zu bestehen, die das Christentum in Europa angenommen hatte. Selbst Henry Venn, der Sekretär der Church Missionary Society von 1841 bis 1872, der eine missionarische Strategie erdacht hatte, die die Schaffung einer »sich selbst tragenden, selbstverwaltenden, selbstverbreitenden Kirche« ins Auge faßte, nahm es als selbstverständlich hin, daß die neue einheimische christliche Gemeinde das englische *Book of Common Prayer* aus dem 17. Jahrhundert benutzte.

Der Höhepunkt in Venns Programm war zweifellos die Ernennung von Samuel Adjayi Crowther im Jahr 1865 zum ersten schwarzen anglikanischen Bischof, dessen Zuständigkeitsbereich »ganz Westafrika außerhalb der Gebiete der britischen Krone« umfaßte. Crowther war ein Yoruba. Als Kind geriet er in die Sklaverei. Nach seiner Befreiung wurde er in Sierra Leone und am Kolleg der CMS in Islington ausgebildet. Zunächst schickte man ihn nach Sierra Leone, dann nach Abeokuta im Südwesten des heutigen Nigeria. Später begleitete er die berühmte Nigerexpedition und wurde Mitglied der Nigermission, wo er in jeder Hinsicht ein guter und erfolgreicher Missionar war.

Crowthers Lebenslauf zeigt, wie festgefahren europäische Denkweisen waren, selbst bei denen, die stärkste Sympathien für Afrika hegten. Man hielt es anscheinend für selbstverständlich, daß ein Schwarzer, auch wenn er lange von seinem Volk und seiner Kultur getrennt gewesen war, die ideale Person für die Bekehrung von Afrikanern war, ohne Rücksicht auf die Besonderheiten der jeweiligen Region, aus der sie stammten. Afrika war in der europäischen Vorstellung eine Einheit. In Wirklichkeit jedoch war Sierra Leone, weil es als Zuflucht für befreite Sklaven diente, ein sehr kosmopolitisches, anglisiertes, unafrikanisches Land geworden. Jemand, der dort und in England ausgebildet und im Auftrag der britischen Krone geweiht worden war und der einen Ehrendoktortitel der Universität Oxford erhalten hatte, konnte eigentlich nicht als eingeborene Person bezeichnet werden, auch wenn er schwarz war. Crowthers große Leistung bestand genaugenommen in der Art und Weise, in der es ihm gelang, die Schwierigkeiten zu überwinden, die daher rührten, daß er in seinem eigenen Land beinahe so fremd war wie ein Engländer.

EINE MISSIONSSTATION. 1857 wurde auf Betreiben Livingstones die Universities' Mission für Zentralafrika gegründet, um in der Gegend südlich des Njassasees zu arbeiten. 1867 veröffentlichte Reverend Henry Rowley seinen Bericht über die ersten zehn Jahre, dem er eine eigenhändige Skizze der Missionsstation beifügte (*oben*), die nahe dem Dorf Chibisas errichtet worden war. 35 Jahre später eine andere Szene der Universities' Mission in Msalabani, westlich von Tanga (*unten*): Missionarinnen, die zu einer Reise aufbrechen.

Samuel Adjayi Crowther († 1891). Als freigelassener Yoruba-Sklave (weshalb sein Geburtsdatum nicht bekannt ist, doch wird vermutet, daß es sich um das Jahr 1805 handelt) wurde er als erster Afrikaner zum anglikanischen Bischof geweiht. Hier ist er im vollen Ornat eines Bischofs der Staatskirche von England zu sehen.

Allmählich gingen die meisten christlichen Missionen in Afrika dazu über, die Bekehrten ihrerseits mit der Verbreitung des Evangeliums zu beauftragen. Schulungsstätten wurden eingerichtet. Afrikaner wurden ordiniert. Regelungen wurden ersonnen, die ihren Status definierten. Es gab viele heldenhafte Menschen, die von den Kirchen weit entfernt von ihren Geburtsorten eingesetzt wurden, wie Bernard Mizeki im heutigen Simbabwe, der den Märtyrertod starb. Aber das Bemerkenswerteste war vielleicht, daß das Christentum häufig durch die Tätigkeit von Bekehrten, die keinerlei offiziellen Rang hatten, verbreitet wurde. In der zweiten Hälfte des 19. Jahrhunderts zum Beispiel entdeckten die Methodisten in Transvaal plötzlich, daß es dort eine ganze Gemeinschaft von »Wesleyanern« gab, von denen sie nichts gewußt hatten und die ihre Existenz nichtamtlichen Missionaren verdankte.

Afrikanische Bekehrte spielten auch eine Rolle bei der »Zivilisierung« Afrikas, die in enger Verbindung mit der missionarischen Aufgabe gesehen wurde. Die schwarzen Christen von Sierra Leone standen dabei an erster Stelle. Sie breiteten sich von Freetown nach Süden und Osten aus und nahmen ihren christlichen Glauben und ihre europäisierte Lebensweise mit. In Abeokuta zum Beispiel leiteten sie in den 60er Jahren einen Industriebetrieb im Namen einer Missionsgesellschaft und veranlaßten die Ortsansässigen, das Reinigen und Pressen von Rohbaumwolle zu übernehmen. Eine Druckerpresse wurde ebenfalls eingerichtet und eine lokale Zeitung gegründet. Der verantwortliche Missionar schilderte seiner Gesellschaft dies alles in einer Sprache, die ein idyllisches Bild von örtlichen Honoratioren heraufbeschwor, die es sich mit der Morgenzeitung bequem machten, während das Volk mit nützlicher Arbeit auf den Baumwollfeldern beschäftigt war. Die Realität wich gelegentlich ziemlich weit davon ab. Sierra Leones Christen beuteten die Menschen, zu denen sie gingen, häufig aus. Die örtlichen Herrscher waren durchaus in der Lage, zwischen dem Nutzen des Handels und den Nachteilen der christlichen Einmischung in ihr Leben zu unterscheiden. Die Missionare selbst berichteten, sei es aus Naivität oder aus Ehrlichkeit, daß die Häuptlinge sich über den europäischen Einfluß beklagten und sagten: »Für wen halten sie sich, daß sie hierherkommen, um unsere Frauen und Sklaven zu rauben und alle Bräuche unserer Väter mit Gewalt zu vernichten?«

Das Bündnis zwischen Christentum und Handel, von dem oft behauptet wird, es habe den afrikanischen Widerstand gegen den Kolonialismus gebrochen, begann als Teil der Kampagne gegen den Sklavenhandel, in der Christen führend waren. Neuerdings sind Zweifel an der Lauterkeit der Motive selbst führender Gestalten wie William Wilberforce aufgekommen, aber es steht fest, daß die öffentliche Meinung sich im 19. Jahrhundert aufrichtig gegen den Handel mit Menschen wandte. 1800 gab es schätzungsweise 800 000 Negersklaven in Spanisch-Amerika und ungefähr 300 000 auf Jamaika. Bis 1850 wurden jährlich allein aus Moçambique 25 000 Menschen nach Südamerika exportiert. Das Handelsvolumen aus Westafrika war enorm, und die Bedingungen, unter denen die Sklaven über den Atlantik verschifft wurden, waren bekannterweise entsetzlich.

Allmählich wurden europäische Regierungen aktiv. 1807 erklärte Großbritannien den Handel für illegal, und 1814 folgte Holland. Im folgenden Jahr wurde Sierra Leone, das von englischen Missionsinteressen bereits als Zufluchtstätte für befreite Sklaven eingerichtet worden war, zur Kronkolonie gemacht und die Marine angewiesen, vor der westafrikanischen Küste zu patrouillieren. Zwei Jahre später beschränkte Portugal den Sklavenhandel auf Gebiete südlich des Äquators. 1824 erklärte Großbritannien den Sklavenhandel zu einer Form der Piraterie und hatte damit einen Vorwand, die Marine einzusetzen, um Angehörige anderer europäischer Länder daran zu hindern, Sklaven zur See zu transportieren. Die protestantischen Nationen hielten sich mittlerweile für wesentlich aufrichtiger in ihrer Entschlossenheit, den Handel zu unterbinden, als das katholische Europa.

In den britischen Territorien kam die Sklavenbefreiung 1833, und ihre Durchsetzung war zumindest teilweise die Ursache für die Emigration mancher weißer Kolonisten holländischer Abstammung vom Kap ins Landesinnere. Die Portugiesen verhielten sich weiterhin zwiespältig. Die Reichsregierung in Lissabon verbot die Sklaverei, aber die Kolonialverwaltung in Moçambique setzte das Dekret mit der Begründung »absoluter Notwendigkeit« aus. Es wurde für katholische Länder allerdings schwieriger, die Sklaverei zu entschuldigen. Papst Gregor XVI. verurteilte sie 1839 in der Bulle *In Supremo.* 1845 rüstete Frankreich eine Expedition gegen Sklavenhändler in Westafrika aus, und drei Jahre später wurde die Sklaverei in allen französischen Kolonien verboten, obwohl erst 1864 Napoleon III. den Sklavenhandel offiziell für illegal erklärte.

In der Zwischenzeit war es in Großbritannien Thomas Fowell Buxton gelungen, die Rolle des Führers der Antisklavereibewegung zu übernehmen. In Buxton verbanden sich humanitäre und evangelische Interessen mit der Begeisterung für den Freihandel, was um die Mitte des 19. Jahrhunderts keine seltene Erscheinung war. Buxton hatte Philips Kampagne für die Rechte der angestammten Bevölkerung der Kapkolonie unterstützt und erklärt, daß sie nicht mehr verlangten als »die Befugnis, ihre Arbeitskraft auf einen gerechten Markt zu bringen«. Das Freihandelsevangelium eines christlichen Philanthropen hätte es nicht besser ausdrücken können. Das gleiche Evangelium wurde in Buxtons *The Slave Trade* gepredigt, das 1838 erschien und später in einer erweiterten Neuauflage als *The Slave Trade and its Remedy* (dt. *Der afrikanische Sklavenhandel und seine Abhülfe,* 1841) veröffentlicht wurde. Dieses Werk argumentierte, Versuche, den Handel auszurotten, seien gescheitert, weil sie Gewalt angewandt hätten, anstatt die natürlichen Ressourcen Afrikas zu nutzen. Nötig sei dagegen die Gründung von Siedlungen unter britischem Schutz, wo diese Ressourcen entwickelt werden könnten, bis Afrika in der Lage sei, andere Güter als Menschen auf den internationalen Markt zu bringen. Auf diese Weise ließe sich die Sklaverei auslöschen und die Religion in Afrika festigen. 1839 wurde die African Civilization Society gegründet, um diese Zielsetzung voranzubringen. Anfang der 40er Jahre förderte sie mit Unterstützung der Regierung eine Expedition den Niger hinauf, die sehr hochgesteckte Ziele hatte. Praktisch war jede denkbare Art von »zivilisierendem« Unternehmen beteiligt, darunter Papierherstellung und Druck, aber der eigentliche Zweck bestand darin, Musterfarmen einzurichten, die dazu dienen sollten, den örtlichen Ackerbau zu unterstützen. Die Malaria brachte 40 der 143 an dem Unternehmen beteiligten Europäer um, und das ganze Projekt wurde bald fallengelassen.

Die erste Jahresversammlung der Civilization Society fand in Anwesenheit von Prinz Albert, Sir Robert Peel, Lord Shaftesbury, Mr. Gladstone und dem französischen Botschafter Guizot, der bald Louis Philippes Außenminister werden sollte, statt. Unter den weniger illustren Mitgliedern des Publikums befand sich der junge David Livingstone, der auf dem Höhepunkt seiner Laufbahn zum bekanntesten Vertreter der Strategie Buxtons werden sollte. Er argumentierte stets, daß Handel und Christentum, in dieser Reihenfolge, das waren, was Afrika brauchte, wenn die Sklaverei jemals beseitigt werden sollte. Als Hauptgrund für seine Forschungsreisen führte er an, den Kontinent für genau die Art von Handels- und Missionssiedlungen erschließen zu wollen, die Buxton sich vorgestellt hatte.

Livingstone war kein Fürsprecher des Kolonialismus. Lord John Russell gegenüber erwähnte er, weiße Einwohner der vorgeschlagenen Siedlungen sollten nur Ansiedler ohne Rechtstitel sein. Ironischerweise machte Livingstones dramatischer Tod im Jahr 1873 ihn fast über Nacht zu einer heroischen Gestalt und verhalf seinen Ideen zu enormem Einfluß. Es war der Vorabend der hochimperialistischen Ära. In dem neuen Meinungsklima wandelte der Glaube an die Macht eines Bündnisses zwischen Kommerz und Christentum seine Form. Livingstones Ideen wurden als Rechtfertigung für die privilegierten Kompanien wie jene, die Lugard nach Buganda schickte, benutzt. Diese Kompanien waren durchaus nicht immer kommerziell erfolgreich, wurden aber ein mächtiger Faktor in dem Gerangel um Afrika, zu dem sich Europa anschickte.

Miniatur von David Livingstone *(links) im* Archiv der Londoner Missionsgesellschaft. Die Gesellschaft ließ von den meisten ihrer Mitarbeiter Porträts anfertigen, vor allem zu Werbezwecken. Das Bild wurde vermutlich 1839 gemalt, als Livingstone in den Dienst der Gesellschaft trat.

David Livingstone *(rechts)* im Jahre 1864, bei seinem letzten Besuch in England. Der Kontrast zu dem Bild des jungen Livingstone verdient Interesse. Das spätere Bild fängt vielleicht die abhärtende Wirkung von 25 Jahren in Afrika ein, doch könnte das frühere auch die romantische Atmosphäre widerspiegeln, von der damals Missionen umgeben waren.

Zwar wurde viel offener als früher für den Imperialismus Partei ergriffen, doch gab es unter den europäischen Mächten große Unterschiede im Hinblick auf die zu verfolgende Politik. Großbritannien zog es vor, wo immer möglich durch örtliche Autoritäten zu regieren. Frankreich trat für eine direkte Herrschaft ein, was mehr der traditionellen Methode der *mission civilisatrice* entsprach. Einige imperiale Theorien behaupteten, die europäischen Mächte seien in Afrika, um als Vormund der unterentwickelten einheimischen Bevölkerung zu handeln. Welche bewußte oder unbewußte Heuchelei auch hinter diesen Theorien verborgen gewesen sein mag – sie legten ihren Vertretern dennoch Zügel an. Manche Europäer beuteten Afrika jedoch ganz offen und schamlos aus. Missionare meinten oft, daß sie unter Voraussetzung der offenkundigen Unvermeidlichkeit der Kolonisierung die Pflicht hätten, die imperiale Macht zu unterstützen, deren Politik sie für die aufgeklärteste hielten. Auch schien es klar, daß die Anwesenheit einer europäischen Regierung unkontrollierten Handelsunternehmen vorzuziehen sei. Leopold von Belgien regierte den Kongo als ein Stück Privatbesitz, nicht als belgische Kolonie. Daß der Kongo

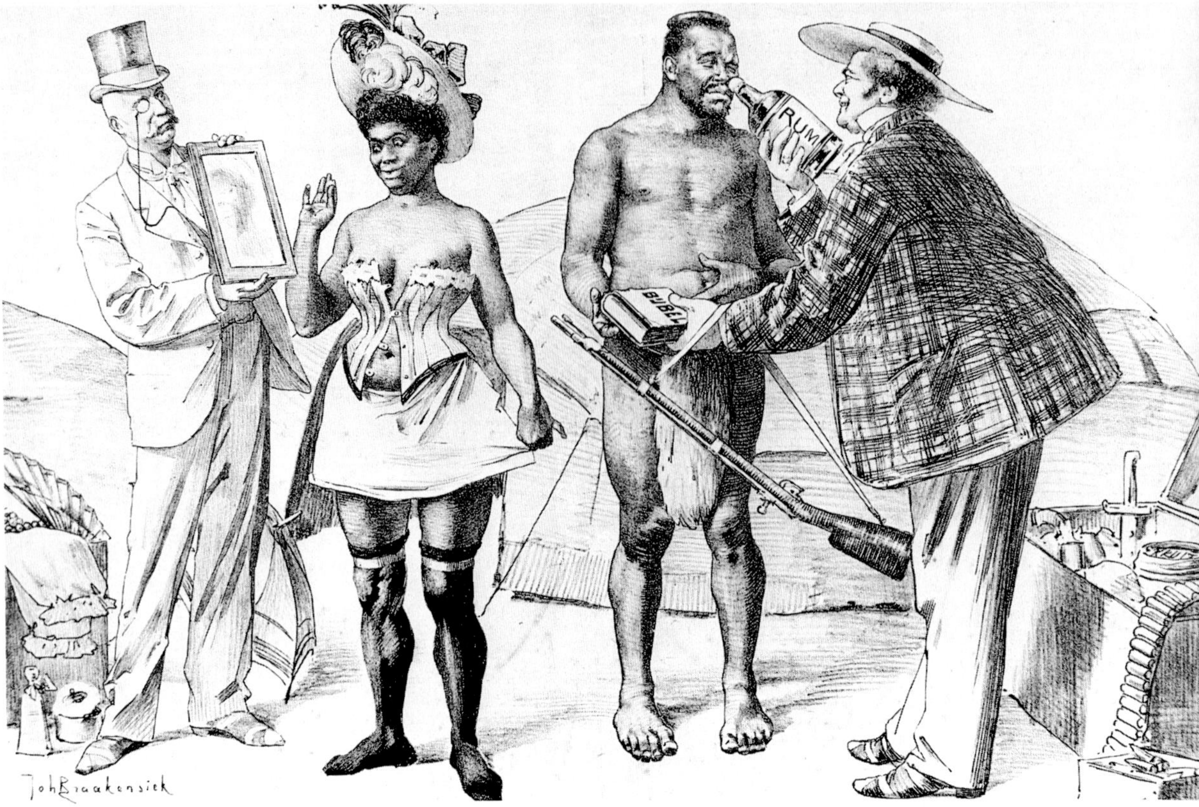

EUROPÄISCHE AUSBEUTUNG: eine bissige holländische Karikatur aus dem Jahr 1897. Die Franzosen verderben die Eingeborenen mit nutzlosem Putz, die Engländer – noch scheinheiliger – verkaufen zusammen mit der Bibel Rum und Flinten.

weithin im Ruf stand, der am brutalsten ausgebeutete Teil Afrikas zu sein, schien zu beweisen, daß Regierungen es hinnahmen, wenn sich Einzelpersonen über ihre Anordnungen hinwegsetzten.

In den 70er Jahren hatte sich bei vielen Missionaren ein Gefühl der Ernüchterung breitgemacht. Zum Teil lag dies daran, daß die Zahl der Bekehrten nicht in dem erwarteten Maße angestiegen war. Alle missionarischen Stellen, katholische wie protestantische, hingen von freiwilligen Spenden ab und mußten – damit diese erhalten blieben – konkrete Erfolge vorweisen. Andererseits wurde aber auch die Meinung vertreten, daß die Afrikaner nicht die notwendigen Führungsqualitäten gezeigt hätten. Damit sollte zum Ausdruck gebracht werden, daß sie nicht ausreichend europäisiert worden waren. Immer wieder äußerten missionarische Organisationen ihre Enttäuschung über die Qualität einheimischer Führer. Was mit Bischof Crowther in Westafrika geschah, war nur ein spektakuläres Beispiel einer allgemeineren Tendenz. Seine Kirche am Niger zerfiel unter Vorwürfen der Vetternwirtschaft und Disziplinlosigkeit. Obwohl der Ärger in Wirklichkeit wenigstens ebensosehr durch einen Wandel des Standpunkts seitens der englischen Missionare ausgelöst worden war, wurde behauptet, das Experiment sei gescheitert. Die gleiche Enttäuschung traf man auch anderswo an, und es setzte sich bei den Missionaren die Ansicht durch, daß die Kirche in Afrika auf absehbare Zeit unter weißer Kontrolle werde bleiben müssen. Vormundschaft bestimmte von nun an das missionarische wie das imperiale Denken.

Doch ironischerweise erwies sich das europäische Überlegenheitsgefühl in der stolzen Epoche des Imperialismus und Idealismus gegenüber der afrikanischen Kultur und Tradition als tolerant. In Westafrika, das im großen und ganzen in den 40er und 50er Jahren des 19. Jahrhunderts evangelisiert wurde, blieb das Christentum in seiner Erscheinung sehr fremd. So konnte es geschehen, daß ein von einem britischen Missionar Bekehrter nach dem Prinzgemahl auf den Namen Albert getauft wurde und als »Nachnamen« den Namen irgendeines Engländers bekam, der in dem missionarischen Unternehmen verehrt wurde. In Ostafrika, das zum größten Teil gegen Ende des Jahrhunderts evangelisiert wurde, war diese Europäisierungstendenz weniger stark ausgeprägt. Frank Weston, der Bischof von Sansibar für die Universities' Mission für Zentralafrika, regte die Entwicklung einer lokalen Liturgie an. Einige Missionare gingen noch weiter und befürworteten die Verwendung eines aus Bananen gebrauten Getränks beim Abendmahl. Afrikanische Namen wurden nicht mehr unbedingt als heidnisch angesehen. Das alles war für einen tiefer greifenden Wandel symptomatisch. Da diese Menschen, so die Voraussetzung, ja im Grunde wie Kinder waren, die durch die Klugheit der Europäer geschützt und geleitet werden mußten, war es weniger verhängnisvoll, wenn sie ihre eigenen Formen entwickelten. In gewissem Sinn ist die Ideologie der Apartheid, die in Südafrika mit dem stillschweigenden Segen der holländischen reformierten Kirche entwickelt wurde, nichts

SÜDAFRIKA (um 1870). Kolonisten sind mit ihren Planwagen zu einem Abendmahlsgottesdienst im Gebäude der alten holländischen reformierten Kirche in Pretoria gekommen. In Transvaal war ein unabhängiger Zweig dieser Kirche eingerichtet und 1856 offiziell anerkannt worden.

anderes als eine extreme Form dieser Denkweise. Sie beruht auf der Prämisse, daß eine Kultur von jeder anderen getrennt sein und die Möglichkeit haben sollte, sich in ihrer Weise im Einklang mit den eigenen kulturellen Traditionen zu entwickeln. Damit wurde eine gesonderte Kirche für jede rassische Gruppe nicht nur notwendig, sondern zum Ausdruck des göttlichen Willens.

Es mag seltsam scheinen, daß das Christentum mit der Last dieses europäischen Überlegenheitsgefühls überhaupt Fortschritte machte. Doch anscheinend wurde es in Afrika gern angenommen. Der Küstensaum Westafrikas und das Kap der Guten Hoffnung am südlichsten Punkt des Kontinents waren die frühesten Zentren christlicher Missionen, die dann nach und nach ins Innere vordrangen, mit größerem Erfolg im Süden, wo das Klima gastlicher und der Islam weniger stark war. In den 70er und 80er Jahren des 19. Jahrhunderts trugen erneute Anstrengungen das Christentum sowohl von der Ost- als auch der Westküste nach Zentralafrika, so daß es bis 1900 in fast alle Teile des Kontinents vorgedrungen war. Bis dahin gab es gut zwei Millionen römische Katholiken in dem Teil Afrikas, der sich vom Kongo nach Süden erstreckt. Bis zur Mitte des 20. Jahrhunderts machten die Christen zwischen einem Drittel und der Hälfte der Gesamtbevölkerung der meisten Länder südlich der Sahara aus.

Einige Teile des Kontinents – Sierra Leone, das Kap und seltsamerweise der Kongo, wo die koloniale Brutalität so erschreckend zutage trat – scheinen besonders viele verschiedene Missionen angezogen zu haben. Die Existenz so vieler Konfessionen war ein potentielles Problem. Manchmal, wenigstens unter den Protestanten, waren die Beziehungen relativ unbeschwert. Am Kap zum Beispiel scheint Philip von der Londoner Mission um die Mitte des 19. Jahrhunderts als eine Art inoffizieller Koordinator fungiert zu haben, der es ermöglichte, daß die Pariser Evangelische Missionsgesellschaft nach Botswana, die Rheinische Missionsgesellschaft nach Namaqualand und das American Board of Commissioners for Foreign Missions ins Zululand ging. Doch kam es auch häufig zu scharfen Rivalitäten, sogar zwischen Missionen, die nicht durch offensichtliche theologische Unterschiede getrennt waren. Briefe von Missionaren an ihre Hauptquartiere sind voller Klagen über die Tätigkeit anderer Konfessionen. In manchen Gegenden des Kontinents gab es offizielle und inoffizielle Abkommen, die das Land unter konkurrierenden Formen des Christentums aufteilten. Als dann das Gerangel um Afrika einsetzte, zog ein Wechsel in der Einflußsphäre einer europäischen Nation häufig auch einen Wechsel in der Einflußsphäre der christlichen Mission nach sich.

Schwierigkeiten dieser Art – die sich natürlich nicht auf Afrika beschränkten – führten 1910 zur Weltmissionskonferenz in Edinburgh. Sie war ein wichtiger Meilenstein in der Geschichte des Ökumenismus, doch machte sie zugleich deutlich, daß Missionen weiterhin vom Ausland bestimmt wurden. Es gab kaum Vertreter des einheimischen Christentums aus irgendeinem Teil der Welt. Genau dieselben Aspekte des missionarischen Christentums zeigten sich in der sogenannten Kikuyu-Kontroverse. Missionare der Church Missionary Society trafen sich 1913 mit Vertretern protestantischer Gremien in der Station der Kirche von Schottland in Kikuyu und versuchten, eine Formel zu finden, um einen Bund der Christen im britischen Protektorat Ostafrika zu schaffen. Sie waren zum Teil von dem Wunsch motiviert, eine vereinte Front gegen den Islam und den römischen Katholizismus zu bilden, waren sich aber auch deutlich der Tatsache bewußt, daß eine gespaltene Christenheit Zweifel unter ihren Bekehrten aufkommen ließ.

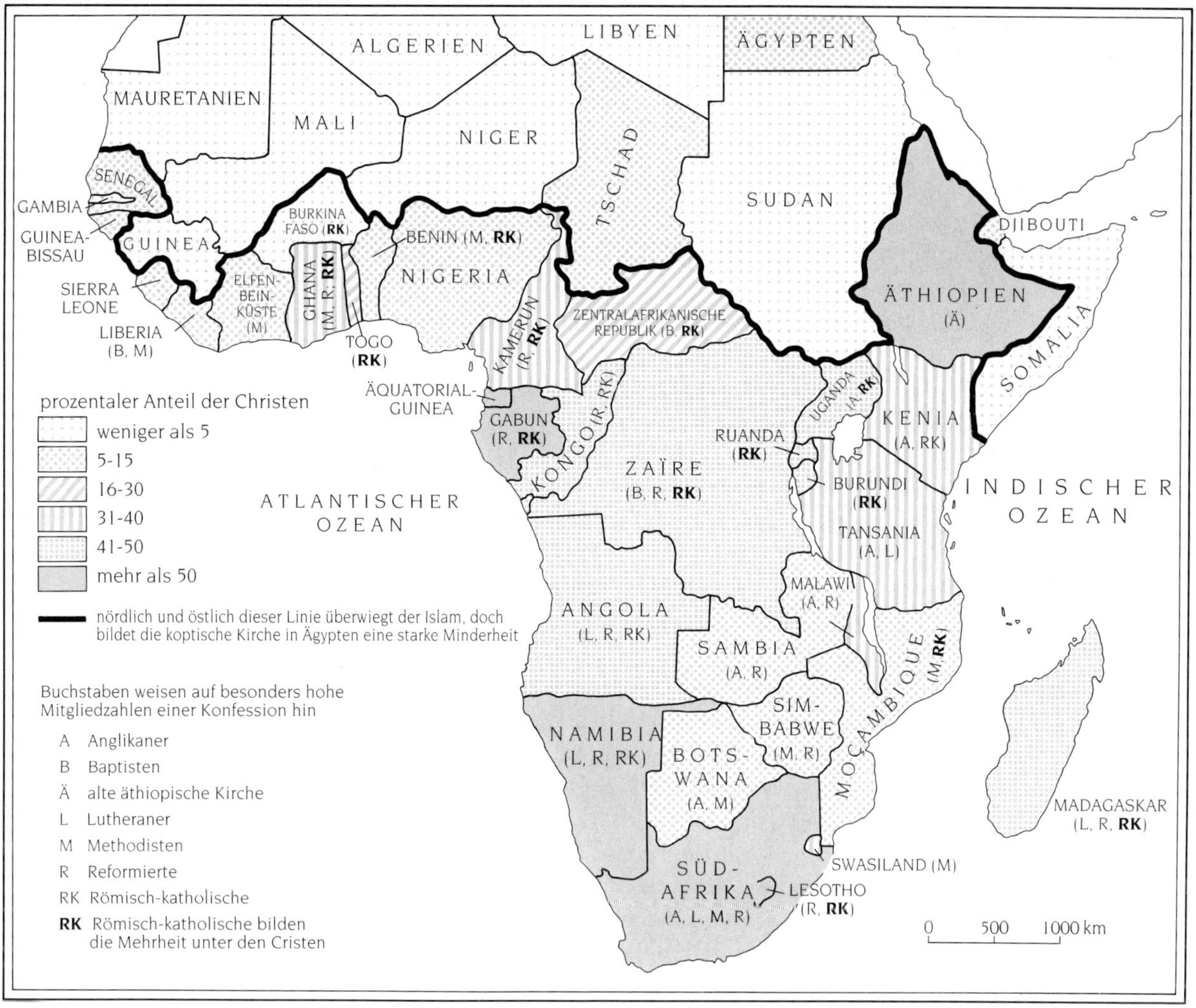

KARTE 10: Christentum im heutigen Afrika

Der Vorschlag war insofern typisch für die Einstellung der Edinburgher Konferenz, als es sich dabei im wesentlichen um eine Initiative von seiten einer ausländischen Führung handelte. Die Missionare selbst sollten danach Mitglieder ihrer Konfessionen »zu Hause« bleiben. Da der neue Bund zu arm und zu klein wäre, um sich finanziell selbst zu tragen, würde er sehr enge organisatorische Bindungen an die missionarischen Stellen, die ihn ins Leben riefen, beibehalten müssen. Man hoffte jedoch, er werde den Rahmen für eine vereinte ostafrikanische Kirche bilden. Was Kikuyu bekannt machte, war die Opposition des anglokatholischen Bischofs von Sansibar, Frank Weston, der den Entwurf als »panprotestantisch« angriff. Vor allem dieser Aspekt der Geschichte fand öffentliche Beachtung. Aber Weston hatte nicht nur eine einheimische Liturgie in seiner Diözese gefördert, sondern er hatte auch ein System entwickelt, das afrikanischen Geistlichen die unabhängige pastorale Verantwortung und eine Stimme in der Synodalverwaltung gab. Es erschien ihm absurd, eine Kirche für Afrika zu entwerfen, ohne daß ein einziger Afrikaner anwesend war.

Eine der Konsequenzen aus der Tatsache, daß die Missionare (wie alle andern) es für selbstverständlich hielten, daß der Westen Afrika nach seinem Bild formte, war das Aufkommen der sogenannten »äthiopischen Bewegung«. Es handelte sich dabei um neue, gesonderte, unverwechselbar afrikanische Varianten der christlichen Religion. Der Begriff »äthiopische Bewegung« scheint ein Etikett gewesen zu sein, das von Weißen für schwarze Kirchen und religiöse Bewegungen benutzt wurde, obwohl gelegentlich das Wort »Äthiopien« oder seine Ableitungen in den Namen der schwarzen Kirchen selbst auftauchten. In keinem Fall weist der Begriff auf irgendeine Verbindung mit dem Land Abessinien oder Äthiopien hin. Da dieses Land im späten 19. Jahrhundert einer der wenigen Teile Afrikas war, die nicht von europäischen Mächten regiert wurden, und da es auch die Heimat eines alten afrikanischen Christentums war, überrascht es nicht, daß der Begriff die Sehnsucht nach einem unabhängigen christlichen Afrika einschließt. Es ist interessant, daß der Name des letzten Kaisers von Abessinien (Haile Selassi, ursprünglich Ras Tafari) etwas von derselben Kraft im Rastafarianismus* des 20. Jahrhunderts zu haben scheint.

Über die Ursachen der äthiopischen Bewegung ist viel diskutiert worden, doch ist man sich im allgemeinen darin einig, daß europäische Konfessionen, die den Afrikanern Möglichkeiten der Führung verweigerten, zumindest teilweise dafür verantwortlich zu machen sind. Auch steht fest, daß einige der unabhängigen afrikanischen Kirchen entstanden, weil innerhalb des Christentums traditionelle kulturelle Werte, die von den Missionaren unterdrückt worden waren, erneut an Einfluß gewannen. Fast immer findet sich ein Element des Protests in den Ursprüngen dieser Kirchen, der sogar soweit gehen konnte, daß man die Polygamie beibehielt, um den afrikanischen Charakter zu betonen.

Es gab jedoch noch andere Tendenzen, die zu einem unabhängigen afrikanischen Christentum beitrugen. Häufig war ein charismatisches oder prophetisches Element vorhanden. In Westafrika war gegen Ende des 19. Jahrhunderts Garrick Braid, ein Anglikaner, der nie völlig mit seiner Kirche brach, seinen Anhängern als Elias II. bekannt, ein deutlicher Hinweis auf den zentralen Platz, den er mit seiner Rolle besetzte. In dieser Zeit trat auch »Prophet Harris«, ein fast analphabetischer, aber dynamischer Evangelist, als Ein-Mann-Erweckungsmission von Liberia bis zur Elfenbeinküste auf. Die gleichen Merkmale kann man in der Kirche des Herrn (Aladura) sehen, die fast hundert Jahre später zu einer der wichtigsten unabhängigen afrikanischen Kirche wurde. Sie hat ihre Wurzeln in mehreren verschiedenen einheimischen religiösen Bewegungen mit heilendem, visionärem und erweckendem Charakter. Ihr Gründer, Josiah Olunowo Oshitelu, war ein nigerianischer Christ der ersten Generation. Er wurde 1914 getauft und hatte während seiner Ausbildung zum anglikanischen Katecheten 1925 eine Vision, in der er aufgerufen wurde, Prophet zu werden.

Wie viele unabhängige Kirchen verwendet die Aladura-Kirche zahlreiche Gewänder und Titel, die dem »katholischen« Christentum vertraut sind. Ihr Glaube offenbart eine Mischung der Standarddogmen der christlichen Konfessionen mit vielen Dingen, die eindeutig traditionell afrikanisch sind. Nach der herkömmlichen Art, diese Bewegungen zu

* Politisch-religiöse Bewegung unter schwarzen Jamaikanern, die Ras Tafari als göttliches Wesen verehren (Anm. d. Übers.).

Josiah Oshitelu, Gründer der Kirche des Herrn, einer starken und bedeutenden unabhängigen religiösen Bewegung in Nigeria. Er war der Sohn analphabetischer heidnischer Eltern, besuchte jedoch eine Missionsschule, wo er 1914 getauft wurde. Oshitelu gründete nach mehreren visionären Erlebnissen um das Jahr 1929 eine eigene Kirche. Er wird hier in einer Kleidung gezeigt, die deutlich von Soutane, Chorrock und Mitra abgeleitet ist. Er verwendete den Titel »Primas«.

kategorisieren – »äthiopisch« solche, die mehr »orthodox« und verwestlicht sind, »zionistisch« die entschiedener einheimischen (manche würden sagen, synkretistischen) Gruppen –, gehört sie in die zweite Gruppe. In der Tat kommt Prophetismus im allgemeinen mit größerer Wahrscheinlichkeit bei Zionisten als bei Äthiopiern vor.

Verständlicherweise haben sich in Südafrika, wo die weiße politische Vorherrschaft am kompromißlosesten gewesen ist, beide Typen am schnellsten vermehrt. Im letzten Viertel des 19. Jahrhunderts war der Methodismus die Mutterkirche, von der die Mehrheit der Abspaltungen stammte – vermutlich weil der Methodismus sich bei der Evangelisationsarbeit stärker auf »eingeborene Mittler« verlassen hatte. So kam es 1884 zur Gründung der Tembu National Church, und die Äthiopische Kirche wurde 1892 von Mangena Mokoni geschaffen. Fast alle Konfessionen sind davon betroffen gewesen, am wenigsten jedoch der römische Katholizismus, weshalb manche Theoretiker die Ansicht geäußert haben, das Phänomen sei lediglich ein Ausdruck der Spaltungstendenzen des Protestantismus.

Allein im südlichen Afrika stieg die Zahl dieser unabhängigen Kirchen von drei im Jahr 1904 auf 130 im Jahr 1925 an, wenn auch einige davon sehr klein waren. Die Volkszählung in Südafrika von 1946 ergab, daß die Mitgliederzahl auf über eine Million zugenommen hatte und daß man von 1 300 Kirchen ausgehen konnte. In den 60er Jahren schätzte man, daß es weit über 2 000 gab. Im übrigen Kontinent haben sich die unabhängigen Kirchen wahrscheinlich nicht im gleichen Maß ausgebreitet, aber Untersuchungen lassen klar erkennen, daß ihre Existenz ein Merkmal des Christentums in ganz Afrika ist. Die Feindschaft zwischen diesen Bewegungen und den Kirchen europäischen Ursprungs scheint in manchen Punkten nachgelassen zu haben. Der Ökumenische Rat der Kirchen erkennt die *Église de Jésus Christ par le Prophéte Simon Kimbangu* an, die in den 20er Jahren in Belgisch-Kongo gegründet wurde. Die Bedeutung dieser Anerkennung darf nicht überbewertet werden, da der Ökumenische Rat es immer abgelehnt hat, als Richter der Orthodoxie zu handeln. Es war ein wichtiger Grundsatz der Weltkonferenzbewegung vor dem Ersten Weltkrieg gewesen, daß Kirchen nur aufgrund ihrer eigenen Entscheidung ausgeschlossen wurden. Der Ökumenische Rat, der aus der Bewegung hervorging, hat dieses Prinzip beibehalten, indem er sich bei seiner Gründung 1948 einfach zu einer Gemeinschaft von Kirchen erklärte, »die Jesus Christus als Gott und Heiland anerkennen«. Dennoch ist die Anerkennung dieser afrikanischen Kirche etwas ganz anderes als die Beschuldigungen des »Messianismus«, die vor gar nicht langer Zeit, nämlich in den 50er Jahren, gegen die Kimbanguisten erhoben wurden.

Die Kimbanguisten wurden auch von der belgischen Kolonialregierung als politisch subversiv betrachtet. Das Element des politischen Protests ist bei den unabhängigen afrikanischen Kirchen immer vorhanden gewesen – ebenso hat aber auch die christliche Mission in Afrika immer radikale und freimütige Kritiker des Kolonialismus wie dessen stillschweigende Befürworter in ihren Reihen gehabt. In Südafrika gab es, wie jeder weiß, eine ganze Reihe mutiger Kämpfer gegen die Apartheid. Zu den bekanntesten zählen schwarze Laien wie Albert Luthuli, aber auch von außen kommende Geistliche wie Trevor Huddleston. Der Protest begann bereits bei der Gründung der Südafrikanischen Union im Jahr 1910. Da die Verfassung des neuen Dominions eine Klausel enthalten sollte, die eine Rassenschranke festschrieb, reichten die Führer der anglikanischen, methodistischen, baptistischen, presbyterianischen und anderer Kirchen in Südafrika einen förmlichen Protest gegen das Gesetz ein, bevor es vor das Parlament in Westminster kam. Doch die britischen Liberalen waren eher darum bemüht, zu einer Aussöhnung mit den im Burenkrieg besiegten Afrikanern zu kommen. Der Protest blieb erfolglos. Der Erzbischof von Canterbury sagte vor dem Oberhaus, daß die schwarzen Südafrikaner in Zukunft schrittweise größere politische Rechte erhalten würden, wenn die Briten ihren ehemaligen Feinden trauten.

Die Episode ist lehrreich. Wegen ihrer zwiespältigen Einstellung zum Kolonialismus haben sich die Kirchen gegenüber europäischen Regierungen in Afrika oft unentschieden verhalten. Von Zeit zu Zeit äußerten einzelne Personen starke Zweifel an manchen Aspekten der »Befriedung« und des Imperialismus. Gelegentlich hat ein Missionsorden, eine Gesellschaft oder eine Konfession offiziell Stellung gegen Aktivitäten bezogen, die dem Wohl der Menschen am Ort nachweislich abträglich waren. Meistens erreichten solche Proteste jedoch nur wenig, vielleicht auch aus dem Grund, weil sie selten abgestimmt waren. Einzelne Missionare, die beispielsweise offen gegen Lugards Verwaltung von Nigeria protestierten, wurden von ihren eigenen Gesellschaften ebenso scharf abgekanzelt wie von der Regierung selbst. Lugard tat Beschwerden der Missionare damit ab, daß er sie ihrer Eifersucht auf Einfluß und Prestige der Bezirksverwalter der Regierung zuschrieb. In Njassaland erhoben Missionare starke Einwände gegen H.H. Johnstons bisweilen harte Methoden der Steuereintreibung, waren aber durchaus damit einverstanden, die Beamten auszubilden, die die Verwaltung in Gang hielten.

Europäische Missionare waren offenbar davon überzeugt, es könne auf lange Sicht gelingen zu zeigen, daß manche Formen der kolonialen Regierung dem Wohl der Menschen Afrikas dienlich seien. Römische Katholiken, die in portugiesischen und belgischen Gebieten schon eine privilegierte Behandlung genossen, arbeiteten nur allzu gern mit der britischen Kolonialverwaltung zusammen. 1927 schuf der Vatikan den neuen Posten eines Apostolischen Visitators für die katholischen Missionen in den britischen Kolonien Afrikas. Arthur Hinsley, der vom englischen Kolleg in Rom kam und dieses Amt antrat, war ein eifriger Fürsprecher der Zusammenarbeit mit den Kolonialbehörden, besonders in Fragen der Bildung. Er glaubte, die britische Politik biete eine echte Chance für eine Entwicklung, an deren Ende ein unabhängiges Volk stehen werde, das sich selbst regieren könne.

Die meisten Kirchen und Missionsgesellschaften hatten schließlich die *Tatsache* der Kolonialregierung akzeptiert, mochten sie auch gewisse Aspekte ihrer Politik oder der Art und Weise, wie sie in die Tat umgesetzt wurde, kritisieren. Der Kolonialismus existierte, und es war letzten Endes nicht völlig unvernünftig zu argumentieren, daß er besser war als manche der möglichen Alternativen. Einzelne Missionare waren wie die meisten ihrer europäischen Zeitgenossen davon überzeugt, daß die weiße Herrschaft viel für Afrika getan hatte. Sie gehörten oft zu den unverblümtesten Kritikern, wenn weiße Verwalter sich schlecht aufführten. Häufig teilten sie jedoch die allgemeine europäische Annahme, daß Afrika in absehbarer Zeit wohl keine eigenen Führer hervorbringen werde.

Andererseits gibt es keinen Beweis dafür, daß Missionare sich verschworen, Afrika in Abhängigkeit von Europa zu halten. So gab es zum Beispiel überraschend wenig Kontakte zwischen dem britischen Kolonialministerium und den Missionsgesellschaften. Das Verzeichnis der eingehenden täglichen Korrespondenz im Kolonialministerium für 1890, auf dem Höhepunkt des Imperialismus, enthält sehr wenige Eintragungen, die tatsächlich mit Missionsangelegenheiten zu tun haben. Es gibt ein oder zwei Briefe von der Londoner Mission über den »Alkoholhandel« im Pazifik und mehrere von der Wesleyan Missionary Society, die sich auf Eheregelungen in Westafrika beziehen. Eine norwegische Mission ersuchte um Erlaubnis, eine Station im Zululand einzurichten, und die Gesellschaft für die Verbreitung des Evangeliums schrieb über eine Gesetzesvorlage, nach der Zuschüsse an die Kirche von England auf Mauritius gekürzt werden sollten. Alles in allem gibt es vermutlich mehr Korrespondenz von Handelskammern in Seehäfen wie Manchester und Plymouth als von den missionarischen Organisationen. Es gibt keinen Hinweis, der den Schluß zuließe, daß die Gesellschaften auf Erhaltung und Ausweitung der britischen Kolonialherrschaft drängten, weil sie sich davon möglicherweise Vorteile erhofften. Anders gesagt, weiße Missionare waren bereit, die europäische Herrschaft in Afrika zu akzeptieren, weil sie die allgemeine Ansicht ihrer Zeitgenossen teilten, nicht etwa, weil sie eine be-

Kirche Probleme verursacht. Emmanuel Milingo, römisch-katholischer Erzbischof von Lusaka in Sambia von 1969 an, der 1982 zur Amtsaufgabe gezwungen wurde, empfand – wie viele Führer der unabhängigen Kirchen – das Amt des Heilens als Mittelpunkt seines Wirkens und Selbstverständnisses. Unter den Beschwerden, die gegen ihn, nicht immer zu Recht, erhoben wurden, war auch die Anklage zu finden, er vermische heidnische afrikanische Traditionen auf völlig unannehmbare Weise mit dem Christentum.

Seltsamerweise sind die Beziehungen der Kirchen zu den Regierungen des unabhängigen Afrika ganz ähnlich gewesen wie die der Missionare zu den Kolonialregierungen. Manchmal wurden Geistliche beschuldigt, aktive Agenten der Unabhängigkeit zu sein, genauso wie Missionare beschuldigt worden waren, Agenten des Imperialismus zu sein. In Angola waren in den 50er und 60er Jahren schwarze römisch-katholische Würdenträger wegen subversiver nationalistischer Handlungen angeklagt worden. Sehr oft haben christliche Führer die Regierung als gegeben hingenommen, aber gegen ihre Ungerechtigkeiten und Exzesse protestiert, wie es Erzbischof Luwum in Idi Amins Uganda tat. Und manchmal wurden die religiösen Bewegungen von unabhängigen Regierungen ähnlich gesehen wie von Kolonialregierungen. Die Anhänger der Prophetin Alice Lenshina wurden als Gefahr für Recht und Ordnung von der sambischen Regierung genauso unterdrückt wie von der Zentralafrikanischen Föderation (Nord- und Südrhodesien), bevor diese 1963 zerfiel.

Die christlichen Konfessionen, die ihren Ursprung in Europa hatten, brachten ihre besonderen Traditionen nach Afrika und zwangen sie den Afrikanern gewissermaßen auf. Afrika rächte sich, indem es das Christentum zu seinem Eigentum machte. Die Wahl Desmond Tutus zum anglikanischen Erzbischof von Kapstadt ist vielleicht symbolisch dafür, denn die Kirchen haben es in den Teilen Afrikas, die Kolonien mit europäischer Besiedlung waren, immer besonders schwer gehabt, heimisch zu werden. Die Existenz eines Christentums weißer Siedler hat das Aufkommen einer schwarzen Führerschaft sehr verlangsamt. Nirgendwo wird das deutlicher als in Südafrika, wo die überwältigende Mehrheit der Schwarzen anglikanisch ist, es aber vor der zweiten Hälfte des 20. Jahrhunderts nie einen schwarzen Bischof gegeben hat. Man hat Tutu sowohl »radikal« als auch »gemäßigt« genannt. In Wahrheit ist er weder das eine noch das andere. Seine Theologie hat wenig Ähnlichkeit mit der Befreiungstheologie, die in Lateinamerika entstand. Sie steht dem anglokatholischen »christlichen Sozialismus« von Männern wie Charles Gore näher. Obwohl Tutu mutig gegen Gewalt eintritt, ist »gemäßigt« – mit seiner Unterstellung von Neutralität – kaum eine passende Beschreibung seines Stils. Er ist unerschütterlich entschlossen, seinem Volk zu seinem Recht zu verhelfen. Sein Sinn für Humor, seine Geduld und selbst seine Art, sich zu bewegen, sind zwangsläufig afrikanisch.

Afrikas Verhältnis zum Christentum ist dennoch nach wie vor durch Befangenheit gekennzeichnet. Das zeigt sich am deutlichsten in Fragen, die Ehe, Frauen und Familie betreffen. Wiederholt ist behauptet worden, daß religiöse Gemeinschaften und eine zölibatäre Priesterschaft keinen Zuspruch in Afrika fänden, weil die traditionelle Wichtigkeit der Ahnen es so wünschenswert macht, Nachkommen zu besitzen. Aus demselben Grund ist die Reaktion der römischen Katholiken Afrikas auf *Humanae Vitae* sehr gemischt gewesen. Trotz intellektueller Argumente zugunsten einer Begrenzung des Bevölkerungswachstums hat es eine viel größere Zahl einfacher Menschen gegeben, die große

Desmond Tutu. Als Anglikaner (die Staatskirche der früheren Kolonialmacht) und Südafrikaner (wo die weiße Herrschaft länger als im übrigen Afrika andauert) ist Erzbischof Tutu *(links)* ein mächtiges Symbol des vitalen afrikanischen Christentums im späten 20. Jahrhundert. Die Gemeinde *(rechts)* in der Kirche von Soweto, wo Tutu, damals Bischof von Johannesburg, Kinder bei einem Abendmahlsgottesdienst im September 1985 taufte.

Familien für höchst wünschenswert halten. Auch in der Frage der Polygamie dürfte man eine ähnlich gespaltene Meinung antreffen. Von Missionaren energisch verurteilt, aber von vielen Unabhängigkeitsbewegungen zugelassen, wurde sie von den afrikanischen anglikanischen Bischöfen auf der Lambethkonferenz von 1988 mit Sympathie behandelt. Aber die Reaktion darauf ließ nicht lange auf sich warten. Manche behaupteten, die Sympathie der Bischöfe hätte sich in viel engeren Grenzen gehalten, wenn sie Frauen gewesen wären. In der Tat sind Frauen in dem Prozeß, das Christentum in Afrika heimisch zu machen, ungeheuer wichtig gewesen. Die Christianisierung des modernen Afrika ist manchmal sogar als Suche der schwarzen Frau nach Gott dargestellt worden. Frauenorganisationen in auffälligen, farbenfrohen Uniformen sind ein hervorstechendes Merkmal in allen Kirchen. Es hat einige berühmte Prophetinnen, Heilerinnen und Führerinnen in den Unabhängigkeitsbewegungen gegeben. Insgesamt blieb die Führung der »orthodoxen« Kirchen jedoch männlich.

DER PAPST BESUCHT AFRIKA (1988). Johannes Paul II., der erste nichtitalienische Papst seit 1523, brach mit der Tradition und bereiste die Welt. Hier trifft er, aus Simbabwe kommend, in Botswana ein. 1980 hatte er Zaire, Kongo, Ghana, die Elfenbeinküste, Kenia und Obervolta (Burkina Faso) besucht.

Christentum und Islam wetteifern weiterhin um die religiöse Vorherrschaft in Afrika, und vielleicht ist die Rivalität in den letzten Jahren noch stärker geworden. Dennoch ist Afrika heute in einem bestimmten Sinn der Mittelpunkt der christlichen Welt. Dies gilt mit Sicherheit, wenn man die Bedeutung an der Zahl aktiver Christen im Verhältnis zur Gesamtbevölkerung mißt. Afrika ist für das Christentum sehr empfänglich gewesen, aber es hat das Christentum zweifellos zu seinem Eigentum gemacht. Das Ergebnis ist auch kein wunderlicher Rückfall in eine primitive Kultur. Es hat sehr viel mit dem modernen Afrika und seinem Platz in der Welt des 20. Jahrhunderts zu tun. Der Einfluß des christlichen sozialen Denkens auf die politischen Ideen Léopold Senghors von Senegal, Kenneth Kaundas von Sambia und Julius Nyereres von Tansania stellt seinen Beitrag zum neuen Afrika unter Beweis. Die Allafrikanische Kirchen-Konferenz (AACC) wurde aus demselben Panafrikanismus geboren, der zur Schaffung der Organisation für die Afrikanische Einheit auf dem Gebiet der Politik führte. Dieser Panafrikanismus ist keine Sehnsucht nach etwas, das einer vergangenen Zeit angehört. Er erkennt offen an, daß Afrika wenig

Macht auf der internationalen Ebene hat, ist aber entschlossen, mit dem Rest der Welt auf der Grundlage der Gleichberechtigung zu leben.

Die erste Versammlung der AACC fand 1963 statt. Vier Jahre später sprach ihr Generalsekretär S.H. Amissah von einem Afrika, das »die Fesseln der alten Beherrschung abwirft und in ein neues Leben der Hoffnung, Würde und Zuversicht eintritt, in einer Welt, die immer noch von wirtschaftlichen Zwängen beherrscht und durch Rassenspannungen enttäuscht wird«, und das erwartungsvoll der Entdeckung einer neuen Basis für »ein wirklich bereicherndes, nützliches und befriedigendes Leben« entgegensieht. Er drückte damit eine Ansicht aus, die unter den Führern des modernen afrikanischen Christentums weit verbreitet ist. Sie fühlen sich berufen, ihren Beitrag zu einem Wertgefühl der Menschen des Kontinents zu leisten, die entschlossen sind, vom Westen ernstgenommen zu werden, ohne im westlichen Materialismus unterzugehen.

14

Asien

Kenneth und Helen Ballhatchet

Die Geschichte des Christentums in Asien während des 19. und eines großen Teils des 20. Jahrhunderts wurde von einer intensiven missionarischen Aktivität bestimmt. Diese Tätigkeit baute auf Vorangegangenem auf, doch gab es auch zwei neue Faktoren: zum einen das Entstehen einer protestantischen Mission als einer bedeutenden Kraft, zum anderen die Entwicklung militärischer, technischer und kommerzieller Fähigkeiten im Westen, die denjenigen in Asien deutlich überlegen waren. Die missionarische Tätigkeit wurde durch die westliche Dominanz selbst stark beeinträchtigt. In diesem Zusammenhang muß ein dritter Faktor erwähnt werden, der zwar im 19. Jahrhundert nicht neu war, aber in unserem Zeitabschnitt an Bedeutung gewann. Es ist der Beitrag, den asiatische Christen selbst zur Entwicklung des Christentums leisteten.

Die sich ähnelnden Strukturen und Prozesse, die wir in der Geschichte des Christentums in den verschiedenen Ländern Asiens entdecken können, ergaben sich aus dem Nebeneinander und der wechselseitigen Beeinflussung dieser drei Faktoren. Die breitgefächerten Aktivitäten der Missionare bewirkten, daß das Christentum überall für Wandel sorgte. Die Missionare beschränkten sich nicht darauf, nur das Evangelium zu predigen. Gerade unter Kolonialregierungen setzten sie sich oft und nachhaltig dafür ein, die Verwaltungen zu sozialen Reformen zu veranlassen. Missionare übten auch in vielen anderen Tätigkeitsbereichen gesellschaftlichen Einfluß aus. Indem sie sich für die Vernachlässigten in der Gesellschaft einsetzten – die Ausgestoßenen, die Leprakranken, die Blinden –, verhalfen sie dem Gedanken zum Durchbruch, daß alle Männer und Frauen vor den Augen Gottes gleich seien und den gleichen Anspruch auf Mitgefühl und Hilfe hätten. Missionare taten viel dafür, die westliche Medizin und Schulbildung beiden Geschlechtern zugänglich zu machen. Absolventen höherer Missionsschulen wurden, ob sie Christen waren oder nicht, später oft Sozialreformer, Führer von Nationalbewegungen oder sogar Revolutionsführer.

Trotz der großen Zahl verschiedener missionarischer Gesellschaften lassen sich verwandte Muster in der Einstellung der Missionare zu Inhalt und Art ihrer Arbeit feststellen. Am einen Ende des Spektrums gab es jene Missionare, die ihre Aufgabe darin sahen, Seelen zu retten, die andernfalls zu ewiger Strafe verdammt wären; andere Tätigkeiten waren aus dieser Sicht nur gerechtfertigt, wenn sie direkt zu Bekehrungen führten. Am anderen Ende standen diejenigen Missionare, die ihre Wirkung eher indirekt auffaßten und de-

KARIKATUR EINES MISSIONARS (August 1884). Der Missionar wurde von anderen Mitgliedern der ausländischen Gemeinde nicht gerade willkommen geheißen oder respektiert. Von Diplomaten wurde er häufig wegen seiner niedrigen sozialen Herkunft verachtet und von Kaufleuten gehaßt, weil er ihr Verhalten kritisierte. Diese Karikatur stammt aus einer englischsprachigen Zeitschrift, die für die Ausländer in Japan hergestellt wurde. Man beachte im Hintergrund die Figuren der Geistlichen mit Teufelsschwänzen.

ren Ziel in der allmählichen Christianisierung der gesamten Gesellschaft durch die Verbreitung humanitärer Ideen bestand. Dieser Schule des Denkens folgten »liberale« Christen, die nicht an die ewige Verdammung der Unbekehrten glaubten. Sie neigten dazu, die westliche Gesellschaft mit dem Christentum gleichzusetzen und begrüßten daher Prozesse der Verwestlichung. Ihr Einfluß nahm mit der Zeit zu. Die meisten Missionare scheinen allerdings – zumindest in der Praxis – irgendwo zwischen diesen beiden Extremen gestanden zu haben. Viele sahen sich als Ausführende eines göttlichen Befehls, der lautete, durch die Welt zu gehen, um zu predigen, zu lehren und Kranke zu pflegen. Ein durchgängiges Problem bildete dabei die Frage, ob Missionare sich auf Eliten oder die unteren Schichten konzentrieren sollten. Eine Variante der letzteren Strategie führte gegen Ende des 19. Jahrhunderts zu Massenkonversionen.

Diese Unterschiede hingen mit der allgemeinen Frage des Verhältnisses zwischen dem Christentum und den anderen Religionen zusammen. Schließlich gab es drei Möglichkeiten: Man konnte andere Religionen als Teufelswerk verdammen, man konnte ihnen als bloßem Resultat menschlichen Irrens tolerant begegnen oder aber sie bis zu einem gewissen Grad als unvollkommenen Ausdruck der religiösen Wahrheit anerkennen. Wer aber Religionen als satanisch ansah, vertrat vermutlich die Ansicht, etwas völlig Neues zu lehren und es nicht nötig zu haben, sich mit den religiösen Vorstellungen der Menschen, zu denen er sprach, zu befassen. Ihn interessierte nur, daß die neu Bekehrten fortan alle heidnischen Praktiken unterließen. Dagegen hoben diejenigen, die in anderen Religionen auch Gutes sahen, die Notwendigkeit hervor, sich gründlich mit ihnen zu beschäftigen. Man-

St James's Church, Kashmir Gate, Delhi (um 1838). Im wesentlichen ein Gebäude in westlichem Stil wie die meisten christlichen Kirchen in Asien, in der Form eines griechischen Kreuzes entworfen. Sie wurde von dem berühmten Soldaten Colonel James Skinner gegründet, dem Sohn eines englischen Heeresoffiziers und seiner Frau aus der Kaste der Radschputen.

che waren sogar bereit, Bekehrte gewähren zu lassen, wenn sie fromme Praktiken beibehielten, die mit christlichen Ideen vereinbar waren. Von wenigen Ausnahmen abgesehen, sahen jedoch alle Missionare ungeachtet ihrer Einstellung zu anderen Religionen letzten Endes ihre Aufgabe darin, diese durch das Christentum zu ersetzen.

Der westliche Einfluß wirkte sich unterschiedlich aus. In den seltensten Fällen waren Missionare bewußte Vertreter des Imperialismus, doch sahen viele eine von der Vorsehung bestimmte Verknüpfung zwischen der materiellen Überlegenheit des Westens und der moralischen Überlegenheit des Christentums. Im allgemeinen waren die Missionare bereit, die Hilfe westlicher Mächte anzunehmen, um Zugang in feindselige Länder und Schutz für sich und ihre Bekehrten zu erhalten.

Westliche Mächte beeinflußten auch die asiatischen Einstellungen zum Christentum und zur Bekehrung. Ähnlich wie es anläßlich westlicher diplomatischer, militärischer oder kommerzieller Intervention zu Protesten kam, gab es auch Unmutsäußerungen angesichts paralleler Versuche der religiösen Einmischung. Andererseits fühlten sich viele Bekehrte aufgrund des Schutzes und der Beschäftigung, die Missionare bieten konnten, oder weil sie die christliche Botschaft als Schlüssel zur technischen und militärischen Entwicklung ansahen, anfänglich stark zum Christentum hingezogen.

Die asiatischen Kirchen standen lange unter der Herrschaft westlicher Missionsgesellschaften, waren in hohem Maße finanziell von ihnen abhängig und hatten wenige asiatische Christen in einflußreichen Stellungen. Die persönlichen Beziehungen zwischen Missionaren und asiatischen Geistlichen und Laien waren manchmal gespannt. In Zeiten politischer Differenzen mit dem Westen wurden asiatische Christen oft beschuldigt, es an Patriotismus fehlen zu lassen, und manchen fiel es schwer, ihre nationale Identität mit ihrer Bindung an eine scheinbar westliche Religion in Einklang zu bringen. Spannungen dieser Art führten häufig zur Bildung einheimischer christlicher Gruppen, die sich von »westlichen« Formen des Christentums abgrenzten. In manchen Ländern verschaffte erst die Vertreibung der Missionare durch antiwestliche Regierungen den etablierten Kirchen Unabhängigkeit. Die missionarischen Organisationen wurden jedoch allmählich feinfühliger für Fragen der Autonomie. Dennoch werden das »westliche« Wesen des Christentums und die Tendenz christlicher Minderheiten, von der Mehrheitsgesellschaft isoliert zu sein, von asiatischen Kirchen heute noch als Problem gesehen. Die Suche nach authentischen »asiatischen« Formen des Christentums betraf nicht nur Kunst, Architektur und die Liturgie, sondern auch die Aufhebung »westlicher« konfessioneller Schranken und Versuche, eine christliche Theologie im »asiatischen« Sinn zu schreiben.

Süd- und Südostasien

Wieweit dienten Missionare dem Imperialismus oder profitierten von ihm? Die Errichtung der britischen Herrschaft in Indien und Sri Lanka wurde von reger missionarischer Aktivität seitens verschiedener protestantischer Gesellschaften begleitet, die ihre Inspiration aus der evangelischen Erweckung zogen. Die britischen Behörden begrüßten diese Tätigkeit nicht. Nach Ansicht der Historiker war die Ostindische Kompanie aus politischen Gründen sogar feindselig gegen die Mission eingestellt. Aber das täuscht. Gewiß, der Vorstand widersetzte sich der freien Einreise von Missionaren bis 1813, als eine anhaltende evangelische Kampagne bewirkte, daß in das Gesetz zur Erneuerung des Privilegs der Kompanie eine Klausel eingefügt wurde, die jedem, dem die Erlaubnis zur Einreise nach Britisch-Indien verweigert wurde, das Recht einräumte, bei der von einem Regierungsbeamten geleiteten Kontrollbehörde Einspruch einzulegen. Aber in der Praxis kamen die indischen Leitungen der Kompanie Missionaren, die politisch nützlich waren, durchaus entgegen. Als die Revolutionskriege und die Napoleonischen Kriege die Verbindungen zwischen Rom und Indien unterbrachen, stellte die Kompanie finanzielle Hilfen für die römisch-katholischen Apostolischen Vikare in Bombay und Verapoli bereit. Tatsächlich wurden römisch-katholische Missionare regelmäßig von der Kompanie als Feldkapläne eingesetzt: In der ersten Hälfte des 19. Jahrhunderts stellten irische Katholiken beinahe die Hälfte der britischen Truppen in Indien. Ähnlich wurden englische baptistische Missionare, die auf dänischem Territorium in Srirampur ansässig waren, bald in den britischen Gebieten in Bengalen zugelassen: Ein Gelehrter mit den Sprachkenntnissen des baptistischen Missionars William Carey war für die Ausbildung der Angestellten der Kompanie nützlich.

Die vorsichtige Haltung des Vorstands hatte ihre Gründe. Protestantische Missionare verteufelten den Hinduismus und den Islam, manchmal in aller Öffentlichkeit. Solche

Taktlosigkeiten, fürchteten viele Beamte, würden Unruhen verursachen, und 1806 wurde der Bekehrungseifer für eine Meuterei in Vellore in Südindien verantwortlich gemacht. Römisch-katholische Missionare hatten gegenüber Hinduismus und Islam eine ähnlich negative Einstellung, doch waren sie zu Beginn des Jahrhunderts zu sehr mit den geistigen Bedürfnissen der indischen Katholiken beschäftigt, als daß sie Zeit oder Gelegenheit gehabt hätten, Bekehrungswillige zu suchen. Als die Zahl der katholischen Priester zunahm, schienen sie mehr Aufmerksamkeit darauf zu verwenden, Protestanten zu bekehren als Hindu – sehr zum Ärger der protestantischen Missionare. Dieses Vorgehen hatte seinen Grund anscheinend in dem Gedanken, daß Protestanten als Ketzer zur Hölle verdammt waren, während rechtschaffene Heiden nur in den Limbo geschickt wurden, wo es ihnen recht gut erging, wenn sie auch von der Seligkeit ausgeschlossen waren.

Die Meuterei und Revolte in Nordindien im Jahre 1857 weckte erneute Ängste vor der politischen Gefahr missionarischer Betätigung, doch die meisten Bekehrungen fanden in Wirklichkeit im Süden statt, und die Befürchtungen verflüchtigten sich bald. In der Folgezeit zeigte die Regierung wenig Interesse, bis das Anwachsen des Nationalismus im 20. Jahrhundert auf die Sympathie von Missionaren wie C.F. Andrews und Verrier Elwin stieß. Im allgemeinen begrüßten die Behörden die Arbeit von Missionaren, von protestantischen wie von römisch-katholischen, als Lehrer in Schulen und Colleges sowie als Ärzte und Schwestern in Krankenhäusern. Die Missionare stellten ihrerseits fest, daß ihr Verständnis von den Methoden und Werten der britischen Verwaltung ihnen helfe, die Interessen der Bekehrten zu schützen, wenn sie Schwierigkeiten mit dem Gesetz oder mit ihren hinduistischen oder muslimischen Nachbarn bekamen. Das gleiche galt auch für andere britische Territorien, ob in Sri Lanka, Burma oder Malaysia. In Indochina jedoch waren die protestantischen Missionen unerwünscht, und die französischen Behörden begünstigten die römischen Katholiken sogar so weit, daß sie vielen einflußreiche Positionen einräumten. Dagegen standen die niederländischen Behörden dem römischen Katholizismus ablehnend gegenüber, bis im 20. Jahrhundert eine tolerantere Politik einen starken Anstieg der katholischen missionarischen Arbeit ermöglichte. Die Missionare waren auch vom Kriegsgeschehen betroffen. Während des Zweiten Weltkriegs hatten die römisch-katholischen Missionen in Indien und Sri Lanka mit großen Schwierigkeiten zu kämpfen, weil deutsche und italienische Priester interniert wurden, in Südostasien dagegen litten protestantische Missionen, weil ihre Missionare meist Briten oder Amerikaner waren, während die Japaner die Anwesenheit der meist römisch-katholischen französischen, deutschen und italienischen Missionare duldeten. Der Fall Indonesien lag ein wenig anders, denn die niederländischen Behörden vertrieben deutsche Missionare, die meist Protestanten waren, zu Kriegsbeginn, und die japanischen Behörden internierten anschließend niederländische Missionare, die Protestanten und Katholiken waren. Das Ende der Kolonialherrschaft markierte einen Einschnitt. In verschiedenen Ländern wurde die Einreise von ausländischen Missionaren verboten oder eingeschränkt, doch ermöglichte die Zunahme der einheimischen Geistlichen es mittlerweile den meisten Kirchen, sie reibungslos zu ersetzen. Die Katholiken besetzten auch im unabhängigen Vietnam einflußreiche Stellen, doch wurde ihre Position seit Beginn der kommunistischen Herrschaft zunehmend schwieriger.

Missionare beim Picknick (1902). Missionare, deren Lebensstil meist weniger förmlich als der britischer Beamter war, standen abseits des weltlichen Establishments und kritisierten manchmal die Politik der Regierung.

In den protestantischen Kirchen wurden die vielfältigen Aktivitäten der Missionare in periodischen Abständen von denjenigen in Frage gestellt, die sich auf das Predigen des Evangeliums konzentrieren wollten, um die Heiden zu bekehren. Gegen Ende des 19. Jahrhunderts erklärten einige protestantische Missionare, etwa William Miller vom Madras Christian College, ihre Aufgabe bestehe nicht so sehr darin, Hindu zu bekehren, als vielmehr die hinduistische Gesellschaft mit christlichen Werten zu durchdringen, und zwar durch Beeinflussung der Elite, die sich für westliche Bildung entschieden hatte. Dies löste die Kritik radikaler freikirchlicher Missionare aus, die für die Argumente von Hugh Price Hughes in England empfänglich waren, nach denen der Methodismus verbürgerliche und Gefahr laufe, seine Wurzeln in der Arbeiterklasse zu verlieren. In Indien warfen solche Missionare Miller und seinen Kollegen vor, sie bereiteten Hindu aus hohen Kasten auf lukrative Karrieren vor, anstatt den Bekehrten aus niederen Kasten zu helfen, ihre sozialen und wirtschaftlichen Schwierigkeiten zu überwinden.

Viele protestantische Missionare in Indien kümmerten sich um soziale Fragen. Schon zu Beginn des 19. Jahrhunderts verurteilten sie Bräuche wie die Witwenverbrennung und das Töten weiblicher Säuglinge, noch bevor die Regierung dies zu strafbaren Handlungen erklärte. Die Kaste erwies sich als bleibendes Problem für Protestanten wie für Katholiken. Seit den 30er Jahren des 19. Jahrhunderts kämpfte der anglikanische Bischof Wilson gegen die Fortdauer des Kastenwesens unter den Bekehrten, und seinem Beispiel folgten die anderen protestantischen Konfessionen mit Ausnahme der Lutheraner. Römisch-katholische Missionare zeigten sich jedoch weniger einig in der Beurteilung des Kastenwesens. So waren die französischen Missionare in Südindien im allgemeinen bereit, Kasten zu respektieren, während die meisten irischen Missionare sich dagegen aussprachen und italienische Missionare in dieser Angelegenheit geteilter Ansicht waren.

Das Kastenwesen war ein grundlegendes Problem in der Kontroverse um die Befolgung der malabarischen Riten, die mit der Kontroverse um chinesische Riten zusammenhing. De Tournons Regelung wurde in großen Zügen von Papst Benedikt XIV. bestätigt, der 1744 verfügte, daß Katholiken hoher und niederer Geburt gemeinsam in derselben Kirche zur selben Zeit die Messe hören und die Kommunion empfangen sollten. Die Jesuiten in Südindien lösten das Problem, indem sie in ihren Kirchen Mäuerchen errichteten und für verschiedene Eingänge sorgten, um die hohen von den niedrigen Kasten zu trennen. So konnten sie behaupten, die Vorschriften Benedikts XIV. zu befolgen. Nach der Unterdrückung ihres geistlichen Ordens ersuchten die Jesuiten Rom um eine Regelung, und die Heilige Kongregation *Propaganda Fide* erklärte 1778, daß solche Praktiken vorläufig zulässig seien, vorausgesetzt, die Missionare täten ihr Bestes, um die Kastengefühle auszurotten.

Im 19. Jahrhundert wurde das Problem allerdings komplexer. Bis dahin hatten katholische Missionare es nach Möglichkeit vermieden, Angehörige hoher Kasten zu verletzen, und wenn Inder zur Ordination als Priester ausgewählt wurden, handelte es sich meist um Brahmanen oder Eurasier, insbesondere aus Goa. Aber die zunehmenden Erwartungen, die mit dem sozioökonomischen Wandel einhergingen, veranlaßten verschiedene Führer niederer Kasten zu der Forderung, junge Männer ihrer eigenen Kaste zu Seminaren zuzulassen und zu Priestern auszubilden. In der Gegend, die heute als Kerala bekannt ist, wurde innerhalb der Mukkuvan- oder Fischerkaste argumentiert, daß Petrus selbst, der erste Papst, Fischer gewesen sei. Dieser Standpunkt machte in Rom großen Eindruck, Propaganda Fide verfügte 1836, daß ein halbes Dutzend Jugendliche niederer Herkunft zur Ausbildung ausgewählt, auf ein Seminar in der toleranteren Atmosphäre von Bombay geschickt und nach der Ordination Gemeinden in Kerala mit vorwiegend niederen Kasten zugeteilt werden sollten. Es erwies sich jedoch als schwierig, Vorhaben dieser Art auszuführen. Ein irischer Bischof und ein italienischer Erzbischof, die nacheinander vorschlugen, Kandidaten aus niedrigen Kasten für die Ordination anzunehmen, wurden beide sexueller Unmoral bezichtigt und nach Rom zurückgerufen. Das Beweismaterial stammte von Priestern aus hohen Kasten, und seine Richtigkeit wurde in Rom insgeheim angezweifelt, doch ging man bei den Untersuchungen des Heiligen Offiziums davon aus, daß der Nutzen solcher Prälaten in der Missionsarbeit durch diese Beschuldigungen, ob sie nun wahr oder falsch waren, zerstört worden sei.

Die Existenz einer konkurrierenden Rechtsprechung, die unter dem portugiesischen *padroado* praktisch unabhängig von Rom wirkte, ermöglichte es unzufriedenen Gemeinden, ihre Loyalität von dem einen Bischof auf den anderen zu übertragen. In Kerala wandten sich viele Gemeinden niederer Kasten von dem italienischen Karmeliterbischof unter Propaganda Fide ab und dem Erzbischof von Goa unter dem *padroado* zu. Auf der anderen Seite übertrugen in Bombay mehrere Gemeinden hoher Kasten ihre Treue auf den Erzbischof von Goa und entzogen sie dem italienischen Karmeliterbischof, der dort seine Sympathien für die niederen Kasten gezeigt hatte. Nachdem die Jesuiten in den 30er

Jahren des 18. Jahrhunderts nach Südindien zurückgekehrt waren, bemühten sie sich, die Feinheiten der Kastenunterschiede zu wahren, sahen sie sich doch selbst als die Erben von Nobili an. Ihre Kollegen von den Missions Étrangères waren dazu gleichermaßen entschlossen. Sie wurden jedoch Schritt für Schritt gezwungen zu akzeptieren, daß die meisten indischen Christen keine Brahmanen waren: Manche gehörten zu den hochrangigen Vellala, einer mächtigen Bauernkaste, aber viele gehörten der niederen Kaste der Nadar oder Palmweinzapfer an, und noch mehr waren Parava. Tatsächlich war die gesamte Parava-Kaste von Tamil Nadu katholisch. Von alters her Fischer – wie die Mukkuvan von Kerala –, hatten sich manche auf den Handel verlegt und waren sehr wohlhabend geworden (wie auch manche Nadar). Es wurden Priester und Ministranten aus niederen Kasten gefordert, außerdem mehr Schulen, das sicherste Mittel zum Aufstieg. Wer die Strenge der Jesuiten unangenehm fand, wandte sich an Priester, die unter der rivalisierenden *padroado*-Rechtsprechung von Mailapur standen. Und es gab viele Lebensbereiche, in denen die Jesuiten streng zu sein schienen. In den 80er Jahren des 19. Jahrhunderts beschwerten sie sich in Rom über die Priester in Goa, die sich so locker verhielten, daß sie zur Erweiterung ihrer Schulen protestantische Lehrerinnen einstellten. Tatsächlich gab es bis zum Ende des Jahrhunderts einige Priester aus niederen Kasten. Ein Grund, warum damals ein allgemeines Seminar in Kandy, Sri Lanka, eingerichtet wurde und nicht in Indien, war die Erwartung, das Kastenbewußtsein sei dort wahrscheinlich weniger ausgeprägt. Es wurde der Leitung belgischer Jesuiten unterstellt, die lange Erfahrung in Bengalen gesammelt hatten, wo sie weniger streng als ihre französischen Brüder in Südindien mit den Kasten umgingen und sich weniger feindselig gegenüber Priestern in Goa verhielten, die mit dem *padroado* verbunden waren.

1902 wies der Apostolische Delegat darauf hin, daß trotz der großen Anstrengungen Nobilis, einige Brahmanen zu bekehren, keiner ihrer Nachkommen in der katholischen Kirche geblieben sei. Dagegen gebe es viele Abkömmlinge der niederen Kasten, die der heilige Franz Xavier bekehrt habe. Bis dahin war es einigen Jesuiten gelungen, ganze Gruppen von Bauern aus niederen Kasten zu bekehren, und im 20. Jahrhundert entwickelten protestantische und katholische Missionare die Technik der Massenbekehrung. Dies stieß auf die starke Kritik der Hindu höherer Kasten, namentlich von seiten Mahatma Gandhis, weil solche Konvertiten angeblich durch materielle Erwägungen motiviert würden. Die Befürworter der Massenbekehrung argumentierten demgegenüber, viele Bekehrte könnten von einer ganzen Reihe von Motiven beeinflußt sein, ohne daß dadurch die Echtheit der Bekehrung beeinträchtigt werde. Der Wunsch nach einem erfüllteren Leben für sich und die Familien sei kein unehrenhaftes Motiv, besonders nicht bei den untersten Kasten, die als Unberührbare behandelt wurden und die Hindutempel nicht betreten durften.

Die Predigten der frühen protestantischen Missionare enthielten wenig, was die Gebildeten angesprochen hätte. Die Betonung des Wunderbaren vermochte die Hindu nicht zu beeindrucken, denn sie waren mit den vielen Berichten von übernatürlichen Wundern in ihrer eigenen frommen Literatur vertraut, und die Muslime hielten solche Vorstellungen für abergläubisch. Die häufige Erwähnung der Erlösung durch das Blut Christi, die Erweckungsprediger und Freikirchler machten, wirkte auf Hindu abstoßend, und der Gedanke der Sühne durch die Hingabe eines sündenfreien Opfers erschien ungerecht.

Kommissar Booth-Tucker und Frau. Er schied aus dem indischen Staatsdienst aus, um sich der Heilsarmee anzuschließen. Er und seine Frau trugen indische Kleidung und legten sich indische Namen zu: Fakir Singh beziehungsweise Dulini. Als sie 1882 in Indien eintrafen, irritierten sie mit ihrer Taktik Regierungsbeamte, die der Ansicht waren, Europäer sollten Abstand von den Indern halten. Booth-Tucker und seine Kollegen wurden mit der Begründung, ihr Verhalten würde den Frieden stören, mehrfach gerichtlich belangt.

in Pune. Es gab Anregungen, vedische oder andere hinduistische Texte in einer an Indien angepaßten christlichen Liturgie an die Stelle des Alten Testaments treten zu lassen. Ähnliche Vorschläge gab es auch in anderen Teilen Asiens. Solchen Tendenzen gebot jedoch Hendrik Kraemer Einhalt.

Die niederländische Kirche in Indonesien hatte nicht die Absicht, sich von anderen Religionen beeinflussen zu lassen. Darüber hinaus sah sie sich einem wiedererwachenden und intoleranten Islam gegenüber. In diesem Zusammenhang trug Kraemer in Barthschem Stil die These vor, das Christentum unterscheide sich grundlegend von allen anderen Religionen, die rein menschlichen Ursprungs seien. Sein Buch *Christian Message in an Non-Christian World* lenkte die Ansicht vieler Protestanten in eine konservative Richtung, die 1938 auf der Internationalen Missionskonferenz in Tambaram bei Madras zutage trat. Andererseits blühte der Caodaismus, eine Synthese aus Buddhismus, Taoismus und Katholizismus, in Vietnam von seiner Gründung in den 20er Jahren des 20. Jahrhunderts an, ungeachtet der offiziellen Mißbilligung, und nach dem Zweiten Weltkrieg entwickelte er einen militärischen Flügel, der zunächst die französische und später die kommunistische Obrigkeit bekämpfte.

Als Indien 1947 unabhängig wurde, verstärkte sich die Ansicht, daß das Christentum seine »westlichen« Aspekte ablegen und sich von den konfessionellen Spaltungen, die mit den westlichen Missionaren ins Land gekommen waren, freimachen sollte. Anglikaner,

Methodisten und einige andere Kirchen schlossen sich 1947 zur Kirche von Südindien zusammen, und 1970 wurden eine protestantische Kirche von Nordindien sowie von Pakistan gegründet. Mit der indischen Unabhängigkeit erschien das Weiterbestehen der portugiesischen kirchlichen Autorität anachronistisch, und der *padroado* endete ordnungsgemäß. Es handelte sich dabei jedoch nicht nur um ein kirchenrechtliches Problem. Als der letzte portugiesische Bischof von Cochin im Jahr 1952 zurücktrat, war die Feindschaft zwischen den höheren und den niederen Kasten so stark, daß die Diözese zweigeteilt werden mußte, mit je einem Bischof der entsprechenden Kasten an der Spitze. Gegenüber dem Christentum als ausländischer Religion blieb ein gewisses Mißtrauen bestehen, und 1956 kritisierte ein von der Regierung von Madhya Pradesh eingesetzter Ausschuß die christlichen Kirchen als antinational und zu sehr auf Amerika orientiert. In der anschließenden Kontroverse wurden zahlreiche Argumente vorgetragen, die beweisen, daß das Christentum in Indien wirklich indisch geworden war. Von Hinduseite wurde starke Kritik an den Bekehrungsversuchen geübt.

In dieser Situation wandten sich viele Geistliche dem Gedanken des Dialogs zu und begannen, religiöse Ideen auszutauschen. Mehrere indische Theologen, besonders der römisch-katholische Raimundo Panikkar, studierten die anspruchsvollen metaphysischen Texte des nachvedischen Hinduismus, um zu zeigen, daß das Christentum mit vielen seiner Ideen und Werte vereinbar sei und den Gedanken der Erfüllung auf eine gelehrtere Weise entwickle, als dies vorher erreicht worden war. Am Prozeß des Dialogs wurde jedoch kritisiert, daß er vor allem für Theologen interessant und außerdem einseitig sei, da die meisten Hindu, mochten sie noch so gelehrt sein, davon überzeugt waren, daß sie nichts von anderen Religionen zu lernen hatten. Weitere christliche *ashrams* wurden gegründet, protestantische wie römisch-katholische, und es gab weitere Versuche, Liturgien indischer Prägung zu entwickeln. An diesen Experimenten wurde allerdings ausgesetzt, daß sie hauptsächlich für Priester und eine Minderheit der Elite von Interesse seien, während die meisten Menschen die gewohnte Liturgie bevorzugten, die sie darin bestärkte, daß sich ihre Religion vom Hinduismus unterschied und keinesfalls drohte, von ihm absorbiert zu werden.

Als Folge des Anstiegs der protestantischen Missionstätigkeit seit dem späten 18. Jahrhundert hat die Zahl der Protestanten in Indien zugenommen, obgleich die römischen Katholiken immer noch die Mehrheit stellen. 1971 waren von 14 Millionen Christen 8 Millionen Katholiken. Die relative Stärke des Katholizismus erklärt sich teilweise sicherlich aus der langen Geschichte seiner Missionen. Darüber hinaus dürften aber auch die Beobachtungen des Abbé Dubois zutreffen, eines Missionars mit langer Erfahrung in Maisur zu Beginn des 19. Jahrhunderts, der auf die Ähnlichkeit zwischen katholischen und hinduistischen religiösen Praktiken hinwies: Prozessionen, Weihwasser, Bilder, Glockenläuten, Fasten mit strengen Regeln, Feste mit großem Aufwand – und, könnte man ergänzen, das Geheimnis, das sich mit einer Liturgie in einer heiligen Sprache verband. Vieles davon ist als Folge des Zweiten Vatikanischen Konzils abgeschafft worden, und die Auswirkungen auf das katholische Christentum wird man noch abwarten müssen. In Pakistan, wo die Missionare auf die kargere religiöse Praxis des Islam stießen, waren in den 70er Jahren von einer Million Christen nur 280 000 römisch-katholisch.

In den Küstenprovinzen Sri Lankas faßte die römisch-katholische Kirche unter portugiesischer Herrschaft Fuß, die niederländische reformierte Kirche unter niederländischer Herrschaft und die anglikanische sowie freie Kirchen unter britischer Herrschaft. Bekehrte kamen in erster Linie aus der Fischerkaste Karawa und der Zimtkaste Salagama. Ihre Handelskontakte mit den Portugiesen und Holländern hatten den Weg zu westlicher Bildung und zu Verwaltungsberufen freigemacht, aber die Ordination zu buddhistischen Mönchen war den Angehörigen der mächtigen Goyigamakaste vorbehalten, deren Hochburg das unabhängige Gebirgskönigreich Kandy war. Die britische Eroberung von Kandy 1815 und die folgende Vereinigung des Landes änderte an dieser Situation nicht viel. Manche aufgestiegene Angehörige der Karawa- und Salagamakaste reagierten im späten 18. und frühen 19. Jahrhundert mit der Bildung neuer Mönchsorden, die auf der Ordination in Thailand beruhten. Andere wurden zum Christentum bekehrt, und Angehörige dieser Kasten haben eine führende Rolle in der römisch-katholischen und der protestantischen Kirche gespielt.

Anfangs betrachteten die buddhistischen Mönche in Sri Lanka die christlichen Missionare wegen ihrer verdienstvollen Tätigkeit mit Sympathie: Sie erlaubten Missionaren, ihre Gebetshallen zu benutzen, und manche halfen, die Bibel zu übersetzen. Sie waren schockiert, als die Missionare ihnen nicht umgekehrt erlaubten, ihre Kirchen und Schulsäle zu benutzen, und sie waren aufgebracht angesichts der scharfen Angriffe der Erweckungsprediger und Freikirchen auf den Buddhismus. Dies fand im Zusammenhang mit dem Wiederaufleben des Buddhismus in der zweiten Hälfte des 19. Jahrhunderts statt, als die Karawas eine herausragende Rolle spielten und sich verschiedener Mittel, die mit dem Christentum verknüpft waren, bedienten, zum Beispiel der Veröffentlichung religiöser Traktate und der Bildung des buddhistischen Vereins junger Männer, der dem Vorbild des CVJM folgte. Nach Erreichen der Unabhängigkeit verfügten mehrere Regierungen unter buddhistischem Einfluß Einschränkungen der missionarischen Tätigkeit, doch hatten die verschiedenen Kirchen inzwischen kräftige örtliche Bindungen entwickelt. In den 70er Jahren unseres Jahrhunderts waren von einer Million Christen in Sri Lanka 879 000 römische Katholiken. Ein Grund für dieses Mißverhältnis ist zweifellos in der langen Geschichte der dortigen katholischen Kirche zu suchen, die mit der Ankunft der Portugiesen im 16. Jahrhundert begann.

In Thailand dagegen gab es trotz der Anstrengungen der Missions Étrangères seit dem 17. Jahrhundert nur relativ wenige Christen: Hier gab es keine europäische Macht, die hinter den Missionaren stand. In Birma, wo die britische Herrschaft ein knappes Jahrhundert dauerte, zeigten die Buddhisten, die die Mehrheit der Bevölkerung ausmachten, wenig Neigung, ihren Glauben zu wechseln, und römisch-katholische und protestantische Missionare verzeichneten die meisten Bekehrten bei den Stämmen der Karen und Shan. Nach der Unabhängigkeit weckte diese Situation bei manchen Regierungsbeamten den Verdacht, das Christentum fördere die gesonderte Identität dieser Minoritäten. In ähnlicher Weise erwies sich die Muslimmehrheit in Malaya als unzugänglich für missionarisches Bemühen; die chinesische Minderheit ließ sich dagegen bereitwilliger bekehren. Auch in Indonesien sprach das Christentum nicht die Muslimmehrheit an, sondern Minderheiten wie die chinesische Kaufmannschaft in den Städten und die Bewohner der Inseln Flores und Timor, wo das Christentum seit der Ankunft der Portugiesen Fuß gefaßt hatte.

PHILIPPINISCHER KREUZWEG. Diese Szene, in der Maria von Magdala gerade das Gesicht Jesu abgewischt hat, macht die anhaltende Bedeutung und Vitalität religiöser Prozessionen auf den Philippinen deutlich. Die Teilnehmer sind Büßer, die sich während der Fastenzeit auf ihre Rollen vorbereitet haben. Die römischen Wächter, die die Zuschauer zurückdrängen, können möglicherweise mit den spanischen Eroberern der Inseln gleichgesetzt werden.

Die Philippinen sind das einzige Land in Asien, das eine überwiegend christliche Bevölkerung aufweist. Obwohl viele Menschen in Wirklichkeit keine praktizierenden Christen sind, werden die Kirchen relativ gut besucht und ist das religiöse Leben auf den Inseln vital und farbenfroh. Das Christentum ist hier auch in der Lage, entscheidenden Einfluß auf politische Angelegenheiten zu nehmen. Dies wurde zum Beispiel bei den Ereignissen deutlich, die 1986 zum Ende des Marcos-Regimes führten.

Zu Beginn des 19. Jahrhunderts waren die Philippinen bereits seit ungefähr zwei Jahrhunderten ein vorwiegend christliches Land, obgleich muslimische Gemeinden im Süden existierten und es einige entlegene Gebirgsgegenden gab, die noch nicht erfolgreich evangelisiert worden waren. Vorchristliche Religionen und Praktiken waren jedoch nicht völlig verschwunden, und ein unverkennbar philippinischer »Volks«-Katholizismus war entstanden, in den solche Elemente eingingen. Besonders deutlich kommt dies in den Filipino-Versionen der kunstvollen Rituale des spanischen Katholizismus zum Ausdruck, etwa den spektakulären Prozessionen mit lebensgroßen Abbildern heiliger Gestalten. Außerdem konnten in manchen Gegenden, die wenig oder gar keine direkte Evangelisation erfahren hatten, vorchristliche Elemente, besonders mit Krankheit und Tod verbundene, eine gesonderte Identität wahren. Die hier ansässigen Christen hatten keine Bedenken, sowohl offizielle als auch »volksreligiöse« Spezialisten zu Rate zu ziehen, wenn es ihnen notwendig erschien.

Während das Christentum der Gläubigen durch und durch philippinisch war, ließ sich das von seiner institutionellen Struktur nicht sagen. Tatsächlich spielte die Opposition gegen die spanische Beherrschung der Kirche und insbesondere gegen den Reichtum und die Korruption der geistlichen Orden eine wichtige Rolle bei dem allmählichen Entstehen eines Nationalgefühls im 19. Jahrhundert. Die komplizierte Dreiecksbeziehung, die zwischen dem Episkopat, der spanischen Regierung und den mächtigen geistlichen Orden bestand, hatte die Entwicklung einer starken einheimischen Geistlichkeit gehemmt. Nur sehr wenige Filipinos konnten sich den Orden anschließen, und auch innerhalb der weniger privilegierten Weltgeistlichkeit nahmen sie eher einen niedrigen Rang ein. Filipinos wurden im allgemeinen für ungeeignet gehalten, weil das Niveau ihrer Seminarausbildung nicht hoch war, und im Fall der Orden, weil diese ihre politische Macht nicht mit denen teilen wollten, deren Loyalität gegenüber Spanien zweifelhaft war. Diese Situation verursachte viel Bitterkeit, besonders bei der zunehmenden Zahl der gebildeten Filipino-Geistlichen, aber alle Versuche, eine gleichberechtigte Stellung zu erringen, wurden mit dem Vorwurf, eine Rebellion anzuzetteln, konfrontiert. Von der Jahrhundertmitte an nahm in der Tat die Bereitschaft dieser Priester zu, sich für eine allgemeine politische Reform einzusetzen. Nach der erfolglosen Cavite-Meuterei von 1872 wurden zahlreiche führende philippinische Reformer unter sehr fadenscheinigen Begründungen verhaftet. Unter ihnen war eine beträchtliche Anzahl von Priestern, und drei von ihnen, darunter der junge tatkräftige José Burgos, wurden hingerichtet. Die Filipino-Geistlichkeit spielte zwar keine führende Rolle in der radikaleren Nationalbewegung, die sich jetzt entwickelte, doch setzte sie ihre Unterstützung fort, und die drei hingerichteten Priester wurden Nationalhelden.

Als die philippinische Revolution 1896 ausbrach, unterstützte die Hierarchie Spanien, aber nach der Annexion durch die Vereinigten Staaten 1898 tat sie sich, hauptsächlich wegen der antiklerikalen Haltung der Revolutionäre, mit den Amerikanern zusammen. Das folgende Jahrzehnt brachte dem Katholizismus auf den Philippinen radikale Veränderungen: die rechtliche Trennung von Kirche und Staat, den allmählichen Rückzug der spanischen geistlichen Orden und die Ankunft vieler nichtspanischer römisch-katholischer Geistlicher. Spanische Bischöfe wurden nach und nach ersetzt, allerdings eher durch Amerikaner als durch Filipinos. Ressentiments gegen die Kirche blieben, und sie mußte sich nun einer doppelten Konkurrenz stellen, der nationalistischen Iglesia Filipina Independiente einerseits und den amerikanischen protestantischen Missionaren andererseits.

Die Iglesia Filipina Independiente begann 1899 Gestalt anzunehmen, als Gregorio Aglipay, ein einheimischer Priester, auf eine Aufforderung von Führern der Revolution reagierte, eine Organisation zu bilden, die nach dem Ende der spanischen Herrschaft die kirchlichen Angelegenheiten in eigene Hände übernehmen sollte. Aglipay hoffte auf Anerkennung aus Rom, wurde aber gedrängt, sich für die völlige Unabhängigkeit der Kirche auszusprechen, was er 1902 tat. Nach Schätzungen folgte ihm fast ein Viertel aller Katholiken auf den Philippinen, aber viele ebenso patriotische Filipinos und einheimische Geistliche waren nicht bereit, ihre Bindung an Rom aufzugeben. Unter dem Einfluß von Isabelo de los Reyes, einem patriotischen einheimischen Anwalt und Journalisten, der von den Spaniern des Landes verwiesen worden war, entwickelte die offizielle Theologie der neuen Kirche entschieden unitarische Tendenzen, und in den 30er Jahren wurden enge Beziehungen zur American Unitarian Association hergestellt. An der äußeren liturgischen Form änderte sich allerdings wenig, und das gleiche ließe sich wahrscheinlich von den Glaubensvorstellungen der meisten gewöhnlichen Mitglieder sagen. Die neue Kirche stand vor vielen Schwierigkeiten, die sich vor allem aus Geldmangel und aus dem niedrigen Bildungsniveau der meisten Geistlichen ergaben. Ihre Mitgliederzahl hielt nicht Schritt mit dem Wachstum der Bevölkerung. Sie stieß auf starke Opposition seitens einer römisch-katholischen Kirche, die allmählich wieder ihr Gleichgewicht fand und in der einheimische Priester eine immer stärkere Rolle spielten. Außerdem wurden die Führer der neuen Kirche in politische Aktivitäten und die Bildung der Republikanischen Partei verwickelt.

Mit Ausnahme der Episkopalkirche, die unter den entlegenen nichtchristlichen Stämmen und den Muslimgemeinden arbeitete, konzentrierten sich die protestantischen Konfessionen darauf, unter den Katholiken zu evangelisieren. Sie engagierten sich auch stark im Gesundheits- und Schulwesen sowie in der Sozialarbeit. Aus diesem Grund hatte der Protestantismus größeren Einfluß auf die Gesellschaft, als man aus der tatsächlichen Zahl der Bekehrten schließen würde. Es kam zu verschiedenen Spaltungen innerhalb der Konfessionen, da unabhängige Kirchen von Filipinos gegründet wurden, die bestrebt waren, ihre religiösen Angelegenheiten selbst in die Hand zu nehmen. Dies ermutigte die Missionsgesellschaften, freiwillig ihre Macht an rechtmäßige einheimische Schwesterkirchen abzutreten. Interesse wurde auch an der Zusammenarbeit und sogar der Einigung von Gruppen der etablierten Kirchen und gesonderter Gruppen der einheimischen Kirchen bekundet.

Es entstanden auch Kirchen, die als bloß »quasi christlich« bezeichnet wurden. Die wichtigste war die Iglesia ni Cristo, 1914 von Felix Manalo gegründet, der vorher Kontakte mit verschiedenen christlichen Gruppen gehabt hatte, darunter auch den Adventisten vom Siebenten Tag. Er glaubte, selbst der Engel zu sein, der »das Siegel des lebendigen Gottes« hatte (Offenbarung 7, 2), und lehrte, daß die Iglesia ni Cristo die einzige wahre Kirche sei und es keine Erlösung außer in ihr gebe. Straff organisiert und mit aggressiven Werbemethoden arbeitend, ist sie besonders seit dem Zweiten Weltkrieg schnell gewachsen.

Der Zweite Weltkrieg beeinträchtigte auch das Christentum auf den Philippinen. Er kostete Menschenleben und verursachte materiellen Schaden. Außerdem versuchten die japanischen Besatzer, eine religiöse Kontrolle auszuüben, wie sie es in Korea und in Japan selbst taten. Dies führte zu einer gewissen Feindschaft zwischen den protestantischen Kirchen, die zur Zusammenarbeit bereit gewesen waren, und denen, die sich verweigert hatten.

1946 erlangten die Philippinen die Selbständigkeit. Das Christentum spielt weiter eine wichtige Rolle im Land. Die römisch-katholische Kirche hat unter einem Mangel an männlichen Berufungen zu leiden und ist immer noch auf ausländische Geistliche angewiesen, von denen die meisten Angehörige geistlicher Orden sind. Die protestantischen Kirchen unterstehen der Kontrolle von Filipinos, sind aber immer noch von finanzieller Hilfe aus dem Ausland abhängig. Auch fundamentalistische missionarische Gruppen sind ins Land gekommen. Seit dem Krieg hat die Iglesia Filipina Independiente ihre unitarische Vergangenheit zum Preis eines kleineren Schismas abgeschüttelt und sehr enge Beziehungen, einschließlich eines Abkommens über eine Abendmahlsgemeinschaft, mit der philippinischen Episkopalkirche geknüpft. Die Beziehungen zwischen der römisch-katholischen Kirche und anderen christlichen Gruppen auf den Philippinen sind ebenfalls enger geworden.

Die wichtigste Frage, die sich dem Christentum heute auf den Philippinen stellt, ist die Frage des politischen Engagements. Obwohl der Vatikan eine neutrale Position fordert, begann die katholische Hierarchie seit der Mitte der 70er Jahre den breiteren gesellschaftlichen Zusammenhang der Religion hervorzuheben und die Auswüchse des Marcos-Regimes zu kritisieren. Später schloß sich ihr auch der protestantische nationale Kirchenrat an. Die Lage spitzte sich mit der Wahl des Jahres 1986 zu, als Kardinal Sin, die katholische Bischofskonferenz der Philippinen und das katholische Radio Veritas aus moralischen Gründen eine entscheidende und noch nicht dagewesene Rolle bei der Mobilisierung der öffentlichen Meinung gegen Marcos im Innern und in der Welt spielten und zum friedlichen Widerstand gegen den Wahlbetrug aufriefen. Die daraus hervorgegangene »unblutige Revolution« wurde weithin als Frucht der Einmischung der Geistlichen interpretiert.

EIN CHINESISCHES ANTICHRISTLICHES PLAKAT. Im 19. Jahrhundert wurde in China die Opposition gegen aggressive missionarische Betätigung durch eine grell antichristliche Literatur ausgedrückt und gefördert. Dieses Plakat nutzt die Tatsache aus, daß das chinesische Zeichen für »Herr/(Jesus)« homophon mit jenem für »Schwein« ist. Christus wird als Schwein dargestellt, und die Missionare werden beschuldigt, sexuelle Promiskuität zu predigen.

Gelände einer Missionsstation in China (1915). Die Gebäudegruppe, zu der hier auch ein Krankenhaus gehört, und die von hohen Mauern eingeschlossen ist, war typisch für das Leben der Missionare in China. Auch die chinesischen Wohnhäuser waren normalerweise von Mauern umgeben, doch nimmt man an, daß die Einfriedung der Station zur Isolation der Missionare vom chinesischen Leben beigetragen hat. Außerdem war der missionarische Besitz eine häufige Ursache für Feindseligkeiten gegen das Christentum.

Ostasien

China, Japan und Korea haben einen weitgehend ähnlichen religiösen Hintergrund, besonders was das enge Verhältnis zwischen Konfuzianismus und Staat betrifft. Zu Beginn des hier interessierenden Zeitabschnitts war das römisch-katholische Christentum von der Regierung in allen drei Ländern abgelehnt worden, wenn auch eher aus politischen als aus religiösen Gründen, und christliche Gemeinden wurden verfolgt. Als die Westmächte seit dem frühen 19. Jahrhundert versuchten, langsam diplomatische und kommerzielle Verbindungen westlicher Art mit Ostasien aufzubauen, wurde dies von einem allgemeinen Wiedererwachen missionarischer Interessen seitens der neuen protestantischen Missionsgesellschaften, aber auch der römischen Katholiken begleitet. Das Christentum war zu einem neuen Auftritt bereit, zwar immer noch als die fremde Religion aus dem Westen, aber als die Religion eines Westens, der nun über eine unleugbare kommerzielle, technische und militärische Überlegenheit verfügte, eines Westens, den man fürchten mußte, von dem aber auch eindeutig viel zu lernen war. Diese neue Lage beeinflußte zwangsläufig die Missionare ebenso wie ihr Publikum, allerdings auf sehr unterschiedliche Weise.

In allen drei Ländern wurden die Einschränkungen, die dem Christentum und der Evangelisation auferlegt waren, nur schrittweise aufgehoben. In China hatte das Christentum eine komplizierte und ambivalente Beziehung zu den westlichen Mächten. Es wäre falsch, wollte man behaupten, die christliche Botschaft selbst habe keinen Zuspruch gefunden. Dies wird an dem – zugegebenermaßen verzerrten – Einfluß »messianischer« evangelischer Ideen auf die Ideologie des Taiping-Aufstands von 1850-64 deutlich, aber auch an dem Wachstum des Christentums in Festlandchina seit 1949. Dennoch ist an dem Stereotyp des »Reischristen« etwas Wahres. Die Hoffnung auf westlichen Schutz und materielle Hilfe muß zumindest einen anfänglichen Einfluß auf Arme und ungebildete Bekehrte, die die große Mehrheit ausmachten, ausgeübt haben und wurde zweifellos von manchen Missionaren ausgenutzt, besonders von den französischen Katholiken. Andererseits verstärkte allein die Tatsache westlicher Macht und ihr Einsatz zur Hilfe für Missionare und chinesische Christen in örtlichen Auseinandersetzungen den zerstörerischen und subversiven Ruf des Christentums. Das machte auch gleichberechtigte Beziehungen zwischen Missionaren und chinesischen Christen schwierig. Westliche Macht ermöglichte eine missionarische Tätigkeit in großem Maßstab, aber das Christentum war in Perioden eines starken Nationalgefühls gefährdet, wie im Boxeraufstand von 1900, in den 20er Jahren und unter der kommunistischen Herrschaft zu sehen war. Auf lange Sicht wurde das Heranwachsen eines national anerkannten und unabhängigen Christentums durch seine Verbindung mit dem Westen zweifellos erschwert.

In Japan griff der Westen wirtschaftlich und politisch nie so tief ein wie in China, und die Beziehungen zwischen Missionaren und einheimischen Beamten waren im allgemeinen harmonischer. Die Missionare sahen einen positiven Zusammenhang zwischen Japans Wunsch nach materieller »Verwestlichung« und den Aussichten des Christentums und begrüßten folglich die Leistungen der neuen Meiji-Regierung (seit 1868). Sie mußten jedoch bald mit rationalen und wissenschaftlichen Argumenten gegen ein Christentum westlicher Herkunft kämpfen. Mit der Zeit stellte das zunehmende Ungleichgewicht zwischen Japans Erfolg bei der Übernahme westlicher Technik und seiner relativen Gleichgültigkeit gegenüber dem Christentum ihren Optimismus in Frage. Dennoch erfuhren Schriftsteller, die Pioniere des Sozialismus und sogar diejenigen, die den Buddhismus zu reformieren versuchten, einen gewissen christlichen Einfluß. Doch auch in Japan war die westliche Verbindung des Christentums ein zweischneidiges Schwert, und Christen mußten immer gegen das Stigma der Illoyalität kämpfen.

Korea bietet einen faszinierenden Kontrast sowohl zu China und Japan als auch zum übrigen Asien, da es unter die Vorherrschaft nichtchristlicher Länder geriet, zuerst Chinas und dann Japans, anstatt die direkte Bedrohung durch den westlichen Imperialismus zu erleben. Obwohl westliche Missionare versuchten, in ihrem Verhältnis zu den Japanern soweit wie möglich politisch neutral zu bleiben, identifizierte man Christentum mit antijapanischen Gefühlen, und so wurde es schließlich ein Ausdruck von Patriotismus statt des Gegenteils. Es ist sicher bezeichnend, daß das Christentum heute in Korea viel stärker ist als in jedem anderen asiatischen Land mit Ausnahme der Philippinen.

Das Christentum in China war seit dem frühen 18. Jahrhundert mit Unterbrechungen immer wieder Verfolgungen ausgesetzt, aber es war nicht erloschen, und die römisch-katholischen Missionare waren nie vollzählig vertrieben worden. Als die Missionare aufgrund von Klauseln in den Verträgen von 1844, 1858 und 1860 wieder Zugang bekamen, war es eines der vorrangigen Ziele der Katholiken, die Kontrolle über die noch vorhandenen christlichen Gemeinden, die Quellen katholischer Stärke geblieben waren, wieder zu festigen. Protestantische Missionare kamen in nennenswerter Zahl erst nach 1844 auf das chinesische Festland, obgleich die ersten schon 1807 eingetroffen waren. Wie ihre römisch-katholischen Zeitgenossen zeigten nur wenige Interesse an der chinesischen Kultur oder an der Art der Annäherung, die Ricci im späten 16. und frühen 17. Jahrhundert entwickelt hatte. Besondere Erwähnung verdient jedoch James Legge, dessen bahnbrechende Übersetzungen chinesischer Klassiker heute noch in hohem Ansehen stehen.

Katholiken wie Protestanten engagierten sich in der Einrichtung von Schulen und Krankenhäusern und in der Hungerhilfe. Diese weltliche Arbeit wurde vor allem damit gerechtfertigt, daß sie den Weg zur Evangelisation öffnete, obgleich dafür kaum Beweise

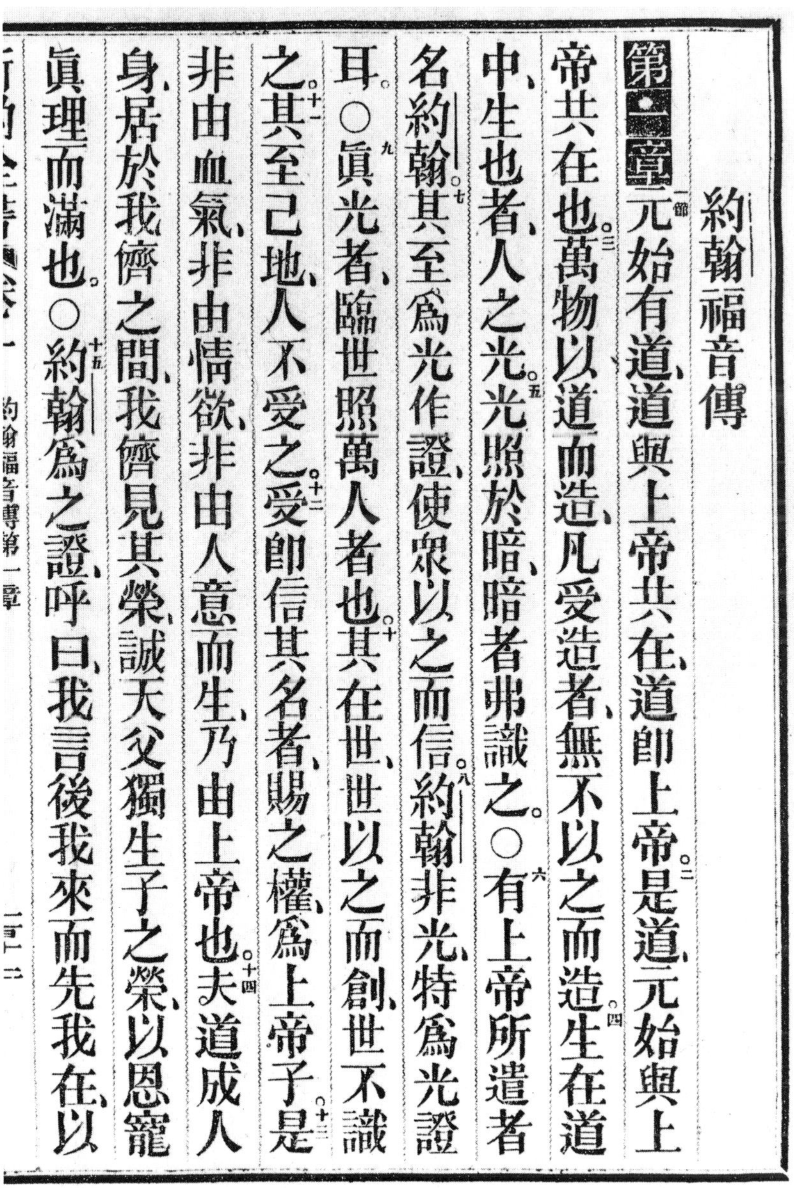
約翰福音傳

第一章 一節 元始有道、道與上帝共在、道卽上帝。二 是道、元始與上帝共在也。三 萬物以道而造、凡受造者、無不以之而造。四 生在道中、生也者、人之光。五 光照於暗、暗者弗識之。○ 六 有上帝所遣者名約翰、七 其至爲光作證、使衆以之而信。八 約翰非光、特爲光證耳。九 ○眞光者、臨世照萬人者也。十 其在世、世以之而創、世不識之。十一 其至己地、人不受之。十二 受之卽信其名者、賜之權、爲上帝子。十三 是非由血氣、非由情欲、非由人意、而生、乃由上帝也。十四 夫道成人身、居於我儕之間、我儕見其榮、誠天父獨生子之榮、以恩寵眞理而滿也。○ 十五 約翰爲之證、呼曰、我言後我來而先我在、以

約翰福音傳第一章

Die Bibel auf Chinesisch. Im Jahre 1847 gelang es einem Komitee protestantischer Missionare nicht, sich auf eine angemessene chinesische Übersetzung des Wortes »Gott« zu einigen; die Kontroverse setzte sich beinahe bis zum Ende des Jahrhunderts fort. Dieser Abschnitt, der Anfang des Johannesevangeliums, aus einer Fassung von 1866, verwendet *Shang-ti*, den Ausdruck, den sowohl Matteo Ricci als auch James Legge bevorzugten.

MISSIONARE IN CHINESISCHER KLEIDUNG. Timothy Richard und seine Frau trugen chinesische Kleidung, damit sie sich freier außerhalb der Vertragshäfen bewegen konnten und leichteren Zugang zu chinesischen Häusern hatten. Dieselbe Methode übernahm Hudson Taylor trotz seiner ansonsten völlig anderen Einstellung zur missionarischen Arbeit und zur chinesischen Kultur.

vorlagen. Doch einige protestantische Missionare sahen die Gesellschaftsreform in China zweifellos als Teil ihrer Aufgabe und sogar als wesentliche Vorbereitung der erfolgreichen Evangelisation an. In den 90er Jahren des 19. Jahrhunderts gelang es einer kleinen Gruppe von ihnen, darunter der britische baptistische Missionar Timothy Richard, mit Angehörigen der gebildeten Elite, die an der Reform Chinas nach westlichem Muster interessiert waren, Kontakt herzustellen. Der Einfluß dieser Reformpartei am Hof war allerdings sehr kurzlebig.

Schon früh in seiner beruflichen Laufbahn kam Richard zu dem Schluß, daß die Übernahme chinesischer Kleidung und anderer Bräuche ihm helfen würde, Kontakt zu den Chinesen herzustellen. Darin glich er einem anderen britischen Missionar, der in fast jeder anderen Beziehung das genaue Gegenteil von ihm darstellte, Hudson Taylor, der Gründer der China-Inland-Mission. Während Taylors harte Linie im Hinblick auf Ahnenverehrung und chinesische Kultur zweifellos viele Chinesen gegen ihn aufbrachte, waren seine Botschaft klar definiert und seine Methoden eindeutig auf einen Zweck gerichtet. Richard hatte sich ebensosehr der Aufgabe verschrieben, ein christliches China zu schaffen. Seine nachgiebigere Einstellung zur chinesischen Kultur und sein Interesse an weltlichen Reformen machten ihn zu einer akzeptableren Person, doch riskierte er damit, daß der christliche Kern seiner Botschaft übersehen wurde. Beide wirkten entschieden auf die Missionarsgemeinschaft ein, und Taylor erreichte viele Bekehrungen, aber keiner von beiden schuf ein christliches China.

Das Interesse, China nach westlichem Muster zu reformieren, nahm im frühen 20. Jahrhundert zu. Die Abschaffung des auf dem Konfuzianismus beruhenden Prüfungssystems im Jahre 1905 erhöhte die Beliebtheit westlicher Bildung. Besonders die Protestanten unternahmen hier große Anstrengungen, vor allem auf der Ebene der höheren Schulen und Universitäten. Die Hoffnungen auf ein neues, starkes und christliches China richteten sich hauptsächlich auf die Person Sun Yat-sens, der eine Missionsschule besucht hatte, ein getaufter (wenn auch etwas unberechenbarer) Christ, und stark von der Bewegung des »sozialen Evangeliums« beeinflußt war. Viele in seinem Umkreis, die mit ihm versuchten, die kaiserliche Herrschaft zu stürzen, hatten einen ähnlichen Hintergrund. Tschiang Kai-schek, der nach Sun Yat-sens Tod 1925 die Führung der Kuomintang übernahm, ließ eine wohlwollende Einstellung dem Christentum gegenüber erkennen, sogar als es höchst unpopulär war; er wurde 1930 getauft, wenn er auch zum Teil von dem Auftrieb, den es seinem Ruf im Westen gab, motiviert gewesen sein mag.

Trotz des wachsenden Interesses am Christentum, besonders in dem Jahrzehnt nach der Revolution von 1911, konkurrierte es nun mit dem viel breiteren Strom fremder Ideen, die nach China gelangten und denen gebildete Chinesen im Ausland begegneten. Sozialdarwinismus, Sozialismus und schließlich Marxismus-Leninismus stellten Entwicklungswege dar, die sowohl das Christentum als auch den Konfuzianismus herausforderten. Die Dinge spitzten sich in den 20er Jahren zu, als Gruppen wie die Antichristliche Liga gegründet wurden und Radikale und Nationalisten das Christentum als irrational anprangerten, als ein Hindernis des Wandels und im Bund mit dem westlichen Imperialismus. Missionare und chinesische Christen versuchten, auf die Angriffe zu reagieren und sich vom Imperialismus zu distanzieren. Daß die Störmanöver schließlich abflauten, war Tschiang Kai-scheks Eingreifen zu verdanken.

Es gab auch Konflikte innerhalb des Christentums selbst, vor allem in der Frage eines autonomen Christentums, das in der chinesischen Kultur wurzelte und frei war von den westlichen konfessionellen Spaltungen. Sowohl bei den Protestanten als auch bei den Katholiken gab es starke Bestrebungen in dieser Richtung. Der entscheidende Anstoß dazu kam von oben, von den Missionaren, aber auch von westlich gebildeten chinesischen Christen, die von der liberalen Theologie beeinflußt waren. Andererseits tauchten an der Basis unabhängige christliche Bewegungen mit einem starken »fundamentalistischen« und pfingstlerischen Anstrich auf. Zu ihnen zählten die Jesus-Familie sowie die 1926 von Watchman Nee gegründete Kleine Herde.

Das Christentum litt unter der japanischen Invasion Chinas ebenso wie die übrige Bevölkerung. Kirchenbesitz wurde zerstört und die erzieherische Arbeit unterbrochen. Als der Krieg endete, erklärten sich verschiedene Hilfswerke bereit, bei der Aufbauarbeit zu helfen. Weitere Missionare kamen ins Land. Dann brach jedoch der Bürgerkrieg aus, und der kommunistische Erfolg von 1949 veränderte die Lage. Während die Kommunisten sich einerseits für den Erhalt der Glaubensfreiheit aussprachen, mißtrauten sie andererseits den Verbindungen zwischen dem Christentum in China und dem ausländischen Imperialismus, besonders angesichts der antikommunistischen Haltung des Vatikans und der Vereinigten Staaten. Als die internationalen Spannungen 1950/51 zunahmen, verließen ausländische Missionare das Land, wurden vertrieben oder sogar verhaftet. Mittlerweile versuchten die chinesischen Führer der etablierten protestantischen Kirchen, sich mit der Regierung zu arrangieren. Ein »christliches Manifest« wurde abgefaßt und die Protestanten ermuntert, es zu unterschreiben. 1951 wurde die Patriotische Drei-Selbst-Bewegung (Selbsterhaltung, Selbstverwaltung, Selbstausbreitung) gegründet und Wu Yao-tsung zum Vorsitzenden gewählt. Prominente Christen mußten sich einer Umerziehung unterwerfen, und diejenigen Christen, die eine harte Linie vertraten, besonders Angehörige einheimischer Gruppen wie der Jesus-Familie und der Kleinen Herde, wurden streng behandelt. Bis 1952 waren alle protestantischen Bindungen mit ausländischen Organisationen durchtrennt. Von 1958 an, während des Großen Sprungs nach vorn, wurden Schritte unternommen, um die Vereinigung der verschiedenen Konfessionen zu fördern.

Die Stellung der Katholiken war um einiges komplizierter, da eine völlige Trennung vom Vatikan verlangt wurde. Es gab eine Patriotische Vereinigung ähnlich der Drei-Selbst-Bewegung, aber es dauerte länger, bis sie Mitglieder fand. Priester und Laien wurden verfolgt und verhaftet, besonders in Schanghai mit seiner langen katholischen Tradition, das sich als ein Zentrum des Widerstands erwies. Die eigentliche Spaltung vom Vatikan kam erst 1958, als die ersten Bischöfe von einheimischen Priestern gewählt und trotz Opposition des Vatikans geweiht wurden. Der Status dieser Bischöfe ist immer noch umstritten.

Die christliche Betätigung wurde mehr und mehr eingeschränkt. 1966 begann die Kulturrevolution. Sie traf alle Religionen gleichermaßen. Kirchen wurden geschlossen oder für andere Zwecke genutzt, Bibeln verbrannt, Priester und Pfarrer zur Umerziehung in Arbeitslager geschickt. Öffentlicher Gottesdienst war nicht mehr möglich. Außerhalb Chinas glaubte man, das organisierte Christentum müsse erloschen sein. Doch der Glaube wurde beibehalten und durch die Anstrengungen gewöhnlicher Christen, die »Hausgemeinden« bildeten und sich heimlich in Privathäusern zum Gottesdienst trafen, sogar gefestigt. Dies wurde deutlich, als die religiöse Lage sich entspannte, besonders nach 1979, als der öffentliche Gottesdienst wieder möglich wurde. Niemand weiß, was die Zukunft bringen wird, und es gibt Hinweise auf eine Spaltung in »offizielle« und »Untergrund«-Gruppen, besonders bei den Katholiken. Doch die Lebensfähigkeit eines Christentums, über das chinesische Christen endlich selbst die Kontrolle haben, ist unbestritten.

Aus Japan waren die Missionare Anfang des 17. Jahrhunderts vollkommen vertrieben worden. Erst nach den Verträgen von 1857 und 1858 kehrten sie wieder zurück. Allerdings hatten sie auch da noch keine Erlaubnis zu evangelisieren. 1865 nahm eine Gruppe »heimlicher« Christen mit römisch-katholischen Priestern in Nagasaki Verbindung auf, und man schätzte, daß allein in der Gegend von Nagasaki 20000 Gläubige mehr als 200 Jahre periodisch auftretender Verfolgungen und ständiger Gefahr in isolierten ländlichen Gemeinden überlebt hatten. Als die Behörden die Situation erkannten, begann tragischerweise eine neue Welle der Verfolgung, die erst 1873 auf starken diplomatischen Druck hin aufhörte. Die Glaubensvorstellungen und Praktiken der heimlichen Gemeinden waren zwangsläufig vom Pfad der Orthodoxie abgekommen, und die römisch-katholischen

CHRISTENTUM IN CHINA NACH DER KULTURREVOLUTION. 1980 nahm eine Versammlung von Männern und Frauen aller Altersgruppen an der Wiedereröffnung einer protestantischen Kirche in Schanghai teil *(oben)*. Eine tridentinische Messe *(links)* wird 1984 in einer römisch-katholischen Kirche gefeiert; der Priester blickt zum Altar, nicht zu den Gläubigen.

FÜHRENDE JAPANISCHE PROTESTANTEN im Jahre 1883. Ehemalige *Samurai,* die sich für das Christentum zunächst interessiert hatten, weil sie das Geheimnis der westlichen technischen Überlegenheit erfahren wollten, spielten im frühen protestantischen Christentum in Japan eine wichtige Rolle, indem sie die Selbsterhaltung und Unabhängigkeit von westlichen Missionsgesellschaften über konfessionelle Unterschiede stellten. (Uchimura Kanzo ist der fünfte von rechts in der zweiten Reihe; vor ihm in der ersten Reihe sitzt ein koreanischer Christ.)

Missionare richteten ihre Aufmerksamkeit darauf, sie wieder in den Schoß der Kirche zurückzuführen. Viele Gruppen blieben lieber außerhalb der Kirche, als daß sie die Bräuche, die sie zu einem so hohen Preis bewahrt hatten, geändert hätten. Nach 1873 gab es nunmehr wenige praktische Beschränkungen für die Betätigung von Missionaren und Christen, doch wurden sie nach wie vor – besonders in Zeiten nationaler Spannung – mit Argwohn betrachtet.

Das denkwürdigste Ereignis in der Geschichte des frühen protestantischen Christentums in Japan war die Bekehrung einer stattlichen Gruppe gebildeter japanischer Ex-Samurai, die auf die Wichtigkeit der Selbsterhaltung und Unabhängigkeit hinwiesen.

Missionare spielten eine viel geringere Rolle als in China. Mit der Zeit sahen sie sich wachsender Kritik ausgesetzt. Man warf ihnen vor, arrogant, mangelhaft ausgebildet und altmodisch bzw. engstirnig in ihren theologischen Ansichten zu sein. Der berühmteste der frühen japanischen Protestantenführer ist Uchimura Kanzo, der die »Nicht-Kirche«-Bewegung gründete. Diese begreift die traditionelle Kirchenstruktur des Christentums als westliche Erfindung und verwirft alle formalen religiösen Einrichtungen zugunsten lose organisierter Bibelstudiengruppen, die auf der vertrauteren asiatischen Lehrer-Schüler-Beziehung aufbauen. Uchimura fand landesweite Aufmerksamkeit wegen seines moralischen Standpunkts in politischen Fragen, besonders in den 90er Jahren des 19. und zu Beginn dieses Jahrhunderts. Er genießt heute in Japan höchste Bewunderung für die offene Art, in der er sich mit dem Problem auseinandersetzte, sowohl patriotischer Japaner als auch guter Christ zu sein.

Seit dem frühen 20. Jahrhundert verlor das Christentum in ländlichen Gegenden allmählich an Einfluß, entwickelte jedoch eine enge Bindung an die städtische Mittelschicht, die es auch heute noch hat. Gleichzeitig rückte das Problem derjenigen, denen es infolge der Industrialisierung Japans eher schlechter als besser geht, in den Mittelpunkt des Interesses einiger Christen. Kagawa Toyohiko erlangte nationales und noch mehr internationales Ansehen aufgrund seiner Arbeit unter diesen Menschen. Christliche Erziehungseinrichtungen wetteiferten mit einem besser ausgestatteten und billigeren staatlichen Erziehungssystem, und es fehlte ihnen meist an akademischem Prestige. Das Christentum an sich war jedoch unter Studenten in den zwei Jahrzehnten nach 1910 populär, und für Frauen blieben christliche Bildungseinrichtungen sehr wichtig.

Während dieser Zeit stieg Japan zur Weltmacht auf und begann, das restliche Asien sowohl wirtschaftlich als auch militärisch zu beherrschen. Die etablierten Kirchen spiegelten den Wunsch ihrer Mitglieder, gute Japaner und gute Christen zu sein, und neigten dazu, alles, was geschah, zu akzeptieren und in möglichst günstigem Licht zu interpretieren. Starke Kräfte in der Nihon Kirisuto Kumiai Kyokai, der japanischen kongregationalistischen Kirche, begrüßten die japanische Annexion Koreas 1910 und schickten Missionare zu den Koreanern, um ihnen eine geistige und politische Führung zu geben. Einzelne Christen wie Kashiwagi Gien von der Kumiai Kyokai und später Yanaihara Tadao von der Nichtkirchlichen Bewegung waren skeptischer und kritisierten offen das Vorgehen der Regierung, doch machten sie nur eine kleine Minderheit aus.

Mit der Zeit nahm der Druck der Regierung auf alle religiösen Gruppen zu, und der Besuch der Shinto-Schreine wurde ein wichtiger Teil des öffentlichen Lebens. 1936 akzeptierte Propaganda Fide offiziell die Behauptung der Regierung, Shinto und seine Riten seien eher patriotisch als religiös. Nachdem sich die Nation 1937 dem Krieg gegen China verschrieben hatte, stellten sich fast alle hinter die Führung, der Rest schwieg. Als Folge des Gesetzes von 1939 über religiöse Gruppen und eines noch stärkeren Drucks der Regierung wurden die Bindungen mit den ausländischen missionarischen Organisationen durchschnitten, und die meisten protestantischen kirchlichen Gruppen gelangten zu dem Schluß, daß ihre beste Überlebenschance darin liege, ihre Kräfte zu sammeln und sich um die Anerkennung als religiöse Gruppe durch das Erziehungsministerium zu bemühen. So wurde 1941 der Nihon Kirisuto Kyodan gebildet. Die Kirchen, die sich nicht anschlossen, wurden bis zum Kriegsende schikaniert, desgleichen die fundamentalistischen und chilia-

CHRISTLICHES DENKMAL IN NAGASAKI. Nagasaki bleibt ein Zentrum des römischen Katholizismus in Japan, das es Jahr für Jahr auf eine große Zahl von Berufungen bringt. Dieses Denkmal wurde 1962 errichtet, um an den hundertsten Jahrestag der Heiligsprechung von 26 ausländischen und japanischen Christen zu erinnern, die 1597 hier den Märtyrertod starben.

stischen Heiligkeitskirchen, obwohl sie sich angeschlossen hatten. Die katholische Kirche bemühte sich ebenfalls um Anerkennung und hatte trotz der Tatsache, daß ihre japanische Führung die Trennung von Rom verweigerte, Erfolg.

Die Atombombe, die 1945 über Nagasaki abgeworfen wurde, vernichtete das älteste Zentrum des Christentums im Land. Generell litten die Christen unter den Auswirkungen des Krieges ebenso wie das übrige Land. Nach Kriegsende kehrten die Missionare zurück, viele von ihnen als Vertreter neuer fundamentalistischer Gruppen, und aus christlichen Quellen kam finanzielle Hilfe herein. Die Reaktion gegen die alte Ordnung und die Begeisterung für Reformen und Demokratie wurden von einem erneuten Interesse am Christentum begleitet, das allerdings allmählich wieder schwand. Manche protestantischen Kirchen spalteten sich vom Kyodan ab, doch blieb er die größte protestantische Gruppe. Die Auseinandersetzung der japanischen Christen mit ihrer Mittäterschaft bei den Ereignissen, die zum Krieg geführt hatten, festigte ihren Entschluß, nicht noch einmal Ähnliches geschehen zu lassen. Sie sind in der Friedensbewegung aktiv und prangern die Regierung an, wann immer diese sich zu sehr mit dem Shinto einläßt, besonders wenn Kabinettsmitglieder an Feiern für die Gefallenen am Yasukuni-Schrein teilnehmen. Im heutigen Japan gibt es berühmte christliche Schriftsteller wie Endo Shusaku, die Bibel verkauft

JAPANISCHE HOCHZEITSWERBUNG. Weiße Hochzeiten nach christlicher Art in neugotischer Umgebung sind im heutigen Japan sehr beliebt und werden, wie hier, überall angeboten. Ihre Beliebtheit veranschaulicht das bezaubernde, wenn auch fremde Bild, das man sich vom Christentum macht, deutet aber auch die Anziehungskraft der westlichen Vorstellung von der Ehe als Partnerschaft zwischen Gleichberechtigten an.

sich gut, Weihnachten ist ein erfolgreiches kommerzielles Fest, und viele unter den »neuen« Religionen, die seit dem Krieg ein so spektakuläres Wachstum erlebten, zeigen Spuren eines christlichen Einflusses. Doch das Christentum selbst wird immer noch als fremde, westliche Religion betrachtet und ist aus diesem Grund zwar reizvoll, liegt aber auch jenseits des geistig-seelischen Horizonts des Durchschnittsjapaners.

Was Korea anbelangt, so kam das römisch-katholische Christentum erst gegen Ende des 18. Jahrhunderts über China in das Land. Bis Mitte der 40er Jahre des 19. Jahrhunderts gab es praktisch keine westlichen Missionare, doch gelang es dann schnell, Bekehrte in allen Gesellschaftsschichten zu machen. Der Zuspruch, den das Christentum besonders bei Angehörigen der Elite fand, weckte jedoch das Mißtrauen der Regierung, und 1801 kam es zu einer ersten schlimmen Verfolgungswelle, der weitere folgten. Das protestantische Christentum gelangte auf ähnlich indirekte Weise seit den 70er Jahren des 19. Jahrhunderts nach Korea, koordinierte missionarische Bemühungen wurden jedoch erst möglich, als die Westmächte, diesmal im Gefolge Japans, in den 80er Jahren begannen, Verträge abzuschließen. Nichtsdestoweniger blieb die Situation bis zum Beginn des nächsten Jahrzehnts relativ unsicher, wobei die römisch-katholischen Missionare eine ziemlich aggressive Haltung an den Tag legten, während ihre protestantischen Kollegen vorsichtiger waren. Wichtige Merkmale dieses frühen Stadiums des Christentums in Korea sind das Gewicht, das Katholiken und Protestanten auf den Gebrauch der einheimischen koreanischen Schrift legten, um das Christentum gewöhnlichen Koreanern zugänglich zu machen, sowie das protestantische Bemühen, die Selbsterhaltung und die eigenständige Ausbreitung durch einzelne koreanische Christen anstatt durch offizielle Kirchenorganisationen zu fördern.

Der Sieg Japans im chinesisch-japanischen Krieg 1895 führte zu einem zunehmenden japanischen Einfluß in koreanischen Angelegenheiten. Das Christentum wurde mit dem neuen Zustrom westlicher Ideen und dem Interesse an einer Modernisierung verbunden, übte aber auch eine starke geistige Anziehung aus, besonders in Zeiten großer Hoffnungslosigkeit und Not, wie es sich in der Erweckungsbewegung von 1907 zeigte. Darüber hinaus wurde es mit patriotischen, antijapanischen Gefühlen identifiziert. Nach der Annexion von 1910 nahm diese Tendenz zu, da die Kirchengruppen praktisch die einzigen unabhängigen Körperschaften waren, die über eine nationale Organisation und internationale Verbindungen verfügten. Christen wurden dementsprechend mit starkem Mißtrauen betrachtet, und sie stellten auch die Mehrheit der über 150 Intellektuellen, die 1911 wegen angeblicher Verschwörung gegen die japanische Herrschaft verhaftet und gefoltert wurden. Dennoch spielten sie eine herausragende Rolle bei antijapanischen Protesten, namentlich bei der »Bewegung des 1. März« 1919. Die Verfolgung nahm in den 30er Jahren noch zu, als die Frage der christlichen Besuche bei den Shinto-Schreinen zu einem Problem wurde. Viele Christen zeigten Mut, aber schließlich mußten alle christlichen Gruppen entweder die offizielle Politik anerkennen, nach der die Befolgung der Shinto-Bräuche nichtreligiöser Ausdruck der Loyalität zum japanischen Staat war, oder aber ihre Existenz aufgeben.

DAS KREUZ ALS BAUM DES LEBENS – eine Station des Kreuzwegs in der Kirche von Toffo in Benin; ein polychromes Relief (um 1970) von Tidjani Agona, einem muslimischen Künstler.

ALTAR IN BIJORA IN TANSANIA (1972) – geformt wie ein Häuptlingssitz, mit einem hüttenartigen Tabernakel. Der Schild und die Speere sowie der Behang mit dem Leopardenmuster dahinter gehören zu den Insignien eines Häuptlings.

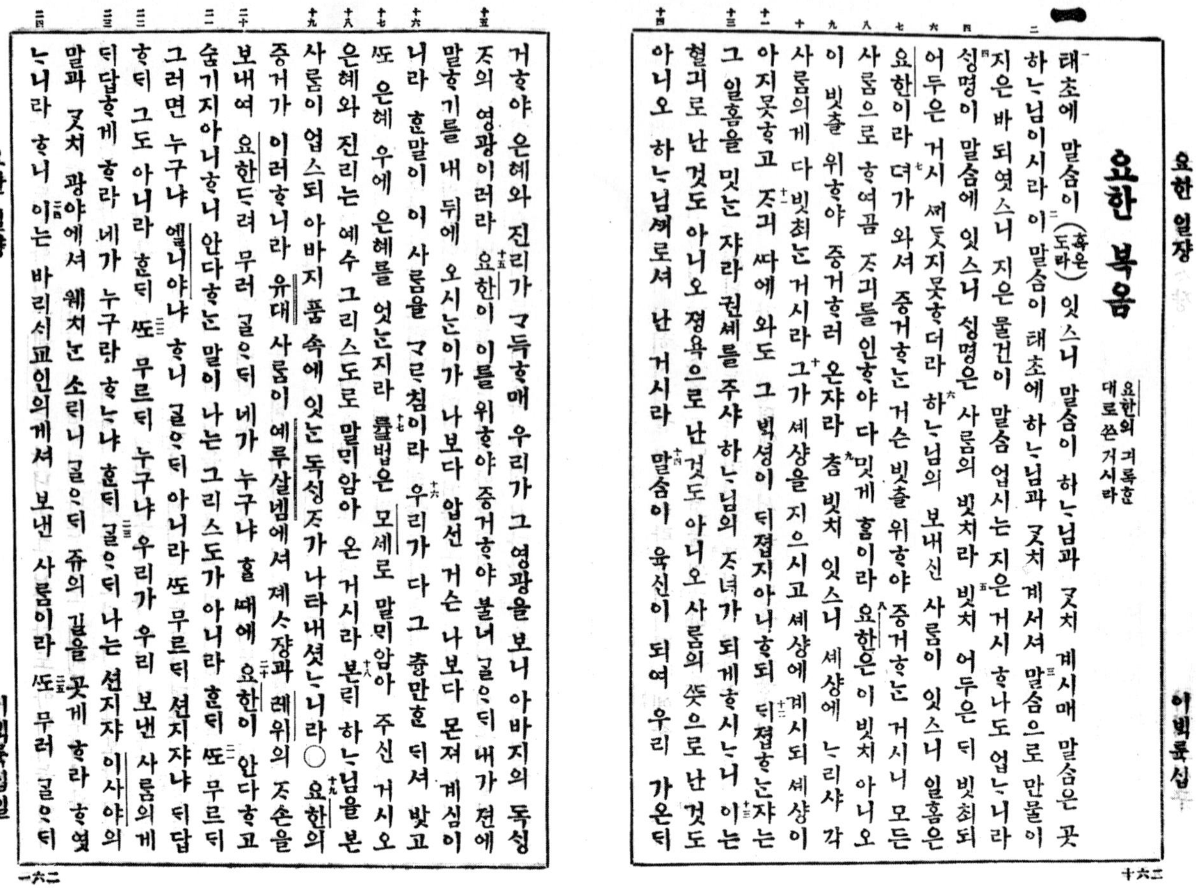

요한 복음

요한의 긔록ᄒᆞᆫ 대로 쓴 거시라

一 태초에 말ᄉᆞᆷ이 (혹은 도라) 잇스니 말ᄉᆞᆷ이 ᄒᆞᄂᆞ님과 ᄀᆞᆺ치 계시매 말ᄉᆞᆷ은 곳
ᄒᆞᄂᆞ님이시라 二 이 말ᄉᆞᆷ이 태초에 ᄒᆞᄂᆞ님과 ᄀᆞᆺ치 계셔셔 三 말ᄉᆞᆷ으로 만물이
지은 바 되엿스니 지은 물건이 말ᄉᆞᆷ 업시는 지은 거시 ᄒᆞ나도 업ᄂᆞ니라
四 ᄉᆡᆼ명이 말ᄉᆞᆷ에 잇스니 ᄉᆡᆼ명은 사ᄅᆞᆷ의 빗치라 五 빗치 어두은 ᄃᆡ 빗최되
어두은 거시 ᄭᆡ닷지 못ᄒᆞ더라 六 ᄒᆞᄂᆞ님의 보내신 사ᄅᆞᆷ이 잇스니 일홈은
요한이라 七 뎌가 와셔 증거ᄒᆞᄂᆞᆫ 거ᄉᆞᆫ 빗출 위ᄒᆞ야 증거ᄒᆞᄂᆞᆫ 거시니 모든
사ᄅᆞᆷ으로 ᄒᆞ여곰 ᄌᆞ긔를 인ᄒᆞ야 다 밋게 홈이라 八 요한은 이 빗치 아니오
이 빗출 위ᄒᆞ야 증거ᄒᆞ러 온쟈라 九 참 빗치 잇스니 세샹에 ᄂᆞ리샤 각
사ᄅᆞᆷ의게 다 빗최ᄂᆞᆫ 거시라 十 그가 세샹을 지으시고 세샹에 계시되 세샹이
아지 못ᄒᆞ고 十一 ᄌᆞ긔 ᄯᅡ에 와도 그 ᄇᆡᆨ셩이 ᄃᆡ졉지 아니ᄒᆞ되 十二 ᄃᆡ졉ᄒᆞᄂᆞᆫ쟈 는
그 일홈을 밋ᄂᆞᆫ 쟈라 권세를 주샤 ᄒᆞᄂᆞ님의 ᄌᆞ녀가 되게 ᄒᆞ시ᄂᆞ니 十三 이ᄂᆞᆫ
혈긔로 난 것도 아니오 졍욕으로 난 것도 아니오 사ᄅᆞᆷ의 ᄯᅳᆺ으로 난 것도
아니오 ᄒᆞᄂᆞ님ᄭᅴ로셔 난 거시라 十四 말ᄉᆞᆷ이 육신이 되여 우리 가온ᄃᆡ

요한 일쟝 이ᄇᆡᆨ륙십

十六二

거ᄒᆞ야 은혜와 진리가 ᄀᆞ득ᄒᆞ매 우리가 그 영광을 보니 아바지의 독ᄉᆡᆼ
ᄌᆞ의 영광이러라 十五 요한이 이를 위ᄒᆞ야 증거ᄒᆞ야 불너 ᄀᆞᆯᄋᆞᄃᆡ 내가 젼에
말ᄒᆞ기를 내 뒤에 오시ᄂᆞᆫ 이가 나보다 압선 거ᄉᆞᆫ 나보다 몬져 계심이
니라 ᄒᆞᆫ 말이 이 사ᄅᆞᆷ을 ᄀᆞᄅᆞ쳠이라 十六 우리가 다 그 츙만ᄒᆞᆫ ᄃᆡ셔 밧고
ᄯᅩ 은혜 우에 은혜를 엇ᄂᆞᆫ지라 十七 률법은 모세로 말ᄆᆡ암아 주신 거시오
은혜와 진리ᄂᆞᆫ 예수 그리스도로 말ᄆᆡ암아 온 거시라 十八 본ᄅᆡ ᄒᆞᄂᆞ님을 본
사ᄅᆞᆷ이 업스되 아바지 품 속에 잇ᄂᆞᆫ 독ᄉᆡᆼᄌᆞ가 나타내셧ᄂᆞ니라 ○ 十九 요한의
증거가 이러ᄒᆞ니라 유대 사ᄅᆞᆷ이 예루살넴에셔 졔ᄉᆞ쟝과 레위의 ᄌᆞ손을
보내여 요한ᄃᆞ려 무러 ᄀᆞᆯᄋᆞᄃᆡ 네가 누구냐 ᄒᆞᆯ 때에 二十 요한이 안다ᄒᆞ고
숨기지 아니ᄒᆞ니 안다ᄒᆞᄂᆞᆫ 말이 나ᄂᆞᆫ 그리스도가 아니라 ᄒᆞᆫᄃᆡ 二十一 ᄯᅩ 무르ᄃᆡ
그러면 누구냐 엘니야냐 ᄒᆞ니 ᄀᆞᆯᄋᆞᄃᆡ 아니라 ᄯᅩ 무르ᄃᆡ 션지쟈냐 ᄃᆡ답
ᄒᆞᄃᆡ 그도 아니라 ᄒᆞᆫᄃᆡ 二十二 ᄯᅩ 무르ᄃᆡ 누구냐 우리가 우리 보낸 사ᄅᆞᆷ의게
ᄃᆡ답ᄒᆞ게 ᄒᆞ라 네가 누구라 ᄒᆞᄂᆞ냐 二十三 ᄀᆞᆯᄋᆞᄃᆡ 나ᄂᆞᆫ 션지쟈 이사야의
말과 ᄀᆞᆺ치 광야에셔 웨치ᄂᆞᆫ 소ᄅᆡ니 쥬의 길을 곳게 ᄒᆞ라 ᄒᆞ엿
ᄂᆞ니라 ᄒᆞ니 二十四 이ᄂᆞᆫ 바리새교인의게셔 보낸 사ᄅᆞᆷ이라 二十五 ᄯᅩ 무러 ᄀᆞᆯᄋᆞᄃᆡ

요한 일쟝 이ᄇᆡᆨ륙십일

一六二

Die Bibel auf Koreanisch. Die ersten koreanischen Katholiken verwendeten wieder das Han'gul-Alphabet – die vernachlässigte einheimische koreanische Schrift an Stelle der chinesischen – in ihren christlichen Schriften, und es wurde auch für die protestantischen Bibelübersetzungen übernommen. Damit wurde das Christentum der breiten Masse der Koreaner zugänglich und trug dazu bei, ihnen eine Identität zu geben. Bei diesem Auszug handelt es sich um den Anfang des Johannesevangeliums in einer Ausgabe von 1910.

Für Korea bedeutete das Ende des Zweiten Weltkriegs das Ende der japanischen Vorherrschaft, aber auch den Beginn eines neuen politischen Konflikts. Das Christentum wurde sowohl durch die Teilung in Nord- und Südkorea beeinträchtigt, als auch, im Fall des Protestantismus, durch interne Schwierigkeiten, als Pfarrer, die verhaftet worden waren, weil sie die Verehrung der Shinto-Schreine abgelehnt hatten, aus der Haft entlassen wurden und an denen, die Kompromisse geschlossen hatten, Kritik übten. Darüber hinaus kam es zu institutionellen Spaltungen zwischen den Befürwortern der weltweiten ökumenischen Bewegung und denjenigen, die dies politisch und theologisch für fragwürdig hielten. Der Koreakrieg (1950-53) verursachte einen gewaltigen Flüchtlingsstrom in Richtung Süden. Darunter waren viele Christen. Diejenigen, die in Nordkorea blieben, begannen sich in einer Art Hauskirchenbewegung zu sammeln. Im Süden kam es zu unterschiedlichen Entwicklungen. Wie in Japan sind neue religiöse Bewegungen hervorgetreten, die Spuren christlichen Einflusses zeigen. Am bekanntesten ist vielleicht die Vereinigungskirche von Mun San Myung, der es als seine Aufgabe ansieht, das Werk, das Christus unvollendet gelassen hat, zu Ende zu bringen.

Die ersten zwei Präsidenten Südkoreas waren Christen. Nach der Machtergreifung des Militärs 1961 politisierte sich das etablierte Christentum in zunehmendem Maße, wobei der Anstoß dazu von liberalen Protestanten ausging. Seit Mitte der 70er Jahre wurde es zu einem Hauptzentrum der oppositionellen Aktivitäten. Damit verbunden war die Entstehung einer koreanischen »Befreiungstheologie«, der *minjung*-Theologie, in der die historische Erfahrung des koreanischen Volkes mit der im Alten Testament offenbarten Erfahrung der Israeliten gleichgesetzt wird. Das Christentum scheint ein anerkannter Teil des nationalen Lebens geworden zu sein.

In Asien traf das Christentum auf alte und hochentwickelte Zivilisationen mit verschiedenen religiös-philosophischen Traditionen und setzte sich mit ihnen auf unterschiedliche Weise auseinander. Es mag scheinen, als ständen das menschliche Bemühen und Leiden sowie die aufgewendeten Geldbeträge in keinem angemessenen Verhältnis zu den zahlenmäßig geringen Ergebnissen. Aber das Christentum hat in Asien einen Einfluß ausgeübt, der die tatsächliche Zahl der Gläubigen weit übertrifft, wie asiatische Christen auch ihren eigenen Beitrag zur Entwicklung des Christentums als Weltreligion geleistet haben, nämlich durch ihre Schriften und durch ihre aktive Beteiligung an internationalen christlichen Bewegungen, besonders solchen ökumenischer Natur. Die reichhaltige Erfahrung des Christentums in Asien ist in verschiedener Hinsicht von Interesse. Sie veranlaßt uns, die Ursachen und Auswirkungen missionarischer Tätigkeit zu untersuchen, insbesondere ihre Verbindungen mit dem westlichen Imperialismus. Sie veranlaßt uns auch, über das Wesen des Christentums an sich, über seine gesellschaftlichen und wirtschaftlichen Auswirkungen nachzudenken, während wir seine Herausforderung an die Strukturen und Prozesse, die von denen im Westen abweichen, und die Bedeutung seines Anspruchs sehen, eine einzigartige und universelle Offenbarung zu sein, die über die Grenzen der westlichen Zivilisation hinausgeht.

DIE TÜRKENHERRSCHAFT. Die Hagia Sophia in Konstantinopel wurde unmittelbar nach der türkischen Eroberung im Jahre 1453 in eine Moschee umgewandelt. Die Minarette baute man in der Folge an. Dennoch hoffte die orthodoxe Welt bis ins 20. Jahrhundert hinein auf ihre Rückgabe. In der säkularisierten Türkei Kemal Atatürks wurde das Gebäude in ein Museum umgewandelt (1933). Fossatis Stich zeigt sie in der Mitte des 19. Jahrhunderts.

gewiß mehr als ein bloßer Wechsel. Die russische Kirchenverwaltung sollte von einem ausgedünnten Synod geleitet werden, der unter strenger und ständiger Regierungsaufsicht stand. Die Vorschläge zur Überprüfung und Reform der Beziehungen zwischen Kirche und Staat, wie sie während der zweihundertjährigen Existenz des Synods von einzelnen Kirchenleuten immer wieder vorgetragen worden waren, sollten fortan außer acht gelassen und in die Archive verbannt werden.

Als besonderes Ärgernis wurde es empfunden, daß der wichtigste Beamte und Aufseher des Synods ein Laie sein sollte, der vielleicht nicht einmal orthodoxen Glaubens war. Peters ursprüngliche Instruktionen verlangten nicht mehr, als daß er »ein guter Mann..., zu wählen unter den Beamten« und »unser Auge und persönlicher Vertreter für die Angelegenheiten des Staates« sein sollte. Es ist bezeichnend, daß sein Titel *Oberprokuror* aus der deutschen Sprache und dem protestantischen Milieu entlehnt war. So überrascht es nicht, was ein anglikanischer Geistlicher 1698 berichtete: »Peter hörte keinem Teil meiner

Ausführungen aufmerksamer zu, als dem Punkt, als ich die Autorität, welche die christlichen Kaiser in Sachen der Religion geltend machen, und den Supremat unserer Könige erklärte.« Dieser Supremat der Könige paßte sehr gut zu den Plänen des russischen Herrschers.

Somit wurde die geistige und sogar administrative Autonomie, deren sich der Patriarch von Konstantinopel im Gebiet des islamischen Osmanischen Reichs erfreute, dem Synod der russischen Kirche in einer erklärtermaßen christlichen Gesellschaft nicht gewährt. Als christlich und orthodox konnte sich diese Gesellschaft dennoch bezeichnen, und das mit gutem Grund. Die Mehrheit der Bevölkerung sollte von jener Verwestlichung und Säkularisierung der höheren und leitenden Ränge, die Peter gefördert hatte, noch lange weitgehend unberührt bleiben. Außerdem war die förmliche Orthodoxie des öffentlichen Lebens, vom Krönungszeremoniell angefangen, auf allen Ebenen der Gesellschaft gewährleistet.

Rußland und seine Orthodoxie wurden zu einem Bezugspunkt und zu einer Kraftquelle unterjochter Nationen, die vergleichbare Möglichkeiten und einen vergleichbaren Rang anstrebten. Hier liegt auch der Grund für das Engagement St. Petersburgs, das sich mit Sicherheit aus dem Gegensatz speiste, der zwischen dem Russischen und dem Osmanischen Reich herrschte. Denn die Kirchen, die die Unabhängigkeit anstrebten, mußten sich in erster Linie gegen die Vorherrschaft des Patriarchats von Konstantinopel wehren. Die Suche nach kirchlicher Selbstbestimmung verband sich stets mit einem gewissen an-

Der russische Kaiser und der Synod. Die Statue Peters des Großen, 1782 von E. Falconet geschaffen, scheint die Gebäude des Allerheiligsten Synods in St. Petersburg zu beherrschen. Dieses Verhältnis entspricht den Absichten des Kaisers hinsichtlich der Beziehungen zwischen Kirche und Staat, die sich von 1721 bis 1917 behaupten konnten. Ein Stich aus dem Jahre 1836.

tiosmanischen oder antimuslimischen Standpunkt unter den Bürgern der verschiedenen entstehenden Nationen. Die Orthodoxie des Patriarchats von Konstantinopel wurde normalerweise nicht angezweifelt, obwohl der ausgeprägte Calvinismus eines Patriarchen des 17. Jahrhunderts wie Kyrillos Loukaris nicht so leicht in Vergessenheit geriet. Aber jeder Patriarch stand zwangsläufig in der Gunst des Sultans, der allein seine Wahl bestätigen oder rückgängig machen konnte. Diese Gunst war ziemlich teuer erkauft. Denn man erwartete vom Patriarchen, daß er den Weg zum Thron mit einem großzügigen *peschkesch* an den Sultan pflasterte, und vom Patriarchat als Ganzem wurde verlangt, daß es Jahr für Jahr zusätzliche Zahlungen an die osmanische Staatskasse abführte. Dafür war der Patriarch mit der Aufsicht über sämtliche christlichen Untertanen des Sultans betraut. Er war tatsächlich ihr Ethnarch, praktisch der Statthalter der islamischen Pforte. Es war paradox, daß seine potentielle Macht größer war als vor der türkischen Eroberung. Christen wie Muslime hatten daher allen Grund, ein gewisses Maß von Anpassung, wenn nicht Passivität von ihm zu erwarten. Ein Dokument, das Patriarch Gregor V. 1798 (allerdings unter dem Namen des Patriarchen von Jerusalem Anthimos) herausgab, dürfte sie in diesen Erwartungen voll bestätigt haben. Unter der Überschrift *Väterliche Ermahnung* forderte es zur rückhaltlosen Annahme der türkischen Herrschaft auf, mit all ihrem Nutzen für die Christen: Es war eindeutig Gottes Wille, daß es so geschehe. Jedes Streben nach politischer Emanzipation war demnach »eine Aufwiegelung des Teufels, ein tödliches Gift, dazu bestimmt, die Menschen in Unordnung und Vernichtung zu stoßen«.

Neue Königreiche, unabhängige Kirchen

Viele waren jedoch zu solcher Unordnung und, wenn es sein mußte, Vernichtung bereit. Besonders eine säkularisierte griechische Bildungsschicht, die vom Vorbild der Französischen Revolution beeindruckt war und sich stärker von der Lektüre der *philosophes* als der Kirchenväter leiten ließ, war damit beschäftigt, den Boden für nationale Erhebungen zu bereiten. Die orthodoxe Kirche stand nicht im Mittelpunkt solcher Pläne. Dennoch war dies die Kirche, der die Masse der griechischen Bevölkerung angehörte, und ihr offenkundiger Glaube konnte kaum außer acht gelassen werden. So mußten auch die Intellektuellen, obwohl sie sich darüber erhaben fühlten, einräumen, daß »die Religion des Staates die östliche orthodoxe Kirche Christi« ist. Allerdings verlangte eine »Staatsreligion« nach neuen Grenzen, und wie diese aussehen sollten, wurde mehrere Jahrzehnte lang diskutiert.

Im Fall des benachbarten Serbien war die Frage neuer Strukturen weniger dringlich als in Griechenland, da der Patriarch von Konstantinopel schon früher den besonderen Rang der Kirche in serbischen Ländern anerkannt hatte. Konstantinopel räumte der Ortskirche wenigstens einen gewissen Rang ein, indem es seine Autorität am Ort durch einen Mittelsmann, einen Exarchen, ausüben ließ, wenn dieser auch Grieche war. Nach und nach billigte das Patriarchat jedoch die schrittweise Ersetzung der griechischen durch serbische Bischöfe und akzeptierte auch die Autonomie der Nationalkirche im gerade befreiten serbischen Fürstentum. Die 1832 gewährte formale Autonomie wurde 1879 durch die Gewährung der vollen Autokephalie bestätigt und erweitert. 1920 gewann die serbische Kirche ihren Patriarchatsrang wieder, der ihr bereits 1346 zuerkannt worden war.

Für Griechenland jedoch gab es keinen solchen Präzedenzfall, und der erfolgreiche Aufstand gegen die Türken von 1821 schuf keine Klarheit für die jeweilige Rolle und Stellung von Kirche und Staat. Die Tatsache, daß einer der griechischen Bischöfe, Germanos von Alt-Patras, den griechischen Aufstand bei seinem Ausbruch (25. März 1821) begeistert gesegnet und damit dazu beigetragen hatte, einen heiligen Krieg zu entfesseln, sollte der Kirche keine einflußreiche Rolle bei der Neuordnung der Verhältnisse verschaffen. Konstantinopel seinerseits verhielt sich ebenfalls zurückhaltend gegenüber den Forderungen der griechischen Separatisten. War nicht sein Patriarch im April 1821 als direkte Vergeltungsmaßnahme für die griechische Revolte gehängt worden? Die Erinnerung an seine Hinrichtung sollte nie ausgelöscht werden.

Erst 1852 entschieden die Griechen, wie die neue Ordnung der Beziehungen von Kirche und Staat aussehen sollte. Es war jedoch bezeichnend, daß die sorgfältig erwogenen

Der griechische Aufstand und die Kirche. Bischof Germanos von Alt-Patras segnet die griechische Fahne beim Ausbruch der nationalen Erhebung gegen die Türken am 25. März 1821. Die Feierlichkeit der Szene wurde auf diesem 20 Jahre später entstandenen Gemälde von T. Vryzakis gesteigert. Die Kirche stand nicht so sehr im Mittelpunkt des Interesses der Revolutionäre, wie Vryzakis anzudeuten versucht.

Zugeständnisse des Patriarchen von Konstantinopel, die auch Griechenland die Autokephalie gewährten, einseitig und ohne weitere Rücksprache vom Parlament Griechenlands revidiert wurden. Denn die von der Heiligen Synode des Königreichs Griechenland inzwischen gewonnene »Freiheit« bedeutete letztendlich Abhängigkeit von der einen weltlichen Autorität anstatt von einer anderen. In dieser Hinsicht suchten die griechischen Politiker ihr Vorbild bewußt in St. Petersburg. Auch hier sollten sich die von Peter dem Großen bevorzugten lutherischen Normen der Beziehungen zwischen Kirche und Staat durchsetzen, und dies ungeachtet der Tatsache, daß ein früherer Vorschlag (1833), nach dem die griechische Kirchenverwaltung »gemäß dem Beispiel der russischen Kirche« gestaltet werden sollte, auf breite Mißbilligung der örtlichen Bischöfe gestoßen war. Hier wie in St. Petersburg wurde ein königlicher Beauftragter ernannt (praktisch ein »Oberprokuror«), der mit der absoluten Vollmacht ausgestattet war, die Beschlüsse der Heiligen Synode zu bestätigen oder umzustoßen. Auch in diesem späten Stadium noch fand sich ein Bischof, der eindringlich mahnte, »wir sind griechisch, bevor wir russisch sind«. Dieser Einwand wurde von den Gesetzgebern jedoch nicht weiter beachtet. Zudem hatte Konstantinopel seinerzeit die Richtigkeit des russischen Modells selbst anerkannt. Patriarch Jeremias von Konstantinopel »bestätigte, genehmigte und erklärte« jedenfalls die Anerkennung des russischen Heiligen Synods beinahe unmittelbar, nachdem er von seiner Gründung erfuhr.

Das russische Modell der Kirchenverwaltung sollte in seinen wesentlichen Punkten in Griechenland bis in die jüngste Zeit beibehalten werden. Allerdings wurde es nicht von allen im Laufe des 19. Jahrhunderts neu entstehenden Kirchen gleichermaßen streng nachgeahmt. Zwar verwarf keine von ihnen den Gedanken einer leitenden Synode oder stellte in Frage, daß jeder Beschluß die Zustimmung der fraglichen weltlichen Behörden erforderte, bevor er in Kraft treten könnte. Doch die Rolle des Generalprokurators trat weniger in Erscheinung. So erwartete man vom Staatsminister für Religion, der seit 1885 (in diesem Jahr wurde die Synode formell eingesetzt) vorschriftsmäßig an den Sitzungen der rumänischen Synode teilnahm, daß er mehr als Beobachter denn als Kontrolleur oder Zensor handelte, während die bulgarische Synode (1870 eingerichtet) diese Funktion überhaupt nicht vorsah, und das, einigermaßen paradox, auf den Rat russischer Beamter hin.

Alles in allem führte die gemeinsame Zugehörigkeit zum orthodoxen Glauben zu keiner Einheitlichkeit der Verwaltungspraxis unter den Kirchen auf dem Balkan. Auch war ihr russischer Schirmherr nie dazu in der Lage, in Konflikten eine vermittelnde und ausgleichende Rolle zu übernehmen. So warf die Errichtung eines von Rußland geförderten Großbulgariens die schwierige Frage auf, ob Makedonien in den Bereich der griechischen, der serbischen oder der bulgarischen Kirchenverwaltung falle. Die sich daraus ergebende Zersplitterung sollte zeitweise dazu führen, daß makedonische Freischärler nicht nur gegen ihre türkischen Herren, sondern auch gegen Angehörige ihrer eigenen Religion kämpften. Denn diejenigen, die ihre Treue zum Patriarchen von Konstantinopel nie aufgegeben und auch keinen Grund dazu gehabt hatten, wurden ebenso als Stützen der Sultansherrschaft betrachtet wie der Patriarch selbst. Auch die umstrittene Errichtung einer gesonderten makedonischen orthodoxen Kirche im Bereich des serbischen Patriarchats fast ein Jahrhundert später (1959) sollte zu keiner Lösung der Probleme führen. Die Loslösung von Konstantinopel mochte ein kultureller oder sogar geistiger Gewinn sein. Stabilität jedoch und gegenseitige Duldung rückten damit in weitere Ferne.

Der Nationalismus und seine Grenzen

Die Unabhängigkeit, die den Kirchen Griechenlands, Serbiens und Rumäniens, wenngleich widerwillig, vom Patriarchat von Konstantinopel gewährt worden war, wurde der bulgarischen Kirche lange Zeit vorenthalten. Genaugenommen bedeutete dies, daß man ein *Fait accompli* nicht nur damals, sondern während des gesamten folgenden Dreivierteljahrhunderts (1870-1945) ignorierte. Schuld daran war zum Teil das eigenartige Vorgehen der Bulgaren in der Frage ihrer kirchlichen Unabhängigkeit und Gerichtsbarkeit. So verlangten sie, daß die bulgarische Kirche die Verantwortung für bulgarische Christen weit über die Grenzen ihres Heimatlands hinaus übernehmen sollte, wo immer sie leben mochten. Sogar in Konstantinopel sollte es einen selbständigen bulgarischen Exarchen geben. Das war für das alte Patriarchat der Stadt nicht annehmbar. In Kenntnis der bulgarischen Ambitionen und in der (vergeblichen) Hoffnung, eine nationale bulgarische Erhe-

Die bulgarische Unabhängigkeit. Antim I. (1816-88), der erste Führer (oder Exarch) der bulgarischen orthodoxen Kirche nach ihrer einseitigen Trennung vom Patriarchat von Konstantinopel 1870. Letzteres sollte die Rechtmäßigkeit der bulgarischen kirchlichen Unabhängigkeit erst 1945 anerkennen.

bung abzuwenden, ergriff der muslimische Sultan im Februar 1870 die Initiative und erließ einen *firman,* mit dem er das Exarchat ins Leben rief. Hier ging es (noch) nicht um einen Staat, der nach Unabhängigkeit von der Pforte strebte. Es ging eher um die Behauptung eines ethnischen Anspruchs auf eine eigene Entwicklung, wie die Heiligen Cyrill und Methodius sie tausend Jahre früher vielleicht gutgeheißen hätten. Gewiß, wenn (wie damals argumentiert wurde) es das Vorrecht großer Nationen ist, »Gott in der eigenen Sprache zu preisen«, war das Slawische dem Griechischen vorzuziehen, wenn nicht beiden das moderne Bulgarisch. Aber das alles wurde umgehend als »Phyletismus«, als übertriebener Nationalismus oder sogar als Stammesdenken in der Kirche definiert und vom Patriarchat in Konstantinopel auf einem 1872 eigens einberufenen Konzil verurteilt. Gleichzeitig wurde das bulgarische Exarchat als schismatisch erklärt.

Wie berechtigt diese Verurteilungen auch gewesen sein mögen, das Patriarchat hätte durchaus weitere Anzeichen eines Phyletismus finden können. Manche davon dürften allerdings von ihm selbst gefördert worden sein. Denn keiner Gruppe ließ es beständigere oder großzügigere Hilfe zukommen als der betont griechischen Elite Konstantinopels, den stolzen Bewohnern des Phanars, den Phanarioten. Dies beeinflußte zwangsläufig die Kulturpolitik des Patriarchats zugunsten der Faktoren, die zur rechten Zeit, so glaubte man, zur Wiedererstehung eines Byzantinischen – für sie bedeutete dies auch eines Hellenischen – Reiches führen würden. Seine Kennzeichen sollten die griechische Sprache und die griechische Bildung sein. Dafür würde man griechische Gelehrte und griechische Hierarchen brauchen, die die ganze orthodoxe Welt versorgten. Während der moderne Nationalismus die Förderung des Hellenismus in der griechischsprachigen Welt begünstigte, traf er in den Gebieten, in denen die serbische, die bulgarische und die rumänische Kultur im Kommen waren und mit Recht beanspruchten, nicht weniger, wenn auch anders, orthodox zu sein, auf eine Gegenströmung.

Es kam deshalb nicht überraschend, daß auf die erste serbische Erhebung gegen die Türken 1804 die Vertreibung griechischer Gemeindepriester aus dem Fürstentum folgte. Zu lange hatte man sie die einheimische Bevölkerung beherrschen und ausbeuten gesehen. Dafür waren die Serben gern bereit, gewisse Einbußen auf dem Gebiet der Bildung hinzunehmen, die früher fast ausschließlich von Griechen vermittelt und gefördert worden war. Ein gewisser Grad der damit verbundenen Hellenisierung wäre vielleicht gerechtfertigt gewesen, wenn die orthodoxen Bevölkerungen des Balkans und Kleinasiens die Bereitschaft gezeigt hätten, ein einheitliches geistiges und administratives Gebilde zu formen, sobald die Türken erst einmal besiegt waren. Aber die Wirklichkeit sah ganz anders aus.

Das wiedergewonnene Konstantinopel

Auf jeden Fall standen die Griechen mit ihrer Sehnsucht, Konstantinopel wieder zur christlichen Hauptstadt zu machen, nicht allein. Schon im Vertrag von Küçük Kainarci 1774 hatte Katharina II. für Rußland das Recht beansprucht, die christlichen Untertanen des Sultans zu schützen. Der russische Herrscher konnte somit als Mitschirmherr der Herde des Patriarchen gesehen werden, und Katharina konnte daran denken, ein christliches, von Rußland gefördertes Reich an Stelle des Sultans zu regieren. Wenigstens wurde ihr Enkelsohn in Erwartung dieses Tages Konstantin getauft. Der Glaube an die Unterstützung Rußlands motivierte Aufstände in Morea (1770), in den rumänischen Provinzen (Moldau und Walachei, 1806) sowie in der griechischen Welt (1821). Es gab aber auch Pläne zu einer ausgesprochen russischen Eroberung Konstantinopels. Eine Zeitlang standen die russischen Armeen, die an der Befreiung Bulgariens von den Türken (1877-78) beteiligt waren, zur Einnahme der Stadt bereit. Moskauer Panslawisten, lautstarke Befürworter des Krieges, sahen in ihr eine heilige Stadt. So konnte Dostojewskij in seinem *Tagebuch eines Schriftstellers* ausrufen: »Konstantinopel muß unser sein, durch die Russen von den Türken erobert, und es muß für immer unser bleiben.« Rußland, der »Führer der orthodoxen Welt, ihr Schirmherr und Beschützer«, konnte dies »als moralisches Recht« geltend machen.

Daß die westlichen Alliierten den Russen 1915 Konstantinopel inoffiziell als Beute anboten, sollte der Erste Weltkrieg erfolgreich abgeschlossen werden, hing damit jedoch nicht zusammen. Schließlich schied Rußland dann ohnehin zu früh aus dem Krieg aus.

Der Verlust Kleinasiens. Der Bischof von Smyrna, Metropolit Chrysostomos, wurde von türkischen Soldaten nach dem Fall der Stadt zu Tode gefoltert – er hatte sich geweigert, sein Volk im Stich zu lassen. Sein Tod (1922) markiert das Ende der Präsenz der griechischen Orthodoxie in Kleinasien. Das Denkmal des Bischofs wurde bei der Athener Kathedrale aufgestellt. Die orthodoxe Kirche lehnt Statuen ab, doch in einem Fall wie diesem setzte sich der Patriotismus gegenüber frommen Hemmnissen durch.

Jedenfalls sollte das Russische Reich nun eine völlig andere, weltliche Orthodoxie propagieren und seine früheren Ansprüche, geistiges Zentrum der östlichen Welt zu sein, aufgeben. Deshalb wurde ohne jede Unterstützung seitens der Russen und in Verfolgung einer gänzlich hellenischen »Großen Idee«, 1919-22 ein weiterer Versuch unternommen, das frühere byzantinische Territorium in Kleinasien, möglichst mit Konstantinopel, für das Königreich der Griechen und somit praktisch auch für die Orthodoxie wiederzugewinnen. Aber der unbesonnene Einfall der griechischen Armeen in das türkische Kerngebiet

Zwischenkirchliche Beziehungen. Der Patriarch von Konstantinopel, Athenagoras I., begrüßt Papst Paul VI. in Jerusalem (1964). Es war die erste Begegnung dieser Art in der Neuzeit. Die Rolle des Patriarchen als Primus inter pares im Hinblick auf die orthodoxen Kirchenführer gab dem Treffen seinen besonderen Rang. Eine orthodox-katholische Kommission für den Dialog zwischen den zwei Kirchen ist seitdem eingerichtet worden.

auf Befehl von Venizelos und König Konstantin sollte an der militärischen und zivilen Front gleichermaßen zu einer Katastrophe führen. Als diese Streitkräfte zusammen mit der ortsansässigen griechischen Bevölkerung im September 1922 bei Smyrna rücksichtslos ins Meer getrieben wurden, war die ehemals byzantinische Basis in Kleinasien, auf der die Griechen so glühend »ihr« Reich zu bauen (oder wiederzubeleben) gehofft hatten, endgültig zerstört. Das Martyrium des Bischofs der Stadt, Chrysostomos, unterstrich die Zerbrechlichkeit der neuen Stellung des Patriarchats. In einem Konstantinopel, das die ehemaligen Alliierten des Ersten Weltkriegs den Griechen nicht übergeben hatten, als man es von ihnen noch hätte erwarten können (ein diesbezügliches Ersuchen war von ihnen früher in jenem Jahr abgelehnt worden), blieb der Patriarch mit einer drastisch reduzierten Anhängerschaft stark angeschlagen zurück.

In der orthodoxen Welt blieb er der »Erste unter Gleichen«, und als der mögliche Einberufer eines »großen heiligen Konzils der orthodoxen Kirche« im späteren Teil des 20. Jahrhunderts konnte man von ihm immer noch erwarten, daß er eine einigermaßen wichtige Rolle spielen würde. In der christlichen Welt insgesamt leistete er einen wichtigen Beitrag, und die ökumenische Bewegung ist dadurch bereichert worden. Aber er war kein Machthaber mehr. Zunehmend konnte man in ihm den anspruchslosen *servus servorum Dei* (Diener der Diener Gottes) sehen. Nur die Ausdehnung seiner Rechtsprechung über die griechische Diaspora in anderen Teilen der Welt, etwa in den Vereinigten Staaten von Amerika oder in Australien, gab seiner byzantinischen Bezeichnung *oikoumenikou*, im Sinne von weltumfassend, Bedeutung.

Die Zahl der Patriarchate hat in jüngster Zeit zugenommen. Viele von ihnen entstanden als Ergebnis der Nationalbewegungen und Grenzverschiebungen im 19. und 20. Jahrhundert. So kamen zu den alten Patriarchaten Alexandria, Antiochia und Jerusalem wieder Georgien (1917), Serbien (1920) und schließlich Bulgarien (1953) hinzu. Auch Rußland gewann sein Patriarchat 1917 wieder. Im Gegensatz zu ihm war die rumänische Kirche eine Neuschöpfung, die aus den walachischen, moldauischen und transsylvanischen Eparchien des Konstantinopeler Patriarchats gebildet worden war (1885 wurde sie als autokephal anerkannt und 1925 in den Rang eines Patriarchats erhoben). Zusätzlich zu Griechenland wurden unabhängige Erzbistümer in Finnland (1924), Polen (1924) und der Tschechoslowakei (1947) errichtet. Eine albanische orthodoxe Kirche tauchte kurz auf und erhielt 1937 den autokephalen Rang. Doch 30 Jahre später wurden alle religiösen Gruppen und Aktivitäten unterschiedslos vom Staat verboten.

Das russische Außenministerium und die Kirche

Im Lauf des 19. Jahrhunderts waren russische Pläne, die Sache der Orthodoxie auf dem Balkan und im Nahen Osten voranzutreiben, keineswegs auf die Wiederherstellung eines christlichen Reichs in Konstantinopel beschränkt. Ähnlich wie die fehlgeschlagenen Pläne für Konstantinopel hielten sich diese im Rahmen der russischen Außenpolitik. Das heißt jedoch nicht, daß letztere ihre Ziele definierte oder Einzelheiten vorschrieb. So verfolgte die Orthodoxe Palästinagesellschaft ein karitatives Programm, zu dem die Gründung und Unterhaltung von Schulen und Krankenhäusern für die arabische Bevölkerung im Heiligen Land gehörte. Die Zufügung der Bezeichnung »Kaiserlich« zum Namen der Gesellschaft im Jahre 1885 schien jedoch zu bestätigen, was viele in der griechischen Hierarchie im Nahen Osten seit langem geargwöhnt hatten: daß die missionarischen Aktivitäten auch, wenn nicht hauptsächlich, darauf zielten, die russische Vorherrschaft in Gebieten geltend zu machen, die für die zaristische Regierung diplomatische Bedeutung hatten. Aus politischen Gründen waren die Orthodoxen im Heiligen Land und in Syrien deshalb geteilter Meinung, wie sie solche Arbeit einschätzen sollten. Die Verdächtigungen der griechischen Elite in der Region schienen sich 1899 zu bestätigen, als es zum erstenmal in der Geschichte nicht einer aus ihren Reihen war, der zum Patriarchen von Antiochia gewählt wurde, sondern ein Araber, hinter dem die russische Kirche stand. Das konnte man als Abfuhr für Konstantinopel interpretieren. Die russische Unterstützung für die bulgarische Erklärung der Unabhängigkeit vom Patriarchat in Konstantinopel forderte ebenfalls das Mißfallen des letzteren heraus. In diesem Fall war die Beteiligung des russischen Außenministeriums offensichtlich: Es war der russische Botschafter bei der Pforte, der Panslawist Nikolaj Ignatjew, der mehr als alle anderen, auch mehr als irgendein Kirchenmann, die Politik seines Landes in dieser Hinsicht bestimmte. Des weiteren boten russische Beamte auch der serbischen orthodoxen Kirche ihre Hilfe an. So erhielt der russenfreundliche Metropolit von Serbien, Mihailo, auf Ignatjews Veranlassung regelmäßig Subsidien für seine Kirche. Ignatjew nannte ihn »unseren vertrauenswürdigsten Verbündeten«. Er unterstützte den Metropoliten 15 Jahre lang. Mihailo seinerseits verstand sich als Sprecher der »Südslawen, die ihre Rettung nur in Rußland suchen und von dort aufrichtige väterliche Hilfe erwarten«. Seine Absetzung auf Veranlassung des serbischen Herrschers 1881 markierte einen Tiefpunkt in den russisch-serbischen Beziehungen im Gefolge des serbisch-türkischen Krieges, ebenso wie seine Wiedereinsetzung acht Jahre später anzeigte, daß die Beziehungen eine Wende zum Besseren genommen hatten. In beiden Fällen standen außenpolitische Erwägungen im Vordergrund. Auch wenn es der kirchliche Arm der Regierung war, der den mitteleuropäischen Orthodoxen wie dem bedrängten Altruthenen Adolf Dobrjanskij in den 70er Jahren des 19. Jahrhunderts moralische und finanzielle Unterstützung gewährte, war dies zugleich ein Mittel, in ungarischen Landen Fuß zu fassen. Die Ziele und Aktivitäten von Kirche und Staat waren mit anderen Worten nicht leicht zu unterscheiden. So überrascht es nicht, den am längsten im Dienst befindlichen Oberprokuror des russischen Synods, Konstantin Pobedonoszew, mit großer Zustimmung von Dobrjanskijs Überzeugung sprechen zu hören, daß »der orthodoxe Glaube der wichtigste Hüter nationaler Werte ist«.

Eine neue Einschätzung der Verwestlichung

Das war 1875. Aber der Gedanke war gebildeten russischen Kreisen schon einige Jahrzehnte länger vertraut, nicht zuletzt als Ergebnis des slawophilen Einflusses. Frühere Generationen hatten dagegen die Bedeutung oder überhaupt die Existenz einer Verbindung zwischen diesen Faktoren nicht wahrgenommen. Das vorige Jahrhundert hatte die zunehmende Verwestlichung der oberen Schichten erlebt. Auch im kirchlichen Bereich, wo man hätte erwarten können, daß die Volksfrömmigkeit einen wirksamen Damm gegen neue

Strömungen bildete, wurden westliche theologische, pädagogische, musikalische und ikonographische Normen auf überstürzte und teilweise unbesonnene Weise aufgenommen. Die alten Bräuche waren nicht mehr sakrosankt. Die Menschen, die ihnen trotz der sich wandelnden Moden anhingen – die Bauern, die große Mehrheit der Bevölkerung –, wurden herablassend behandelt und verachtet. Standhafte Altgläubige wurden an den Rand gedrängt und verfolgt. Erst im Gefolge der romantischen Bewegung traten russische Intellektuelle auf, die das Erbe des 18. Jahrhunderts bereuten und die Erleuchtung jenseits der Grenzen suchten, die von der Aufklärung gezogen worden waren. Von daher ihre Rückkehr zu den erprobten Wegen der naiven Orthodoxen. Das organische und unversehrte Wesen der Volksreligion schien für sich selbst zu sprechen. Gerade die Schlichtheit des Volksglaubens machte seine Anhänger zu um so zuverlässigeren Hütern der Tradition. Denn Hüter waren sie, wie beispielsweise der slawophile Theologe Alexej Chomjakow behauptete, Tradition werde »gehütet von der Gesamtheit, vom ganzen Volk der Kirche, die der Leib Christi ist«. Sie hänge letztlich weder von der hierarchischen Ordnung noch von akademischen Theologen, am allerwenigsten vom Oberprokuror ab. Denn »die Kirche ist nicht die Autorität; vielmehr ist sie die Wahrheit«. Deshalb wäre es »ungerecht anzunehmen, daß die Kirche erzwungene Einheit oder erzwungenen Gehorsam verlangt. Ganz im Gegenteil verwirft sie beides. In Glaubensdingen ist erzwungene Einheit eine Unwahrheit, während erzwungener Gehorsam der Tod ist«. Chomjakows behutsam skizzierter Gedanke des katholischen Konziliarismus (er prägte dafür den Begriff *Sobornostj*) sollte bis zur Jahrhundertwende immer breitere Zustimmung finden. Zu seinen Lebzeiten fand er jedoch nur wenig Beachtung.

Schuld daran war nicht zuletzt Chomjakows Initiative, sich von den damals vorherrschenden Vortragsformen zu entfernen. Sowohl in den russischen als auch in den griechischen Akademien der voraufgegangenen Epoche wurde ein unkritischer Traditionalismus allzuoft durch die Abhängigkeit von aus dem Westen entliehenen intellektuellen Modellen abgeschwächt, nicht zuletzt, weil das katholische oder protestantische Milieu die angehenden Gelehrten über lange Zeit mit seiner Bildung oder zumindest mit seinen Büchern versorgt hatte. Naiv glaubte man, Fragen, die in westlichen Streitgesprächen aufgeworfen wurden, seien für die Theologen im christlichen Osten ebenso wichtig. Das war der Grund für den widersinnigen Unterricht der lateinischen Sprache, mit dem die russischen Seminaristen das ganze 18. Jahrhundert hindurch belastet gewesen waren. Noch widersinniger war das damit zusammenhängende Studium des scholastischen Denkens. In wachsendem Maße wurde der Westen als kulturell überlegen wahrgenommen. Solche Studien hatten die Absicht, die Orthodoxen aus ihrem »rückständigen« Zustand zu befreien.

Zu einem guten Teil war dies das Ergebnis des verwestlichenden ukrainischen Einflusses auf die Kirche. Dieser war älter als die förmliche Einverleibung der ehemals polnisch beherrschten Ukraine in das moskowitische Reich (1654), doch wurde er dadurch gestärkt und gefördert. Eine weitere Stärkung sollte in den 80er Jahren des 17. Jahrhunderts folgen, als die Kiewer (ukrainische) Metropolie – ehemals unter der Rechtsprechung von Konstantinopel – im Patriarchat von Moskau aufging.

Vergleichbare verwestlichende Tendenzen waren in der griechischsprachigen Welt zu beobachten. Mancher strebsame Theologe ging zum Studium immer noch nach Venedig

Hüter der Tradition. Die Verehrung einer Ikone durch russische Gläubige auf dem Land in den 70er Jahren des 19. Jahrhunderts. Die Ikone mit ihren heiligen Eigenschaften wird hier auf einer Reise zu entlegenen Dörfern und Gehöften gebracht. Der Maler, K.A. Sawizkij, bemüht sich, die Integrität der Volksreligion zu unterstreichen.

oder Florenz, wie es seine Vorfahren seit dem 15. Jahrhundert getan hatten, wobei er zu diesem Zweck häufig seine orthodoxe Bindung preisgab. Diese Reisenden brachten nicht nur scholastische, sondern auch rationalistische Texte mit nach Hause und förderten deren Studium. Das erklärt auch das Auftauchen von Locke und Leibniz im späten 18. Jahrhundert auf dem Lehrplan der Akademie auf dem Athos, im Herzen des orthodoxen Mönchtums. Hier wurden auch die Philosophen des antiken Griechenlands gelehrt, nicht nur die Kirchenväter. Auf dem Athos konnte man jedoch nicht erwarten, daß dies von Dauer sein würde. Empörte Traditionalisten legten Feuer an die Akademie, und sie wurde nie wieder benutzt. Aber anderswo hielt der Appetit nach Material an, zu dem der christliche Osten nur unvollständigen und sporadischen Zugang hatte. Die Renaissance, die Reformation und die Gegenreformation, ganz zu schweigen von der Aufklärung, hatten ihr Epizentrum jeweils anderswo. Eine Überwindung dieses »Rückstands« konnte man nur von einer verwestlichten Erziehung erwarten.

Die hesychastische Erneuerung

Diese Entwicklung konnte nicht allein durch Feuer bekämpft werden, auch nicht durch weitere Neuerungen. Statt dessen sollten die geringgeschätzten Vorbilder der Vergangenheit wieder die Aufmerksamkeit auf sich lenken. Man versuchte deshalb, die verwestlichten Handbücher der russischen theologischen Schulen durch die Klassiker des patristischen Denkens zu ersetzen. Zu diesem Zweck wurden neue Übersetzungen gebraucht, und es war einer von Chomjakows slawophilen Gefährten, Iwan Kirejewskij, der sich dieser Aufgabe widmen sollte. Die Herausgabe der neuen patristischen Bibliothek war von den Mönchen der Optina pustynj übernommen worden. Ihre Namen waren mindestens ebenso wichtig wie die Veröffentlichungen selbst. Denn die von ihnen repräsentierte Wiedervereinigung von Gelehrsamkeit mit traditioneller Geistigkeit sollte der russischen orthodoxen Kirche einen dauerhaften Stempel aufdrücken. Ihr lebendiges Zeugnis war nach Kirejewskijs Ansicht »wichtiger als alle Bücher oder Ideen«.

Die Mönchsgemeinschaft in Optino stand in der vordersten Reihe einer Erneuerung des mystischen, hesychastischen Gebetes, des Gebetes des Herzens. Dies wiederum war eng mit der Praxis der geistlichen Führung verbunden. Denn die Frucht des Gebetes sollte nicht genossen und dann weggeschlossen werden. Vielmehr stellten sich die bedeutenden Starzen der Jahrhundertmitte in Optino – Leonid Nagolkin, Makarij Iwanow und Amwrosij Grenkow – dem ständigen Strom der Pilger und Suchenden zur Verfügung. Hierin eiferten sie dem großen Serafim von Sarow nach, einem ehemaligen Eremiten, der in den unmittelbar vorausgegangenen Jahren nicht weniger großzügig auf die Bedürfnisse der weltlichen Welt reagiert hatte.

Diese hesychastische Erneuerung fand weder allein in Optino statt, noch war sie auf Rußland beschränkt. In einem bemerkenswerten Maß überschritt sie sogar sprachliche, ethnische und politische Grenzen. Fern von St. Petersburg und Konstantinopel gab es einen anderen Brennpunkt der orthodoxen Welt, die »Mönchsrepublik« auf dem Berg Athos. Die Mönche seiner zahlreichen Gemeinschaften waren ganz unterschiedlicher Nationalität und Herkunft. Zeitweise hatte dies zu Spannungen und Störungen geführt, vor allem zwischen Griechen und Russen. Doch gleichzeitig konnte das Nebeneinander lokaler oder nationaler Richtungen auf dem heiligen Berg auch zu einem Wechselspiel und zur gegenseitigen Befruchtung führen.

Während also ein Grieche wie der gelehrte Nikodemus im Kloster Dionysiou eine Sammlung geistlicher Schriften als *Philokalia* (1782) zusammenstellen und veröffentlichen konnte, hing der Einfluß dieses Buches von einem Ukrainer mit Beziehungen zur Moldau ab, der nach seinen Vorschriften lebte und sie verbreitete. Dies war der Starez Paissij Welitschkowskij. Die von dem einen zusammengestellten und von dem anderen später (1793) ins Slawische übersetzten Texte lieferten den Rahmen für ein hingebungsvolles Leben des inneren Gebets. Es war jedoch vor allem das persönliche Beispiel Paissijs und seiner Schüler, was diesen Rahmen mit Leben erfüllte und anderen zur Nachahmung empfahl. Paissijs Einfluß strahlte anfänglich vom Athos selbst aus, dann von der moldauischen Gemeinschaft in Neamţ, wo der Starez seine Arbeit fortsetzte. Von Neamţ gelangten die Lehren Paissijs nach Optino. Sie drangen auch zu anderen russischen Zentren vor, etwa zu den Klöstern Walaamo und Wyscha. Der neue Hesychasmus wirkte jedoch nicht

Gott, der in seinem Namen gegenwärtig ist. Aber war dies »Onomatoxie« (Lobpreisung des Namens) oder, wie Kritiker der Lehre behaupteten, »Onomatolatrie« (Idolisierung des Namens)? Als die Verurteilung der Lehre sowohl durch den Patriarchen von Konstantinopel (1912) als auch den Heiligen Synod zu St. Petersburg (1913) den Meinungsstreit unter den russischen Mönchen auf dem Athos nicht zu beruhigen vermochte, entschloß sich die russische Regierung zu drastischen Maßnahmen. Das ehemals türkische Territorium des Athos war 1912 an Griechenland abgetreten worden. Nichtsdestoweniger wurde nun ein russisches Kanonenboot zu der Halbinsel geschickt. 833 Mönche wurden zwangsweise in ihr Heimatland geschafft. Es war eine plumpe Methode, mit einem theologischen Problem umzugehen. Zudem blieb das Problem an sich ungelöst. Aber daß eine Regierung sich überhaupt mit solchen Dingen befaßte, liefert einen bemerkenswerten Hinweis auf die Beziehungen zwischen Kirche und Staat in den letzten Tagen des Reiches. Innerhalb der nächsten vier Jahre sollte der abrupt säkularisierte Staat anders und ohne auch nur den Rest eines Gedankens, der Kirche Hilfe anzubieten, gelenkt werden. Denn die Tage des Reiches waren gezählt.

Die Möglichkeiten der russischen Kirche

Früher hatten russische missionarische Bemühungen mit der politischen und wirtschaftlichen Expansion des Russischen Reiches mehr oder weniger Schritt gehalten. Zugleich versuchten sie, nicht zu engstirnig oder chauvinistisch russisch zu sein. Die sibirische Altai-Mission leistete bahnbrechende Übersetzungsarbeiten in eine der örtlichen Sprachen, Telengut. Anderswo wurden Tschuwaschisch, Tatarisch, Tungusisch oder Jakutisch gebraucht. Diplomatie und Handel führten dazu, daß Missionen auch weit entfernt eingerichtet wurden. In der neuen Welt gab es eine Diözese in Alaska, im Fernen Osten gab es orthodoxe Missionen in China, Korea und Japan. Als einziger der orthodoxen Staaten verfügte Rußland über die Mittel und die Reichweite für solche Unternehmungen, die den alten Vorbehalt zerstreuen, die Orthodoxie habe keinen Sinn für missionarische Arbeit. In der kommenden Zeit sollten allerdings die »inneren« Missionen abgebaut und die ausländischen Missionen sich selbst überlassen werden.

Zu Beginn des 20. Jahrhunderts wurden die engen Bindungen zwischen Kirche und Staat, die zuvor der missionarischen Tätigkeit förderlich gewesen waren, einer äußerst kritischen Prüfung unterzogen. Im missionarischen, erzieherischen, sozialen und kulturellen Bereich wurde die mächtige Position der Kirche in Frage gestellt. Allerdings eröffnete dies auch die Aussicht auf neue Freiheiten. Die Kirche suchte ihre Autonomie gegenüber dem Staat zu vergrößern. Vor allem war ihr an einer Abschaffung der Rolle des Generalprokurators gelegen. So traf sie Vorbereitungen, ein russisches Kirchenkonzil einzuberufen. Anders als die gerade eingeführte staatliche Duma sollte dieses mit umfassenden legislativen Vollmachten ausgestattet werden. Selten war der Begriff *Sobornostj* so verbreitet gewesen: Man sah in ihm einen Maßstab für die vorgeschlagenen Reformen. Die seinerzeit von den Slawophilen gehegte Saat schien nun aufzugehen. Die Heiligsprechung des geheimnisvollsten Hesychasten des 19. Jahrhunderts im Jahre 1905, Serafims von Sarow, trieb die beginnende Erneuerung zusätzlich voran. Und während sich manche

Die Intelligenzija und die russische Kirche. Zwei Denker am Vorabend des russischen Kirchenkonzils von 1917-18 – einer ist bereits Priester, der andere wird es bald sein. Der linke ist der Universalgelehrte Pawel Florenskij (1882-1943), Theologe, Philosoph und Naturwissenschaftler, der in einem von Stalins Lagern umkam. Sein Begleiter ist Sergej Bulgakow (1871-1944), Nationalökonom und Theologe, der bald ins Exil nach Westeuropa gehen und dort durch sein Eintreten für die Orthodoxie Einfluß auf die entstehende ökumenische Bewegung ausüben sollte. Das Gemälde stammt von M.W. Nesterow.

dafür aussprachen, daß der Zar wie die alten byzantinischen Kaiser den Vorsitz des bevorstehenden Konzils übernehmen sollte, war es ebenso möglich, daß Wladimir, der Bischof von Jekaterinburg, vorschlug, der Präsidentenplatz sollte für einen ehrwürdigen Starez reserviert werden.

Die innere oder administrative Freiheit, die der russischen Kirche so lange gefehlt hatte, schien im Sommer 1917 der Verwirklichung nahe. Das Konzil, mit dessen Einberufung der Zar bis zuletzt gezögert hatte, tagte endlich. Es drängte darauf, das Leben der nationalen Kirche umzustrukturieren. Es stellte das Amt des Patriarchen wieder her. Ebenso wichtig war, daß es sich bemühte, die geeigneten Bedingungen für das Wirken des vielbesprochenen konziliaren Geistes, der *Sobornostj,* zu schaffen. Folglich sollte sich selbst der Patriarch dem Konzil, das ihn gewählt hatte, unterordnen. Denn »die höchste legislative, administrative, disziplinarische und kontrollierende Autorität in der russischen orthodoxen Kirche soll auf das lokale Konzil übergehen, das periodisch einberufen wird und aus Bischöfen, Geistlichen und Laien besteht«.

Die Arbeit des ersten Konzils der nachsynodalen Periode, das in den freizügigen Tagen der Provisorischen Regierung 1917 begann, sollte bald von der zunehmenden Feindseligkeit und Brutalität der neuen bolschewistischen Machthaber eingeschränkt werden. Schließlich wurden nur wenige seiner Beschlüsse ausgeführt. Was lediglich als »die Trennung der Kirche vom Staat und der Schule von der Kirche« in Lenins Dekret vom 23. Januar 1918 angekündigt wurde, sollte bald die Unterwerfung der Kirche unter den Staat nach sich ziehen, und zwar unter Bedingungen, die letzterer diktierte. Insofern sich der Staat einem militanten Atheismus verschrieben hatte, herrschte eine unheilvolle Situation.

Verfolgung und Reinigung

So wurde ein neuer Abschnitt in der Geschichte der russischen Kirche, ja der Christenheit überhaupt eingeleitet, eine Periode der Beraubung, Verfolgung und des Martyriums setzte ein. Optino war nur eines von zahlreichen Klöstern, die im ersten Jahrzehnt der Sowjetherrschaft geschlossen wurden. Wie das bedeutende Kloster in Solowkij sollte es in ein Arbeitslager umgewandelt werden. Beim Ausbruch des Zweiten Weltkriegs blieb kein einziges Kloster von den tausend oder mehr, die es zu Beginn der sowjetischen Epoche gegeben hatte, geöffnet. Gleichzeitig reduzierte die massenhafte Schließung und Zerstörung von Kirchen und die Verhaftung und Beseitigung von Kirchenleuten die sichtbare Präsenz der ehemaligen Staatskirche auf eine Handvoll Bischöfe, eine winzige Gruppe von Geistlichen und kaum hundert Orte für den Gottesdienst. Vergeblich versuchte die übriggebliebene Gruppe der Bischöfe, 1927 mit den staatlichen Behörden irgendein Abkommen auszuhandeln. Die erzielte Übereinkunft, das Werk des Metropoliten Sergij Stragorodskij, blieb äußerst umstritten.

DER SOWJETISCHE ANGRIFF AUF DIE RELIGION äußerte sich auch in der Entweihung oder Zerstörung von Tausenden von Kirchen. Unter den Bauten im Kreml, die 1928 zerstört wurden, war auch das Tschudow-Kloster, dessen Fresken voller Verachtung beseitigt werden.

Unter den Bedingungen der Verfolgung machte die Kirche andererseits einen Prozeß der Reinigung durch. Diese Jahrzehnte brachten bemerkenswerte Persönlichkeiten hervor. Einige wenige, wie der Metropolit von Petrograd Wenjamin, sollten einen Schauprozeß bekommen (1922). Die meisten verschwanden spurlos. Aber vor allem die Standhaftigkeit der einfachen Kirchenmitglieder verdient es, beachtet zu werden. Millionenfach sollten sie die (verfassungswidrige) Frage der sowjetischen Volkszählung von 1937, ob sie an Gott glaubten, mit einem unerschütterlichen (und für die staatlichen Behörden beunruhigenden) »ja« beantworten, womit sie Freiheit und Leben aufs Spiel setzten. So sprach auf der Höhe der antireligiösen Kampagne und mitten in der großen Säuberung die Mehrheit der Bevölkerung.

Die antireligiöse Kampagne war ein vereinter Angriff nicht nur auf die religiösen Institutionen, sondern auch auf die überkommenen Normen des Verhaltens und Denkens. Die russische Vergangenheit stand auf dem Prüfstand, und ein großer Teil der russischen Kultur drohte verlorenzugehen. Dabei wurde die Religion sowohl im Recht als auch in der Praxis als nichts anderes als ein Kult bezeichnet. Aber während christliche Ikonen bei

DER PROZESS GEGEN WENJAMIN, DEN METROPOLITEN VON PETROGRAD im Jahre 1922, der fälschlich beschuldigt wurde, sich während der staatlichen Kampagne zur Linderung des Hungers der Konfiszierung der kirchlichen heiligen Geräte widersetzt zu haben. Seine schlichte Würde angesichts des Todes machte einen unauslöschlichen Eindruck auf das Gericht. Dennoch wurden er und vier Mitangeklagte für schuldig befunden und hingerichtet.

öffentlichen Freudenfeuern verbrannt werden konnten, präsentierte der Staat seinerseits seine eigenen Ikonen und seinen eigenen Kult.

Erst als der Krieg bevorstand, dachte man erneut über die Rolle der russischen Geschichte und ihre Anwendung auf die Gegenwart nach. Aber die Kirche profitierte davon nicht vor dem Ausbruch der Kampfhandlungen im Sommer 1941. Denn die Notwendigkeit des Augenblicks diktierte, daß der Krieg für das Vaterland und nicht für die Partei geführt wurde. Ein glühender Patriotismus mußte zwangsläufig die Kirche einbeziehen, die erprobte Schirmherrin russischer Verteidigungskriege durch alle Zeiten. Einen Fingerzeig in diese Richtung gab der Autor der umstrittenen Erklärung von 1927 über die Beziehungen zwischen Kirche und Staat. Während Stalin schwieg, erließ der Metropolit Sergij an dem Tag, an dem die feindlichen Truppen die sowjetische Grenze überschritten, einen patriotischen Aufruf. Damit gab er ein Zeichen für die Zukunft.

Der Staat sah sich in die Lage versetzt, unverhoffte Hilfe und bislang unbeachtete Ressourcen in Anspruch nehmen zu können. Binnen zweier Jahre hatte Stalin ein mündliches Konkordat mit der Kirche geschlossen. Nach einer Unterbrechung von zwei Jahrzehnten wurde ein neuer Patriarch (eben jener Sergij) in sein Amt eingeführt, Pläne für theologische Schulen wurden gebilligt, eine begrenzte Zahl kirchlicher Publikationen erschien oder war in Planung. Mittlerweile wurden auf beiden Seiten der Front zahlreiche Kirchen neu eröffnet. In der deutschen Besatzungszone nahmen außerdem die Klöster wieder ihre Arbeit auf. Diejenigen, die sich bei der Volkszählung von 1937 zu ihrem Glauben bekannt hatten, kamen nun zu ihrem Recht.

Nicht alle Beschränkungen der Religionsausübung sollten aufgehoben werden: Vielmehr wurden die staatlichen Kontrollen weniger streng auf das neuerdings erweiterte Spektrum des kirchlichen Lebens angewandt. Dennoch ließ sich die Tatsache nicht verbergen, daß die voraufgegangene Verfolgung ihre Ziele nicht erreicht hatte.

Die Orthodoxie in der Nachkriegswelt

Die Orthodoxen Osteuropas hatten jedoch nicht denselben Hintergrund, und ihr Umgang mit den neuen Einschränkungen nach dem Krieg war entsprechend weniger durch Zuversicht geprägt. Früher hatten die orthodoxen Kirchen der Region mit der Unterstützung der staatskirchlichen Verfassung gelebt. In Rumänien und Bulgarien hatten die Geistlichen sogar ihre Gehälter vom Staat bezogen. Diese Unterstützung hatte sie allerdings nicht immer vor Zugriffen seitens ihres Schirmherrn bewahrt. Schließlich war es ein nominell orthodoxer Staat, der die kleineren Klöster Griechenlands 1833 geschlossen und ihren Landbesitz konfisziert hatte. Es war ebenfalls ein orthodoxer Staat, der 1863 alle Klöster und den gesamten klösterlichen Landbesitz an der Moldau und in der Walachei beschlagnahmen ließ. Nichtsdestoweniger hatte man in Griechenland und Rumänien sowie in Bulgarien und Serbien bzw. Jugoslawien der Kirche erlaubt oder es sogar von ihr erwartet, im öffentlichen Leben eine Rolle zu spielen, die ihrer Anhängerschaft entsprach.

Als der Krieg sich dem Ende zuneigte, begann sich die Situation jedoch zu ändern. Kommunistische Regime kamen in der gesamten Region an die Macht, Griechenland aus-

ЦЕНА 200 РУБ

БЕЗБОЖНИК

№ 8

ЖУРНАЛ
М·К·Р·К·П
(БОЛЬШЕВИКОВ)

Рис Д. Мооря

Чистота — залог здоровья.

genommen. Die Kirche wurde mit einer restriktiven Gesetzgebung konfrontiert und das kirchliche Leben an den Rand gedrängt. Es gab Jahre intensiver Unterdrückung, vor allem zwischen 1948 und 1953. Erst einige Zeit später machten sich die Erfordernisse des bulgarischen und rumänischen Nationalismus erneut bemerkbar und ließen zumindest eine gewisse Grundlage für einen *Modus vivendi* entstehen. Denn die orthodoxe Kirche »ist die traditionelle Religion des bulgarischen Volkes und mit seiner Geschichte verbunden«, hieß es in einem 1949 erlassenen Gesetz. Der rumänische Führer der Kommunistischen Partei, Petru Groza, erklärte darüber hinaus: »Die Kirche ist eine Einrichtung von ständigem Nutzen für die Nation.« Nach Grozas Urteil ist sie »Teil des Staates und als solcher sucht sie mit dem Geist der Zeit in Einklang zu sein«. Allerdings wurde erwartet, daß die Kirche eher auf die Forderungen des Staates achtete als auf die eigenen.

Die Teilnahme am Leben des Staates konnte deshalb Anfang der 50er Jahre durchaus bedeuten, daß von der rumänischen orthodoxen Kirche verlangt wurde, die katholische Kirche zu assimilieren, als letztere vom Staat für ungesetzlich erklärt wurde. Jeder Orthodoxe, der protestierte, kam in ein Arbeitslager. Eine vergleichbare Situation herrschte jenseits der Grenze in der UdSSR. Nur in Bulgarien wurde den Katholiken des östlichen Ritus schließlich ein gewisses Maß an öffentlichem Leben gestattet. In Jugoslawien stellte sich diese Frage nicht in gleicher Weise wie in Rumänien oder der UdSSR, weil es hier keine nennenswerte katholische Gemeinde des östlichen Ritus gab. Aus diesem Grund wurde hier auch auf Verfolgung statt auf Assimilierung gesetzt. Die föderative und multinationale Struktur des jugoslawischen Staates verhinderte die offizielle Förderung einer einzigen religiösen Gruppe. So wurde die Gefahr einer grausamen Umkehrung und Wiederholung der Politik des faschistischen Kroatiens während des Krieges mit der erzwungenen Bekehrung orthodoxer Serben zum Katholizismus und der Ermordung aller, die sich widersetzten, vermieden. Über 350 000 waren dabei ums Leben gekommen.

Die Orthodoxen Bulgariens und Rumäniens sahen sich erneut Druck und Verfolgung ausgesetzt, nachdem Nikita Chruschtschow an die Macht gekommen war. Am meisten betroffen waren jedoch die Mitglieder der russischen orthodoxen Kirche in der UdSSR selbst. Hier wurde die Zahl der wiedereröffneten Kirchen auf die Hälfte des Nachkriegsstands reduziert, so daß weniger als 7 500 übrigblieben. Gleichzeitig wurde die Zahl der theologischen Schulen (von denen es zehn gegeben hatte) halbiert, und von 69 Klöstern blieben kaum eineinhalb Dutzend geöffnet. Eine harte und verächtliche Haltung wurde nicht nur gegenüber der Religion als ganzer eingenommen, sondern auch gegenüber religiösen Menschen.

ANTIRELIGIÖSE PROPAGANDA. Die sowjetischen Behörden hofften, daß antireligiöse Propaganda in einer halbgebildeten Gesellschaft bald den Glauben der Kirchgänger aushöhlen würde. Die 1922 gegründete Zeitschrift Besboschnik (Der Atheist) verwendete Illustrationen wie Dmitrij Moors »Sauberkeit garantiert Gesundheit«: Religiöse Vorstellungen und Praktiken werden aus dem Haar des Mädchens gekämmt, als wären es Läuse. Parallel dazu wurde religiöse Propaganda eingeschränkt und schließlich im Mai 1929 verboten.

Ф. № 191

КВИТАНЦИЯ

Принято от Мишиной
фамилия.

Прасковьи Ильиничны
имя, отчество

Адрес плательщика Ленина 44-1
город (поселок)

гор. Обнинск Калужской обл
улица, дом №

Согласно извещению № адм. ком. от 1974 год

штраф за веру в Бога 50 руб
наименование гор(рай)финотдела или

административной комиссии
другой организации, выдавшей извещение

18 СЕН 74 г.

№ 64

(Для отметки сберегательной кассы)

Наименование и срок платежа	Недоимка прошлых лет	Платежи текущего года	Пеня	Всего

Подпись плательщика Мишина Кассир (контролер)

CHRUSCHTSCHOWS VERMÄCHTNIS. Chruschtschow wurde 1964 entmachtet, doch hielten die antireligiösen Maßnahmen, die er befürwortet hatte, in der UdSSR an. Dieses Dokument von 1974 bestätigt den Empfang eines stattlichen Bußgeldes (50 Rubel) »wegen Glaubens an Gott« (Zeile 6). In Wirklichkeit wurde ein solcher Glaube gemäß der Verfassung der UdSSR sowohl von 1936 (Artikel 124) als auch von 1977 (Artikel 52) geduldet.

»Die Pforten der Hölle sollen sie nicht überwältigen«

Das kirchliche Leben wurde nur geduldet, soweit es auf den Kult beschränkt war. Aber dies gab dem Gottesdienst eine besondere Würde und Kraft. Von einem Rückzug in die Frömmigkeit konnte deshalb jedoch nicht gesprochen werden. Vor dem Hintergrund der Chruschtschow-Zeit entstand vielmehr eine vitale Bewegung innerhalb der kirchlichen Bildungsschicht, die darüber wachte, daß der Staat sich wenigstens an die bestehenden Gesetze im Hinblick auf die Beziehungen zwischen Kirche und Staat hielt, die sich aber zu gegebener Zeit bemühte, ein Stück weiter zu gehen. Die zukunftsweisenden Dokumente in dieser Richtung wurden 1965 von zwei jungen Priestern verfaßt, von Gleb Jakunin und Nikolaj Eschliman. Sie sollten anderen in den kommenden Jahren den Weg bereiten.

Nach zahlreichen Rückschlägen (Jakunin wurde später zu sieben Jahren Arbeitslager und einigen Jahren Verbannung verurteilt) hat die unerwartete Flexibilität der sowjeti-

INNERKIRCHLICHER KONFLIKT. In Kroatien förderte die faschistische Regierung während des Zweiten Weltkriegs die Zwangsbekehrung der ansässigen serbischen orthodoxen Bevölkerung zum Katholizismus. Rund 350 000 Personen, die sich dem verweigerten, wurden ermordet. Die Weihe einer orthodoxen Kirche am Ort des Konzentrationslagers Jasenovac im Jahr 1984, wo viele der Opfer umgekommen waren, bot eine Gelegenheit der Aussöhnung. Der Patriarch der serbischen orthodoxen Kirche German (*links oben, zweiter von rechts*), leitet die Weihe; die Menge vor der Kirche *(unten)*.

schen Behörden in den ersten Jahren der Regierung Gorbatschows, in die zufällig auch die Tausendjahrfeier der Christianisierung Rußlands fiel, der kirchlichen Bildungsschicht – genaugenommen der Kirche insgesamt – neue Möglichkeiten und Perspektiven beschert.

Tatsächlich könnte man sagen, daß die Zeit großer Reiche überhaupt vorbei ist. Früher hatte das Russische Reich mit seiner Staatskirche versucht, verschiedene orthodoxe Anliegen und Gemeinschaften jenseits seiner Grenzen zu unterstützen. Österreich-Ungarn begegnete dem, indem es Initiativen und Gruppen der römischen Katholiken oder Katholiken des östlichen Ritus begünstigte, besonders dort, wo westliche und östliche Kirchen sich überlagerten. Das muslimische Osmanische Reich seinerseits, dem beides fremd war, gab seinen orthodoxen Gruppen verfassungsmäßige Garantien und Richtlinien, während es versuchte, das administrative Gleichgewicht der letzteren zu garantieren. Aber wenig davon überdauerte bis in die 20er Jahre unseres Jahrhunderts. Bis dahin war die kirchliche Landkarte des orthodoxen Osteuropa weitgehend neugezeichnet worden, um die neuen

EINHEIT IN DER VIELFALT. Die Kirchen der orthodoxen Welt gehören einer Vielzahl von Ländern und Kulturen an. Jede wird unabhängig verwaltet, doch hinsichtlich des Glaubens sind sich alle einig. Ihre grundlegende Einheit spiegelt sich in dieser Prozession von Kirchenführern, von denen jeder eine gesonderte Kirche vertritt (Sagorsk 1968). Vorbereitungen zu einem gesamtorthodoxen großen und heiligen Konzil sind im Gange.

»Gebet des Herzens.« Besondere Berühmtheit unter den russischen Hesychasten erlangte der numinose Serafim von Sarow. Diese russische Porträt-Ikone des späten 19. Jahrhunderts zeigt ihn bei einer tausendtägigen Vigil in den Wäldern.

Wurzeln der Wiederbelebung. In der orthodoxen Kirche bleibt die christliche Gemeinde in ihrer Gesamtheit letztlich die Hüterin der Tradition. Diese Idee wurde vor allem von A.S. Chomjakow (1804-60) betont. Die Schar der Pilger, die sich 1982 am russischen Pskowo-Petscherskij-Kloster versammelte, um das Fest der Himmelfahrt Mariä (Uspenie) zu begehen, symbolisiert die Standhaftigkeit der Gemeinde und ihr Potential.

nationalen Kirchen auf dem Balkan zu berücksichtigen. Was die größte und mächtigste orthodoxe Kirche, die russische, betraf, so war sie ihres früheren Ruhmes, ihres Ranges und ihrer Hilfsmittel beraubt. Schlimmer noch war, daß sie schließlich die Rolle einer Staatskirche im Kontext eines Regimes spielen sollte, das sich die Religion gern auf der internationalen Bühne nutzbar machte, während es versuchte, sie im eigenen Land in Verruf zu bringen und auszurotten.

Alle diese Veränderungen oder zumindest einige davon hätten spaltend wirken können. Doch was immer auf der Ebene der Verwaltung geschah, die orthodoxen Kirchen sind in Liturgie und Dogma standhaft geblieben. Genau auf diesen Gebieten haben sie ihren unverwechselbaren Beitrag zur ökumenischen Bewegung des 20. Jahrhunderts geleistet, manche Patriarchate (wie Konstantinopel) von Anfang an, andere (wie Moskau) von den 60er Jahren an, indem sie sich (wie es Georgij Florovsky auf der Versammlung des Weltrates der Kirchen 1954 tat) dafür einsetzten, daß die Christenheit ihrer jahrhundertelangen Zersplitterung durch die Rückbesinnung auf die Tradition entgegenwirke. In

Aussichten auf Erneuerung. 1988 kam die russische orthodoxe Kirche zu einem Konzil zusammen, um ihr tausendjähriges Bestehen zu feiern. Unter den Bedingungen von Gorbatschows Perestrojka war das Konzil in der Lage, neue Statuten zu billigen, die die Kirche in den weniger repressiven Zeiten, die sie für die Zukunft erhoffte, auf feste Fundamente stellen sollten. Rechts vom Patriarchen (stehend) sitzt ein moderner »Oberprokuror«, der Vorsitzende des staatlichen Rates für religiöse Angelegenheiten.

diesem Bereich und auf diese Weise vermag ein Zusammenhalt, wie die Orthodoxen ihn vorführen können, die potentiell zerstörerischen Kräfte unter den mannigfaltigen, manchmal sogar phyletisch gesinnten Rechtsprechungen aufwiegen und ihnen entgegenwirken. Es ist ein geheiligter Zusammenhalt, der von einer ungezwungenen, ja unbewußten Treue zur patristischen Tradition spricht. Sie geht den modernen Rechtsprechungen voraus, und sie wird sie überdauern.

Esten und Weißrussen sind zwar maßvoller, doch tendieren auch sie zu einer Autonomie, die sich an den neuen Landesgrenzen orientiert.

Wie das Beispiel Serbiens zeigt, bedarf es jedoch keiner neuen Grenzen, um einen schlummernden Phyletismus zu wecken. Ich habe früher behauptet, eine Wiederholung der Politik des faschistischen Kroatiens gegenüber den Serben während des Zweiten Weltkrieges sei nicht zu erwarten. Das Urteil war voreilig, und es hat sich als falsch erwiesen. Verschlimmert wird alles noch dadurch, daß die angebliche Verteidigung orthodoxer Werte durch die Serben mittlerweile auch zu Vergeltungsmaßnahmen an den einstigen muslimischen Herren des Landes führt, wie die Vorgänge in Bosnien zeigen. Vergebens sprachen sich die versammelten Führer der orthodoxen Kirchen im Fanar gegen »die Ausbeutung religiöser Gefühle für politische und nationale Zwecke« aus.

Zur Zeit der kommunistischen Unterdrückung und Verfolgung schien die erzwungene Verinnerlichung des orthodoxen kirchlichen Lebens in Rußland und Osteuropa zugleich Reinigung zu verheißen. Dies hätte zu einem Erbe von unschätzbarem Wert für jedes zukünftige große heilige Konzil der orthodoxen Kirche, ja der gesamten Christenheit werden können. Gegenwärtig, in der Unruhe und Richtungslosigkeit der Zeit nach 1988, ist davon wenig zu spüren. Am allerwenigsten spricht der Phyletismus für eine Reinigung dieser Art.

Die Schwierigkeiten werden noch durch die Tatsache verstärkt, daß mancher Patriarch oder führende Bischof übertrieben darum bemüht ist, seine Kirche, wenn nicht als staatliche, dann doch als die dominierende anerkannt zu sehen. Dies hat seinen Grund in der tief verwurzelten Überzeugung, daß die Geschichte sie für diese Rolle geprägt hat, auch die Geschichte der jüngsten Vergangenheit.

Nur eine gründliche Untersuchung dieser Vergangenheit kann vor Fehleinschätzungen bewahren. In Rußland könnte die lange hinausgeschobene Kanonisierung (1992) wenigstens dreier Märtyrer der Zeit nach 1917 (unter ihnen Wenjamin aus Petrograd) den notwendigen Anreiz dazu geben. Die Untersuchung dieser Vergangenheit wird Kirchenleute vielleicht auch dazu veranlassen, noch einmal über ein Konzept nachzudenken, das zuletzt unmittelbar vor der bolschewistischen Machtergreifung eine gewisse Aufmerksamkeit auf sich gezogen hatte, als es noch möglich schien, »eine freie Kirche in einem freien Staat« ins Auge zu fassen.

Das Christentum heute

16

Die christliche Gemeinschaft

Bryan Wilson

Das Christentum im Kontext der Säkularisierung

Was die christliche Gemeinschaft ausmacht, war über die Jahrhunderte einem anhaltenden und stetigen Wandel unterworfen, der jedoch zu keiner Zeit so dramatisch verlief wie im 20. Jahrhundert. Gegenwärtige Veränderungen im Erscheinungsbild der christlichen Kirche sind zum großen Teil eine Folge der tiefgreifenden Säkularisierung der modernen gesellschaftlichen Systeme. Säkularisierung wird hier nicht nur als Veränderung im allgemeinen Bewußtsein verstanden, sondern grundsätzlicher als radikale Reorganisation der Gesellschaftsstruktur. Es ist ein Prozeß, in dem sich entscheidende Bereiche der gesellschaftlichen Organisation (Wirtschaft, Regierung, Verteidigung, Recht, Erziehung, Gesundheitswesen und Freizeit) differenzieren und an Autonomie gewinnen und in dem die organisierte Religion die Vorrangstellung, die sie einst innerhalb der gesamten Gesellschaft einnahm, definitiv verloren hat. Im selben Maß, in dem sich die Gesellschaft der Vernunft untergeordnet hat und das, was als wertvolles Wissen zählt, zunehmend empirisch geworden ist, haben sich zwangsläufig das Bewußtsein der einzelnen und ihre Sozialisationsformen gewandelt. Am auffälligsten ist jedoch, daß das Christentum seine ehemaligen Funktionen verloren hat, Autorität und Regierungsform zu legitimieren, Recht und Gesetz zu formen und zu beaufsichtigen, die Grundlage für die Erziehung zu bilden und die soziale Kontrolle zu stärken. Die gesellschaftliche Unterstützung der Religion ist zurückgegangen, und die christliche Anhängerschaft ist in den meisten westlichen Ländern geschrumpft. Wo sie weniger dramatisch abgenommen hat, liegt das daran, daß die Kirchen dort noch immer gesellschaftliche Funktionen wahrnehmen (das heißt andere als die Vermittlung religiösen Wissens), die offenbar bedeutsam für größere Teile der Bevölkerung sind, indem sie zum Beispiel als Ersatz für echte Gemeinschaft in so hochmobilen Gesellschaften wie den Vereinigten Staaten dienen. Manche Gesellschaften haben sich organisatorisch und kulturell so entwickelt, daß die Kirche als fast fremdartige Enklave erscheint und praktisch auf den Rang einer Sekte reduziert. Wo ihre öffentliche und institutionelle Gegenwart sichtbarer geblieben ist, sind religiöse und fromme Belange oft durch die Sorge um rein organisatorische Ziele wie die Interessen ihres Personals in Sachen Ausbildung, Arbeitsplatz, Rang und Vergütung, die Erhaltung des Gefüges und das Interesse an der routinemäßigen Tüchtigkeit, die für bürokratische Strukturen typisch ist, verdrängt und folglich ihres Kerns beraubt worden.

Die nachlassende Bedeutung der Religion für die Steuerung des Gesellschaftssystems und veränderte Einstellungen gegenüber dem Übernatürlichen haben zu einer Anpassung der institutionellen Äußerungen des Christentums geführt. Die institutionelle Kirche hatte sich zu einem Organ entwickelt, das in mancher Hinsicht so gesehen und erlebt wurde, wie jene andere Abstraktion, der Staat. Sie stellte Religion als ein offizielles, etabliertes, objektives und völlig legitimiertes gesellschaftliches Phänomen dar. Diese Form hatte sich über die Jahrhunderte entwickelt, und die Kirche hatte den Charakter eines komplexen, praktisch autonomen gesellschaftlichen Subsystems angenommen, mit eigenem Betriebsinventar, einer inneren Befehlshierarchie und ausgebildetem Personal, das einer Klientel diente, die scharf von ihm unterschieden war. »Die Kirche« war, so wie dieses Konzept allgemein aufgefaßt wurde, gleichbedeutend mit Geistlichkeit geworden. Sie legitimierte sich vorzugsweise in transzendenten Begriffen und beanspruchte das Monopol des Zugangs zum Übernatürlichen. Die Prozesse der Unterordnung unter die Vernunft und der Säkularisierung beschleunigten sich zusehends, merklich in den ersten Jahrzehnten des 20. Jahrhunderts und noch entschiedener nach dem Zweiten Weltkrieg, und führten zu einer immer stärkeren Aushöhlung der institutionellen Struktur.

Die institutionalisierten Formen der Kirche wichen entsprechend dem historischen Verhältnis von Kirche und Staat voneinander ab: So unterschied sich ihr Charakter in Großbritannien und Skandinavien mit ihren Staatskirchen von dem in Frankreich und Belgien, wo der Staat in mancher Hinsicht parallel zur Kirche, in anderer beinahe in Konkurrenz, wenn nicht gar in Opposition zu ihr stand. In vielerlei Hinsicht trat die Tendenz zur Institutionalisierung am deutlichsten in jenen Ländern hervor, wo die Kirche vom Staat getrennt war und wo sie ihm gegenüber eine gewisse Autonomie geltend machte, die sie den Ansprüchen einer rein weltlichen Politik entzog. Diese Entwicklung, die die Kirche in den meisten Teilen der Christenheit bis zum Ende des 19. Jahrhunderts in mehr oder weniger ausgeprägter Form vollzogen hatte, zeigte sich in Frankreich in dem integralistischen Konzept des (katholischen) Christentums und in Belgien in dem Prozeß der »Säulenbildung« – hier entstanden christliche Alternativen auf dem Gebiet des Schul- und Universitätswesens, der Krankenhäuser, der Gewerkschaften und Wohlfahrtseinrichtungen, der Massenmedien etc., die mit denen des weltlichen Staates konkurrierten.

Integralismus war sowohl eine politische Philosophie im Hinblick auf die Rolle der Kirche in der Gesellschaft als auch eine praktische Rechtfertigung der institutionellen Struktur der Kirche. Alle Bereiche des gesellschaftlichen Lebens sollten vollkommen mit christlichen Werten durchdrungen werden, und die Forderungen der Kirche sollten alle Beziehungen prägen und in jedem Lebensbereich sichtbar werden. Die Funktionen, die sich zumindest in Anfängen in anderen Institutionen entwickelten, sollten möglichst vollständig unter der Ägide der Kirche bewahrt werden. Auf keinem Gebiet wurde diese Politik mit größerem Nachdruck gefördert als im Erziehungswesen. Die Kirche hatte auch ein eigenes Konzept der Arbeitsverhältnisse, die »Eindämmung« des sich entfaltenden Musters der kapitalistischen Wirtschaftspraxis, und sie dehnte ihr selbstbewußtes Streben nach kultureller Hegemonie zunehmend auf Felder wie die Gesundheitsfürsorge aus. Die Kirche war bereit, weite Bereiche öffentlicher Aktivitäten in eigener Regie zu übernehmen und zumindest ihre Gläubigen innerhalb einer bewußt aufrechterhaltenen christlichen Subkultur zu schützen. Wenn die Kirche Aktivitäten dieser Art nicht in der gesamten Gesellschaft kontrollieren konnte, wollte sie wenigstens Einrichtungen mit angemessener christlicher Bindung zur Verfügung stellen, die Alternativen zu den vom Staat organisierten boten. Die Geistlichkeit begriff die Kirche als Hüterin der Menschheit in einer Übergangszeit, bis das Naturgesetz in einer wahrhaft vollkommenen Gesellschaft unter Gottes Gerechtigkeit hergestellt sein würde: Bis dahin würde die Kirche eine nahezu vollkommene christliche Gesellschaft als Alternative zur bürgerlichen Gesellschaft des weltlichen Staates anbieten.

Am entschlossensten wurde diese Politik wahrscheinlich in Belgien umgesetzt, wo die Kirche in Folge der energischen Verurteilung des zeitgenössischen Liberalismus durch Papst Pius IX. versuchte, mit Hilfe der »Säulenbildung« ihre Mitglieder in einer beinahe auf eine alternative christliche Gesellschaft hinauslaufenden Gemeinschaft zusammenzufassen, die staatliche Maßnahmen ablehnte und sich fast wie ein Staat im Staat verhielt. Sie gründete (wie auch anderswo in Europa) eine eigene politische Partei, um ihre Interessen und die ihnen zugrundeliegende Moralphilosophie zu fördern. Die katholischen, sozialistischen und liberalen »Säulen« wurden als dreifache (oder manchmal bloß zweifache) Einrichtungen anerkannt, die zusammen die jetzt vorherrschende Organisationsweise der menschlichen Gesellschaft ausmachten – den Nationalstaat.

Selbst in diesem energischen Versuch, die Kontrolle über gesellschaftliche und kulturelle Belange geltend zu machen, finden sich bereits Hinweise auf einen Rückzug und auf die Dominanz weltlicher Organe. Insofern die Kirche nämlich versuchte, die verschiedenen autonomen institutionellen Ordnungen unter ihrer Schirmherrschaft zusammenzufassen, wurde sie zu neuen Methoden koordinierten und beratenden Handelns gedrängt. Dabei definierte sie sich stillschweigend neu und dies ausdrücklich in Beziehung zu und in Unterscheidung von der nichtkirchlichen, weltlichen Gesellschaft. Wer akzeptierte, in die katholische Subkultur der neu entstehenden autonomen Institutionen einbezogen zu werden, tat dies aufgrund einer persönlichen Entscheidung. Das Prinzip der Freiwilligkeit war offenkundig. Die Kirche erkannte damit allerdings die wachsende Stärke der organisierten weltlichen staatlichen Alternative zur Kirchenorganisation und zur christlichen Kultur an.

Am deutlichsten ausgeprägt war dieser Prozeß in jenen europäischen Gesellschaften, in denen, zumindest von der Zeit der Französischen Revolution an, der Antiklerikalismus eine verwurzelte Tradition hatte. Doch auch anderswo drängte die Säkularisierung der bürgerlichen Gesellschaft der Kirche nach und nach den Charakter einer Subkultur auf, sei es auch manchmal einer offiziell geschützten Subkultur, die an verschiedenen Punkten in die Eliten der Regierung, Kultur und Gesellschaft einbezogen war. In den protestantischen Ländern Europas war die »Abweichung« jedoch seit langem toleriert worden. Die Duldung dieser Abweichung (sowie verheirateter Geistlicher) mag protestantische Länder vor einem überzogenen Antiklerikalismus bewahrt und eine Zeitlang dazu beigetragen haben, daß politischer und kultureller Streit sich im Rahmen hielten. Auf die Dauer jedoch verloren die Streitpunkte, die die Spaltung verursacht hatten, an Bedeutung, die Energie der abweichenden Kirchen ließ nach, und weltliche Belange einer mehr praktischen (und weniger ideologischen) Art relativierten das Gewicht abweichender Stand-

die historischen Umstände, die viele dieser Denominationen ins Leben gerufen hatten, verloren an Bedeutung, die verschiedenen Bewegungen jedoch bestanden als sich selbst verewigende organisatorische Strukturen weiter.

Im Hinblick auf die Frage, was die Kirchen in den Vereinigten Staaten und in Europa voneinander unterscheidet, ist die Ansicht geäußert worden, daß die Säkularisierung in Europa ein Prozeß gewesen ist, der allmählich den religiösen Einfluß in der Gesellschaft beseitigte, während der Prozeß in den Vereinigten Staaten, die von Anfang an eine weltliche Gesellschaft waren, zu einer Aushöhlung der theologischen, gottesdienstlichen und geistigen Orientierung innerhalb der Kirchen geführt, also ein Prozeß der inneren Säkularisierung stattgefunden hat. Diese zwei Muster der strukturellen Säkularisierung scheinen zu sehr ungleichen Folgen für den Kirchenbesuch und die Nutzung der Kirchen für sakramentale Riten geführt zu haben. Zwar ist bei allen dafür in Frage kommenden Indikatoren (Taufe, Konfirmation, Kirchenmitgliedschaft, Abendmahl) praktisch in der ganzen Christenheit ein Rückgang zu beobachten, doch weichen die Rückgangsraten von einer Gesellschaft zur anderen voneinander ab. Damit soll nicht bestritten werden, daß »in die Kirche gehen« und »ein Kind firmen oder konfirmieren lassen« keine einheitlichen Akte sind – eine solche Handlung hat in jeder Gesellschaft eine andere kulturelle Bedeutung. Mit seinem verminderten religiösen Inhalt erfüllt der Akt des Kirchgangs in den Vereinigten Staaten bei einem größeren Prozentsatz amerikanischer Kirchgänger vielleicht andere Funktionen, als es der Kirchgang beispielsweise in Schweden tut. Das gleiche ließe sich von der Konfirmation sagen.

Der Prozeß der Säkularisierung ist den Geistlichen in diesem Jahrhundert in verschiedener Hinsicht deutlich geworden, auch wenn ihnen der Rückgang des Kirchenbesuchs stärker aufgefallen sein mag als die abnehmende Bedeutung der Religion für das Funktionieren der Gesellschaft. Die christliche Gemeinschaft hat darauf in unterschiedlicher Weise reagiert. Die sozialen Bedingungen haben sich schneller als in jedem vorangegangenen Abschnitt der Geschichte gewandelt, während die überkommenen Institutionen der Religion stetig ohnmächtiger geworden sind. Den Kirchen hat es zunehmend an dem Personal, den Ressourcen, den Führungsqualitäten und sogar dem klaren Sinn für das Ziel gemangelt, so daß sie nicht in der Lage waren, ihre Organisation und ihre Aktivitäten zu erhalten oder gar mit neuem Leben zu erfüllen. Abgesehen von Ländern wie Nordirland und Polen, wo die Religion zu einem Ersatzausdruck ethnischer oder nationaler Identität geworden ist, sagt die öffentliche kollektive Darstellung der modernen Öffentlichkeit immer weniger zu. Das Selbstvertrauen und die Gewißheit von kollektiven gesellschaftlichen Zusammenschlüssen dieser Art sind geschrumpft. Der Individualismus und die Anerkennung des Vorrangs des individuellen Gewissens haben den Bezugspunkt der persönlichen Identität nicht nur von Rasse, Nation und Staatsangehörigkeit wegverlagert, sondern auch von der religiösen Zugehörigkeit. Die Religion ist vielleicht stärker in Frage gestellt worden als die anderen Kategorien, da es sich bei Rasse und Nationalität nicht um freiwillige Bindungen handelt und die Staatsangehörigkeit nur unter gewissen Schwierigkeiten gewechselt werden kann. Die religiöse Zugehörigkeit ist jedoch eine Sache des Willens und kann leicht aufgegeben werden.

UNTERNEHMERISCHES CHRISTENTUM, das sich in gigantischen Kirchen kundtut. Riesige Gemeinden mit verschwenderisch ausgestatteten Palästen sind ein immer häufiger anzutreffendes Merkmal des heutigen Christentums. Oft stehen sie unter der Leitung eines bestimmten dynamischen Predigers. Die Crystal Cathedral *(rechts oben)* in Orange County, Kalifornien, die Kirche eines presbyterianischen Pfarrers, Robert Schuller, ist ein Beispiel dafür. Die größte Kirche der Welt ist Dr. Yonggi Chos »Full Gospel Central Church« in Seoul *(unten)* mit einer halben Million Mitglieder. Wie Schuller predigt Dr. Cho ein Evangelium des Wohlstands, das er um das alte Mittel des Heilens durch Berührung ergänzt.

여의도순복음교회
YOIDO FULL GOSPEL CHURCH

DIE KIRCHE IN POLEN SYMBOLISIERT NATIONALE IDENTITÄT – eine Folge jahrhundertelanger politischer Unterdrückung und Fremdherrschaft. Einige der 47000 Pilger während des 240 km langen Marsches von Warschau nach Tschenstochau, dem Heiligtum der Schwarzen Madonna, der man zuschreibt, durch ihr wunderbares Eingreifen den Polen ermöglicht zu haben, im Jahre 1655 das schwedische Heer zu besiegen.

Wenn eine geringere Neigung besteht, sich mit der Kirche zu identifizieren, in die das Individuum hineingeboren wurde, und mehr Gewicht auf die persönliche Entscheidung gelegt wird, so hat auch eine deutliche Aushöhlung der moralischen Basis der heutigen Gesellschaft stattgefunden. Während traditionelle Gesellschaften durch ein gemeinsames Bewußtsein dessen, was das rechte Verhalten ausmachte, »zusammengehalten« wurden, bauen moderne Gesellschaften mit ihrer Betonung größerer individueller Freiheit auf die integrativen Mittel der Bürokratie, der fiskalischen Kontrolle, das Netz gemeinsamer Verbindlichkeiten und ähnliches – mehr jedenfalls als auf die festen Bande eines moralischen Konsenses. Religion spielte eine wesentliche Rolle bei der Erhaltung jenes moralischen Zusammenhalts alter Prägung: Sie hat keine Funktion bei der Erhaltung der organisatorischen Integration. Sobald die persönliche Entscheidung zum Kriterium für das individuelle Handeln wird, wie das in Politik, Konsumdenken, Unterhaltung und Religion geschehen ist, verschwinden die letzten Beschränkungen des individuellen Glaubens und verliert sich auch die Funktion des gemeinsamen Gottesdienstes – des Gottesdienstes als Akt der Gemeinschaft. In diesem Sinne also kann man davon sprechen, daß die anerkannten Institutionen des Christentums hohl geworden sind.

Kirchliche Reaktionen auf den sozialen Wandel

Die Reaktionen der Kirchen auf die veränderten sozialen Milieus, in denen sie arbeiten mußten, sind unterschiedlich gewesen, und manche waren anpassungsfähiger als andere. Neben diesen institutionellen Reaktionen hat es auch Reaktionen einzelner gegeben, die nach neuen Formen des religiösen Ausdrucks suchten. Die augenfälligsten Anpassungen haben auf der liturgischen Ebene stattgefunden, nämlich in der Verlagerung vom Formalismus und Objektivismus zu mehr Zwanglosigkeit und einer Vielfalt der Stile. Abzulesen ist dies am Übergang vom Latein zur Landessprache im Katholizismus und von der würdevollen Sprache mit ihrer altertümlichen Patina zur Umgangssprache in der anglikanischen Kirche. Die Betonung des Subjektivismus, die stärkere Beteiligung der Mitglieder und die teilweise Ablehnung der hohen Kultur, die jahrhundertelang das Verhältnis der Kirche zu den Künsten geprägt hatte, verkörperte, in der Musik nicht weniger als in der Sprache, die Annahme des Volkstümlichen im Streben nach Gewicht in und Übereinstimmung mit einer Gesellschaft, die sich von der Religion entfernt hatte. Die liturgische Veränderung wurde natürlich von theologischen Rechtfertigungen und Erklärungen begleitet. Die bewußte Beschränkung der Ansprüche, die in der katholischen und anglokatholischen Tradition für den Klerus zur Maxime erhoben wurde, lief auf eine neue Interpretation des Priestertums und des geistlichen Amtes hinaus: Die Laien sollten einbezogen werden. Man räumte damit ein, daß sie bisher zumindest in der Praxis kaum anerkannt worden waren. Kirchenbauliche Veränderungen ließen diese Wandlungen sichtbar werden und verfolgten die Absicht, den Abstand zwischen Laien und Priester, zwischen Weltlichem und Heiligem zu verringern.

Wandlungsprozesse dieser Art mögen etwas von den Strömungen aufgegriffen haben, die in der Gesellschaft wirksam waren. Ebenso kann es sich aber auch um eine Kapitulation gegenüber vorübergehenden Trends in entwickelten Gesellschaften gehandelt haben. Fest steht, daß die Kirchen an Eigeninitiative eingebüßt haben. Dies wird auch in einer anderen Reaktion auf den Niedergang der Religion deutlich – in dem Versuch, ihre Tätigkeit zu rationalisieren und ihre Organisation nach Prinzipien, die in Wirtschaftsunternehmen üblich sind, zu gestalten. Der Geist der rationalisierten Strukturen zeigt sich in der Wahrnehmung des geistlichen Amtes durch ein Team, in der Verwaltung der Finanzen und in zunehmend repräsentativen Entscheidungsgremien. Die römische Kirche war ebenfalls einem Druck ausgesetzt, nicht zuletzt seitens mancher Bischöfe, die Teilnahme an ihren Synoden auf Laien und besonders auf Frauen auszudehnen, und langsam reagiert auch diese Kirche darauf.

Bemühungen, sich auf die veränderte Gestalt und Struktur der modernen Gesellschaft einzustellen, wurden auch in den späteren Stadien der integralistischen Politik auf dem europäischen Kontinent deutlich. Zu diesen Anstrengungen ist unter anderem die Arbeiterpriesterbewegung zu zählen, die von der Basis ausging, schließlich aber vom Zentrum wieder eingedämmt wurde. Auch die Katholische Aktion ist in diesem Zusammenhang zu erwähnen. Soziales Engagement, das geistige Perspektiven und materielle Ziele verband, hat jedoch wiederholt den Vorrang des Geistigen zugunsten greifbarerer Zwecke gefährdet, die nur durch politische und vielleicht letztlich nur durch militante und revolutionäre Mittel erreicht werden können. In einem viel späteren Stadium fand die Befreiungstheolo-

NEUE OPTISCHE KONZEPTIONEN IM KIRCHENBAU. Moderne Architekturstile sind ökumenisch, indem sie konfessionelle, kulturelle und regionale Unterschiede ausschalten. Nach der Messe strömen Moçambiquer aus einer modernen Kirche *(links)*, die von älteren afrikanischen Kirchenbauten ebenso entfernt ist wie die lutherische St. Bovid-Kirche *(rechts)* in Oxelosund, Schweden (1957 erbaut).

gie mit ihrer Mischung aus Katholizismus und Marxismus die Zustimmung von Priestern, deren Vision von den Möglichkeiten der Kirche entweder enttäuscht oder in den Dienst der politischen Ideologie gestellt worden war. Jene Priester, deren Auffassung von Religion im Sinne einer aktiven Verbesserung der Lebensbedingungen der Unterdrückten und Notleidenden geformt worden ist, haben immer gern die Kirche mit ihrer gefestigten kollektiven Struktur benutzt, um eine Gefolgschaft zu mobilisieren, die weniger von geistigen als von praktischen Zielen geleitet wurde.

Eine weitere bewußte Reaktion der Kirchen auf den sich wandelnden Charakter der Gesellschaft zeigte sich im Ökumenismus. Sein Ziel hat sich als außerordentlich attraktiv für die Kirchen erwiesen. Er läßt sich ohne weiteres als Ausdruck des Willens Gottes darstellen: Die Spaltung in der Kirche kann als Skandal stigmatisiert werden. Somit hatte der Ökumenismus die höchste Legitimation. Darüber hinaus stand eindeutig fest, daß die Ursachen der Spaltungen unter den Kirchen oft in theologischen Kontroversen untergegangen waren, die nur noch Historikern bekannt waren. Die Umstände, unter denen gesonderte Gemeinden die Unabhängigkeit für notwendig gehalten hatten, waren seit langem verschwunden. Was fortdauerte, waren nicht so sehr die ernsthaften theologischen Überzeugungen, die eine Kirche von der anderen unterschieden hatten, als vielmehr Kirchenordnungen von radikal verschiedenen Formen. Das ökumenische Bemühen mochte einer theologischen Rechtfertigung bedürfen, größere Probleme warf jedoch die Kirchenorga-

Die Kapelle der amerikanischen Luftwaffenakademie *(links)* in Colorado Springs, USA, ist wirklich eine ökumenische Kirche, deren Architektur gleichzeitig den Aufwärtsschub der Flugzeuge und das Streben des Menschen nach Gott symbolisiert. Der Mormonentempel *(rechts)* in Buenos Aires, Argentinien, 1986 geweiht und einer von mehr als 40 Tempeln, die die Mormonen in 23 Ländern seit der Mitte des 19. Jahrhunderts gebaut haben, läßt erkennen, in welchem Umfang die Kirchenarchitektur heute über die spezifischen konfessionellen Inhalte, die sie einst charakterisierten, hinausgeht.

nisation auf. Doch die Notwendigkeit einer Union lag auf der Hand. Die abnehmenden Gemeinden, überflüssige Anlagen, steigende Unterhaltungskosten und die vage Ahnung, daß die Spaltung unter den Christen Bekehrungswillige abschrecken könnte, ließen die Union der Kirchen immer wünschenswerter erscheinen. Am leichtesten ließ sich dieses Ziel auf dem Gebiet der Mission erreichen, in denen christliche Spaltungen häufig unbedeutend waren und von den Unterschieden zwischen Christen und Nichtchristen in den Schatten gestellt wurden. Der 1947 gebildeten Kirche von Südindien gelang es, Kirchen zu vereinigen, die drei unverwechselbare Modelle der Kirchenordnung aufwiesen – episkopal, presbyterianisch und kongregationalistisch. Sie behielt ein gewisses Maß an innerer Differenzierung bei, brachte aber eine Union zustande, die durchaus anregend auf andere Kirchen wirkte. Die Vorstellung von einer organischen Union und sogar einer Abendmahlsgemeinschaft stieß jedoch manchmal auf Widerstand, und selbst theologisch weniger umstrittene Zusammenschlüsse wie etwa die United Church in Kanada, die Uniting Church in Australien oder die United Reformed Church in England, bekamen Schwierigkeiten mit der Kirchenverfassung. Der Vereinigungsplan für neun Denominationen (zur Church of Christ Uniting) in den Vereinigten Staaten in den 70er Jahren stieß lange Zeit auf starken Widerstand, der erst jetzt überwunden zu sein scheint. In Großbritannien wurden anglikanisch-methodistische Vorschläge verworfen, und Gespräche zwischen Anglikanern und Presbyterianern scheiterten, während der langwierige Verständigungsprozeß zwischen Anglikanern und Katholiken sehr behutsam weitergeführt wurde, wobei man sich jedoch stets bewußt war, daß die heftig umstrittenen Fragen erst noch in Angriff genommen werden mußten.

Die ökumenische Vereinigung scheint zu einem großen Teil als Reaktion auf den abnehmenden Einfluß der Kirchen entstanden zu sein, den besonders die Geistlichen wahrnahmen. Die Laien waren selten die treibende Kraft und ärgerten sich manchmal eher über das Ansinnen, alte Gewohnheiten des Gottesdienstes, verwurzelte Bräuche und geschätzte Glaubens- und Ordnungssysteme aufzugeben. Erst in neuerer Zeit und auf lokaler Ebene hat es Anzeichen für eine starke ökumenische Strömung unter den Laien gegeben. Das ökumenische Bemühen, ob konfessionell oder lokal, hat allerdings manche Erwartungen nicht erfüllt. Von Außenstehenden ist kaum anerkannt worden, daß die Kirche jetzt »ihr Haus in Ordnung gebracht« hatte, daß es nun einen klareren Aufruf zu christlicher Pflicht gab und daß die Hindernisse für den Glauben beseitigt worden waren. Es sind keine Anzeichen eines neuen Wachstums bei den vereinigten Konfessionen in westlichen Ländern feststellbar, und in manchen Fällen scheint die Union keinerlei Auswirkung auf eine Umkehrung oder auch nur Verzögerung des anhaltenden Schwunds der Kirchenmitgliedschaft gehabt zu haben.

Das Zusammenwachsen der Kirchen trotz aller Schwierigkeiten, eine tatsächliche Union zustande zu bringen, war beinahe unumgänglich. Je mehr die alten dogmatischen und organisatorischen Prinzipien im Hinblick auf die modernen Probleme unerheblich wurden, hörten sie auf, Prüfsteine der konfessionellen Identität zu sein. Je länger moderne Gesellschaften ohne Religion funktionierten, desto weniger sahen sich die Individuen veranlaßt, ihre eigene Identität in spezifisch religiösen Begriffen zu bekräftigen: Baptistisch oder methodistisch und schließlich anglikanisch und sogar römisch-katholisch wurden zu Benennungen, deren Unterschiede sich zusehends verwischten. Die großen protestantischen Konfessionen begannen Kirchenräte auf nationaler Ebene und schließlich weltumfassend zu begründen. Diese Räte sind bei den Christen nicht immer unumstritten gewesen, aber der Streit um sie hat sich weniger auf eine mögliche Gefahr, die sie womöglich für die konfessionelle Autonomie darstellen könnten, konzentriert, als vielmehr auf die quasipolitische Rolle, die sie, allen voran der Weltrat, zeitweise angenommen haben. Kooperative Unternehmen auf konfessioneller Ebene sind besonders von Geistlichen gefördert worden, die sich auf Bereiche wie Industrie, Gefängnisse, Krankenhäuser, Beratung, Therapie oder Jugendarbeit spezialisiert haben: Je spezialisierter die Aufgaben der Geistlichen werden, desto wesentlicher werden für sie technische und fachliche Normen und desto unwichtiger sind die verschiedenen konfessionellen Vorschriften.

Auf lokaler Ebene hatte der ökumenische Gedanke seine stärksten praktischen Auswirkungen: so in der sprunghaften Zunahme gemeinsamer Aktivitäten, in der gegenseitigen Überlassung der Kanzeln und in der Abendmahlsgemeinschaft. Verschiedene Konfessionen benutzen inzwischen dieselben Gebäude. Gelegentlich geschieht dies aus wirtschaftlichen Zwängen, fast immer aber mit großer Bereitwilligkeit, da den Unterschieden zwischen ihnen offensichtlich keine allzu große Rolle mehr beigemessen wird. Die Zahl der Gemeinschaftskirchen, die als »interkonfessionell« oder »nichtkonfessionell« bezeichnet werden, hat zugenommen, besonders in den Vereinigten Staaten. Den sehr frühen Andeutungen von Ökumenismus, die in Organisationen wie dem CVJM und dem christlichen Studentenweltbund zum Ausdruck kamen, folgte nur recht langsam ein Zusammengehen der eigentlichen Konfessionen. Die der ökumenischen Idee folgenden Kirchen müssen jedoch aufpassen, daß sie nicht am Ende das Schicksal des CVJM – der jetzt gründlich säkularisiert ist – und des Studentenweltbundes erleiden, die Opfer von Randgruppen und Extremisten geworden sind, die ihren Niedergang verursacht haben.

Außerkirchliche Neubelebung

Andere Strömungen im religiösen Leben und andere Bilder von der Kirche und vom Gottesdienst, die von der Basis ausgehen, haben nicht nur auf interkonfessionelle Bemühungen, sondern auch auf Modelle der religiösen Beteiligung eingewirkt. Die bemerkenswerteste dieser Strömungen ist die Charismatische Erneuerungsbewegung gewesen, deren Anfang sich auf eine Episkopalkirche in Van Nuys in Kalifornien im Jahre 1958 zurückverfolgen läßt. Alle zentralen Ideen und Praktiken dieser Bewegung gehen jedoch auf eine frühere Zeit zurück und veranschaulichen die Art und Weise, wie anfänglich sektiererische (wenn nicht direkt häretische) Tendenzen in jüngerer Zeit sich auf den Mittelpunkt des christlichen Lebens zubewegt haben. Jahrhundertelang lehrten die christlichen Kirchen, daß die Gaben des Heiligen Geistes, von denen der erste Korintherbrief spricht, Gaben gewesen seien, die in ihrer Wirkung auf das apostolische Zeitalter beschränkt waren. Spätere angebliche Offenbarungen solcher Gaben wurden verurteilt. Personen, die behaupteten, die Gaben des heiligen Geistes zu besitzen, wurden im allgemeinen aus den traditionellen Kirchen ausgestoßen. Auf diese Weise entstanden zahlreiche Gruppen der Pfingstbewegung in der gesamten christlichen Welt, zunächst in Amerika, dann sprang der Funke rasch auf Rußland, die protestantischen Länder Nordeuropas und schließlich auf Indien, Afrika und Lateinamerika über. Bis 1958 wurden die Geistesgaben von den wichtigen Konfessionen stillschweigend oder auch offen verworfen.

Van Nuys Behauptungen wurden in Amerika rasch von den Kirchen aller großen Konfessionen aufgegriffen, und die als Charismatische Erneuerung bekannte Bewegung breitet sich seitdem in der ganzen christlichen Welt aus. Besonderen Zuspruch scheint sie in katholischen Kirchen zu finden, und in den 60er Jahren wurden Massenversammlungen amerikanischer Katholiken, darunter viele Priester und Nonnen, organisiert, um die Gaben des Heiligen Geistes zu feiern. Die Kirchenleitungen wurden anscheinend von dieser plötzlichen Wiedererweckung eines ekstatischen Christentums völlig überrascht, aber statt der früheren Verdammung der Theorie und Praxis dieser Art charismatischer Äußerung verhielten sie sich anfangs still und später tolerant gegenüber der Charismatischen Erneuerungsbewegung, die schließlich von einigen prominenten Geistlichen, unter ihnen der Erzbischof von Mechelen in Belgien, gebilligt wurde. Es war typisch, daß die Offenbarungen bei Gebetsversammlungen vorkamen, die interkonfessionell und ziemlich zwanglos waren. Nicht selten traten starke örtliche Führer auf, die der ekstatischen Äußerung ein gewisses Maß an Disziplin auferlegten, aber solche Führer waren nicht immer und nicht einmal im Normalfall Geistliche. Die Bewegung war stark von Laien geprägt und bot Gelegenheit zu spontaner Beteiligung. Ohne ständige oder gesonderte eigene Gebäude verkörperte sie eher eine Bewegung in den Kirchen als eine Abspaltung von ihnen.

Nichtsdestoweniger wirkten die Impulse und die Folgerungen der Charismatischen Erneuerung allgemein gegen die Struktur und gegen die Kirche. Statt einer Liturgie gab es die Ekstase, statt der institutionalisierten Autorität gab es die inspirierte Äußerung, statt kollektiver Handlungen war individuelles Verhalten möglich. Wenn es wahrscheinlich ist, daß der Heilige Geist durch ein Individuum spricht, dann ist nicht recht einzusehen, wozu Geistliche notwendig sind. Die Bewegung spiegelte die weltlichen Strömungen ihrer Entstehungszeit, mit den Forderungen etwa der Beatniks oder Hippies nach Spontaneität, Unmittelbarkeit, persönlicher Freiheit des Ausdrucks und der Ausweitung der Erfahrung über den Intellekt hinaus. Wie diese Bewegungen brach auch sie aus den Fesseln der herkömmlichen Aktivitäten aus. Das charismatische Verhalten war in sich eine Offenbarung höchst persönlicher, absolut privatisierter Impulse. Wenn es sich um eine Vertiefung der geistigen Erfahrung handelte, dann unterstrich dies in sich nur die offenkundige Unzulänglichkeit und Leere der älteren, ritualisierten und institutionalisierten Formen des Christentums. Als eine schnell um sich greifende Begeisterung trug die Charismatische Erneuerung vermutlich in wenigen Jahren mehr dazu bei, eine bestimmte Art der ökumenischen Praxis voranzubringen, als in Jahrzehnten von den offiziellen Maßnahmen der Kirchenversammlungen und Komitees erreicht worden war.

Der natürliche Ort für charismatische Äußerungen war der informelle und unstrukturierte Rahmen – die Gebetsversammlung eher als die Kathedrale. Dieses entinstitutionalisierte Bild der Kirche verband sich mit der Forderung nach einer Aufhebung der Beschränkungen des Geistigen. Die alten Formen waren oft weniger selbstverständlich und erschienen vielen als unzulänglich, wenn nicht als archaisch und zwecklos. Es schien, als werde in der Religion wie in so vielen anderen gesellschaftlichen Veranstaltungen die Erwartung, daß Gläubige sich an die geregelten Normen hielten, von der Forderung der 60er und 70er Jahre verdrängt, die Menschen sollten »sich selbst verwirklichen« und »aus sich herausgehen«. Die Geistlichen als Autoritätspersonen waren teilweise die Zielscheibe dieser Trends, auch wenn manche Geistliche selbst an der Suche nach neuen Formen des Gottesdienstes beteiligt waren. Ähnliche Forderungen nach Gelegenheiten zu einer stärkeren Beteiligung und der Beseitigung von Autoritätssymbolen und Statusunterschieden dürfte man in der »Untergrundkirche«, wie sie sich in Italien entwickelte, und in der »Hauskirchen«-Bewegung, die vor allem unter freikirchlichen Gruppen in Großbritannien vorkommt, entdecken. Daß solche neuen Organisationen manchmal selbst wieder neue Autoritätsstrukturen und feste Formen entwickelten, die die alten Rituale verdrängten, ist nur ein Beweis für die Kraft institutionalisierender Tendenzen und für die Schwierigkeit, die Ströme der Begeisterung lebendig zu erhalten.

Natürlich blieb auch diese Strömung nicht konkurrenzlos. Gerade in einer Zeit, die dem Individualismus so große Bedeutung beimaß, hielten sich zahlreiche Bewegungen – viele davon waren bereits vor dem Zweiten Weltkrieg entstanden –, die ein neues Gemeinschaftserlebnis der Religion einzuführen versuchten. Das Entstehen von Gruppen auch in den protestantischen Kirchen, die den geistlichen Orden des Katholizismus nacheiferten, ist nicht zu übersehen. In Taizé in Frankreich, Grandchamp in der Schweiz, Iona in Schottland, Lee Abbey in England und, mit der Ökumenischen Marienschwesterschaft,

Ungezwungenheit und Entfaltung der Persönlichkeit in einem neuen toleranten Christentum. Die charismatische Begeisterung *(links oben)* umfaßt ekstatische Gesten, angebliche Prophezeiungen und »Reden in Zungen, wenn der Geist sich äußert«. Eine Landarbeitermesse *(Mitte)* einer nicaraguanischen Rhythmusgruppe bringt Abwechslung in eine römisch-katholische Gemeinde im Norden Londons. Tanz, der so lange durch die Kirchen verboten war, wird heute akzeptiert: Das Londoner Personal der Church Missionary Society veranstaltet einen Tanzgottesdienst in der Kirche *(unten)*.

in Darmstadt in Deutschland überdauerten neue Experimente im religiösen Gemeinschaftsleben die Kriegsjahre und bestanden noch eine Zeitlang darüber hinaus. Diese Gruppen hatten zwar nur wenige Mitglieder, besaßen aber symbolische Bedeutung in den Kirchen. Freizeiten, wie sie etwa in Taizé und Iona veranstaltet wurden, zogen zahlreiche Menschen an. Die starke Begeisterung für das Leben von Ordensleuten schien in den frühen 60er Jahren einen Höhepunkt zu erreichen, ließ dann aber nach. Geistliche Orden sind natürlich auch in früheren Abschnitten der christlichen Geschichte entstanden und verschwunden, aber der Niedergang fast aller seit langem bestehender Orden während der späten 60er und frühen 70er Jahre war doch beispiellos. Er begleitete die erlahmende Energie gemeinschaftlicher Bemühungen, die als begeisterte Experimente zwischen den Weltkriegen und in der ersten Nachkriegszeit begonnen hatten. Später gab es am Rand des Christentums und außerhalb von ihm eine neue Welle von Gemeinschaftsgeist, die junge Menschen in wenig stabile, kommuneartige Organisationen zog.

Vielleicht gibt es eine Verbindung zwischen den Experimenten im religiösen Gemeinschaftsleben und den Hippiekommunen in Kalifornien. Die Jesusbewegung im Westen der Vereinigten Staaten bestand aus einer ganzen Reihe oftmals kurzlebiger Gemeinschaften, darunter viele von ehemaligen Hippies, um die sich örtliche Evangelisten bemühten und die »erlöst« wurden. Die neuen Gemeinden bestanden nicht lange und begründeten kein reguläres religiöses Leben, während manche ihrer Ableger recht widersprüchliche Tendenzen entwickelten. Besonders auffällig war dies im Fall der Children of God (später umbenannt in Family of Love). Aber die Anziehungskraft des Lebens in Kommunen und auch der Prinzipien des Gemeinschaftslebens bestand in verschiedenen Formen weiter: Die theoretisch baptistische Gemeinde Bugbrooke ist ein britisches Beispiel für die periodisch auftretenden, wenn auch umstrittenen Experimente im Gemeinschaftsleben, die es in westlichen Ländern gegeben hat. Die Unification Church, die einen großen Teil des christlichen Erbes anerkennt, beweist die starke Anziehungskraft von Selbstopfer und gemeinsamer Anstrengung auf junge Menschen aus vielen Ländern, obwohl die Führer der Kirche ausdrücklich darauf hinweisen, daß für die meisten Anhänger der Bewegung das beinahe klösterliche Leben nur für eine begrenzte Zahl von Jahren gilt. Jenseits der Ränder des Christentums findet sich eine vergleichbare Neigung zum Kommuneleben in neuen hinduistischen, buddhistischen und islamischen Bewegungen, die erheblich mehr junge Menschen ansprechen als die traditionellen monastischen Orden der christlichen Kirche.

Das Experimentieren mit Kommunen als Gegenströmung zur vorherrschenden Kraft der Privatisierung in der Religion konnte nur eine begrenzte Anzahl von Menschen erreichen, und die Kirchen haben sich deshalb darum bemüht, ihre Anziehungskraft und das allgemeine Engagement durch andere Methoden zu stärken. Die Massenversammlung oder der Bund der Erneuerung ist kein ungewöhnliches, wenn auch im allgemeinen kein sonderlich erfolgreiches Mittel gewesen, mit dem die Kirchen versucht haben, den Glauben neu zu begründen. Zu den offeneren Bemühungen dieser Art zählen die weltlichen Institute im römischen Katholizismus, die unter Laien, die bereit sind, sich einem Leben des Gebetes zu verschreiben, ein gewisses Maß an Hingabe gefördert haben, das jenem der klösterlichen Orden entsprechen soll. In Frankreich ist eines dieser Institute lose den Karmelitern angeschlossen; in Großbritannien konzentriert sich die Grail Society auf

Sommerschulen und Sommerunterricht sowie auf die Organisation von Freizeiten; andere bestehen innerhalb besonderer Berufszweige und haben spezifische Aufgaben – bei den Kranken, den Alten oder bei Prostituierten. Obwohl sie eine Bewegung des 19. Jahrhunderts sind, wurden die Institute erst nach dem Zweiten Weltkrieg offiziell anerkannt. Der Kirchentag, der 1950 in Deutschland ins Leben gerufen wurde und oft Hunderttausende von Protestanten zusammenbringt, damit sie sich erneut den geistigen Idealen ihrer Kirche widmen, ist anders organisiert, verfolgt aber vergleichbare Ziele. Die Entwicklung der Evangelischen Akademien in Deutschland, die eher als Konferenzzentren gedacht sind, ist ein weiteres Beispiel für die Art und Weise, in der ein gewandeltes Bild der Kirche in eine Massengesellschaft, in der das alte Kirchengemeindesystem an Bedeutung verloren hat, projiziert worden ist.

Das archetypische Projekt zur Reaktivierung der Kirche in protestantischen Ländern ist die Erweckungskampagne gewesen, und obwohl diese vielleicht im 18. wirksamer als im 20. Jahrhundert war, ist sie keineswegs ausgestorben. Als Methode ist sie von orthodoxen Geistlichen oft mit Mißtrauen betrachtet worden, da sie nach ihrer Ansicht Bekehrungen im Feuer künstlicher Emotionen durch primitive Methoden und das Predigen einer ungebührlich einfachen Version des Christentums bewirke. Nichtsdestoweniger haben die von viel Reklame begleiteten Kampagnen der vergangenen vier Jahrzehnte mit berühmten Predigern wie Billy Graham die Billigung vieler Kirchenführer gefunden, auch wenn solche künstlich herbeigeführten Erneuerungen des Glaubens in den meisten Fällen nur von sehr begrenzter Dauer zu sein scheinen. Zudem spricht einiges für die Annahme, daß der Erweckungsprediger häufig zu Gläubigen predigt, von denen viele nicht »vortreten«, um bekehrt zu werden, sondern eher, um sich erneut zu weihen. Die meisten sind vielleicht bereits Kirchgänger, und viele sind Mitglieder evangelischer und fundamentalistischer Organisationen, in denen der Tenor des normalen Sonntagsgottesdienstes und der vielen Zusammenkünfte an Wochentagsabenden ohnehin etwas von der Atmosphäre der Erweckungsversammlungen hat.

Die Massenversammlung bietet jedoch die Möglichkeit, eine Botschaft auf eine neue, aufregende Art und Weise zu vermitteln, die für viele durch die Wiederholung schal geworden sein mag. Wenn die Unterhaltungsbranche den Wechsel und die ständige Veränderung fördert, sind die ruhigen und ausgewogenen Rhythmen der herkömmlichen christlichen Praxis in mancher Hinsicht benachteiligt, weil sie nicht mit dem Geist der gegenwärtigen Gesellschaft Schritt halten. Die Massenversammlung, die Erweckung oder die Wallfahrt mögen für einige ein Weg sein, auf dem das religiöse Interesse wiederbelebt werden kann. Ereignisse dieser Art werfen auch ein Licht auf die Grenzen des Kirchengemeindesystems – einer Religion, die von der statischen Geographie her organisiert ist. Eine derartige Organisation paßt zu statischen Gemeinden, die seit jeher ihren Beschäftigungen beispielsweise in der Landwirtschaft nachgehen, in einer zunehmend mobilen Gesellschaft jedoch sind die Voraussetzungen einer solchen Gemeindestruktur praktisch nicht mehr gegeben. Wenn die Menschen ständig in Bewegung bzw. es gewohnt sind, zur Erledigung ihrer Angelegenheiten beträchtliche Strecken zurückzulegen (in Supermärkte am Stadtrand zum Einkauf der Lebensmittel, als Pendler zur Arbeit oder in die Schule, in fremde Städte zur Weiterbildung und in andere, manchmal sehr ferne Orte zur Erholung), dann wird eine Religion, die in festen Häusern organisiert ist, im Nachteil sein. In diesem gesellschaftlichen Kontext braucht die Religion andere Mittel und andere Organisationsformen, wenn sie ihre Mitglieder halten will. Die Erweckung war ein früher Versuch, auf eine verstreute, mobile und unruhige Bevölkerung zu reagieren. Die moderne Massenversammlung – von den Zeugen Jehovas so wirkungsvoll eingesetzt – könnte ein anderer sein. Die Anziehungskraft der Wallfahrt als eine Form von religiösem Tourismus, der sich häufig um Heiligtümer von fragwürdiger Echtheit und ohne Billigung der Kirche zu entwickeln scheint, ist vielleicht ein Hinweis auf das veränderte Bild des Glaubens. All dies deutet darauf hin, daß die Gemeindeorganisation und mit ihr die hierarchische Befehlsstruktur, die vorwiegend mit dem geographischen Bereich verbunden ist, Überbleibsel bilden, die den heutigen Bedürfnissen und Erwartungen nicht gerecht werden können.

Christentum und technologischer Wandel

Die traditionellen Autoritätsmuster hatten die Überlegenheit des Alters über die Jugend, der Männer über die Frauen, der Zivilisierten über die weniger Entwickelten zur Voraussetzung. Der technologische und soziale Wandel, der mit beispiellosem Tempo seit dem Zweiten Weltkrieg stattgefunden hat, gibt jedoch der Jugend einen Bonus und schätzt das Alter gering. In technischen Belangen wird lange Erfahrung, die einst als Vorbedingung der Weisheit galt, nun zum Handikap. Obwohl die Voraussetzungen, auf denen solche Haltungen beruhen, auf die moralische und geistige Sphäre weniger zutreffen als vielleicht auf jede andere, ist der Einfluß von Wissenschaft und Technik in unserer Zeit so beherrschend, daß selbst Bereiche, in denen sie weniger wesentlich sind, mit großer Wahrscheinlichkeit von ihr berührt werden. Daß das in der modernen Gesellschaft vorherrschende Bild von der christlichen Gemeinschaft zunehmend der Abhängigkeit von Autoritätsmustern, die sich in früheren Zeiten herausbildeten, entkleidet wird, ist keineswegs überraschend. Das Priestertum erscheint nicht nur weniger wünschenswert und weniger einleuchtend, sondern es wird aus wirtschaftlichen Gründen schwerer tragbar in einer Gesellschaft, in der Arbeit so teuer wird, daß sie wirtschaftlich nur vertretbar ist, wenn zugleich das Kapital wächst.

Die wirtschaftlichen Auswirkungen des technischen Fortschritts tragen zusammen mit der verstärkten Forderung nach demokratischen Strukturen dazu bei, daß die priesterliche Autorität einer radikalen Neuinterpretation unterworfen wird. Die alte Vorstellung von einer Herde unter einem Hirten wird in einer Zeit anachronistisch, in der Priester nicht nur längst ihr einstiges Bildungsmonopol verloren haben, sondern häufig viel weniger gebildet (und vielleicht für das moderne Leben von der Bildung her weniger gut gerüstet) sind als viele unter den Menschen, denen sie als Geistliche dienen sollen. In vielen Bereichen, in denen der Priester früher der beste verfügbare Führer war (Fürsorge, Eheprobleme, Arbeitsverhältnisse, moralische Zwangslagen), sind angeblich sachkundige Gremien von Fachleuten entstanden, die seine amateurhaften Dienste ersetzen. Die Werte, die der Priester verkörpern und ausdrücken sollte, werden in Frage gestellt, und andere, wirkungsvollere Vermittler vertreten nun andere Werte, die den von der Kirche bewahrten widersprechen. In den Bereichen, in denen Ordensleute noch als Hilfskräfte tätig sind, wie es in hohem Maße zum Beispiel in den Schulsystemen Frankreichs und Belgiens und in katholischen Krankenhäusern und Altenheimen der Fall ist, steht ihr religiöses Engagement zwangsläufig hinter den nachdrücklichen Forderungen nach fachlicher Kompetenz zurück. Katholische Krankenhäuser und katholische Schulen unterscheiden sich in Organisation, Stil und Werten immer weniger von denen des weltlichen Staates. Die Erfahrung in der gesamten westlichen Welt zeigt, daß der Anteil der geistig inspirierten Arbeitskräfte zurückgeht und an ihre Stelle die fachlich ausgebildeten Spezialisten treten.

Das moderne Bild der christlichen Gemeinschaft, wie es durch neue Entwicklungen in den großen Konfessionen und durch das Wesen sektiererischer und nichtchristlicher religiöser Bewegungen außerhalb von ihnen bezeugt wird, räumt der Geistlichkeit einen geringeren Platz ein. Die Verlagerung zur Laienkontrolle hin ist eine langfristige Verschiebung gewesen, bei der die Konfessionen – Lutheraner, Baptisten, Methodisten, Mitglieder der Heilsarmee und der Pfingstbewegung – nacheinander männlichen und auch weiblichen Laien größere Rollen zugewiesen haben. Daß die gleiche Strömung in den letzten Jahrzehnten auch zunehmend in den großen Kirchen zutage trat, bei Katholiken und Protestanten, war zu erwarten: Der Vorgang spiegelt vorherrschende Strömungen in der weltlichen Gesellschaft. Teilnahme ist eine eindringliche Forderung geworden, und obwohl die Laienmitwirkung in den römisch-katholischen Synoden bisher bestenfalls den Charakter eines symbolischen Zugeständnisses hat, ergibt sich daraus ein starker Druck, sie zu intensivieren. Die Teilnahme beschränkt sich auch nicht auf organisatorische Entscheidungen. Sie wird zunehmend in liturgischen und sakramentalen Belangen eingeräumt. Wenn es, wie manche fortschrittlichen Theologen nachdrücklich vorgetragen haben, keinen Priester außer Christus gibt, dann wird eine Vielfalt von Ämtern mit unterschiedlichen Begabungen und Ausbildungsgraden zunehmend wichtig und wünschenswert.

Das Christentum, insbesondere das protestantische Christentum, hängt in seiner Wirkung von angemessenen Mitteln der verbalen Kommunikation ab. Während die Teilnahme am kollektiven Ritual das ursprüngliche Mittel gewesen ist, das Individuum in eine geistige Erfahrung und in die geheiligte Gemeinschaft der Erlösten aufzunehmen, hat die fortschreitende Ausbildung der Individualität in sich entwickelnden Gesellschaften das wiederholte und regelmäßige kollektive Ritual weniger zwingend werden lassen. Seit der Reformation hat sich das Christentum stärker auf die Vermittlung von Glaubensvorstellungen, auf die rhetorische Wirkung des gepredigten Wortes und die Verbreitung intellektuell vermittelter spezifischer Werte verlassen (im Unterschied zu der unbewußten Voraussetzung eines allgemeinen Sittenkodexes und kollektiver Empfindungen). Die modernen Medien ersetzen nicht die Erfahrung der Gemeinschaft, aber sie bekräftigen auf eindrucksvolle Weise das gesprochene Wort und erreichen seine sofortige und große Verbreitung. Die protestantische Tradition eignete sich eine neue Methode an, mit deren Hilfe sie die christliche Lehre verbreitete. Zunächst im Rundfunk und anschließend im Fernsehen wurde ein neues Bündnis zwischen technischen Mitteln und geistigen Zwecken gebildet.

Das eigentliche Merkmal des sogenannten »televangelism« (der Verkündigung des Evangeliums über das Fernsehen) ist, wenigstens in Nordamerika, eine gewandelte Auffassung von der christlichen Gemeinschaft. Für viele praktizierende Christen ist das Fernsehen zu dem Organ geworden, durch das religiöse und geistige Werte vermittelt werden. Damit ist die geographische Fesselung der Kirchen beendet, die Ortsgebundenheit über-

Baptisten, noch verbreiteter sind sie jedoch in nordamerikanischen Denominationen. Dort fällt auf, daß gerade die konservativen Kirchen wachsen, vielleicht weil diese Kirchen relativ streng sind und in einer Zeit, in der es den sogenannten »liberalen Protestantismus« mit seiner lockeren moralischen Verpflichtung und Ungewißheit des Glaubens gibt, ein starkes Engagement verlangen.

Die konservative Reaktion auf die Trends der heutigen Zeit – gegen moralischen Wandel, gegen Säkularisierung, gegen die wachsende Unklarheit und Ungewißheit über Glaubensvorstellungen in den Kirchen selbst – findet sich nicht nur bei den protestantischen Denominationen. Sie kommt auch im Katholizismus vor, wie die Hartnäckigkeit der kleinen, aber energischen Bewegung für die tridentinische Messe zeigt und das Wachstum und die Ausbreitung des Opus Dei andeuten. Selbst eine traditionell so autoritär geleitete Kirche vermag keine Einheitlichkeit des Glaubens und der Praxis durchzusetzen. Ähnliches läßt sich auch im Wachstum der verschiedensten sektiererischen Bewegungen beobachten. Die Assemblies of God, eine lose verbundene Gemeinschaft der Pfingstbewegung, hat in den Vereinigten Staaten und sogar in einigen katholischen Ländern ein spektakuläres Wachstum erlebt. In Brasilien und Chile und bis zu einem gewissen Grad in Italien und Portugal haben diese Bewegung und andere Kirchen der Pfingstbewegung ernst zu nehmende Einbrüche in einer früher zumindest dem Namen nach katholischen Bevölkerung erreicht. Andere Bewegungen, die ähnlich konservativen und sektiererischen Idealen verpflichtet sind, haben sich ebenfalls als zunehmend attraktiv erwiesen. Die Kirche Jesu Christi der Heiligen der letzten Tage (Mormonen) und die Adventisten vom Siebenten Tag haben starken Zulauf gehabt, besonders in der Dritten Welt, und obwohl manches darauf hinweist, daß ihre Mitgliedschaft einer beträchtlichen Fluktuation unterworfen ist, hat die Wachtturm-Bewegung (Zeugen Jehovas) ebenfalls neue Anhänger gewonnen.

Ein Kennzeichen der gegenwärtigen Situation, das alle missionarischen religiösen Organisationen von der römisch-katholischen Kirche bis zu den neueren internationalen Sekten betrifft, ist die Anpassung des Christentums an die Bedürfnisse und Forderungen der Bevölkerungen in der Dritten Welt. Unterschiedliches Bevölkerungswachstum und der nachlassende Rückhalt der großen Konfessionen in den westlichen Ländern führen im Falle der römisch-katholischen Kirche dazu, daß sich das Aussehen der christlichen Gemeinschaft wandelt. Ein ähnliches Ergebnis deutet auch der unterschiedliche Bekehrungserfolg der Adventisten vom Siebenten Tag und in nicht wesentlich geringerem Maße der Mormonen an. Es wird also mehr Christen in der Dritten Welt und weniger im Westen geben, und früher oder später wird die Forderung nach einer stärkeren Beteiligung an der Entscheidungsstruktur der wesentlichen Organisationen nicht mehr abzuweisen sein.

Die Christen in der Dritten Welt haben andere kulturelle Voraussetzungen und Erwartungen als die Christen in westlichen Ländern, und sie melden sich mit zunehmendem Nachdruck zu Wort. Die römisch-katholische Kirche akzeptierte nach anfänglichem Widerstand schließlich das neue Modell geistiger Hausgemeinschaften der Jamaa-Bewegung in Zaire in den 60er Jahren, aber die Hierarchie beobachtet im allgemeinen solche Bewegungen nach wie vor mit Mißtrauen. Die sogenannten Basisgemeinden (*communidades eclesias de base*) in Brasilien und in anderen Ländern Lateinamerikas stehen der Kirchenorthodoxie manchmal ausgesprochen kritisch gegenüber. Tatsächlich stehen sie in scharfem Gegensatz zu den traditionellen Kirchengemeinden, indem sie die demokratische Laienmitwirkung betonen und die Bibel der traditionellen Liturgie und Lehre vorziehen. In erster Linie sind sie unter den Armen entstanden. Manche von ihnen arbeiten vor allem als Gebetsgruppen; in anderen haben radikale Priester sich um »Bewußtseinsentwicklung« bemüht, um zur sozialen und sogar politischen Aktion anzuregen. Bis jetzt bleiben diese Gruppen, wenn auch mit einem gewissen Unbehagen, in der Kirche, aber es gibt andere, die in ihrer Anpassung an einheimische Kulturen der Dritten Welt am Rand der christlichen Orthodoxie entstehen. Der Weltrat der Kirchen hat Bewegungen mit Glaubensvorstellungen anerkannt, die vielen westlichen Christen fremd erscheinen würden – zum Beispiel die Bedeutung, welche die *Église de Jésus-Christ sur la Terre par le Prophète Simon Kimbangu* in Zaire ihrem Propheten einräumt, oder die Ermunterung, die Laienführer in der Church of the Lord (Aladura) in Westafrika erhalten, einzelne Gläubige vor Krankheit, Unfall oder verderblicher Hexerei zu warnen oder Methoden zu verschreiben, durch die solches Unheil vermieden werden kann (so wird der Gläubige vielleicht angewiesen, Weihwasser in seinem Zimmer zu sprengen und sich um Mitternacht nackt hinzustellen, um einen bestimmten Psalm dreimal aufzusagen). Die römisch-katholische Kirche ist solchen Forderungen nicht so weit entgegengekommen wie der Weltrat. So hat sie Polygamisten die volle Teilnahme verweigert und damit die Entstehung separater Bewegungen wie die Mario-Legio-Bewegung in Kenia beschleunigt. In einem anderen Fall wurde der Erzbischof von Lusaka seines Amtes enthoben, weil er in seinem Gottesdienst beharrlich traditionelle Heilmethoden gebrauchte.

Christen der Dritten Welt versuchen oft, einheimische Werte zu bewahren. Diese widersprechen nicht immer traditionellen christlichen Idealen, und wo sie sich annähern, können Kirchen der Dritten Welt sogar einen konservativen Einfluß auf das Christentum ausüben. So wird in der Kirche der Adventisten vom Siebenten Tag der ursprüngliche Liberalismus, den manche Adventisten in den Vereinigten Staaten an den Tag legen, indem sie etwa Frauen eine größere Rolle in Kirchenangelegenheiten zugestehen, durch den Widerstand der zahlenmäßig zunehmend beherrschenden Mitgliederschaft aus der Dritten Welt wirksam gebremst. Der Konservatismus der Dritten Welt bekräftigt die Position der römisch-katholischen Autoritäten in der Frage der Ordination von Frauen – wenn auch Katholiken der Dritten Welt einen anderen Einfluß in der Frage des geistlichen Zölibats ausüben mögen. Das engagierte Eintreten mancher katholischer Geistlicher in Lateinamerika für die Befreiungstheologie scheint das Bild nicht erheblich zu ändern: Ein Teil der Geistlichkeit an der Peripherie versucht, einen revolutionären Einfluß gegen ein konservatives Zentrum auszuüben, aber der Rückhalt dieses intellektuellen Radikalismus ist bei katholischen Laien bisher nicht allzu groß.

Die Bilder von der christlichen Gemeinschaft, die in der heutigen Gesellschaft vorherrschen, machen eine schnelle und radikale Wandlung durch. Die Religion an sich wird in der Erfahrung des einzelnen sowie innerhalb der sozialen Systeme überhaupt einen anderen Stellenwert haben, und in vielen Beziehungen wird es ein geringerer sein. Religiöse Autorität, sowohl im Sinn der Ansprüche der christlichen Lehre, als auch was Macht, Status und Einfluß der christlichen Führer betrifft, hat abgenommen. Das Priestertum als Hüter der Orthodoxie bzw. der orthodoxen Praxis ist mit einer großen Umwandlung konfrontiert, da das priesterliche Zölibat in der römisch-katholischen Kirche angegriffen

ИСТОС-СВЕТ МИРУ.
ГОСПОД

CHRISTENTUM IN DER KOMMUNISTISCHEN WELT. Sekten wurden jahrzehntelang in der Sowjetunion unterdrückt, aber Gruppen wie die ukrainischen Baptisten *(links)* überstanden die Verurteilung und genießen jetzt weitgehende religiöse Freiheit. Schätzungsweise 50 Millionen orthodoxe Gläubige begingen 1988 die Jahrtausendfeier des russischen Christentums: Die hier abgebildeten Menschen *(oben)* feierten Ostern 1987 auf dem Gelände des Sagorsker Klosters, des »Vatikans« der russischen orthodoxen Kirche.

17

Das christliche Gewissen

Basil Mitchell

Die heutigen Herausforderungen an das christliche Gewissen unterscheiden sich grundsätzlich von denen vergangener Zeiten. Drei Aspekte sollten dabei beachtet werden: an erster Stelle die Entwicklungen in der Welt in ihrer Gesamtheit, die fast alle mit dem Fortschritt in Wissenschaft und Technik zusammenhängen, dann die geistigen und intellektuellen Ressourcen, aus denen das christliche Gewissen schöpfen könnte, um auf sie zu reagieren, schließlich die Situation der Kirchen im Verhältnis zur Welt.

Die Situation der Kirchen

Beginnen wir mit Letzterem. Unsere Zeit hat den »Triumph des Westens« erlebt, in dem die »westliche« Kultur, besonders Wissenschaft und Technik, sich fast überall in der Welt durchgesetzt hat. Diese Kultur war christlich im weitesten Sinne, da sie sich in den christlichen Ländern Westeuropas und Nordamerikas entwickelt hatte, und vielleicht in einem etwas spezifischeren Sinn insofern, als zwei ihrer charakteristischen Merkmale, wissenschaftliche Untersuchung und liberale Demokratie, ihren Ursprung im Nährboden einer christlichen Weltanschauung hatten.

Diese moderne westliche Auffassung hatte jedoch eine starke Tendenz, verfassungsmäßige Autorität jeder Art in Zweifel zu ziehen, und alle westlichen Gesellschaften sind zunehmend säkularisiert worden. Wie auch immer die förmliche Beziehung zwischen der christlichen Kirche und einem bestimmten Staat geartet sein mag – die Kirchen verfügen nicht mehr über die Fähigkeit, die gesellschaftliche und politische Verfahrensweise zu bestimmen. Sie können bestenfalls erwarten, wie der britische Monarch »um Rat ersucht zu werden, zu ermutigen und zu warnen«. Die Kirchen haben lange gebraucht, bis sie diese Lage erkannten, so daß die Revolte gegen aufgezwungene Autorität im allgemeinen die Form der Revolte gegen religiöse Autorität im besonderen angenommen hat. Erst mit dem Zweiten Vatikanischen Konzil (1962-65) revidierte die römisch-katholische Kirche ihre politische Theorie, so daß sie der neuen Situation Rechnung tragen und sie sogar billigen konnte. In der *Erklärung über die religiöse Freiheit* von 1965 gab sie schließlich die traditionelle Doktrin auf, daß »Irrtum keine Rechte hat«, und machte sich eine liberalere Theorie zu eigen, die auf den Rechten der Person und der Pflicht des einzelnen beruhte, seinem Gewissen zu folgen. Diese folgenschwere Entscheidung brachte die römisch-katholische Kirche in Einklang mit den orthodoxen protestantischen Kirchen und erlaubte den Katholiken, im Prinzip wie in der Praxis, voll und ohne Einschränkungen an den Entscheidungsprozessen demokratischer Gesellschaften mitzuwirken.

Es bleibt dennoch umstritten, wie die Beziehung zwischen christlichem Moraldenken und den Gesetzen und Bräuchen der Gesellschaft insgesamt beschaffen sein sollte. Räumt man ein, daß in modernen westlichen Gesellschaften Rechtssysteme christliche Prinzipien nicht mehr aufnehmen, nur weil sie christlich sind, ist man sich nicht einig, wie weit man sich in öffentlichen Debatten, die Recht und Sozialpolitik beeinflussen, auf solche Prinzipien berufen kann. Auf der einen Seite gibt es diejenigen, die alle derartigen Berufungen als unangemessen für eine »weltliche« oder »pluralistische« Gesellschaft betrachten. In den Vereinigten Staaten können sie sich auf die verfassungsmäßige Trennung von Kirche und Staat berufen. Auf der anderen Seite finden sich jene, die argumentieren, daß die Länder des Westens – wenn auch in unterschiedlichen Graden – immer noch im wesentlichen christlich seien und daß deshalb wenigstens vom Christentum ausgegangen werden müsse.

Wie immer diese Frage in besonderen Fällen gelöst werden mag, fest steht, daß die sozialen und politischen Probleme, mit denen diese Länder konfrontiert sind, nicht allein für das christliche Gewissen Probleme sind und auch allgemein nicht als solche gesehen werden. Selbst die römisch-katholische Kirche, die in ihrer ganzen Geschichte dazu geneigt hat, Moral als ein durch die Kirche vermitteltes System von natürlichen und göttlichen Gesetzen zu begreifen, sieht sich immer weniger in der Lage, diese Vorstellung auch nur unter ihren eigenen Mitgliedern durchzusetzen.

Es dürfte offensichtlich sein, daß wir bei dem Versuch, die Lage zu beschreiben, in der die Kirchen in westlichen Gesellschaften arbeiten müssen, bereits eine der heutigen Herausforderungen an das christliche Gewissen benannt haben. Denn das Verhältnis zwischen Kirche und Gesellschaft ist eine Frage, in der die Christen zutiefst zerstritten sind. In allen etablierten Konfessionen besteht eine Spannung zwischen konservativ eingestellten Menschen, die soweit wie möglich ein christliches Ethos in der Gesellschaft erhalten und stärken möchten, und Liberalen, die den Entwurf einer »pluralistischen« Gesellschaft akzeptieren. Diesen konkurrierenden Ansätzen entsprechen rivalisierende politische Philosophien: Die Konservativen verstehen die Institutionen der Gesellschaft als Beitrag zum Allgemeinwohl, von dem das Wohlergehen der einzelnen und ihre Freiheit letztendlich abhängen. Die Liberalen betonen die Autonomie des einzelnen und der Gruppe, was nach ihrer Ansicht vergleichsweise wenig an gemeinsamen Werten in der Gesellschaft als Ganzem voraussetzt.

Diese Unstimmigkeit beleuchtet einen weiteren Aspekt der Situation. Das christliche Gewissen ist alles andere als homogen. Tatsächlich ist man versucht zu folgern, die Unterschiede zwischen den moralischen Urteilen heutiger Christen seien so groß, daß es überhaupt verkehrt sei, von »dem christlichen Gewissen« zu sprechen. Die »Säuren der Modernität«, die seit einiger Zeit an den herkömmlichen Grundlagen der Gesellschaft nagen, haben nicht weniger wirksam die christliche ethische Tradition an sich ausgehöhlt (die ohnehin von Anfang an vielfältig und zersplittert war).

Im Augenblick genügt es festzuhalten, daß es im heutigen Christentum deutlich unterschiedene Annäherungen an die Probleme gibt, die sich dem christlichen Gewissen stel-

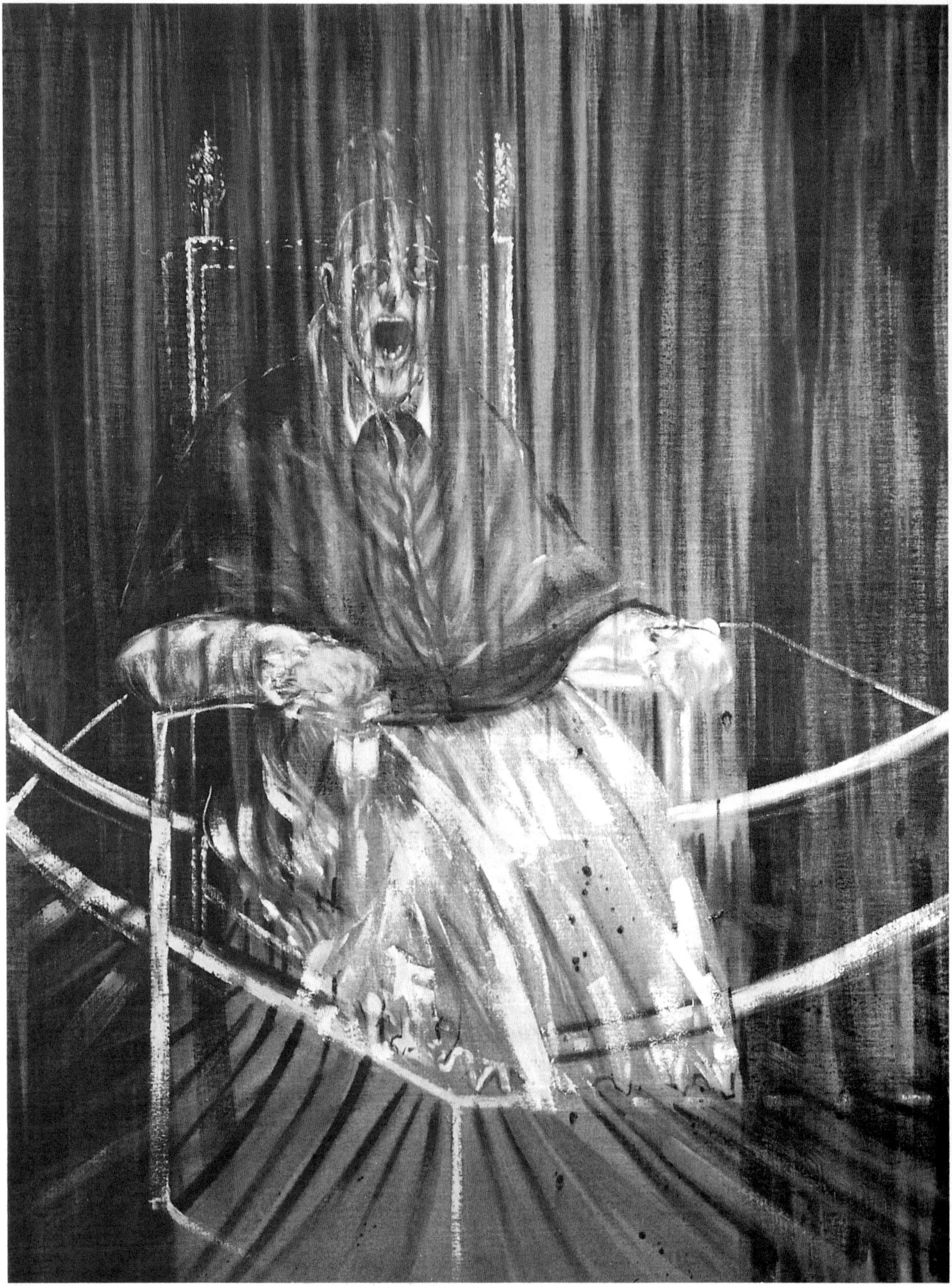

len, und folglich abweichende Vorstellungen von der Natur der Probleme. Ein Sachverhalt ist nur insofern ein Problem, als er als ungewöhnlich oder unzureichend empfunden wird und eine Änderung erstrebenswert erscheint. Konservative Denker sehen den Niedergang der förmlichen Autorität und des öffentlichen Einflusses der Kirchen in den westlichen Gesellschaften als Problem, über das sie in Kategorien wie Zerfall und Auflösung nachdenken, während Liberale, die denselben Prozeß als natürliche und gesunde Entwicklung betrachten, allenfalls im Widerwillen der Kirchen, sich daran anzupassen, ein Problem finden.

Die Herausforderung der Modernität

Es ist deshalb unmöglich, die Probleme, die sich dem Christentum heute stellen, zu analysieren, ohne die Herausforderung zu berücksichtigen, die von bestimmten Ideen ausging und ausgeht – Ideen, die auf den ersten Blick in einem Gegensatz zum Christentum im traditionellen Verständnis stehen, die aber nicht einfach abgetan werden können. Sie müssen vielmehr in den christlichen Glauben eingefügt oder aber bewußt verworfen werden.

Seit der Aufklärung ist das Christentum einer moralischen und intellektuellen Kritik unterworfen gewesen, die zwar vorher nicht unbekannt war, aber durch sie beträchtlich verstärkt wurde. Auf die eine oder andere Art ist diese Kritik mit der Entwicklung der modernen Naturwissenschaften verbunden. Es ist überzeugend behauptet worden, daß zwei Dinge zur Entwicklung der Wissenschaft notwendig waren, nämlich der Glaube an die Welt als verständliche Ordnung und die Überzeugung, daß diese Ordnung nicht durch spekulative Vernunft allein erkannt werden könne, sondern durch sorgfältige Beobachtung und das Experiment aufgedeckt werden müsse. Das Christentum erfüllte beide Voraussetzungen, insofern es davon ausging, daß die Welt von Gott geschaffen worden war und der Mensch, da er keinen direkten Zugang zu dem göttlichen Plan hatte, selbst dahinterkommen müsse. Aber während die Wissenschaft Fortschritte machte, schien sie dieses christliche Programm in zweifacher Hinsicht zu bedrohen. Sie bot Erklärungen von Ereignissen in der natürlichen Welt an, die im Prinzip vollständig waren und keinen Raum für göttliches Wirken ließen, und sie lieferte ein Beispiel der Vernunft, das Berufungen auf göttliche Offenbarung und kirchliche Autorität überflüssig machte. Mit diesen Herausforderungen konfrontiert, begann die christliche Lehre ihren langwierigen Rückzug, bei dem es vor allem um die Frage ging, wieviel Gelände an die fortschreitende Wissenschaft abgetreten werden mußte. Versuche, eine rationale Theologie scheinbar wissenschaftlicher Art zu konstruieren, waren größtenteils intellektuell dürftig und geistig-seelisch wenig hilfreich. Zudem waren sie anfällig für skeptische Einschränkungen hinsichtlich der Reichweite der Vernunft. Diese skeptische Tendenz war nicht völlig unvereinbar mit traditionellen Strömungen in der lutherischen Theologie, deren Hauptgewicht auf der Rechtfertigung allein durch den Glauben lag. Auf dem europäischen Festland und beson-

»STUDIE NACH VELÁZQUEZ' PORTRÄT DES PAPSTES INNOZENZ X.« Obwohl Francis Bacons 1953 gemaltes Bild so bekannt ist, schockiert es immer noch mit seiner packenden, nihilistischen Behandlung eines traditionellen christlichen Bildes.

rufung auf die Bibel als Autorität in moralischen Entscheidungen. Die in Europa wirksamen intellektuellen Tendenzen, die wir beschrieben haben, waren bis vor relativ kurzer Zeit in den Vereinigten Staaten, wo sie die einheimischen Merkmale des Protestantismus eher verwässerten als aushöhlten, sehr viel weniger einflußreich.

Es gab jedoch einen Einfluß, der zwar nicht spezifisch amerikanisch war, sich aber doch mit besonderer Schnelligkeit in diesem Land entwickelte und dort nach wie vor sehr stark ist, nämlich der Relativismus. Die Sozialwissenschaften und ihre therapeutischen Anwendungen beeinflußten die Mittelschicht von der Jahrhundertwende an und ermutigten die Menschen, sich »Moralen« im Plural als Spiegel der Bedürfnisse oder Vorlieben bestimmter Individuen oder Gruppen vorzustellen. Der De-facto-Pluralismus der amerikanischen Gesellschaft trug ebenso dazu bei wie eine liberale Interpretation der Verfassung, die den verschiedenen Wertsystemen gegenüber als völlig neutral betrachtet wurde. Diese Tendenzen verstärkten sich unter den Bedingungen einer äußerst mobilen Gesellschaft, in der öffentliches und privates Leben mehr und mehr getrennt wurden – ein Zustand, den Soziologen als »Privatisierung« bezeichnen.

Diese Bedingungen waren natürlich nicht spezifisch für die Vereinigten Staaten, sondern zeigten sich bis zu einem gewissen Grad in allen westlichen Industrieländern. Sie verkörperten einen großen Teil jener »Modernität«, die traditionellere Gesellschaften als fremden Import erlebten, der ihre überkommene Lebensweise bedrohte.

Man könnte sagen, die eigentliche Zwangslage, in der sich das christliche Gewissen in der heutigen Zeit befindet, liege darin, daß es seine Einstellung zur Modernität definieren muß. Da die Entwicklungen, die die Modernität ausmachen, in einem sehr erheblichen Umfang intellektuelle sind, erfordert dies nicht einfach eine Entscheidung, wie man sich zu dem Weltgeschehen stellt, sondern auch eine Entscheidung, wie sich das christliche Gewissen angesichts der intellektuellen Herausforderungen selbst definieren soll. Sollen Christen christliche Werte, also solche, die sie beibehalten wollen, mit den Werten gleichsetzen, die christliche Denker in der Vergangenheit formulierten, und christliche Institutionen mit denen, die in früheren Zeiten für solche gehalten wurden – ungeachtet ihrer unvermeidlichen Beschränkungen –, oder sollen sie sich zumindest mit einigen Merkmalen der Modernität verbinden und falls ja, mit welchen? Die intellektuelle Kultur in westlichen Gesellschaften ist seit der Aufklärung in großem Umfang eine Revolte gegen das Christentum mit seiner einheitlichen Weltsicht und seiner Vorstellung von einer objektiven, auf die schöpferischen Zwecke Gottes gegründeten moralischen Ordnung gewesen. Das beherrschende Thema dieser Revolte sind die individuelle Autonomie und die Ablehnung von Autorität – und die Kirche bleibt ein mächtiges Autoritätssymbol, obgleich ihre tatsächliche politische Macht seit langem im Niedergang begriffen ist.

Die Situation, die wir beschrieben haben, bezieht sich auf die Kirche in westlichen Industriegesellschaften. In anderen Gesellschaften stellt sich die Lage ganz anders dar. An erster Stelle sind hier die ehemaligen sozialistischen Länder Osteuropas zu nennen, deren Regierungen offiziell marxistisch und atheistisch gewesen sind und wo die Kirchen strengen Vorschriften und von Zeit zu Zeit tatsächlicher Verfolgung ausgesetzt waren. Hier

»Autre Monde« (1947), einer von M.C. Eschers Holzschnitten, die ein faszinierendes ästhetisches Gegenstück zum ethischen Relativismus eines großen Teils der zeitgenössischen Kultur mit ihrer Ablehnung absoluter moralischer Prinzipien bieten. Eschers Bild läßt keine einzelne »Deutung« zu.

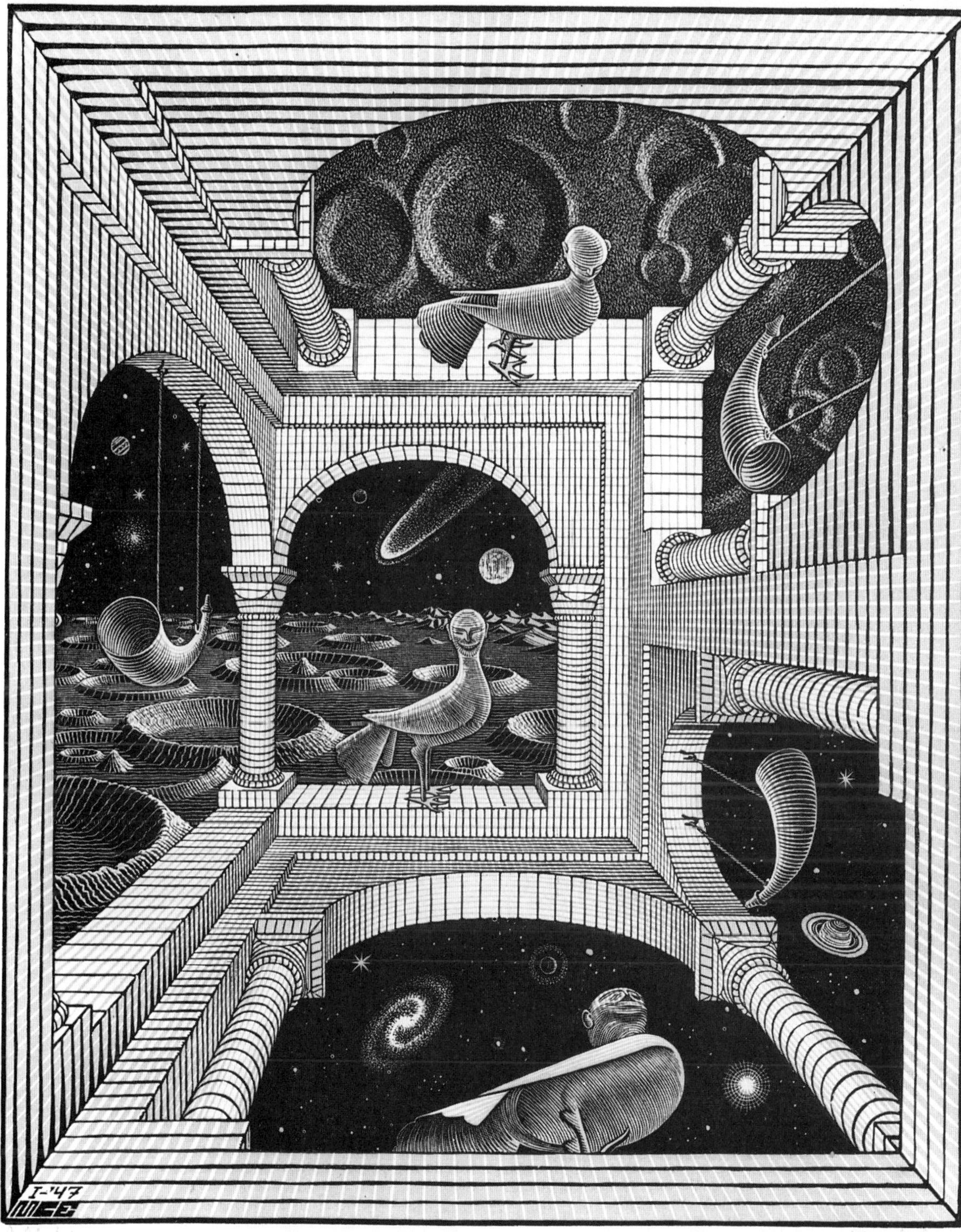
I-'47

sind die Kirchen frei von der Verantwortung für die offizielle soziale und politische Ordnung gewesen und konnten daher oft zu Brennpunkten einer leidenschaftlichen Bekräftigung der ererbten Werte der nationalen Gesellschaft werden. Hier kam es nicht zum Konflikt zwischen der Autorität der Kirche und den liberalen Forderungen nach politischer Freiheit und Menschenrechten. In der UdSSR hatte sich die nationale Kirche mit dem Staat arrangiert, wodurch sie tatsächlich jede politische Rolle verlor, dafür aber soweit wie möglich ihr frommes Leben und ihre institutionelle Existenz bewahrte. Im gesamten Sowjetblock hat es bis vor kurzem weniger Zwangslagen für das gemeinsame christliche Gewissen gegeben (obwohl es schmerzliche Prozesse für einzelne gab), weil die Freiheit gefehlt hat, die in liberalen Gesellschaften sowohl Probleme schafft, als auch Möglichkeiten ihrer Lösung anbietet. Die Situation hat sich inzwischen dramatisch verändert. Der Marxismus hat sich selbst weithin unglaubwürdig gemacht, und von den Kirchen erwartet man die Inspiration zu einer offeneren Gesellschaft.

In Lateinamerika dagegen ist die Situation umgekehrt. Eine lange Geschichte autoritärer Regime, die in der Vergangenheit die stillschweigende Unterstützung der römisch-katholischen Kirche genossen, einer Kirche, die selbst ursprünglich mit Hilfe der militärischen Eroberung begründet wurde, macht die liberale Demokratie zu einem anfälligen Gebilde und verschafft dem Marxismus einen moralischen Vorteil. Hier ist es demnach für Christen möglich zu argumentieren, das Versagen marxistischer Regime anderswo, die Menschenrechte anzuerkennen, sei nicht irreparabel und die Rechte, die für die Armen und Unterdrückten wichtig sind, seien jedenfalls nicht dieselben Rechte, die von den Verfechtern des bürgerlichen Kapitalismus verteidigt werden. Vom Standpunkt der »Befreiungstheologie« ist das, was im liberalen Westen als christliche Ethik gilt, bürgerliche Heuchelei. Ähnliche Haltungen werden oft von geistlichen Führern anderer Länder der Dritten Welt, besonders von afrikanischen, geäußert. Die christlichen Kirchen erscheinen leicht als die Agenten eines kulturellen Imperialismus, der versucht, der älteren einheimischen Kultur eine fremde Lebensweise aufzuzwingen. Deshalb sind die Vertreter der großen westlichen Kirchen im Weltrat der Kirchen daran gewöhnt, sich auf der Anklagebank zu finden.

Schließlich gibt es eine weitere Herausforderung, die potentiell immer existiert hat, aber erst in jüngster Zeit drängend geworden ist, nämlich die der anderen Weltreligionen. In vielen westlichen Ländern wurde dies durch die Anwesenheit von Einwanderern verstärkt, die sich zu ihnen bekennen und sich nicht assimilieren lassen wollen. Diese Herausforderung ist auf einer intellektuelleren Ebene durch die Anziehungskraft besonders der hinduistischen und buddhistischen Lebensphilosophie auf bestimmte Teile der Gebildeten verstärkt worden, da sie (wenigstens in den Formen, in denen sie im Westen verfügbar sind) eine Art von Geistigkeit und eine asketische Disziplin anbieten, die frei ist vom Dogmatismus und den institutionellen Forderungen des traditionellen Christentums.

»Echo eines Schreis« (1937) von dem mexikanischen Maler David Alfaro Siqueiros verleiht dem Schrei der Armen und Unterdrückten, die im Mittelpunkt der Befreiungstheologie in Südamerika stehen, beredten Ausdruck.

Probleme für das christliche Gewissen

Die Verschiedenheit der Situationen, in denen sich die christlichen Kirchen befinden, und ihre unterschiedlichen Probleme vorausgesetzt, wollen wir versuchen, die wichtigsten Herausforderungen an das christliche Gewissen zu betrachten und die Hilfsmittel zu untersuchen, mit denen das Christentum ihnen begegnen kann. Wenn es richtig ist, diese Herausforderungen vor allem mit dem Beginn der Modernität, die sich aus der Wirkung von Wissenschaft und Technik auf unsere Welt und unsere Weltanschauung herleitet, in Verbindung zu bringen, dann ist es berechtigt, der Erfahrung des christlichen Westens einen gewissen Vorrang einzuräumen, weil hier die Impulse der Modernität am stärksten gewesen und ihre Herausforderungen am schärfsten empfunden worden sind.

Während das 20. Jahrhundert sich seinem Ende nähert, wird die intellektuelle Szene klarer. Die Vorstellung des 19. Jahrhunderts von einer naturwissenschaftlichen Weltsicht, in der alle Ereignisse im Prinzip vorhersagbar waren, ist gründlich veraltet. Die gegenwärtige Arbeit in der Geschichte der Naturwissenschaften hat viel dazu beigetragen, die Legende von der Entwicklung der Naturwissenschaften als ständigem Kampf gegen religiösen Obskurantismus in Zweifel zu ziehen. Gleichzeitig betonen Untersuchungen in der Philosophie der Naturwissenschaften die Rolle von Modellen und Metaphern im wissenschaftlichen Denken, so daß die ursprünglich das moderne Denken beherrschende Zweiteilung in die Naturwissenschaften, die sich mit objektiven Fakten befassen, und in Religion und Moral, die sich für den Ausdruck des Empfindens oder für die existentielle Entscheidung interessieren, immer weniger einleuchtet. Inzwischen wird die Objektivität der Naturwissenschaften, deren intellektuelle Autorität so lange unbestritten gewesen ist, durch manche Trends in der Wissenschaftssoziologie allmählich in Zweifel gezogen. Deshalb erleben die Naturwissenschaftler zum erstenmal etwas von dem intellektuellen Druck, unter dem die Theologen während der ganzen Moderne gestanden haben. Es gibt Anzeichen einer entstehenden Interessengemeinschaft. Beide müssen die Fähigkeit des menschlichen Denkens, die Welt zu verstehen, gegen die Angriffe skeptischer oder relativierender Kritiker verteidigen, und die Strategien, die beiden zur Verfügung stehen, sind sich im weiten Sinne ähnlich. Folglich wird die Berufung der Theologen auf ein Reich der Subjektivität, das keinen Raum für Wahrheit oder Erklärung hat, eine immer weniger verlockende Alternative, und der lange Rückzug der christlichen Lehre könnte durchaus zu Ende sein.

Diese Fragen bleiben umstritten, und ein Merkmal der Modernität, das gewiß von Dauer sein wird, ist die Notwendigkeit, mit der Kontroverse zu leben. Ein Standpunkt kann jedoch offen für Kontroversen und dennoch durchaus annehmbar sein, und er kann weithin Einfluß ausüben, ohne einheitlich durchgesetzt zu werden. Die Fähigkeit jeder beliebigen Weltanschauung, sich im Westen zu halten, wird davon abhängen, ob sie diese Spannung zwischen Vertrauen und Kritik, die dem Christentum traditionell als das Problem von Glauben und Vernunft geläufig gewesen ist, bewahren kann.

Eine Folge dieser Entwicklungen ist, daß einem der beherrschenden Themen der Moderne – Moral sei nur eine menschliche Erfindung, die sich auf keine andere Autorität als den individuellen oder gemeinsamen Willen berufen könne – die offenkundige intellektuelle Autorität, die geltend gemacht wird, fehlt, obwohl sie von der Intelligenz immer noch weitgehend als selbstverständlich angesehen wird. Ernsthafte Versuche, sich mit den moralischen Herausforderungen der heutigen Welt auseinanderzusetzen, werden von Menschen unternommen, die die Auswirkungen der menschlichen Natur, soweit bekannt, auf die Ethik und den Platz des Menschen in der natürlichen Ordnung in einer Weise erforschen, die christliche Lehrmeinungen hinsichtlich dieser Dinge einmal mehr wirklich bedeutsam macht.

Dennoch bleiben die Herausforderungen an das Christentum in der westlichen Welt gewaltig. Die intellektuellen Tendenzen, auf die wir uns bezogen haben, waren eng mit sozialen Veränderungen verbunden, die immer noch im Gange sind. In jenen im allgemeinen wohlhabenden Ländern, in denen die moderne Technologie greifbare Vorteile für die Mehrheit der Bevölkerung erst vor relativ kurzer Zeit gebracht hat, ist es natürlich, wenn die Menschen diese Vorteile und die damit einhergehende Befreiung von überkommenen Zwängen uneingeschränkt genießen möchten. So erklärt sich die Betonung der individuellen Selbstverwirklichung und des Ausdrucks der eigenen Persönlichkeit. Es gibt jedoch Hinweise, daß die sich daraus ergebende Zersplitterung zu einem Verlust von Gemeinschaft führt, und Gemeinschaften können nicht einfach durch vertragliche Beziehungen zwischen atomisierten Individuen neu aufgebaut werden. Es besteht ein bewußtes Bedürfnis nach gemeinsamen Werten und gemeinschaftlichen Institutionen, verbunden mit einer allgemeinen Abneigung, die Art von Autorität zu akzeptieren, die sie in der Vergangenheit garantierte.

Mittlerweile sind die Kirchen selbst von den Tendenzen betroffen, denen sie zu begegnen suchen. Das stellt sie vor ein Dilemma. Soweit sie sich mit dem Pluralismus und den zugehörigen intellektuellen und moralischen Haltungen anfreunden, versäumen sie es, die zugrundeliegende *malaise* der Entwurzelung anzusprechen; doch eine einfache Behauptung der traditionellen Autorität ist im Prinzip unannehmbar und in der Praxis nicht geeignet, dem Ernst und der Komplexität der Probleme in der modernen Welt gerecht zu werden.

Ihre Geschichte bürdet den christlichen Kirchen im Westen außerdem Verpflichtungen auf, die sie nicht einfach leugnen können, Verpflichtungen gegenüber einer Kultur, die das Christentum entscheidend geformt hat, die aber nie hinreichend christlich war und es auch heute nicht ist. Die Kirchen als Institutionen stehen ihr nicht in prophetischer Reinheit gegenüber, sondern sind in sie eingebettet und werden durch sie geformt. Viele ihrer aktiveren Mitglieder wünschen ernsthaft, sie könnten sich von diesem Inkubus befreien und in die Katakomben zurückkehren. Sie müssen oft die Kirche in Polen oder in Lateinamerika oder auch in Südafrika beneidet haben, wo die Verpflichtungen weniger verschwommen, die Probleme deutlicher sichtbar und die Frontlinien schärfer gezogen sind. Aber wenn diese Schlachten gewonnen sind und ein größeres Maß an Freiheit für die jetzt unter Unterdrückung Leidenden erreicht ist, werden die Probleme, vor denen sie dann stehen, im wesentlichen die gleichen sein wie die, mit denen heute der Westen konfrontiert ist. Zweifellos ist ihr gegenwärtiges Elend schwerer zu ertragen, aber ihre Probleme sind nicht schwieriger zu lösen.

Es ist an der Zeit zu überlegen, welches die Probleme sind, mit denen das christliche Gewissen konfrontiert ist, und welche Ressourcen in der christlichen Tradition zur Verfügung stehen, um ihnen begegnen zu können. Es ist schon gesagt worden, daß sie zum größten Teil aus der neuzeitlichen Entwicklung von Wissenschaft und Technik herrühren. Das gilt besonders augenfällig für das Problem des modernen Krieges und der Kernwaffen.

Die Vertreibung Adams und Evas aus dem Paradies (*links*). Auf diesem Fresko (um 1425-28) schildert Masaccio eindrucksvoll die Gefühle der Scham und Schuld sowie eines Menschenlebens in fremder Umgebung, abgeschnitten von der eigentlichen Heimat.

»In deine Hände lege ich meinen Geist.« Das Leben ist heilig, weil es von Gott gewährt ist. Ein sterbender Mann übergibt sein Leben seinem Schöpfer (*rechts*). Aus dem Stundenbuch von Rohan (um 1418-20).

In manus tuas domine commendo spiritum meum. redemisti me domine deus veritatis.
Dilexi quoniam exaudiet dominus: vocem orationis mee.

Die Lehre vom gerechten Krieg wurde im Mittelalter entwickelt – sie definierte sorgfältig, für welche Ziele und mit welchen Mitteln ein Krieg geführt werden durfte. Es wurde vorausgesetzt, daß Christus seine Soldaten in einem Kreuzzug gegen die Ungläubigen führen könnte.

Krieg und Kernwaffen

Kriege bildeten schon immer ein Problem für das christliche Gewissen. Die Schwierigkeiten wären nicht so groß, wenn die christlichen Kirchen oder einzelne Christen die Verantwortung für die nationale Politik ablehnen könnten. Die neuzeitliche Entwicklung des durchorganisierten bürokratischen Staates, der letztendlich der Wählerschaft gegenüber verantwortlich ist, hat jedoch sowohl die Kriegführung als auch das Ziel, den Krieg einzuschränken oder abzuschaffen, in den Bereich des Möglichen und deshalb in die Sphäre aktiver moralischer Anteilnahme gebracht.

Das Dilemma mit den Kernwaffen ist erschreckend einfach. Der Schaden, den sie anrichten, ist von derart gewaltigem Ausmaß, daß er auch nicht am Kampf Beteiligte betrifft. Darüber hinaus sorgen die Auswirkungen der Radioaktivität noch viele Jahre später für Todesfälle. Für manche verkörpern Kernwaffen die höchste Steigerung des Übels des Krieges an sich und bekräftigen somit die Gründe für einen absoluten Pazifismus, der sich auf die Lehre Jesu in der Bergpredigt stützt. Für andere, die wie die Mehrheit der Christen zu allen Zeiten die Notwendigkeit des Krieges unter bestimmten Bedingungen akzeptiert haben (obgleich mit wachsender Sorge, da die »konventionellen« Waffen immer zerstörerischer werden), ordnet die Natur der Kernwaffen sie in eine andere Kategorie ein und macht ihren Gebrauch gänzlich unzulässig. Jedoch – und hier liegt das Dilemma – macht gerade die Ungeheuerlichkeit der Katastrophe, die ihr Einsatz nach sich zöge, es zu einer Sache von überragender Bedeutung, daß sie in der Tat nicht benutzt werden, und dies bringt das Element der politischen Kalkulation ins Spiel. Ein potentieller Feind, der solche Waffen besitzt, würde sie vielleicht bedenkenlos benutzen, wenn er sich darauf verlassen könnte, daß sie nicht gegen ihn selbst eingesetzt würden. Aus der »Logik der Abschreckung« wurde gefolgert, der Friede sei mit größerer Wahrscheinlichkeit zu bewahren, wenn beide Parteien die Drohung aufrechterhielten, die Waffen einzusetzen, als wenn die eine Seite dies nicht täte.

Viele Christen, und zu ihnen gehört auch die Mehrheit derer, die tatsächlich politische Macht ausüben, haben diese Argumentation akzeptiert, wenn auch oft mit stärksten Bedenken; viele haben sich energisch dagegen gewehrt. Kein Thema in der Neuzeit hat die Christen stärker gespalten. Dennoch besteht ein großes Maß an Übereinstimmung unter christlichen Denkern hinsichtlich der Prinzipien, die in dieser Debatte von Belang sind. Es sind die Prinzipien der traditionellen Lehre vom gerechten Krieg, insbesondere das Prinzip der Immunität der nicht am Kampf Beteiligten und das Prinzip der Proportion, nach dem der Schaden, der durch die im Krieg angewendeten Methoden entsteht, nicht das Gute, das man erreichen will, übertrifft. Nur überzeugte Pazifisten auf der einen Seite und überzeugte »Realisten« auf der anderen haben diese Prinzipien in Frage gestellt. Diejenigen, die sie akzeptieren, unterscheiden sich jedoch deutlich in der Frage, wie sie anzuwenden seien. »Unilaterale« haben argumentiert, daß es uneingeschränkt falsch sei, Kernwaffen zu benutzen, weil sie wahllos treffen und ihre Wirkungen jede Verhältnismäßigkeit überschreiten. Ihre Gegner haben eingeräumt, daß es zwar falsch wäre, sie einzusetzen, aber geltend gemacht, daß es nicht falsch ist, ihre Verwendung anzudrohen, wenn dahinter die Absicht steht, einen potentiellen Feind abzuschrecken, und wenn die mutmaßliche Wirkung der Drohung darin besteht, einen Nuklearkrieg weniger wahrscheinlich zu machen. Der Unterschied in der moralischen Beurteilung diktierte einen radikalen Unterschied in der Politik, da die eine Seite auf einseitige nukleare Abrüstung drängte, während die andere Seite eine Abrüstung durch Verhandlungen unter dem Schirm der nuklearen Abschreckung vorzog.

Der Streit ist symptomatisch für die Belastungen und Spannungen, die das gegenwärtige christliche Gewissen prägen. Zum einen geht es um die Folgen bei der Lösung ethischer Probleme, zum anderen um die Frage, bis zu welchem Grad Christen die Pflicht haben, den modernen liberalen Staat mit seiner Festlegung auf die fundamentalen Menschenrechte zu erhalten und zu verteidigen. Christliche Denker sind in der Regel keine Utilitaristen – sie glauben nicht, daß die Richtigkeit oder Unrichtigkeit von Taten allein von ihren Folgen abhängt –, aber sie unterscheiden sich in der Frage der Bewertung der Folgen. Diejenigen, die den Gebrauch von Kernwaffen bzw. die Androhung ihres Einsatzes für uneingeschränkt falsch halten und bereit sind, die Folgen, gleich welcher Art, zu akzeptieren, statt dieser Sünde schuldig zu sein, werden überhaupt keine Folgen in Betracht ziehen müssen. Diejenigen jedoch, die sich gezwungen fühlen, mögliche Folgen zu berücksichtigen, haben nicht nur die Auswirkungen des Nuklearkrieges an sich im Sinn, sondern auch die potentiellen moralischen Gefahren, die damit verbunden sind. Politische Entscheidungen, so ihre Argumentation, sind unumgänglich mit einem gewissen Abwägen der moralischen wie der anderen Kosten einer geplanten Handlungsweise verbunden. Es muß daher mit einbezogen werden, wie weit die Freiheiten und andere Werte westlicher Gesellschaften es wert sind, verteidigt zu werden – welches Gewicht sie haben sollten – und wie weit der Sturz demokratischer Regierungen die Menschen dem Risiko der moralischen Korruption und des Verlustes von Freiheit und Wohlstand aussetzen würde.

getan werden können. Besonders das »weltliche Denken« von Gesellschaften mit einer langen Geschichte christlichen Einflusses mag sich manchmal als unverfälschter christlich erweisen als das, was offiziell als christliche Lehre angenommen wurde.

Die Umwelt

Die Probleme des Krieges, besonders des Nuklearkrieges, und der sozialen und wirtschaftlichen Ordnung sind, wie wir gesehen haben, weitgehend das Produkt der modernen Wissenschaft und Technik. Bis vor vergleichsweise kurzer Zeit wurde die Entwicklung von Wissenschaft und Technik an sich fast durchweg positiv gesehen. Es war eine dem Menschen auferlegte Pflicht, Aufseher über die Natur zu sein, und dies, so setzte man voraus, bedeutete eine Verpflichtung, das Wirken der Natur zu begreifen und das so gewonnene Wissen für menschliche Zwecke zu nutzen, so lange diese moralisch einwandfrei waren. Menschen von Armut, von der zermürbenden Arbeit und damit einhergehenden Krankheiten zu befreien war ein Zweck, der keiner Rechtfertigung bedurfte. Proteste richteten sich nicht gegen dieses Ziel, sondern gegen Verzerrungen und unbeabsichtigte üble Auswirkungen bestimmter Mittel, die angewendet wurden, um dies zu erreichen. Der Antrieb, die Natur zu beherrschen und im besten Interesse des Menschen zu nutzen, war in protestantischen Formen des Christentums am stärksten, besonders in den Vereinigten Staaten, wo ein ganzer Kontinent bezwungen und fruchtbar gemacht werden mußte und wo es als schwere Sünde angesehen wurde, müßig und unproduktiv zu sein.

Der Übergang von dieser Situation zu einer neuen, in der Überfluß von der Mehrheit für selbstverständlich gehalten und mehr Gewicht auf den Konsum als auf die Produktion gelegt wurde, beschwor so etwas wie eine moralische Krise herauf. Sie konnte nicht nur von der traditionellen »Arbeitsethik« her verurteilt werden, weil sie mit Abfall und Verschwendung verbunden war, sondern sie löste auch eine völlig neue Reaktion aus. Dies war die ökologische Bewegung, die in der Geschichte der westlichen Technologie einen aggressiven Angriff des Menschen auf die natürliche Welt sah, der seine eigenen ausschließlichen und eng verstandenen Interessen verfolgte. In einer milderen Form suchte die Umweltbewegung die Auswüchse der technischen Ausbeutung zu bändigen, die Umweltverschmutzung in den Griff zu bekommen und die Verschwendung zu bremsen, aber es gab auch in wachsendem Maß, jedenfalls unter den Wortgewandteren, eine Revolte gegen die gesamte Philosophie, die seit dem 17. Jahrhundert hinter der Entwicklung von Wissenschaft und Technik gestanden hatte. Dies ging Hand in Hand mit der theoretischen Kritik am Erkenntnisvermögen der Wissenschaft, auf die bereits hingewiesen worden ist. Der Anspruch der Naturwissenschaften, eine objektive Darstellung der Art, wie die Dinge wirklich sind, zu liefern – Kenntnis von der »realen Welt« zu geben –, wurde bestritten, und alternativen Möglichkeiten, die Welt zu erfassen und in ihr zu handeln, wurde die gleiche Berechtigung eingeräumt. Folglich wurden alternative Medizin und alternative

»DER HEILIGE LAURENTIUS VERTEILT ALMOSEN«, hier von Fra Angelico dargestellt (1447-49). Die Forderungen nach individueller Wohltätigkeit sind durch alle christlichen Jahrhunderte anerkannt worden. Die Linderung der Armut als Angelegenheit der Politik und im internationalen Maßstab ist ein neueres und, bis zu einem gewissen Grad, umstrittenes Problem.

Lebensweisen zusammen mit einer geistigen Berufung auf das Einssein von Mensch und Natur überprüft. Die großen Kirchen, die sich in neuerer Zeit – oft unter großen Schwierigkeiten – bemüht hatten, eine Übereinstimmung mit der wissenschaftlichen Weltanschauung und der technologischen Gesellschaft herzustellen, fanden sich im Namen geistiger Werte herausgefordert, die in den Augen mancher mehr im Buddhismus und im Hinduismus zu Hause waren als im Christentum.

Die Probleme, die von der Umwelt aufgeworfen wurden, sind ernst, und sie haben die Christen aufgefordert, vernachlässigte Lehren über die Verantwortung des Menschen für die Schöpfung mit neuem Leben zu erfüllen. Allerdings wird es zu keiner radikalen Kehrtwendung kommen, und dies aus zwei Gründen: Der eine ist, daß die neuen Forderungen trotz gegenteiliger Behauptungen zu eng die Interessen des Westens – genauer, der begüterten Klassen im Westen – spiegeln. In den Entwicklungsländern behalten die älteren Imperative ihre Kraft: Menschen müssen ernährt, Krankheiten beseitigt, Leben verlängert werden, und obwohl manche Techniken verändert werden sollten, müssen sie so gut es geht ausgenutzt werden. Der andere ist, daß nur wissenschaftliche Erklärung und Erfahrung, behutsam entwickelt und angewandt, dazu in der Lage sind, die großen Probleme zu analysieren und geeignete Gegenmittel zu finden. Die moralischen Probleme, die Wissenschaft und Technik aufwerfen, können wahrscheinlich nur innerhalb einer Weltanschauung gelöst werden, die die Wissenschaft integriert, ohne dabei von ihr ausgehöhlt zu werden.

Medizin und biologische Forschung

Die Leistungen der wissenschaftlichen Medizin in der neueren Zeit sind beachtlich gewesen. Viele tödliche Krankheiten sind ausgerottet worden, und die Lebenserwartung hat sich erheblich erhöht. Als Folge davon ist die medizinische Praxis auf ein ganz neues Spektrum ethischer Probleme gestoßen, die teilweise aus den größeren Erwartungen, die die Menschen heute hegen, entstanden sind. Leiden und Behinderungen, die früher als unausweichlicher Teil der menschlichen Natur angesehen wurden, werden jetzt weniger bereitwillig akzeptiert, und die Menschen erwarten immer stärker, jeden Aspekt ihres Lebens beherrschen zu können. Die Technologie selbst übt Druck aus: Was getan werden kann, sollte getan werden. Die wissenschaftliche Medizin zieht trotz ihrer Leistungen zwei Arten von Kritik auf sich. Sie legt zuviel Macht in die Hände der medizinischen Fachleute, und sie versäumt es wegen ihrer Spezialisierung, den Patienten als ganzen Menschen zu betrachten. Manche Kritiker, vor allem in den Vereinigten Staaten, stellen im Namen der Autonomie des Individuums sogar den Rang des Medizinerberufs an sich in Frage. Je mehr die medizinische Praxis als Anwendungsbereich von Entdeckungen der chemischen und biologischen Wissenschaft, die im Prinzip allen zur Verfügung stehen, gesehen wird, desto klarer scheint es solchen Kritikern, daß sie liefern sollte, was immer einzelne wünschen, ohne Rücksicht auf die Beschränkungen, die ihr durch das Berufsethos traditionell auferlegt sind. Die Logik dieses Anspruchs ist, die Verantwortung völlig auf den Patienten zu übertragen. Entscheidungen über eine Abtreibung würde dann die Schwangere fällen, über Euthanasie der Patient (vielleicht mittels einer schriftlichen Verfügung, im gegebenen Fall sein Leben nicht künstlich zu verlängern) oder, falls er selbst dazu nicht in der Lage ist, durch einen geeigneten Stellvertreter. Entscheidungen über Forschung an Embryos würden die Spenderinnen treffen. Das Gesetz würde nunmehr eine beschränkte Rolle beim Schutz der Interessen der Gesellschaft spielen. »Medizinische Ethik« als Anliegen des Medizinerberufs würde dann zwischen einer hohen Doktrin von der Autonomie des Patienten auf der einen Seite und den Forderungen des Gesetzes auf der anderen eingeengt.

Die andere Kritik der wissenschaftlichen Medizin versucht im Gegensatz dazu die traditionelle Auffassung von der Medizin als der Kunst des Heilens mit ihren eigenen inneren Maßstäben zu bekräftigen. Indem sie die Bedürfnisse des ganzen Menschen betont, geht sie von einer objektiven Norm der Gesundheit aus und setzt den möglichen Anwendungen der medizinischen Technik bestimmte Grenzen. Sie überträgt dem Medizinerberuf eine besondere moralische Verantwortung, die mit dem Patienten geteilt, aber ihm nicht völlig überlassen werden soll. Eng verbunden mit dieser Auffassung von der Medizin ist das Festhalten der breiteren Gesellschaft in westlichen Ländern am Prinzip der Heiligkeit des Lebens. Das erstere übernahm das Christentum von den alten Griechen, das letztere kam mit dem Christentum selbst in die Kultur der westlichen Welt. Zusammen verkörpern sie ein anhaltendes Beharren auf der Moral, die eher aus der Natur der Dinge hervorgeht, als daß sie eine Konstruktion des menschlichen Verstandes ist.

Folglich sind sich die christlichen Kirchen in ihrem Widerstand gegen die extreme Position der absoluten Willensfreiheit einig, die mit einem gewissen Recht behauptet, die typisch moderne zu sein. Sie können Fragen von Leben und Tod nicht einem privaten Bereich individueller Wahl zuordnen, denn es handelt sich hier zwangsläufig um Dinge von gemeinsamem ethischem Interesse, und als solche können sie nicht einfach gemäß den Wünschen einzelner entschieden werden. Es gibt jedoch Meinungsverschiedenheiten unter den Christen, was das Prinzip der Heiligkeit des Lebens in besonderen Fällen tatsächlich verlangt. Läuft Abtreibung, unabhängig vom Stadium der Schwangerschaft, auf Mord hinaus, oder können die Ansprüche des Fötus im Interesse der Gesundheit der Mutter oder von den breiteren Interessen der Familie aufgehoben werden? Angenommen, daß das Leben ein von Gott anvertrautes Gut und die notwendige Bedingung aller anderen Güter ist, in welchem Stadium, wenn überhaupt, und von wem darf dann ordnungsgemäß beurteilt werden, daß die Last, die es auferlegt, die Pflicht, es zu verlängern, aufhebt?

Die Frage nach dem Rang des Embryos spielt auch in die Debatte um die Grenzen biologischer Forschung hinein. Keine christliche Kirche hält es für belanglos, ob das Leben eines Embryos beendet wird, aber die offizielle römisch-katholische Position, daß der Embryo in allen Stadien den vollen, jedem Menschen gewährten Schutz verdient, wird von den großen protestantischen Kirchen nicht geteilt. Sie sehen den Embryo vielmehr potentiell als Person und als solche der Achtung und eines gewissen Grades von Schutz würdig.

Diese Fragen sind weiterhin Gegenstand ernsthafter Debatten in westlichen Ländern, und es wird weithin als selbstverständlich vorausgesetzt, daß das christliche Gewissen einen wesentlichen Beitrag zu dieser Debatte zu leisten hat. Das gilt vielleicht am wenigsten in Beziehung zur Abtreibung, wo der Meinungsstreit, besonders in den Vereinigten Staaten, inzwischen höchst polarisiert ist. Der Gegensatz zwischen »für freie Entscheidung«

E.J. Burra. 192

und »für das Leben« ist in mancher Hinsicht allzu stark vereinfachend, aber er zeigt deutlich, in welchem Ausmaß die Modernität in dieser Kernfrage im Konflikt mit der älteren christlichen Kultur steht.

Sexualethik

Die traditionelle Annahme, daß einem akzeptablen Sexualverhalten Grenzen gesetzt sind, wird heute gründlich in Frage gestellt. In diesem Bereich hat es mehr als in allen anderen in der neueren Zeit eine Revolte gegen christliche Auffassungen gegeben, sowohl in der Literatur als auch im Alltag. Teils war es eine Revolte gegen weitverbreitete Heuchelei, gegen zweierlei Maß für Männer und Frauen sowie gegen die Unterordnung der Ehe unter die Interessen des Besitzes. Oft war es ein Plädoyer für eine persönlichere Auffassung der erotischen Liebe unter Einbeziehung der eigenen flexibleren und einfühlsameren Sexualethik, in der es auf die Echtheit der gezeigten Liebe ankommt. Zunehmend wurden jedoch die Beschränkungen auch dieser Auffassung fallengelassen, und die sexuelle Betätigung wurde schließlich als eine Form des Ausdrucks der Persönlichkeit angesehen, die keinerlei Zwängen außer den von den Partnern freiwillig akzeptierten unterworfen sein sollte. Die einzigen moralischen Prinzipien waren dabei solche, die auch in allen anderen Bereichen menschlichen Verhaltens als bedeutsam anerkannt wurden, nämlich die Vermeidung von Ausbeutung und Täuschung. Innerhalb dieses stark individualistischen Rahmens wird die Freiheit, seine sexuellen Vorlieben auszuleben, als wichtiges Menschenrecht beansprucht. Im Einklang mit dieser Tendenz hat das 20. Jahrhundert in allen westlichen Ländern eine progressive Liberalisierung des Rechts und die stillschweigende Aufgabe einer traditionellen Sexualethik erlebt.

In diesem Bereich war die Kirche in besonders scharfer Form den Dilemmata ausgesetzt, die von ihrer engen, aber fragwürdigen Verbindung mit der Kultur der Vergangenheit in Europa und Amerika herrühren. Sie mißtraut vielen, wenn nicht den meisten neuen individualistischen Tendenzen, die sie verdächtigt, gewisse grundlegende menschliche Beziehungen zu zerstören, aber sie ist in den meisten Fällen nicht in der Lage, eine rein konservative Position zu verteidigen. Dazu gibt es zuviel Zweifelhaftes an der Institution der Ehe, wie sie in Europa bis in die jüngste Zeit akzeptiert wurde, besonders im Hinblick auf die Unterordnung der Frau und die enge Verknüpfung mit Eigentumsrechten. Von daher besteht ein dringendes Bedürfnis nach einem Überdenken der Haltung zu Sexualität und Familie.

Einer attraktiven neuen Lehre, die ausdrückt, was viele Menschen zu hören und anzunehmen bereit sind, fehlt es jedoch vielleicht an den intellektuellen und spirituellen Grundlagen. Zu erinnern ist an das Schicksal der offiziellen römisch-katholischen Lehre über Empfängnisverhütung, wie sie in *Humanae Vitae* dargelegt wurde. Als Argument diente eine Version des Naturrechts, die jeglichen Eingriff in die Zeugungsfunktion des Geschlechtsverkehrs als unnatürlich und deshalb unzulässig brandmarkte. Folglich be-

Edward Burras »Teeladen« (1929) wirft einen satirischen Blick auf die Gesellschaft, in der herkömmliche Einrichtungen sich schwer taten, dem offen hedonistischen Angriff zu widerstehen.

ging ein Ehepaar, das Verhütungsmittel (einschließlich der »Pille«) verwendete, um den Geschlechtsverkehr zu genießen, eine sündhafte Handlung, auch wenn es die Absicht hatte, eine Familie von passabler Größe zu haben und die Kinder so gut wie möglich großzuziehen. Wenn Empfängnisverhütung in dieser Weise sündhaft war, dann galt das erst recht für homosexuellen Verkehr, künstliche Befruchtung durch Spender, Ersatzmütter und Befruchtung in der Retorte. Der Widerstand gegen *Humanae Vitae* unter katholischen wie nichtkatholischen Christen konzentrierte sich im allgemeinen auf die »mechanische« und »unpersönliche« Art der herangezogenen Kriterien. Konnten physiologische Einzelheiten in einer Beziehung, die so persönlich war wie die Ehe, von derart großer Bedeutung sein? Der alternative Ansatz betonte den persönlichen Aspekt der Sexualität im allgemeinen und die »vereinigende« Funktion der Ehe – »die gegenseitige Gesellschaft, Hilfe und Tröstung, die eine Person an der anderen haben sollte«. Damit war er der wirklichen Erfahrung der Gläubigen in ihrem Eheleben schon ein ganzes Stück weit näher.

Diese Berufung auf die persönliche Erfahrung griff ein Thema der neueren Zeit auf, dessen Ursprünge sich aber bis in die Anfänge der Romantik zurückverfolgen lassen. Für die christliche Ethik besteht das Problem nun darin, daß ihre weltlichen Bekundungen zunehmend als rein individuelle Selbstverwirklichung und als Ausdruck der eigenen Persönlichkeit angesehen wurden. Das war nicht ungefährlich. Denn damit ließen sich die nicht der Fortpflanzung dienenden Beziehungen zwischen Männern und Frauen in der Ehe rechtfertigen sowie diejenigen, zwischen Männern und Frauen außerhalb der Ehe und zwischen Personen des gleichen Geschlechts. In Europa und Amerika wurden die Kirchen, auch seitens ihrer eigenen aktiven Mitglieder, mit hartnäckigen Forderungen nach »homosexueller Gleichberechtigung« konfrontiert.

Ließe man alle diese Ansprüche gelten, gäbe man nicht nur die »konventionelle Moral« der jüngsten Vergangenheit auf, sondern würfe auch über Bord, was seit den frühesten Tagen der Kirche die unbeirrbare Behauptung christlicher Moralisten gewesen ist: daß Moral nicht einfach eine menschliche Erfindung sei, sondern auf bestimmten, elementaren Konstanten der menschlichen Natur gründe. Ob diese Überzeugung wie in der römisch-katholischen Kirche vom Naturgesetz her begründet wurde oder wie in den meisten protestantischen Kirchen von der göttlich eingesetzten Schöpfungsordnung – sie bildete eine feste Abwehr gegen die moderne Auffassung der Moral als Ausdruck letztlich individueller Vorlieben. Wegen dieser grundlegenden Frage hat die römisch-katholische Kirche sich so lange – und für Außenstehende nicht immer nachvollziehbar – mit der Empfängnisverhütung herumgequält. Denn wenn die Stellung hier nicht gehalten werden konnte, war schwer vorstellbar, wo sie sonst gehalten werden sollte. Damit wäre ein großer Teil dessen gefährdet gewesen, was aus der Vergangenheit als wesentlich für das Christentum überkommen war, einschließlich der religiösen Autorität. Und dies hätte nicht nur den sexuellen Bereich betroffen, denn die Prinzipien, auf die Christen sich im Verhältnis zum Krieg, zur sozialen und politischen Ordnung, zum Umweltschutz, zu den Grenzen der medizinischen und wissenschaftlichen Forschung und Praxis beriefen, setz-

Henry Moores »Familiengruppe« (1944) ist eine von vielen Studien, in denen er Vater, Mutter und Kinder als komplexe Einheit aus unterschiedenen Personen zeigt. Die »zeitlose« Qualität dieses Werkes betont die Dauerhaftigkeit der Familie als Institution.

ten alle voraus, daß Gott in der Schöpfung die richtigen Zwecke des Menschenlebens gefügt und somit den Mitteln, sie zu erfüllen, gewisse Beschränkungen auferlegt hatte. Der sexuelle Bereich selbst, der nach Ansicht vieler moderner Denker auf das Gebiet rein privaten Verhaltens begrenzt ist, berührt weit mehr, als auf den ersten Blick sichtbar ist. Insbesondere die Institution der Familie hängt eng mit der Formung des individuellen Charakters und der Aufrechterhaltung einer geordneten Gesellschaft zusammen, und nicht nur von einem spezifisch christlichen Standpunkt würde ihr Zusammenbruch Anlaß zu großer Sorge geben. Einige Entwicklungstendenzen, die von vielen als willkommene Liberalisierung der Gesellschaft begrüßt werden, weil sie die Bindungen einer auf der Familie beruhenden »konventionellen« Moral lockern, könnten erhebliche Nachteile in Form von persönlicher Unsicherheit und sozialer Auflösung nach sich ziehen.

Die Zwangslage der römisch-katholischen Kirche hinsichtlich der Empfängnisverhütung beleuchtet in extremer Form das Dilemma des christlichen Gewissens in der modernen Welt. In westlichen Ländern sind traditionelle christliche Maßstäbe in weiten Kreisen abgelehnt worden, hauptsächlich, wenn auch nicht ausschließlich, im Bereich des Sexualverhaltens. Diese Revolte ist mit weltlichen Philosophien verknüpft worden, die die persönliche Glaubwürdigkeit und den individuellen Ausdruck der Persönlichkeit betonen. Daß diese Philosophien dem ganzen Spektrum moralischer Probleme, die unsere Welt bedrängen, nicht angemessen sind, wird vielen nachdenklichen Menschen zunehmend deutlich. Die Kirchen haben deshalb eine Verpflichtung, die sie auch nach Ansicht der Nichtgläubigen anerkennen sollten, nämlich die christliche ethische Tradition zu bewahren und zu stärken. Es ist eine Quelle, ohne die die moderne Welt nicht auskommt. Die Kirchen sind jedoch in dieser Lage dafür anfällig, sich für eine von zwei Möglichkeiten zu entscheiden, von denen keine befriedigend ist. Die eine besteht darin, ohne Einschränkung die ethischen Vorschriften, die in der jüngsten Vergangenheit akzeptiert wurden, wieder geltend zu machen, ohne zu bedenken, daß die zugrundeliegenden Prinzipien neue Anwendungen im Licht des heutigen Wissens erfordern, und sie überdies in autoritärer Form geltend zu machen. Dies verstärkt die modernistische Revolte, die sich schließlich gerade aus der Ablehnung dieses Stereotyps genährt hat. Die zweite Alternative macht sich die typische moderne Weltanschauung in der einen oder anderen Form zu eigen und interpretiert von diesem Standpunkt aus die christliche ethische Tradition. Der erste, konservative Ansatz kann sich den Problemen in der Regel nicht in ihrem vollen Kontext widmen und ist nicht genügend empfänglich für die Möglichkeit, daß aufrichtig christliche Einsichten wegen der Verknöcherung der konventionellen Lehre manchmal durch weltliche Kanäle fließen mußten. Der zweite, liberale Ansatz kann sich auf andere Weise nicht den Problemen widmen, weil er sich selbst zu eng mit eben den Haltungen identifiziert, die weitgehend verantwortlich für das Entstehen der Probleme gewesen sind. Was notwendig ist, sind Konservative, die bereit sind, die Tradition kritisch zu betrachten, und Liberale, die bereit sind, kritisch mit augenblicklichen Moden umzugehen.

18

Die Zukunft des Christentums

John Taylor

Die Aussichten für die Menschheit

Jeder Ausblick auf die nächsten 50 Jahre setzt voraus, daß die Geschichte nicht durch eine nukleare Katastrophe zu einem abrupten Ende kommt. Die Beendigung des Kalten Krieges und die Verringerung der nuklearen Arsenale haben diese Gefahr noch nicht beseitigt. Nach wie vor gibt es Kernwaffen, und es käme einer an Wahnsinn grenzenden Arroganz gleich, wenn die Staaten, die sie besitzen, glaubten, sie könnten andere daran hindern, es ihnen gleichzutun. Die Sicherheit der Welt läßt sich nicht durch eine endlose Folge von »Golfkriegen« gegen all jene Staaten wahren, die es wagen, sich das Recht auf ihren Anteil an den Massenvernichtungsmitteln zu nehmen. Die Befreiung Osteuropas und der Zusammenbruch der Sowjetunion haben ein riesiges Gebiet der Instabilität und ein gefährliches Machtvakuum entstehen lassen. Politischer und religiöser Fanatismus sind überall auf dem Vormarsch. Nie war es nötiger, sich auf die Fertigkeiten neutraler Aussöhnung rückzubesinnen als heute. Es sind Fertigkeiten, in denen das Christentum sich im Licht des Evangeliums gut auskennen sollte; betrachtet man es jedoch im Licht seiner Geschichte, kann es für sich keine Sachkenntnis beanspruchen. Doch wenn es eine Zukunft geben soll, wird jede Religion, das Christentum eingeschlossen, Frieden und Gerechtigkeit als vordringlichste Aufgaben betrachten müssen.

Es gibt noch andere, kaum weniger ernst zu nehmende Gefahren, die das menschliche Leben innerhalb des nächsten Jahrhunderts bedrohen könnten. Aufgrund der sinkenden Ölpreise, der Rindfleisch- und Getreide-»Berge« und einer erfolgreichen Manipulation des Marktes sind die reicheren Nationen in der Lage gewesen, die apokalyptischen Vorhersagen des Club of Rome und der Brandt-Kommission fürs erste zu den Akten zu legen. Es erscheint wahrscheinlich, daß neue Entdeckungen die Mittel liefern werden, um die wachsenden Gefahren der Bevölkerungsexplosion und der geringer werdenden Nahrungsvorräte und Bodenschätze abzuwenden. Aber AIDS und saurer Regen weisen auf andere Möglichkeiten einer globalen Katastrophe hin, die in der Vitalität, ja Rücksichtslosigkeit des menschlichen Fortschritts selbst begründet sind. Es bleibt abzuwarten, ob nationale politische Systeme dazu in der Lage sind, mit globalen Notfällen fertig zu werden. Der Kapitalismus der Industriestaaten wird mit der zunehmenden Vorherrschaft multinationaler Konzerne, dem Entstehen neuer Wirtschaftsblöcke und der Verbreitung

Sozialarbeit, die sich um jene Bereiche sozialer Not kümmert, die andere nicht erreichen, bildet ein traditionelles Aufgabengebiet der Kirche, das stärker als je zuvor gefragt ist. St James's Church, Piccadilly, London *(oben)* dient nachts als Zuflucht für Obdachlose, und in New Yorks 31. Straße *(rechts)* stehen Menschen an, um in der Kirche des heiligen Franz von Assisi eine Mahlzeit zu bekommen.

der neuen Technologien weiterhin seine Gestalt verändern. Die Wirtschaft des Selbstversorgerstaates wird unter dem Diktat des Blockes, dem er angehört, und unter den Bedingungen einer einzigen Weltwirtschaft, die den Interessen der übernationalen Machtkonzentrationen dient, bald der Vergangenheit angehören. Jene Interessen werden mehr und mehr die Politik der einzelnen Staaten bestimmen und ihre Möglichkeiten verringern, zwischen den Ansprüchen der Wirtschaftsproduktivität, des allgemeinen Wohls und des sozialen Zusammenhalts in der Gesellschaft zu vermitteln. Zu erwarten sind dagegen weitere Fortschritte in der Technik und ein wachsendes Ungleichgewicht in der Verteilung ihrer Gewinne. Es wird zu einer dreigeteilten Gesellschaft mit scharfen Abgrenzungen kommen. Die Reichsten werden sich in einer abgeschotteten Welt der Privilegien verschanzen, eine stattliche mittlere Gruppe technisch qualifizierter Fachkräfte, einschließlich der Selbständigen, wird über einigermaßen sichere und relativ gut ausgestattete Arbeitsplätze verfügen, ein sehr großer Teil der Bevölkerung schließlich wird absolut überflüssig sein und nur als Belastung des Staates in Erscheinung treten, es sei denn, es erwiese

sich als nützlich, diesen Menschen ein höheres Mindesteinkommen zu geben, um eine breitere Basis von Konsumenten zu fördern. Die Hoffnungen, die mit Job-sharing und sinnvoller Freizeitgestaltung verbunden wurden, haben sich als unrealistisch herausgestellt. Die verbleibende Alternative lautet: eskalierende Unruhe, zunehmende Unterdrückung, stärkere Polizeipräsenz, vermehrt auftretender Rassismus, schärfere Einwanderungskontrollen, wachsende Kriminalisierung armer und ärmster Bevölkerungsgruppen, raffiniertere Überwachungsmethoden und eine größere Feindseligkeit gegenüber Intellektuellen. Jeder Schritt in diese Richtung könnte zu einem neuen autoritären Regime hinführen.

Der mittelalterliche Christus, wie er auf diesem Mosaik in S. Tommaso in Formio, einer Kirche aus dem 13. Jahrhundert in Rom, dargestellt wird, bezieht die Sklaven jeder Rasse in die Erlösung ein. Dieser Gedanke könnte für die Kirche der Zukunft von großer Bedeutung sein, da sowohl Industrie- als auch Entwicklungsländer gleichermaßen eine Masse von überzähligen und praktisch wie Sklaven lebenden Menschen haben.

Glücklicherweise ist das nicht das einzige Szenario für die Zukunft. Es besteht zumindest die Möglichkeit, daß diejenigen, die bereit sind, das bestehende industriell-kapitalistische Modell einschließlich der traditionellen Gewerkschaften in Zweifel zu ziehen, sich zusammentun werden, um seine Voraussetzungen neu zu durchdenken und unter Umständen mit einer überzeugenden Alternative aufzuwarten. Gegenwärtig sind die verschiedenen Elemente, die dies gemeinsam leisten könnten, zersplittert, doch der bescheidene Erfolg der grünen Parteien deutet zumindest an, in welcher Richtung eine tatsächliche Neuordnung zu suchen ist.

Aber während sich die reichen Staaten immerhin an einen Hoffnungsschimmer klammern können, zeichnet sich in Afrika südlich der Sahara und in den von ihren Schulden gelähmten Staaten ein bitteres Szenario ab. Die Situation der ärmeren Staaten ist komplex. Die Fortschritte, die sie im Hinblick auf Durchschnittseinkommen, Gesundheit und Bildungswesen in den letzten 50 Jahren erzielt haben, wurden rascher erreicht als in den Industrieländern während ihrer Aufbruchsperiode. Ihre wirtschaftliche Wachstumsrate pro Kopf war zwischen 1965 und 1982 höher als die der industriellen Marktwirtschaften der OECD. 1985 belief sich die gesamte ausländische Hilfe, die Direktinvestitionen und Warenkredite, die die Dritte Welt erhielt, auf weniger als ein Prozent ihres gemeinsamen Volkseinkommens. Im Vergleich mit den Vereinigten Staaten, auf deren Konto ein Viertel des jährlichen Verbrauchs der Naturreichtümer der Welt geht, sind sie nicht reich. Aber sie verfügen zumindest über das Potential, sich selbst von der Armut zu befreien. Der steigende Wohlstand des »Nordens« wird nicht allein durch seine fortgeschrittene Technologie geschaffen, sondern auch durch seine Zollbarrieren und Handelsbestimmungen, seinen Gebrauch billiger Arbeitskräfte, die Kontrolle der Rohstoffpreise im »Süden« und seine Möglichkeiten, Exporte zu erzwingen und seine Ideologie anderen Gesellschaften aufzudrängen. Die enorme Verschuldung der Dritten Welt in den 80er Jahren wurde in großem Umfang durch die kurzsichtige, auf das Eigeninteresse bedachte Reaktion der Vereinigten Staaten und der größeren europäischen Länder auf die kräftigen Ölpreiserhöhungen von 1973 und 1979 geschaffen. Das gestiegene Bewußtsein für das dadurch verursachte Leid wird in bezug auf die Schuldenlast zu weiteren Zugeständnissen führen und eine vorübergehende Linderung der vielfältigen Krisen bewirken. Es bleibt abzuwarten, ob das grundlegende Muster des Kapitalismus soweit geändert werden kann, daß es in den Entwicklungsländern eine gerechtere Gesellschaft ermöglicht, oder ob es in Wirklichkeit dort eine noch strengere Dreiteilung erzeugen wird als die, die sich im Norden abzeichnet. Es gibt das Bild vom reichen Rettungsboot auf einem Meer der Armut, in dem die im Boot sitzenden Überlebenden auf jene einschlagen, die verzweifelt versuchen, an Bord zu gelangen. Wenn diese schreckliche Aussicht auch nur entfernt vorstellbar ist, hat dies Konsequenzen für die Zukunft des Christentums.

Die bevorstehenden Veränderungen

Bevor wir uns auf die Aussichten für das Christentum konzentrieren, ist es wichtig, es in der weiteren Perspektive der religiösen Zugehörigkeit der Menschheit insgesamt zu sehen. Man hat geschätzt, daß im Jahr 2000 32,2 Prozent der Weltbevölkerung nominell

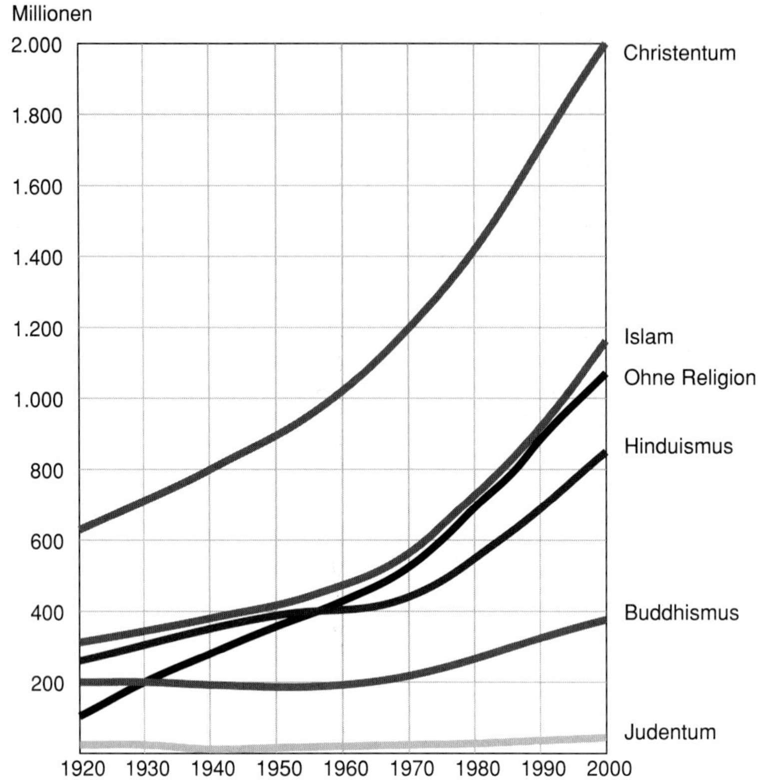

Diagramm 1: Wachstum der Weltreligionen im Vergleich (1920-2000)

Christen, 19,2 Prozent Muslime, 13,7 Prozent Hindu, 5,7 Prozent Buddhisten und 0,3 Prozent Juden sein werden. Vom Rest wird etwa 1 Prozent den kleineren Religionsgruppen angehören, und 9 Prozent werden eine Form einer Stammes- oder animistischen Religion praktizieren. Diagramm 1 zeigt, wie sich die großen Weltreligionen seit 1920 entwickelt haben. Der steile Anstieg bei allen mit Ausnahme der Juden während der letzten 30 Jahre spiegelt die Bevölkerungsexplosion ebenso wie den Gewinn neuer Anhänger wider. Es ist bezeichnend, daß Christentum und Buddhismus ihren Aufstieg leicht verlangsamt haben und einen kleineren prozentualen Anteil an der Weltbevölkerung aufweisen, während Muslime und Hindu ihren Prozentsatz stetig gesteigert haben. Die Zahl der Nichtgläubigen ist stärker als alle anderen angestiegen.

Die Statistiken der religiösen Zugehörigkeit sind aufgrund abweichender Maßstäbe der Zuordnung zwangsläufig anfechtbar. David Barrett, dessen monumentalem Werk *World Christian Encyclopedia* oft vorgeworfen worden ist, die Zahlen zu übertreiben, wendet eine Skala zur Messung des Engagements an, die eine nüchternere Einschätzung seiner eigenen Zahlen nahelegt (Diagramm 2). Weil Barretts Übersicht die umfassendste und aktuellste ist, werden in diesem Kapitel, wenn nicht anders angegeben, seine Angaben benutzt. Wer eine vorsichtigere Einschätzung der Gesamtzahlen vorzieht, wird feststellen, daß rund 54 Prozent von ihnen als engagierte und aktive Christen betrachtet werden können, 71 Prozent einen gewissen kontinuierlichen Kontakt mit einer Gottesdienstgemeinschaft haben, und 92 Prozent Mitglieder einer Kirche sind. Eine solche Berichtigung der Zahlen beeinträchtigt unsere Schlußfolgerungen nicht, da es darum geht, welcher *Anteil* aller Christen in verschiedenen Regionen der Erde zu finden ist und in welche Richtung dieser sich verändert.

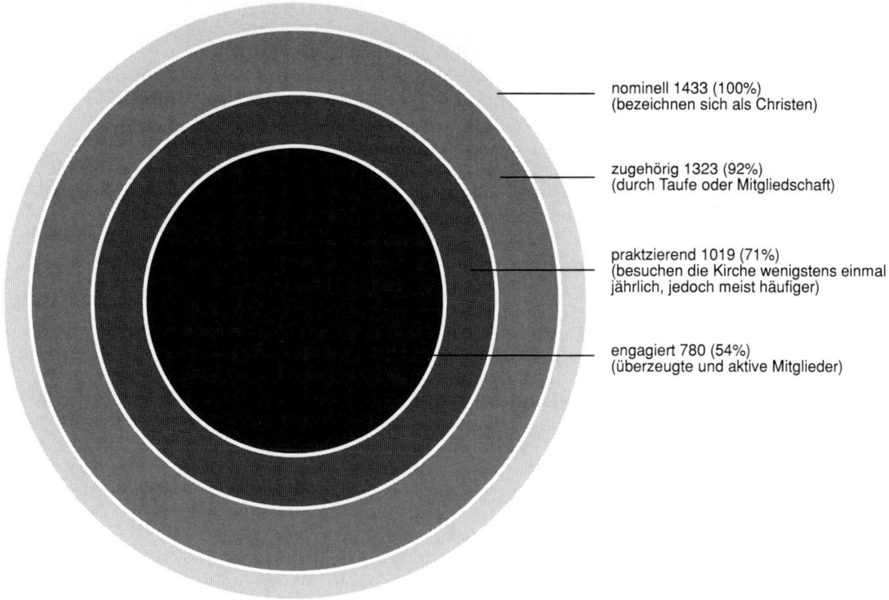

Diagramm 2: Grade des Engagements nomineller Christen 1980 (in Millionen)

Diagramm 3 zeigt die Zunahme der Zahl der Christen in jeder der sechs großen Regionen der Welt während unseres Jahrhunderts. Weil seine Zahlen soviel kleiner gewesen sind, ist Ozeanien ausgelassen worden, obwohl seine Bedeutung aus anderen Gründen beträchtlich ist. Als eigene Region umfaßt es Australien und Neuseeland (wo die Gesamtzahlen der Christen 4 Millionen 1900, 14 Millionen 1970, 16 Millionen 1985 und geschätzte 20 Millionen für 2000 betragen) und den Pazifik (wo die Christen schneller zugenommen haben: 300 000 im Jahr 1900, 3 1/2 Millionen 1970, 5 Millionen 1985 und geschätzte 7 Millionen 2000).

Die auffallendste Tatsache, die aus diesen Zahlen hervorgeht, ist die Geschwindigkeit, mit der die Zahl der Christen in Lateinamerika, Afrika und Asien jene in Europa, Nordamerika und in der UdSSR überholt hat. Zum erstenmal seit dem 7. Jahrhundert, als es große nestorianische und syrische Kirchen in Teilen Asiens gab, ist die Mehrzahl der Christen in der Welt nicht europäischer Herkunft. Diese Veränderung läßt sich leicht aus Diagramm 3 ersehen. Außerdem hat diese Verlagerung nach »Süden« hin, so scheint es, gerade erst begonnen, da die Geburtenrate dieser Regionen gegenwärtig soviel höher ist als im entwickelten »Norden« und der Abfall vom Glauben verglichen mit Europa fast vernachlässigt werden kann. Bis zur Mitte des nächsten Jahrhunderts wird das Christentum als Weltreligion daher offenbar seinen Schwerpunkt in äquatorialen und südlichen Breiten haben, und jede große Konfession, möglicherweise außer der orthodoxen Kirche,

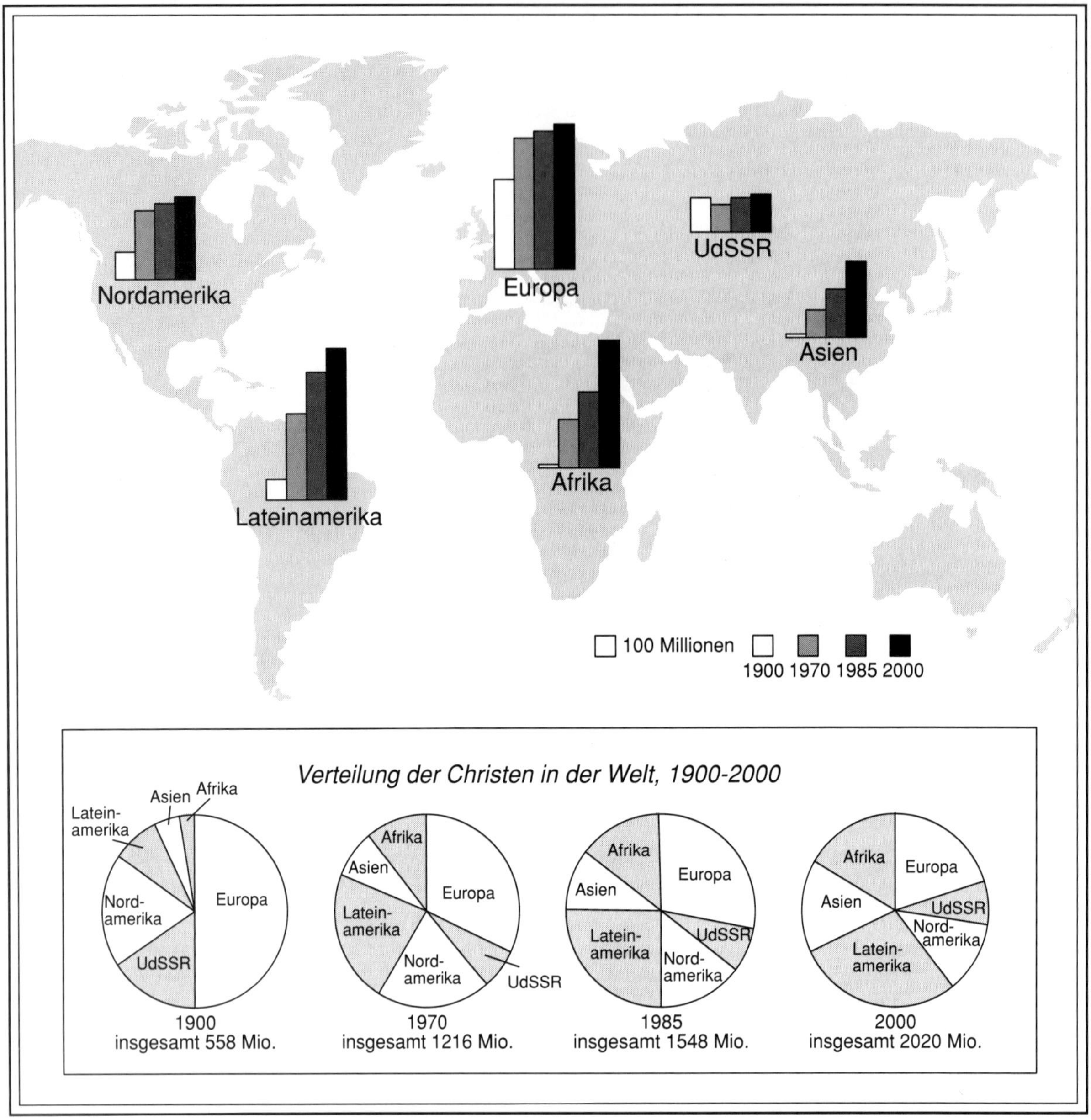

Diagramm 3: Zunahme der Christen in der Welt (1900-2000)

wird diese Gegenden als ihre Herzländer betrachten und dieser Tatsache in ihrer Verwaltung Rechnung tragen müssen.

Wie bereits erwähnt, kann die Größenordnung der Zahlen auf dem Diagramm angezweifelt werden, aber die Anteile bleiben genau dieselben, auch wenn man sich an eine konservativere Schätzung hält. In Wirklichkeit ist die Verschiebung noch verblüffender, wenn man die Mitgliederzahlen der römisch-katholischen Kirche nimmt. Walbert Bühlmann kommt in seinem Buch *The Coming of the Third Church* zu dem Ergebnis, daß es

1973 318 Millionen Katholiken in Europa und Nordamerika und 367 Millionen in Lateinamerika, Afrika und Asien gab. Er kommentiert dies wie folgt: »Es ist heute eine unbestreitbare Tatsache, daß der Westen von seinem Posten als *Zentrum* der religiösen kulturellen Einheit für die Gesamtheit des Christentums entlassen worden ist..., jedoch bleibt der Westen als Feld des religiösen kulturellen *Einflusses innerhalb* der Kirche (die nicht mehr mittelalterlich ist) bestehen.« (Hervorhebung von mir)

Doch während der Druck dieser Tatsachen sich in den nächsten 25 Jahren noch verstärken dürfte, wird die Einsicht nachhinken, und der Übergang wird schmerzhaft sein. Mehrere Faktoren werden den Wandel verlangsamen. Der erste ist die Sprache. 1981 war Spanisch die Muttersprache der größten Zahl getaufter oder eingetragener Christen in der ganzen Welt (15,6 Prozent), die zweithäufigste Muttersprache war Englisch (14,8 Prozent). Danach folgten Portugiesisch, Deutsch und Französisch. Also ist es kein Wunder, wenn alle weiterhin Europa als Heimat ihres Glaubens betrachten.

Ein zweiter Faktor, der den Status quo verlängert, ist die traditionelle Methode der Vertretung in den meisten konziliaren Gremien. Dies wird sich auf das Bewußtsein der Christen in erster Linie bei solchen Gelegenheiten auswirken, in denen sie in konfessionellen Kategorien denken, doch werden alle konfessionellen Gemeinschaften der Welt davon in gleicher Weise betroffen sein. Bei jeder internationalen Konferenz von Bischöfen oder Geistlichen sind zwangsläufig die metropolitanen und älteren Kirchen aus dem einfachen Grund unverhältnismäßig stark vertreten, weil die ärmeren Kirchen weniger Geistliche haben. Folglich sieht die Lambethkonferenz zum Beispiel immer noch sehr viel

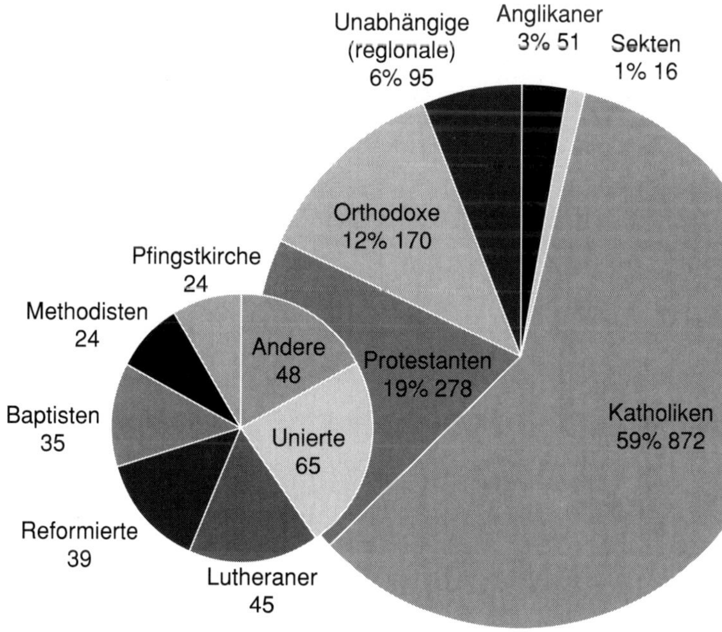

Diagramm 4: Die relative Größe der großen christlichen Konfessionen 1985 (in Millionen)

weißer aus, als es die anglikanische Gemeinschaft tatsächlich ist. Die verschiedenen konfessionellen Gruppen rufen ihre gelegentlichen beratenden Synoden und internationalen Versammlungen als Familientreffen ein, nicht als Konferenzen repräsentativer Demokratien. Wenn sie, wie es der Weltrat der Kirchen tut, beschlössen, die zahlenmäßige Stärke der verschiedenen Provinzen oder Teile zu repräsentieren, würden sie ein getreueres Bild ihrer Glaubensgemeinschaft geben, sowohl optisch als auch im Hinblick auf ihre Ideen. Dennoch übten die afrikanischen Teilnehmer einen starken Einfluß auf die Lambethkonferenz von 1988 aus, was eine noch größere Wirkung in der Zukunft ankündigt.

Die Anerkennung dieser Verschiebung des Gleichgewichts wird des weiteren durch die Tatsache gehemmt, daß so wenige Bücher und Artikel von Theologen aus den südlichen Kontinenten im Norden übersetzt und veröffentlicht werden. Darin kommt eine ernst zu nehmende Unterschätzung des intellektuellen Gewichts zum Ausdruck, das der Süden in die Beratungen der christlichen Welt einbringen kann. Dies steht in einem trauri-

UNTER DEN ACHTUNDZWANZIG NEUEN KARDINÄLEN bei dieser Zeremonie der Kardinalsversammlung im Mai 1985, die in Gegenwart von Papst Johannes Paul II. (*im Vordergrund links*) stattfand, sind auffallend viele afrikanische und asiatische Gesichter. Dies entspricht jedoch nicht ganz der Zusammensetzung der katholischen Kirche, und auch der Petersplatz ist zwar ihr historischer Mittelpunkt, jedoch nicht mehr ihr kulturelles Zentrum.

gen Gegensatz zur Offenheit der Welt der Wissenschaft. Selbst das Werk von Kitamori, Takanawa und Koyama aus Japan, das wirtschaftlich und kulturell zum Norden gehört, wird im allgemeinen ignoriert. Die Befreiungstheologen Lateinamerikas leiden unter dem ihnen angehefteten Etikett, das verhindert, daß ihre einzelnen Stimmen gehört werden. Die theologischen Schulen des Westens und die Führer seiner Kirchen gehen ihrer Arbeit mit Scheuklappen nach; sie wissen nichts von Autoren wie D.S. Analorpabadass, dem Liturgieforscher in Südindien, dem Ghanaer Kwami Bediako, der patristisches Denken auf das moderne Afrika anwendet, Enrique Dussel, dem chilenischen Historiker, Jean Marc Ela aus Kamerun, einem wichtigen Vertreter afrikanischer Theologie, Edward Fashole-Luke, einem Erforscher Cyprians und seiner Bedeutung für die afrikanische Kirche, dem Bibelgelehrten M.P. John in Indien, Kim Bockyong, dem koreanischen Gesellschaftstheologen, Mulago Musharnene, der über den traditionellen Katholizismus geschrieben hat, oder Ngundu Mushete, einem Kenner der französischen modernistischen Theologie, beide in Zaire, Samu Rayan, der in Indien über das Zweite Vatikanische Konzil geschrieben hat, und Lamin Sannah aus Gambia, zur Zeit in Harvard, der die Einmaligkeit Christi von einem islamischen Hintergrund aus erklärt.

Doch selbst wenn der Beitrag des »Südens« nicht mehr übersehen werden kann, wird die Vorstellung, daß die alte Christenheit die alleinige Hüterin und Richterin der Orthodoxie sei, zäh weiterleben. Was stattfindet, ist der Übergang von einer kulturellen Phase in eine andere, und in der Geschichte des Christentums ist dies immer ein langsamer Prozeß gewesen. Professor Andrew Walls aus Aberdeen vertritt die Meinung, daß die christliche Geschichte bis auf den heutigen Tag und in der unmittelbaren Zukunft eine Folge von Phasen ist, wobei jede die Aufnahme des Christentums in ein größeres kulturelles Milieu verkörpert. Jede Phase zog eine Umwandlung des Christentums nach sich, während es selbst eine andere Kultur durchdrang und von ihr geprägt wurde. Jede Phase rückte neue Themen in den Vordergrund, die einem früheren Denksystem unvorstellbar gewesen wären.

Walls unterscheidet insgesamt sechs Phasen. Die erste, sehr kurze war ausschließlich jüdisch. Gerade rechtzeitig vor der Zerstörung des jüdischen Staates war das Christentum in die zweite, die hellenistisch-römische Phase eingetreten. Andernfalls hätte es nur als dahinschwindende Sekte in der Wüste jenseits des Jordans überlebt, wohin die Jerusalemer Kirche vor den anrückenden Legionen geflohen war. Der Einfluß des Hellenismus durchdrang alle Regionen, in die das Christentum sich jetzt ausbreitete, einschließlich Ägyptens, Äthiopiens und Armeniens. Was der Hellenismus dem Christentum vor allem gab, war die Idee der Orthodoxie – des richtigen Glaubens, formuliert in Lehrsätzen – sowie den Rahmen zivilisierten Lebens. Das Christentum übernahm dies und gab es nicht mehr auf. Schließlich zerfiel diese Kultur. Sie wurde zuerst von den Barbaren aus dem Norden und dann von den Arabern überrollt. Aber bevor das geschah, hatte das Christentum bereits damit begonnen, sich auf die Stammeskultur der Horden aus dem Norden einzustellen. Bei ihnen gab es eine gemeinsame Identität der gesonderten Sippen und Völker, und wo immer man das Christentum annahm, wurde es Teil des Brauchtums, das die Stammesgesellschaft verband. In der neuen Welt der Bauern und Krieger entwickelte das Christentum den Gedanken einer christlichen Nation. Das ganze Jahrtausend des Mittelalters kann als Kampf zwischen jenem Muster und dem noch lebendigen Ideal der hellenistischen Einheit mit den Zentren Rom und Byzanz verstanden werden.

Das Präsidium des Weltrates der Kirchen im Jahr 1985 (*von links nach rechts*): Dr. Marga Bührig (Schweiz), Patriarch Ignatios IV. (Libanon), Reverend Lois Wilson (Kanada), Reverend Walter Makhulu (Botswana), Dame Nita Barrow (USA), Bischof Johannes Hempel (DDR) und Metropolit Paulos Mar Gregorios (Indien). Lateinamerika war im Präsidium nicht vertreten, doch stellte es mit Dr. Emilio Castro den Generalsekretär.

Das 16. Jahrhundert erlebte den Triumph des (alles andere als christlichen) Nationalstaates: im katholischen Spanien, in Portugal und Frankreich ebenso wie in England und Nordeuropa. Zuvor hatte jedoch bereits die vierte kulturelle Phase eingesetzt. Bei ihr handelte es sich weniger um eine geographische als vielmehr um eine psychologische Bewegung. Die großen Seefahrer versetzten den europäischen Menschen in die Lage, im Geist Abstand von seinem kleinen Kontinent zu gewinnen und ihn aus einer anderen Perspektive zu sehen. Mit Kopernikus richtete sich der gleiche distanzierte Blick auf den eigenen Planeten. Descartes betrachtete das denkende Individuum gesondert als die erste philosophische Realität. Es war das Zeitalter des Individualismus und der kritischen Distanz, und das Christentum in seiner westlichen Form paßte sich daran an. Es begann ein spürbarer Rückzug vom christlichen Glauben und von der christlichen Praxis. Das alles hat sich bis in die Gegenwart fortgesetzt, gleichzeitig mit einer ganz anderen Entwicklung, die Walls als fünfte Phase identifiziert, nämlich die Ausdehnung der europäischen Hegemonie über den ganzen Erdball. In Nordamerika, Australien, Neuseeland und Teilen Lateinamerikas wurde daraus eine dauerhafte Besiedlung, und auch anderswo schienen die Anwesenheit der Großmächte und die kulturelle Durchdringung von Dauer zu sein. So fügte das Christentum des Westens seinem alten Erbe eine weltumfassende missionarische Vision seiner Aufgabe hinzu, von der keine frühere Generation zu träumen gewagt hätte.

Jenes missionarische Bewußtsein bleibt wie jede andere Einsicht, die das Christentum auf seiner Pilgerreise durch eine herrschende Kultur nach der anderen gewonnen hat, ein dauerhafter Besitz, trotz des Vergehens der Weltreiche, des anhaltenden Rückgangs des Christentums in Westeuropa und des häßlichen Gesichts des Neokolonialismus. Wenn in diesem Augenblick vor dem Anbruch eines neuen Jahrhunderts die Kirche in den Industriestaaten verwirrt ist und nicht weiß, was sie mit ihrem Erbe anfangen soll, so kommt das daher, daß sie das neue kulturelle Umfeld, in das sie sich bereits hineinbewegt, noch nicht deutlich vor Augen hat. Sollte Andrew Walls recht behalten, kann die Kirche jedoch aus dem Umstand Mut schöpfen, daß jedesmal, wenn die kulturelle Basis der christlichen Religion im Begriff war zu zerfallen, das Christentum durch seine Ausbreitung in ein neues Milieu gerettet worden ist. Und wenn das, was Walls die »unendliche Übersetzbarkeit« des Christentums genannt hat, die Hüter der Orthodoxie aufschreckt, können sie mit einem Hinweis auf seine Geschichte beruhigt werden. Denn sie zeigt, daß der Glaube, so ungeahnte Formen er auch in jeder neuen Phase entwickeln mochte, die beherrschenden Themen früherer Zeiten dem Neuen hinzufügte und diese damit nicht verlorengingen.

Die Kirche der Armen

Die Christen des nächsten Jahrhunderts werden also, im ganzen gesehen, jung sein, da zwei Drittel der Bevölkerung des »Südens« weniger als 25 Jahre zählen. Sie werden dynamisch sein, trotz der Apathie, die die Unterernährung begleitet, weil ihre Hoffnung stark ist. Ihre Organisation wird unbeständig und mannigfaltig sein, und sie werden arm sein. Alle Kirchen in den wohlhabenden Industrieländern werden ihre Denkgewohnheiten zurechtrücken müssen, und der Tatsache ins Auge sehen, daß sie Mitglieder der Kirche *der* Armen sind – nicht mehr der Kirche *für* die Armen.

Bisher wurde das Verständnis der europäischen und nordamerikanischen Kirchen von der Armut der Mitchristen in den südlichen Kontinenten hauptsächlich durch Rundfunk- und Fernsehberichte geprägt, das sich in Abständen mit Gesten der Freigebigkeit verband. Es war notgedrungen eine Beziehung des »wir« und »sie«. Aber da die Kommunikationstechnik den direkten persönlichen Kontakt um die ganze Welt weit mehr Menschen ermöglicht, da Unternehmen, selbst auf einer niedrigeren Ebene, übernational werden, da christliche Führer aus den wirtschaftlich benachteiligten Ländern häufig eine herausragende Rolle auf den internationalen Synoden und Versammlungen der Kirchen spielen, da die Verschwisterung von Diözesen und Kirchengemeinden des Nordens mit dem Süden persönlicher wird, da gegenseitige, partnerschaftliche Beratungen zunehmen und da das Problem der Armut auch in den reicheren Staaten eine immer größere Rolle zu spielen beginnt, wird Sympathie zwangsläufig der Solidarität Platz machen, und es wird für das christliche Selbstverständnis normal werden, alle in ein gemeinsames »wir« einzuschließen.

Leider darf man nicht auf den Idealfall hoffen, daß dieser Übergang einheitlich vor sich gehen wird. Die Denkgewohnheiten von Jahrhunderten werden nicht ohne Turbulenzen aufgegeben, und die Frage des politischen Aktivismus wird für eine Kirche der

Armen noch stärker spaltend wirken als sie es heute schon tut. Es scheint jedoch unausweichlich, daß dies eines der »Themen« sein wird, die im christlichen Bewußtsein in seiner nächsten Phase vorherrschen werden, um den Lehren und der Liturgie der Kirche, ihrem Lebensstil, den Beschäftigungen ihrer Geistlichen und ihrer Beziehung zum Staat eine neue Gestalt und einen anderen Schwerpunkt zu geben. In den reicheren Ländern wird der moralische Druck auf die Christen zunehmen, die eigene Verschwendungssucht und die ihrer Kirchen zu beschneiden, nicht um Reichtümer direkt zu teilen, sondern als Zeichen der Identifikation mit der großen Mehrheit ihrer Mitchristen und Mitmenschen. Die Verlagerung des Gewichts von der Sympathie zur Solidarität wird an der Tagesordnung künftiger Konzile, die das Leben der verschiedenen Kirchen lenken, abzulesen sein. Während des Zweiten Vatikanischen Konzils schreckte Kardinal Lercato die Versammlung mit seiner leidenschaftlichen Klage auf, kein einziger der konziliaren Texte spreche offen von einer Kirche der Armen. Ihre Solidarität in der Armut wird den Kirchen in allen Teilen der Welt mit immer größerer Intensität vor Augen geführt werden.

Um die Gefahr von Verallgemeinerungen zu vermeiden, ist es notwendig, einige der Hauptregionen der Welt gesondert zu betrachten und Hinweise auf die Richtung aufzugreifen, in der sich das Christentum dort voraussichtlich entwickeln wird.

Das Christentum in Lateinamerika

Vier Merkmale bestimmen das allgemeine Bild und werden mit großer Wahrscheinlichkeit die unmittelbare Zukunft des Christentums in Lateinamerika formen.

1. Sowohl zahlenmäßig als auch kulturell ist es nach 500 Jahren römischer Missionen und mit einem Anteil von 91,8 Prozent Gläubigen an der Gesamtbevölkerung im Jahr 1973 der katholischste der Kontinentalblöcke.
2. Obwohl protestantische Kirchen nur eine kleine Minderheit darstellen, ist ihre Wachstumsrate in den vergangenen 20 Jahren die höchste in der Welt gewesen, besonders bei den Pfingstkirchen. Heute beeinflußt die charismatische Bewegung in gewissem Grade alle Kirchen Lateinamerikas.
3. Die politisch-ökonomische Situation der Region ist wohl die unbeständigste von allen, da es die wichtigste »Interessensphäre« der USA ist, seine Zusammenballungen städtischer Armut die größten sind (man schätzt, daß bis zum Jahr 2000 die Bevölkerung von Mexiko Stadt und São Paulo zusammen die Großbritanniens übertreffen wird) und die Schuldenlast die schwerste ist.
4. Die *comunidades eclesiales de base* (CEB, Basisgemeinden), die im zwölften Kapitel beschrieben wurden, haben sich derart ausgebreitet und einen solchen Einfluß erreicht, daß sie heute zu Recht als ein lateinamerikanisches Phänomen betrachtet werden können. Sie sind nicht gleichmäßig über die Region verteilt, sondern konzentrieren sich in Brasilien, wo 1985 mehr als 100 000 Gemeinden bekannt waren, in Honduras, wo es 10 000 Laienführer von Gemeinden oder »Delegierte des Wortes« gibt, sowie in Nicaragua und Peru.

ETHNISCHE MINDERHEITEN SIND FÜR DIE WESTLICHEN KIRCHEN EINE BEREICHERUNG. Die katholische Gemeinde St Mary's in Bayswater *(oben)* wird durch die Vitalität ihrer afrokaribischen Mitglieder geprägt. Sie sorgen dafür, daß die Gemeinde den Kontakt zum Viertel nicht verliert. Kirchen, die von Immigrantengemeinden eingeführt wurden wie die New Testament Church in Bradford *(links)*, wo diese Taufe stattfindet, tragen zu der bunten Vielfalt des christlichen Spektrums in Großbritannien bei.

Dieses Beispiel kirchlichen Lebens hat seinen Ursprung jedoch nicht in Lateinamerika. Wenn man sich an die *ecclesiolae in ecclesia* der Mährischen Brüder des 18. Jahrhunderts und die Lagerversammlungen amerikanischer Negersklaven mit ihren höchst vieldeutigen *Spirituals* erinnert, ist es nicht immer richtig, eine zu scharfe Unterscheidung zwischen pietistisch und politisch orientierten Gruppen zu treffen. Wenn unterdrückte, entmutigte Menschen sich zu religiösem Trost und jenseitiger Hoffnung versammeln, schafft die Gemeinsamkeit ihrer Sorgen und das Aussprechen ihrer Gebete einen Raum in ihrem Leben, in dem es keine Rechtfertigung für ihre Hilflosigkeit gibt. Sie finden auf diese Weise persönliche Freiheit und eine gemeinsame Identität. Ihr Bibellesen, sei es noch so auf den Himmel ausgerichtet, bereichert ihr Selbstverständnis mit neuen Vorstellungen von Würde, Disziplin und Verantwortung. Dadurch werden Persönlichkeiten geformt, die dazu in der Lage sind, gegen Apathie und Alkoholismus, aber auch gegen andere Mißgeschicke anzukämpfen. Da die Gruppen hauptsächlich von Laienführern abhängen, nehmen Männer und Frauen gleichermaßen an den Versammlungen teil. Sie sind bereits für die Veränderung mobilisiert, bevor ihnen eine spezifisch politische Interpretation nahegelegt worden ist.

Es ist unmöglich, allgemeine Schlüsse zu ziehen, welche Richtung die CEB in der Zukunft einschlagen werden. Die Gemeinden unterscheiden sich von Land zu Land und von Region zu Region innerhalb der Länder. Protestantische Gemeinden haben meistens Hemmungen vor politischem Aktivismus, aber auch das trifft nicht überall zu. In Mittelamerika haben theologisch konservative protestantische Gruppen von Bauern und Indios im Kampf gemeinsame Sache mit katholischen Gemeinden gemacht. In Guatemala allein gibt es 200 protestantische oder ökumenische CEB. Das bemerkenswerteste Modell, das die Aufmerksamkeit von Christen überall in der Welt auf sich gezogen hat, verknüpft das Zelebrieren der Messe und die Bibelbetrachtung mit der Pflege des sozialen und politischen Bewußtseins. Der Situation entsprechend bedient es sich Einsichten aus der marxistischen Gesellschaftskritik auf nationaler und internationaler Ebene und ermuntert auch CEB-Mitglieder, in den jeweiligen Organisationen, die für die Menschenrechte streiten, aktiv zu werden. Es ist jedoch ein Fehler, daraus zu schließen, daß damit eine vorgefertigte Ideologie durch Priester oder Gruppenführer in die *comunidades* eingeschleust wird. Die Befreiungstheologie kann nicht richtig eingeschätzt werden, wenn sie nicht zunächst einmal als Versuch genommen wird, einem Glaubensverständnis, das tatsächlich aus der Erfahrung dieser einfachen Christen hervorgegangen ist, Gestalt zu verleihen. Die wichtigsten Theologen der Bewegung – Priester wie Gustavo Gutiérrez, Leonardo Boff, José Marins und Jon Sobrino oder die protestantischen Pfarrer Rubem Alves und Miguez Bonino – formten ihr Denken und schrieben mit Blick auf den Menschen in den CEB und mit offenen Ohren für ihre Äußerungen als Teil ihrer seelsorgerischen Tätigkeit. Erst als sie sich der Welt jenseits der Gemeinden zuwandten und ihre neuen Einsichten der breiteren Kirche mitteilten, bekam ihre Darstellung eine stärker doktrinäre Ausrichtung. Nun wurden »die Armen« idealisiert und entsprechend weniger real. Man brachte sie mit Verallgemeinerungen in Zusammenhang wie den der an den Rand gedrängten Rassen, der

KONTRAST UND ÜBEREINSTIMMUNG, diese verwirrenden Merkmale des Christentums werden in Zukunft noch stärker in Erscheinung treten. Hier die rituelle Konformität Japans (*rechts oben*), dort die unbeschwerte afrikanische Überschwenglichkeit (*rechts unten*) – beide begleiten eine Taufe, die Aufnahme »in den einen Leib«.

Angst und Hoffnung. »Dornenkrone« (1955) von Alfred Manessier. Nach einer Einkehr in La Trappe im Jahre 1943 wandte sich Manessier verstärkt religiösen Themen zu. Einige seiner bedeutendsten Arbeiten bilden Entwürfe für Glasfenster.

Kamerun und der Zentralafrikanischen Republik, die Muslime dagegen in Senegal, Mali, Niger und im Sudan. Stammesreligionen herrschen nur noch in Sierra Leone vor. Der Tschad hat erstaunliche 33 Prozent Christen, Nigeria 49 Prozent gegenüber 45 Prozent Muslimen. Diese Art von Nebeneinander ist in einer locker organisierten Gemeinschaft möglich. Die nationale Souveränität jedoch fordert in der Frage, wer den Staat regieren soll, den Konflikt heraus. In der Vergangenheit gab es islamische Träume, den Nil bis zu seiner Quelle zu beherrschen, und sie könnten von Zeit zu Zeit wiederbelebt werden.

Die Stärke des Einflusses, den afrikanische Christen auf die Gesellschaft und den Staat ausüben, wechselt von Land zu Land und fällt nicht mit ihrem zahlenmäßigen Anteil zusammen. In Ghana haben die Kirchen, wenn sie eine gemeinsame Front bilden, sich als das einzige Element in der Gesellschaft erwiesen, das in der Lage ist, in strittigen Fragen Lösungen anzubieten oder in einem politischen Konflikt zwischen den Parteien zu vermitteln. Eine ähnlich starke Stellung nimmt das Christentum in Nigeria ein – immer vorausgesetzt, daß es zu einem gemeinsamen Standpunkt findet. Solcher, in zahllosen Situationen unter Beweis gestellter Mut nimmt die Menschen, besonders die jungen unter ihnen, für die Kirche ein. In Simbabwe hatte die anglikanische Kirche aufgrund ihrer zwiespältigen Haltung gegenüber der Unabhängigkeitsbewegung Schwierigkeiten, die jungen Mitglieder zu halten, während die United Methodist Church, die sich aktiv gegen die Regierung Smith engagierte, ihre Jugend immer noch an sich bindet. In Malawi wird den Kirchen vorgehalten, sie hätten es versäumt, Widerstand gegen Banda zu leisten. In dieser Sache entscheidet jedoch wie in so vielen anderen Dingen in Afrika der Pragmatismus, und es ist riskant, daraus allgemeine Schlüsse zu ziehen. Ein sehr konservativer Pietismus bedeutet nicht automatisch, von sozialem Aktivismus Abstand zu nehmen, und die Bereitschaft, sich politisch zu engagieren, ist nicht unvereinbar mit offenkundiger Passivität unter den Bedingungen einer Tyrannei.

Der Impuls, dem Christentum einen originär afrikanischen Ausdruck zu geben, ist von der Furcht gehemmt worden, scheinbar dem Bild des Ausländers von einem rückständigen Volk zu entsprechen, doch allmählich gewinnt die Bewegung an Schwung. Eine frühere Generation afrikanischer Theologen schien bemüht zu sein, die christliche Orthodoxie ihrer traditionellen Vorstellungen zu beweisen, doch heute fragen sie, was diese Ideen zum Verständnis und zur Praxis eines Christen beitragen können. Das Christentum in Afrika wird im nächsten Jahrhundert die einheimische Kultur nicht nur im Gottesdienst und in der Organisation widerspiegeln, sondern auch im Hinblick auf Theologie und Disziplin. Es ist unwahrscheinlich, daß Rom noch sehr viel länger die Forderung seiner afrikanischen Bischöfe nach einem verheirateten Priesterstand zurückweisen kann. Andere Kirchen mögen feststellen, daß Polygamie als Möglichkeit unter gewissen Bedingungen zur nochmaligen Prüfung auf ihrer Agenda steht. Es wird Veränderungen des Brauchtums bei Beerdigungen und Gedenkgottesdiensten geben, die möglicherweise christlicher sind als jene, die sich in den Kirchen des Westens durchgesetzt haben. Heilen und Exorzismus werden eine herausragendere Rolle im Amt der Kirchen spielen, und eine Lehre der ungebrochenen Beziehung mit den Verstorbenen wird ihren Platz offener unter den christlichen Glaubensvorstellungen einnehmen. Im südlichen Afrika wird die »schwarze Theologie« sich stärker mit der »Befreiungstheologie« verflechten und das Denken des afrikanischen Christentums durchdringen. Die heranwachsende Generation

Riesige Kirchengemeinden und neue Kirchenbauten sind typisch für Äquatorial- und Südafrika, wie man am Beispiel dieses Karsamstags-Gottesdienstes in Bukavu in Zaire sehen kann. Das theologische und politische Potential dieser vitalen Religiosität ist bislang noch kaum erfaßt worden.

wird sich dieser Entwicklung gegenüber ambivalent verhalten. Sie wird die kulturelle Autonomie willkommen heißen, während sie die selbstherrliche Rolle von »häuptlingsgleichen« Bischöfen und Älteren ablehnt. Sie wird das Übernatürliche mit wissenschaftlicher Skepsis betrachten, andererseits aber der Versuchung nachgeben, zu Magie und Okkultismus zurückzukehren, wozu die verstädterten und entfremdeten Menschen besonders anfällig sind. Auf diese Weise werden die Jungen ein Ansporn sein, der die Kirche drängt, behutsam und verantwortungsvoll zu führen.

Den Kirchen des »Nordens« wird es schwerfallen, das Entstehen eines solchen afrikanischen Christentums mit Gleichmut zu betrachten, und die alten Bindeglieder des missionarischen Kontaktes, der konfessionellen Solidarität und selbst der Wirtschaftshilfe

Das Christentum Afrikas hat ebenso wie das Asiens und Lateinamerikas seine Märtyrer, deren von der Kirche weltweit gedacht wird. In Namugongo in Uganda gibt es römisch-katholische und anglikanische Schreine, die zum Gedenken an die während der Verfolgung von 1886 Hingerichteten errichtet wurden.

werden als Mittel der Kontrolle genutzt werden. Die Ära der Konformität ist jedoch vorbei, auch für die katholische Kirche. Die Absetzung des Erzbischofs Milingo von Lusaka 1982 muß eines der letzten Beispiele für diese Art von Fernsteuerung bleiben. Sie führte in der Vergangenheit zur Bildung der African Independent Churches, die heute im afrikanischen Christentum eine wichtige Rolle spielen. Vielen von ihnen ist allerdings keine lange Dauer beschieden, als sie Reaktionen auf einzelne charismatische Heiler oder Propheten sind. Andere, etwa die 2,5 Millionen Kimbanguisten in Zaire und Angola, sind durchstrukturierte, disziplinierte Kirchen. Organisationen dieser Art werden weiterbestehen, vielleicht mit einer ähnlich phänomenalen Wachstumsrate, und daran erinnern, daß die Bindungen einer konfessionellen Familie und die Struktur einer weltweiten Gemeinschaft nicht mehr von höchster Wichtigkeit sind, verglichen mit der verantwortungsbewußten Befolgung des Evangeliums in der Besonderheit eines bestimmten Ortes und einer bestimmten Zeit.

Christentum in Asien

Christen gibt es in Teilen Asiens schon seit langer Zeit – genaugenommen seit den Anfängen im Nahen Osten. Dennoch ist das Christentum dort die Religion einer kleinen Minderheit. Der Gegensatz zu Lateinamerika und Afrika ist auffallend. Die Zahl der asiatischen Christen ist dabei keineswegs gering: Sie machen 10 Prozent der Gesamtzahl in der Welt aus. Doch abgesehen von den Philippinen bringen sie es nur auf einen Durchschnitt von 3,5 Prozent der riesigen Bevölkerungen und gehen in der Kultur anderer beherrschender Religionen unter. Dies ist ihre Last und ihre eigenartige Stärke.

Die unmittelbare Zukunft des Christentums im Nahen Osten wird sehr stark von der weiteren Entwicklung des Islam abhängen. Die alten Kirchen können sich weiterhin auf ihren Status als *dhimmis*, als religiöse Minderheiten berufen, die toleriert werden, vorausgesetzt, sie anerkennen die islamische Identität des Staates – was die Maroniten im Libanon tragischerweise nicht tun. Die jüngeren kleinen Konfessionen westlicher Herkunft werden dagegen viel stärker gefährdet sein, wenn der muslimische Fundamentalismus militanter werden sollte. Die Mitglieder aller Kirchen außerhalb des Iran sind vorwiegend Araber, also wird zunehmend zur Debatte stehen, ob »Arabismus« verlangt, Muslim zu sein. Alle Christen werden einen gewissen Grad psychischer Unsicherheit erleiden, was dem Einfluß, den sie auf das Denken oder das Wohlergehen ihrer Gesellschaft haben könnten, hinderlich ist.

Das Bewußtsein, einer Minderheit anzugehören, wirkt auf die Kirche in den meisten anderen Teilen Asiens als Last, die sie daran hindert, die Herausforderung ihrer spezifisch eigenen Möglichkeiten aufzugreifen. Nicht ihre kleine Zahl oder ein geringes gesellschaftliches Ansehen hemmt die asiatischen Christen, wie die Kühnheit der pakistanischen Straßenkehrer beweist, die sich in Riad, wohin sie von der saudischen Regierung als Arbeitskräfte geholt worden waren, zu einer kleinen Kirche zusammenschlossen. Es ist die Verknüpfung ihres Glaubens mit den dunklen Seiten der Geschichte christlicher Nationen, wodurch sie sich ihrer eigenen Kultur entfremdet fühlen. Es gab eine Zeit, als ihre Verbindung mit dem Westen die Christen Asiens in die Lage versetzte, in der Erziehung, in der Schaffung einer neuen Rechtstradition und im Dienst an den Bedürftigen Vorbild zu sein. Heute sind es oft die Anhänger anderer Religionen, die diese Führungsposition einnehmen. Die ausländischen Mittel, die die christlichen Institutionen unterhalten, dienen dazu, nicht nur aufgeblähte Verwaltungsstrukturen der Kirche zu festigen, sondern auch entfremdetes und nach innen gekehrtes Gemeindeleben zu verewigen.

Die meisten asiatischen Kirchen können und werden ihre Bindungen an den Westen bis auf den gemeinsamen Glauben lockern. Dabei wird das Vertrauen in die eigene Identität zunehmen. Es wird eine beherztere Inkulturation geben, wenn westliche Formen des Gottesdienstes, Gebetes und Brauchtums fallengelassen werden und eine stärker asiatische Theologie gepredigt und geschrieben wird. Die Organisation der Kirche wird der anderer asiatischer Religionen stärker ähneln: sie wird weniger einheitlich strukturiert

Mutter Teresa muß trotz ihrer albanischen Herkunft zu den Heiligen Indiens gezählt werden, nicht nur weil ihr Name untrennbar mit Kalkutta verbunden ist, sondern auch weil sie Hunderte von jungen indischen Frauen motiviert hat, sich ihrem Orden als Dienerinnen der Notleidenden und Ausgestoßenen anzuschließen. Sie ist ein Zeichen der Zukunft.

sein und viele örtliche Varianten gestatten. Basisgemeinden werden wahrscheinlich parochiale Einheiten ersetzen, entsprechend dem Prozeß, der nach Ansicht mancher Soziologen in den Kirchen im Westen bereits eingesetzt hat, und Offenheit zwischen verschiedenen Traditionen und ihren geistlichen Ämtern wird die früheren, mühsam ausgehandelten Systeme der Kircheneinheit verdrängen. Es gibt auch in vielen asiatischen Kirchen Anzeichen dafür, daß die jüngere Generation eine stärker ideologisch bestimmte Einstellung zu den Strukturen der Gesellschaft an Stelle der alten individuellen Formen sozialer Verbesserung suchen wird. Indem das Christentum auf diese Weise zu einer asiatischen Religion wird, könnte es ihm gelingen, mit neuem Selbstvertrauen den Dialog zwischen den Religionen zu fördern.

IN JAPAN IST DAS CHRISTENTUM DER GLAUBE EINER MINDERHEIT – nur 1,5 Prozent der Bevölkerung sind Christen. Dennoch übt es einen intellektuellen Einfluß aus, der weit über seine zahlenmäßige Stärke hinausgeht. Die katholische Gemeinde St. Ignatius im Herzen Tokios ist personell international besetzt, sie betreut ausländische Diplomaten ebenso wie Japaner.

Der religiöse Pluralismus wird mit Sicherheit ein wesentliches Merkmal des nächsten Jahrhunderts sein, und es wird sich zwangsläufig eine neue Qualität der Beziehung zwischen den großen Religionen entwickeln. Statt sich als Rivalen zu sehen, wird ihnen wahrscheinlich der Anstieg von Irreligiosität und spiritueller Gleichgültigkeit bewußter werden, und sie werden sich als Mitzeugen der Realität Gottes sehen. Dies könnte der Beginn einer Periode des gemeinsamen Zeugnisses sein. Jeder wird dabei seine Überzeugung einbringen und versuchen, die wahre Bedeutung dessen, was der andere sagt, zu begreifen. Der christliche Beitrag besteht im Zeugnis für den christusgleichen Gott. Gegenwärtig scheint in Europa der Dialog zwischen den Religionen zu blühen. Ist das so, weil die Kirche sich hier des Niedergangs des Glaubens bewußt geworden ist oder weil sie durch ihr Wissen ermutigt wird, daß sich das Christentum in einer langen Aufschwungphase befindet? Sie sollte gewiß nicht davon ablassen. Aber letztendlich kann ein Zeugnis für den christusgleichen Gott vielleicht dort am erfolgreichsten abgelegt werden, wo die anderen Religionen stark sind.

Das Christentum in China

Die potentiell bedeutsamste Tatsache für die Zukunft des Christentums könnte sein gegenwärtiges phänomenales Wachstum in China sein. Die erzwungene Trennung der Kirchen von ihren ausländischen Wurzeln und das mit allen geteilte Leid während der Kulturrevolution haben dem Christentum in seiner ganzen Mannigfaltigkeit zum erstenmal als einer chinesischen Religion, als Teil des Staates und seiner Geschichte, Geltung verschafft. Im Jahr 1992 betrug die Zahl der Christen, die mit dem (protestantischen) Christlichen Rat Chinas verbunden sind, nach zuverlässigen Schätzungen zwischen fünf und sechs Millionen. Allein in der Provinz Schekiang gab es eine Million Kirchenmitglieder mit nahezu 2000 Kirchen und 3500 anderen Treffpunkten, hauptsächlich in Privathäusern. Die Katholiken verteilen sich, obwohl weniger zahlreich, aufgrund ihrer strafferen Organisation gleichmäßiger über ganz China, und auch sie wurden von dieser plötzlichen Zunahme überrascht. In Schanghai mit seinen 13 Millionen Einwohnern machen sie über ein Prozent der Bevölkerung aus. Die Kirchenmitglieder sind bei Katholiken wie Protestanten vorwiegend Bauern, die in den christlichen Gruppen einen Bereich der Selbstbestimmung und eine persönliche Moral gefunden haben. Viele Gemeinden sind Hauskirchen. Die einzige wirkliche Autorität ist die örtliche Führung, die ebenso häufig von einer Frau wie von einem Mann ausgeübt wird. Dies ist sogar in den katholischen Gruppen der Fall, wenn kein Priester vorhanden ist.

Der Katholizismus verfügt über die tieferen historischen Wurzeln in China, aber er bewahrte ein strenges tridentinisches Ethos und eine separatistische, antikommunistische Haltung. Allerdings hat er in jüngster Zeit begonnen, die Einsichten des Zweiten Vatikanischen Konzils zu übernehmen. Da er als fünfte Kolonne betrachtet wurde, hatten seine Anhänger in den 50er und 60er Jahren sehr zu leiden. Sie wurden gezwungen, ihre Zugehörigkeit zu Rom aufzugeben, Bischöfe ohne päpstliche Zustimmung zu ernennen und sich der offiziell anerkannten katholischen Patriotischen Vereinigung anzuschließen. Bischöfe, die sich widersetzten, wurden verhaftet. Das bedeutet nicht, daß nur die »Un-

wie Wu Yzozong (Y.T. Wu), dem politisch radikalen und theologisch gemäßigt konservativen eigentlichen Urheber der Drei-Selbst-Bewegung, war eine stabilere theologische Grundlage geschaffen worden. Die Tradition des sozialen Bewußtseins lebt in der Freundschaftsstiftung fort, einer von chinesischen Christen initiierten und geleiteten freiwilligen Hilfsorganisation zur Förderung der Gesundheitserziehung und Wohlfahrt unter den bedürftigsten Menschen in China. Ihre Bedeutung liegt darin, daß sie sich um die drückende Armut jener Millionen sorgt, die vom gegenwärtigen Wohlstandsboom ausgeschlossen bleiben.

Heute sind alle christlichen Gruppen nichtrömischen Ursprungs durch den Christlichen Rat Chinas auf örtlicher, provinzieller und nationaler Ebene verbunden. Die Gemeinden bleiben der eigenen kirchlichen Tradition treu und zahlen ihren Pfarrern ein geringes Gehalt. Die Struktur des Christlichen Rates bietet für ehrenamtliche Helfer Kurse als Führer der Gemeinden an und organisiert die Ordination und Stellenzuweisung der Pfarrer. Bischof Ding Guanxun (K.H. Ting) rechnet damit, daß sich ein presbyterianischer Stil mit pastoralen Älteren entwickelt, die für Gruppen von Gemeinden wirken und eine gemeinsame Autorität ausüben, während »Guru«-Bischöfe die spirituelle Führung, nicht aber die administrative innehaben. Es besteht wenig Verlangen, konfessionelle Strukturen wiederherzustellen, da der Rat sich zu einem erfolgreichen Bund entwickelt hat, der 1991 dem Weltkirchenrat als Mitgliedskirche beigetreten ist.

Es gibt nur wenige Anzeichen für einen Dialog zwischen Katholiken und Protestanten, doch jede Gruppe braucht die Kräfte der anderen, und beide haben dieselben Gefahren und dieselben Möglichkeiten vor Augen. Seit 1989 ist die offizielle Politik gegenüber den Kirchen erneut feindselig und restriktiv; die Registrierung der Gottesdienstzentren wird mit größerer Strenge kontrolliert, und an vielen Orten sind die Hausversammlungen geschlossen worden. Doch das alles hat den Anschein eines letzten Aufbäumens der Ultrakonservativen, während die Reformer nur auf den richtigen Augenblick zu warten scheinen. 1986 schrieb Zhao Fusan, der einen wichtigen Posten in der chinesischen Regierung bekleidete, einen bemerkenswerten Artikel, der sich für die Neubewertung der Religion nach marxistischen Prinzipien aussprach. Er sagte: »Die positiven Aspekte der Religion im Hinblick auf ihre Rolle in der Geschichte außer acht zu lassen scheint schwerlich mit dem marxistischen historischen Materialismus vereinbar.« Diese Aussage ist typisch für das Überdenken, das ungeachtet der reaktionären Grundstimmung hier und dort in der gegenwärtigen Führungsgeneration stattfindet. Bischof Ding sagte im Sommer 1992, das intellektuelle Klima in China sei im Unterschied zum politischen günstiger denn je in den vergangenen 40 Jahren. Die Reformer streben, ähnlich wie Gorbatschow in Rußland, eine Liberalisierung der Wirtschaft und eine Humanisierung der sozialen Kontrolle an, ohne allerdings einen Wandel der politischen Ideologie ins Auge zu fassen. Sie gehen davon aus, daß in einem Land etwa von der Größe der Vereinigten Staaten, aber mit einer viermal so großen Bevölkerung eine vollständige Liberalisierung des Wirtschaftssystems zu sozialem Chaos führen würde. Zu berücksichtigen ist hierbei auch, daß die Chinesen im Unterschied zur Sowjetunion auf eine beispiellos lange Geschichte einer zentralisierten nationalen Einheit zurückblicken, wenn man einmal von Tibet und der Inneren Mongolei absieht. Ohne die Freiheit oder die Freizügigkeit der Demokratie westlichen Zuschnitts haben sie sich an eine weitgehend selbständige lokale Unterneh-

Die Zukunft der russischen orthodoxen Kirche hängt nicht nur davon ab, ob die Perestrojka in das 21. Jahrhundert hinein Bestand hat, sondern auch davon, ob die Kirche sich in diesem Fall weiterhin für alternative Werte ausspricht oder ob sie sich unkritisch in der hergebrachten Ordnung einrichtet. Die zwei Metropoliten, bei der Pressekonferenz von Beamten des Staates und des Patriarchats flankiert, stehen für den Triumph des Überlebens unter repressiven Bedingungen.

mensführung sowie an ausländische Investitionen angepaßt, so daß die wirtschaftliche Wachstumsrate Chinas zur Zeit mehr als doppelt so hoch ist wie die Europas und der Vereinigten Staaten. Ironischerweise ist der Fortbestand des Systems weniger von den Mängeln des Marxismus als von einer möglichen Überhitzung der Wirtschaft und der wachsenden Kluft zwischen reichen und armen Provinzen bedroht.

Für die zukünftige Entwicklung der Kirche in China zeichnen sich drei Möglichkeiten ab. Wenn missionierende Sekten, besonders solche von Chinesen in anderen Ländern, versuchen, die größere Offenheit des Regimes allzu aggressiv auszunutzen, könnten sie Chinas uralte Fremdenfeindlichkeit provozieren und damit eine umfassende Ablehnung des Christentums als fremde Religion heraufbeschwören. Die Chancen stehen gut, daß dies nicht eintreten wird. Eine zweite Möglichkeit besteht darin, daß die vorherrschende Frömmigkeit der Christen in China sie in den Augen der Bürokratie akzeptabel macht, so daß man ihre Zunahme tolerieren, wenn nicht gar begrüßen wird. Kurzfristig ist dies das wahrscheinlichste Szenario, doch würde es bedeuten, daß das Christentum wenig Einfluß auf den Gang der Dinge hat. Wenn die chinesischen Christen jedoch langfristig auf einer allgemeineren Basis das soziale Anliegen als Element des Evangeliums aufgreifen, könnten sie zu Vertretern nicht einer ausländischen, sondern einer alternativen Ideologie werden, die den Trend zu einem ungezügelten Kapitalismus in Frage stellt und Überlegungen zu einem wahrhaft »dritten Weg« auslöst.

Das Christentum in der ehemaligen Sowjetunion und in Osteuropa

Die bloße Größe des Sowjetimperiums, die Bodenschätze, die Militärmaschinerie und das Kernwaffenarsenal wie auch die technischen Leistungen der Wissenschaftler haben den Rest der Welt blind gemacht für die fragwürdigen Infrastrukturen und die ausgehöhlte und kraftlose Ideologie. Viele in der politischen Führung Rußlands sahen sich zum Umdenken gezwungen, das Zeugnis christlicher Dissidenten hatte seine Spuren hinterlassen, und der Dialog zwischen Kirchenleuten und Marxisten kam sowohl auf intellektueller Ebene als auch auf der Straße in Gang. Patriotismus wurde höher bewertet als die Ideologie, und die orthodoxe Kirche ist immer besonders patriotisch gewesen. Religion als eine Macht gewann ebenso an Boden wie die Idee der Liberalisierung. Gorbatschow machte sich daran, den Marxismus-Leninismus zu reformieren, doch da dieser in Rußland nicht mehr reformierbar war, löste er den Zusammenbruch der sowjetischen Einheit aus.

Es ist eine traurige Tatsache der Geschichte, daß die Opfer der Unterdrückung auf ihre plötzliche Befreiung fast immer mit einem gierigen Gerangel um Privilegien und einer Aufsplitterung in rivalisierende Grüppchen reagiert haben. Die Christen in Rußland, und ebenso außerhalb Rußlands, bilden in dieser Hinsicht nach dem Zusammenbruch des Kommunismus keine Ausnahme. Die römisch-katholische Kirche scheint sich den Triumphalismus des Westens zu eigen gemacht zu haben, indem sie neue missionarische Diözesen in bislang rein orthodoxen Gegenden Rußlands errichtet. Unierte und orthodoxe Bischöfe in der Ukraine sind zutiefst zerstritten. Orthodoxe, die aus dem Exil zurückkehren, erkennen das Moskauer Patriarchat nicht an. Die Kirchen in Armenien, Georgien und den baltischen Staaten schienen sich als geistiger Arm des örtlichen Nationalismus konstituiert zu haben. Es fehlt auch nicht an fundamentalistischen und esoterischen Sekten, die ebenso wie die übrige freie Welt ihre Ware verkaufen. Generell wird die Wiederherstellung religiöser Freiheit rückwärtsgewandt gesehen. Die Säkularisierungsbestrebungen jener, für die der traditionelle slawische Traum vom heiligen Rußland nicht überzeugend genug ist, haben keine Chance. Es gibt eine Minderheit vor allem intellektueller Christen, Orthodoxer und Baptisten, die sich sehnsüchtig eines heroischen Glaubens erinnern und über den allgemeinen reaktionären Trend traurig sind. Überraschenderweise hat der christliche Untergrund früherer Jahre jedoch nicht die Propheten und Streiter hervorgebracht, die sich dem Chaos kreativ zuwenden könnten. Vielleicht sind sie im Augenblick zu verwirrt durch ihre Entdeckung des geistigen Konkurses der einzigen bisher angebotenen Alternative zum Kommunismus.

Die gleiche Verwirrung sucht die Kirchen in allen jüngst befreiten Staaten Osteuropas heim, obgleich sie sich aufgrund ihrer früheren Geschichte voneinander unterscheiden. Rumänien ist immer ein feudaler Lehnsstaat unter autokratischer Herrschaft gewesen, wo man von der Religion erwartete, daß sie die Maßnahmen der Regierung unterstützt. Unter Ceauşescus Tyrannei saßen orthodoxe Bischöfe in einem machtlosen Parlament; nach seiner Ermordung trat der Patriarch zurück, nur um erneut aufzutreten. Es hat keine Bekenntnisse der Komplizenschaft gegeben, keine Reinigung von Kollaborateuren wie in Bulgarien, Ungarn und Ostdeutschland.

In Ungarn, wo zwei Drittel der Kirchenmitglieder Katholiken und ein Drittel Protestanten sind, waren die Kirchen an ein System staatlicher Finanzierung und Überwachung gewöhnt, so daß der Marxismus keine wesentliche Veränderung brachte. Die Haltung der Gesellschaft blieb weiter eher weltlich als atheistisch und im allgemeinen liberaler als der Geist der Kirchen. Christliche Basisgemeinden, die jenen Kirchen kritisch gegenüberstanden, waren während der kommunistischen Zeit sehr aktiv. Deshalb ist es nicht überraschend, daß nach dem Sturz des Regierungssystems fast alle Kirchenführer abgesetzt wurden. Dieser Geist des unabhängigen Urteils besteht unter ungarischen Christen fort.

Die Tschechoslowakei war vor der kommunistischen Machtergreifung das weltlichste Land in Europa. Hier haben die Kirchen als Reaktion des Volkes auf die staatliche Kontrolle sogar an Einfluß gewonnen. Heute ist die Empörung groß, daß katholische Priester, die im Widerstand im Untergrund aktiv waren, nicht anerkannt werden können, weil sie während jener Zeit geheiratet haben.

Die ostdeutschen Christen, größtenteils Lutheraner, waren stark von der »Bekennenden Kirche« geprägt, so daß sie wußten, wie man in kritischer Solidarität mit dem Kommunismus lebt. Die meisten von ihnen hegten nicht den Wunsch, zum Kapitalismus zurückzukehren; sie bildeten keine politische Opposition, aber sie handelten auch nicht im geheimen Einverständnis mit dem System. Sie boten denjenigen eine Heimat, die den Willen zur Opposition hatten, und als die Revolution ausbrach, trugen sie viel dazu bei, daß sie unblutig verlief.

Am 1. Dezember 1989 trifft Präsident Gorbatschow den Papst im Vatikan. Mit dem Zerfall der kommunistischen Regime endet ein halbes Jahrhundert der Verfolgung des Christentums von der Elbe bis zum Pazifischen Ozean.

Der Traum des Papstes von einem christlichen Polen, das Europa den Weg weist, scheint ironischerweise gerade durch die Befreiung, die er herbeisehnte, zerstört worden zu sein. Unter der marxistischen Herrschaft ließ die Hingabe des Volkes zum Katholizismus niemals nach. Die Partei brauchte die Kooperation jener Kirche, und die Kirche nutzte diesen Vorteil, um traditionelle Werte zu erhalten, indem sie den aktiven Widerstand anderen Gruppen überließ, etwa den Gewerkschaften. Doch heute hat Polen sein Herz der Säkularisierung genauso wie der Marktwirtschaft geöffnet und ist wegen der Entmündigung durch die Kirche in Fragen wie zum Beispiel der Abtreibung unruhig geworden. Wenn Polen der Europäischen Gemeinschaft beitritt, wird es sich kaum von den übrigen Ländern unterscheiden.

Die Völker, die sich von der marxistischen Herrschaft befreit haben, ähneln den westeuropäischen in ihrer Rückwendung zu der typisch europäischen Fixierung auf den Nationalstaat mit seiner gefährlichen unterschwelligen Begleiterscheinung der ethnischen Identität. Die Eile, mit der Deutschland 1992 die Unabhängigkeit Kroatiens anerkannte, sowie die schnelle, aber glücklicherweise friedliche Teilung der Tschechoslowakei sind ebenso symptomatisch für diese tiefsitzende Vorliebe wie Großbritanniens Widerwille gegen ein föderiertes Europa. Der blutigere Aspekt wird derzeit auf dem Balkan demonstriert, und er kann nur zu leicht in Aserbaidschan, Armenien und anderen Republiken der ehemaligen Sowjetunion in Erscheinung treten. Das europäische Christentum hat seit dem Untergang des Römischen Reiches wenig in seiner Geschichte erlebt, das es gerüstet hätte, diesem atavistischen Nationalismus Widerstand zu leisten oder auch nur anzuerkennen, daß es andere Formen politischer Organisation neben dem Nationalstaat gibt. So sind die Christen in der gegenwärtigen Ungewißheit Osteuropas gespalten zwischen einer Mehrheit, die ihre Kirche unauflöslich mit ihrer Nation verbündet sieht, und einer Minderheit, die zutiefst unglücklich über diese Gleichsetzung ist.

Westeuropa und Nordamerika

Keine Gesellschaft ist stärker von christlichem Einfluß durchdrungen als die westeuropäische. Dennoch verzeichnete gerade Westeuropa den kräftigsten Anstieg der Zahl jener Menschen auf der Welt, die ohne Religion sind – und nicht etwa Länder mit einem antireligiösen despotischen Regierungssystem. Die Dynamik der Verweltlichung ist ausgiebig analysiert worden; bei einem Blick in die Zukunft sollte man beachten, daß zwei deutlich unterschiedene, wenn auch verwandte Prozesse zu diesem Resultat geführt haben: Das Christentum als intellektueller Rahmen wurde von der Aufklärung verdrängt; als Volksreligion wurde es durch die Industrialisierung zerrüttet. Während das Jahrhundert sich seinem Ende nähert, unterliegen die Voraussetzungen der Aufklärung einem einschneidenden Wandel, und die postindustrielle Ära verursacht neue Veränderungen in der Gesellschaftsstruktur. Werden die Kirchen, die sich zu langsam mit den beiden früheren Umwälzungen abgefunden haben, erfolgreicher auf die neuen reagieren?

Ihre Reaktion auf den plötzlichen Wandel in der UdSSR und in Osteuropa läßt nicht gerade auf eine positive Antwort auf diese Frage hoffen. Das bereits erwähnte schnelle Eindringen des Katholizismus nach Rußland, der Zustrom missionierender Sekten, die gedankenlose Übernahme eines Neonationalismus und die allgemeine Überzeugung, das westliche Christentum habe alles zu geben und nichts zu lernen – das alles scheint kaum mehr als ein Echo des Triumphgesangs der Marktwirtschaft zu sein. Doch das westliche Christentum muß zu einem offeneren und kritisch unabhängigeren Geist finden, wenn es jemals ein vereintes demokratisches Europa stützen und mitgestalten sollte, wovon manche immer noch träumen. Denn wie T.S. Eliot ständig bekräftigte und Pioniere der Europäischen Gemeinschaft wie Jean Monnet und Robert Schuman erkannten, erwächst der soziale und politische Zusammenhalt einzig aus kulturellen und geistigen Wurzeln. Die Wurzeln der europäischen Identität vom Ural bis zur Algarve existieren schon seit langem. Es sind christliche Wurzeln, die in den Boden des alten Israel, Griechenlands und Roms zurückreichen. Die Völker, die sich gerade vom Absolutismus befreit haben, und die Kirchen, die jahrzehntelang in einer dialektischen Beziehung zu einer feindseligen Ideologie standen, sind sich der regenerierenden Kraft jener Wurzeln deutlicher bewußt als diejenigen, die nur mit wohlwollender Gleichgültigkeit konfrontiert waren. Die Osteuropäer haben gerade den revolutionären Charakter des christlichen Glaubens kennengelernt, und falls sie nicht vom oberflächlichen Erfolg der westlichen Volkswirtschaften geblendet sind, könnten ihre Einsichten zur Wiederentdeckung des geistigen und kulturellen Erbes Europas und zur Suche nach einem »dritten Weg«, der das Wirtschaftssystem vor den Unmenschlichkeiten des Ostens wie des Westens bewahrt, beitragen. Ohne diesen prophetischen Protest in seiner Mitte könnte ein vereintes Europa, das sich wieder einmal als gleichbedeutend mit der Christenheit empfinden würde, der weltweiten christlichen Bewegung nur schaden. Denn Kirchen, die sich vorwiegend mit der Bewahrung ihrer Besitzstände beschäftigen, werden die Stärke oder die Bedürfnisse der Christen anderswo kaum zur Kenntnis nehmen und könnten sich allzu leicht mit den Überlebenden jenes »reichen Rettungsbootes auf einem Meer der Armut« identifizieren.

Seit langem schon bemühen sich die Kirchen in Westeuropa, den Niedergang aufzuhalten. Und es besteht Hoffnung. Denn es gibt nicht nur den rückläufigen Kirchenbesuch, weniger Heiraten, einen chronischen Mangel an Geistlichen und religiös unwissende Kinder. Die Einschaltquoten der besten religiösen Fernsehsendungen zählen zu den höchsten; Kirchenführer erscheinen ständig in den Nachrichten; mehr Menschen als je zuvor besuchen die Kathedralen und nehmen an Gottesdiensten teil. Der christliche Einsatz im Zusammenhang mit den Rechten der ausländischen Arbeitnehmer und politischen Flüchtlinge ist durchaus einflußreich. In Großbritannien wird das gesellschaftliche Klima viel stärker vom Christentum beeinflußt, als es die zahlenmäßige Stärke der Kirche vermuten ließe. Sorgfältige Erhebungen haben erbracht, daß nahezu die Hälfte der erwachsenen Bevölkerung sich irgendeiner intensiven religiösen Erfahrung erinnert, die wichtig für sie bleibt, wenn auch nur eine Minderheit einen Zusammenhang zwischen dieser Erfahrung und den institutionellen Formen des Christentums erkennen kann. Aller Wahrscheinlichkeit nach werden die Kirchenmitgliedschaften überall kleiner, dafür aber engagierter werden. Das dichte Netz der Kirchengemeinden wird vielleicht zerreißen, doch gibt es andere Möglichkeiten, die Gemeinden einer Region zu koordinieren. Hausgruppen zum Beten, zum Studium und zur örtlichen Aktion werden eine wichtige Rolle in der christlichen Geistigkeit und ökumenischen Erfahrung spielen. Die entscheidende Frage wird dabei sein, ob eine solche Kirche sich nach innen wendet und sektiererisch wird oder ob sie sich als Basis der kritischen und evangelischen Teilnahme am Leben der Gesellschaft versteht.

Wenn das Christentum in Westeuropa an den Rand gedrängt wurde, so ist es in den Vereinigten Staaten privatisiert worden, und das eine ist in seinen geistigen Auswirkungen so schädlich wie das andere. Die äußeren Erscheinungen sind jedoch sehr unterschiedlich. Die Nordamerikaner fühlen sich immer noch als Erben der Gründerväter, Männer und Frauen verschiedener Denominationen und Nationalitäten, die irgendwann während der vergangenen vier Jahrhunderte Europa den Rücken kehrten, um der zentralisierten Uniformität zu entkommen. Viele römisch-katholische Priester, Ordensleute und Laien fürchten, daß Rom ihre Diözesen in ein Schisma treiben könnte, wenn es sich weiterhin weigert, dieses Erbe zu würdigen, und auf seiner Einflußnahme beharrt. Die vorherrschende Tradition der individuellen Freiheit fördert in allen Denominationen eine starke Bindung an eine bestimmte Gemeinde als Zeichen persönlicher Identität. Dadurch bleibt der Kirchgang ein lebendiges Merkmal der amerikanischen Lebensweise, und das Christentum wird allgemein als wesentliches Element der menschlichen Erfüllung geschätzt. Der Einfluß der Kirchen und Synagogen auf die lokale und nationale Politik ist enorm. Dies wurde normalerweise nicht durch direkten Aktivismus bewirkt, sondern durch das Gewicht der gläubigen Stimme in der Wahlurne und die Rücksicht, die Politiker darauf nehmen mußten. Die Demonstrationen und Verlautbarungen der Kirchen in den vergangenen 30 Jahren im Hinblick auf Bürgerrechte oder Außenpolitik werden immer noch in gewisser Weise als unamerikanisch betrachtet, sie sind jedoch notwendiger und unumgänglicher geworden, seit die USA zur konkurrenzlosen ersten Macht in der Welt und in den Vereinten Nationen aufgestiegen sind.

Heute scheint sich allerdings das Engagement der verschiedenen christlichen Gruppen gegenseitig aufzuheben. Auf der einen Seite verurteilen katholische Bischöfe die Nuklearstrategie der USA, wirtschaftliche Ungerechtigkeit und die Destabilisierung linksgerichteter Regierungen in Lateinamerika, während auf der anderen Seite fundamentalistische Kirchen eine Erhöhung des Verteidigungsetats empfehlen, Armut als Ergebnis moralischer Schwäche ansehen und Beweise für eine Verschwörung der Linken zusammentragen. Die Kluft zwischen liberal und konservativ scheint sich in allen Denominationen zu verschärfen, außer in den größeren schwarzen Kirchen, wo biblischer Konservatismus und sozialer Radikalismus Hand in Hand gehen. Der Stil der kirchlichen Organisation wird durch diesen Gegensatz immer stärker geprägt. Aggressive Prediger mit riesigem Publikum oder aber die »elektronische Kirche« üben über ihre Anhänger eine Art autoritärer Kontrolle aus, während gleichzeitig eine ungeordnete Fülle von Basisgemeinden und anderen gemeinschaftlichen Experimenten, die sich unbekümmert über institutionelle Strukturen oder dogmatische Vorschriften hinwegsetzen, zu einer wichtigen Kraft innerhalb der großen Kirchen werden.

Am Scheideweg

Dieser Gegensatz wird die Geschichte des Christentums für das nächste halbe Jahrhundert oder länger beherrschen. Der knappe Überblick dieses Kapitels hat gezeigt, daß dort, wo das Christentum sich am schnellsten ausbreitet, es durch eine Vervielfachung kleiner, örtlich geführter Gemeinden gekennzeichnet ist, so in Lateinamerika, auf den Philippinen und in China, durch eine Schwächung der zentralen Kontrolle, zum Beispiel in vielen Teilen Afrikas, und durch eine Bevorzugung lockerer Vereinigungen von Kirchen, etwa in China und Zaire, und nicht so sehr durch interkonfessionelle Projekte einer Kirchenunion. Das Gesamtbild läßt Vitalität erkennen, die Hand in Hand mit Vielfältigkeit geht. Gleichzeitig gibt es Kräfte, die auf eine klarere Definition und festere Kontrolle in den Bereichen der Organisation, der Lehre, der Moral und der Beziehungen zwischen den Kirchen und zwischen Religionen hinarbeiten.

Gegenwärtig wird diese Polarisierung für viele Christen im Westen am deutlichsten in den theologischen und ekklesiologischen Kontroversen zwischen sogenannten Radikalen und Konservativen spürbar. Es scheinen sich darauf insgesamt drei Reaktionen abzuzeichnen. Zum einen gibt es einen Radikalismus, der seine Argumente hauptsächlich aus der stark vereinfachenden Wissenschaft des 19. Jahrhunderts schöpft, aber in Wirklichkeit von einer viel älteren Neigung des religiösen Denkens zu totaler Introvertiertheit bewegt wird. Diese »Verfeinerung«, wie die Befürworter sie verstehen, hat in den letzten Jahrzehnten die Form eines extremen Skeptizismus hinsichtlich der Faßlichkeit der Vergangenheit, des Inhalts der religiösen Sprache oder der Aktualität einer »Jenseitigkeit« in der ästhetischen oder mystischen Erfahrung angenommen. Alles ist Mythos oder Symbol und verrät nichts anderes als unsere persönlichen Werte. Es ist in etwas anderer Form auf einer bestimmten Ebene schon früher in den Religionen Südasiens vorgekommen, daß Ereignisse, die offenbarende Bedeutung in einer fernen Vergangenheit hatten, erst legendär wurden, dann mythisch und schließlich als Metaphern des Innenlebens interpretiert wurden. Manchen erscheint dieser Prozeß als ein langsames Absinken der geistigen Energien bis hin zu einem Endzustand der Entropie. Andere glauben, daß dadurch das, was verloren scheint, in vitalerer Form zurückgegeben wird. Wahrscheinlich ist, daß im nächsten Jahrhundert der Glaube der extremen Radikalen, vor allem in Europa und Nordamerika, viel mehr einer Form des Buddhismus ähneln wird als dem traditionellen Christentum.

Von diesem kompromißlosen Radikalismus heben sich die zwei anderen Reaktionen ab, die vertrauteren liberalen und konservativen Schulen des Denkens. Dies wird gegenwärtig in der schmerzlich entzweienden Debatte um die Einbeziehung von Frauen in die sakramentalen und episkopalen Ämter der Kirche demonstriert. Die Unterschiede zwischen den zwei Schulen sind, ebenso wie in der Politik, ein beständiges Merkmal der Theologie, und sie sind stets eher eine Sache des »mehr oder weniger« als des »entweder – oder« gewesen, da sie sich stärker aus dem Temperament als aus der Logik herleiten. Die Fähigkeit, den Konflikt als komisch zu begreifen, könnte am Ende die Rettung für die Kirche bedeuten, denn Komödie bezieht ein und grenzt nicht aus. Es gibt Menschen, die ein unordentliches Haus nicht ausstehen können, während andere einen freien und zwanglosen Haushalt über alles schätzen. Der Temperamentsunterschied ist letzten Endes ernst zu nehmen, wenn er bestimmt, was die Kirche für Christentum hält oder welche Art von Gesellschaft am getreuesten das Reich Gottes widerspiegelt.

Demnach verläuft die für die Kirche entscheidende Spaltung nicht zwischen katholisch und evangelisch oder politisch rechts und links, die Frage ist vielmehr, ob die Form oder der Inhalt von vorrangiger Bedeutung ist. Niemand wird bestreiten, daß beide untrennbar sind, doch in der Praxis ergibt sich unweigerlich die Frage: Was ist übergeordnet? Die ihr anvertraute Sorge um die Kontinuität des Evangeliums zwingt die Kirche, der Form, in der es vermittelt wird, gewissenhafte Aufmerksamkeit zu widmen. Doch eine übereifrige Aufsicht kann, besonders in Zeiten weitreichenden und schnellen Wandels, leicht dazu führen, daß die Hüter die Form mit dem Inhalt verwechseln. Dann setzen sie die Bedeutung von Gottes Selbstoffenbarung mit dem tatsächlichen Wortlaut der Bibel gleich. Die Gabe des geistlichen Amtes wird damit von der Art und Weise abhängig, wie es übertragen wird, sowie vom Geschlecht des Empfängers. Die Struktur der Kirchenleitung wird mit ihrer Katholizität verwechselt, ihre Einheitlichkeit wird zum Maß ihrer Glaubwürdigkeit. Unausweichlich kommt dann die Zeit, in der das Evangelium selbst, wie der junge David, alle schwere Rüstung abwirft und in seine verletzliche Freiheit hinausschreitet. Der Gegensatz zwischen diesen zwei Haltungen wurde den Bischöfen, die an der Lambethkonferenz von 1988 teilnahmen, lebhaft von Elizabeth Templeton vor Augen geführt, als sie zugunsten der reformierten Tradition auf die Schrift des Erzbischofs von Canterbury über »die Einheit, die wir suchen« antwortete:

»Es gibt unter uns einige, die glauben, die Unbesiegbarkeit der Liebe Gottes enthülle sich in einer Art absoluter, geschützter Artikulation, sei es der Heiligen Schrift, der Kirche, der Tradition, klerikaler Richtlinien, vereinbarter Vernunft, charismatischer Gaben, anerkannter Praxis oder jeder beliebigen Kombination solcher Elemente. Und es gibt unter uns andere, die glauben, die Unbesiegbarkeit der Liebe Gottes offenbare sich in der Relativität der Dogmen, der Exegese, der Moral, der Frömmigkeit und der kirchlichen Struktur, die in einer unbestimmbaren Ferne von der persönlichen Wahrheit Gottes existieren. Welche Einheit in der konkreten Existenz zwischen den Menschen auf beiden Seiten der transkonfessionellen Trennungslinie möglich ist, scheint mir die schwierigste ökumenische Frage zu sein. Wenn wir einen Weg durch diese eine finden, vermute ich, daß alle unsere spezifischen Probleme des Dogmas, des Amtes und der Autorität so leicht wie eine Nachgeburt verschwinden.«

Die Frage, die diese große Trennungslinie aufwirft, wird das beherrschende Problem für das Christentum im 21. Jahrhundert gerade deshalb sein, weil die Verlagerung des Schwerpunktes von Norden nach Süden eine größere Abweichung als jemals zuvor von den griechisch-römischen Vorstellungen von Orthodoxie und Einheitlichkeit bedeutet und ein größeres Maß an Vertrauen auf Vorläufigkeit und Vielfältigkeit erfordern wird. Pater Vincent Donovan, der bemerkenswerte Missionar, der unter den Masai in Tansania Dienst tat, sah dies als notwendiges Ergebnis der Reaktion nichteuropäischer Kulturen auf das Christentum im globalen Maßstab:

»Historisch ist eine einzige Form dieser Reaktion auf die christliche Botschaft gewachsen und gediehen... Heute dagegen sehen wir, daß es viele mögliche Reaktionen auf die christliche Botschaft geben muß, die bisher weder gefördert noch gestattet worden sind. Wir sind zu der Überzeugung gelangt, daß jede gültige, positive Reaktion auf die christliche Botschaft als Kirche anerkannt und akzeptiert werden könnte und sollte. Das ist die Kirche, die es hätte geben können und die es vielleicht noch geben wird.«

DIE LEBENDIGSTEN ENTWICKLUNGEN WEISEN AUF OFFENHEIT UND VERSÖHNUNG HIN. Die Jugend, die wenig für alte Formen und Barrieren übrig hat, spricht auf die disziplinierte Freiheit von Frère Roger und der Gemeinschaft von Taizé an *(rechts oben)*. Viele Kirchen räumen mittlerweile der Beteiligung von Laien, dem geistlichen Amt von Frauen und multikultureller Partnerschaft einen gewissen Platz ein *(unten)*.

Wenn das weltweite Christentum im kommenden Jahrhundert gezwungen sein wird, sich diese Vielfältigkeit und Vorläufigkeit zu eigen zu machen, wird sein Streben nach Einheit eine andere Richtung einschlagen müssen. Die Hauptbeschäftigung der ökumenischen Bewegung dieses Jahrhunderts, die gewissenhafte Suche nach verbaler Übereinstimmung, gemeinsamen Grundlagen und gegenseitiger Anerkennung wird nicht vergebens gewesen sein. Eine zukünftige Generation wird – zurückblickend – in ihr vielleicht ein notwendiges Opfer sehen. Aber während dieses Jahrhundert zu Ende geht, schwindet die Begeisterung für diese Methode der Annäherung bei den meisten Christen in der Welt, und es besteht auch keine Aussicht auf weitere Unionspläne, die sich in naher Zukunft verwirklichen könnten. Zweiseitige Gespräche haben sich als zu begrenzt erwiesen, um dem Pluralismus der christlichen Suche nach Einheit gerecht zu werden. Die Realitäten des Weltchristentums sind so beschaffen, daß jede gegenseitige »Anerkennung« nicht im Sinne einer Gültigkeitserklärung verstanden werden darf, als geschähe dies durch ein Prüfungsgremium, sondern von der freudigen Erkenntnis begleitet werden muß, daß jemand, den man einen Augenblick lang fälschlich für einen Fremden gehalten hat, in Wirklichkeit ein Mitglied der Familie ist. Anerkennung in diesem Sinn kommt als eine Art Offenbarung daher. Ob sie bald oder spät kommt – gerade das wird für die Zukunft von höchster Bedeutung sein.

Anhang

Zeittafel

20, 30, 33	Kreuzigung Jesu; die Jünger scharen sich um Petrus
um 44	Paulus und Barnabas begeben sich nach Jerusalem, um die Hungersnot zu lindern
um 49	Paulus beendet seine erste Missionsreise in Antiochia.
	Erstes christliches Konzil in Jerusalem (Petrus, Paulus und Jakobus sorgen dafür, daß die Heidenchristen sich nicht dem jüdischen Gesetz unterwerfen müssen)
um 50 (oder 57/58?)	Paulus' Brief an die Christen in Galatien
um 50	Paulus begründet die Kirche in Korinth
60-100	Die ersten drei Evangelien werden geschrieben – als erstes das Markusevangelium
64	Großer Brand von Rom; Nero verfolgt die Christen – mutmaßliches Datum des Martyriums Petri
um 67	Paulus wird in Rom hingerichtet
70	Fall und Zerstörung Jerusalems (als Folge des jüdischen Aufstands gegen Rom 66)
81-98	Kaiser Domitian; erneute Verfolgung gegen Ende seiner Regierung
84	Ausschluß der Christen aus der jüdischen Synagoge
um 112	Brief des Plinius, des Gouverneurs von Bythinien, an Kaiser Trajan, in dem er die Harmlosigkeit der Christen betont
um 140-55	Hermas schreibt *Der Hirt* (Visionen und moralische Belehrungen)
144	Marcion wird als Häretiker exkommuniziert, weil er das Alte Testament ablehnte († um 160)
um 155	Die erste Apologie von Justin dem Märtyrer erscheint (die zweite folgt um 161)
um 156-57 (oder 172?)	Montanus beginnt zu prophezeien
um 178-200	Irenäus ist Bischof von Lyon
202	Origenes entgeht der Verfolgung in Alexandria († 254)
206	Tertullian schließt sich den Montanisten an
215	Tod Clemens' von Alexandria
250	Decius (Kaiser 249-51) verfolgt die Christen.
	Fabian, der Bischof von Rom, wird hingerichtet
258	Martyrium Cyprians (Bischof von Karthago seit 248)
268	Paulus von Samosata (Bischof von Antiochia seit etwa 260) wird wegen Ketzerei abgesetzt
um 280	Gregor Illuminator bekehrt König Tiridates von Armenien
303	Diokletian (Kaiser 284-305) verfolgt Christen

um 305	Antonius der Große begründet seine Eremitenkolonie in Ägypten
306	Konstantin wird in York zum Kaiser proklamiert
311	Das Schisma der Donatisten beginnt in Nordafrika
313	Die Kaiser Konstantin und Licinius einigen sich in Mailand auf eine Politik der Duldung
um 315	Eusebius wird Bischof von Cäsarea († um 340)
324	Konstantin ist Alleinherrscher
325	Das Konzil von Nicäa verurteilt die Theologie des Arius und erklärt, Christus ist »wesenseins mit dem Vater«
330	Konstantin weiht Konstantinopel (früher Byzanz) als »Neues Rom« ein – mit christlichen Zeremonien
um 330	Makarius der Ägypter gründet das Kloster in der Wüste Wadi-el-Natrun
337	Konstantin läßt sich auf dem Sterbebett taufen
346	Tod des Abtes Pachomius in Ägypten
361	Julian Apostata ist alleiniger römischer Kaiser (im Jahr 363 wird er in einer Schlacht gegen die Perser getötet)
364	Basilius wird Bischof von Cäsarea
um 371	Gregor von Nazianz († 389) und Gregor von Nyssa († 395) werden Bischöfe
374	Ambrosius wird Bischof von Mailand († 397)
381	Erstes Konzil von Konstantinopel: Der Bischofssitz von Konstantinopel erhält den »Ehrenvorrang« nach Rom
382	Papst Damasus hält ein Konzil ab und verzeichnet die kanonischen Bücher des Alten und Neuen Testaments
386	Johannes Chrysostomus predigt in Antiochia. Hieronymus (der den größten Teil der Bibel ins Lateinische übertrug) geht in ein Kloster in Bethlehem († 420)
390	Bischof Ambrosius exkommuniziert Kaiser Theodosius I. wegen des Massakers von Thessaloniki
395	Augustin wird Bischof von Hippo († 430): Seine theologischen Schriften gegen Donatisten und Pelagianer beherrschen das westliche Denken bis hin zu Thomas von Aquin
398	Chrysostomus wird Bischof von Konstantinopel
410	Plünderung Roms durch die Goten
416	Die Lehre des Pelagius (eines britischen Mönches) wird auf dem Konzil von Karthago verurteilt
422-32	Papst Cölestin
431	Das Konzil von Ephesus verurteilt Nestorius und bestätigt das nicänische Glaubensbekenntnis: *Theotokos* (»Gottesgebärerin«) wird als Beiname der Jungfrau Maria gerechtfertigt
451	Das Konzil von Chalcedon bestätigt Christus als eine Person »in zwei Naturen«. Dies wird von Christen in Ägypten, Syrien und anderswo abgelehnt, die »orientalische« orthodoxe Kirchen unabhängig von Konstantinopel bilden
455	Die Wandalen nehmen Rom ein: Leo der Große (Papst 440-61) verhandelt mit ihnen, wie er es mit den Hunnen getan hat
457	Barsumas, Metropolit von Nisibis (Persien), begründet die dortige nestorianische Schule
um 460	Tod Patricks, des »Apostels von Irland« (er wirkte dort seit etwa 430)
469-um 480	Sidonius Apollinaris wird Bischof von Clermont
496	Taufe Chlodwigs, des Königs der Franken

um 525	Hinrichtung von Boethius, des Autors von *Trost der Philosophie*
527-65	Kaiser Justinian. Er erobert Nordafrika von den Wandalen und Italien von den Goten zurück
532	Die Hagia Sophia (Kirche der heiligen Weisheit) zu Konstantinopel wird durch Justinian wiederaufgebaut
um 540	Benedikt von Nursia entwirft auf dem Monte Cassino seine Klosterregel
um 542-78	Jakob Baradaios wandert als Bettler verkleidet von Edessa nach Osten und gründet dort monophysitische Kirchen (Jakobiten)
um 547	Kosmas Indikopleustes verfaßt ein topographisches Werk, das Christen in Indien erwähnt
553	Zweites Konzil von Konstantinopel
um 563	Columba verläßt Irland mit zwölf Anhängern und wählt Iona zu seinem Zentrum († 597)
573-94	Gregor ist Bischof von Tours
590-604	Papst Gregor I.
um 590	Columbanus verläßt Irland und führt die Bräuche der keltischen Kirche in Gallien ein; später begibt er sich nach Bobbio in Italien († 615)
597	Augustin kommt, von Papst Gregor geschickt, in Kent an
um 600-36	Isidor ist Bischof von Sevilla
622	Die Hedschra, das Jahr 0 des muslimischen Kalenders
632	Tod Mohammeds
635	Aidan wird, von Iona kommend, Bischof von Lindisfarne († 651)
638	Die Araber erobern Jerusalem
643-56	Letzte Revision des Koran; inzwischen haben die Araber den Irak, Syrien und Ägypten erobert
664	Synode von Whitby: Das römische Osterdatum setzt sich gegenüber dem der keltischen Kirche durch
681	Das dritte Konzil von Konstantinopel unterstreicht erneut die chalcedonische Christologie, indem es von »zwei natürlichen Willen« Christi spricht
711-16	Arabische Eroberung der Iberischen Halbinsel
716	Bonifatius (Wynfrith) unternimmt seine erste Missionsreise zu den Friesen
726	Ausbruch des Bilderstreites
732	Karl Martell bringt durch die Schlacht bei Poitiers den Vormarsch der Araber zum Stehen
754	Bonifatius erleidet bei den Friesen den Märtyrertod
768	Karl der Große und Karlmann teilen das Fränkische Reich unter sich auf (Karl wird 771 alleiniger Herrscher)
775	Der Sitz des nestorianischen Patriarchen von Seleukia-Ktesiphon (am Tigris) wird nach Bagdad verlegt
781	Alkuin wird Ratgeber Karls des Großen – die »karolingische Renaissance«
787	Das zweite Konzil von Nicäa bestätigt die Verehrung von Ikonen
793	Wikinger überfallen Lindisfarne (und zwei Jahre später Iona)
800	Karl der Große wird von Papst Leo III. zum Heiligen Römischen Kaiser gekrönt
815-42	Erneuter Bilderstreit
823	Die Araber erobern Kreta (und beginnen mit der Eroberung Siziliens 827)
843	Der »Triumph der Orthodoxie«: Die Ikonen kehren in die Kirchen zurück
848	Ansgar wird Erzbischof von Bremen
849	Die Synode unter Erzbischof Hinkmar von Reims verurteilt die extreme Prädestinationstheologie Gottschalks des Sachsen (um 804 – um 869), des Dichters, Grammatikers und Kritikers

851-59	Die Märtyrer von Córdoba
863-67	Das »Photianische Schisma«: Die Gemeinschaft zwischen Papst Nikolaus I. und Patriarch Photius von Konstantinopel zerbricht
863	Kyrill und Method, die »Slawenapostel«, gehen nach Mähren: Übersetzung der Bibel und liturgischer Bücher ins Slawische
871-99	Alfred der Große, König von Wessex, schlägt die Dänen und fördert die christliche Bildung
877	Tod von Scotus Eriugena (irischer Philosoph, Leiter der Schule von Laon)
909	Das Kloster Cluny wird gegründet und entwickelt sich zum Zentrum der Reform
961	Die Große Lawra wird auf dem Berg Athos von Athanasios Athonites († 1003) gegründet
969-76	Johannes Tzimiskes' Rückeroberung einiger asiatischer Provinzen von Byzanz
988	Bekehrung Rußlands: Wladimir, Großfürst von Kiew, wird von byzantinischen Missionaren getauft
996-1021	Verfolgung der koptischen Kirche unter dem Kalifen el-Hakim
1009	Zerstörung der Kirche des Heiligen Grabes in Jerusalem
1031	Fall des Kalifats von Córdoba
1035	Errichtung des Königreichs Aragon
1037	Vereinigung der Königreiche Kastilien und Leon
1046	Synode von Sutri; Clemens II. wird Papst
1049-54	Papst Leo IX.: Beginn einer durchgreifenden Reform des Papsttums
um 1051	Gründung des Höhlenklosters in Kiew
1054	Gegenseitige Anathemata werden in Konstantinopel zwischen Kardinal Humbert, der das Papsttum vertritt, und Patriarch Michael Kerullarios ausgesprochen
1056	Tod Kaiser Heinrichs III.; Beginn der Bewegung der Patarini in Mailand
1059	Ein Dekret überträgt die Papstwahl den Kardinalbischöfen
11. Jh. - 1492	Christliche Eroberung der Iberischen Halbinsel
1060-92	Normannische Eroberung des muslimischen Sizilien
1071	Seldschukische Türken siegen über die Byzantiner in der Schlacht von Mantzikert
1073	Gregor VII. wird Papst
1076	Das Konzil von Worms setzt Gregor VII. ab; Gregor setzt Heinrich IV. ab und exkommuniziert ihn
1077	Heinrich IV. tut Buße in Canossa
1080	Zweite Exkommunikation Heinrichs IV.; Wahl des kaisertreuen Papstes Clemens III.
1084	Bruno gründet den Kartäuserorden
1088	Bau der großen Kirche in Cluny
1093	Anselm wird Erzbischof von Canterbury
1095	Urban II. ruft anläßlich des Konzils von Clermont zum 1. Kreuzzug auf
1098	Anselms *Cur Deus Homo* (Theologie der Versöhnung) erscheint. Gründung der Abtei von Cîteau (der Zisterzienserorden breitet sich rasch aus; bis zum Ende des 13. Jahrhunderts werden über 600 Häuser gezählt)
1099	Die Kreuzfahrer nehmen Jerusalem ein
1101	Gründung der Abtei von Fontevrault
1112	Bernhard wird Mönch in Cîteau
um 1116	Peter Abaelard lehrt in Paris
1122	Wormser Konkordat: Suger wird zum Abt von Saint-Denis gewählt

1123	Erstes Laterankonzil
1129	Das Konzil von Troyes bestätigt die Regel des Templerordens
1130	Umstrittene Wahl der Päpste Innozenz II. und Anaklet II. in Rom
1139	Zweites Laterankonzil
um 1140	Gratians *Decretum* (Sammlung des Kirchenrechts) erscheint
1143	Übersetzung des Koran ins Lateinische (Petrus Venerabilis, Abt von Cluny, veranlaßt das Studium des Islam)
1146	Bernhard ruft in Vézélay zum 2. Kreuzzug auf
um 1150	Bernhards Traktat *De Consideratione* erscheint
um 1157	Petrus Lombardus vollendet seinen theologischen Traktat *Sentenzen* in Paris
1159	In Rom kommt es zum Schisma zwischen Alexander III. und Viktor IV.; es folgt der Streit mit Friedrich Barbarossa
1170	Ermordung des Erzbischofs Thomas Becket von Canterbury
1174	Thomas Becket wird heiliggesprochen.
	Petrus Valdes gründet »die Armen von Lyon«; Ursprung der Waldenser
1177	Im Vertrag von Venedig wird das Schisma zwischen Alexander III. und Barbarossa beigelegt
	Drittes Laterankonzil
1187	Eroberung Jerusalems durch Saladin
1189-92	3. Kreuzzug
1189-1246	Muslimischer Aufstand auf Sizilien
1198	Innozenz III. wird Papst
1202	Tod Joachims von Fiore
1204	Der 4. Kreuzzug wird nach Konstantinopel umgelenkt; lateinische Truppen plündern die Stadt, ein lateinisches Kaisertum wird errichtet
1209	Franz von Assisi gibt seinen Mönchen ihre erste Regel
	Der Kreuzzug gegen die Albigenser beginnt
1212	Kinderkreuzzug
	Christlicher Sieg über die Mauren Spaniens bei Las Navas de Tolosa
1215	Viertes Laterankonzil
1216	Gründung des Dominikanerordens
1217-21	5. Kreuzzug
1210	Generalkapitel in Bologna: Dominikus gibt seinem Orden die endgültige Form als Bettelorden
1223	Honorius III. billigt die Franziskanerregel
1226	Tod des Franz von Assisi
1228-29	Friedrich II. gewinnt Jerusalem durch Verhandlungen zurück
1232	Gregor IX. richtet die päpstliche Inquisition ein
1237-40	Das Kiewer Reich wird von den mongolischen Tataren überrannt
1239	Exkommunikation Friedrichs II. durch Gregor IX.
1244	Jerusalem geht endgültig an die Muslime verloren
1245	Das erste Konzil von Lyon setzt Kaiser Friedrich II. förmlich ab
1250	Tod Kaiser Friedrichs II.
um 1255	Thomas von Aquin lehrt in Paris († 1274)
1261	Der byzantinische Kaiser Michael VIII. Palaiologos gewinnt Konstantinopel zurück
1270	Tod Ludwigs IX. auf dem Kreuzzug in Tunis
1274	Das zweite Konzil von Lyon beschließt die Union zwischen Rom und den Orthodoxen, aber seine Beschlüsse werden in der griechischen und slawischen Welt abgelehnt

1281-1924	Osmanisches Reich
1291	Fall von Akkon (letzter Stützpunkt der Kreuzfahrer und fränkischer Hafen in Syrien)
1295	Bekehrung der mongolischen Dynastie zum Islam; Zerstörung der nestorianischen Kirche (die »assyrischen Christen« halten sich in den Gebirgen Kurdistans)
1302	Bonifatius VIII. verkündet in *Unam Sanctam* die allgemeine Rechtsprechung des Papstes und den Vorrang der geistlichen Macht vor der weltlichen
1305	Wahl von Papst Clemens V.; Beginn des französischen Exils des Papsttums
1308	Tod von Duns Scotus
1311-12	Das Konzil von Vienne entscheidet im Streit um die Armut der Franziskaner zugunsten der strengen Partei
1312	Aufhebung des Templerordens
1314	Dantes *Göttliche Komödie*
1324	*Defensor pacis* von Marsilius von Padua: die Kirche soll von allgemeinen Konzilen geleitet werden und ihr Besitz vom Staat abhängen
1327-47	Der Franziskaner Wilhelm von Ockham (geboren um 1285) kritisiert die Philosophie des Realismus und verfaßt Polemiken gegen das Papsttum
1327	Tod des Meisters Eckehart, des deutschen Dominikaners und Mystikers
1337	Die hesychastische Kontroverse (die Lehre Gregor Palamas' über das göttliche Licht wird von Konzilen in Konstantinopel 1341, 1347 und 1351 bestätigt)
um 1340	Sergij von Radonesch gründet das Dreifaltigkeitskloster bei Moskau
1348-49	Der Schwarze Tod
1374	Bekehrung Geert Grootes, der die Brüder vom gemeinsamen Leben in Deventer (Holland) gründet
1375-82	John Wyclif greift geistlichen Wohlstand, Mönchtum und päpstliche Autorität an
1378	Das große abendländische Schisma (die zwei Päpste: Urban VI. und Clemens VII.)
1387	Das Kloster von Windesheim (Holland) wird von Florentius Radewijns, einem Schüler Grootes, gegründet
1413	Johann Huß tritt in *De Ecclesia* für eine Reform der Kirche im Sinne Wyclifs ein
1414-18	Das Konstanzer Konzil bekräftigt, daß allgemeine Konzile den Päpsten übergeordnet sind; Johann Huß wird 1415 verbrannt; die Wahl des Papstes Martin V. führt zum Ende des großen abendländischen Schismas im Jahre 1429
1418	Erstes Erscheinen der *Imitatio Christi,* Thomas a Kempis zugeschrieben
1431-49	Konzil von Basel
1433	Nikolaus von Kues entwickelt sein Programm zur Reform von Kirche und Reich
1438-39	Das Konzil von Ferrara-Florenz verkündet die Vereinigung Roms und der Orthodoxen – stößt damit jedoch auf Ablehnung in der orthodoxen Welt
um 1440	Reform der äthiopischen Kirche durch Kaiser Zar'a Ya'qob
1453	Konstantinopel fällt an die osmanischen Türken
1478	Johannes Geiler von Kaysersberg, »der deutsche Savonarola«, beginnt in Straßburg zu predigen
1479	Einrichtung der »spanischen Inquisition« mit päpstlicher Billigung
1492	Die Muslime werden endgültig aus Spanien vertrieben
1493-94	Papst Alexander VI. teilt die neuen Entdeckungen zwischen Spanien und Portugal auf
1498	Savonarola wird in Florenz verbrannt
1501	Erstes Bistum auf Hispaniola (Haiti)

1503	Konflikt in Rußland zwischen zwei Mönchsparteien, den »Besitzenden« und den »Besitzlosen«
1506	Papst Julius II. legt den Grundstein der Peterskirche in Rom
1508	Michelangelo malt die Decke der Sixtinischen Kapelle in Rom
1509	Desiderius Erasmus greift die Korruption in der Kirche an und kritisiert das Mönchtum
1510	Martin Luther besucht Rom
1516	Konkordat zwischen Papst Leo X. und Franz I. von Frankreich
1517	Luther schlägt die 95 Thesen an die Tür der Schloßkirche in Wittenberg an (31. Oktober)
1519	Cortez führt Krieg gegen das Aztekenreich in Mexiko.
	Luther diskutiert mit Dr. Eck in Leipzig und leugnet den Primat des Papstes und die Unfehlbarkeit allgemeiner Konzile
	Ulrich Zwingli predigt in Zürich
1521	Die päpstliche Bulle *Decet Romanum Pontificem* exkommuniziert Luther (3. Januar); Reichstag von Worms; Luther verteidigt seinen Standpunkt vor Kaiser Karl V.
1522-23	Ignatius Loyola arbeitet an seinen *Geistlichen Übungen*
1524	Die Franziskaner treffen in Mexiko ein.
	Bauernkrieg in Deutschland (bis 1526)
1525	Der Wiedertäufer Thomas Müntzer wird nach der Niederlage der Bauern hingerichtet
	William Tyndales Übersetzung des Neuen Testaments wird in Köln und Worms veröffentlicht
1528	Die Reformation wird in Bern angenommen
1529	Reichstag von Speyer; reformwillige Mitglieder (sechs Fürsten und vierzehn Städte) tragen eine *protestatio* (Einspruch) gegen die katholische Mehrheit vor (daher der Begriff »Protestanten«)
1530	Reichstag von Augsburg: die Lutheraner legen die Augsburger Konfession vor, die von Melanchthon entworfen wurde
	Dänemark nimmt das lutherische Bekenntnis an
1531	Zumárraga, der erste Erzbischof von Mexiko, meldet die Zerstörung von 500 heidnischen Tempeln
1533-35	Das »Tausendjährige Reich« der Wiedertäufer in Münster
1534	Die Suprematsakte in England erklärt das Staatsoberhaupt zum Haupt der Kirche
1535	Thomas More wird hingerichtet
1536	Johannes Calvins *Christianae religionis Institutio* erscheint
1537	Papst Paul III. erklärt, Indianer hätten ein Recht auf Freiheit und Eigentum
1539	Die Große Bibel Heinrichs VIII. wird gedruckt
1540	Papst Paul III. billigt Loyolas Gründung des Jesuitenordens
1542	Franz Xavier kommt nach Indien
1545	Beginn des Konzils von Trient
1552	Las Casas veröffentlicht seinen Bericht über die Unterdrückung der südamerikanischen Indianer
1553-58	Katholische Reaktion in England unter Maria Tudor
1553	Michael Servet wird in Genf als Ketzer verbrannt
1555	Augsburger Religionsfriede: »Cuius regio, eius religio«
	Die Bischöfe Latimer und Ridley werden in Oxford verbrannt

1556	Erzbischof Cranmer wird verbrannt
1557	Erster *Index Librorum Prohibitorum*
1559	Erste Reformierte Nationalsynode in Frankreich
	Regelung der Religionsfrage in England durch Elisabeth I. (Elizabethan Settlement)
1560	John Knox gründet in Schottland die reformierte Kirche
1561	Die (reformierte) Confessio Belgica wird in Antwerpen angenommen
1562	Der Heidelberger Katechismus erscheint
	Spanien erobert die Philippinen
1562-64	Faustus Socinus (Fausto Sozzini) verbreitet unitarische Lehren
1564	Papst Pius IV. (1559 gewählt; erster Papst der Gegenreformation) bestätigt die Dekrete des Trienter Konzils
1566	Calvinistische »ikonoklastische« Bewegung in den Niederlanden; Philipp II. von Spanien befiehlt die Zerschlagung des Widerstands
1570	Papst Pius V. befreit die Untertanen Elisabeths I. aus der Treuepflicht zu ihr
1573-81	Patriarch Jeremias II. von Konstantinopel trifft sich und korrespondiert mit lutherischen Theologen
1574	Gründung der calvinistischen Universität von Leiden
	Torquato Tassos Epos *Das befreite Jerusalem*
1579	Utrechter Union; die sieben nördlichen Provinzen trotzen Philipp II. von Spanien, die südlichen Niederlande schließen jedoch mit ihm Frieden
1588	Niederlage der spanischen Armada
	Der spanische Jesuit Molina veröffentlicht ein Werk, das den freien Willen gegenüber der Prädestination verteidigt
1589	Jeremias II. besucht Moskau; die Kirche von Rußland wird Patriarchat
1593	Heinrich IV. wird Katholik und beendet damit die Religionskriege in Frankreich.
	Schweden nimmt die lutherische Augsburger Konfession an
1596	Konzil von Brest-Litowsk: Die Mehrheit der Orthodoxen in der Ukraine schließt sich Rom als »Unierte« an
1598	Das Edikt von Nantes gibt französischen Protestanten Garantien
1599	Synode von Udayamperur: Die Christen von Malabar (Indien) schließen eine Union mit Rom
1600	Giordano Bruno wird in Rom verbrannt
1601	Matteo Ricci begibt sich nach Peking
1609	Franz von Sales' *Philothea* erscheint
1614	Verbot des christlichen Gottesdienstes in Japan
1618	Die Synode von Dordrecht verurteilt arminianische Lehren
1620	Die *Mayflower* segelt von Holland und England nach Amerika
1622	Grotius' *De Veritate Religionis Christianae* erscheint
	Die Bulle Papst Gregors XV. *Inscrutabili* schafft die Kongregation *de Propaganda Fide*
1624	Tod des Mystikers Jakob Böhme
1626	Erste christliche Kirche in Tibet (jesuitisch)
1629	Der Patriarch Kyrillos Lukaris gibt eine protestantisierende *Confessio Fidei* heraus
1633	Gründung der Vinzentinerinnen durch Vinzenz von Paul
1637	Shimabara-Aufstand der verfolgten Christen in Japan
1640	Postume Veröffentlichung des *Augustinus* von Cornelius Jansen, Bischof von Ypern, in dem er Molina bezüglich der Prädestination widerlegt

1642	Das Konzil von Jassy verurteilt Lukaris' *Confessio* und billigt die (revidierte) latinisierende Fassung von Petrus Mogila, Metropolit von Kiew
1643	Antoine Arnauld greift die Jesuiten an und verteidigt das Andenken an Jansen
1647	George Fox beginnt zu predigen und organisiert die Quäker
1648	Der Westfälische Friede beendet den Dreißigjährigen Krieg
1649	Die Irokesen vernichten die Huronen und ihre jesuitische Mission
1652-97	Antonio Vieira, SJ, setzt sich für die Indianer Brasiliens ein
1653	Die Bulle *Cum Occasione* verurteilt die fünf »Propositiones«; die Jansenisten behaupten, diese nicht bei Jansen zu finden
1654	Pascal bekennt sich zum Glauben
1655	Der Herzog von Savoyen verfolgt die Waldenser
1656-57	Pascals *Lettres provinciales* greifen jesuitische Ideen der Gnade und Kasuistik an
1659	Laval-Montmorency wird Apostolischer Vikar in Québec (und 1674 Bischof)
1660	Restauration Karls II. und der anglikanischen Kirche in England
1666-67	Schisma der Altgläubigen in Rußland
1667	Miltons *Verlorenes Paradies* erscheint
1672	Das Konzil von Jerusalem billigt eine latinisierende *Confessio Fidei* des Patriarchen Dositheus von Jerusalem
1673	Das englische Parlament beschließt Testakte; bis 1829 in Kraft
1675	Philipp Jakob Spener, *Pia Desideria,* der Ursprung des Pietismus
1678	Richard Simon, *Histoire critique du Vieux Testament* (Beginn der Bibelkritik)
	John Bunyan, *Pilgrim's Progress* (»Pilgerreise«)
1682	In Frankreich werden die gallikanischen Artikel veröffentlicht (1690 von Papst Alexander VIII. förmlich verworfen)
	William Penn gründet Pennsylvanien auf der Grundlage religiöser Toleranz
1683	Zweite Belagerung von Wien. Der osmanische Vorstoß hat seinen westlichsten Punkt erreicht
1685	Ludwig XIV. widerruft das Edikt von Nantes
1687	Erdbeben von Lima – die Jesuiten richten dort den dreistündigen Gottesdienst am Karfreitag ein
	Eusebio Kino, SJ, stößt nach Arizona und Kalifornien vor
	Papst Innozenz XI. verurteilt den Quietismus von Miguel de Molinos
1688	Jakob II. (römisch-katholisch) wird vom englischen Thron vertrieben
1689	Das englische Parlament beschließt Toleration Act (Duldungsgesetz), von dem Katholiken und Unitarier ausgeschlossen sind
	John Lockes Briefe über die Toleranz
	Ein kaiserliches Dekret in China gestattet den christlichen Gottesdienst
1698	Ein Freibrief der Ostindischen Kompanie sorgt für Kapläne in Indien
1699	Päpstliche Verurteilung von Fénelons Quietismus
1701	In London wird die Society for the Propagation of the Gospel in Foreign Parts gegründet (SPG, »Gesellschaft zur Verbreitung des Evangeliums in fremden Ländern«)
1709-10	Ludwig XIV. zerstört das jansenistische Zentrum Port-Royal
1713	Die Bulle *Unigenitus:* die Jansenisten in Frankreich wenden sich an ein allgemeines Konzil
1716-25	Die östlichen Patriarchen korrespondieren mit den anglikanischen Non-Jurors über eine Wiedervereinigung
1717	Bischof Hoadlys Predigt löst den »Bangorstreit« aus
1719	Tod des Pietisten Ziegenbalg in Indien

1721	Peter der Große schafft das Moskauer Patriarchat ab und unterstellt die Kirche dem »Heiligen Synod« (unter Kontrolle des Staates)
1722	Graf Zinzendorf gründet in Sachsen die pietistische Herrnhuter Gemeinde
1723-26	Unter der Regierung von Yung Cheng kommt es in China zu Christenverfolgungen
1723-50	Johann Sebastian Bach arbeitet als Thomaskantor in Leipzig, wo er seine großen geistlichen Werke komponiert
1724	Die Kirche von Utrecht (jansenistische Verbindungen) trennt sich von Rom
1726	Beginn der »Großen Erweckung« in Nordamerika
1727	Konversion Jonathan Edwards', des führenden calvinistischen Theologen in Nordamerika († 1758)
1734	Voltaires *Lettres philosophiques* erscheinen
1738	Konversion John Wesleys
1740	Wahl Benedikts XIV. zum Papst (†1758)
1742	Uraufführung von Händels Messias
	Die Bulle *Ex Quo Singulari* verurteilt die »chinesischen Riten«
1746	Christian Friedrich Schwartz begibt sich nach Indien
1749	Beginn der Krise um die Verweigerung der Sakramente in Paris; das »Parlement« unterstützt die Jansenisten
1756-72	Die mystischen Schriften Emanuel Swedenborgs entstehen
1759	Die Briten nehmen Québec ein; den römischen Katholiken Kanadas wird die freie Religionsausübung garantiert
	Die Jesuiten werden aus Portugal vertrieben
1760	Kosmas der Ätolier begibt sich vom Athos aus auf seine erste Missionsreise (1779 erleidet er den Märtyrertod durch Türken)
1762	Rousseaus *Emile* erscheint
1773	In Nordamerika findet die erste Methodistenkonferenz statt
	Papst Clemens XIV. verbietet den Jesuitenorden
1774	Vertrag von Küçük Kainarci zwischen dem Russischen und dem Osmanischen Reich
1778	Tod Voltaires und Rousseaus
1781	Toleranzpatent Kaiser Josephs II.
1782	Die *Philokalia* werden in Venedig veröffentlicht
1783	Vertrag von Versailles
	Erklärung der amerikanischen Unabhängigkeit
1786	Synode von Pistoia: Bischof Scipia de' Ricci drängt auf gallikanische und jansenistische Reformen
1787	Legalisierung protestantischer Eheschließungen in Frankreich
1788	Die Generalversammlung des Klerus von Frankreich verlangt die Einberufung der Generalstände (15. Juni)
	Das britische Parlament regelt den Sklavenhandel
1789	Pigneau de Behaine, Apostolischer Vikar in Kotschinchina, erreicht die Wiedereinsetzung des vertriebenen Herrschers von Annam
	Versammlung der französischen Generalstände: Der Kirchenbesitz in Frankreich soll verkauft werden
1790	Die französische Nationalversammlung verbietet, Klostergelübde abzulegen (Februar)
1791	Die Hälfte der französischen Geistlichen lehnen die Constitution civile du clergé ab (Januar)

1792	In London wird die baptistische Missionsgesellschaft gegründet
1793	Übersetzung der *Philokalia* ins Slawische
1793-94	Terror und »Entchristianisierung« in Frankreich
1795	Gründung der Londoner Missionsgesellschaft
1799	Church Missionary Society in London gegründet
	Schleiermacher veröffentlicht seine *Reden über die Religion, an die Gebildeten unter ihren Verächtern*
1800	Ein Lagertreffen westlich der Appalachen leiten die »Zweite Große Erweckung« des amerikanischen Protestantismus ein
1801	Bonapartes Konkordat mit Rom (»die Wiedereinsetzung der Altäre«)
	Erste große Verfolgung römischer Katholiken in Korea
	Kongregationalisten und Presbyterianer in den Vereinigten Staaten vereinbaren eine Union, die 1837 wieder aufgelöst wird
1804	Gründung von Bibelgesellschaften
	Serbischer Aufstand gegen die osmanische Herrschaft
1805	Der Missionar Henry Martyn kommt als Kaplan der Ostindischen Kompanie nach Indien
1806	Die Briten nehmen das Kap der Guten Hoffnung ein
	Meuterei in Vellore, Südindien
1807	Der Sklavenhandel wird in Britannien für ungesetzlich erklärt
	Erste protestantische Missionare kommen nach China, obwohl es noch illegal ist, dort das Christentum zu verbreiten
1808	Der Vatikan erhebt Baltimore zum ersten Sitz eines Metropoliten in den Vereinigten Staaten
1810-24	Die künftigen Republiken Spanisch-Amerikas kämpfen um ihre Unabhängigkeit; der Vatikan stellt sich auf die Seite Spaniens
1810	Bildung des American Board of Commissioners for Foreign Missions
1813	Eine Ergänzung zu dem Gesetz, das den Freibrief der Ostindischen Gesellschaft erneuert, erleichtert Missionaren die Einreise nach Indien
1814	Holland erklärt den Sklavenhandel für ungesetzlich
	Weihe des Bischofs von Kalkutta, des ersten anglikanischen Bischofs in Asien
1815	In den Vereinigten Staaten entsteht der Unitarismus als Abspaltung vom Kongregationalismus
1817	Union von Lutheranern und Calvinisten in Preußen und einigen anderen deutschen Staaten
	Der Missionar Robert Moffat kommt nach Südafrika
1818-68	Theodor, Kaiser von Äthiopien
1819	Erste Provinzialsynode der amerikanischen Bischöfe in Baltimore
1820	Gründung des Zulureiches
1821	Griechischer Aufstand gegen die osmanische Herrschaft; Hinrichtung Gregors, des Patriarchen von Konstantinopel
1822	Brasilien erhält die Unabhängigkeit von Portugal
1826-30	Verbreitete Unterdrückung geistlicher Orden in ganz Lateinamerika
1826	Verbot der Witwenverbrennung in Britisch-Indien
1829	Römisch-katholische Emanzipation in Großbritannien
1830	Tod des großen Befreiers Spanisch-Amerikas, Simon Bolivár
1832	Autonomie der serbischen orthodoxen Kirche
1833	Beginn der Oxfordbewegung in England
	In Nordamerika trennen sich die Kongregationalisten von Massachusetts als letzte Kirche vom Staat

	Die Sklaverei wird in den britischen Territorien abgeschafft
1834	Brandanschlag auf den (römisch-katholischen) Ursulinenkonvent in Massachusetts durch Nativisten
1834-35	Meinungsverschiedenheiten unter Missionaren über den Grenzkrieg am Kap
1839	Gründung der Africa Civilization Society
	Eine Bulle Gregors XVI. verurteilt die Sklaverei
1840	Der deutsche Missionar J.L. Krapf wird aus Abessinien vertrieben
	David Livingstone kommt nach Afrika
1842	George Augustus Selwyn wird erster anglikanischer Bischof von Neuseeland
1843	Kierkegaard veröffentlicht *Entweder-Oder,* eine existentielle Sicht des Christentums
	Schottische Kirchenspaltung
1844	Nativistische Krawalle gegen katholische Kirchen in Philadelphia
	J.L. Krapf richtet die Mission der Church Missionary Society in Mombasa ein.
	Adventistische Gruppen in den Vereinigten Staaten und England erwarten das zweite Kommen Christi, modifizieren danach aber ihre Erwartungen (seit 1861 »Adventisten vom Siebenten Tag«)
1845	Die Baptisten und Methodisten in den amerikanischen Südstaaten spalten sich von ihren nördlichen Organisationen ab
1847	Sonderbundkrieg in der Schweiz
	Das katholische Vikariat von Abessinien wird gegründet
	Brigham Young verlegt die Zentrale der Kirche Jesu Christi der Heiligen der letzten Tage (Mormonen) nach Salt Lake City
1848	Der Papst flieht vor der Revolution in Rom
	Die Sklaverei wird in allen französischen Territorien verboten
1850	Einrichtung einer römisch-katholischen Hierarchie in England und Wales
1852	Errichtung der Heiligen Synode in Griechenland; Autokephalie der griechischen orthodoxen Kirche
1854	Eine päpstliche Bulle Pius' IX. erklärt die unbefleckte Empfängnis Mariä zum Dogma des katholischen Glabuens
1857	Die Universities' Mission für Zentralafrika wird gegründet
	In Indien kommt es zu Aufständen
1858	Visionen der Bernadette in Lourdes
	Isaac Hecker gründet den ersten amerikanischen katholischen Männerorden, die Paulisten
	Die Verträge von Tientsin, die China von Großbritannien, Frankreich, Rußland und den Vereinigten Staaten aufgezwungen werden, führen zur Legalisierung des Opiumimports und zum freien Zugang christlicher Missionare ins Landesinnere
1859	Charles Darwins *Von der Entstehung der Arten* erscheint
1860-75	Gabriel Garcia Moreno errichtet in Ecuador eine der strengsten katholischen Regierungen in der lateinamerikanischen Geschichte
1863	Südafrikanische Bischöfe scheitern bei dem Versuch, Bischof Colenso von Natal abzusetzen
1864	Die Enzyklika *Quanta Cura* mit dem »Syllabus der Irrtümer« von Papst Pius IX. erscheint
1865	Samuel Crowther wird erster schwarzer anglikanischer Bischof von Nigeria
	Gründung der China-Inland-Mission
	Pius IX. wiederholt das Verbot einer katholischen Beteiligung an Vereinigungen der Freimaurer: Kaiser Pedro II. von Brasilien verbietet die Bekanntgabe des ent-

	sprechenden päpstlichen Dekrets, was zu einem Konflikt zwischen Kirche und Staat führt (viele nominelle Katholiken Lateinamerikas bleiben Freimaurer)
1867	Maximilian, für kurze Zeit Kaiser von Mexiko, wird hingerichtet, die antiklerikalen Gesetze der 50er Jahre werden nun unter Benito Juárez († 1872) durchgeführt
	Erste Lambethkonferenz der Bischöfe der Anglican Communion
1868	Die Missionsgesellschaft der Weißen Väter wird von Lavigerie, dem Erzbischof von Algier, gegründet
1869-70	Erstes Vatikanisches Konzil: Dekret der päpstlichen Unfehlbarkeit (18. Juli 1870)
1870	Lobengula wird Herrscher der Matabele
	Errichtung eines unabhängigen bulgarischen Exarchats
1871	Bildung der altkatholischen Kirche
	Trennung der anglikanischen Kirche in Irland vom Staat
1872	In Preußen beginnt der Kulturkampf
	Verurteilung des bulgarischen Exarchats durch das Patriarchat von Konstantinopel
1873	Beendigung der offenen Verfolgung der Christen in Japan
1875	Der Weltbund der reformierten und presbyterianischen Kirchen wird in Genf gebildet
1878-92	Missionarische Rivalitäten in Buganda
1879	Die australische methodistische Mission auf den Salomon-Inseln beginnt.
	Autokephalie der serbischen orthodoxen Kirche
1879-82	Jules Ferry favorisiert in Frankreich die Laienerziehung gegenüber den katholischen Schulen
1881	Griechisches Neues Testament von Westcott und Hort
1884	Die Nationalkirche der Tembu wird gegründet
	Ankunft des ersten ständigen protestantischen Missionars in Korea
um 1885-1908	Unabhängiger Kongostaat ist Privatbesitz Leopolds II. von Belgien
1885	Der Erzbischof Benson von Canterbury nimmt Kontakt mit assyrischen Christen auf
	Gründung des Indischen Nationalkongresses, später als Kongreßpartei bekannt
	Bildung der rumänischen orthodoxen Kirche aus den walachischen, moldauischen und transsilvanischen Diözesen des Patriarchats von Konstantinopel
1886	Erzbischof James Gibbons von Baltimore wird Kardinal und berühmtester amerikanischer Katholikenführer
	Katholische und anglikanische Märtyrerschicksale in Buganda
	Die römisch-katholische Hierarchie wird in Indien eingerichtet
1889	Brasilianer vertreiben ein Jahr nach Abschaffung der Sklaverei Kaiser Pedro II. und rufen die Republik aus, die die Trennung von Kirche und Staat verkündet
	Rhodesien wird gegründet
1890	Lavigerie, Erzbischof von Algier, führt das »Ralliement« an die französische Republik auf Weisung Leos XIII. an
	Anglikaner, Methodisten und Londoner Mission einigen sich über Missionsgebiete in Australisch-Neuguinea
1891	Papst Leo XIII. veröffentlicht die Sozialenzyklika *Rerum Novarum*
	Kapitän Frederick Lugard besetzt Buganda für die britische Ostafrikanische Kompanie
1892	Mangena Mokoni gründet die »Äthiopische Kirche« in Südafrika; daraus entwickelt sich später der »Order of Ethiopia« in der anglikanischen Kirche
1894	Dreyfus wird von französischem Kriegsgericht verurteilt

1895	Anfänge des christlichen Studentenweltbundes
1896	In Canudos (Brasilien) beenden Bundestruppen eine von einem »wundertätigen« Fanatiker angeführte chiliastische Bewegung mit einem Blutbad
	Anglikanische Orden werden von Rom für null und nichtig erklärt
1898	Als Folge des spanisch-amerikanischen Krieges werden Kuba, Puerto Rico und die Philippinen unabhängig von Spanien, geraten aber unter amerikanische Hegemonie
	Die ersten protestantischen Missionare beginnen ihre Arbeit auf den Philippinen
1899	Papst Leo XIII. verurteilt in *Testem Benevolentiae* den »Amerikanismus«
1900	José Enrique Rodó aus Uruguay veröffentlicht das einflußreiche Buch *Ariel*, in dem er die Lateinamerikaner auffordert, sich an die Werte des hellenistischen Humanismus zu halten und Materialismus abzulehnen
	Boxeraufstand in China, in dessen Verlauf viele Missionare und chinesische Christen umkommen
1902	Die Iglesia Filipina Independiente trennt sich von der römisch-katholischen Kirche
1905	Nihon Kumiai Kirisuto Kyokai, die kongregationalistische Kirche Japans, wird unabhängig von der Kontrolle westlicher Missionare. Andere japanische protestantische Kirchen folgen
1906-07	Trennung von Kirche und Staat in Frankreich; der Staat zieht Kirchenbesitz ein
1907	Die Enzyklika *Pascendi* verurteilt den Modernismus
1908	Amerikanische Protestanten schließen sich im Federal Council of Churches zusammen
	Die Union der presbyterianischen, kongregationalistischen und holländischen reformierten Kirche in Südindien erklärt sich zur »South India United Church«
	Frank Weston wird Bischof von Sansibar
1910	Gründung der Südafrikanischen Union
	Weltmissionskonferenz in Edinburgh (protestantisch)
1912	Australische Inland-Mission
1913	Der Theologe Albert Schweitzer geht als Arzt und Missionar nach Afrika
1914	»Assemblies of God«, ein Zweig der Pfingstkirchen, wird in Nordamerika gegründet
	Verabschiedung eines Gesetzes zur Trennung der anglikanischen Kirche vom Staat in Wales (tritt 1920 in Kraft)
1914-18	Erster Weltkrieg
1915	Entstehung des zweiten Ku-Klux-Klan, einer gegen Katholiken, Juden und Schwarze gerichteten Organisation
1916	Charles de Foucauld, Exsoldat und Eremit, wird in der Oase Tamanrasset ermordet; Gemeinschaften der »Kleinen Brüder Jesu« folgen seiner Lehre
1917	Wiedererrichtung des georgischen Patriarchats
1918	Dekret über die Trennung von Kirche und Staat in Rußland, von der neuen Räteregierung erlassen
1919	Die World's Christian Fundamentalist Association wird in den Vereinigten Staaten gegründet
	Veröffentlichung des Programms amerikanischer katholischer Bischöfe zur sozialen Rekonstruktion
	Karl Barths Kommentar zum Römerbrief
	Erklärung des Patriarchats von Konstantinopel zugunsten der ökumenischen Zusammenarbeit der Kirchen

1920	Wiederherstellung des serbischen Patriarchats
	Die Lambethkonferenz der anglikanischen Bischöfe spricht sich für die christliche Einheit aus
1921	Gründung der *Église de Jésus Christ par le Prophète Simon Kimbangu*
1922-23	Juan Kardinal Benlloch y Vivó aus Spanien bereist Lateinamerika, um die *Hispanidad* zu fördern, die Idee, daß die lateinamerikanische Identität im hispanischen Katholizismus wurzele
1924	Auflösung des osmanischen Staates und Kalifats
	Autonomie der finnischen sowie der polnischen orthodoxen Kirche
1925	Die rumänische orthodoxe Kirche erhält Patriarchatsrang
1927	Weltkonferenz für Glauben und Kirchenverfassung in Lausanne
	Erklärung des Metropoliten Sergij Stragorodskij, der die Anerkennung der russischen orthodoxen Kirche durch die sowjetischen Behörden akzeptiert
1928	Konferenz des internationalen Missionsrates in Tambaram, Südindien
1929	William Temple wird Erzbischof von York, dann von Canterbury 1942-44.
	Lateranvertrag in Rom
1932	Union der United Methodist Church mit der Wesleyan und der Primitive Methodist Church
	Reinhold Niebuhrs *Moral Man and Immoral Society* steht für einen neuen kritischen, realistischen Protestantismus
1933	Der Theologe Paul Tillich flieht aus Deutschland in die Vereinigten Staaten († 1965)
1934	Gründung der Bekennenden Kirche in Deutschland (in Opposition zu der von den Nationalsozialisten geförderten Kirche)
1936	Propaganda Fide akzeptiert, daß Shinto-Riten eher patriotisch als religiös sind
1937	Autokephalie der albanischen orthodoxen Kirche
1938	F. Buchman, Gründer der Oxfordgruppe, spricht von »moralischer Aufrüstung«
1939-45	Zweiter Weltkrieg
1943	Konkordat zwischen russischer orthodoxer Kirche und Stalin
	George Bell, der Bischof von Chichester, verurteilt die Bombardierung deutscher Städte
1945	Die japanische Regierung stellt ihre Versuche, die Religion zu kontrollieren, ein.
	Im kommunistisch kontrollierten Nordkorea kommt es zu neuen Beschränkungen der Religion
	Gründung des Bundes der protestantischen Kirchen in Ost- und Westdeutschland (die ostdeutschen Kirchen trennen sich 1969 auf staatlichen Druck hin ab)
1946	Abschaffung der unierten katholischen Kirche in der UdSSR
1947	Unabhängigkeit Indiens und Pakistans
	Gründung der Kirche von Südindien (Union von Anglikanern, Methodisten und der South India United Church)
1948	Gründung des Weltrates der Kirchen in Amsterdam (das Patriarchat von Konstantinopel ist Gründungsmitglied)
1949	Der Baptist Billy Graham beginnt seine Evangelisationsreisen
	Der kommunistische Sieg beendet die christlichen Bekehrungen in China
1950	Papst Pius XII. verkündigt die leibliche Aufnahme Mariä in den Himmel als Dogma
	Der National Council of Churches wird aus dem alten Federal Council of Churches in den Vereinigten Staaten gebildet; er vereinigt zahlreiche protestantische und orthodoxe Kirchen

1951	Beginn der Patriotischen Drei-Selbst-Bewegung unter protestantischen Christen in China; parallel dazu entsteht eine ähnliche Bewegung der römischen Katholiken; Entlassung der meisten ausländischen Missionare aus dem Gefängnis
1953-63	Zentralafrikanische Föderation
1953	Anerkennung der bulgarischen orthodoxen Kirche durch das Patriarchat von Konstantinopel
1958-64	Antireligiöse Kampagne in der UdSSR unter N.S. Chruschtschow
1958	In China Wahl und Weihe der ersten römisch-katholischen Bischöfe durch einheimische Priester gegen den Widerstand des Vatikans
	Kardinal Roncalli wird Papst Johannes XXIII.
1959-65	Fidel Castro kommt in Kuba an die Macht, errichtet die erste kommunistische Diktatur in Lateinamerika und schränkt die religiöse Freiheit stark ein
um 1960	Tod Isaiah Shembes, des Gründers der Nazareth-Bewegung in Südafrika
1960	Wahl John F. Kennedys zum Präsidenten der Vereinigten Staaten
1961	Die russische orthodoxe Kirche schließt sich dem Weltrat der Kirchen an, ebenso die meisten orthodoxen Kirchen Osteuropas, nicht jedoch die römisch-katholische Kirche
1962-65	Zweites Vatikanisches Konzil: »neue Öffnung« des Katholizismus zur modernen Welt
1964-85	Geistliche werfen den Militärregimes in Brasilien vor, die soziale Gerechtigkeit zu vernachlässigen und die Menschenrechte zu mißachten
1964-80	Chiles christdemokratische Regierung (1964-70) wird durch eine von Kommunisten mitgetragene Regierung des Sozialisten Salvador Allende abgelöst, der bei einem Militärputsch 1973 getötet wird; die Verletzungen der Bürgerrechte durch die Militärdiktatur Augusto Pinochet Ugartes werden vom Klerus in den 80er Jahren verurteilt
1966	Auftreten pfingstlicher und charismatischer Bewegungen im herkömmlichen protestantischen und katholischen Christentum
	Der Kolumbianer Camilo Torres, ein Priester, der im Kampf gegen die etablierte Ordnung zu den Waffen griff, wird bei einem Gefecht getötet
	Beginn der Kulturrevolution in China; im Zuge der Kampagne gegen die Religion schließen die Roten Garden alle christlichen Kirchen
1968	Die päpstliche Enzyklika *Humanae Vitae,* die das kirchliche Verbot der künstlichen Geburtenkontrolle bekräftigt, führt zu Meinungsverschiedenheiten in katholischen Kreisen
	Ermordung Martin Luther Kings, des baptistischen Pfarrers und Führers der Bürgerrechtsbewegung
	Papst Paul VI. betritt als erster Papst den Boden Lateinamerikas, um die kolumbianische Bischofskonferenz in Medellin zu eröffnen; auch protestantische Beobachter sind anwesend
1970	Weltbund der reformierten Kirchen (d.h. der kongregationalistischen und presbyterianischen Kirchen)
	Gründung der Kirche von Nordindien und von Pakistan
1972	Die United Reformed Church wird in England aus dem größten Teil der kongregationalistischen und der presbyterianischen Kirche gebildet.
	Scheitern der Vorschläge für eine anglikanisch-methodistische Verfassungsunion.
	Ausrufung des Kriegsrechts in Südkorea; die christlichen Kirchen und einzelne Christen spielen eine wichtige Rolle in der Oppositionsbewegung
1974-78	Nach dem Tod von Perón unterdrückt das argentinische Militär eine linke Rebel-

lion; nach anfänglichem Zögern verurteilt die katholische Hierarchie den staatlichen Terrorismus; die Bischöfe von Guatemala und Paraguay prangern vergleichbare militärische Exzesse in ihren Ländern nicht an

1976 Wahl des amerikanischen Präsidenten Jimmy Carter

1978 Wahl des Polen Karol Wojtyla zum Papst Johannes Paul II.

1979 Die Kirchen in China werden wieder für den öffentlichen Gottesdienst geöffnet.
Die Sandinisten kommen in Nicaragua an die Macht. Sie fördern eine »Kirche des Volkes«, die der hierarchischen Kontrolle weitgehend entzogen ist, aber von vielen Priestern gestützt wird

Papst Johannes Paul II. verurteilt die Befreiungstheologie auf der Bischofskonferenz in Puebla in Mexiko

Der Friedensnobelpreis wird Mutter Teresa für ihre Arbeit unter den Notleidenden in Kalkutta verliehen

1980 Erzbischof Oscar Romero von El Salvador, ein engagierter Befürworter sozialer Gerechtigkeit, wird ermordet

1983 *The Challenge of Peace* (Herausforderung des Friedens) lautet der Hirtenbrief amerikanischer katholischer Bischöfe

1986 Auf den Philippinen spielen die römisch-katholische Kirche und andere christliche Gruppen eine wichtige Rolle in der »unblutigen Revolution«, die das Marcos-Regime beendet

Desmond Tutu wird zum anglikanischen Erzbischof von Kapstadt gewählt

1988 Wahl einer Bischöfin in der amerikanischen Episkopalkirche

Tausendjahrfeier des russischen Christentums

Die Verschmelzung von drei lutherischen Gruppen in eine evangelische lutherische Kirche in Nordamerika folgt einer ähnlichen Vereinigung von zwei Gruppen in der presbyterianischen Kirche und setzt den Trend zu solchen Zusammenschlüssen fort

1989 Das katholische Drängen auf eine Reform in Polen ist ein starkes Element in der Solidarność-Bewegung

Januar: Sicherheitskräfte ermorden zwei polnische Priester; der Mörder von Pater Popieluszko (1984) wird im April aus der Haft entlassen

In Ungarn werden unabhängige Parteien und Organisationen zugelassen

April: Legalisierung der Solidarność in Polen

Mai: Studentendemonstrationen auf dem Tiananmen-Platz in Peking (im Juni blutig beendet)

30. Juni: Bischof Marcel Lefebvre, ein traditionalistischer Katholik, wird vom Vatikan exkommuniziert, weil er vier Bischöfe weihte

August: Ostdeutscher Exodus nach Westdeutschland; Versammlungen in ostdeutschen Kirchen gehen mit der Forderung nach Freiheit auf die Straße

Kirchenführer in Moçambique vermitteln zwischen der aufständischen MNR und der Regierung

24. August: Tadeusz Mazowiecki von der Solidarność wird Ministerpräsident Polens

November: Zusammenbruch der kommunistischen Regierungen in der Tschechoslowakei und in Ostdeutschland

1. Dezember: Michail Gorbatschow im Vatikan; die ukrainische (unierte) katholische Kirche des östlichen Ritus (mit drei Millionen Anhängern) wird in der UdSSR zugelassen

15. Dezember: Das Vorgehen der rumänischen Diktatur gegen Pastor László

	Tökes, den Fürsprecher der Rechte der ungarischen Minderheit, löst einen Aufstand in Temesvar aus.
	25. Dezember: Hinrichtung von Präsident Ceauşescu
	In allen Ländern des Ostblocks finden christliche Weihnachtsfeiern statt
1992	Erscheinen des neuen katholischen Katechismus

Weiterführende Literatur

Die Literaturhinweise wurden gegenüber der Originalausgabe überarbeitet und erweitert. In der Originalausgabe nicht enthaltene Werke sind mit einem * gekennzeichnet. (Eckhard Wirbelauer)

Allgemeines

Aland, K., *Geschichte der Christenheit,* 2 Bde., Gütersloh ²1991.*

Fuhrmann, H., *Von Petrus zu Johannes Paul II. Das Papsttum: Gestalt und Gestalten,* München ²1984.*

Geschichte der Kirche, hg. v. L.J. Rogier/R. Aubert/M.D. Knowles, 5 Bde., Einsiedeln u.a. 1963-1977.*

Gestalten der Kirchengeschichte, hg. v. M. Greschat, 12 Bde., Stuttgart u.a. 1981-1986.*

Hauck, A., *Kirchengeschichte Deutschlands,* 5 Bde., Leipzig 1887-1920, mehrere Nachdrucke.*

Handbuch der Kirchengeschichte, hg. v. H. Jedin/K. Repgen, 7 Bde., Freiburg u.a. 1962-1979, Taschenbuchausgabe mit bibliographischen Ergänzungen ebd. 1985.*

Histoire de l'église depuis les origines jusqu'à nos jours, hg. v. A. Fliche/V. Martin, 21 Bde., Paris ²1945-1964.*

Das *Handbuch der Kirchengeschichte* und die *Histoire de l'église sollen* jetzt durch ein französisch und deutsch erscheinendes Kirchengeschichtswerk ersetzt werden:

Histoire du christianisme des origines à nos jours, hg. v. J.-M. Mayeur u.a., Paris 1990ff., deutsch: *Die Geschichte des Christentums. Religion, Politik, Kultur,* hg. v. N. Brox u.a., Freiburg u.a. 1991 ff. (bis 1992 sind 3 Bände erschienen: Bd. 6 [1274-1449], Bd. 8 [1530-1620/30], Bd. 12 [1914-1958]).*

Die Kirche in ihrer Geschichte. Ein Handbuch, hg. v. B. Moeller, gepl. 4 Bde., Göttingen 1961ff. (bis 1992 26 Lieferungen erschienen).*

Kirchengeschichte in Einzeldarstellungen, 3 Teile (Alte Kirche und frühes Mittelalter – Spätes Mittelalter und Reformation – Neuzeit), Berlin/Leipzig 1985ff. (bis 1992 12 Bde. erschienen).*

Latourette, K.S., *A History of the Expansion of Christianity,* 7 Bde., London 1947, gekürzte deutsche Übersetzung: *Geschichte der Ausbreitung des Christentums,* Göttingen 1956.

Macquarrie, J., *Principles of Christian Theology,* London ²1977.

Atlas zur Kirchengeschichte. Die christlichen Kirchen in Geschichte und Gegenwart, 2. Aufl. bearb. und hg. v. J. Martin, Freiburg u.a. 1987.*

Weltatlas der alten Kulturen: Das Christentum, hg. v. H. Chadwick/G.R. Evans, München 1988.

Biographisch-Bibliographisches Kirchenlexikon, hg. v. F.W. Bautz/T. Bautz, gepl. 10 Bde., zunächst: Hamm, später: Herzberg 1975 ff. (bis 1992 4 Bde. bis L erschienen).*

A Dictionary of Liturgy and Worship, 2. Aufl. hg. v. J.G. Davies, London 1986.
Evangelisches Kirchenlexikon. Internationale Theologische Enzyklopädie, 3. neubearb. Aufl. hg. v. E. Fahlbusch u.a., gepl. 4 Bde., Göttingen 1985ff. (bis 1992 3 Bde. bis R erschienen).*
Kelly, J.N.D., *Reclams Lexikon der Päpste*. Stuttgart 1988.
Lexikon für Theologie und Kirche, 2. Aufl. hg. v. J. Höfer/K. Rahner, 10 Bde., Freiburg 1957-1965, mit einem Registerband, ebd. 1967, und 3 Erg.bänden: *Das Zweite Vatikanische Konzil. Dokumente und Kommentare*, ebd. 1966-1968, Taschenbuchausgabe ebd. 1986.*
The Oxford Dictionary of the Christian Church, 2. Aufl. hg. v. E.A. Livingstone/F.L. Cross, Oxford 1983.
Realencyclopädie für protestantische Theologie und Kirche, 3. Aufl. hg. v. A. Hauck, 21 Bde. mit Reg.band. und 2 Erg.bänden, Leipzig 1896-1913.*
Theologische Realenzyklopädie, hg. v. G. Krause/G. Müller, gepl. ca. 30 Bde., Berlin/New York 1976ff. (bis 1992 22 Bde. bis M und Reg.band zu Bd. 1-17 erschienen).*
World Christian Encyclopedia, hg. v. D.B. Barrett, Oxford 1982.

Christentum und Geschichte

Worin liegt der Wert der Kirchengeschichte? Wie können Historiker geistliche Themen bearbeiten? Wie wirkt Gott in der Geschichte? Gibt es einen sinnvollen oder zielgerichteten historischen Prozeß?

Aus der Sicht von Historikern

Butterfield, H., *Christentum und Geschichte*, Stuttgart 1952.
– *Writings on Christianity and History*, hg. v. C.T. McIntire, New York 1979.
Dawson, H.C., *The Historical Reality of Christian Culture*, London 1960.
Dülmen R. van, *Religion und Gesellschaft. Beiträge zu einer Religionsgeschichte der Neuzeit*, Frankfurt 1989.*
Hilton, Boyd, *The Age of Atonement. The Influence of Evangelicalism on Social and Economic Thought, 1795-1865*, Oxford 1988.
Kottje, R. (Hg.), *Kirchengeschichte heute. Geschichtswissenschaft oder Theologie?*, Trier 1970.*
McIntire, C.T. (Hg.), *God, History and Historians. An Anthology of Modern Christian Views of History*, New York 1977.
Reeves, M./Gould, W., *Joachim of Fiore and the Myth of the Eternal Evangel in the 19th Century*, Oxford 1987.
Reinhard, W., Möglichkeiten und Grenzen der Verbindung von Kirchengeschichte mit Sozial- und Wirtschaftsgeschichte, in: G. Klingenstein/H. Lutz, *Spezialforschung und »Gesamtgeschichte«. Beispiele und Methodenfragen zur Geschichte der frühen Neuzeit*, Wien 1981, 243-278.*
Schieder, W., Religion in der Sozialgeschichte, in: W. Schieder/V. Sellin, *Sozialgeschichte in Deutschland*, Bd. 3, Göttingen 1987, 9-31.*
Thadden, R. von, Kirchengeschichte als Gesellschaftsgeschichte, in: *Geschichte und Gesellschaft* 9, 1983, 598-614.*
Toynbee, A.J., *Wie stehen wir zur Religion? Die Antwort eines Historikers*, Zürich 1958.
– *A Study of History*, 12 Bde., Oxford 1934-1961, Übersetzung der engl. Kurzfassung von D.C. Somervell, 2 Bde., London/New York 1946-1957: *Der Gang der Weltgeschichte. Aufstieg und Verfall der Kulturen*, 2 Bde., Stuttgart 1949-1958.

Aus der Sicht von Theologen und Philosophen

Baillie, J., *What is Christian Civilisation?*, Oxford 1945.
Bonhoeffer, D., *Widerstand und Ergebung. Briefe und Aufzeichnungen aus der Haft*, hg. v. E. Bethge, München ²1970.
Bornkamm, K., Kirchenbegriff und Kirchengeschichtsverständnis, in: *Zeitschrift für Theologie und Kirche* 75, 1978, 436-466.*
Brunner, E., *Christentum und Kultur*, eingel. u. bearb. v. R. Wehrli, Zürich 1979.
Casserley, V. Langmead, *Towards a Theology of History*, London 1965.
Jedin, H., Einleitung in die Kirchengeschichte, in: *Handbuch der Kirchengeschichte* (s.o.), Bd. 1, Freiburg u.a. 1962, 1-55.*
Leeuwen, A.T. van, *Christianity in World History. The Meeting of the Faiths of East and West*, London 1964.
Meinhold, P., *Geschichte der kirchlichen Historiographie*, 2 Bde., Freiburg 1967.*
Niebuhr, R., *Glaube und Geschichte. Eine Auseinandersetzung zwischen christlichen und modernen Geschichtsanschauungen*, München 1951.
Richardson, A., *History Sacred and Profane*, London 1964.
Schaeffler, R., *Glaubensreflexion und Wissenschaftslehre. Thesen zur Wissenschaftstheorie und Wissenschaftsgeschichte der Theologie*, Freiburg 1980.*
Schatz, K., Ist Kirchengeschichte Theologie?, in: *Theologie und Philosophie* 55, 1980, 481-513.*
Seeliger, H.R., *Kirchengeschichte – Geschichtstheologie – Geschichtswissenschaft. Analysen zur Wissenschaftstheorie und Theologie der katholischen Kirchengeschichtsschreibung*, Düsseldorf 1981.*

Christentum und Kunst

Die Literatur zu einzelnen Künstlern ist Legion und kann hier nicht berücksichtigt werden. Es sollen nur einige Überblickswerke genannt werden.

Einführendes

Dillenberger, Jane, *Style and Content in Christian Art*, London 1986.
Lexikon der christlichen Ikonographie. Allgemeine Ikonographie und Ikonographie der Heiligen, hg. v. E. Kirschbaum/W. Braunfels, 8 Bde., Freiburg u.a. 1968-1976, Taschenbuchausgabe ebd. 1990.*
Réau, L., *Iconographie de l'art Chrétien*, 6 Bde., Paris 1955-1959.
Schiller, Gertrud, *Ikonographie der christlichen Kunst*, 5 Bde., Gütersloh 1966-1990.
Spitzing, G., *Lexikon byzantinisch-christlicher Symbole*, München 1989.*

Philosophie der Kunst

Maritain, Jacques, *The Philosophy of Art*, übers. von J.O. O'Connor, Ditchling 1925.
Miles, Margaret R., *Image as Insight. Visual Understanding in Western Christian and Secular Culture*, Boston 1985.
Nichols, A., *The Art of God Incarnate*, London 1980.
Westcott, Brooke Foss, The Relation of Art to Christianity, in: *The Epistles of John*, London 1883, 319-360.

Einzelne Themen

McDonnel, C./Lang, B., *Heaven. A History*, Yale 1988.
Thoby, P., *Le Crucifix des origines au Concile de Trente*, Nantes 1959.

Verhältnis zwischen Kirche und Kunst in verschiedenen Zeiten

Christensen, C.C., *Art and the Reformation in Germany*, Athens, OH, 1979.
Garside, C., *Zwingli and the Arts*, New Haven 1966.
Grabar, A., *Christian Iconography. A Study of its Origins*, London 1969.
– *Die Kunst des frühen Christentums. Von den ersten Zeugnissen christlicher Kunst bis zur Zeit Theodosius' I.*, München 1967.*
– *Die Kunst im Zeitalter Justinians. Vom Tode Theodosius' I. bis zum Vordringen des Islam*, München 1967.*
Panofsky, E., *Gotische Architektur und Scholastik. Zur Analogie von Kunst, Philosophie und Theologie im Mittelalter*, Köln 1989.
Wackernagel, M., *Der Lebensraum des Künstlers in der florentinischen Renaissance. Aufgaben und Auftraggeber, Werkstatt und Kunstmarkt*, Leipzig 1938.

Aktuelle Themen

Anson, P.F., *Fashions in Church Furnishing, 1840-1940*, London 1960.
Dillistone, F.W., *Traditional Symbols and the Contemporary World*, London 1973.
Hammond, P., *Liturgy and Architecture*, London 1960.
Rubin, W.S., *Modern Sacred Art. The Church of Assy*, New York 1965.
Spence, Basil, *Phoenix at Coventry. The Building of a Cathedral*, London 1962.

1. Das frühe Christentum

Überblickswerke

Altaner, B./Stuiber, A., *Patrologie. Leben, Schriften und Lehre der Kirchenväter*, Freiburg u.a. [8]1978.*
Andresen, C., *Die Kirchen der alten Christenheit*, Stuttgart u.a. 1971.*
Aufstieg und Niedergang der römischen Welt. Geschichte und Kultur Roms im Spiegel der neueren Forschung, Teil II, Bd. 23-28, Berlin u.a. 1979ff. (bis 1992 sind Bd. 23/1-2, 25/1-6, 27/1 erschienen).*
Campenhausen, H. v., *Griechische Kirchenväter*, Stuttgart [6]1981.
– *Lateinische Kirchenväter*, Stuttgart [7]1986.
Chadwick, H., *Die Kirche in der antiken Welt*, Berlin 1972.
Daniélou, J., *L'église des premiers temps. Des origines à la fin du IIIe siècle* und H.-L. Marrou, *L'église de l'antiquité tardive*, beide Paris 1985. Eine deutsche Übersetzung der ersten Auflage beider Werke erschien als Bd. 1 der *Geschichte der Kirche*, hg. v. L.J. Rogier u.a. (s.o. Allgemeines), 1963.
Duchesne, L., *Histoire ancienne de l'église*, 3 Bde., Paris [4-6]1911.
– *L'église au VIe siècle*, Paris 1925.*
Frank, K.S., *Grundzüge der Geschichte der alten Kirche*, Darmstadt [2]1987.
Frend, W.H.C., *The Rise of Christianity*, London 1984.

– *The Early Church from the beginnings to 461*, London [3]1991.*
Gahbauer, F.R., *Das anthropologische Modell. Ein Beitrag zur Christologie der frühen Kirche bis Chalkedon*, Würzburg 1984.*
Grillmeier, A., *Jesus der Christus im Glauben der Kirche*, 2 Bde., Freiburg u.a. [1-3]1982ff. (bis 1991 sind Bd. 1 sowie 2/1, 2/2 und 2/4 erschienen).
Hamann, A., *Die ersten Christen*, Stuttgart 1985.*
Harnack, A. von, *Die Mission und Ausbreitung des Christentums in den ersten drei Jahrhunderten*, 2 Bde., Leipzig [4]1924.
Jacobs, M., *Das Christentum in der antiken Welt. Von der frühkatholischen Kirche bis zu Kaiser Konstantin*, Göttingen 1987.*
Kelly, J.N.D., *Early Christian Doctrines*, London [5]1980.
Lietzmann, H., *Geschichte der alten Kirche*, 4 Bde., Berlin [4-5]1975.

Ethik

Brown, P., *Die Keuschheit der Engel. Sexuelle Entsagung, Askese und Körperlichkeit am Anfang des Christentums*, München u.a. 1991.
Cadoux, C.J., *The Early Church and the World. A History of the Christian Attitude to Pagan Society and the State down to the time of Constantinus*, Edinburgh 1925.
Harnack, A. von, *Militia Christi. Die christliche Religion und der Soldatenstand in den ersten drei Jahrhunderten*, Tübingen 1905.

Liturgie

Adam, A., *Grundriß Liturgie*, Freiburg u.a. [5]1992.*
Dix, G., *The Shape of the Liturgy*, Westminster 1945.
Jungmann, J.A., *Liturgie der christlichen Frühzeit bis auf Gregor den Großen*, Fribourg/CH 1976.
– *Missarum Sollemnia. Eine genetische Erklärung der römischen Messe*, 2 Bde., Wien u.a. [5]1962.
Klauser, Th., *Kleine abendländische Liturgiegeschichte*, Bonn 1965.*

Bibel

Campenhausen, H. von, *Die Entstehung der christlichen Bibel*, Tübingen 1968.
Conzelmann, H./Lindemann, A., *Arbeitsbuch zum Neuen Testament*, Rendsburg [10]1991.*
Harnack, A. von, *Bible Reading in the Early Church*, London 1912.
Lohse, E., *Die Entwicklung des Neuen Testaments*, Stuttgart u.a. [5]1991.

Verfolgung

Frend, W.H.C., *Martyrdom and Persecution in the Early Church*, Oxford 1965.
Molthagen, J., *Der römische Staat und die Christen im zweiten und dritten Jahrhundert*, Göttingen [2]1975.*

Runciman, S., *Kunst und Kultur in Byzanz. Ein Überblick,* München 1978.*
Sahas, D.J., *Icon and Logos. Sources in Eighth-Century Iconoclasm,* Toronto 1986.

5. Christentum und Islam

Daniel, Norman, *Islam and the West. The Making of an Image,* Edinburgh 1960.
– *Islam, Europe and Empire,* Edinburgh 1966.
– *The Arabs and Medieval Europe,* New York/London ²1979.
– *Heroes and Saracens. An Interpretation of the Chansons de Geste,* Edinburgh 1984.
Kabbani, Rana, *Europe's Myths of Orient,* London 1986.
Kawerau, P., *Das Christentum in Europa und Asien im Zeitalter der Kreuzzüge,* Louvain 1982 (Ostkirchengeschichte Bd. 3).*
Kedar, Benjamin Z., *Crusade and Mission. European Approaches toward the Muslims,* Princeton 1984.
Lewis, Bernard, *The Muslim Discovery of Europe,* New York/London 1982.
Mayer, H.E., *Geschichte der Kreuzzüge,* Stuttgart u.a. ⁶1985.
Runciman, S., *Geschichte der Kreuzzüge,* 3 Bde., München 1957-1960, mehrere Nachdrucke.*
Said, Edward W., *Orientalism,* London 1978.
Semaan, Khalil (Hg.), *Islam and the Medieval West. Aspects of Intercultural Relations,* Albany, NY, 1980.
Shahid, Irfan, *Byzantium and the Arabs in the Fourth Century,* Dumbarton Oaks, Washington, DC 1984.
Sivan, Emmanuel, *Radical Islam. Medieval Theology and Modern Politics,* New Haven, Conn./London 1985.
Southern, R.W., *Das Islambild des Mittelalters,* Stuttgart 1981.
Trimingham, John Spencer, *Christianity among the Arabs in Pre-Islamic Times,* New York/London 1979.

6. Die mittelalterliche Kirche (1050-1400)

Barraclough, G., *The Medieval Papacy,* London 1968.
Borgolte, M., *Die mittelalterliche Kirche,* München 1992.*
Brentano, R., *Two Churches. England and Italy in the Thirteenth Century,* Princeton 1968.
Christiansen, E., *The Northern Crusades,* London 1980.
Dickinson, J.C., *An Ecclesiastical History of England. The Later Middle Ages,* London 1979.
Handbuch der Kirchengeschichte (s.o. Allgemeines), Bd. 3/1 und 3/2.
Hamilton, B., *Religion in the Medieval West,* London 1986.
Hartmann, W., *Der Investiturstreit,* München 1993.*
Hunt, N., *Cluniac Monasticism in the Central Middle Ages,* London 1971.
Knowles, D., *The Monastic Order in England,* Cambridge ²1963.
– *Thomas Becket,* London 1970.
Lambert, M.D., *Medieval Heresy. Popular Movements from Bogomil to Huss,* London 1977.
Lawrence, C.H., *Medieval Monasticism,* London 1984.
Lekai, L.J., *The Cistercians. Ideals and Reality,* Kent 1977.
Leyser, K., *Hermits and the New Monasticism,* London 1984.
Moore, R.I., *The Origins of European Dissent,* Harmondsworth 1977.
Moorman, J.R.H., *A History of the Franciscan Order,* Oxford 1968.
Morris, C., *The Papal Monarchy. The Western Church 1050-1250,* Oxford 1989.
Partner, P., *The Lands of St Peter. The Papal State in the Middle Ages and the early Renaissance,* London 1972.

Robinson, I.S., *Authority and Resistance in the Investiture Contest,* Manchester 1978.
Southern, R.W., *Western Society and the Church in the Middle Ages,* Harmondsworth 1970.
Tierney, B., *The Foundations of the Conciliar Theory,* Cambridge 1955.
Tillmann, H., *Papst Innocenz III.,* Bonn 1954.

7. Die spätmittelalterliche Kirche und die Reformation (1400-1600)

Bainton, Roland H., *Here I Stand: A Life of Martin Luther,* New York 1955.
Blickle, P., *Die Reformation im Reich,* Stuttgart 1982.*
Bossy, John, *Christianity in the West 1400-1700,* Oxford 1985.
Burke, P., *Die Renaissance,* Berlin 1990.*
Crowder, C.M.D., *Unity, Heresy and Reform 1378-1440. The Conciliar Response to the Great Schism,* London 1977.
Delumeau, Jean, *Catholicism between Luther and Voltaire,* London 1977.
Deppermann, K., *Protestantische Profile von Luther bis Francke. Sozialgeschichtliche Aspekte,* Göttingen 1992.*
Dickens, A.G., *The Counter Reformation,* London [2]1979.
– *The English Reformation,* London 1964.
– *The German Nation and Martin Luther,* London 1974.
– /Tonkin, John, *The Reformation in Historical Thought,* Oxford 1985.
Evennett, H.O. (Hg.), *The Spirit of the Counter-Reformation,* Cambridge 1968.
Goertz, H.J., *Die Täufer. Geschichte und Deutung,* München [2]1988.*
– *Thomas Müntzer. Mystiker, Apokalyptiker, Revolutionär,* München 1989.*
– *Religiöse Bewegungen in der Frühen Neuzeit,* München 1993.*
Greengrass, Mark, *The French Reformation,* London 1987.
Hassinger, E., *Das Werden des neuzeitlichen Europa 1300-1600,* Braunschweig [2]1966.
Höpfl, Harro, *The Christian Polity of John Calvin,* Cambridge 1982.
Kobelt-Groch, Marion, *Aufsässige Töchter Gottes. Frauen im Bauernkrieg und in den Täuferbewegungen,* Frankfurt/M. 1993.*
McGrath, A.E., *Reformation Thought. An Introduction,* Oxford 1988.
– *The Intellectual Origins of the European Reformation,* Oxford 1987.
Oberman, H.A., *Luther. Mensch zwischen Gott und Teufel,* Berlin 1982.
– *Die Reformation. Von Wittenberg nach Genf,* Göttingen 1986.*
Ozment, S.E., *The Age of Reform 1250-1550,* New Haven 1980.
Potter, G.R., *Zwingli,* Cambridge 1976.
Prestwich, Menna (Hg.), *International Calvinism 1541-1715,* Oxford 1985.
Scribner, R.W., *The German Reformation,* London 1986.
– *Popular Culture and Popular Movements in Reformation Germany,* London 1987.
Schmidt, H.R., *Konfessionalisierung im 16. Jahrhundert,* München 1992.*
Schulze, W., *Deutsche Geschichte im 16. Jahrhundert,* Frankfurt 1987.*
Stupperich, R., *Die Reformation in Deutschland,* München 1972.*
Thomas, Keith, *Religion and the Decline of Magic. Studies in Popular Belief in Sixteenth and Seventeenth Century England,* London 1971.
Thomson, John A.F., *Popes and princes 1417-1517. Politics and Polity in the Late Medieval Church,* London 1980.
Williams, G.H., *The Radical Reformation,* London 1962.

8. Die Aufklärung: weltlich und kirchlich (1600-1800)

Allgemeines

Bossy, John, *Christianity in the West 1400-1700*, Oxford 1985.
Burke, P., *Helden, Schurken und Narren. Europäische Volkskultur in der frühen Neuzeit*, Stuttgart 1981.
Cragg, G.R., *The Church in the Age of Reason*, London 1960.
Neill, S.C./Weber, H. Ruedi, *The Layman in Christian History*, London 1963.
Rouse, R./Neill, S.C., *Geschichte der ökumenischen Bewegung 1517-1948*, 2 Bde., Göttingen 1963-1973.

Die Kirchen in England

Bossy, John, *The English Catholic Community, 1570-1850*, London 1975.
Edwards, David, *Christian England*, 3 Bde., London 1981-1984.
Jordan, W.K., *The Development of Religious Toleration in England*, 4 Bde., London 1932-1940.
Rupp, Gordon E., *Religion in England 1688-1791*, Oxford 1988.
Watts, Michael R., *The Dissenters*, Oxford 1978.

Die römisch-katholische Kirche in Europa

Chadwick, Owen, *The Popes and European Revolution*, Oxford 1981.
Christian, W.A., *Local Religion in Sixteenth-Century Spain*, New York 1981.
Dickens, A.G., *The Counter Reformation*, London ²1979.
Evennett, H.O., *The Spirit of the Counter Reformation*, Cambridge 1968.
McManners, J., *The French Revolution and the Church*, London 1960.
– *French Ecclesiastical Society under the Ancien Regime*, Manchester 1960.

Protestanten in Europa

Bergendoff, C., *The Church of the Lutheran Reformation. A Historical Survey of Lutheranism*, St. Louis 1967.
Beyreuther, E., *Geschichte des Pietismus*, Stuttgart 1978.*
Drummond, A.L., *German Protestantism since Luther*, London 1951.
Kolakowski, L., *Chrétiens sans Eglise. La Conscience réligieuse et le lien confessionel au XVIIe siècle*, übers. aus dem Polnischen von A. Posner, Paris 1969.
Leonard, E.G., *A History of Protestantism*, 2 Bde., London 1967.
McNeill, J.T., *The History and Character of Calvinism*, New York 1967.
Prestwich, M. (Hg.), *International Calvinism, 1541-1715*, Oxford 1985.
Scharfe, M., *Die Religion des Volkes. Kleine Kultur- und Sozialgeschichte des Pietismus*, Gütersloh 1980.*
Schmidt, M., *Pietismus*, Stuttgart 1972.*
– *Gesammelte Studien zur Geschichte des Pietismus*, 2 Bde., Göttingen 1969-1984.*
Stoeffler, F.E., *The Rise of Evangelical Pietism*, London 1965.
Stroup, J., *The Struggle for Identity in the Clerical Estate. N.W. German Protestant Opposition to Absolutist Policy in the Eighteenth Century*, Leiden 1980.

Spiritualität

Die berühmten Werke der angelsächsischen Spiritualität sind in modernen Ausgaben zugänglich: J. Bunyan, *Pilgrim's Progress* (1678-1684); W. Law, *A serious Call to a Devout and Holy Life* (1728); R. Challoner, *The Garden of the Soul* (1740). Dasselbe gilt für die französischen Klassiker: Franz von Sales, *Introduction à la vie dévote* (1609); J.P. de Caussade, *L'Abandon à la Providence divine* (verf. vor 1751, publ. erstmals 1867). Als erste biographische Einführung zu deutschen protestantischen Spiritualisten sei auf Deppermann (s.o. Kap. 7) und Greschat, *Gestalten der Kirchengeschichte* (s.o. Allgemeines), Bd. 7, verwiesen.

Bremond, H., *Histoire littéraire du sentiment religieux en France,* 11 Bde., Paris 1916-1933.
Hirsch, E., *Geschichte der neueren evangelischen Theologie im Zusammenhang mit den allgemeinen Bewegungen des Denkens,* 5 Bde., Gütersloh 1964.*

Zur historischen Bedeutung des Protestantismus immer noch grundlegend:

Troeltsch, E., *Die Bedeutung des Protestantismus für die Entstehung der modernen Welt,* München ^{3}1924.*
Weber, M., *Die protestantische Ethik und der Geist des Kapitalismus,* in: ders., *Gesammelte Aufsätze zur Religionssoziologie,* Tübingen 1920, mehrere Nachdrucke, 17-206.*

Kirche und Aufklärung

Grimsley, R., *Rousseau and the Religious Quest,* Oxford 1968.
Habermas, Rebekka, *Wallfahrt und Aufruhr. Zur Geschichte des Wunderglaubens in der Frühen Neuzeit,* Frankfurt/M. 1991.
Hazard, Paul, *The European Mind, 1680-1715,* London 1953.
Hill, J.E.C., *The World Turned Upside Down. Radical Ideas in the English Revolution,* London 1972.
McManners, J., *Death and the Enlightenment,* Oxford 1981.
Thomas, Keith, *Religion and the Decline of Magic. Studies in Popular Belief in Sixteenth and Seventeenth Century England,* London 1971.

9. Die Ausbreitung des Christentums (1500-1800)

Überblickswerke

Latourette, K.S., *A History of the Expansion of Christianity,* 7 Bde., London 1947.
Mulders, A., *Missionsgeschichte. Die Ausbreitung des katholischen Glaubens,* Regensburg 1960.*
Neill, Stephen, *A History of Christian Missions,* London 1964.

Hintergrund

Davis, D. Brion, *The Problem of Slavery in Western Culture,* Ithaca 1966.
Parry, J.H., *The Age of Reconnaisance,* London 1963.
– *Europe and a Wider World,* London 1949.
Tillich, Paul, *Christianity and the Encounter of the World's Religions,* New York 1963.

Asien

Boxer, C.R., *The Christian Century in Japan 1549-1650*, Berkeley 1951.
Etiemble, R., *Les Jésuits en Chine, 1552-1733. La Querelle des rites*, Paris 1966.
Gernet, J., *China and the Christian Impact. A Conflict of Cultures*, übers. von Janet Lloyd, Cambridge 1985.
Latourette, K.S., *A History of Christian Missions in China*, London 1929.
Mathias, A./Thekkedath, J., *History of Christianity in India*, 2 Bde., New Delhi 1982.
Neill, S., *A History of Christianity in India. The Beginning to 1707*, Oxford 1984.
Phelan, J.L., *The Hispanization of the Philippines. Spanish Aims and Filipino Response, 1565-1700*, Madison, Wisc., 1959.

Nord- und Südamerika

Caraman, P., *The Lost Paradise. An Account of the Jesuits in Paraguay*, London 1975.
Dussel, E., *Die Geschichte der Kirche in Lateinamerika*, Mainz 1988.*
Gibson, C. (Hg.), *The Black Legend. Anti-Spanish Attitudes in the Old World and the New*, New York 1971.
Greenleaf, R.E., *Zumárraga and the Mexican Inquisition, 1536-1543*, Washington 1961.
Hanke, L., *Aristotle and the American Indians. A Study in Racial Prejudice in the Modern World*, London 1959.
Kawerau, P., *Amerika und die orientalischen Kirchen. Ursprung und Anfang der amerikanischen Mission unter der Nationalkirchen Westasiens*, Berlin 1958.*
– /Begrich, M./Jacobs, M., *Kirchengeschichte Nordamerikas – Kirchengeschichte Brasiliens – Kirchengeschichte Südamerikas spanischer Zunge*, Göttingen 1963.*
Klein, M.S., *African Slaves in Latin America and the Caribbean*, London 1987.
Kubler, G./Sorce, M., *Art and Architecture in Spain and Portugal and Their American Dominions, 1500-1800*, London 1959 (Pelican History of Art).
Leonard, I.A., *Books of the Brave. Being an Account of Books and of Men in the Spanish Conquest and Settlements of the 16th Century*, Cambridge, Mass., 1949.
Leon-Portilla, M. (Hg.), *The Broken Spears. The Aztec Account of the Conquest of Mexico*, Boston 1962.
Müller-Fahrenholz, H. u.a., *Christentum in Lateinamerika. 500 Jahre seit der Entdeckung Amerikas*, Regensburg 1992.*
Parry, J.H., *The Seaborne Spanish Empire*, London 1966.
Phelan, J.L., *The Millennial Kingdom of the Franciscans in the New World*, Berkeley 1970.
Ricard, R., *The Spiritual Conquest of Mexico. An Essay on the Apostolate and Evangelizing Methods of the Mendicant Orders in New Spain*, Berkeley 1966.
Wachtel, N., *La Vision des vaincus. Les Indiens du Pérou devant la conquête espagnole*, Paris 1971.

Berichte missionarischer Unternehmungen

z.B. die Jesuiten betreffend:
Parkman, F., *The Jesuits in North America in the 17th Century*, Boston 1878.
Wessels, C., *Early Jesuit Travellers in Central Asia*, Den Haag 1924.

Protestantische Missionstätigkeit

Boxer, C.R., *The Dutch Seaborne Empire, 1600-1800,* London 1965.
Hutton, J.E., *A History of Moravian Missions,* London 1922.
Parry, J.M., *Trade and Dominion. The European Overseas Empires in the 18th Century,* London 1971.

Alle berühmten Missionsgesellschaften haben ihre eigene Geschichte, z.B.:

Allen, W.O.B./McClure, E., *Two Hundred Years. The History of the Society for Promoting Christian Knowledge, 1698-1898,* London 1898.
Canton, W., *A History of the British and Foreign Bible Society,* 5 Bde., London 1904-1910.
Stock, E., *The History of the Church Missionary Society,* 4 Bde., London 1899-1916.
Thomson, H.P., *Into All Lands. A History of the Society for the Propagation of the Gospel in Foreign Parts, 1701-1950,* London 1951.

Missionstätigkeiten der russisch-orthodoxen Kirche

Bolshakoff, S., *The Foreign Missions of the Russian Orthodox Church,* London 1943.

Australien

Border, Ross, *Church and State in Australia, 1788-1872. A Constitutional Study of the Church of England,* 1962.
Suttor, T.L., *Hierarchy and Democracy in Australia. The Formation of Australian Catholicism, 1788-1870,* 1965.

10. (Großbritannien und) Europa seit 1800

Allgemeine Überblickswerke

Fey, H. (Hg.), *The Ecumenical Advance 1948-68,* London 1970.
Handbuch der Kirchengeschichte, (s.o. Allgemeines) Bd. 6/1-2 und 7.
Latourette, K.S., *Christianity in a Revolutionary Age,* 5 Bde. London 1959-1963.
Rouse, R./Neill, S.C., *Geschichte der ökumenischen Bewegung 1517-1948,* 2 Bde., Göttingen 1963-1973.

Einzelne Länder

Binchy, D.A., *Church and State in Fascist Italy,* Oxford 1941.
Chadwick, Owen, *The Victorian Church,* 2 Bde., London 1966-1970.
Conway, J.S., *The Nazi Persecution of the Churches 1933-45,* London 1968.
Dansette, A., *Religious History of Modern France,* 2 Bde., Edinburgh, 1961.
Davies, R.E./Rupp, E.G. (Hg.), *A History of the Methodist Church in Great Britain,* 4 Bde., London 1965-1988.
Drummond, A.L., *German Protestantism since Luther,* London 1951.
Edwards, D.L., *Christian England,* Bd. 3, London 1984.

Fleming, J.R., *A History of the Church in Scotland, 1843-1929,* 2 Bde., London 1927-1933.
Hürten, H., *Kurze Geschichte des deutschen Katholizismus* 1800-1960, Mainz 1986.*
Lannon, F., *Privilege, Persecution and Prophecy. The Catholic Church in Spain, 1875-1975,* Oxford 1987.
Lindhardt, P.G., *Kirchengeschichte Skandinaviens,* Göttingen 1983.*
McManners, J., *Church and State in France 1870-1914,* London 1972.
Mayeur, J.-M./Bauberot, J. (Hg.), *Histoire religieuse de la France. XIXe-XXe siècles,* Paris 1975.*
Molland, E., *Church Life in Norway 1800-1950,* Minneapolis 1957.
Norman, E.R., *Church and Society in England 1770-1970,* Oxford 1976.
– *The English Catholic Church in the Nineteenth Century,* Oxford 1984.
Payne, E.A., *The Free Church Tradition in the Life of England,* London 1965.
Philips, C.S., *The Church in France 1789-1848,* London 1929.
Wordsworth, J., *The National Church of Sweden,* London 1911.
Wright, J.R., *Above Parties. The Political Attitudes of the German Protestant Church Leadership 1918-33,* Oxford 1974.

Geistesgeschichte

Chadwick, Owen, *The Secularisation of the European Mind in the Nineteenth Century,* Cambridge 1975.
Reardon, B.M.G., *Liberal Proestantism,* London 1968.

11. Nordamerika seit 1800

Ahlstrom, Sydney E., *A Religious History of the American People,* New Haven 1972.
Bowden, Henry Warner, *American Indians and Christian Missions. Studies in Cultural Contact,* Chicago, 1981.
Dolan, Jay P., *The American Catholic Experience. A History from Colonial Times to the Present,* Garden City, NY, 1985.
Gaustad, Edwin S., *A Documentary History of Religion in Amerika,* 2 Bde., Grand Rapids, MI, 1982-1983.
– *The Historical Atlas of Religion in America,* New York 1976.
Handy, Robert T., *Christianity in the United States and Canada,* New York 1977.
Hennessey, James, *American Catholics. A History of the Roman Catholic Community in the United States,* New York 1981.
Hudson, Winthrop S., *Religion in America,* New York 1981.
McLoughlin, William G., *Revivals, Awakenings, and Reform,* Chicago 1978.
Marsden, George M., *Fundamentalism in American Culture. The Shaping of Twentieth-Century Evangelicalism. 1870-1925,* New York 1980.
Marty, Martin E., *Pilgrims in Their Own Land. 500 Years of Religion in America,* Boston 1984.
Mead, Sidney E., *The Lively Experiment. The Shaping of Christianity in America,* New York 1963.
Raboteau, Albert, *Slave Religion. The »Invisible Institution« in the Antebellum South,* New York 1978.
Walsh, H.H., *The Christian Church in Canada,* Toronto 1956.

12. Lateinamerika seit 1800

Bastide, R., *The African Religions of Brazil. Toward a Sociology of the Interpenetration of Civilizations,* Baltimore 1978.

Boff, C., *Die Befreiung der Armen. Reflexionen zum Grundanliegen der lateinamerikanischen Befreiungstheologie,* Fribourg/CH 1986.*
Boff, L., *Wie treibt man Theologie der Befreiung,* Düsseldorf 1986.*
Cleary, L., *Crisis and Change. The Church in Latin America Today,* Maryknoll, NY, 1985.
Della Cava, R., Brazilian Messianism and National Institutions. A Reappraisal of Canudos and Joaseiro, in: *Hispanic American Historical Review* 48, 1968, 402-440.
Kennedy, J.J., *Catholicism, Nationalism, and Democracy in Argentina,* Notre Dame, Ind. 1958.
Klaiber, J.L., *Religion and Revolution in Peru, 1824-1976,* Notre Dame, Ind., 1977.
Lafaye, J., *Quetzalcoatl and Guadalupe. The Formation of Mexican National Consciousness, 1531-1815,* übers. von B. Keen, Chicago 1976.
Levine, D.H., *Religion and Politics in Latin America. The Catholic Church in Venezuela and Colombia,* Princeton 1981.
Mainwaring, S., *The Catholic Church and Politics in Brazil, 1916-1985,* Stanford 1986.
Mecham, J.L., *Church and State in Latin America,* Chapel Hill, NC, ²1966.
Quirk, R.E., *The Mexican Revolution and the Catholic Church, 1910-1929,* Bloomington, Ind., 1973.
Schmitt, K.M. (Hg.), *The Roman Catholic Church in Modern Latin America,* New York 1972.
Sinclair, J.H. (Hg.), *Protestantism in Latin America. A Bibliographical Guide,* South Pasadena, Calif., 1976.
Taussig, M.T., *The Devil and Commodity Fetishism in South America,* Chapel Hill, NC, 1980.
Turner, F.C., *Catholicism und Political Development in Latin America,* Chapel Hill, NC, 1971.
Willems, E., *Followers of the New Faith. Cultural Change and the Rise of Protestantism in Brazil and Chile,* Nashville, Tenn., 1967.

13. Afrika seit 1800

Baëta, C.G. (Hg.), *Christianity in Tropical Africa,* London 1968.
Barrett, D.B., *Schism and Renewal in Africa. An Analysis of Six Thousand Contemporary Religious Movements,* Nairobi 1967.
– (Hg.), *African Initiatives in Religion,* Nairobi 1971.
Beetham, T.A., *Christianity and the New Africa,* London 1967.
Crummey, D., *Priests and Politicians. Protestant and Catholic Missions in Orthodox Ethiopia, 1830-1868,* Oxford 1972.
Davidson, B., *Africa in History. Themes and Outlines,* London 1968.
Gruchy, J.W. de, *The Church Struggle in South Africa,* Grand Rapids 1979.
Freeman-Grenville, G.S.P., *Chronology of African History,* Oxford 1973.
Gann, L.H./Duignan, P. (Hg.), *Colonialism in Africa,* Bd. 1, Cambridge 1969.
Groves, C.P., *The Planting of Christianity in Africa,* 4 Bde., London 1948.
Hangen, H.B., *Mission, Church and State in a Colonial Setting. Uganda 1890-1925,* London 1984.
Hastings, A., *African Christianity,* London 1976.
– Emmanuel Milingo as Christian Healer, in: C. Fyfe (Hg.), *African Medicine in the Modern World,* Edinburgh 1986.
Hinchliff, P., *John William Colenso, Bishop of Natal,* London 1964.
Latourette, K.S., *A History of the Expansion of Christianity,* Bd. 5, New York 1943.
McCracken, J., *Politics and Christianity in Malawi, 1875-1940,* Cambridge 1977.
Nemer, L., *Anglican and Roman Catholic Attitudes on Mission,* St. Augustin 1981.
Oliver, R., *The Missionary Factor in East Africa,* London 1952.
Oosthuizen, G., *The Theology of a South African Messiah,* London 1967.
Pachai, B. (Hg.), *Livingstone. Man of Africa,* London 1973.

Pirouet, M.L., *Black Evangelists. The Spread of Christianity in Uganda, 1891-1914,* London 1978.
Ranger, T.O./Weller, J. (Hg.), *Themes in the Christian History of Central Africa,* London 1975.
Sundkler, B., *Bantu Prophets in South Africa,* London 1948.
– *Zulu Zion and Some Swazi Zionists,* Oxford 1976.
Tasie, G.O.M., *Christian Missionary Enterprise in the Niger Delta,* Leiden 1978.
Turner, H.W., *African Independent Church,* 2 Bde., London 1967.
Webster, J.B., *The African Churches among the Yoruba,* Oxford 1976.

14. Asien seit 1800

Anderson, G.H. (Hg.), *Studies in Philippine Church History,* Ithaca 1969.
Baago, Kaj, *Pioneers of Indigenous Christianity,* Madras 1969.
Banerjea, K.M., *The Arian Witness. Or Testimony of Arian Scripture in Corroboration of Biblical History and the Rudiments of Christian Doctrine,* Calcutta 1875.
Boyd, R.H.S., *An Introduction to Indian Christian Theology,* Madras 1975.
Brown, G.T., *Christianity in the People's Republic of China,* Atlanta 1983.
Caldarola, C., *Christianity. The Japanese Way,* Leiden 1979.
Clark, D.N., *Christianity in Modern Korea,* Lanham 1986.
Cohen, P.A., *China and Christianity. The Missionary Movement and the Growth of Chinese Antiforeignism, 1860-1870,* Cambridge, Mass., 1963.
Commission on the Theological Concerns of the Christian Conferences of Asia, *Minjung Theology. People as the Subjects of History,* London ²1983.
Drummond, R.H., *A History of Christianity in Japan,* Grand Rapids, MI, 1971.
Elwood, D.J. (Hg.), *Asian Christian Theology. Emerging Themes,* Philadelphia 1980.
Fairbank, J.K. (Hg.), *The Missionary Enterprise in China and America,* Cambridge, Mass., 1974.
Farquhar, J.N., *The Crown of Hinduism,* London 1913.
Hallencreutz, C.F., *Kraemer towards Tambaram. A Study in Hendrik Kraemer's Missionary Approach,* Uppsala 1966.
Hambye, E.R. (Hg.), *A Bibliography on Christianity in India,* Delhi 1976.
Kraemer, H., *The Christian Message in a Non-Christian World,* London 1938.
Latourette, K.S., *A History of the Expansion of Christianity,* Bd. 5: *The Great Century in the Americas, Australasia and Africa, A.D. 1800-A.D. 1914,* New York 1943; Bd. 6: *The Great Century in Northern Africa and Asia, A.D. 1800-A.D. 1914,* New York 1944.
Palmer, S.J., *Korea and Christianity. The Problem of Identification with Tradition,* Seoul 1967.
Sharpe, E.J., *Not to Destroy but to Fulfil. The Contribution of J.N. Farquhar to Protestant Missionary Thought in India before 1914,* Uppsala 1965.
Streit, R./Dindinger, J. (Hg.), *Bibliotheca Missionum,* Freiburg u.a. 1916 ff.
Uchimura, Kanzo, *How I Became a Christian. Out of My Diary,* Tokyo 1971 (Complete Works Bd. 1).

15. Die orthodoxen Kirchen Osteuropas

Adriányi, G., *Geschichte der Kirche Osteuropas im 20. Jahrhundert,* Paderborn u.a. 1992. Berücksichtigt schon die Auflösung des Ostblocks seit 1989.*
Beeson, T., *Discretion and Valour. Religious Conditions in Russia and Eastern Europe,* London 1982.
Bolshakoff, S., *The Foreign Missions of the Russian Orthodox Church,* London 1943.
Curtiss, J.S., *Church and State in Russia. The Last Years of the Empire 1900-1917,* New York 1940.
– *Die Kirche in der Sowjetunion 1917-1956,* München 1957.*

Ellis, J., *The Russian Orthodox Church. A Contemporary History,* London 1986.
Frazee, C., *The Orthodox Church and Independent Greece 1821-1852,* Cambridge 1969.
Onasch, K., *Grundzüge der russischen Kirchengeschichte,* Göttingen 1967 (Die Kirche in ihrer Geschichte Teil M 1).*
Pospielovsky, D., *The Russian Church under the Soviet Regime 1917-1982,* 2 Bde., New York 1984.
Runciman, S., *Patriarchat von Konstantinopel* (s.o. Kap. 4).
Sherrard, P., *Athos. The Mountain of Silence,* London 1988.
Smolitsch, I., *Russisches Mönchtum. Entstehung, Entwicklung und Wesen,* Würzburg 1953.*
– *Geschichte der russischen Kirche 1700-1917,* Leiden 1964.*
Ware, K. (T.) (Hg.), *The Art of Prayer. An Orthodox Anthology,* London 1966.
Zernov, N., *The Russian Religious Renaissance of the Twentieth Century,* London 1963.

16. Neue Formen des Christentums

Barrett, D., *Schism and Renewal in Africa,* Oxford 1968.
Bellah, R.N. u.a., *The Habits of the Heart. Individualism and Commitment in American Life,* Berkeley/Los Angeles 1985.
Dobbelaere, K., Secularization. A Multi-Dimensional Concept, in: *Current Sociology* 29, 1981.
Gilbert, A.D., *The Making of Post-Christian Britain,* London 1980.
Hunter, J.D., *American Evangelicalism. Conservative Religion and the Quandary of Modernity,* New Brunswick, NJ, 1983.
Martin, D.A., *A General Theory of Secularization,* Oxford 1978.
– /Mullen, P. (Hg.), *Strange Gifts?* Oxford 1984.
Marty, M., *The Modern Schism,* New York 1969.
Mol, H., *Religion in Australia,* Melbourne 1971.
Norman, E.R., *Church and Society in England, 1770-1970,* Oxford 1976.
Quebedeaux, R., *The New Charismatics,* New York 1976.
Wilson, B.R., *Contemporary Transformations of Religion,* Oxford 1976.
– *Religion in Sociological Perspective,* Oxford 1982.
Wyon, O., *Living Springs. New Religious Movements in Western Europe,* Philadelphia 1962.

17. Das christliche Bewußtsein

Barth, K., *Dogmatik im Grundriß,* Zürich [7]1987.
– *Die kirchliche Dogmatik,* 4 Bde., Zürich versch. Aufl. 1932-1967.*
Burnaby, J. *The Belief of Christendom,* London 1959.
Küng, H., *Christ sein,* München u.a. 1974.
– *Existiert Gott? Antwort auf die Gottesfrage der Neuzeit,* München 1978. Eine Antwort auf Küng aus der Sicht des Kritischen Rationalismus: Albert, H., *Das Elend der Theologie. Kritische Auseinandersetzung mit Hans Küng,* Hamburg 1979.*
Macquarrie, J., *The Humility of God. Christian Meditations,* London 1979.
– *Twentieth-Century Religious Thought. The Frontiers of Philosophy an Theology, 1900-1980,* London [2]1981.
Quick, O.C., *Doctrines of the Creed,* London 1938.
Rahner, K., *Grundkurs des Glaubens. Einführung in den Begriff des Christentums,* Freiburg u.a. [6]1991.
– *Schriften zur Theologie,* 16 Bde., Braunschweig versch. Aufl. 1954-1984.*
Schweitzer, A., *Gesammelte Werke in 5 Bänden,* München u.a. 1974.*

Smart, N., *The Phenomenon of Christianity,* London 1979.
Ward, K., *The Living God,* London 1984.
We believe in God. A Report by the Doctrine Commission of the Church of England, London 1987.

Attfield, Robin, *The Ethics of Environmental Concern,* Oxford 1983.
Hare, R.M., *Moral Thinking. Its Levels, Method and Point,* Oxford 1981.
Hinchliff, Peter, *Holiness and Politics,* London 1982.
MacIntyre, Alasdair, *Der Verlust der Tugend. Zur moralischen Krise der Gegenwart,* Frankfurt u.a. 1992.
Mackie, J.L., *Ethics. Inventing Right and Wrong,* London 1977.
Mahoney, John, *The Making of Moral Theology. A Study of the Roman Catholic Tradition,* Oxford 1987.
– *Bioethics and Belief,* London 1984.
Mitchell, Basil, *Morality. Religious and Secular,* Oxford 1980.
O'Donovan, Oliver, *Resurrection and Moral Order. An Outline for Evangelical Ethics,* Leicester 1986.
Report of the Church of England Board for Social Responsibility, *The Church and the Bomb. Nuclear Weapons and Christian Conscience,* London 1982.
Shelp, Earl E. (Hg.), *Theology and Bioethics. Exploring the Foundations and Frontiers,* Dordrecht 1985.

18. Die Zukunft des Christentums

Barrett, David B., *The World Christian Encylopedia,* Oxford 1982.
Bühlmann, *Wo der Glaube lebt. Einblicke in die Lage der Weltkirche,* Freiburg u.a. 1974.
– *Weltkirche. Neue Dimensionen. Modell für das Jahr 2001,* Graz [3]1987.
Edwards, David L., *The Future of Christianity,* London 1987.
Freeman, C./Jahoda, M. (Hg.), *World Futures. The Great Debate,* Oxford 1978.
Greinacher, N./Küng, H., *Katholische Kirche – wohin? Wider den Verrat am Konzil,* München 1986.*
– *Strukturwandel der Kirche als Aufgabe und Chance,* mit einer Einf. v. J.B. Metz, Freiburg u.a. 1989.*
Griffin, Keith, *World Hunger and the World Economy,* London 1987.
Newbigin, Lesslie, *The Other Side of 1984,* Geneva 1983.
Rahner, K., *Im Gespräch mit der Zukunft,* Braunschweig 1972 (Schriften zur Theologie Bd. 10).*
– *Humane Gesellschaft und Kirche von morgen,* bearb. v. P. Imhof, Braunschweig 1984 (Schriften zur Theologie Bd. 16).
Walls, Andrew F., Culture and Coherence in Christian History, in: *The Scottish Bulletin of Evangelical Theology* 3/1, 1985.

Abbildungsnachweise

Herausgeber und Verlag danken folgenden Institutionen und Personen für die freundliche Abdruckgenehmigung für die Abbildungen auf den jeweils angegebenen Seiten:

Copyright ACL-Brüssel 13; *The Advocate,* Melbourne 591 (oben); Africana Museum 502; Agencia Efe, Madrid 392 (oben): *Al-Araby Magazine* 190; Alinari 20, 74, 89, 138, 231, 244 (rechts), 248, 620, 636; Alte Pinakothek, München 266; American Board of Gommissioners for Foreign Missions (Photo Houghton Library, Harvard University) 535; Andes Press Agency (Photos Carlos Reyes) 398, 600 (Mitte und unten), 609 (oben), 644, 657 (oben), 671, 681 (unten); Antivarisk-topografiska arkivet, Stockholm (Photo Nils Lagergren/ATA) 106; Archives de la Maison Généralice des Pères Blancs, Rom 491 (beide); Archiv, Phot. Paris/SPADEM 299; © Archiv, Phot. Paris/SPADEM/DACS 1990 221, 236 (links); Archivum Romanum Societatis Jesu, Rom 351; Associated Press 480; Karl Barth-Archiv 387 (unten); Benaki Museum 555; Klaus G. Beyer 163, 165; Biblioteca Apostolica Vaticana 84; Biblioteca Nacional, Lissabon 349; Biblioteca Nacional, Madrid 184 (Cod. Gr. 53 – NZ fo. 220); Bibliothèque Nationale, Paris 73 (Cabinet des Médailles), 111 (beide) 114, 136 (Cabinet des Médailles), 162, 205 (unten), 308, 329, 566; Bibliothèque publique et Universitaire, Genf (Photo François Martin) 281; Bildarchiv Foto Marburg 121, 244 (links Bodleian Library, Oxford 294 (94b 7 (V) facing p. 367 and 336) 298 (94b 7 (V) p. 360), 347 (Σ 11.3. facing p. 78), 534 (24633 c.23 P 1. 3); Bradford Heritage Recording Unit/Paul Robinson 657 (unten); Werner Braun 192; British Library 126 (links) (Add 495 98 fo. 118^{r}), 134 (1780 c. 17 P1, 4), 144 (010077n4), 153 (Or. 516 fo. 99^{v}), 170 (4826 fo. 9), 197 (Nero CIV fo. 21), 198 (unten) (Harl. 5786 fo. 144^{v}), 205 (oben) (Or. 2784 fo. 96^{r}), 212 (Domit. A XVII fo. 122^{v}), 234 (rechts) (Egerton 1139), 255 (C 18 d I title-p.), 275 (KTC 38b 12 P1. 13), 357 (4744 bb 5 opp. title-p), 372 (oben) (Facs 165 fo. 2A7), 461 (links) (7803 P1. 9), 552 (1780 c. 17 P1. 17), 630 Royal 19B XV fo. 37); Trustees of the British Museum 76, 265 (1895.1.22.554), 266 (1895.1.22.77), 291 (1868.8.22.1624), 458 (beide) (1975.10.25.140); Budapest Museum of Fine Arts 272; Bulloz 286; Burgerbibliothek, Bern 198 (oben); Byzantine Visual Ressources, © 1988, Dumbarton Oaks, Washington DC 146.

CAFOD 661; Camera Press 399, 515 (Photo Jan Kopec), 531 (Photo J.L. Peyromaure), 594 (Photo Yan), 614 (Fotokhronika Tass), 667 (Photo Sunil Kumar Dutt); Cape Archives 503 (AG 11071); Carol Communications Company 431 aus *American Infidel: Robert G. Ingersoll* von Orvin Larson, Citadel Press (Photo Bodleian Library, Oxford 330 13.R.26 facing p. 173); Father Kevin Carroll 513 (beide); The Chase Bank Collection 482 (oben); Chester Beatty Library 335, 372 (unten); Church Missionary Society 498, 600 (oben); Church of Jesus Christ of Latter-Day Saints 596 (unten rechts); CIRIC 508 (unten); 596 (oben links); 613 (unten) 664, 665; Cleveland Museum of Art (John L. Severance Fund. CMA 65.238) 64; Dr. Michael Cooper 339 (beide), 544, 668; Master and Fellows of Corpus Christi College, Cambridge (Photo Conway Library, Courtauld Institute of Art) 187; Council for World Mission (Photo The Library, School of Oriental und African Studies) 538; Cyril and Methodius National Library 557; The Trustees of Dartmouth College, Hannover, N.H. 468; Des Moines Art Center, Coffin Fine Arts Fund 618; Deutsches Archäologisches Institut Rom 85; Jean Dieuzaide 118 and 127 (beide Yan-Zodiaque), 237 and 249 (beide Yan-Dieuzaide); Das Domkapitel, Aachen (Photo Ann Munchow) 107; Dover Publications 342 (links), 450, 462 (links), alle aus *Baroque and Rococo in Latin Amerika* von Pal Kelemen (Photos Bodleian Library, Oxford 1700876 d. 51 Pls. 87a, 136a, and 63a).

Edingburgh University Library 182; Ekdotike Athenon 156; John Fairfax and Sons 591 (unten); Fogg Art Museum, Harvard University, Cambridge, Massachusetts, Bequest of Grenville L. Winthrop 7; Collections of Henry Ford Museum and Greenfield Village (neg. B 53440) 358; John Freeman and Company 260, 283; Giraudon 18, 25, 234 (links), 315, 317; Billy Graham Center Museum 414; © 1949 Billy Graham Evangelistic Association 445 (oben); Sally & Richard Greenhill 541 (oben); Haags Gemeentemuseum, Den Haag, © 1988 M.C. Escher Heirs/Cordon Art, Baarn, Holland 623; Sonia Halliday Photographs 91; Happo-en, Tokio 545; André Held 31, 40 (beide), 57, 67, 78, 241; Parochial Church Council of Hexham Abbey 112; John Hillelson Agency (Photo Alain Keler/SYGMA) 615; Hirmer Fotoarchiv 80, 219; History and Art Museum, Zagorsk 166; Holy Spirit Study Centre, Hongkong 541 (unten); Library of the Huguenot Society of Great Britain and Ireland 290; Hulton Picture Company 314, 367, 370, 385, 387 (oben), 486, 494; Hutchison Picture Company 294, 367, 370, 385, 387 (oben), 486, 494; Hutchison Library 508 (oben); Illustrated London News Picture Library 380, 428; India Office Library (Photos British Library) 520, 523; Institut National d'Archéologie et d'Art, Tunis 77; Instituto Nacional de Bellas Artes, Mexico City 459 (Photo Kimball Morrison), 469 (Photo South American Pictures); Instituto Centrale per il Catalogo e la Documentazione, Rom 646.

Chr. Kaiser Verlag 390; A.F. Kersting 269; Keston College Photo Archive 576; David King Collection 388 (oben), 571, 574; Kobe City Museum Collection 334; Kodansha International, aus *Christianity and Japan* von Stuart D.B. Picken © 1983 542; Nikos Kontos 559; Zbingniew Kość 142; George Kubler and Penguin Books (Photo Bodieian Library, Oxford 17002 d. 102 Pı. 88a) 331 (links); Kunsthistorisches Museum, Wien 81; Kupferstichkabinett SMPK, Berlin 273.

Lauros-Giraudon 128, 268, 310; Library of Congress 453; Rector and Fellows of Lincoln College, Oxford (Photo Bodleian Library, Oxford Gr 35 fo. 12) 145; David Livingstone Centre, Blantyre, Scotland 501 (beide); Local History Collection, Pikes Peak Library District 596 (unten links); Magnum Photos (Photo Steve McCurry) 606 (unten); Mansell Collection 259, 304 (beide Alinari), 394, 553; Mas 195, 471; Michigan-Princeton-Alexandria Expedition zum Berg Sinai 148; Monumenti Musei e Gallerie Pontificie 39, 59, 68, 635; Henry Moore Foundation 641; Steve Moriarty 474; Juan Manuel Gomez Morin (Photo Bob Schalkwijk) 342 (rechts); Moskauer Patriarchat 578; Ann Münchow 92; Musée d' Unterlinden, Colmar (Photo O. Zimmermann) 11; Musée National d'Art Moderne, Centre Georges Pompidou, Paris und Mme Marthe Prevot 621; Museen der Stadt Wien 181; Musées Nationaux, Paris 47 (rechts), 97, 303; Museo del Duomo die Monza 102; Museo Lazaro Galdiano 320; Museum of Modern Art, New York 467 (Öl auf Leinwand 203.5x196.2 cm. Schenkung von Warren D. Benedek) mit freundlicher Genehmigung des Künstlers, 624 (Schenkung von M. Warburg); Museum of Modern Art of Latin America, Washington DC (Photo Angel Hurtado) 483; Museum of the City of New York 435; National Archives of Canada 340 (neg. C., 1470), 341 (neg. C. 361), 441 (neg. PA 126317); National Catholic News Service 445 (unten). 609 (unten). 645; National Council of the Churches of Christ (Keston College Photo Archive) 673; Trustees of the National Gallery, London 305; National Library of Australia 356 (beide; oberes Bild aus der F. Moore Collection); New York Historical Society, New York City 419.

Öffentliche Kunstsammlung Basel. Kunstmuseum 19 (Leihgabe von Madame Ida Chagall. © ADAGP, Paris and DACS. London 1990), 253 (beide); Patrimonio Nacional, Madrid (Photos Mas) 206; Rare Books Department, Free Library of Philadelphia (Photo Joan Broderick) 336; Photothèque des Musées de La Ville de Paris © DACS 1990 293; Pontificia Commissione di Archivi Sacra 28, 43, 47 (links) 83; Popperfoto 406, 443, 488; Pressefoto Lachmann 681 (oben); Alex Reid and Lefevre (Photo Tate Callery, London) 638; Republic Institute for Protection of Cultural Monuments, Skopje 171; Reuters/Bettmann 652; Rex Features 560 (Photo Europress) 580, 581 (beide Photos Sipa); Rheinisches Bildarchiv 123; Rheinisches Landesmuseum, Bonn 90, 238; Abby Aldrich Rockefeller Folk Art Center 434; Jean Roubier 218; Royal Commission on the Historical Monuments of England 71, 239; John Rylands University Library of Manchester 52; Salvation Army Archives 528; Salvation Army Archives and Research Center 437; Scala 24; Schlossmuseum, Gotha 264; The Library, School of Oriental and African Studies 519, 526 (beide), 537, 547; Robert Schuller Ministries 593 (oben); Shaker Museum, Old Chatham, New York 415 (oben); Society of All Saints, Oxford 405; Soprintendenza Archeologica per l'Umbria 35; South American Pictures 343 (oben) (Photo Hilary Bradt), 462 (rechts), 482 (unten); Frank Spooner Pictures 515 (rechts) und 675 (beide Photos Gamma), 515; Staatliche Kunstsammlungen, Dresden 281; Stadtbibliothek, Trier (Photo Bildarchiv Foto Marburg) 126 (rechts); State Library, Tschechoslowakei 344; State Pushkin Museum of Fine Arts 161; State Tretyakov Gallery 150, 151, 172, 564, 567 (beide) 569; Statens Historiska Museer, Stockholm 596; Süddeutscher Verlag 388 (unten).

Taylor Museum of the Colorado Springs Fine Art Center 462 (rechts), 479; Thames and Hudson 75 (aus *Christianity in the Roman World* von Robert Markus), 343 (unten) (aus *Christian World* hrsg. von G. Barraclough); Topham Picture Library 392 (unten); Topkapi Saray Museum, Istanbul 178; Touring Club Italiano (Fotociclo) 224; Board of Trinity College, Dublin 104; Dr. Tilo Ulbert 174 (beide); United Society of the Propagation of the Gospel (UMCA Album 7 p 66, photo Rhodes House Library) 496 (unten); University of Alaska Archives, John Wesley White Collection (76.2.113) 432; University Library, Utrecht 119, 122; UPI/Bettmann 606 (oben) 608; Utah State Historical Society 416 (unten); Board of Trustees of the Victoria and Albert Museum 236 (rechts); Edith Buckland Webb Collection, Santa Barbara Mission Archive Library 426; Ellen G. White Estate 417 (links); Roger Wood 54; Word UK 593 (unten); World Council of Churches 654 and 671 (unten) (Photos Peter Williams); Württembergische Landesbibliothek (Photo Bildarchiv Foto Marburg) 116; Xinhua News Agency 671 (oben); Metropolitan Jovan of Zagreb 576 (beide).

Orts- und Sachregister

Kursiv gesetzte Zahlen weisen auf Abbildungen bzw. deren Legenden hin.

Personenregister

Kursiv gesetzte Zahlen weisen auf Abbildungen bzw. deren Legenden hin.